Grundrechte
Staatsrecht II

33. Auf lage

독일기본권론

제33판

Thorsten Kingreen / Ralf Poscher 저
정태호 역

박영사

한국어판 저자서문

독일 기본법이 보장하고 있는 기본권을 서술의 대상으로 삼은 본 교과서를 처음 집필한 분들은 보도 피로트(Bodo Pieroth) 교수와 베른하르트 쉬링크 (Bernhardt Schlink) 교수였다. 이 책은 체계성에 힘입어 큰 성공을 거두었다. 이 책의 초대 저자들은 기본권 각론 앞에 개별 기본권에 공통된 구조들을 모아 전개한 기본권총론을 배치하였다. 기본권각론은 기본권총론에서 개발된 체계를 일관성 있게 따랐다. 그러므로 이 책은 독일법학의 전통을 따르는 해석론적 교과서로 집필된 것이다. 이 책은 연방헌법재판소의 판례를 포함한 법적 소재를 전달하는 데 그치지 않고 체계적·비판적으로 재구성함으로써 쉽게 가르치고 배울 수 있도록 형성하고 실무에서 활용할 수 있도록 하는 데 기여하였다. 이 책은 이를 통해 여러 세대의 독일 법률가들의 기본권이해에 깊은 영향을 미쳐 왔다.

2013년 이 책의 제29판부터 집필 책임을 맡아온 현 저자들은 기본권과 관련한 증가일로에 있는 법소재를 가능한 한 폭넓게 체계화하려는 원저자의 기획에 충실해야 한다고 생각해 왔다. 개별 기본권과 관련한 새로운 법소재를 추가하고 보완하였을 뿐 아니라 기본권론의 국제화에도 중점을 두었다. 이 작업에서도 초대 저자들의 의도에 충실하면서도 독일 기본권과 국제적·초국가적 기본권의 상호관계에 관한 총론의 서술을 확대하고 개별 기본권에 대한 설명에서 관련 사항을 체계적으로 보완하였다. 기본법이 보장하는 기본권의 발전은 오늘날 이와 같은 국제적·초국가적 측면을 빼놓고는 이해할 수 없게 되었다. 또 다른 중점은 특히 새천년 전환기 수십 년 동안 역동적으로 전개되어 온 기본권론의 뜨거운 논쟁을 반영하고 있는 기본권총론 중 기본권 기능에 관한 서술을 다시 쓰는 것이었다.

기본권을 체계적으로 서술하고 있는 이 책이 법전통이 다른 국가들에서도 관심의 대상이 될 수 있다는 것은 매우 큰 영광이다. 현대사에서 적극적 기본권행사를 통해 민주화를 진전시키고 또 특히 기본권수호를 과제로 하는 헌법재판을 위시하여 법치국가를 확충시켜 온 한국에서 이 책에 보여주고 있는 관심은 필자들에게는 각별한 기쁨이 아닐 수 없다. 한국의 경험을 배경으로 기본권의 발전을 연구한다면 독일의 기본권논의에도 유익할 것으로 확신한다.

끝으로 이 책 제33판의 번역을 통해 한국과 독일의 법적 담론에서 이 책의 기획과 내용에 관한 논의를 새로운 토대 위에 올려놓고 있는 정태호 교수에게 고마움을 표한다.

2020년 12월 레겐스부르크와 프라이브르크에서

저자

역자 서문

국내의 기본권 관련 문헌은 물론 헌법재판소나 대법원의 기본권 관련 판례에서 독일 기본권론의 심대한 영향을 확인하는 것은 어렵지 않은 일이다. 독일 기본권론은 이 땅에서 근대법학이 시작된 이래 한국의 기본권 발전의 자극제였으며, 앞으로도 상당 기간 그러할 것이다. 이 때문에 독일의 기본권론은 예나 지금이나 우리 헌법학 연구자들에게는 기본적인 학습의 대상이다.

기본권론의 개별주제를 독일의 문헌과 판례를 참고하면서 깊이 있게 다룬 국내 논문도 넘친다. 그러나 독일 기본권론과 관련 판례를 전반적으로 이해하기 쉽게 개관해 놓은 국내의 문헌은 드물다. 법률가 양성 시스템의 혁명적 변화로 독일어에 익숙하지 아니한 연구자와 실무가가 늘면서 독일 기본권론의 세례를 받은 우리 기본권론 및 관련 실무를 제대로 이해하고 발전시키기 위해서도 독일 기본권론을 종합적·체계적으로 개관할 수 있도록 해주는 책의 필요성이 더욱 커졌다. 역자가 독일 실정헌법의 특수성이 강하게 반영될 수밖에 없는 독일 기본권해석론 교과서인 이 책을 번역한 주된 이유도 이 때문이다.

이 책은 독일의 법학 입문자들에게 선호도가 매우 높은 기본권 교과서이다. 이 책의 초기 판본으로 기본권을 공부했던 학생들이 이제 중견학자가 되어 초대 저자들의 뒤를 이어 이 책의 집필 책임을 맡고 있을 정도로 긴 역사를 지니고 있기도 하다. 이 책의 성공 원인을 간단히 말하면 이 책이 교과서의 역할을 매우 충실하게 수행해 왔기 때문일 것이다. 즉, 독일 헌법인 기본법의 기본권에 대한 해석론의 핵심을 관련 주요 판례와 함께 쉽고 명쾌하게 설명하면서도 해석론적 일관성까지 견지하는 한편, 기본권 관련 사건의 해결 능력까지 검증할 수 있도록 하는 가운데 관련 판례 및 문헌의 누증에도 불구하고 적절한 분량을 유지함으로써 독일 기본권해석론에 대한 개관을 용이하게 하기 때문이다. 역자가 이 책을 번역한 또 다른 이유도 상술한 여러 이유로 국내 기본권 교과서의 좋은 모델이 될 수 있을 것으로 생각했기 때문이다.

이 책은 또한 독일 기본법의 기본권 해석론 및 판례를 학습할 수 있도록 하는 데 그치지 않고 독자로 하여금 기본권 문제에 대하여 비판적·독자적으로 사유할 수 있도록 설계되어 있다. 각 단원의 말미에 있는 기본적인 참고문헌목록도 독일 기본권론을 연구하려는 한국 독자들에게는 독일 기본권론 연구의 훌륭한 길잡이가 될 것이다.

이 책이 국제인권법과 기본법의 기본권과의 상호관계를 기본권 총론에서만이 아니라 각론에서도 충실하게 반영하고 있다는 점도 주목할 가치가 있다. 오늘날 유럽에서는 국내법상의 기본권은 국제인권법과의 연관성을 놓치면 그 의미와 효력을 온전히 포착할 수 없을 정도로 국제인권법의 영향이 커지고 있다. 유럽연합은 기본적 인권의 존중을 자유무역협정 체결의 조건으로 제시하고 있기도 하다. 국제인권법의 준수가 대외무역에서도 중요한 의미를 갖게 된 것이다. 대한민국의 높아져 가고 있는 국제적 위상만큼이나 대한민국의 국제인권법 준수 정도에 대한 국제사회의 관심도 커질 것이다. 이처럼 변화하는 국제환경에서 이 책의 기본권론 국제화 작업은 우리 학계와 실무계가 국제인권법을 다룰 때 좋은 안내자가 될 수 있을 것이다.

20년 전 헌법재판소의 용역과제로 이 책 제15판을 번역했었기에 1년 정도 소요될 것으로 예상했던 제33판의 번역작업은 제2대 필진에 의하여 대폭 수정된 기본권총론, 책 전반에 걸쳐 보강된 국제인권법 관련 내용에다 역자의 개인적인 사정까지 겹쳐 훨씬 많은 시간이 걸렸다. 독일어 원문의 의미를 우리말로 옮기는 과정에서 종종 역량의 부족을 실감했다. 섬세하게 분화된 일부 독일어 용어들의 번역에 적잖은 시간을 쏟아야 했으나, 그 의미를 우리말로 충실하게 옮기는 데 모두 성공했다는 확신은 서지 않는다. 그러나 추가적인 검토를 위해 출판을 지체하면 개정판이 거듭 나오고 있는 이 책의 가치가 더욱 저하될 것이라는 핑계로 출판을 위한 결단을 내릴 수밖에 없었다.

1999년 특수헌법재판연구·조사사업의 과제로 이 책 제15판을 선정하여 제33판 번역·출판의 계기를 마련해 주고 다시 이 책의 출판에 흔쾌히 동의하여 주신 헌법재판소 사무처에 사의를 표한다.

이 책의 번역·출판을 적극적으로 응원해 준 서울대학교 법학전문대학원 송석윤 교수, 고려대학교 법학전문대학원 김하열 교수께도 심심한 감사의 말씀을 드린다.

    끝으로 세심한 편집과 교정으로 이 책의 출판을 위해 정성을 기울여주신 박영사 관계자분들께도 감사의 말씀을 올린다.

2021년 8월 역자

목 차

제 1 부 기본권총론

제 2 부　기본권각론

제 3 부 헌법소원

약칭으로 인용된 문헌 목록

(* 약칭으로 인용된 문헌은 이 책에서 자주 인용되고 있으므로 이곳에서만 독자들의 이해를 돕기
위하여 서명, 판 등 기본적 서지사항을 번역해 두었음을 밝혀둔다)

AK	Kommentar zum Grundgesetz für die Bundesrepublik Deutschland (Reihe Alternativkommentare), 5 Bände (Loseblatt), Stand: August 2002 (독일 기본법 주석 [대안주석서 시리즈], 총 5권 [가제식], 2002년 8월 기준)
BK	Kommentar zum Bonner Grundgesetz (Bonner Kommentar), 17 Bände (Loseblatt), Stand: Mai 2016 (본 기본법 주석 [본 주석서 시리즈], 총 17권 [가제식], 2016년 5월 기준)
Degenhart, StR I	C. Degenhart, Staatsrecht I, 33. Aufl. 2017 (국법 I, 33판, 2017)
DR	H. Dreier (Hrsg.), Grundgesetz. Kommentar, Bd. I, 3. Aufl. 2013, Bd. II, 3. Aufl. 2015, Bd. III, 2. Aufl. 2008 (기본법. 주석, 제1권, 3판, 2013; 제2권, 3판, 2015; 제3권, 2판, 2008)
E	Amtliche Sammlung der Entscheidungen des Bundesverfassungsge-richts (연방헌법재판소 공식판례집)
EH	V. Epping/C. Hillgruber (Hrsg.), Beck,scher Online-Kommentar. Grundgesetz Kommentar, 28. Edition, Stand: 1.3.2016 (출판사 벡의 온라인 주석서 시리즈. 기본법 주석, 28판, 2016년 3월 1일 기준)
Epping, GrundR	V. Epping, Grundrechte, 7. Aufl. 2017 (기본권, 7판, 2017)
FH	K.H. Friauf/W. Höfling (Hrsg), Berliner Kommentar zum Grund-gesetz, 4 Bände (Loseblatt), Stand: Februar 2016 (베를린 기본법 주석, 4책[가제식], 2016년 2월 기준)
Hdb. GR	D. Merten/tH.-J. Papier (Hrsg.), Handbuch der Grundrechte in Deutschland und Europa, bisher 6 Bände und 4 Teilbände, 2004-2016 (독일 및 유럽 기본권 편람, 현재 6권은 전부 출판, 4권은 일부 출판, 2004-2016)
Hdb. StR	Isensee/P. Kirchhof (Hrsg.), Handbuch des Staatsrechts der Bundesrepublik Deutschland, 3. Aufl. 2003-2015, 12 Bände und

	ein Gesamtregisterband (독일 국법 편람, 3판, 2003-2015, 총 12권 및 종합색인 1권)
Hesse, VerfR	K. Hesse, Grundzüge des Vertassungsrechts der Bundesrepublik Deutschland, 20. Aufl. 1999 (독일 헌법요강, 20판, 1999)
Hufen, StR Ⅱ	P. Hufen, Staatsrecht Ⅱ. Grundrechte, 5. Aufl. 2016 (국법 Ⅱ. 기본권, 5판, 2016)
JK	Juristische Ausbildung Karteikarten (Monat/Jahr) (법학학습 카드 [월/년])
JP	H.D. Jarass/B, Pieroth, Grundgesetz für die Bundesrepublik Deutschland. Kommentar, 14. Aufl. 2016 (독일 기본법. 주석, 14판, 2016)
Kloepfer, VerfR	M. Kloepfer, Verfassungsrecht, 2 Bände, 2010/2011 (헌법, 총 2권, 2010/2011)
Manssen, GrundR	G. Manssen, Staatsrecht Ⅰ. Grundrechte, 14. Aufl. 2017 (국법 Ⅰ. 기본권, 14판, 2017)
Maurer, Allg. VwR	H. Maurer, Allgemeines Verwaltungsrecht, 18. Aufl. 2011 (행정법총론, 18판, 2011)
Maurer, StR	H. Maurer, Staatsrecht I, 6. Aufl. 2010 (국법 Ⅰ, 6판, 2010)
MD	T. Maunz/G. Dürig (Begr.), Grundgesetz. Kommentar, 7 Bände (Loseblatt), Stand: Dezember 2015 (기본법. 주석, 총 7권[가제식], 2015년 12월 기준)
Michael/Morlok, GR	L. Michael/M. Morlok, Grundrechte, 6. Aufl. 2017 (기본권, 6판, 2017)
MKS	H. v. Mangoldı/F. Klein/C. Starck (Begr./Hrsg.), Das Bonner Grundgesetz. Kommentar, 3 Bände, 6. Aufl. 2010 (본 기본법. 주석, 총 3권, 6판, 2010)
MüK	I.v. Minch/P. Kunig (Hrsg.), Grundgesetz-Kommentar, 2 Bände, 6. Aufl. 2012 (기본법 주석, 총 2권, 6판, 2012)
SA	M. Sachs (Hrsg.), Grundgesetz. Kommentar, 7. Aufl. 2014 (기본법. 주석, 7판, 2014)
Sachs, VertiR Ⅱ	M. Sachs, Verfassungsrecht Ⅱ, Grundrechte, 3. Aufl. 2017 (헌법 Ⅱ, 기본권, 3판, 2017)
Schlaich/S. Korioth, BVerfG	K. Schlaich/S. Korioth, Das Bundesvertassungsgericht.

	Stellung, Verfahren, Entscheidungen, 10. Aufl. 2015 (연방헌법재판소. 지위, 절차, 판결, 10판, 2015)
Stern, StR	K. Stern, Das Staatsrecht der Bundesrepublik Deutschland, 5 Bände, 1./2. Aufl. 1980-2011 (독일 국법, 총 5권, 1/2판, 1980-2011)
StudK	C. Gröpl/K. Windthorst/C. von Coelln, Grundgesetz. Studienkommentar, 2. Aufl. 2015 (기본법. 학습용주석, 2판, 2015)
UC	D.C. Umbach/T. Clemens (Hrsg.), Grundgesetz. Mitarbeiterkommentar und Handbuch, 2 Bände, 2002 (기본법. 재판연구관주석 및 편람, 총 2권, 2002)
Volkmann, StR Ⅱ	U. Volkmann, Staatsrecht Ⅱ. Grundrechte, 2. Aufl. 2011 (국법 Ⅱ. 기본권, 2판, 2011)

그 밖에 연방법률의 법명은 많이 사용되고 있는 법전인 "쇤펠더(Schönfelder)"와 "자르토루스(Sartorus)"의 각 페이지 상단의 머리말(header)에 사용되고 있는 통상적인 약칭으로 표기하였으며, 각 주(州)의 법률의 법명도 역시 많이 사용되고 있는 법전(가령 v. Hlippel/Rehborn 편저)의 머리말에 사용되는 약칭을 해당 주(州)의 약어(가령 노르트라인-베스트팔렌 nw) 뒤에 붙여서 표기하였다.

다만, 번역서에서는 독일의 민법(BGB), 형법(StGB), 민사소송법(ZPO), 형사소송법(StPO), 행정소송법(VwGO), 행정절차법(VwVfG)과 같이 국내 독자에게도 비교적 익숙한 독일의 법명은 약어를 병기하지 않고 우리말로만 표기하였음을 밝혀둔다. 국내 독자에게 낯선 법명은 관련 그 공식명칭이나 관련 법률조항의 원문을 찾아보기 쉽게 처음 사용된 곳에 독일어 약어를 병기하였다.

일러두기

1. 논문이나 책 등 참고문헌은 후에 해당 문헌을 찾아보기 쉽게 저자의 이름과 함께 논제나 서명을 번역하지 않고 원문을 그대로 옮겼다.

2. 국내의 독자들에게 생소한 개념이나 오해 방지를 위해 해설이 필요한 경우 등에는 독자의 이해를 돕기 위하여 역주를 달았다.

3. 판례의 표기에서 국내의 독자에게 익숙한 연방헌법재판소(BVerfG), 연방행정법원(BVerwG), 연방법원(BGH), 연방노동법원(BAG), 유럽인권협약의 사법적 관철기구인 유럽인권재판소(EGMR), 유럽연합의 사법기관인 유럽재판소(EuGH) 등은 번역하지 않고 약어로 표기된 원문을 그대로 표시하였다. 다만, 국내의 독자에게 다소 생소한 각 주(州)의 행정법원(VG), 고등행정법원(OVG)은 그 소재지와 함께 번역하고 원문을 괄호 안에 병기하였다.

4. 사항색인에서는 원어에 관심이 있는 독자를 위하여 원어를 괄호 안에 병기하였다.

5. 이 책을 읽고 이해하는 데 필요한 범위에서 독일 기본법과 독일 연방헌법재판소법을 발췌·번역하여 수록하였다.

§1 서설

Ⅰ. 이 책의 활용법

이 책은 독일의 제1차 변호사시험의 출제범위 및 수준에 맞추어 기본권을 설명   **1**
하고 있다. 이 책의 서술대상은 기본권총론의 주제(제1부), 기본권각론(제2부),
헌법소원 및 관련 절차법(제3부)인데, 이는 대학에서 변호사시험을 준비하기 위
해서 학습하고 또 실무에서 사건을 해결하는 데 중요한 의미가 있는 것들이다.
본서는 연방헌법재판소 판례에 초점을 맞추고 있으나, 판례가 아직 형성되지
않은 사례들을 통해서도 독자들이 스스로 사건을 해결할 수 있도록 돕는 방법
론적·해석론적 도구를 전달하고 있다.

기본권론은 대체로 법학의 입문 단계에서 학습하게 된다. 그래서 저자는 **법학에**   **2**
입문한 사람까지도 염두에 두면서 쉽게 이해할 수 있도록 쓰려고 노력하였다.
물론 기본권문제는 복잡하며, 기본권을 다루기 위해서는 많은 전제가 충족되어
야 한다. 기본법의 기본권은 유럽연합 및 유럽인권협약의 기본권과 밀접하게
연관되어 있는데, 전통적으로 후자의 기본권은 유럽법 강좌의 대상이었다. 그
밖에도 국제법상의 기본권과 관련한 국가의 의무도 고려하여야 한다. 나아가
기본법의 기본권들은 법령(das einfache Recht)[1] 전반에 영향을 미치고 있고 또
법령과의 연관 속에서 보아야 충분히 이해될 수 있는 경우가 많다.

각 절의 끝부분에 수록된 **참고문헌목록**은 의도적으로 간략하게 작성하였다. 참   **3**
고문헌목록에는 학습하기에 특히 적합하면서도 기본적이고도 현실적인 의미가
있는 논문과 단행본만을 담았다. 이 목록에 포함된 단행본은 각 절의 본문에서

---

1) [역주] 직역하면 '보통의 법', 즉 헌법과 구분되는 헌법 하위의 법령이지만 최고법인 헌법과 구
분되는 법률, 명령, 규칙 등의 법규범을 의미하기에 이하에서는 '법령'으로 번역하되 문맥상 불
가피한 경우에는 '헌법하위법'으로 직역하였음을 밝혀둔다.

서명을 빼고 저자만 표기하는 방식으로 인용하였다. 포괄적인 문헌목록은 기본법 주석서, 국법(Staatsrecht),[2] 헌법 그리고 기본권 편람에 수록되어 있다. 이러한 문헌과 최신의 국법 교과서는 약어로 인용된 문헌목록에 집약해 놓았기 때문에 참고문헌목록에 별도로 기재하지 않을 것이다.

II. 기본권과 해석

4 법규범의 종류에 따라 해석작업에 요구되는 노력의 정도가 다르다. 명료하게 표현된 기간규정, 형식규정, 절차규정이 있는가 하면, 법학 및 판례(법관법)를 통해서 적용될 수 있을 정도로 점차 다듬어지는 다의적인 일반조항도 있다. 기본권 중에는 물론 가령 기본법 제104조와 같이 몇몇 형식규정과 절차규정도 있다. 그러나 기본권은 대체로 매우 간결하고 광의적으로(weit) 표현되어 있고(예: "예술과 학문은 … 자유이다", "재산권은 … 보장〈된다〉") 또 **일반조항처럼** 작용한다. 그에 따라 기본권에 관한 법관법이 그리고 이 법관법을 예비하고 보완하는 기본권해석론이 중대한 역할을 하게 된다. 그러므로 기본권은 어떤 법영역보다도 연방헌법재판소는 물론 유럽연합재판소(EuGH)와 유럽인권재판소(EGMR)가 형성한 중요한 선례들이 학습의 내용이 되고 있다. 고시잡지인 '유라'(Jura)에는 최신 중요 판례들에 대한 해설이 실려 있다. 유라에 게재된 간결한 설명은 이 책에서는 JK(유라카드)로 표기한다.

5 헌법의 일부인 기본권은 집행권 및 사법권이 발하는 일체의 개별행위를 비롯하여 법률(Gesetzesrecht) 및 행정입법(법규명령, 규칙[Satzungen])[3]에 대하여 **우월적 지위를 갖는다.** 이는 헌법하위의 일체의 법령(Unterverfassungsrecht) 및 이 법령에 기초하고 있는 개별행위가 헌법에 비추어 평가되어야 한다는 것을 의미한다. 법령이 헌법규범, 특히 기본권규범과 합치하지 않는다면, 그 법률은 위헌으로서 무효인 것이 보통이다. 그런데 기본권의 내용이 법령에 의하여 형성되어

---

2) [역주] 국법은 국가학 및 법학의 한 분과이다. 국법은 국가조직법 및 기본권을 포함한다. 헌법과 동의어로도 사용되지만, 일반적으로 헌법은 국법의 일부일 뿐이다. 국법은 국가를 규율하는 헌법규범, 헌법의 위임에 의하여 또는 헌법을 보충하기 위하여 제정된 공직선거법, 법원조직법, 헌법재판소법 등과 같은 국가에 관한 법률까지 포함한다.

3) [역주] 공법인의 자치입법권에 의해 제정되는 법규범.

(geprägt) 있을 수 있어서 법령의 위헌 판단에 또 다른 어려움이 있을 수 있다. 그러한 기본권을 법 내지 규범에 의하여 형성되는 기본권이라고 한다.

예: 입법자는 재산권의 헌법적 보장(기본법 제14조 제1항 제1문)에 구속된다(기본법 제 **6** 1조 제3항). 그렇지만 재산권이 무엇인지는 입법자에 의하여 규정되어야 한다. 기본법 제14조 제1항 제2문도 입법자에게 재산권의 내용을 정할 수 있는 권한을 부여하고 있다. 그렇다면 입법자가 어떻게 헌법에 구속된다고 할 수 있을 것인가? - 공권력에 의한 권리침해에 대하여는 개인에게 권리구제절차가 열려 있다(기본법 제19조 제4항). 그런데 이는 법원의 설치를 전제로 하고 있고, 이는 다시 입법자에 의해서만 마련될 수 있는 것이다.

그 밖에도 기본권은 고금을 불문하고 **정치와** 특히 **밀접한 관계**를 맺고 있다. 기 **7** 본권은 정치투쟁을 통하여 획득되어야 했고 또 그 해석과 적용은 거듭하여 정치투쟁의 대상이 되곤 했다. 인구조사, 낙태, 공립학교 교실에 십자가 게시, 대학 및 학교의 개혁, 집시법, 기업체의 공동결정이나 정치적 망명권, 주거감청이나 온라인(Online) 수색을 둘러싸고 전개된 치열한 논쟁들이 이를 뚜렷하게 보여준다. 이는 종종 헌법해석, 특히 기본권해석이 정치와 다름없다거나 연방헌법재판소는 본래의 사법작용을 수행하지 않는다는 그릇된 평가마저 유발할 수도 있다. 그러나 통치권의 민주적 구성과 아울러 통치권 행사가 법에 따라 이루어지도록 한 것은 근대 헌법국가의 위대한 성취이다. 기본권을 통해서 개인과 국가의 관계에 법이라는 척도가 그 타당성을 확보하게 된 것이다.

법이 이처럼 구속력 있는 규준으로 작용하려면 누구나 동의하는 확고한 **방법론** **8** **적인 규칙**에 따라 해석되어야 한다. 그러나 헌법은 물론 모든 법의 해석방법을 둘러싸고 격론이 일고 있다. 어떠한 규칙이 해석의 방법을 지도해야 하느냐의 문제에 대한 합의는 겨우 실마리만이 보일 뿐이다.4) 이 때문에 이른바 고전적인 해석의 관점들, 즉 문법적 해석관점(규율의 문구), 체계적 해석관점(규율의 연관), 발생론적 해석관점(규율의 성립사), 역사적 해석관점(과거의 규율들) 및 목적

---

4) *Alexy*, Theorie der juristischen Argumentation, 3. Aufl. 1996; *Engisch*, Einführung in das juristische Denken, 11. Aufl. 2010; *Larenz/Canaris*, Methodenlehre der Rechtswissenschaft, 5. Aufl. 2008; *F. Müller/R. Christensen*, Juristische Methodik, Bd. Ⅰ. 11. Aufl. 2013; *Schlink*, Staat 1980, 73; *Schmalz*, Methodenlehre für das juristische Studium, 4. Aufl. 1998; *J. Vogel*, Juristische Methodik, 1998 참조.

론적 해석관점(규율의 목적)이 여전히 의미가 있는 것이다. 또 그러한 사정 때문에 연방헌법재판소도 헌법을 해석하고 또 보완적으로 형성할 때 현저하게 폭넓은 자유를 누린다. 연방헌법재판소는 개별사건과 관련하여 활동하며 개별사건의 관점에서 기본권을 해석한다. 그러므로 학생들은 구체적 맥락에서 분리된 연방헌법재판소의 판시를 일종의 경전처럼 대해서는 안 되고 그 재판의 이유 및 결론을, ㅡ 그것이 때로는 변형되고 또 수정될 뿐일지라도 ㅡ 어떤 문제를 해결하는 기준으로 삼기 전에 항상 방법론적으로 검증하여야 한다는 점을 명심하여야 한다.

8a **기본권합치적 해석**의 원칙은 체계적 해석의 특수한 사례이다. 이 원칙을 통해서 기본권은 사법(司法) 및 행정에 의한 법령 해석 및 적용에 대하여 영향을 미친다. 법령의 규정을 해석하기 위하여 방법론적으로 올바른 노력을 하더라도 여러 해석이 있을 수 있으며, 일반조항과 불확정법개념과 관련해서는 사법과 행정에게 상당히 폭넓은 해석의 여지가 부여된다. 이 경우 기본권을 존중하려면 방법론적으로 가능한 해석들 중 하나를 선택할 때 기본권을 기준으로 삼아야 한다. 기본권 구속이 관철되려면 기본권이 효력을 발휘하도록 하여야 한다. 즉 기본권을 보호할 수 있는 방향으로, 즉 자유친화적이고 자유촉진적으로 법령을 해석하여야 한다.

8b 예: 특별이용허가 없이는 공도에서 누구도 전단을 배포할 수 없다. 그러나 이와 같은 도로법 규정에 대한 해석은, 공도의 용도인 교통(Verkehr)을 이동만이 아니라 의견을 서로 나누는 교통, 즉 의사소통으로도 이해하는 것도 가능하며, 따라서 허가받지 않고도 공도에서 전단을 배포하는 것을 허용하는 해석도 가능하므로 기본법 제5조 제1항에 반한다 (BVerfG, NVwZ 1992, 53; *Enders*, VerwArch 1992, 527; *Dietz*, AöR 2008, 556; 공도에서 신문을 판매하는 행위에 대해서는 BVerfG, NVwZ 2007, 1306 참조). 사회법에서 자녀로부터 격리된 상태에 있는 부 또는 모 그리고 자녀는 가족공동체라는 구성요건표지를 충족하지 못한다는 평가를 받을 수 있을 것이다. 그러나 혼인 및 가족의 보호를 명시하고 있는 기본법 제6조 제1, 2항에 비추어 보면 자녀와 격리된 채 사는 부 또는 모가 자녀와 정기적으로 접촉을 유지하고 자녀가 그와 함께 지낼 때도 가족과 같은 편안함을 느낀다면 가족공동체라는 표지의 충족을 인정하여야 한다(E 127, 263/286 ff). 마찬가지로 집행법원은 강제집행법상의 절차규정을 적용할 때 주거의 명도로 발생할 수 있는 채무자의 생명과 건강에 대한 위험을 고려하여야 한다(BVerfGE, 52, 210/220 f; NJW 2013, 290/290 f).

상술한 기본권합치적 해석은 이른바 **헌법합치적 해석**의 하위개념이다. 이 원칙에   **8c**
따르면 복수의 가능한 해석 중에 헌법에 더 잘 부합하는 해석이 우선한다. 이
해석 원칙들의 공통적 한계는 법규정의 규범적 내용을 근본적으로 새롭게 확정
해서는 안 된다는 것이다. 기본권의 지침에 비추어 볼 때 법규정을 근본적으로
새롭게 확정할 필요가 있다면, 그 법규정은 위헌인 것으로서 거부되어야 하며,
"그 위헌적 규율을 합헌적 규율로 대체할 것인지는 입법자에게 맡겨야 한다."5)

III. 기본권사례의 해결

기본권사례의 핵심적 문제는 대개 개인이 방어하려고 하는 국가의 조치가 기본   **9**
권과 합치하는지, 아니면 기본권에 위반되느냐의 문제이다. 이 핵심문제는 다음
과 같은 **두 가지 부분문제**로 구분할 수 있다. 즉 국가의 조치로 기본권이 제한을
받고 있는가? 이 문제에 대한 답이 부정적이라면 기본권저촉은 존재하지 않는
다. 반대로 그 답이 긍정적이라면 계속하여 다음과 같은 물음을 던져야 한다.
즉 이 기본권제한이 헌법적으로 정당화되는가? 이 물음에 대한 답이 긍정적이
라면 이 경우에도 기본권에 대한 저촉은 존재하지 않는다. 만일 그 답이 부정적
이라면 기본권에 대한 저촉이 존재한다. 앞의 문제를 다시 보호영역의 문제와
보호영역 안에서 가해지는 제한(Eingriff in den Schutzbereich)6)의 문제로 세분하
는 것이 합목적적인 경우가 많다. 그리하여 일반적으로 인정받고 있는7) **3단계
심사**가 성립된다. 이 3단계심사는 § 6에서 상술할 것이며 또 제2부에서는 모든
기본적 자유권8)에 대한 체계적 서술의 기초로 삼는다. 기본권에 대한 저촉은
(1) 어떤 기본권의 보호영역이 해당하고, (2) 해당 기본권에 대한 국가의 제한이

---

5) E 8, 71/79; 54, 277/299 f; *Lüdemann*, JuS 2004, 27.
6) [역주] 이를 직역하면 '보호영역으로의 침투'가 될 것이다. Eingriff를 제한으로 번역하고 있는
   학계의 경향을 기계적으로 따르면 이를 보호영역에 대한 제한으로 번역하여야 할 것이다. 그러
   나 그러한 번역은 입법자를 비롯한 공권력이 보호영역을 축소할 수 있는 것과 같은 인상을 줄
   수 있다. 그러나 보호영역을 축소하거나 확대하는 것은 헌법제정자나 헌법개정자만이 할 수 있
   는 일이다. 헌법의 구속을 받는 국가권력이 할 수 있는 일은 헌법이 정한 정당화요건을 충족하
   는 가운데 기본권의 보호영역에 속하는 인간의 행태나 상태, 법적 지위 등, 그 보호내용을 제
   한할 수 있을 뿐이다. 그러므로 여기서는 맥락에 따라 '기본권의 보호영역 안에서 가해지는 제
   한'이나 '기본권의 보호내용에 대한 제한'으로 의역한다.
7) *Volkmann*, JZ 2005, 261.
8) [역주] 이 말은 원문 Freiheitsgrundrechte의 번역이지만, 이하에서는 편의상 자유권으로 줄인다.

있으며, (3) 이 제한이 헌법적으로 정당화될 수 없는 경우에만 존재하게 된다.

10 이 핵심문제는 두 가지 형태로 수정될 수 있다. 먼저 **평등권**[9]의 경우에는 보호영역 안에서 가해지는 제한이 문제되는 것이 아니라 국가에 의한 차별이 정당화될 수 있느냐가 문제된다.[10] 그러므로 평등권에서는 다음과 같은 2단계 심사로 그치게 된다. 즉 (1) 차별이 존재하는가? 이 물음에 대한 답이 부정이라면 평등권에 대한 저촉은 존재하지 않는다. 그에 대한 답이 긍정이라면 계속하여 다음과 같은 질문을 던져야 한다. (2) 이 차별이 헌법적으로 정당화되는가? 이 물음에 대한 답이 긍정이라면 이 경우에도 평등권에 대한 저촉은 없다. 반면, 이에 대한 답이 부정이라면 일반적 형태의 평등규정(기본법 제3조 제1항)이나 특별한 내용의 평등규정(기본법 제3조 제2, 3항, 제6조 제5항, 제33조 제1~3항, 제38조 제1항 제1문) 중 어느 하나가 침해된 것이다.

11 또 다른 수정형태는 개인이 자유권이나 평등권에 대한 제한을 방어만 하려는 것이 아니라 국가에게 일정한 행위를 **하도록** 하려 할 때 나타난다. 몇몇 기본권들은 명시적으로 보호청구권(Schutzrechte)으로 표시되어 있다. 공동체의 보호 및 지원(Fürsorge)에 대한 모의 청구권을 규정하고 있는 기본법 제6조 제4항, 법적 청문권을 규정하고 있는 기본법 제103조 제1항이 그 예이다. 다른 기본권들도 유사하게 해석된다(이에 대해서는 단락 133 이하 참조). 이러한 기본권들의 경우에도 다음과 같은 3단계 심사가 진행된다. 즉 (1) 보호를 요하는 행태가 기본권의 보호영역에 속하는가, (2) 이 행태에 대한 국가의 보호의무가 존재하는가, (3) 국가가 이러한 보호의무를 이행하고 있는가.

12 기본권심사의 핵심문제는 무엇보다도 위계적 **규범체계**로 인하여 복잡성을 띤다는 것이다. 법률의 경우에는 기본권심사를 곧바로 시작하여 그 법률이 기본권에 합치하는 것인지를 따져볼 수 있다. 이에 비하여 법률에 토대를 두고 있는 법규명령과 규칙 또는 이 법규명령이나 규칙에 토대를 두고 있는 집행부나 사법부의 개별행위가 문제되는 경우에는 규범의 위계체계에 따라 기본권심사를 하는 것이 가능하다. 즉 법률 자체와 관련한 기본권심사, 법률에 토대를 둔 법

---

9) [역주] 원문은 평등기본권(Gleichheitsgrundrecht)이지만, 이하에서는 편의상 평등권으로 줄인다
10) *Manssen*, GrundR, Rn 35 f.

규명령이나 규칙과 관련한 기본권심사 그리고 단일 또는 복수의 법규범에 토대를 둔 행정행위와 관련한 기본권심사가 가능하다. 물론 기본권심사는 내용상 기본권제한을 포함하고 있는 규범의 단계에 집중될 수 있다.

예: 법조인양성법에 전과가 있는 학생의 제1차 국가고시 응시자격을 박탈하는 규정이 **13** 새로 추가되었다(바이에른 헌법재판소[BayVerfGH], BayGVBl. 1973, 151 참조). 그 후 전과 있는 한 학생이 변호사시험을 주관하는 관청(Justizprüfungsamt)의 결정으로 응시하지 못하게 되었다. 이러한 경우에 위 관청의 결정도 기본권제한을 포함하고 있음은 물론이다. 그러나 위 관청의 결정은 기본권제한을 내용상 이미 포함하고 있는 위 법률을 집행하고 있을 뿐이다. 이 경우에는 기본법 제12조 제1항(직업의 자유 및 직업교육의 자유)이라는 규준에 의하여 위 법률만을 심사하면 된다. 반면, 그 규정이 '전과가 있는 학생에게는 제1차 국가시험 응시자격을 인정하지 않을 수 있다'고 규율함으로써 행정관청에 대해 행위의 여지를 부여하고 있는 경우에는 사정은 달라진다. 이 경우 변호사시험을 주관하는 관청의 해당 조치는 법률에 대하여 독자성을 갖는 기본권제한을 가한다. 그러므로 그 행정행위가 기본법 제12조 제1항과 합치하는지를 법률의 합헌성과 아울러 심사해야 한다.

규범의 위계체계는 다른 이유로도 복잡성을 유발할 수 있다. 법률의 **합법성**이 **14** 문제되고 있다면 규범의 위계체계 문제는 법률의 합헌성만을 의미할 수 있다. 그렇지만 법규명령, 규칙 그리고 개별적 집행행위나 사법행위의 경우는 사정이 다르다. 이 경우에는 먼저 하위규범이 올바르게 적용되었는지를 심사하여야 한다. 하위규범으로부터 행정행위나 법규명령의 위법성이 밝혀진다면, – 그것이 특별히 문제되는 경우를 제외하면 – 상위규범의 합헌성을 심사할 필요가 없다. 상위규범의 합헌성은, 쟁점이 되는 조치의 근거를 하위법에서 찾을 수 있을 때만 관건적 의미를 갖게 된다.

예: 위반시 과태료의 제재를 받게 되는 조명의무를 규정하고 있는 경찰명령의 준수여부 **15** 를 점검하기 위하여 임대아파트 복도에 들어간 경찰공무원의 행위가 합법성을 띠는지를 묻고 있다. 이 경우 먼저 경찰법 및 공공질서유지법(Polizei- und Ordnungsrecht)에 그 행위에 대한 수권의 존부를 검토하여야 한다. 수권의 근거가 존재하고 또 그것이 경찰공무원의 행위를 뒷받침하는 경우에야 비로소 이 수권의 근거 자체가 합헌인지 또는 주거의 불가침(기본법 제13조)에 위반되는 것인지를 물어야 한다.

16 끝으로 기본권심사는 흔히 **소송법적 문제**, 즉 실체적 합법성 내지 합헌성 문제
와 아울러 하나 또는 복수의 권리구제절차의 적법성 문제가 제기됨으로써 확장
되곤 한다. 권리구제절차에서 승소할 수 있는지를 묻는 문제, 본서에서는 특히
헌법소원이 인용될 수 있는지에 대한 평가를 요구하는 경우는 실체법적 문제와
절차법적 문제가 서로 연결되어 있다. 어쨌든 통상적으로는 실체적 합법성 내
지 합헌성을 평가하는 것이 사례형 및 변호사시험 문제의 중점을 이룬다.

17 참고문헌: "공법적 사례를 해결하는 기법"에 대해 다루고 있는 *Butzer/Epping*, 3. Aufl.,
2006; "법학적 사례 해결기법 및 학문적 연구법"에 대한 정보를 제공하고 있는 *Möllers*,
8. Aufl. 2016; 사건해결 방법론에 대한 입문서로는 *Schwerdtfeger/Schwerdtfeger*, Öffent-
liches Recht in der Fallbearbeitung, 14. Aufl. 2012, S. 315 ff. 사례문제집으로는
Degenhart, Klausurenkurs im Staatsrecht Ⅰ, 4. Aufl. 2016, Klausurenkurs im Staatsrecht
Ⅱ, 7. Aufl. 2015와 *Pieroth/Görisch/Hartmann* (Hrsg.), Hausarbeit im Staatsrecht, 3.
Aufl. 2015를 대표적으로 소개한다. 위의 문제집들 역시 본서의 사건해결 방식을 채택하
고 있기 때문이다.

　기본권 관련 사례 및 그 해법을 다루고 있는 것으로는 그 밖에도 *Brinktrine/Sarcevic*,
Fallsammlung zum Staatsrecht, 2. Aufl. 2015; *Höfling*, Fälle zu den Grundrechten, 2.
Aufl. 2014; *Haug*, Fallbearbeitung im Staats- und Verwaltungsrecht, 8. Aufl. 2013;
Heimann/Kirchhof/Waldhoff, Verfassungsrecht und Verfassungsprozessrecht, 2. Aufl.
2010; *Kilian/Eiselstein*, Grundfälle im Staatsrecht, 5. Aufl. 2011; *Lücke/Kugelmann*, Fälle
mit Lösungen für Anfänger im Öffentlichen Recht, 2004; *Schmalz*, Verfassungsrecht, 3.
Aufl. 2003; *Schmidt-Jortzig/Schliesky*, 40 Klausuren aus dem Staats- und Völkerrecht
mit Lösungsskizzen, 6. Aufl. 2002; *Schoch*, Übungen im Öffentlichen Recht Ⅰ, 2000;
Volkmann, Staatsrecht Ⅱ. Grundrechte, 2. Aufl. 2011; *Weiß*, Grundrechte in der
Fallbearbeitung, 2007. 많은 사례 및 모범답안이 법학교육잡지인 JuS, Jura, JA 및 각 주
(州)의 행정잡지(Verwaltungsblätter)에 실리고 있다.

제1부 **기본권총론**

§ 2 기본권의 역사와 개념

Ⅰ. 서설

법은 **역사 속에서 생성된** 것이며 그 역사를 배경으로 하지 않으면 이해할 수 없 **18**
다. 법적 규율은, 변함없는 사회·경제적 상황에 토대를 두고 있거나 인간이 직
면하고 있는 불변의 근본적 문제에 대하여 해답을 주고 있는 경우에는 그 토대
가 되고 있는 정치질서보다 오래 살아남을 수 있다. 그러나 법적 규율은 정치질
서와 함께 사라질 수도 있다. 기본권은 국법 및 헌법의 일부분으로서 정치적 성
격을 띠는 권리이며, 그에 따라 정치질서의 변천에 따라 부침할 수도 있다. 그
러나 동시에 기본권은 개인의 자유와 정치질서 사이의 관계에 대한 불변의 문
제에 대한 해답이기도 하다.

기본권의 생성은 북미와 프랑스의 혁명을 통해서 최초로 구현된 **근대 부르주아** **19**
헌법국가와 관련되어 있다. 그러나 이와 같은 법의 발전은 독일의 국법 사상에
아무런 직접적인 영향을 미치지 못했다. 독일은 1848년[1])에도 기본권에 토대를
둔 헌법국가가 굳건히 세워지기에는 시기상조였다. 독일에서 헌법국가는 1918
년의 독일혁명을 통해 비로소 성취되었으며 또 1933년부터 1945년까지의 반동
을 체험한 후 독일연방공화국 기본법의 형태로 안정성을 획득하게 되었다.

Ⅱ. 북미와 프랑스의 기본권

근대적 의미의 기본권들을 처음으로 망라하여 헌법에 실정화한 것은 버지니아 **20**
권리장전이었다(1776). 권리장전 제1조는 모든 인간은 "천부적으로 평등하게 자
유롭고 또 독립적이며, 인간이 어떤 사회의 국가에 소속될 경우, 계약을 통해서

---
1) [역주] 프랑크푸르트 국민회의 헌법이 제정된 해.

그 후손으로부터 침탈하거나 박탈할 수 없는 생래적 권리, 즉 점유와 재산을 취득하고 행복과 안전을 추구하고 획득하기 위한 수단들과 함께 생명과 자유를 향유할 수 있는 권리를 가지고 있다"고 규정하고 있다. 제8~11조는 형사소송에서 피고인의 보호를 위한 절차법적 규범들을 포함하고 있다. 제12조는 출판의 자유가 "자유를 지키는 위대한 보루"의 하나로 선언하고 있다. 제16조는 모든 인간은 양심의 명령에 따라 자유롭게 종교활동을 할 수 있는 동등한 권리가 있다고 확정하고 있다.

21 버지니아 권리장전은 북미의 다른 주(州)들의 **권리선언**에 직접적인 영향을 끼친 모델이 되었다. 물론 북미 다른 주(州)들의 권리선언은 대체로 버지니아 권리장전보다 더 상세한 내용을 포함하고 있었다. 버지니아 권리장전이 버지니아 헌법과 병존하고 있었던 반면, 펜실베니아 권리선언(1776)은 "정부의 구조"로 지칭된 절과 함께 "펜실베니아 공화국헌법"으로 결합되었다. 따라서 이 펜실베니아 헌법이 기본권 부분과 조직 부분으로 이루어진 근대적 의미의 최초의 헌법이었다. 미합중국 연방헌법의 최초의 10개 수정조항에 포함되어 있는 기본권들(1791)은 "연방권리장전"으로도 불리기도 했는데 그 후의 미합중국의 헌법발전에 대해 매우 중요한 의미가 있다.

22 개인의 권리를 헌법에 실정화하는 것과 같은 맥락에서 법률을 위헌으로 만들어 버릴 수 있는 **헌법우위의 원칙**이 처음으로 형성되었다. 이 원칙의 형성에는 영국의 북미식민지가 모국인 영국으로부터 겪은 '의회도 불법을 행할 수 있다'는 경험이 반영되었다. 그렇게 볼 때 권리장전은 정부의 권한에 대한 제한만을 의미하는 것이 아니라 주권자인 국민의 다수파의 권한에 대한 제한을 의미하는 것이기도 한 것이다. 나아가 위 권리장전은 처음에는 각 주의 법원이 행사한 사법심사권에 의하여, 그리고 특히 1803년 연방대법원이 행사한 사법심사권에 의하여 입법자에 대한 헌법의 구속력을 확보하는 수단이 되었다.[2]

23 **1789년의 인간과 시민의 권리선언**은 기본권의 역사에서 가장 중요한 이정표라 할 수 있다. 1770년경 형성된 "근본적 권리(droits fondamentaux)", 즉 기본권이라는

---

2) *Kingreen*, Hdb. StR^3 XII, § 263 Rn 11 ff 참조.

개념은 보편성을 띠는 것이기는 하지만, 무엇보다도 사회적 권력과 경제적 실력을 행사하던 부르주아의 정치적 요구를 뒷받침해 주고 있었던 것이다. 부르주아의 잠재적 실력, 전제적 왕권에 대한 반감, 북미에서 일어난 혁명이 제시한 모델에 대한 그 열광이 프랑스혁명과 그 시작인 인권선언을 위한 토대가 되었다.

프랑스 인권선언 제1조 제1문은 인간은 **자유롭게 그리고 동등한 권리를 가지고 태** **24** 어났으며 또 그러한 삶을 영위한다고 규정하고 있다. 제2조는 천부적·불가양적인 인권을 유지하는 것이 모든 정치적 결사의 궁극적 목적이고, 이는 곧 자유, 재산, 안전, 압제에 대해 저항할 권리임을 선언하고 있다. 제4, 5조는 자유의 본질은 타인을 해하지 않는 모든 것을 할 수 있다는 것이며, 사회의 다른 구성원들도 자유를 향유할 수 있도록 보장하기 위해서만 오직 법률을 통해서 자유의 한계를 규정할 수 있음을 밝히고 있다. 제10조는 종교의 자유와 양심의 자유가 법률을 통해서 세워진 공공질서의 테두리 안에서 보장된다는 것을 선언하고 있다. 제11조는 사상의 자유 및 의견표현의 자유를 "인간의 가장 고귀한 권리 중의 하나"로 보장하면서 그 자유의 남용에 대하여는 법률이 정한 경우에 책임을 물을 수 있다는 유보를 달고 있다. 제16조는 "위와 같은 권리들의 보장이 확보되지 아니하고 권력의 분립이 확정되지 아니한 사회는 헌법을 갖지 아니한 것이다"라고 선포하고 있다. 마지막 규정인 제17조는 재산권은 신성하고 불가침적인 권리로서 공공의 필요가 있고 사전의 정당한 보상이 주어진다는 것이 법률로 확정된 경우에만 제한될 수 있다고 선언하고 있다.

프랑스 인권선언은 **1791년 헌법**의 구성요소가 되었다. 그러나 이 헌법은 그 밖 **25** 의 "자연적 및 시민적 권리"로서 거주이전의 자유, 집회의 권리, 청원권을 보장하였으며, 인권선언 제10, 11조에서보다 상세하게 의견표현의 자유 및 종교적 의식의 자유를 보장하였다. **1793년 헌법**(이른바 자코뱅헌법)의 모두에 배치된 권리선언은 보다 상세한 내용을 가지고 있었다. 이 헌법에는 자유로운 직업선택, 노동의 권리, 노동능력 상실의 경우의 지원요구권, 교육을 받을 권리 등과 같은 사회적 기본권도 포함되어 있었다. 그러나 1793년 헌법은 시행되지는 못하였다. **1795년 헌법**은 새로운 차원의 인권선언을 보여주었는데, 이제 인권은 구 신분질서와 특권질서가 제거된 이후 막 정착된 부르주아적 질서를 정당화하는 새로운 기능을 수행하였고, 이에 따라 천부적·불가양적 인권을 선포하는 것이 아니라 사회 안에서 인정되는 권리를 언급하고 있었다. 인간은 자유롭게 그리고 동등한 권리를 갖고 태어났다는 문장은 법률 앞의 형식적 평등으로 대체되었다. 사법절차의 법치국가적 보장수단들이 강화되는 한편, 사회에 대한 의무가 추가되었다. 이후의 유럽대륙의 기본권 발전에 중요한 의미가 있었던 것은 무엇보다도 각기 기본권목록을 포함하고 있는 **1815년 프랑스 헌법**(Charte Constitutionelle) 및 **1831년 벨기에 헌법**이었다.

Ⅲ. 19세기 독일 입헌주의 하의 기본권

26　독일은 1848년에서야 비로소 상술한 서방세계의 기본권 발전에 동참하게 되었다. **파울스키르헤국민회의**[3]에 의하여 의결되었던 독일인민의 기본권은 국민주권 사상에 기초를 두고 있었고 또 전술한 민주적 헌법사상의 전통에 서 있었다. 이 기본권들은 당시의 정치적 상황 때문에 단명으로 끝나고 말았으나, 1848년의 정치적 자유의 주장은 1918년 혁명을 통해서 비로소 완전히 실현되었다. 그러므로 기본권의 중요한 발생사적 맥락은 1848년에서 바로 바이마르 헌법의 기본권으로 넘어가게 된다.

27　19세기 독일에서 볼 수 있는 그 밖의 기본권보장들은 질적으로 다른 의미를 가진다. 19세기 초반의 **남독 국가들의 헌법**은 국민의 권리의 보장을 포함하고 있었으며, 기본권이라는 용어는 전혀 사용하지 않았다. 1818년 바이에른 헌법은 최초로 "일반적 권리와 의무"라는 제목의 제4장에서 인신의 안전, 재산권(§ 8), 공무담임의 평등한 기회(§ 5), 양심의 자유(§ 9), 출판 및 서적판매의 자유를 보장하였다 — 물론 뒤의 3가지 권리들은 이에 관하여 발해진 특별한 칙령의 규정에 의해서만 보장되었다. 바덴(Baden) 헌법(1818)과 뷰르템베르크(Württemberg) 헌법(1819)은 각기 유사한 규정들을 포함하고 있었다.

28　이로써 국가에 선행하는 기본권들이 아닌 신민의 권리들만이 보장되었을 뿐이

---

3) [역주] 파울스키르헤(Paulskirche)는 당시에 국민회의가 소집되었던 프랑크푸르트에 있는 교회의 이름이다. 그래서 이 회의는 프랑크푸르트 국민회의로도 불린다.

었다. 이렇게 된 배경에는 자유를 국가에 의하여 보장된 것으로만 생각할 줄 알았던 구대의 독일적 전통이 있었다. 전술한 권리들은 **입헌군주제**에 토대를 두고 있었다. 상술한 헌법들은 군주가 손수 제정하였거나 (각 신분)의 대표기관들과의 합의를 통하여 제정되었다. 국가권력은 국민이 아니라 신의 은총을 받은 군주를 통하여 정당화되었다. 신분제의회가 입법 및 조세부과에 대하여 행사하던 영향력은 당시까지도 존속했던 군주의 권능과 병존하고 있었을 뿐이었다.

당대의 군주제는 **부르주아의 경제적 필요**에 적응하였다. 독일에서도 이 시대에 **29** 관심사가 되었던 것은 신분제적 생활질서를 법적 평등 및 해방을 위하여 해체하는 것, 신분제의 질곡에 갇혀 있었던 법을 법적 평등 및 영업의 자유를 실현하는, 일반적 효력을 갖는 민법을 통하여 해체하는 것이었다. 그러나 독일에서 이 과정은 혁명의 소산이 아니라 군주에 의한 개혁의 결과였다. 법학도 가령 부르주아의 "기득권"을 부르주아의 재산권으로 전환시켜 줌으로써 어느 정도 이 과정에 관여하였다.[4]

이 시기에 **기본권의 법적 효력**은 매우 한정된 것이었다. 기본권에 반하는 법도 **30** 무효인 것이 아니었다. 법질서가 먼저 기본권에 맞게 변경되어야 했다. 즉 기본권은 (새로운) 법률에 의하여 새로 실현되어야 했다. 평등원칙은 법률 앞의 평등을 의미하는 것에 지나지 아니하였다. 이 때문에 귀족의 법률상의 특권이 유대인에 대한 법률상의 차별과 마찬가지로 유지되었다. 기본권은 행정이 법률에 합치되어야 한다는 것만을 보장하였다. 물론 기본권이 정치과정에서 기능을 발휘하지 못한 것은 아니었다. 즉 기본권은 "지도적·방향제시적"[5] 기능을 수행하였다. 기본권은 법질서 및 사회질서의 장래의 발전을 위한 확정된 프로그램을 포함하고 있는 것으로 해석되었다.

1848년 혁명이 실패하고 파울스키르헤국민회의의 기본권이 폐지된 이후에 찾 **31** 아온 반동으로 인하여 기본권의 발전은 정체되었다. 물론 1918년까지 유효했던 **1850년 프로이센 헌법전**은 제2장("프로이센국민의 권리")에서 비교적 광범위한 권리목록을 포함하고 있었다. 이 권리목록은 학문과 교수의 자유와 같이 1848년

---

4) *Lübbe-Wolff*, Sav. ZRG germ. Abt. 1986, 104.
5) *Wahl*, Staat 1979, 321/333.

헌법에 들어있던 몇몇 미래지향적인 기본권규정들까지도 포용하였다(제20조). 프로이센 헌법은 의견표현의 자유, 출판의 자유, 결사의 자유 및 집회의 자유와 같은 정치적 자유권들도 명시하고 있었다. 그렇지만 프로이센 헌법 제2장에 포함된 도입적 성격을 띠는 조항인 제3조는 "헌법과 법률은 프로이센인의 자격 및 국민적 권리가 취득되고 행사되며 상실되는 조건을 정한다"고 규정하고 있다. 게다가 개별적 자유보장들은 거의 다 법률로 상세히 확정되거나 형성될 수 있는 것으로 선언되었다. 그러나 법률은 국왕, 상원(Herrenhaus) 및 "3등급선거권(Drei-Klassen-Recht)"을 통하여 구성되었던 하원에 의하여 제정되었다. 전체적으로 볼 때 1850년 이후의 **반동의 시대**에 나타난 특징은 정치적 자유는 억압되었던 반면 경제적 자유는 신장되었다는 것이다.

32　**1867/1871년의 북독일동맹 헌법 내지 독일국**(Reich)[6] **헌법**은 기본권목록을 완전히 포기하였다. 이 헌법은 개업의 자유 및 영업의 자유만을 보장하였다(제3조). 많은 고전적 기본권들은 사실상 라이히 법률의 규율에 의하여 실현되었다. 19세기 70년대의 **독일국의 사법**(司法)**에 관한 입법**을 통하여 이처럼 소급효금지, 법원의 독립, 통상적 권리구제절차의 보장, 법률이 정하는 법관의 재판을 받을 권리, 주거의 불가침 및 인신의 자유가 인정되었다. 법률 앞의 평등, 재산권의 보장, 종교단체의 자결권, 학문의 자유와 같은 다른 고전적 보장들은 인정되지 않았으며, 그에 따라 문화투쟁 및 사회주의자금압을 위한 입법이 자유권들을 통한 제한을 받지 않았다.

33　기본권이 이처럼 제한적 의미만을 가졌던 원인은 **입헌주의**(Konstitutionalismus) **정치체제**[7]의 존속에서 찾을 수 있다. 프로이센의 헌법분쟁(1861~1865)[8]을 통하여 의문이 있는 경우에는 국왕이 국민대표에 대하여 우월적 권한을 가지고 있다는 것이 입증되었다. 19세기 후반기의 독일에서는 국왕에 대해서도 관철될

---

6) [역주] 라이히는 나라, 국가를 의미한다. 1871년부터 1945년까지 사용되었던 독일의 정식 국명은 독일국[Deutsches Reich: 도이췌스 라이히]이다. 공화제를 취하고 있는 바이마르헌법하의 독일의 정식명칭에도 라이히라는 용어가 사용되고 있으므로 이를 제국[帝國]으로 번역하는 것은 타당하지 않다.

7) [역주] 독일 헌법사에서 입헌주의는 헌법이 제정되기는 하였으나 의회주의가 법적으로나 사실적으로나 관철되지 못했던 1814~1918의 시기를 가리킨다는 점에 유의해야 한다. 이 시기의 정치체제는 입헌군주제나 의회주의적 군주제로도 지칭된다.

8) [역주] 상비군 유지 비용을 위한 예산 확정권을 둘러싼 국왕과 의회 간의 분쟁.

수 있는 헌법상의 포괄적인 정치적 자유나 국민주권을 위한 여지는 존재하지
않았다. 무엇보다도 대부분의 부르주아가 민족주의적 이유에서 군주제 국가를
양해하였기 때문이다.

가령 19세기 중반 신분적·봉건적 권리들의 폐지가 어느 정도 종결되자 이제 **자** **34**
유주의적 경제질서 및 사회질서의 확충이 주된 관심사로 등장하였다. 이는 국왕
이 지배하는 행정(mornachische Verwaltung)에 의한 간섭(Eingriff)으로부터 부르
주아적 경제사회 및 거래사회를 방어하는 것이었다. 물론 당시에도 입법자에
대하여 기본권을 보호하는 것을 생각할 수 있는 것이었지만, 이는 부르주아 계
급이 그 대표를 통하여 입법에 참여하고 있던 동안에는 그렇게 시급한 문제가
아니었다. 기본권제한은 입법자에 유보되었으며, 따라서 행정에게는 금지되어
있었다. '법률 없이는 자유 및 재산에 대한 제한 없다'라는 기본권적 기치 아래
서 **법률의 유보**는 부르주아가 국왕 및 그가 지휘하는 행정과의 갈등 속에서 쟁
취한 법적 성취가 되었다.

그에 상응하여 **입헌주의 후기의 국법론**에서 자유는 국가에 대한 부정(否定)으로, **35**
즉 국가로부터의 자유로운 영역이면서도 국가에 선행하는 자유권이 아니라 국
가에 의하여 보장된 자유영역의 의미로 이해되었다. 당시의 기본권은 국가 창
설(Konstitution)원리가 아니라 이미 형성된 국가의 조직원리였다.

Ⅳ. 바이마르 헌법의 기본권

제1차 세계대전에서의 독일의 패망과 1918년의 혁명 이후 1919년의 **바이마르** **36**
헌법(Weimarer Reichverfassung)에 의하여 독일 최초의 공화국이 창설되었다. 이
헌법 제2부는 "독일인의 기본권 및 기본의무"라는 표제 아래 제109~165조에서
1848년의 독일인민의 기본권에 의거하는 한편 새로운 사회적 문제들도 다루고
있었다. 제2부의 기본권 및 기본의무를 통하여 **민주적, 법치국가적, 사회국가적**
공화국이라는 프로그램(강령)을 선포하였다.

제2부의 5개 절(개인, 공동체 생활, 종교 및 종교단체, 교육 및 학교, 경제생활) 중 **37**
앞의 두 개의 절에는 평등원칙, 거주이전의 자유, 해외이주의 자유, 인신의 자

유, 주거의 불가침, 신서의 비밀, 의견표현의 자유, 집회의 자유, 결사의 자유, 청원권과 같은 주로 고전적·자유주의적 자유권, 즉 부르주아적 **자유권들**이 포함되어 있었다. 제3절에서는 신앙의 자유 및 양심의 자유에 국가와 교회의 관계에 관한 규율이 추가되었다. 이 규율은 한편으로는 명백히 전통과 단절하는 것이었으나("국교는 존재하지 않는다", 제137조 제1항), 다른 한편 어느 정도 타협적 성격을 띠기도 하는 것이었다(공법적 사단으로서의 종교단체, 교회세부과권, 종교단체에 대한 국가의 급부). **사회적·경제적 차원**의 기본권들과 관련된 규정들은 제1~3절에서는 산발적으로 나타나다가 제4절에서 본격적으로 나타나고 제5절에는 더욱 많이 포함되어 있다. 이러한 제4절, 제5절의 기본권규정들을 통해서 국가에게 형성주체로서의 의무가 부과되었다. 즉 국가는 노동자 계층도 사회적 진보에 적절히 참여하도록 그리고 자유를 향유할 수 있도록 부르주아사회를 발전시켜야 할 소임을 지게 되었다. 사회보험 및 실업자지원의 보장, 중고등학교교육을 비롯한 의무교육의 무상규정, 재산권의 사회적 구속에 관한 규율이 그 예이다.

38 이는 전체적으로 볼 때 기본권목록을 **시대에 맞게 확충하려는** 주목할 만한 **시도**였다. 기본권은 부르주아의 이익을 위하여 기득권 수호에 봉사해야 할 뿐만 아니라 동시에 부르주아의 무제약적인 활동으로 발생한, 노동자계층을 억누르고 있는 불평등 및 지배관계를 제거하는 기능을 해야 했다. 이와 같은 이중적 관심사는 바이마르 헌법이 "계급 간 타협"의 시도임을 보여주는 것이었지만,[9] 기본권에 관한 판례와 학설은 이러한 시도를 진전시키지 않았다. 즉 개인의 자유의 지위를 내용으로 했던 기본권규범들의 효력은 점진적으로 관철된 사법심사권을 통하여 강화되었던 반면,[10] 경제적·사회적 권리들은 대체로 프로그램규정에 불과한 것으로 격하되었다. 그렇게 된 원인의 일부는 물론 헌법전 자체에서도 찾을 수 있다. 자유주의적 자유권들은 오랜 전통과 완비된 해석론을 가지고 있었기 때문에 새로운 종류의 기본권규정들인 경제적·사회적 권리들보다 정밀하게 조문화되었고 또 용이하게 적용될 수 있었다. 이에 비하여 경제적·사회적 권리들은 이러한 전제가 충족되지 않았기 때문에 선언적 효력만을 발휘할 수

---

9) *Anschütz*, Drei Leitgedanken der Weimarer Reichsverfassung, 1923, S. 26.
10) *Gusy*, Richterliches Prüfungsrecht, 1985 참조.

있었다. 나아가 경제적·사회적 권리에 관한 헌법규정들을 적절하게 실현해 보려는 판례와 학설의 이렇다 할 노력도 없었다. 끝으로 헌법하위의 법규범들이 대부분 변화에 저항하는 역할을 하였다.

바이마르 헌법은 1933년 나치가 권력을 장악함으로써 사실상 효력을 상실하였 **39** 다. 독일연방공화국에서 1945년 **이후의** 국가적·헌법적 **새 출발**은 상술한 경험으로부터 영향을 받았다. 국가조직법의 문제에서 바이마르 공화국은 여러모로 반면교사의 역할을 수행한 반면, 바이마르 헌법의 기본권은 각 주(州)의 헌법의 조문화만이 아니라 기본법 제정회의(Parlamentarischer Rat)11)의 조문화 작업에도 큰 도움을 주었다. 물론 기본법은 기본권 부분에서 사회적·경제적 권리를 의식적으로 포기하였다. 이 점에서 바이마르는 다시 한번 반면교사가 되었다.

V. 기본법 시대의 기본권 발전

기본법의 기본권은, 헌법소원제도(단락 1285 이하 참조) 및 기본권목록으로부터 **40** 개인정보자결권과 같은 기본권들을 추가로 도출해 내는 등 기본권을 확장적으로 인정하는 경향을 보여 온 연방헌법재판소의 판례(단락 447 참조)를 통해서 **막중한 의미**를 획득하였다. 기본권은 모든 법영역에서 입법 및 사법, 이론과 실무에 영향을 미치고 있으며, 바이마르 헌법 시대에서와는 달리 사법(私法) 영역에도 영향을 미치고 있다. 기본권은 독일 연방공화국의 국가 및 사회가 자유로운 성격을 띠게 되는 데 결정적인 역할을 하였다.

지금까지 행해진 다수의 **헌법개정** 중에서 기본권에 관한 것은 소수에 불과하 **41** 다. 1956년의 재무장을 위한 헌법개정 및 1968년의 이른바 국가긴급사태헌법은 군복무 및 대체복무 시의 기본권제한 그리고 헌법보호청 및 비밀정보기관의 불가피한 활동을 허용하기 위한 기본권제한을 채택하였다. 1993년에는 무제한적으로 보장되었던 기본법 제16조 제2항 제2문을 대신하여 기본법 제16a조를 채택함으로써 정치적으로 박해받는 자를 위한 망명권이 현저하게 제한되었다. 1998년에는 범죄수사를 위한 이른바 대(大)주거감청(der sog. große

11) [역주] 기본법 제정을 위하여 각 정치세력의 대표들로 구성된 헌법제정의회.

Lauschangriff)[12]을 할 수 있도록 주거의 자유의 조항에 대한 개정이 이루어졌다. 2000년에는 유럽 및 국제형사법상의 사법공조를 촉진하기 위하여 범죄인인도 금지를 가중법률유보 아래에 두는 개정이 있었다. 기본법 제3조 제2항 제2문, 제3조 제3항 제2문, 제9조 제3항 제3문 및 제20조 제4항에 대한 헌법개정을 통하여 기본권의 수효가 늘었다.

42 1990년 독일 통일 과정에서 원탁회의가 제안한 헌법초안을 통하여 **사회적·경제적 기본권**의 채택 문제가 다시 화제로 등장하였다. 그렇지만 통일조약 제5조는 개헌에 관한 권고의견으로 국가목표규정만을 기본법에 수용할 필요가 있다는 것을 제시하고 있었다. 원탁회의에 이어 가동된 공동헌법위원회(Gemeinsame Verfassungskommission)는 1993년 11월에 사회적·경제적 권리의 채택을 거부하고 환경보호만을 국가목표규정의 형식으로 조심스럽게 기본법에 수용할 것을 권고하였다.[13] 입법기관들은 1994년 말경 기본법 제20a조를 규정함으로써 이 권고안을 수용하였다.

VI. 기본권의 개념

43 기본권의 역사적 발전은 두 가지 흐름으로 나타난다. 하나는, 기본권을 **국가에 선재하는** 개인의 권리로 파악하는 것이다. 이는 개인의 자유와 평등은 국가형성의 정당화 조건이며, 자유권 및 평등권은 국가에게 권력을 행사하도록 의무를 부과함과 동시에 그 행사를 제한한다고 본다. 독일의 기본권 발전사에서 확인되는 다른 하나는 인간이 아닌 국가의 구성원인 개인에게 귀속되고 또 국가에 선재하는 것이 아니라 개인이 **국가로부터 부여받는** 권리도 기본권으로 이해하는 것이다. 물론 여기서도 기본권은 개인의 권리이며 국가가 스스로 한 기본권보장의 약속에 구속되도록 함(국가의 자기구속)으로써 국가권력의 행사를 구속할 수 있게 된다. 즉 개인의 자유 및 재산에 대한 제약이 정당화되려면 법률이 필요하게 되는 것이다.

---

12) [역주] 수사기관 및 정보기관이 수행하는 광학적·음향학적 수단에 의한 개인의 주거에 대한 감시조치.
13) 연방의회 의사록(BT-Drucks.) 12/6000, S. 75 ff 참조.

기본권 발전사의 두 흐름 사이의 차이점만큼이나 그 공통점도 다음과 같이 더 **44**
정확하게 확인할 수 있다. 즉 자유와 평등이 사회 및 국가에 선재한다고 보는
자연법론도 인간이 사회와 국가 없이 생존할 수 없다는 사실을 간과하지 않고
있기 때문에 기본권이 선재한다는 말은 **기본권 제한이 정당화될 필요가 있다는 것**
을 의미하는 것이다. 기본권이 전국가적이라는 것은("실정화된 자연권"[14]), 기본
권의 행사는 국가에 대하여 정당화할 필요가 없는 반면, 국가는 기본권 제한을
정당화하여야 한다는 것이다. 이러한 원리는 독일의 기본권발전사에서도 전반
적으로 승인되었다. 독일에서는 국가권력이 정당화요건을 충족하여야 하는 범
위가 확대되는 속도만이 느렸을 뿐이다. 북미와 프랑스에서는 이미 국가의 성
립(국민주권) 자체가 헌법을 기준으로 판단되고 북미에서는 입법의 가부까지도
헌법을 기준으로(헌법의 우위) 판단되고 있었던 반면, 독일에서는 오랫동안 행
정만이 헌법의 우위를 존중할 의무를 부담하여 왔다(법률유보). 기본법 제1조
제2, 3항에 의하여 비로소 기본권은 모든 국가권력 행사의 근거이자 규준이 되
었다.[15]

이로써 기본법상의 기본권들에 **공통된 개념**을 파악할 수 있다. 즉 기본권이란 **45**
개인의 권리이며 국가에 의무를 부과한다. 기본권은 국가에게 그 제한에 대한
정당화를 요구하며 그러한 한 국가에 선재하는 것이다.

Ⅶ. 초국가적 기본권 보장

인권의 발전사(단락 43 참조)는 제2차 세계대전 종전 이후 국가 차원을 넘어서 **46**
먼저 **국제법적** 토대 위에서의 기본권보장으로 전개되는 한편, **초국가적** 토대 위
에서의 기본권보장으로도 이어졌다. 국제연합이 이와 같은 발전을 이끌었다. 국
제연합 총회는 인권의 부정과 무시를 나치의 대내외적 테러의 원인 중의 하나
라고 분석하면서 1948년 12월 10일에 보편적 인권선언을 선포하였다. 그 후
1966년 두 인권규약(「시민적·정치적 권리에 관한 규약」, 「경제적·사회적·문화적
권리에 관한 규약」)이 체결되었다. 유럽의 새로운 국제기구들도 기본권보장을

---

14) *Dreier*, DR, Vorb Rn 69.
15) *Isensee*, Hdb. GR Ⅱ, § 26 Rn 103 참조.

통해서 국제간의 평화로운 공동생활을 지속적으로 확보하려 했다.

47 1949년 창설된 **유럽평의회**(Europarat)의 과제 중의 하나는 인권보호를 위하여 국제법적 구속력을 가진 조약을 성안하는 것이었다.[16] 그러한 조약 중 대표적인 것은 1953년에 발효된 「인권 및 기본적 자유의 보호를 위한 유럽협약(EMRK)」이었다. 이 협약은 (기본적) 권리와 자유의 목록을 포함하고 있는 동시에 모든 체약국을 구속하는 기본권을 관철하기 위하여 슈트라스부르크(Straßburg)에 유럽인권재판소라는 기관을 설치하도록 예정하고 있다.

48 유럽연합의 전신은 1957년 유럽경제공동체였다. 제1차유럽연합법(Primärrecht)인 **유럽연합** 창설조약도 유럽연합의 주된 목적을 우선은 경제협력에 두었으며, 성문의 기본권목록을 포함하지 않고 있었다. 유럽연합의 기관들이 발한 명령과 지침을 비롯한 유럽연합이 제정한 법은 회원국 국민을 구속하며, 따라서 국가의 고권과 유사한 고권적 성격을 띤다. 이 때문에 유럽연합의 권력에 대해서도 국가권력에 유사한 제한 및 정당화가 필요하게 되었다. 룩셈부르크 소재 유럽재판소는, 회원국들의 공통된 헌법적 전통을 바탕으로 인권의 보호에 관한 국제조약들, 특히 유럽인권협약에 의거한 법의 보완적 형성을 통해 초국가적인 유럽연합기본권을 발전시켰다. 이와 같은 방식으로 보장된 기본권에 대한 보호의 수준은, 이제 기본법에서 보장하는 기본권 수준과 대체로 유사하게 되었다 (단락 246 이하 참조). 그러나 유럽연합은 1992년 체결된 마스트리히트(Maastricht)조약 이후 (개정된) 유럽연합조약 제6조에 의하여 유럽인권협약을 준수하고 또 회원국 공통의 헌법적 전통을 존중할 의무를 지게 되었다.

49 2009년 12월 1일 리사본(Lissabon)조약이 발효된 이래 **유럽연합기본권헌장**(CRCh)은 제1차유럽연합법이 되었다. 이 헌장은 독자적인 기본권목록을 포함하고 있을 뿐 아니라 제52조 제3항 제1문에서 유럽연합기관들이 유럽연합기본권헌장을 적용할 때 유럽인권협약이 최저기준이 된다고 선언하였다. 그에 따라 유럽인권협약의 보장수준보다 낮게 유럽연합기본권헌장을 적용하는 것은 허용되지 않는다.

---

16) *Walter*, in: Ehlers, Europäische Grundrechte und Grundfreiheiten, § 1 Rn 5.

참고문헌: *G Birtsch* (Hrsg.). Grund- und Freiheitsrechte im Wandel von Gesellschaft **50**
und Geschichte, 1981; *ders.* (Hrsg.), Grund- und Freiheitsrechte von der ständischen
zur spätbürgerlichen Gesellschaft, 1987; *C. Gusy*, Die Grundrechte in der Weimarer
Republik, Zeitschrift für neuere Rechtsgeschichte 1993, 163; *J. Hilker*, Grundrechte im
deutschen Frühkonstitutionalismus 2005; *H. Hoffmann*, Zur Herkunft der Menschen-
rechtserklärungen, Jus 1988; *ders.*, Die Grundrechte 1789-1949-1989, NJW 1989, 3177;
F. Hufen, Entstehung und Entwicklung der Grundrechte, NJW 1999, 1504; *J-D. Kühne*,
Die französische Menschen- und Bürgerrechtserklärung im Rechtsvergleich mit den
Vereinigten Staaten und Deutschland, JöR 1990, 1; *ders.*, Zum Ringen um unmittelbare
Grundrechtsgeltung in der Weimarer Nationalversammlung, FS Wendt, 2015, S. 237: *C.
Oestreich*, Geschichte der Menschenrechte und Grundfreiheiten im Umriss, 2. Aufl.
1978: *B. Pieroth*, Die Grundrechte des Grundgesetzes in der Verfassungstradition,
Hdb.GR Ⅱ, § 25; *K. Stern*, Idee der Menschenrechte und Positivitat der Grundrechte,
Hdb. StR³ Ⅸ, § 184; *R. Suppé*, Die Grund- und Menschenrechte in der deutschen
Staatslehre des 19. Jahrhunderts, 2004; *R. Wahl*, Der Vorrang der Verfassung, Staat 485;
C. Walter, Geschichte und Entwicklung der Europäischen Grundrechte und Grund-
freiheiten in: D. Ehlers (Hrsg.), Europäische Grundrechte und Grundfreiheiten, 4. Aufl.
2014, § 1; *C. E. Wolgast*, Geschichte der Menschen- und Burgerrechte, 2009.

§ 3. 기본권의 다차원적 보호체계

51 사례 1: 양육권 분쟁(출전: E 111, 307)

甲은 혼외자의 부이다. 자의 모는 자의 출생 사실을 甲에게 알리지 않은 채 자를 입양기관에 보냈고 자는 양부모에게 입양되었다. 甲은 이 사실을 알게 되자 자에 대한 친권을 자신에게 넘기라는 청구를 했다. 구역법원은 甲의 청구를 인용하였으나 주(州)고등법원은 구역법원의 판결을 파기하였고, 甲은 주(州)고등법원의 판결에 유럽인권협약 제34조에 의거하여 유럽인권재판소에 개인소원을 제기하였다. 유럽인권재판소는 주(州)고등법원이 내린 양육권판결로 유럽인권협약 제8조가 침해되었음을 확인하였다. 이 협약의 회원국들은 제8조에 의하여 친부모가 자녀와 함께 지낼 수 있도록 노력하고 적어도 부모가 자녀와 접촉을 할 수 있도록 해야 할 의무를 진다. 그러자 구역법원은 甲에게 단독으로 행사할 수 있는 친권을 인정하고 甲에게 양육권 관련 소송이 확정될 때까지 자와 접촉하는 것을 허가하는 가처분결정을 내렸다. 이러한 구역법원의 접근·교섭 허가 가처분이 주(州)고등법원에 의하여 파기되자 甲은 연방헌법재판소에 헌법소원을 제기하였다. 甲의 헌법소원은 인용가능성이 있는가? 이 사건에 대한 약해는 **단락 84**를 보라.

51a 사례 2: 근무중 히잡 착용 사건(출전: 유럽재판소, EU C 2017: 203 Achbita-JK 2017)

甲은 벨기에에 주소를 두고 있는 기업으로서 고객에게 공·사의 영역에서 주로 리셉션 서비스를 제공하고 있다. 아치타(Achhita)라는 이름의 乙녀는 회교 신자로서 2003년 무기고용계약에 의거하여 리셉셔니스트로 甲을 위하여 일하기 시작하였다. 당시 甲 내부에서는 노동자로 하여금 직장에서 정치적·철학적·종교적 확신을 드러내는 가시적인 상징을 착용할 수 없도록 하는 불문의 규칙이 적용되고 있었다. 2006년 4월 乙녀는 자신이 신앙적인 이유 때문에 근무시간 중에 히잡을 착용할 계획임을 통지하였다. 甲의 대표이사는 히잡 착용은 정치적·철학적·종교적 상징의 가시적 착용이며 이는 갑이 추구해 온 중립성에 반한다는 이유로 乙녀에게 히잡 착용을 허용하지 않겠다고 답변하였다. 乙녀는 직장에서 히잡을 착용하겠다는 뜻을 고수하였기 때문에 해고되었다. 乙녀는 해고통지는 유럽연합지침 2000/78/EG 제2조 제2항 위반이라고 본다. 乙녀의 주장은 타당한가? 이 사건에 대한 약해는 **단락 85**를 보라.

사례 3: 주(州)헌법상의 망명권   **52**

바이에른 헌법(제105조), 브란덴부르크 헌법(제18조), 헷센 헌법(제7조 제2문), 라인란트
-팔쯔 헌법(제16조 제2항), 자아르란트 헌법(제1조 제2항)은 망명권을 포괄적으로 보장
하고 있다. 유럽연합 회원국을 경유하여 독일로 입국하는 망명신청자는 해당 주(州)에
서 전술한 주(州) 헌법상의 기본권을 주장할 수 있는가? 이 사건에 대한 약해는 **단락 86**
을 보라.

제2차세계대전 후 국제인권과 국내인권은 상호 밀접한 연관 속에서 발전되어   **53**
왔다(단락 46~49). 본서는 기본법의 기본권을 대상으로 한다. 기본법의 기본권
만이 연방헌법재판소가 직접 적용할 수 있는 규준이 될 수 있다. 국제인권과 초
국가적 인권 그리고 각 주(州) 헌법의 기본권은 본래의 서술대상은 아니지만, 기
본법의 기본권과 함께 점점 더 강하게 맞물리고 서로 영향을 주고받는 다차원적
인 체계를 형성하고 있다. 이러한 체계를 구성하고 있는 각 차원의 기본권보장
들은 핵심적 보장요소를 공유하고 있기는 하지만 기본권보호의 개별적 측면을
구체적으로 형성할 경우 부분적으로 현저한 차이를 보일 수 있고 또 그 관철을
위하여 각기 다른 제도적 기제를 활용하고 있기도 하다. 그 밖에도 국제인권은
국내의 인권에 대하여 다양한 방식으로 영향을 미치고, 특히 상이한 방식으로
기본법이 보장하는 기본권의 해석과 적용에 대하여 의미를 가질 수 있다.

I. 보편성을 띠는 국제관습법

가장 기본적인 의미를 갖는 인권보장들은 보편성을 띠는 국제관습법에 포함되   **54**
어 있다. 국제관습법은 어떤 국가가 조약상의 의무를 지고 있는지와 무관하게
국제법공동체에 속하는 국가를 구속한다. 국제관습법에서 승인된 인권 중에는
노예제금지, 인종차별금지와 같은 특히 근본적인 의미를 갖는 것들이 있다.[1]
사회적 인권의 핵심내용도 국제관습법으로 승인되었다고 보는 학자들도 많다.[2]
국제법은 관습법으로 승인된 인권을 관철하기 위한 특별한 제도를 전혀 예정하
지 않고 있다. 보편적인 국제관습법으로 승인된 인권은, 어느 국가나 그 침해를

---

1) 국제사법재판소(IGH), 1970년 2월 5일의 판결, Barcelona Traction, ICJ Rep. 1970, 3 § 34.
2) 교육을 받을 권리에 대해서 가령 *S.C. de la Vega*, Harv. Blackletter Law J., 1994, 37/44 ff.

국제사법재판소에서 주장할 수 있다는 의미에서 만국에 대한 권리(Erga-omnes-Rechte)로 이해할 수 있다. 그러므로 국가들이 국제사법재판소의 재판에 복종하는 범위 내에서만 한 국가가 다른 국가를 이 재판소에 제소하는 것이 가능하다 할 것이다.[3] 기본법 제25조에 의하면 보편적 국제관습법에서 승인된 인권은 "국제법의 일반원칙"으로서 연방법의 "직접적 구성요소"이며 헌법하위의 연방법에 대해 우월적 효력을 갖는다. 관습법에 의하여 승인된 보편적 인권은 최저한의 수준만을 보호하기 때문에 이는 그 이상의 보호를 제공하는 기본법상의 기본권과 관련해서는 의미가 없다. 보편적 인권이 사회적 권리를 포함하고 있는 경우에도 예외적인 경우에만 의미를 가질 수 있을 것이다. 그러한 권리들은 최소한의(basal) 기본적 필요에 대해서만 타당한데, 독일의 법령은 이를 훨씬 상회하는 권리를 제공하고 있기 때문이다.

II. 세계적 차원의 인권조약

55 세계적 차원에서 체결된 국제조약 가운데는 인권 보호를 위한 일련의 협약도 있다. 다수의 인권협약의 내용적 토대가 되고 있는 것은 1948년의 세계인권선언이다. 세계인권선언은 국제연합 총회에서 결의된 것이다. 그러므로 압도적 다수설에 의하면 총회에 권고적 권한만을 부여하고 있는 유엔헌장 제10, 13조 제1b항에 의하여 세계인권선언에는 아무런 법적 구속력이 인정되지 않는다고 한다.[4] 세계인권선언을 토대로 하고 있는 것으로는 특히 「시민과 정치적 권리에 관한 국제규약」과 「경제적·사회적·문화적 권리에 관한 국제규약」을 들 수 있다. 이 두 국제규약은 국제연합 총회에 의해 1966년 비준되고 1976년 발효되었다. 세계적 차원에서 체결된 보편성을 띠는 두 규약 이외에 인권의 개별 측면들을 보호하기 위한 일련의 특별한 협약도 있다. 그중 비교적 오래된 것으로는 「모든 형태의 인종차별 철폐를 위한 국제협약」을 들 수 있고, 비교적 새로운 것으로는 아동권리협약, 여성권리협약, 고문금지협약 등을 들 수 있다. 세계

3) 국제사법재판소, 1970년 2월 5일의 판결, Barcelona Traction, ICJ Rep. 1970, 3, § 33 f.
4) *Kempen/Hillgruber*, Völkerrecht, 2007, § 50, Rn 20; *Schweisfurth*, Völkerrecht, 2006, Rn 172; *Warg*, Universeller Menschenrechtsschutz in der Allgemeinen Erklärung und den beiden UN-Pakten, in: ZEuS, 2002, 607/619; 이견으로는 가령 *Humphrey*, in Ramcharan, Thirty Years after the Univeral Declaration of Human Rights, 1979, 21.

적 차원에서 체결된 인권조약 목록에 최근에 추가된 것으로는 2006년에 체결되고 2008년에 발효된 장애인권리협약이 있다.

인권의 최저수준만을 보장하고 있는 보편적인 국제관습법과는 달리「시민과 정   **56**
치적 권리에 관한 국제규약」과「경제적·사회적·문화적 권리에 관한 국제규약」
은 고전적인 자유주의적 자유권들 및 평등권들의 포괄적 목록만이 아니라 -
부분적으로 야심적인 - 사회적·문화적 권리들의 포괄적 목록도 포함하고 있
다. 기본법이 보장하고 있는 기본권의 관점에서 보면 보편성을 띠는 국제조약
을 통한 인권보장들은 부분적으로 다른 보호구상을 추구하고 있다. 다른 한편,
그 국제조약상의 인권보장들은 경제적·문화적 권리들과 관련해서는 부분적으
로 기본법상의 기본권 보장수준을 넘어가고 있다.

예: 인종차별금지협약은 인종차별적 의견을 단순히 표현하는 것에 대해서도 국가가 조   **57**
치를 취할 것을 요구하고 있다. 그렇지만 이는 기본법 제5조 제2항에서 추론되는 국가
개입의 의견 중립성 원칙과 양립하기 매우 어렵다. - 국제연합 인권위원회는「시민
적·정치적 권리에 관한 국제규약」제17조로부터 국가의 비밀정보기관에 의한 대규모
정보수집에 대한 엄격한 요건을 도출한 바 있다(이에 대해서는 단락 453을 보라).「경
제적·사회적·문화적 권리에 관한 국제규약」은 가령 제6조에서 일할 권리를, 제11조에
서 적정한 생활수준에 대한 권리를, 제24조에서 교육을 받을 권리를 보장하고 있다.

물론 사회적·문화적 인권과 관련하여 체약국에 부과되는 의무의 다양한 차원   **58**
을 구분하여야 한다. 인권보장들은 한편으로는 다양한 의무의 차원을 포함하고
있는 것으로 해석되고 있다. 존중의무, 보호의무, 이행의무(duties to respect, to
protect, to fulfill)라는 구분기준이 뿌리를 내렸다. 독일 기본권해석론에서는 이
에 상응하여 자유권의 방어차원, 보호차원, 급부차원을 구분하고 있다(단락 116
이하). 존중의무는 체약국가 자체가 인권을 침해하지 말 것을 요구하는 데 비하
여 보호의무는 체약국가가 제3자에 의한 침해로부터 인권을 보호할 것을 요구
하고, 이행의무는 체약국가가 인권의 실현을 촉진하기 위하여 규율적·제도적·
물질적 자원을 제공할 것을 요구한다.5) 이행의무와 관련해서는 직접적으로 실
현되어야 하는 인권의 수준과 점진적 실현으로 충분한 인권의 수준이 구분되어

---

5) 입법자에 대하여 이 의무들이 갖는 의의에 대하여는 가령 E 132, 134/161 f.

야 한다. 특히 사회적·문화적 인권들은 종종 이행의무를 포함하고 있는데, 이러한 이행의무가 제시하는 목표는 점진적으로만 실현될 수 있는 것이다.

59 예: 「경제적·사회적 권리에 관한 국제인권규약」 제2조 제2항은 체약국가에 대하여 "자신에게 존재하는 모든 가능성들을 다하여 **점점 더** 모든 적합한 수단들, 무엇보다도 입법적 조치들을 통해, 이 규약에서 인정된 권리들의 완전한 실현이라는 목표를 달성하기 위한 조치를 취할 의무를 부과한다."「경제적·사회적 권리에 관한 국제인권규약」 제13조 제2항 c호가 무상으로 대학에 다닐 권리를 보장할 의무도 부과하고 있다고 해서 체약국이 수업료를 곧바로 폐지하여야 할 의무를 지는 것이 아니다. 체약국은 오히려 수업료 없는 대학교육을 목표를 지향하는 단계들을 밟아야 할 뿐이다. 이때 체약국은 어떤 단계를 밟아야 하는지, 그리고 그 단계들과 높은 교육수준 등과 같은 규약상의 다른 목표들과 어떤 관계를 설정할 것인지에 대해서는 재량의 여지를 갖는다. 그러므로 수업료를 폐지했던 나라가 이를 다시 채택하더라도 필연적으로 그 규정에 반하게 되는 것은 아니다.[6]

60 국제적 차원에서 다수의 인권협약의 준수여부에 대해서는 체약국의 대표로 구성되는 국제연합 인권이사회와 같은 위원회가 감독을 하고 있고 또 이를 계속 보완한다. 또한 그 인권협약들은 전문가들로 구성된 인권위원회 및 보고 시스템을 통해 그 준수를 보장받고 있기도 하다. 「시민적·정치적 권리에 관한 국제인권규약」과 「경제적·사회적 권리에 관한 국제인권규약」에 의하면 체약국은 국제연합 인권위원회에 자국의 인권상황에 대하여 정기적으로 보고하여야 한다. 위 인권위원회는 체약국이 제출한 보고서 및 – 종종 비정부기구가 제출하는 이른바 그림자 보고서(shadow report)를 통해서 – 입수하는 정보를 토대로 해당 체약국에 권고를 한다. 나아가 몇몇 인권조약에 대한 추가의정서는 개인이 조약의 소관 위원회에 이의를 제기할 수 있도록 하고 있으며 또한 소관 위원회가 임박한 인권침해를 방지하기 위하여 부분적으로 잠정적 조치를 권고하는 것을 허용하고 있다(가령 「경제적·사회적 권리에 관한 국제인권규약」 추가의정서 제5조). 나아가 그 추가의정서들은 소관 위원회의 권한을 부분적으로 확대하여 체계적이거나 중대한 인권침해에 대한 신빙성 있는 언급이 있는 경우에는 – 체약국의 동의를 얻어 그 영토에서도 – 조사절차를 진행할 수 있도록 하였

---

6) BVerwGE 134, 1/19 ff; 이에 대해서는 또한 E 134, 1/16.

다(가령 「경제적·사회적 권리에 관한 국제인권규약」 추가의정서 제11조). 체약국은 위원회의 권고를 고려하여야 하지만, 이러한 권고가 해당 체약국에 대하여 국제법적 구속력을 갖는 것은 아니다.[7] 한 체약국에 의한 인권침해를 대상으로 하는 조사와 권고가 현저한 정치적 효과(비난과 망신)를 발휘할 수 있음은 물론이다.

독일의 법질서에서 일반적인 국제법상의 인권조약은, 국제법의 일반원칙과 달리 독일 내에서 직접적 효력을 발휘하는 것은 아니며 연방입법자가 비준절차의 일환으로 그 입법권 범위 안에서 기본법 제59조 제2항에 따라 제정하는 동의법을 통하여 연방 법령의 지위를 가지고 국내법질서로 들어오게 된다. 국제법상의 인권이 부과하는 의무가 – 가령 학교교육처럼 – 주(州)의 입법권에 영향을 미치는 범위에서는 국내법으로의 변형의무는 주(州)가 진다. 그렇지만 국내법으로 변형된 인권 관련 의무는 "직접 적용이 가능할" 경우에만 행정 및 사법에 대해서 주장할 수 있다. 국제법적 보장이 직접 적용될 수 있으려면, "그것이 문구, 목적, 내용상 국내법 규정처럼 법적 효력을 발휘하기에 적합하고 또 충분히 명확성을 띠어야 한다, 즉 법적 효력을 발휘하기 위하여 추가적인 규범적 보충을 필요로 하지 않아야 한다."[8] '직접적용가능성'이라는 기준은 국제법적 의무를 독일이 이행함에 있어서 권력분립의 유지에 기여한다. 만일 법적용 기관들이 충분히 특정되지 아니한 국제법적 의무를 적용해야 한다면, 그 기관들이 국제법적 지침을 이행하기 위하여 필요한 정치적 문제에 대한 결정을 내리게 될 것이다. 그러나 그러한 정치적 결정을 내리는 것은 입법자의 권한이다. 입법자에 의한 단계적 이행을 염두에 두고 있는 사회적·문화적 이행의무가 특히 그러하다. 그러한 의무는 법률로 구체화될 때 비로소 행정과 사법에 대해서 주장할 수 있게 되는 것이다. **61**

예: 장애인권리협약 제24조는 통합학교교육제를 실시하여야 할 의무를 부과하고 있다. 그렇지만 이 협약 제24조 제2항에서 장애학생이 (장애학생만을 위한) 특별학교에서 교육을 받지 아니할 소구가능한 권리를 도출할 수는 없다. 주(州)의 입법자가 동 규정이 **62**

---

7) *Keller/Ulfstein*, in: dies., UN Human Rights Treaty Bodies, 2013, 1/4; *Ulfstein*, 같은 곳, 73/94 ff, 115 참조.
8) BVerwGE 87, 11/13, 또한 E 29, 348/360도 참조.

부과하는 국제법적 의무를 이행하면서 통합학교교육을 받을 권리를 인정하는 경우에야 그 권리는 소송을 통해 관철할 수 있게 된다.[9]

63 세계적 차원의 국제조약에 의해 보장된 인권 관련 의무가 직접 적용될 수 없는 경우에도 그 의무가 ─ 그 국제법적 구속력과는 별개로 ─ 국내법 적용에 대해 의미가 없는 것은 아니다. 국제법에 대해 우호적인 법질서임을 자임하는 기본법은 원칙적으로 국제법합치적인 해석과 적용을 요구한다.[10] 법을 적용하는 기관들에게는 단계적으로 이행하면 되는 국제법적 의무의 이행과 관련하여 정치적 형성의 여지가 없다. 그렇지만 입법자가 이미 형성적 결정을 내린 경우에는 법적용기관들은 ─ 방법론적으로 타당성을 주장할 수 있는 범위에서 ─ 독일에게 부과된 국제법적 의무와 조화를 이룰 수 있도록 그 결정을 해석하여야 한다. 기본법상의 기본권을 해석할 때도 마찬가지이다. 이에 따라 연방헌법재판소는 장애인권리협약과 관련하여 "국제연합의 장애인권리협약은 … (기본법상의) 기본권의 내용과 범위를 확정하기 위한 해석의 지침으로 활용될 수 있"음을 인정해 왔다.[11]

64 국제조약상의 의무를 부과하지 아니하는 인권 관련 국제적 표준들(연성법: soft law)도 기본법의 기본권 해석에 활용될 수 있다. 연방헌법재판소는, 내국법원이 그러한 표준들을 검토하고 개별사건에서 이 표준들에 기본법상의 기본권에 대한 위반의 존재를 알려주는 징표적 효과를 부여할 의무가 있다고 본다.[12] 그러나 연방헌법재판소는 그러한 표준들을 수용해야 할 의무가 있다고 보지는 않는다.

65 예: 연방헌법재판소는 기본법 제2조 제2항 제1문으로부터 입법자가 예외적인 경우에는 의사에 의한 강제치료를 예정하여야 한다고 추론하였다(단락 489). 그러나 장애인권리협약 제34조에 의하여 권한을 부여받고 있는 장애인권리위원회는 의사에 의한 강제치료를 모두 거부하고 그 권고를 통해 독일의 실무를 비판해 왔다. 장애인권리협약 자체와는 달리 이 협약을 해석하는 위 위원회의 권고들은 법적 구속력이 없다. 연방헌법재판소는 기본법의 국제법존중주의에 의거하여 독일의 행정관청과 법원이 위 위원회의 해석에 대하여 "호의적으로(in gutem Glauben) 그 논거를 검토할 것"을 요구하고 있다(NJW

---

9) 연방행정법원(BVerwG), 2010.1.18. 결정 ─ 6 B 52. 09, Rn 8.
10) E 58, 1/34; 59, 63/89.
11) E 128, 282/306.
12) E 116, 69/90; BVerfG, NJW 2015, 2100/2101.

2017, 53/58 = JK 3/2017). 그렇지만 연방헌법재판소는 기본법 제2조 제2항 제1문을 해석할 때 위 위원회의 해석에 구속되지 않는다고 본다(이에 대해 비판적 입장으로는 *Uerpmann-Wittzack*, FamRZ 2016, 1746/1746 f). 피성년후견인의 선택권 배제에 대해서는 이 책의 단락 559도 참조하라.

Ⅲ. 대륙별(Regional) 인권보장: 유럽인권협약

세계적 차원에서 체결된 인권조약 이외에도 아프리카, 아메리카, 아랍권, 유럽 **66**
에서 체결된 대륙별 인권협약이 있다. 이러한 협약들은 보통 특별한 내용과 더불어 국제법 차원에서 인권의 관철을 보장하는 특별한 제도적 대책들을 담고 있다. 기본법의 기본권 해석에 대하여 매우 큰 의미가 있는 유럽의 인권 관련 조약은 유럽인권협약이다. 유럽인권협약 제11차 추가의정서를 통해 이 협약의 관철을 사명으로 하는 유럽인권재판소가 설치되었다. 체약국의 국민이면 누구나 개인소원절차를 통해 이 재판소에 제소할 수 있다. 유럽인권협약 제46조 제1항에 의하여 유럽인권재판소의 판결은 권고적 효력에 그치지 않고 체약국을 국제법적으로 구속한다. 유럽인권협약은 인권침해를 확인하는 것에 그치지 않고 협약 제41조에 의하여 체약국에 배상금 이행의무를 부과할 수도 있다. 그러므로 유럽인권협약의 관철을 위한 국제법적 기제들이 세계적 차원의 인권규약들의 보고서제도 및 권고제도에 비하여 더 강력한 것이다.

유럽인권협약은 1952. 8. 7. 동의법률을 통하여 **헌법하위의 연방법률의 지위**를 갖 **67**
는 독일 국내법이 되었다.[13] 유럽인권협약은 연방의 법령으로서 기본법 제20조 제3항에 의하여 집행권과 사법권을 구속하지만 기본법의 기본권과는 달리(단락 229 이하 참조) 입법권을 구속하지는 못한다. 이에 유럽인권협약이 법률적 지위를 갖는다는 것이 **문제**가 되었다. 즉 한편으로는 유럽인권협약은 특별 연방법률 및 신 연방법률에 반해 관철될 수 없었다. 그러나 이와 같은 추론은 유럽인권협약의 인권적 연원 및 그로부터 파생된 다수 유럽국가의 법질서에서 타당한 인권의 우월적 지위에 대한 요구와 양립하기 어렵다. 다른 한편, 유럽인권협약 및 유럽인권재판소의 판례는 독일 법원의 판례에서 전혀 고려되지 않거나 마지못

---

13) E 111, 307/315, 317; 128, 326/367.

해 고려되곤 했다. 이에 따라 독일이 어떻게 국제법적 의무에 부응할 것인지, 개별사건에서 기본법의 기본권 이상의 보호를 제공하는 유럽인권협약의 기본권을 독일 국내법을 통해 실현하고 보장할 수 있을 것인지 등의 의문이 제기된다.

68   연방헌법재판소는 기본법의 국제법존중주의에 관한 일반원칙들에 따라(단락 54를 보라) 기본법 제59조 제2항 제1문과 결합된 기본법 제1조 제2항에 의하여 특별히 보장되고 있는 국제법상의 인권의 핵심에 대한 보호에 의거하여 독일의 기본권을 적용함에 있어 유럽인권협약을 독일 기본권의 내용과 범위를 확정하기 위한 해석의 지침으로 활용하여야 하고 법령을 유럽인권협약에 합치하는 방향으로 해석할 의무가 있다고 강조해 왔다.[14] 연방헌법재판소는 이로써 유럽인권협약을 사법권 및 행정권에 대해서는 직접적인 **통제규준**으로 그리고 입법권에 대해서는 간접적인 통제규준으로 끌어들여 유럽인권협약을 규범의 위계체계에서 법령 이상으로 격상하고 있다. 나아가 연방헌법재판소는 법적용에 있어 유럽인권재판소 판례를 개별사건을 넘어서까지 고려할 의무를 독일의 관련 국제법을 국내법으로 변형하는 변형법률로부터 도출하고 유럽인권재판소 판례에 "최소한 사실상의 향도기능 및 지도기능"을 부여하고 있다.[15] 따라서 국제법적 차원에서 내려진 유럽인권재판소의 판결은 유럽인권협약의 내용을 구체화하고 계속 발전시킴으로써 국내법적 의미도 가지게 된다.[16] 그렇지만 연방헌법재판소가 "기본법의 법문과 유럽인권협약의 법문을 도식적으로 대비해 볼 것"을 요구하지는 않는다.[17] 연방헌법재판소가 요구하는 것은 국제법 위반을 방지하는 데 도움을 주는 "결과지향적" 해석이다.[18] 이는 그 조문의 일부가 상이한 기본권들의 적용영역을 구분할 수 있다는 것을 의미한다. 단, 그렇게 하더라도 유럽인권협약에 의해 요구되는 기본권의 보장수준이 개별사건에서 저하되어서는 안 된다(단락 1252를 보라). 그에 따라 유럽인권재판소가 유럽인권협약의 기본권에 대하여 한 해석은 무엇보다도 연방헌법재판소가 비례성심사를 함에 있어서 중요한 역할을 하게 된다(단락 510, 621, 705, 879를 보라). 연방헌법재판소는

---

14) E 111, 307/329; 128, 326/367 ff.

15) E 128, 326/368.

16) *Michael/Morlok*, GR, Rn 116.

17) E 128, 326/370.

18) E 128, 326/366; 131, 268/295; 134, 242/330 (= JK 5/2014).

유럽인권협약 제53조에 의거하여 유럽인권협약 및 유럽인권재판소의 판례를 고려한다고 해서 기본법의 기본권 보장수준이 저하되는 결과가 초래되어서는 안 된다는 유보를 달고 있다. 연방헌법재판소는 무엇보다도 한 기본권주체의 더 많은 자유가 다른 기본권주체에게는 더 적은 자유를 의미하는 다극적 기본권관계에서 그와 같은 위험이 발생할 수 있다고 본다.[19)]

유럽인권협약을 고려하여야 할 의무는 독일 공권력에게 객관법적으로 부과된 **69** 의무로 그치지 않는다. 이 협약에 대한 고려를 요구할 수 있는 개인의 청구권도 존재한다. 이는 소송을 통해 관철할 수 있는 청구권이다. "연방헌법재판소는 헌법소원청구인이 해당 기본권을 기초로 **헌법소원**을 통해서 국가기관이 유럽인권협약의 규정이나 유럽인권재판소의 판례를 무시하거나 고려하지 않았음을 다툴 수 있도록 해야 한다고 본다."[20)] 연방헌법재판소는 그 근거로 유럽인권협약을 고려하지 않고 법을 적용하는 것은 독일의 헌법을 비롯한 국내법을 해석할 때 유럽인권협약을 고려하여야 할 헌법적 의무에 대한 위반이라는 것을 들고 있다.[21)]

IV. 유럽연합(supranational)의 인권보장: 유럽연합 기본권

오늘날 유럽인권협약과 더불어 유럽에서 기본권 보호와 관련하여 제2의 중심적 **70** 의미를 갖는 법원(法源)은 유럽연합 기본권헌장이다(단락 49를 보라). 1957년 체결된 구「유럽공동체창설조약」은 노동생활에서의 남녀의 평등대우라는 특별규정(「유럽공동체창설조약」 제119조; 현 「유럽연합 기능에 관한 조약(Treaty on the Functioning of the European Union」 제157조, 이에 대해서는 단락 79를 보라)) 이외에는 기본권을 포함하지 않고 있었다. 창설 당시의 6개 회원국이 출발점으로 삼았던 것은, 회원국에게만 권리·의무를 부여하고 그 소속 국민에게는 직접적인 법적 효과가 없는 조약을 체결하는 것이었다. 당시의 구상에 따르면 기본권 보호에 대한 위험의 원천은 회원국뿐이었다. 그러나 유럽재판소는 유럽경제공

---

19) E 137, 273/321. 그러나 연방헌법재판소가 유럽인권재판소의 형량기준을 계수한 예로서 Rn 705를 보라.
20) BVerfG, NVwZ 2007, 808/811.
21) E 111, 307/328 f 참조.

동체 창설 원년에 이미 유럽법이 회원국의 법보다 우위에 있으며[22] 회원국 국민에게 직접 권리를 부여하고 의무를 부과할 수 있다[23]고 판시하였다. 이러한 유럽공동체법의 우위 및 직접적용가능성은 무엇보다도 **유럽 차원의 기본적 자유들**을 확대함으로써 역내 시장의 창설을 추진하는 기능을 수행하고 있었다(단락 71~75를 보라). 물론 유럽연합법의 우위 및 직접적용가능성에 의거하여 유럽공동체의 법적 조치들에 대해서도 기본권을 보호해야 했다. 회원국의 헌법에 의해서 보장된 기본권을 통한 (회원국 국민의) 보호는 대안이 될 수 없었다. 회원국의 법원들이 유럽법이 각 회원국의 기본권을 침해하였다는 이유로 유럽법을 적용할 수 없다고 선언하게 된다면 (당시의) 공동체법의 통일적 적용이 의문시되기 때문이다. 이것이 **유럽연합의 독자적인 기본권보호**(단락 76-78)가 점진적으로 발전해 온 이유이다. 독자적인 인권헌장이 의결되기까지 그 기본권보장이 확대되어 온 것은, 일차적으로 경제통합을 지향했던 유럽경제공동체로부터 정치적 결합체이기도 한 유럽연합으로 이행하는 과정을 보여준다. 또한 제2차유럽연합법이 기본권유사적 보장을 포함하고 있는 것도, 유럽연합이 단순한 경제통합에 그치지 않고 정치통합까지 주장하고 있음을 드러내주는 것이다(단락 79-80).

1. 유럽연합의 기본자유

71 유럽연합 창설조약들은 기본권을 포함하고 있지 않았지만 상품거래의 자유, 노동자의 자유, 개업의 자유(Niederlassungsfreiheit), 용역제공의 자유(현 「유럽연합 기능에 관한 조약」 제34, 45, 49, 56조)를 통해 이른바 기본자유를 포함하고 있었고, 지불수단거래의 자유 및 자본거래의 자유(유럽연합 기능에 관한 조약 제63조)를 후에 추가하였다. 이러한 기본적 자유는 인권이 아니다. 그렇지만 기본적 자유는 「유럽연합 기능에 관한 조약」 제26조 제2항에 의하여 역내에서 상품, 사람, 용역, 자본의 자유로운 이동이 보장되는 국경 없는 공간을 포함하는 역내시장 실현에 중심적 의미가 있었고, 역내시장은 회원국의 법이 조화를 이루거나 적어도 조율되는 것을 전제로 하는 것이었다.

---

22) 유럽재판소(EuGH), Rs. 6/64, Slg. 1964, 1251/1269 (Costa/ENEL).
23) 유럽재판소(EuGH), Rs. 26/62, Slg. 1963, 1/25 (van Glend & Loos).

예: 프랑스 기업이 맥주 제조법에 관한 순수성원칙[24]에 부합하지 않는 맥주를 독일에서 **72**
판매하려 할 경우 관련 생필품법이 유럽연합 차원에서 통일되거나 프랑스에서의 생필품
법에 의한 통제가 독일에서 실시된 것과 같이 인정되어야 한다. 이탈리아에서 양성된
의사가 스페인에서 개업하려 한다면, 이는 유럽차원에서 의사양성에 관한 법이 통일되
던가 적어도 스페인에서 이탈리아 자격증이 인정된다는 것을 전제한다.

회원국들의 법을 조화시키거나 조율하려는 목표는 적극적 형성정책을 통해서, **73**
즉 제2차유럽법을 통해 공통의 표준을 확정함으로써 달성할 수 있다(이른바 적
극적 통합). 그러나 유럽공통체 창립 초기에는 주된 법제정기관이었던 이사회에
서 전원일치로 결정을 내려야 했기 때문에 결정절차의 속도가 늦었다. 입법기
관의 이와 같은 기능적 약점은 기본적 자유를 통한 **소극적 통합**[25] 추진에 유리
한 조건을 제공하였다. 다시 말해 회원국의 국민은 누구나 기본적 자유를 원용
하여 유럽연합 내의 거래에 대한 제한에 대하여 방어할 수 있다.

예: 독일의 맥주 제조 순수성원칙에 반하는 맥주를 독일에서 판매할 수 없게 된 프랑스 **74**
기업은 이 원칙에 대항하여 상품거래의 자유를 주장하는 데 성공하였다. 프랑스에서 판
매될 수 있는 맥주가 독일에서는 건강에 유해한 것으로 다루어져야 할 이유가 없기 때
문이다(EuGH, EC-LI:EU:C:1987:176 − 유럽위원회[Kommission] 대 독일). 이탈리아
에서 양성되었으나 스페인에서 개업하려는 의사는, 스페인 법이 개업을 금하면 개업의
자유(「유럽연합 기능에 관한 조약」 제49조)를 원용할 수 있다. 그러나 스페인이 더 많
은 양의 실습교육을 통해서 더 높은 수준의 건강보호를 보장하려 한다고 주장한다면,
스페인의 제한조치는 정당화될 수도 있다. 이와 같이 회원국이 제한조치의 정당화를 위
하여 자국법상의 더 높은 기준을 원용할 수 없도록 공통의 최소기준을 확정하는 제2차
유럽연합법이 필요하다(본 사건과 관련해서는 유럽연합 지침 2005/35/EG).

기본자유에 관한 다수의 사건에서 유럽재판소의 판례는 제2차유럽연합법 제정 **75**
의 기폭제가 되었다. 유럽재판소가 1998년 이래 여러 사건을 통해 의료보험의
피보험자는 「유럽연합 기능에 관한 조약」 제34, 56조에 의거하여 다른 회원국
에서도 의료보험조합의 허가 없이도 건강보험급여를 받을 수 있다고 판단한 이
후[26] 이 판례를 법제화한 지침(RL 2011/24/EU)이 제정되었다. 이와 같은 법제화

---

24) [역주] 맥주를 제조를 위해 보리, 홉, 물만을 사용해야 한다는 원칙.
25) *Scharpf*, in: Jachtenfuchs/Kohler-Koch, Europäische Integration, 1996, S. 109 ff.
26) 유럽재판소(EuGH), ECLI:EU:C:1998:167, Rn 35 f − 지붕공(Decker); ECLI:EU:C:1998:171,

로 인해 기본적 자유는 점차 의미를 상실하게 되었다. 기본적 자유 자체가 아니라 이를 구체화하기 위하여 발해진 제2차유럽연합법이 기본적 자유에 대한 제한을 심사하는 규준이 되었기 때문이다.[27] 이와 같은 현상과 함께 제2차유럽연합법에 대한 심사규준으로 유럽연합기본권의 의미도 커지고 있다. 제2차유럽연합법은 역내시장을 실현하고는 있지만 ─ 가령 최소기준의 설정을 통해서(단락 74를 보라) ─ 자유제한을 수반하기 때문이다.

2. 유럽연합 기본권

76 (회원국법에 대하여) 우위에 있고 직접적 효력을 갖는 제2차유럽연합법이 기본권의 구속을 받아야 했기 때문에 유럽재판소는 1969년부터 기본권을 "(유럽)공동체법질서의 일반적 기본원칙"[28]으로 인정하고, 우선은 법관법을 통하여 이를 발전시켰다. 이러한 발전과정에서 법인식에 대해 본질적인 의미를 갖는 법원(法源)이 된 것은 회원국의 기본권 이외에도 무엇보다 유럽인권협약(단락 66 이하)이었다. 이와 관련하여 유럽재판소가 인정하는 기본권은 유럽공동체의 법적 조치에 대해 구속력 있는 유일한 규준으로서 기본법의 기본권까지도 배척하였으며, 이는 연방헌법재판소에 의해서도 원칙적으로 인정되었다(단락 247 이하). 그에 따라 유럽재판소가 인정하는 기본권은 초국가적 법으로서 법적 효과의 측면에서 국제법상의 기본권보장을 훨씬 능가했다. 그러므로 유럽연합 기본권목록이 법관법을 통해서 발전하는 데 결정적인 계기가 된 것은 **회원국에 대해 직접적 효력을 갖는 공동체법의 통일적 적용의 보장**이었던 것이다.

77 2000년에 선포되고 2009년부터 법적 구속력을 발휘하게 된 유럽연합 기본권헌장은 당시까지 법관법을 통해 형성된 기본권목록을 법전화하고 발전시킨 것인 동시에 다양한 국가관 및 기본권관을 포괄한 것이다. 그러므로 이 기본권헌장은 기본법처럼 고전적 자유권과 평등권을 포함하고 있음은 물론 "연대"의 장에서 프랑스적 공화주의의 이념인 형제애에 부합하는 사회적 기본권들도 포함하고 있다. 유럽연합기본권헌장에 포함된 사회적 기본권은 의미상 급부권으로도

Rn 34 f ─ 양배추 1.

27) *Kingreen*, FS-Jarass, S. 57 ff.

28) 유럽재판소(EuGH), Rs. 29/69, Slg. 1969, 419, Rn 7 (방관자[Stauder]).

3 기본권의 다차원적 보호체계 **37**

해석될 수 있기는 하지만 지금까지는 독일에서 인정된 기본권의 효력을 능가하고 있지는 않다.[29] 유럽연합 기본권헌장 제51조 제1항에 의하면 유럽연합 기본권은 유럽연합의 기관에 대해서는 항상 구속력을 갖지만 회원국에 대해서는 유럽연합법을 "집행"할 때에만 구속력을 갖는다. 그러므로 회원국은 제1, 2차유럽연합법을 실행하고 적용하는 경우에는 항상 유럽연합 기본권에 구속된다. 회원국의 법원이 유럽연합법을 집행하는 법규범을 자국의 기본권에 위반되어 적용할 수 없다고 선언할 수 있게 된다면, 유럽연합법의 적용상의 우위와 통일적 효력이 흔들리게 될 것이다. 유럽연합법이 회원국에 대하여 강제성 있는 지침을 제시하지 않는 경우에는 회원국의 기본권이 적용된다(단락 249를 보라). 그러나 이 경우 (회원국의 기본권 이외에도) 유럽연합 기본권도 구속력을 발휘하는 것인지에 대해서는 다툼이 있다. 유럽재판소의 판례에 따르면 유럽연합기본권은 유럽연합의 지침[30]이나 유럽연합의 기본적 자유(「유럽연합 기능에 관한 조약」 제34, 45, 49, 56, 63조)[31]가 회원국에게 형성의 여지를 인정하는 경우에도 적용될 수 있다고 한다.[32] 심지어 유럽재판소는 내용상 유럽연합의 법적 조치의 영향을 받지 않고 유럽연합법에 대한 회원국의 일반적인 절차법적, 집행법적, 제재법적 환경을 형성하고 있을 뿐인 회원국법마저 "유럽연합법의 집행"(유럽연합 기본권헌장 제51조)으로 보는 입장을 취하고 있다.[33] 이러한 유럽재판소의 입장에 대해서 연방헌법재판소는 어떤 규율을 유럽연합 기본권헌장 제51조 제1항의 "집행"으로 볼 수 있으려면, 그 규율이 유럽연합법의 단순히 추상적인 적용영역과 어떤 식으로든 내용상 관련이 있다는 것만으로는 충분하지 않다고 분명하게 반박하고 있다.[34] 이러한 반박은, 유럽연합 기본권은 항상 유럽연합법의 통일성을 확보해 주는 기능만 수행할 뿐 회원국의 기본권과의 관계에서도 통일성을 조성하는 기능까지

---

29) *Kingreen*, in: Ehlers, Europäische Grundrechte und Grundfreiheiten, 4. Aufl. 2014, § 22 Rn 10 ff, 23 ff.
30) 유럽재판소(EuGH), Rs. C-540/03, Slg. 2006, I-5769, Rn 110 f (의회/이사회).
31) 유럽재판소(EuGH), Rs. C-260/89, Slg. 1991, I-2925, Rn 43 (ERT[그리스 방송국]); Rs. C-368/95, Slg. 1997, 3689, Rn. 24 (Familiapress).
32) 이 문제에 대한 학설에 대해서는 *Kingreen*, in: Calliess/Ruffert, EUV/AEUV, 5. Aufl. 2016, Art. 51 GRC, Rn 8 ff.
33) 유럽재판소(EuGH), Rs. C-617/10, ECLI:EU:C:2013:105, Rn 24 ff (Fransson); 이미 EuGH, Rs. C-276/01, Slg. 2003, I-3735, Rn 76 (Steffensen).
34) E 133, 277/316.

수행하지는 않는다는 점에서 타당하다 할 것이다. 나아가 유럽연합 기본권을 위와 같이 확장하여 적용할 경우 무엇보다도 기본권충돌의 경우에 중대하지만 불필요한 문제를 야기하는 이중적 구속을 초래하게 될 것이다.[35) 그렇다면 유럽연합기본권은 유럽연합법의 통일적 적용을 위해 필요한 경우 그리고 그러한 범위에서만 회원국을 구속한다는 견해가 타당하다고 보아야 할 것이다.

78 예: 개인정보저장에 관한 유럽연합지침(단락 452를 보라)은 중대범죄에 대한 수사, 확인, 소추가 가능하도록 일정 통신정보를 저장하도록 하여야 할 의무를 회원국에 부과하였다. 그러면서도 위 지침은 가령 저장한 통신정보를 사용하여 기소할 수 있는 범죄의 확정, 통신정보 저장 기간의 확정과 관련하여 회원국에 의한 규율을 위한 여지를 남겨두었다. 유럽재판소는 이 지침이 유럽연합 기본권을 침해한다고 선언하였다. 이와 관련한 독일의 이행법률에 대하여 기본법의 기본권을 규준으로 심사하는 것은, 그 법률이 위 지침상의 강행규정을 이행하고 있는 범위에서는 원칙적으로 불가능했다. 연방헌법재판소(E 121, 1/15; 125, 260/306)는, 위 지침이 회원국에게 부여하는 여지를 그 이행법률이 활용하고 있는 범위(해당 범죄의 확정, 장기간의 저장의무)에서는 그 법률이 기본법의 기본권과 합치하는지를 심사할 수 있었다. 유럽재판소의 견해에 의하면 그 밖에도 위 지침에 의하여 한정된 이와 같은 영역에서도 유럽연합의 기본권도 적용할 수 있다고 한다. - 한 스웨덴 어부는 부가가치세 부과와 관련한 고지의무를 이행하지 않았다. 그는 과세관청으로부터 과태료를 부과받았고, 이어서 형사법원에 기소되었는데, 이 법원은 과태료 부과절차가 이미 진행되었다는 이유로 형법에 의한 처벌이 이중처벌금지(유럽연합 기본권헌장 제50조)에 저촉되는 것은 아닌지의 문제를 제기하였다. 유럽연합법은 부과된 부가가치세를 확보하고 조세포탈에 대처하여야 할 의무도 회원국에게 부과하고 있다. 스웨덴이 이러한 의무를 준수하고 있다는 데 대해서는 의문의 여지가 없기 때문에 그 의무는 제재절차의 대상이 아니었으며, 이중처벌금지가 형벌과 조세법에 의해 가해지는 제재 관계에도 적용되는지 여부라는 헌법적·형사법적 문제가 쟁점이 되었다. (이는 기본법 제103조 제3항과 관련해서는 부정된다. 단락 1278를 보라). 이 쟁점과 직접적으로 관련된 유럽연합법은 영향을 받지 않았음에도 불구하고 유럽재판소(Rs. C-617/10, ECLI:EU:C:2013:105, Rn 24 ff - Fransson)는 유럽연합법상의 일반조세법규정이라는 가교를 통해서 스웨덴 형법도 "유럽연합법의 집행"(유럽연합 기본권헌장 제51조 제1항)이라고 보았다. 물론 유럽재판소는 유럽연합 기본권의 적용을 위해 필요한 제

---

35) *Kingreen*, JZ 2013, 801/802 ff; Massing, JZ 2015, 477/481 ff; 나아가 가령 *Frenzel*, Staat 2014, 1 ff; *Ohler*, NVwZ 2013, 1433/1437 f; *Thym*, NVwZ 2013, 889/891 ff.

2차유럽연합법과 심사대상인 회원국의 법적 조치 사이의 관련성을 양자가 상이한 목표를 추구하는 경우에는 부정하고 있다(EuGH, Rs. C-198/13, ECLI:EU:C:2014:2055, Rn 41 – Hernández).

3. 제2차유럽연합법을 통한 기본권유사적 보장

유럽연합은 여러 입법조치를 통해 제2차유럽연합법을 통한 기본권유사적 보장 **79** 이라는 새로운 영역을 개척했다. 「유럽연합 기능에 관한 조약」 제19조 제1항에 의거하여 차별방지법에 관한 복수의 지침이 제정되었다. 독일 입법자는 이 지침들을 일반적 평등대우법(AGG)을 통해 이행하였다(단락 241을 보라). 이 지침들은 유럽연합 역내시장의 원활한 기능을 방해하는, 국적을 이유로 한 차별만이 아니라 (가령 연령, 성적 지향, 종교와 같은) 여타의 금지된 차별기준들에 의한 차별도 금지하고 있다. 따라서 이 지침들을 통해 유럽연합의 정치적 통합의 가치가 실현되고 있다. 현 「유럽연합 기능에 관한 조약」 제157조에서 그 법적 근거를 찾을 수 있는 지침 76/207/EWG이 규정하고 있는 노동생활에서의 성별을 이유로 한 차별의 금지는 훨씬 오랜 역사를 가지고 있다. 이 지침은 공직의 여성할당제에 관한 규준이다(단락 542를 보라). 제2차유럽연합법상의 기본권유사적 보장은 유럽연합 기본권과 같이 기본법상의 기본권에 대해서도 적용상 우위에 있으며, 이에 따라 이 기본권의 해석에 대해서도 영향을 미치면서 여러 가지 면에서 새로운 영역을 형성하고 있다. 전통적인 이해에 따르면 기본권은 법령에 대하여 우위를 갖는 헌법의 본질적 요소이다(단락 5를 보라). 그러므로 제2차유럽연합법상의 보장은 법령의 요소이며, 따라서 형식적 의미의 헌법은 아니다. 더욱이 이 기본권유사적 보장은, 유럽연합 기본권헌장 제51조를 통해 유럽연합법을 집행하는 경우에 한하여 인정되는 회원국에 대한 구속력을 갖는 것이 아니라 제2차유럽연합법으로서 (회원국에 대하여) 포괄적인 구속력을 갖는다. 또한 제2차유럽연합법은 국가기관만이 아니라 사인, 특히 고용주에 대해서도 의무를 부과한다. 따라서 차별금지규정들은 기본권과는 달리 직접적인 제3자효를 갖게 된다(단락 236 이하).

예: 종족이나 인종에 따른 차별 없는 평등대우원칙의 적용에 관한 지침 2000/43/EG는 **80** (특히 노동자의 채용, 주거의 임대와 같은) 중요한 생활영역에서의 종족이나 인종과 같

은 기준을 이유로 한 차별을 금지하고 있다. 유럽재판소는, 고객들이 특정 인종에 속한 사람을 거부한다는 이유로 그러한 인종 출신을 채용하지 않도록 하는 기업의 공시는 위법하다고 판단하였다(EuGH, Slg 2008, Ⅰ-5187 ff – Feryn). – 고용 및 직업에서 평등의 실현을 위한 지침 2000/78/EG는 종교, 세계관, 장애, 연령, 성적 지향을 이유로 한 차별을 금지하고 있다. 이 지침의 적용범위는 그 내용상 노동생활에 국한되고, 따라서 특히 지침 2000/43/EG에 비하여 그 적용범위가 훨씬 좁다. 특히 연령제한은 연령차별금지에 반하게 돈다. 물론 지침 2000/78/EG 제6조는 다른 기준들과는 달리 연령에 의한 차별의 정당화가능성을 명시하고 있다. 가령 고령 노동자에 비해 저연령 노동자에 대한 해고통지 기간을 단기로 한 것이나(EuGH, Slg 2010, Ⅰ-365 ff – Kücükdeveci), 의료보험조합과 계약하는 의사(EuGH, Slg 2008, Ⅰ-47 ff – Petersen), 항공기 조종사(EuGH, Slg 2011, Ⅰ-8003)에 대한 연령제한은 일관성 있는 근거가 없어서 정당화될 수 없다. 반면, 공직에 균형 있는 연령구조를 보장하기 위한 연령제한은 정당하다(EuGH, ECLI:EU:C:2011:508 – Fuchs). 삶의 동반자를 혼인한 부부에 비하여 불평등하게 대우하는 것은 성적 지향을 이유로 한 차별금지에 반한다(EuGH, Slg 2008, Ⅰ-1757 – Maruko). 직장에서 종교적 상징 내지 히잡 착용 금지에 대해서는 단락 51a, 85를 보라.

V. 주(州) 헌법상의 기본권

81   주(州) 헌법상의 기본권도 연방헌법재판소가 사용할 수 있는 심사규준이 아니다. 주(州) 헌법상의 기본권은 해당 주(州) 안에서만 효력을 갖는다. 물론 이 기본권은 체계적 해석의 방식으로 기본법의 기본권에 대한 해석을 위해 활용할 수는 있다.

82   예: 모든 인간은 법률 앞에 평등하다는 법문(기본법 제3조 제1항)은, 한때 입법자 자신은 평등규정에 구속되지 않는다고 해석된 적이 있었다. 연방헌법재판소는 현재 8개의 주(州) 헌법의 규정들을 원용하면서 위와 같은 해석에 대한 반대 입장을 취하고 있다(E 2, 237/262).

83   주(州) 헌법상의 기본권과 기본법상의 기본권의 상호관계에 대해서는 기본법 제142조에 따라 주(州) 헌법의 규정들은 "본 기본법 제1~18조의 규정들과 합치하면서 기본권을 보장하는 범위 안에서만 유효하다"는 원칙이 적용된다. 이 원칙에서 "합치"는 모순의 부재를 의미한다.[36] 기본법 제28조 제1항에 따른 기본

법의 연방국가에서는 획일성이 아닌 동질성이 요청되고 있기 때문이다. 그에 따라 기본법상의 기본권과 같은 내용의 보호를 제공하는 주(州) 헌법상의 기본권만이 아니라, 더 넓은 보호를 제공하는 주(州) 헌법상의 기본권은 물론 더 좁은 보호만을 제공하는 주(州) 헌법상의 기본권도 유효하게 된다. 두 가지 경우 모두 주(州) 헌법의 기본권들이 기본법의 기본권에 모순되지 않기 때문이다. 그 이유는, 한편으로는 개인과의 관계에서 주(州)의 국가권력을 더 많이 구속하는 것이 허용된다는 점, 다른 한편으로는 주(州)의 국가권력을 구속하는 연방기본권이 더 많은 보호를 제공하고 있다고 해서 주(州) 헌법상의 기본권이 개인을 더 적게 보호하는 것이 불가능하지 않다는 점에서 찾을 수 있다. 물론 기본법 제142조가 주(州)법에 대한 연방법 우위 원칙에도 불구하고 기본법 제1~18조에 합치하게 기본권의 효력을 보장해 주는 주(州) 헌법규정의 효력을 유지해주기는 하지만, 연방과 주(州)의 권한분배에 부합하는 연방법은 상충하는 주(州)의 기본권에 대하여도 관철될 수 있다. 통설은 권한규정들이 기본법 제31조에 대하여 특별법적 지위를 가진다는 것에서 그 정당성의 근거를 제시하고 있다.[37]

사례 1(단락 51)에 대한 약해: 甲은 주(州)고등법원의 재판으로 기본법 제6조 및 제20조 제3항을 통해 보장된 기본권을 침해받았다. 주(州)고등법원은 유럽인권협약 제8조에 대한 유럽인권재판소의 해석 결과를 고려하고 당해사건에 적용하여야 할 의무를 지고 있었음에도 불구하고 당해사건에 대한 재판에서 유럽인권협약 및 유럽인권재판소의 판결을 충분히 고려하지 않았기 때문이다. 특히 주(州)고등법원은 유럽인권재판소가 그 판결에서 고려한 요소들을 자신의 (헌)법적 평가, 특히 비례성심사에 반영하고 甲이 그의 아들과 접촉할 수 있는 권리가 있는지의 문제에 대한 판단을 함에 있어 명백히 관련된 기본법 제6조가 유럽인권협약 제8조에 의해 독일에 부과된 의무에 부합하는 방식으로 해석되고 적용될 수 있었는지 여부를 검토하였어야 했던 것이다. 이러한 이유로 甲의 헌법소원은 인용되었다. **84**

사례 2(단락 51a)에 대한 약해: 乙녀가 다투고 있는 직장 내에서 가시적인 종교적 상징 착용 금지는 유럽연합 지침 2000/78/EG에 저촉될 수도 있다. **85**

1. 지침의 적용영역: 지침 2000/78/EG에 사용된 종교라는 개념은 유럽연합 기본권헌장

---

36) E 96, 345/365; 비판적인 견해로는 *Merten*, Hdb.GR Ⅷ, § 232 Rn 37.
37) *Pieroth*, JP, Art. 31 Rn 3 참조.

제10조와 같이 해석되어야 하고, 유럽연합 기본권헌장 제10조는 같은 헌장 제52조 제3 항에 따라 유럽인권협약 제9조 제1항에 의거하여 해석되어야 한다. 여기서 종교는 '내 면적 자유(forum internum)', 즉 확신을 가지는 상황은 물론 '외면적 자유(forum exterium)', 즉 종교적 믿음을 공개적으로 선포하는 것도 포함한다(EuGH, 같은 곳, Rn 27 f).

2. 종교를 이유로 한 차별

a) **직접차별**은 존재하지 않는다. 직장내규는 정치적, 철학적, 종교적 확신의 가시적 상 징의 착용에 관한 것이고, 따라서 그러한 확신의 선포에 무차별적으로 적용되기 때문이 다. 그러므로 해당 직장내규에 의하면 그 기업의 모든 노동자는 일반적으로 그리고 무 차별적으로 중립적 복장을 착용하도록 함에 따라 내면적 확신을 드러내는 상징의 착용 을 금함으로써 평등하게 대우받고 있다는 것이 사실관계의 기초가 되어야 한다(EuGH, 같은 곳, Rn 30).

b) **간접차별**. 지침 2000/78/EG 제2조 제2항 b호에 의하면 간접차별은 외관상 중립적인 규정, 기준 또는 절차가 특정 종교나 세계관을 가진 사람들에게 특별한 방식으로 사실 상 불이익을 가하는 경우에 존재한다. 단, 위 지침에 열거되어 있는 정당화사유 중의 하 나가 존재하는 경우는 그렇지 아니하다. 직접차별은 지침 2000/78/EG 제4조에 의해서만 정당화될 수 있는 반면, 간접적 차별의 경우에 그 정당성심사는 간접적 차별의 개념에 통합된다 — 이는 독일의 평등원칙에 의한 심사에서는 이례적인 것이다 —. 종교적 확 신을 드러내는 상징의 착용 금지는 사실상 무엇보다도 여성 회교도에게 타격을 가한다. 회교처럼 여성에게 종교적 확신을 가시화하는 상징을 착용할 의무를 부과받고 있는 다 른 여성노동자들은 확인할 수 없기 때문이다(같은 취지로 GA Kokott, 최종변론 Rs. C-157/15, Ziff. 57). 간접차별은 정당한 목적의 달성과 비례적 관계에 있다면 정당화될 수 있다(지침 2000/78/EG 제2조 제2항 b호 i).

aa) 공적·사적 고객과의 관계에서 정치적, 철학적 또는 종교적 중립성을 표현하려는 의사는 유럽연합 기본권헌장 제16조에 의해서도 보호되는 **정당한 목적**이다(유럽인권재 판소의 판결인 EGMR, Eweida 외/Vereinigtes Königreich[영국], No. 48420/10을 원용하 고 있는 EuGH, 같은 곳, Rn 37 f).

bb) 문제의 금지는 乙녀처럼 고객과 접촉하는 노동자들을 대상으로 하고 원고와 피고 모두에게 기대할 수 있는 방안으로서 해당 노동자의 보직변경, 즉 고객과의 접촉이 없 는 업무영역으로 보직을 변경하는 시도가 성과 없이 끝났을 때에만 **필요하고 상당한 비 례관계에 있다**(EuGH, 같은 곳, Rn 42 f).

3. **결론**: 직장 내부에서 보직을 변경하는 시도가 있었으나 실패하였으므로 해고는 합법 적이었다.

보론: 이로써 직장 내 히잡 착용 문제와 관련한 각국의 최고 재판소들의 판결은 엇갈리게 된다. 독일 연방노동법원(BAG, NJW 2003, 1685)과 미국 연방대법원(2015년 6월 1일의 판결, EEOC v. Abercrombie & Fitch Stores, Inc. 575 U.S. __ [2015])은 기업 내 히잡 착용 금지가 기본권을 침해하는 것으로 판단한 반면에 유럽재판소는 위에서 인용한 유럽인권재판소 판결에 원용하면서 그것이 허용된다고 판단하였다. 연방헌법재판소는 공직자와 관련하여 히잡 착용 금지를 엄격한 요건 아래에서만 허용된다고 보았다(단락 641을 보라). 여기서 다룬 유럽재판소의 판결이 독일의 판례에 어떠한 영향을 줄 것인지의 문제는 유럽기본권동맹에 대한 시금석이 될 것이다(이에 대해서는 *Klein*, NVwZ 2017, 920).

사례 3(단락 52)에 대한 약해: 사례3에서 적시된 주(州) 헌법상의 기본권들은 기본법상 **86** 의 상당하는 기본권인 기본법 제16a조에 비하여 보호범위가 넓으므로 기본법 제142조에 의하여 효력을 유지할 수 있을 것이다. 물론 유럽연합 회원국을 경유하여 독일에 입국하는 망명신청자들은 기본법 제16a조에 따라 망명권을 주장할 수 없다. 그러한 한 모순이 존재하며, 사례3에서 적시된 주(州) 헌법상의 기본권들은 기본법 제142조에 따라 효력을 유지할 수 없게 되었다. 물론 열거된 주(州) 헌법상의 기본권들이 송두리째 적용될 수 없거나 무효가 되는 것은 아니며 기본법 제16a조에 반하는 내용과 관련해서만 적용될 수 없을 뿐이다(*Clemens*, UC, Art. 31 Rn 106 참조).

참고문헌: Ⅲ 및 Ⅳ: *G. Britz*, Grundrechtsschutz durch das Bundesverfassungsgericht **87** und den Europäischen Gerichtshof, EuGRZ 2015, 275; *D. Ehlers* (Hrsg.), Europäische Grundrechte und Grundfreiheiten, 4. Aufl. 2014; *W. Frenz*, Handbuch Europarecht Bd. 4: Europäische Grundrechte, 2009; *C. Franzius*, Grundrechtsschutz in Europa, ZaöR 2015, 383; *C. Grabenwarter* (Hrsg.), Enzyklopädie Europarecht Bd. 2: Europläischer Grundrechteschutz, 2014; *H. D. Jarass*, Die Bedeutung der Unionsgrundrechte unter Privaten, ZEuP 2017, 310; *W. Kahl/M. Schwind*, Europäische Grundrechte und Grundfreiheiten − Grundbausteine einer Interaktionslehre, EuR 2014, 170; *T. Kingreen*, Die Unionsgrundrechte, Jura 2014, 295; *ders.*, Die Grundrcchte des Grundgesetzes im europläischen Grundrechtsföderalismus, JZ 2013, 801; *ders.*, Der Abstieg der Grundfreiheiten und der Aufstieg der Unionsgrundrechte, in: M. Kment (Hrsg), Das Zusammenwirken von deutschem und europäischem öffentlichen Recht, Festschrift für Hans D. Jarass zum 70. Geburtstag, 2015, S. 51; *J. Kühling*, Kernelemente einer kohärenten EU-Grundrechtsdogmatik in der Post-Lissabon-Ära, ZÖR 2013, 469; *M.*

Ludwigs, Kooperativer Grundrechtsschutz zwischen EuGH, BVerfG und EGMR, EuGRZ 2014, 213; *J. Masing*, Einheit und Vielfalt des Europäischen Grundrechtsschutzes, JZ. 2015, 477; *D. Thym*, Vereinigt die Grundrechte!, JZ 2015, 53; *N. Matz-Lück/M. Hong* (Hrsg,), Grundrechte und Crundfreiheiten im Mehrebenensystem — Konkurrenzen und Interferenzen, 2011; *R. Uerpmann-Wittzack*, Die Bedeutung der EMRK für den deutschen und unionalen Grundrechtsschutz, Jura 2014, 916; *A. Zimmermann*, Grundrechtsschutz zwischen Karlsruhe und Straßburg, 2012. — V: *D. Merten/H.-J. Papier* (Hrsg.), Handbuch der Grundrechte in Deutschland und Europa Bd. VIII (Landesgundrechte in Deutschland), 2017.

§ 4 기본권이론과 기본권기능

Ⅰ. 기본권이론(Grundrechtstheorie)과 기본권해석론(Grundrechtsdogmatik)

기본권은 주로 행정관청, 법원, 변호사가 적용해야 하는 법으로 법률가의 시야 **88**
에 들어오게 된다. 이와 같은 법적용의 대상으로의 기본권이 기본권해석론의
대상이고 기본권 교재의 주된 내용이 기본권해석론이다. 기본권해석론은 개별
사건에 기본권규범을 적용할 때 기초가 되는, 기본권규범의 체계화 및 보완적
형성을 과제로 한다. 기본권해석론은 기본권문제를 법원과 행정기관이 해결할
수 있도록 돕는 것을 목표로 하고, 법학시험의 주된 소재에 해당한다. 기본권은
독일 법문화의 일부이기도 하며, 따라서 역사적 고찰(위 단락 18 이하를 보라)
및 이론적 고찰의 대상이기도 하다. 기본권이론은 기본권에 대한 설명과 성격
의 규명을 과제로 삼는다. 물론 이 경우 기본권이론은 특정 법체계에서의 기본
권보장을 고찰의 출발점으로 삼을 수는 있지만 보편적 인식을 목표로 한다. 기
본권이론은 헌법이론의 일부로서 기본법의 기본권에 대해서만 의미가 있는 것
이 아니라 보편성 있는 기본권보장의 구조들을 발견하는 것을 임무로 한다. 기
본권이론은 기본권해석론과는 달리 특정 법체계에 속하는 기본권을 적용하는
방법에 대하여 직접적인 정보를 제공하지 않는다. 그렇지만 기본권보장의 성격
과 구조에 대한 기본권이론의 인식은 기본권해석론에 영향을 미친다. 기본권규
정들의 조문은 해석의 문호를 폭넓게 개방해 두고 있다. 이에 따라 기본권해석
론이 기본권규정들을 적용가능한 것으로 만들기 위해서는, 그 대부분은 먼저
기본권이론의 도움을 얻어 그 본질을 구명하지 않으면 안 된다. 기본권이론은,
특정 법체계의 기본권규범들이 기본권이론에 의해서 규명된 성격과 구조를 가
지고 있는지를 기본권해석을 통해 확인하는 작업에 대해 지침을 제공한다. 기
본권이론이 가령 보호영역, 제한, 제한의 정당화의 문제(단락 9 이하)를 구분하
는 기본권규범 분석을 위한 일정한 도식을 개발할 수 있다. 그렇지만 그 도식

이, 구체적인 법체계에서 보장되는 구체적인 기본권을 기본권해석론에 의거하여 해명하는 데 도움이 될 수 있는지는 실정법 해석의 문제이다. 그러한 도식은, 인간존엄성보장과 같이 절대적 권리로 명시되어 있는 기본권보다는 기본권을 "법률에 의해서 또는 법률에 근거하여" 제한하는 것이 허용된다고 명시되어 있는 기본권에 더 잘 들어맞는다.

89 일부 기본권이론은 기본권의 구체화와 다양한 사회관 및 국가관 사이의 연관성을 고찰하고 있다. 19세기 및 20세기 초의 국가론은, 보통 개인, 즉 재산과 교양을 갖춘 부르주아(Bürger)는 부르주아사회의 구성원으로서 자급적·자율적 존재라는 사상을 전제하고 있다. 개인의 자유는 **국가로부터의 자유**이며, 사회는 경제적·문화적 이익을 독자적으로 챙기고 대내외적인 위험에 대처하기 위해서 군대, 경찰 및 사법체계로서의 국가만을 필요로 한다고 보았다. 이러한 사상에 의하여 기본권은 국가에 대한 방어권으로만 이해되었다. 이러한 사상의 토대가된 사회상은 19세기와 20세기 초부터 이미 현실에 부합하지도 않았고 모든 사람으로부터 인정받은 것도 아니었으며, 양차 세계대전의 전시·전후의 사회에서도 계속 불신의 대상이 되었다. 개인은 국가의 대책, 설비, 배급, 재분배 등에 근본적으로 의존하고 있다는 것, 개인의 자유는 개인이 스스로 보장할 수 없는 사회적·국가적 조건에 달려 있다는 것이 양차 세계대전을 거치면서 분명해졌다. 사회적 공동체 안에서 무엇인가를 필요로 하는 존재인 동시에 공동체에 대해 책임을 부담하는 개인의 모습이 부르주아사회의 자주적 개인이라는 허구를 대체하였다. 법치국가는 부르주아적 법치국가로서 개인의 자유를 가능한 한 적게 제한하여야 한다는 사상은, 법치국가는 사회적 법치국가로서 **자유의 조건들을 조성하고 보장하여야 한다**는 사상에 의해 보완되었다.

90 이러한 사상은 바이마르 헌법에 처음으로 반영되었다. 즉 바이마르 헌법은 국가로부터의 자유를 보장하는 기본권만이 아니라 국가에게 자유의 현실적 조건을 보장하여야 할 의무를 부과하는 다수의 세세한 사회적 보장들도 포함하고 있었다. 그러나 이러한 사회적 보장들은 지킬 수 있는 것 이상을 약속하였고 또 단순한 프로그램규정(단락 36 이하)에 불과하였다. 그에 따라 기본법에는 사회적 보장들은 극히 일부만 수용되었다. 기본법은 독일연방공화국의 특성을 **사회적**

연방국가(제20조 제1항)나 **사회적 법치국가**(제28조 제1항)로 표시하는 데 초점을 맞추었다. 그렇지만 이에 따라 자유의 제한을 방어하기 이전에 먼저 자유의 조건부터 조성되고 보장되어야 한다는 문제는 해결되지 아니하였다.

기본법을 출발점으로 삼는 헌법이론은 다양한 방식으로 이 문제를 인식해 왔 **91** 다. **현대 기본권이론들**은, **뵈컨푀르데**(Böckenförde)의 제안대로 기본권을 전국가적인 것으로, 따라서 국가의 간섭을 받지 아니할 자유로 이해하는 자유주의적 기본권이론, 자유의 조건을 보장하기 위한 법형성·법해석의 지침이 되는 가치로 기본권을 이해하는 가치체계적 기본권이론, 기본권을 제도 조성 요청으로 이해하는 제도적 기본권이론, 기본권을 민주적 과정의 조건들에 대한 보호로 이해하는 민주주의적·기능적 기본권이론, 기본권을 사회적 정의를 실현하기 위한 보장으로 이해하는 사회국가적 기본권이론으로 구분할 수 있다.[1] 이러한 기본권이론의 관점들은 모두 연방헌법재판소의 판례에 수용되었다. 그리하여 연방헌법재판소는 집회의 자유를 가령 민주적·기능적 의미에서 이해하고 그 보호영역을 공적 사항을 대상으로 하는 집회에 한정하였다(아래 단락 811을 보라). 연방헌법재판소는 기본권을 사법(私法)에 적용하기 위하여 기본권을 사법에 대해서도 방사효를 미치는 가치질서로 해석하였다(아래 단락 113을 보라). 연방헌법재판소는 기본법 제12조 제1항과 관련하여 직업의 자유에서 국립대의 정원 확대를 위한 증설 청구권을 추론해낼 수 있는지에 대해서도 검토하였다(아래 단락 158을 보라).

뵈켄푀르데 이후 특히 **주어**(Suhr)와 **알렉시**(Allexy)는 극히 상이한 뿌리를 갖는 새 **92** 로운 기본권이론을 제시하였다. **주어**는 자유를 더불어 살며 책임을 지는 공존의 자유로 이해하고 있다. 그는 이와 같은 이론적 토대로부터 사회적 기본권관을 발전시키고 있는 것이다. 그에 따르면 기본권을 통해 개인이 아니라 인간관계가 국가의 간섭으로부터 보호받는 것이라고 한다. **주어**는 기본권은 인간의 사회성을 발휘하는 데 적합한 법적 조건을 제공하여야 할 의무를 국가에 부과한다고 한다.[2] 그러므로 그의 기본권이론은 제도적 기본권 사상과 매우 가깝다. 기

---

1) NJW 1974, 1529.
2) Entfaltung des Menschen durch die Menschen, 1976; Gleiche Freiheit, 1988.

본권을 원리로 보는 **알렉시**의 기본권이론은 사회이론이 아닌 법이론으로부터 영감을 받은 것이다. **알렉시**에게 규범은 규칙(Regeln)이 아니면 원리(Prinzipien)인데, 규칙이 단순한 포섭을 요한다면 원리는 최적실현(Optimierung)을 지향하는 형량의 방식으로 적용될 수 있다고 한다. 기본권은 일반조항과 유사한 조문 형식 때문에 단순한 포섭의 방식으로는 적용될 수 없으므로 원리라고 한다. 기본권문제는 이와 같이 법이론적 이유에서 최적실현을 지향하는 형량을 통해서 해결되어야 한다고 한다.3) 기본권을 원리로 보는 이론은 법이론과 기본권해석론의 결합 때문에 특히 외국에서도 많은 지지를 받고 있다.4) 알렉시의 이론은 법이론에 토대를 두면서 배타적(alternativlos) 기본권해석론을 제시하는 것처럼 보이지만, 독일에서는 법이론적 논거와 기본권해석론적 논거를 결합하고 있다는 이유로 비판을 받고 있다. 법이론적인 관점에서 볼 때 원리론은 지금까지 원리의 개념을 해명하는 데 성공하지 못하고 규범의 추상성과 불확정성의 정도에 있어서의 차이만을 지적하고 있을 뿐이다. 기본권을 법이론적인 이유 때문에 최적실현명령으로 해석하여야 한다는 명제를, 기본권이 부분적으로 일반조항과 같은 조문을 가지고 있다는 것으로부터 추론할 수는 없다. 오히려 기본권은 불명확하더라도 법학적 해석과 해석론의 일반적인 방법들에 의거하여 접근할 수 있는 것이다.5) 그러므로 법이론이 기본권해석론을 결정하는 것은 아니다. 원리론의 전제와는 달리 기본권을 법이론적으로 원리로 분류할 수 있다는 전제로부터 인간존엄성보장이 ─ 통설(단락 430을 보라)과는 달리 ─ 원칙적으로 형량의 대상이 된다는 추론을 이끌어 낼 수는 없다. 해석론의 관점에서는 최적실현의 사상에 내포된 권력분립적 측면 및 민주주의론적인 측면의 문제점이 지적되고 있다.6) 기본권이 정치에 자유의 여지를 남기는 것이 아니라 늘 자유의 최적실현을 요구한다면, 정치적 형성을 위한 여지는 남아 있지 않게 되고 정치는 기본권해석의 문제에 불과한 것이 되는데, 기본권해석은 궁극적으로는 연방헌법재

---

3) *Alexy*, Theorie der Grundrechte, 1986, S. 71-79; 그의 기본권이론은 *Dworkin*, Taking Rights Seriously, 1977, S. 90에 의거하고 있다.
4) 가령 *Olivera* et al. (ed.), Alexy's Theory of Law, ARSP Beiheft 144 (2015)에 수록된 논문들을 보라.
5) *Poscher*, Theorie eines Phantoms, RW 2010, S. 349.
6) *Jestaedt*, Grundrechtsentfaltung, 1999, S. 239 ff; *Reimer*, Verfassungsprinzipien, 2001, S. 333; *Poscher*, Grundrechte als Abwehrrechte, 2003, S. 82 f.

판소의 소관 사항이고 입법자에게는 기껏해야 예측의 여지만을 남길 뿐이다. 원리론의 관점에서는 입법자는 헌법의 테두리 안에서 청소년 보호와 예술의 자유의 관계를 정치적으로 결정할 수 없다.[7] 입법자는 청소년 보호와 의견표현의 자유의 관계를 원칙적으로 헌법이 부여한 지침에 맞게 최적으로 설정할 의무를 질 뿐이다. 입법자는, 최적의 상태의 정확한 확정이 인식론적으로 어렵다는 이유만으로 그 정확한 예측을 위한 여지만 인정받는다.[8] 예측의 여지를 형식원리로 채택하게 되면 원리론이 사실상 연방헌법재판소의 모든 재판을 원리론의 의미로 재구성할 수 있는 길이 열리게 된다.

II. 기본권의 기능

기본권기능론은 기본권이론의 중요한 부분영역 중의 하나이다. 기본권기능론에 **93** 는 다양한 기본권관도 투영된다. 기본권은 기본권별로 다양한 대상을 갖고 있다. 즉 기본법 제2조 제2항에서는 신체적 온전성과 생명을, 기본법 제5조 제3항에서는 예술과 학문을, 기본법 제38조 제1항에서는 선거권을, 기본법 제19조 제4항에서는 권리보호를 그 대상으로 하고 있다. 그렇지만 기본권은 이와 같이 다양한 생활영역을 대상으로 할 뿐 아니라 다양한 방식의 요구를 제기하기도 한다. 생명, 신체적 온전성, 예술은 일차적으로 국가에게 어떤 것을 하지 말도록 하는 의무를 부과함으로써 – 즉 생명, 신체적 온전성, 예술적 표현형식에 대한 제한을 가하지 말도록 함으로써 보호된다. 이에 비하여 선거권의 경우 국가의 부작위보다는 기본권의 규준에 부합하게 정치참여를 조직할 것, 즉 자유롭고 평등하며 직접적인 선거를 실시할 것을 국가에게 요구한다. 권리보호보장은 정치참여의 문제가 아니다. 국가는 이와 관련하여 무엇인가를 하지 말아야 할 뿐 아니라 법원 및 권리구제절차를 설치함으로써 기본권주체가 자신의 기본권을 실효성 있게 관철할 수 있도록 하여야 한다. 그러므로 국가에게 부작위 의무나 특정 행위를 하여야 할 의무를 부과하고 또 그렇게 함으로써 기본권을 통해 보장되는 자유를 상이한 방식으로 보호하는 다양한 규범과 기본권이 결합된

---

7) E 83, 130/151 참조.
8) 입법자의 여지를 형식원리로 이해하는 것에 대해서는 *Borowski*, Grundrechte als Prinzipien, 207, S. 202 f.

다. 이와 같이 개별 기본권들이 다양한 규범적 내용을 통해서 기본권 관련 주제들을 구현하는(adressieren) 다양한 방식을 **기본권기능**이라 한다.

94 다양한 기본권기능들을 체계화하려는 시도들은 규범적 기능이 아니라 이해를 돕는 기능을 수행한다. 기본권기능론이 기본권보호의 종류와 방식을 결정하는 것은 아니다. 기본권보호는 전적으로 개별 기본권보장에 의해서만 결정된다. 그러므로 기본권기능들에 대한 다양한 체계화시도의 쟁점은 어떤 것이 옳은 것이냐가 아니라 어느 정도 유능하냐, 즉 개별 기본권이 결정하는 다양한 기본권보호의 종류와 방식을 얼마나 성공적으로 파악할 수 있느냐는 것이다. 그러므로 다양한 체계화시도들은 기본권보호의 종류와 방식의 다양한 측면들을 부각시킴으로써 상호배타적인 관계에 있는 것이 아니라 상호보완적인 관계에 있다. 이것이 현재 진행되고 있는 기본권논의에서도 여전히 다양한 체계화시도들이 서로 부분적으로 유사성을 보이는 이유이다. 다양한 유형화시도에 대한 분류 중 역사적 분류가 적합해 보인다. 과거의 - 고전적 - 기본권기능 분류들은 20세기 말 후기입헌군주주의 시대 및 바이마르 헌법 하에서 등장했다. 오늘날의 유형화시도들은 특히 국제적 인권보장의 영역에서의 상응하는 시도들(단락 58, 117, 132, 145, 162)과도 유사성을 갖고 있다.

1. 고전적 기본권기능

95 게오르그 옐리네크(Georg Jellinek)는 그의 저서 "공권의 체계(System der subjektiven Grundrechte)"에서 소극적 지위(status negativus), 적극적 지위(status positivus), 능동적 지위(status activus)를 구분하였다.[9] 기본권과 관련하여 지위는, 다양한 기본권을 통하여 구현되고 확보된 개인의 국가에 대한 상태를 나타낸다. 후에 바이마르 헌법상의 기본권들과 관련하여 발전하였던 제도보장론, 즉 특정 기본권들을 제도보장으로 보는 것도 고전적인 분류에 해당한다.

a) 소극적 지위

96 소극적 지위란 개인이 개인적 문제들을 국가의 개입 없이 해결하고, 그의 사회적 공동생활을 국가의 개입 없이 규율하며 또 그의 일을 국가의 개입 없이 처

---

9) *Jellinek*, System der subjektiven öffentlichen Rechte, 2. Aufl. 1919, S. 87, 94 ff.

리할 수 있는, 국가로부터 자유로운 상태를 의미한다. 이 상태는 기본권이 방어권으로서 일정한 자유, 자유의 공간, 자유권 또는 개인의 자유로운 처분에 맡겨진 법익을 국가의 제한, 제약 또는 침해로부터 보호하는 경우 그리고 그러한 한에서 기본권에 의하여 구현되고 또 확보된다. 방어의 측면에서 볼 때 기본권에 대한 침해(Eingriff)[10]가 이미 발생한 경우 그 침해는 제거되어야 하고, 그 침해가 임박해 있는 경우 그 침해는 중지되어야 한다.[11] 19세기의 국법학은 기본권의 이와 같은 기능을 다음과 같이 공식화하였다. 즉 기본권은 자유와 재산에 대한 침해를 방어한다.

b) 적극적 지위

적극적 지위란 개인이 **국가 없이는 자유**를 누릴 수 **없고** 오히려 개인이 자유롭게 **97**
생존하고 또 자유로운 생존을 유지하기 위해 국가의 대책에 의존하고 있는 상태이다. 이 상태는 기본권이 **청구권, 보호청구권, 참여권, 급부권, 절차적 권리**인 경우에 그리고 그러한 한에서 기본권에 의하여 구현되어 있고 또 보장되어 있다. 이와 관련하여 명칭의 차이가 항상 권리의 내용상의 차이를 보여주는 것은 아니다. 보호청구권이라는 말은 급부권의 의미에서는 국가에 의한 보호를, 절차적 권리의 의미에서는 국가가 마련한 절차를 통한 그리고 그 절차에 의한 보호를 의미한다. 참여권과 관련해서도 참여에는 국가의 보호에 대한 참여, 국가의 급부에 대한 참여 그리고 국가가 마련한 절차에 대한 참여가 있다. 적극적 지위에 속하는 권리와 관련하여 그 내용상의 결정적인 차이는, 그 권리가 기존의 국가적 대책과 관련되는 것이냐, 아니면 이 국가적 대책을 새롭게 조성해 내는 것을 목표로 하고 있느냐, 즉 개인에게 기존의 설비, 급부, 절차에 대한 청구권을 부여하는 것이냐 또는 설비, 급부나 절차의 마련을 통한 보호청구권을 부여하는 것이냐이다. 그에 상응하여 종종 **파생적** 권리, 즉 기존의 것으로부터 파생된 권리와 **시원적** 권리, 즉 아직 존재하지 않는 것을 가져다주는 권리를 구분하기도 한다.[12]

---

10) [역주] 문맥상 여기서 사용된 Eingriff는 침해, 즉 헌법적으로 정당화되지 않는 제한이라는 의미로 사용되고 있다. 기본권주체는 국가에 의해 가해지는 정당한 제한에 대해서까지 기본권을 원용하여 방어할 수는 없기 때문이다.

11) *Laubinger*, VerwArch 1989, 261/299 참조.

12) *Kloepfer*, VerfR Ⅱ, § 48 Rn 22 ff 참조.

98 예: 기본법상의 소수의 권리만이 그 조문상 시원적 참여권으로 표현되고 있다. 즉 기본법 제6조 제4항은 공동체의 보호 및 지원에 대한 모(母)의 청구권을 명시하고 있고, 기본법 제19조 제4항은 권리구제절차(Rechtsweg)를 보장함으로써 재판절차 및 법원의 재판에 대한 청구권을 부여하고 있으며, 이는 다시 기본법 제101조 제1항 제2문에서 법률이 정하는 법관에 의한 재판을 받을 권리를 통하여 그리고 기본법 제103조 제1항에서 법적 청문권을 통하여 강화되고 있다. 옐리네크(System der subjektiven öffentlichen Rechte, 2. Aufl. 1919, S. 124)는 권리보호청구권을 적극적 지위의 핵심에서 발원하는 가장 중요한 청구권으로 평가하고 있다. 아울러 평등권은 개인을 위한 국가의 대책에 대한 평등한 참여를 보장해 주고 있다. 그러므로 평등권은 적극적 지위에 속하는 파생적 권리이다(단락 155 이하 참조). 물론 그렇다고 하여 국가가 개인이나 집단들을 자의적으로 배제해서는 안 된다는 것 이상을 말하는 것은 아니다. 국가는 기본법 제3조 제2항 제2문의 규준을 기준으로 해서만 지원조치를 취해야 한다. 나아가 인간존엄성보장(기본법 제1조 제1항 제2문)으로부터 인간다운 생존을 위한 최소보장 청구권이 도출된다(단락 421, 426 참조). 기본법 제6조 제4항도 모(母)에 대한 보호와 지원을 요구할 수 있는 명시적 청구권을 포함하고 있다(단락 781 참조).

c) 능동적 지위

99 능동적 지위란 개인이 **국가 안에서 그리고 국가를 위하여** 자유를 행사하며, 국가를 형성하는 데 관여하고 국가에 참여하는 상태를 의미한다.[13] 이 상태는 공민권(staatsbürgerliche Rechte)을 통하여 구현되고 또 확보된다.

100 예: 공민권은 기본법상 선거인 및 피선거인으로서, 공직 취임 및 수행과 관련하여 개인에게 보장되고 있다(기본법 제33조 제1~3, 5항, 제38조 제1항 제1문). 끝으로 청원을 제기할 권리(기본법 제17조)는 청원 처리 요구권도 포함하고 있는데(단락 1151), 청원권도 국가권력에 대한 참여에 기여하고 있다.

101 개인이 **공민권**을 행사하는 경우 이중적인 현상이 발생한다. 즉 개인의 자유는 국가의 공직으로 유입되고, 동시에 국가는 개인이 그 자유를 행사할 수 있는 공간이 된다. 이처럼 개인의 자유와 국가질서는 기능적으로 상호 관련되어 있다.

102 현대적 기본권관이 보는 적정한 수준에 비하여 능동적 지위와 **관련한 조문의 수**

---

13) *Starck*, Hdb.GR Ⅱ, § 41 Rn 1 ff 참조.

는 빈약하다. 그에 따르면 민주적 공민은 능동적 지위를 통해서만이 아니라 의
견표명을 통해서, 신문의 독자나 출판인으로서, 결사와 정당의 구성원으로서,
집회나 시위를 통해서 소극적 지위에서도 민주국가를 지탱하고 형성하는 데 일
조하기 때문에 소극적 지위에 속하는 관련 기본권에 있어서도 **해석**을 통하여
기본권행사의 객관적 민주적 기능을 고려하여야 한다고 본다.

d) 제도보장

몇몇 기본권들은 개인의 권리(subjektives Recht)[14]와 더불어 객관적인 제도도 보 **103**
장하고 있다. 이들은, 칼 슈미트가 처음 사용한 뒤 확립된 용어로 말하면,[15] 이
른바 **제도보장**(Institutsgarantie)으로서는 사법(私法)상의 제도를 그리고 이른바 **제
도적 보장**(institutionelle Garantie)으로서는 공법상의 제도를 보장하며 이를 통하
여 이 제도들을 입법자의 처분대상에서 제외시키고 있다. 이러한 법적 효과는
때로는 제도보장이나 제도적 보장이라는 개념을 거부하는 가운데 기본법 제1조
제3항 및 제19조 제2항으로부터 도출되기도 한다.[16]

예: 입법자는 혼인과 가족(기본법 제6조 제1항), 사립학교(기본법 제7조 제4항), 재산권 **104**
및 상속권(기본법 제14조 제1항), 직업공무원제(기본법 제33조 제5항)를 폐지할 수 없
다. 이 조항들은 이러한 제도와 더불어 혼인하고 가족을 창설하고, 재산권을 보유하고
이를 상속하며, 사립학교를 설립하는 등의 권리도 보장하고 있다.

다수의 조항에서 그 조항이 개인의 권리와 더불어 객관적인 제도도 보장하고 **105**
있는지가 **다투어지고 있다.** 가령 기본법 제5조 제1항에서 자유로운 신문의 제도
가 보장되어 있다고 주장되곤 한다.[17] 그러나 자유로운 신문은 일종의 사회적
인 상태일 뿐 사법적 제도나 공법적인 제도가 아니다.

---

14) [역주] 직역하면 주관적 권리이지만, 독일어에서는 Recht라는 말이 맥락에 따라 법이나 권
리를 의미하기 때문에 강학상 이를 구분하기 위해 권리를 subjektives Recht로 법을
objektives Recht라는 용어를 사용하고 있으나, 우리 말에서 이와 같은 이유로 발전된 용어
를 그대로 계수할 필요가 있는지는 의문이다. 이러한 이유로 여기서는 문맥상 필요한 경
우가 아니면 주관적 권리를 개인의 권리나 단순히 권리로 번역하기로 한다.

15) *Schmitt*, Verfassungsrechtliche Aufsätze, 2. Aufl. 1973, S. 140 ff; 기본법 하에서 제도보장의
구현에 대해서는 *Mager*, Einrichtungsgarantien, 2003.

16) *Maurer*, StR, § 6 Rn 21; *Obermeyer*, KritV 2003, 142/162.

17) *Degenhart*, BK, Art. 5 Abs. 1 u. 2, Rn 11, 55 ff 참조.

2. 현대의 유형화

106 기본권기능에 관한 현대의 유형화시도들은 대체로 국제인권에 관한 논의의 토대가 되는 인권의 기능에 대한 서술에 의거할 수도 있는데, 이러한 기능서술은 부분적으로는 지위론의 범주들을 따르기도 하면서도 부분적으로는 이것과 대립하기도 한다.

a) 기원: 객관적 기본권기능

107 이러한 유형화를 촉발한 것은 기본권의 객관적 기능을 강조하는 데서 시작한 연방헌법재판소의 판례였다.

108 **aa) 소극적 권한규범으로서의 기본권**   기본권이 국가의 행위여지와 결정의 여지를 **한정한다**(begrenzen)는 것은 그 자체로 기본권이 객관법적 기능을 수행한다는 것을 말해준다. 기본권은, 한편으로는 국가의 행위여지 및 결정여지를 제한함으로써 객관적 법으로서의 기능을 수행한다. 국가는 입법권, 행정권, 사법권을 임의로 행사할 수 있는 것이 아니라, 기본권이 허용하는 한에서만 이를 행사할 수 있다. 기본권은 국가에게 권한을 행사할 때 기본권을 존중하여야 할 의무를 부과함으로써, 기본권은 국가의 권한에 대한 한계 내지 그 부정을 의미하게 되며, 그러한 한 소극적 권한규범인 것이다.[18]

109 예: 연방은 우편 및 통신에 대한 배타적 권한을 갖고 있다(기본법 제73조 제1항 제7호). 이 권한의 한계는 신서, 우편, 통신의 비밀에 대한 제한이 기본법 제10조 제2항과 합치하지 않는 곳에 있다.

110 이 경우에도 기본권이 개인의 권리로서의 성격을 갖는다는 점에는 변함이 없다. 다만, **관점**만이 **바뀔** 뿐이다. 기본권은, 결정의 여지 및 행위의 여지를 행사할 수 있도록 개인에게 부여한 것을 국가에게는 박탈하고 있다. 기본권은 그것을 객관적으로, 즉 개인이 그것을 주장하는지 또는 그것을 단순히 지각하고 있을 뿐인지와 관계없이 국가로부터 박탈한다.

---

18) *Hesse*, VerfR, Rn 291; *Kloepfer*, VerfR Ⅱ, § 48 Rn 37; 이에 대한 비판으로는 *Gärditz*, Hdb. StR³ Ⅸ, § 189 Rn 23 ff.

bb) 객관적 가치결단으로서의 기본권   연방헌법재판소는 전통적 관점에서 인정 **111**
되는 일부 기본권의 기본권적 보호를 확대하기 위하여 기본권의 객관적 기능을
다른 의미로도 활용하였다. 연방헌법재판소는 1950년대 당시 전통적 관점에서
는 기본권보호를 제공할 수 없으나 나치의 타락한 법질서와 결별하려는 전후의
질서에서 기본권적 관점에서의 고찰을 요구하는 사건들과 직면하게 되었다. 해
당 사건들은 사법(私法) 영역의 사건들이었다. 전통적으로 사법은 국가에 대해
효력을 갖는 기본권과 무관한 것으로 다뤄졌다. 그럼에도 학설뿐만 아니라 연
방노동법원과 민형사 사건을 관할하는 연방법원까지도 기본권의 구속력을 어
쨌든 민법의 일부분에서는 기본권주체에게도 확장해야 한다고 주장하였다(직접
적 제3자효, 단락 240을 보라).[19] 그러나 이는 당시의 학설이 매우 꺼리던, 사적
자치에 대한 예측할 수 없는 결과를 초래할 수도 있다고 생각되었다.[20] 연방헌
법재판소는 한편으로는 기본권보호의 확대를 요구하지만 다른 한편으로는 사
법의 기초를 흔들 수 있는 위험에 직면하는 어려운 상황에 처해 있었던 것이다.
마침내 연방헌법재판소는 사인을 직접 기본권에 구속시키는 것을 거부하면서
도 기본권에 대해 사법 내에서의 효력을 부여해 준 류트판결(Lüth-Urteil)을 통
하여 해결책을 발견하였다.

예: 에리히 류트(Erich Lüth)는 함부르크 기자단의 단장으로서 1950년 파이트 할란(Veit **112**
Harlan)의 "불멸의 연인(Unsterbliche Geliebte)"이라는 영화에 대한 불매를 호소하였다.
할란은 나치 치하에서 반유대주의적 영화 "달콤한 유대인"을 감독했었다. 그러자 영화
"불멸의 연인" 제작·판매사는 류트를 상대로 민법 제826조에 의거 불매운동 중지의 소
를 제기하여 승소하였다.

연방헌법재판소는 이러한 문제상황에서 기본권이 역할을 할 수 있도록 기본권 **113**
이 국가에 대한 방어권일 뿐만 아니라 객관적 가치결단, 가치척도, 원칙규범,
원리이기도 하다는 논거를 제시하였다. 연방헌법재판소에 따르면 '기본법은 기
본권을 통해 생명, 신체, 의견의 다양성, 예술과 학문, 직업활동과 재산권의 행
사 등이 가치 있는 것임을, 그리하여 기본권이 개인의 관련 자유에 대한 침해를

---

19) BAG NJW 1957, 1688/1689.
20) *Schmidt/Rimpler/Gieseke/Friesenhahn/Knur*, AöR 1950-51, S. 165/169 ff; *Apelt*, JZ 1953,
     353/358 (FN 30); *Dürig*, Festschrift Nawiasky, 1956, S. 157/164.

방어하는 개인의 이익 이상의 것임을 알려주고 있다. 기본권은 객관적으로 가치 있는 것이며, 공동체의 가치질서 내지 가치체계이며 국가는 기본권을 위할 책임을 지고, 이러한 기능을 통하여 전체적 법질서에 대해서, 따라서 사법에 대해서도 파급효를 미치게 된다.[21] 기본권의 이른바 방사효는 법령을 기본권에 "비추어" 해석할 것을 요구한다.' "여기서 기본권의 법적 내용은 개별 법영역을 직접 규율하는 규정들, 특히 일반조항들 및 기본권의 법적 내용의 의미 안에서 해석되어야 하는, 해석을 필요로 하고 해석의 여지가 있는 여타 개념들을 매개로 하여 작용한다. 따라서 일반조항과 불확정 법개념들은, 기본권이 민법으로 들어가는 입구로도 불린다."[22] 이 이론은, 기본권을 객관적 가치결단으로서의 기능을 통해 사법에 대한 헌법합치적 해석을 매개로 하여 국가와 국민의 관계만이 아니라 개인 상호간의 관계에 대해서도 효력을 발휘한다고 보기 때문에 간접적 제3자효론으로 불린다. 상술한 류트 불매운동 사건에서 연방헌법재판소는 기본법 제5조 제1항 제1문의 "정신에 비추어" 류트의 불매호소가 합법성을 띠도록 민법 제836조를 해석할 것을 요구하고 있다(E 7, 198/205 ff).

114 연방헌법재판소는 간접적 제3자효, 즉 기본권의 방사효를 기본권의 객관법적 의미로부터 도출함과 동시에 그것에 대해 처음부터 **개인의 권리로서의 효과도** 부여하였다. 즉 법관이 민법규범에 미치는 헌법적 영향을 무시하면 "(객관적 규범으로서의) 기본권규범의 내용을 간과함으로써 객관적 헌법에만 위반하는 것이 아니다. 오히려 법관은 공권력의 주체로서 그의 판결을 통해 개인이 사법권에 대해서도 존중해 줄 것을 요구할 수 있는 기본권을 침해하게 되는 것이다."[23]

115 기본권의 객관적 가치결단기능이 발전하면서 기본권보호가 현저히 확대되었지만 그 기능은 방어적 성격도 띠게 되었다. 그 기능은 무엇보다도 사인을 직접 기본권에 구속시키는 것을 거부하는 데도 기여하였다(아래 단락 236 이하를 보라). 나아가 기본권의 객관적 가치결단기능과 결부된 가치로서의 기본권의 "방

---

21) 형량론의 발전에 대한 기본권의 객관적 기능의 의의에 관하여는 *Rusteberg*, Der Grundrectliche Gewährleistungsgehalt, 2009, S. 320 ff.
22) E 73, 261/269.
23) E 7, 198/206 f; 89, 214/229 f; 이견으로는 *H. Klein*, Staat 1971, 145/172; *Merten*, NJW 1972, 1799.

사효"는 효력이 강한 것이기는 하지만 한 기본권기능에 대한 은유적 표현으로서, 모순적이라고는 할 수는 없어도 이론적이나 해석론적으로나 선명하다고 할 수 없었다. 새로운 기본권기능은 객관적 호칭이 붙었지만 기본권주체가 그것을 주장할 수 있는 것이기도 했다. 어쨌거나 이 기능을 통하여 과거에는 기본권의 관점에서 고찰하지 않았던 문제상황이 기본권의 관점에서 해명되었다. 기본권이 도대체 왜 민법상의 일반조항을 통해서만 그 효력을 발휘한다는 것인가? 어떻게 기본권의 방사효를 정확히 확정하거나 심사해야 한다는 것인가? 기본권은 그 방사효의 측면에서는 고전적인 소극적 지위에서보다도 적은 것을 요구하는 것인가 아니면 그것과는 다른 것을 요구하는 것인가? 객관적 기능의 이와 같은 부조화나 모호함으로 인하여 판례와 학설은 이 기능을 다른 기본권기능들로 섬세하게 구분하게 되었다.

b) 개별 기능권기능

역사적으로 볼 때 유럽에서 기본권은 전래의 봉건적 질서의 변혁을 목표로 하 **116** 는 것이었다. 기본권은 국가가 제한할 수 없는 부르주아적 자유와 평등의 확립을 지향했다. 기본권은 국가에게 부작위 의무를 부과하였다. 그렇지만 기본권보장을 통한 자유의 약속은, 실제적인 개성신장, 직업의 실제적 행사, 또는 주거의 실제적 향유라는 적극적(positiv) 자유를 목표로 했다. 그리하여 기본권의 방어기능은 역사적으로 볼 때 다음과 같은 이유로 전면에 부각되었다. 즉 19세기 자유주의는, 국가에 의한 침해로부터의 자유를 국가가 개인에게 보장해 주기만 하면 부르주아사회에서의 적극적 자유가 국가와 무관하게 실현될 것이라고 확신하였기 때문이었다. 그러나 늦어도 제1차세계대전 후에는 적극적 자유가 국가의 부작위만이 아니라 국가의 급부에도 매우 다양하게 의존한다는 것이 분명해졌다. 그에 따라 기본권도 국가에게 부작위 의무만이 아니라 작위 의무도 부과할 수 있어야 했다.

행위론에 착안하여 작위와 부작위를 구분한다면, 두 가지 기본권기능, 즉 방어 **117** 기능과 급부기능에서 출발하는 것이 타당할 것이다. 그렇지만 국가가 실제적 자유를 보장하기 위해 제공하는 급부는 다양하다. 즉 국가는 제3자의 위해로부터 보호를 제공해 줄 수 있고, 법질서의 구체적 형성을 통해서 자유의 법적 조건을 조성하거나 자원을 준비해둠으로써 이를 지원할 수도 있다. 이 때문에 기본권의 실제적 기능 분류론은 방어기능 이외에 보호기능, 구체적 형성기능, (여타의) 급부기능을 구분하고 있다. 그러므로 이와 같은 분류론은 그 출발점에서는 인권분류론과 유사하다고 할 수 있다. 인권분류론 역시 "방어권적 존중의무 (duty to respect)" 이외에 보호의무(duty to protect)와 이행의무(duty to fulfill)를 구분하고 있기 때문이다(위 단락 58을 보라). 이러한 기능분류론은 기본권의 객관적 가치결단기능론을 상당 부분 해체시켜 왔다. 물론 그렇다고 해서 기본권의 객관적 기능이 다른 기본권기능들과의 연관 속에서 그리고 다른 기본권기능들을 정당화하기 위해 판례 및 학설에서 계속 언급되는 것을 막을 수는 없었다.[24)]

118 **aa) 방어기능** 기본권의 방어권기능은 대체로 **옐리네크**가 펼친 지위론의 소극적 지위에 해당한다. 방어기능은 기본법상 기본권들의 핵심기능이지만,[25)] 유럽연합기본권[26)] 및 유럽인권협약[27)]의 핵심기능이기도 하다. 연방헌법재판소에게도 기본권은 "일차적으로 방어권"[28)]이다. 연방헌법재판소는 "기본권의 객관적 원리로서의 기능을 … 본래의 핵심으로부터 분리하여 객관적 규범들의 체계로 독립시킴으로써 기본권의 시원적이며 불변적인 의미를 약화시키는 것"에 대해 경고하고 있다.[29)]

119 예: 그러므로 기본법의 대부분의 기본권은 이미 방어권으로서의 그 정체성을 드러내고 있다. 이 기본권을 침해로부터 보호하거나(가령 기본법 제4조 제1항, 제10조 제1항, 제13조 제1항) 국가가 개인의 법적 지위를 축소(beschränken oder einschränken)하거나 (기본법 제5조 제2항, 제8조 제2항, 제10조 제2항, 제11조 제2항, 제13조 제7항, 제14조

---

24) 이를 확인하고 있는 판례로는 가령 BVerfG, NJW 2008, 2049/2414 f; NJW 2013, 847/848; NJW 2017, 53/55.

25) *Poscher*, Grundrechte als Abwehrrechte, 2003; *Isensee*, Hdb. StR3 IX, § 191 Rn 16 ff; *Schlink*, EuGRZ 1984, 457.

26) *Kingreen*, in: Calliess/Ruffert (Hrsg.), EUV/AEUV, 5. Aufl. 2016, Art. 51 GRCh Rn 20 ff.

27) *Ehlers*, in: Ehlers (Hrsg.), Europäische Grundrechte und Grundfreiheiten, 4. Aufl. 2014, § 2 Rn 26.

28) E 7, 198; 기본법 제정회의인 의회협의회(Der Parlamentarische Rat)에서 *Zinn*, 3. Sitzung des Ausschusses für Grundsatzfragen(원칙문제위원회 제3차 회의), 21.9.1948, in: Parlamentarische Rat, Bd. 5/1, 1993, S. 37: "국가권력에 대한 제한 이외의 다른 의미가 없다".

29) E 50, 290/337.

제1항 제2문, 제17a조 제1항) 제한할 때 반드시 충족하여야 하는 요건들을 제시하고 있다. 이러한 기본권은 침해, 제한, 축소 또는 간섭이라는 표현을 사용하지 않고도 그러한 문제를 다룰 수도 있다. 가령 부모의 의사에 반하여 자녀를 부모로부터 격리하는 것은 친권(기본법 제6조 제3항)에 대한 제한이다.

(1) **단순한 부작위의무로서의 방어권**　　　방어권으로서의 기본권은 그 내용상 **120** 국가에 대하여 부작위를 요구한다. 방어기능은 그 이념형을 토대로 한다면 법적 효과를 원칙적으로 쉽게 확정할 수 있을 뿐 아니라 국가의 부작위 이외의 어떤 자원도 요구하지 않기 때문에 항상 그에 의해 부과되는 의무의 이행이 가능하다는 장점을 가지고 있다. 국가는, 어떤 수단도 제공하지 않고도 의도했던 의견표현을 금지하지 않음으로써 방어권으로의 의견표현의 자유를 실현할 수 있다. 이 때문에 기본권의 방어기능은 구조적으로 정치적 결정과정, 특히 재정권을 행사하는 입법자의 결정권에 대하여 부담을 가장 적게 주는 기본권기능으로 생각되곤 한다.

(2) **방어권에 부수하는 급부 측면**　　　그러나 방어권으로서의 기본권의 실상은 법적 **121** 효과의 단순성은 물론 비용중립성과 관련해서도 그 이념형을 토대로 고찰할 때 보다 복잡할 수 있다. 특수한 규율상황에서 기본권의 방어기능의 법적 효과는 국가의 작위를 향하는 결과를 초래할 수도 있게 된다. 한 기본권의 한계로서 일단 행정적 통제절차나 감독절차를 거쳐 허가 내지 면제를 통해 해제될 수 있는 금지가 발해진 후 구체적 사건에서 관련 절차를 통해 이러한 금지가 정당성이 없다는 것이 밝혀지게 된다면, 관련 개인은 방어권에 의하여 허가나 면제 청구권을 갖게 된다.

예: 원칙적으로 영업의 자유가 존재한다. 그런데 이 자유에 대해서는 일반의 이익을 위 **122** 해 한계가 설정되어 있다. 영업허가 절차에서는 그 한계가 해당하는지, 따라서 가령 영업주가 신뢰할 만한 사람인지가 심사된다. 영업허가를 받지 않고 개업하는 것을 금지하는 잠정적 금지는, 영업허가 절차를 거치도록 보장하는 것을 목적으로 한다. 이 절차에서 영업허가 요건이 충족된다는 것이 확인된다면, 이 영업주에게는 영업허가 청구권이 발생하게 된다. 시원적 부작위청구권 실현을 위해 방어권으로부터 급부권이 도출되는 것이다.

123 사회보험에 가입하도록 강제하고 기여금(보험료) 납부 의무를 부과하는 것과 같
은, 방어권에서 발원하는 작위의무들도 특별한 규율상황과 관련되어 있다. 입법
자가 기본권주체에게 삶의 특정 위험에 대비하는 법정보험에 기여금을 납부하
도록 강제함으로써 개인적으로 그러한 위험에 대비할 수 있는 가능성을 제한하
는 것이다. 기본권주체가 삶의 위험에 대비하여 사용할 수 있는 수단은 한정되
어 있기 때문이다. 기본권주체들은 하나의 의료보험에만 가입할 자력을 가지고
있는 것이 보통이다. 연방헌법재판소는 법정보험이 지급하는 보험급여에 대한
제한은 곧 소극적 결사의 자유에 대한 제한이라고 보았다. 그러한 제한이 생명
을 위협하는 질병과 관련하여 잠재적으로 생존에 필수적 의미를 갖는 보험급여
에 관해 가해진다면, 그러한 제한은 통상 정당화될 수 없으며 – 생명과 신체가
각별한 기본권적 보호의 대상이 된다는 점을 고려할 때 – 기본권의 방어기능
으로부터 관련 급부 청구권이 발생하게 된다(단락 487).

124 기본권에 토대를 두고 있는 국가에 대한 **결과제거청구권 및 보상청구권**도 자유권
및 평등권의 방어권으로서의 기능에 그 근거를 찾을 수 있다. 위법적 제한이나
합법적인 특별희생을 부과하지 말아야 할 부작위 의무가 준수되지 않았거나 준
수될 수 없었던 경우 자유와 평등을 수호하는 방어권은 부작위청구권에서 결과제
거청구권과 보상청구권으로 전환된다.[30] 이러한 보상청구권의 일부는 기본권 자
체에 명시되어 있다. 기본법 제14조 제3항에 따라 수용이라는 재산권에 대한 특
별히 강도 높은 제한은 보상을 대가로 해서만 허용된다(무엇보다 단락 1076 이하를
보라). 그러나 그 밖의 경우에도 국가책임법에서는 가령 위법적 기본권제한의 결
과에 대한 집행결과제거청구권이나 일반적 결과제거청구권이 기본권의 방어기능
에서 도출되고 있다. 형사소송절차에서의 증거능력부정(Beweisverwertungsverbot)
도 – 기본권침해의 심화에 주목하지 않는다면 – 증거조사 과정에서 발생하는
기본권저촉에 대한 보상의 일종이라고 볼 수도 있다.

125 예: 수색의 위법성이 중대한 절차위반이라면 그렇게 확보된 증거는 사용될 수 없다(E
113, 29/61; 125, 260/339 f; 130, 1/31; BVerwGE 132, 100/106; 비판적인 견해로는
Schwabenbauer, AöR 2012, 1/35 ff). 이에 반해 조세포탈이라는 애초의 혐의의 근거를 해

---

30) *Röder*, Die Haftungsfunktion der Grundrechte, 2002, S. 199 ff; *Sachs*, Hdb. GR II, § 39 Rn
    38 ff; 비판적인 견해로는 *Haack*, DVBl. 2010, 1475.

외에서 위법하게 수집한 정보에서 찾는 것은 허용된다(BVerfG, NJW 2011, 2417/2419 f).

나아가 방어권은 비례원칙과 결합하여 기본권에 대한 제한이 발생하고 있는 조 **126**
직과 절차와 관련하여 국가에게 행위의무를 부과할 수도 있다. 이는 **조직과 절차
를 통한 기본권보호**의 문제인데, 기본권의 방어기능과도 연관이 있지만 일각에서
는 독자적인 기본권기능으로 보기도 한다.[31] 이 기능은 국가로 하여금 기본권
을 절대적으로 제한하지 말 것을 요구하는 것이 아니고 기본권을 보호하는 조
직과 절차를 통해 기본권을 제한할 것을 요구하는 것이다. 조직과 절차를 통한
기본권보호의 고전적 요소 중의 하나는 법관유보이다. 일부 기본권은 이를 명시
하고 있지만(기본법 제13, 104조), 연방헌법재판소는 감청[32]과 같은 특히 중대한
다른 기본권제한과 관련해서도 비례의 원칙을 통해 법관유보를 도출해 왔다.

기본권의 방어권적 측면이 부작위만이 아니라 부분적으로 작위, 보상, 조직구조 **127**
나 절차의 설치를 요구하고 있다는 사실 자체가 기본권이 항상 비용중립적으로
보장될 수는 없는 것임을 반증한다.[33] 방어권으로서의 기본권은 특히 조세, 기
여금, 그 밖의 부담금을 통한 국가의 재원조달 조치에 대해서도 보호를 제공할
수 있다. 가령 기본권을 제한하는 세법이 위헌으로 선언되면 국가는 그로 인해
막대한 세수 결함을 겪을 수도 있다. 그러므로 방어권으로서의 기본권이 비용
을 유발하지 않는다(비용중립성)는 특성도 기껏해야 방어권의 이념형을 고찰할
때에만 확인할 수 있는 것이다. 그 명제에서 옳은 것은, 방어기능이 반드시 국
가의 작위와 국가의 자원을 요구하는 것은 아니라는 것뿐이다.

(3) 3각관계적 문제상황(Dreieckskonstellationen)   연방헌법재판소가 간접적 **128**
제3자효론을 펼친 계기가 된 3각관계에서 기본권의 방어기능이 어느 정도의 효
력을 갖는지에 대해서는 다툼이 있고 연방헌법재판소의 판례에서도 이는 분명
하게 나타나지 않는다. 이 3각관계에서는 서로 충돌하는 기본권들에 의해 각기
보호되는 이익을 가지고 있는 서로 다른 두 기본권주체와 국가가 3각의 법적
관계를 형성하며 대립하고 있다. 이 관계에서 국가가 취하는 조치는 흔히 기본

---

31) *Häberle*, Wesensgehaltsgarantie des Art. 19 Abs. 2 GG, (1962) 1993, S. 373 ff; *Goerlich*,
　　Grundrechte als Verfahrensgarantien, 1981, S. 57 ff; *Bethge*, NJW 1982, S. 1 ff.
32) E 125, 260/337 f.
33) 이에 대해서는 *Wischmeyer*, Die Kosten der Freiheit, 2015.

권주체들 사이의 자유를 둘러싼 갈등을 규율하는 데 기여하고, 법적 규율은 대체로 자유를 배분하는 결정으로 이해되고 있다. 법치국가에서는 임미시온(Immision)을 둘러싼 이웃간의 갈등이 그들 상호간의 역학관계에 맡겨져서는 안되고 법적으로 규율되어야 한다.[34] 이 3각관계에서 국가는 한 기본권주체에 대해서는 타인에게 부담을 주는 행태에 대한 한계를 설정하는 한편, 다른 기본권주체에게는 이 한계 내에서 이루어지는 행태를 수인할 의무를 부과함으로써 기본권주체 사이의 갈등을 규율한다. 악기연주자는 심야 및 휴식 시간 대의 일정한 소음 한계를 넘어서 악기를 연습할 수 없는 반면, 그의 이웃은 주야간교대노동자로서 설령 심야 및 휴식 시간 대 외의 소음 한계 내의 음악에 대해서는 그로 인해 피로회복에 필요한 수면을 방해받는다고 하더라도 수인하여야 한다. 국가는 이와 같은 3각관계적 문제상황의 기저에 있는 갈등에 대하여 가령 소음방지령의 제정과 같은 공법적 수단들은 물론 갈등의 당사자 일방에게는 민사법적 부작위청구권을, 타방에게는 수인청구권을 인정하는 것과 같은 사법적 수단들을 통해서도 규율할 수 있다.

129 기본권적 관점에서 이러한 3각관계에서 대립하고 있는 두 기본권주체들에 대한 국가의 규율은 쌍방 모두에 대해서 기본권의 방어권 측면에 대한 제한으로 심사하여야 한다는 주장이 있다. 악기연주자는 소음방지규정들이 지나치게 엄격하다고 생각한다면 자신의 예술의 자유에 대한 제한을 다툴 수 있다. 반면, 그 이웃이 휴식시간이 지나치게 짧고 "소음"을 수인해야 할 의무가 과도하다고 본다면 그는 신체불훼손권에 대한 제한을 다툴 수 있다. 여기서 자유권에 대한 제한과 수인의무가 민법에 의해서 규율되고 있는지 아니면 공법에 의해 규율되고 있는지는 중요하지 않다. 기본법 제1조 제3항에 의거하여 민법제정자는 물론 민사법원도 3각관계 안에서 전개되고 있는 갈등에 관하여 결정할 때에는 기본권에 구속되게 된다. 간접적 제3자효라는 개념의 올바른 의미는, 기본권이 기본권주체들을 직접 구속하는 것이 아니라 기본권주체들 사이의 법적 관계를 규율하는 국가에 대한 기본권구속을 매개로 하여 사법 및 그 해석에 영향을 미친다는 것이다. 이는 원칙적으로 - 구조적으로 불균형적인 계약이 아닌 한(단락

---

34) 이에 대해서는 *Poscher*, Grundrechte als Abwehrrechte, 2003, S. 101 f.

143) 사적 자치의 보장이라는 규율목적을 통해서 정당화되는 - 계약상의 의무에 대해서도 타당하다.[35]

그러나 압도적 다수설은 3각관계적 문제상황을 방어권에 의거하여 통일적으로 **130** 해결하는 것을 거부하고 있다. 한 기본권주체가 다른 기본권주체의 기본권에 의해 보호되는 이익에 대해서 가하는 위해적 작용(Beeinträchtigung)을 법으로 금함으로써 그 한계를 설정하는 금지는 대부분 방어권의 관점에서 심사된다. 그러나 이에 비하여 무엇보다도 다른 기본권주체가 부담하게 되는 수인의무를 방어권의 관점에서 판단하는 것은 관철되지 못하고 있다. 수인의무는 자유제한적 성격을 띠는 것이 아니라 일련의 일반적인 법적 의무에서 발원하는 것이고, 따라서 개별 기본권을 제한하지 않는 일반적인 법준수의무와 다르지 않다는 것이다. 다른 기본권주체가 행하는 불리한 작용을 수인해야 하는 사람과 관련해서는 오히려 한 기본권주체를 다른 기본권주체로부터 보호하는 것이 문제되는데, 그러한 보호는 기본권의 방어기능이 아니라 보호기능에 의해서 제공되는 것이라는 것이다(아래 단락 133 이하를 보라). 연방헌법재판소도 일련의 판례에서는 이러한 입장을 취하기도 한다(아래 단락 136을 보라). 그러나 판례에 일관성이 없다. 관련 판례가 수인의무를 거듭하여 방어권의 관점에서 판단하기도 하기 때문이다.

예: 사설방송국이 (독점중계권을 확보한 행사에 대한) 공영방송국의 단신보도를 감수하 **131** 여야 할 의무는 기본권적으로는 사설방송국의 직업의 자유에 대한 제한으로 비례의 원칙에 의하여 심사되고 있다(E 97, 228/261 f; 임대주택 소유자에게 부과되는 "그의 소유물에 대한 방송수신시설 설치를 수인하여야 할 의무"에 대한 민사법적 판단과 관련해서는 E 90, 27/33도 참조).

국제인권 보호에서의 "존중의무"는 기본권의 방어권적 기능에 해당한다.[36] 존 **132** 중의무는 방어권과 같이 무엇보다도 체약국에 대하여 작위를 통해 인권을 침해

---

35) *Poscher*, Grundrechte als Abwehrrechte, 2003, S. 346 ff.

36) 이와 같은 분류방식에 대해서는 *Steiner/Alston/Goodmann*, International Human Rights in Context, 3. Aufl. 2008, S. 185 ff; 비판적인 견해로는 *Koch*, Dichotomies, Trichotomies or Waves of Duties, Human Rights Law Review 2005, S. 81 (84 ff); 다양한 인권분류론에 대한 체계화 시도로는 *Poscher*, in: Cremer/Ennuschat/Poscher/Rux/Wißmann (Hrsg.), Selektion und Gerechtigkeit in der Schule, 2012, S. 39 ff.

하지 말 것, 즉 체약국에 의한 인권침해의 부작위를 요구한다. 존중의무는 특히 고전적인 시민적·정치적 권리의 보호를 목적으로 하는 인권규약에서 부각된다. 그렇지만 존중의무는 교육을 받을 권리와 같은 사회적·문화적 권리와도 관련이 있다. 교육을 받을 권리는 사회권으로서도 체약국이 특정 인적 집단에 대해 – 가령 여성이나 소수인종에 대해 – 교육을 금지하지 말 것을 요구하는 존중의무의 차원을 가지고 있다. 존중의무는, 순전히 인권침해의 부작위를 요구하고 있는 그 법적 효과의 명료성 때문에 국제법에서도 직접 이행하여야 하는 의무로 통용된다.[37] 그러므로 우리 법질서에의 편입의 관점에서 볼 때 존중의무는 항상 직접 적용이 가능하며, 그에 따라 조약의 비준과 그 국내법질서에의 편입과 동시에 독일의 행정관청과 법원을 구속하는 법이 된다.

133 bb) 보호기능(Schutzfunktion) 다분히 은유적 표현을 통해 발전해 온 기본권의 객관적 기능으로부터 처음으로 분화되어 나온 별도의 기본권기능이 기본권 보호의무이다. 몇몇 기본권은 해당 기본권 보호를 위한 국가의 의무를 명시하고 있다. 기본법 제1조 제1항은 인간존엄에 대한 존중의무만이 아니라 그 보호의무도 부과하고 있다. 기본법 제6조는 제1항에서 혼인과 가족을 국가질서의 특별한 보호 하에 두고 있을 뿐 아니라 제4항에서는 모든 모(母)에게 공동체의 보호·지원 청구권도 부여하고 있다.

134 (1) 진정보호의무(Echte Schutzpflichten) 연방헌법재판소는 낙태규율에 관한 1975년 제1차판결에서 상술한 사상에 의하여 기본법 조문에 아무런 직접적 언급이 없는 기본권에서도 객관적 가치결단기능으로부터 국가의 보호의무를 도출해 냈다. 연방헌법재판소는 생명보호를 위한 기본권적 가치결단으로부터 국가는 생명을 침해하지 말아야 할 의무를 지고 있을 뿐 아니라 "생성 중의 생명"에 대하여 "보호하고 장려하는" 활동을 하여야 할 의무도 지고 있다고 추론하였다. 이에 따르면 기본권은 기본법의 조문에서 명시적으로 언급되어 있지 아니한 경우에도 보호의무를 포함하고 있는 것이다. 당시 연방헌법재판소는 낙태와 관련하여 국가는 낙태를 반드시 형벌로 다스려야 한다고 추론하였다.[38] 2년

---

37) E/199/123, 14. Dezember 1990, CESCR, General Comment Nr. 3: The Nature of State Parties' Obligations, § 5.
38) E 39, 1; E 88, 203도 보라.

뒤 적군파에 의해 납치된 **슐라이어**(Hans Martin Schleyer) 독일경영자협회장의 가족은 생명에 대한 기본권보호의무를 주장하였다. 그의 가족은 납치범들이 요구하는 대로 수감되어 있는 테러리스트들을 석방해줄 것을 요구하였다. 연방헌법재판소는 보호의무의 존재를 원칙적으로 인정하면서도 정부는 피랍자에 대한 보호의무만이 아니라 석방될 테러리스트에 의한 잠재적 희생자에 대한 보호의무도 지고 있음을 이유로 정부에게 보호의무 이행 방법에 대한 폭넓은 결정의 여지를 인정하였다.[39]

슐라이어 사건은, 기본권보호의무는 무엇보다도 제3자가 기본권이 보호하는 법 **135** 익을 **위법적으로** 침해하는 행위로부터 기본권주체를 보호하는 문제임을 분명하게 보여주고 있다. 기본권의 국가에 대한 방어기능은 그와 같은 보호를 제공할 수 없다. 국가는 제3자가 위법행위를 통해 기본권에 의해 보호되는 이익에 가하는 위해에 사실상으로는 물론 규범적으로도 관여하지 않고 있기 때문이다. 국가는 오히려 제3자의 행태를 이미 위법하다고 선언하기까지 하였다. 따라서 제3자의 위법행위로 타격을 받은 기본권주체는 그 행위를 수인해야 할 의무를 지지 않으며 국가에게 권리보호를 요구할 수 있다. 그러나 국가에 대하여 권리보호를 넘어서 - 가령 인질 구출이나 낙태에 대한 형사적 제재와 같은 - 법위반 행위에 대한 특정한 내용의 대응을 하라는 의무를 부과하기 위해서는 기본권보호의무를 인정하여야 한다. 불행한 사고나 자연재해에 대한 보호도 마찬가지이다. 국가가 이와 같은 사건에 관여하지 않기 때문이다. 이러한 사건들은 사실상 국가가 그 원인을 제공하지도, 관련 개인들에게 그 사건을 감수할 의무도 부과하지도 않는다. 그러한 사건들도 불행한 사고나 자연재해 및 이에 따른 결과로부터 보호하여야 할 의무를 국가에 부과하는 보호의무를 인정할 때에만 기본권에 의하여 포섭될 수 있다. 그렇게 되면 자신의 자유의사로 치료를 받겠다는 결정을 내릴 수 없는 상태에 있는 피성년후견인을 국가가 강제로 치료할 수 없도록 하는 것은 신체와 생명에 대한 기본권보호의무에 반하게 된다.[40] 연방헌법재판소는 법정의료보험에 의한 치료비 지급과 관련된 보험급여의 한계가 기본권에 합치하는지를 판단함에 있어 생명과 건강에 대한 국가의 보호의무의 문제

---

39) E 46, 160/165.
40) BVerfG, NJW 2017, 53/55 ff (= JK 3/2017).

를 함께 검토하고 있다. 그러므로 이처럼 다른 기본권기능들로 대체될 수 없고 또한 보호의무의 원천에서 발원하는 기본권의 내용들을 본서에서는 "진정보호의무"라 한다. 진정보호의무는 제3자의 위법적 행태 또는 불행한 사건에 대한 국가의 보호를 대상으로 한다.

136 (2) **부진정 보호의무(Unechte Schutzpflichten)**   기본권의 보호기능은 상술한 것과 같은 시원적 보호의무 이외에도 간접적 제3자효가 발전하는 계기가 되었던 법적으로 규율되는 3각관계형 갈등과도 결합되고 있다. 이러한 갈등에서 기본권주체는 기본권에 의해 보호되는 자신의 이익을 해하는 다른 기본권주체의 **권리**를 다투게 된다(위 단락 128을 보라). 이 경우 그러한 사태에 대한 국가의 규율을 기본권에 대한 제한으로 파악하지 않는다면(위 단락 129를 보라), 그러한 문제상황은 보호의무를 인정할 때에만 기본권에 의해 포섭될 수 있게 된다. 본서에서 "부진정"으로 칭하는 보호의무는, 국가의 규율에 대한 보호가 아니라 제3자에 의한 사실상의 위해에 대한 보호를 대상으로 하는 "진정한" 보호의무와 구분된다. 1978년 칼커(Kalker) 원자력발전소 고속증식로(Schneller Brüter) 사건에서 연방헌법재판소는 처음으로 그러한 유형의 3각관계적 문제상황을 건강 및 생명에 대한 기본권보호의무에 의하여 해결하였다.[41] 이 사건에서 연방헌법재판소는 원자력발전소에서 발원하는 위험을 인근주민들이 감수해야 할 의무가 국가에 의한 기본권제한으로서 정당화될 수 있는지의 문제가 아니라 국가가 그 시설을 허가함에 있어 인근주민에 대한 기본권보호의무를 충분히 이행하고 있는지의 문제를 검토하였다. 이후 연방헌법재판소는 국가에게 부과된 보호의무 사상을 민법에 의한 갈등해결에도 응용하였다. 이에 따라 연방헌법재판소는 상업대리인(Handelsvertreter) 판결을 통해 구조적 평등이 무너진 계약에서 약자인 당사자가 과도하게 불리한 계약상 의무를 지지 않도록 약자를 보호하여야 할 국가의 의무를 객관적 기본권기능으로부터 도출하였다.[42] 학설도 마찬가지로 특히 사법의 영역에서 전개되는 기본권의 이른바 제3자효를 재구성하기 위하여 기본권보호의무를 활용하고 있다.[43]

---

41) E 49, 89.

42) E 81, 242/256; 또한 E 89, 214/232 ff (가족간 보증); E 103, 89/100 (부양포기계약); NJW 2013, 3086/3087 (보험계약에서의 개인정보자결권 보호).

43) *Canaris*, AcP 1984, S. 201/225 ff; *Herdegen*, MD, Art. 1 Abs. 3 Rn 64 f; *Floren*,

어떤 3각관계형 문제상황에 관한 법적 규율을 방어권에 의해 다룰 것인지 아니 **137**
면 기본권보호의무에 의해 다룰 것인지의 문제는 기본권해석론만의 문제가 아
니라 기본권해석론에 적용되는 규준의 문제이기도 하다. 3각관계형 문제상황에
서 전개되는 갈등에 대한 규율의 본질을 방어권에 대한 제한으로 본다면, 그 제
한은 모든 기본권제한과 마찬가지로 비례의 원칙을 충족하여야 한다. 즉 제한
은 정당한 목적을 위한 정당한 수단으로 적합하고, 필요하며, 상당한 것이어야
한다. 반면에 기본권보호의무에는 이른바 과소금지가 적용되어야 한다. 과소금
지에 대한 위반은 "공권력이 보호대책을 전혀 취하지 않았거나 공권력이 취한
규율과 조치가 요청되는 보호목표를 달성하기에 전적으로 부적합하거나 극히
불충분한 경우 또는 그 목표에 현저하게 미달하는 경우에만" 존재한다.[44] 이처
럼 상이한 두 규준이 필연적으로 상이한 결과를 낳는 것은 아니다. 비례의 원칙
에 부합하는 제한은, 다름 아닌 충분한 보호를 가능하게 한다는 이유로 비례성
을 충족시킬 수도 있기 때문이다. 그러나 3각관계형 문제상황을 기본권기능에
입각하여 재단하는 것은 기본권 지위의 배정과 관련한 불평등을 초래하는 경향
을 보일 수도 있다.[45] 3각관계형 문제상황에서 방어권을 주장하는 사람은 보호
의무만을 원용할 수 있는 사람보다 강력한 기본권적 지위를 누리게 된다. 이는
— 상황에 따라서는 일부 사람들이 원하는 — 특권화를 조장할 수 있고, 특히
기본권에 의해 보호되는 제3자의 이익 앞에서도 즉시 멈추지 않는 공격적 태도
에 특권적 지위를 부여하는 결과를 초래할 수도 있는 것이다. 상이한 강도로 보
호되는 기본권적 지위들의 배정이 사회적 권력의 지위를 반영한다면, 전래의
사회적 불평등이 기본권을 통해 심화되는 결과가 초래될 수도 있다. 따라서 판
례가 두 해석론 사이에서 동요하고 있다면(위 단락 130~131을 보라), 판례는 이
와 같은 효과를 유념해야 할 것이다.

예: 사회적으로 종속적 지위에 있는 상업대리인이 본인과의 관계에서 계약에 따라 경업 **138**
금지 의무를 지는 경우, 이러한 금지는 직업의 자유에 대한 제한이 아니라 기본권보호
의무의 문제로 심사된다(E 81, 242/255). 임차인이 자살할 위험이 있는 경우 국가가 명

Grundrechtsdogmatik im Vertragsrecht, 1999; *Caliess*, JZ 2006, 321 ff; 불법행위법에 이를 응
용하는 것에 대해 비판적인 견해로는 *Müller-Franken*, in: FS Bethge, 2009, 223/245 ff.
44) E 96, 26/46; BVerfG, NJWZ 2010, 702.
45) *Calliess*, JZ 2006, JZ 2006, 321/325도 참조.

도판결을 집행하는 문제는 신체 및 생명에 대한 기본권보호의무의 관점에서 검토되고 있다(BVerfG, NJW 2016, 3090/3091). 이에 반해 임차인의 위성수신안테나 설치를 수인하여야 할 소유자인 임대인의 의무는 방어권에 대한 제한으로 다루어지고 있다(E 90, 27/33). 전술한 판례들은 기본권적 지위를 사회적 역할과 결부시키고 있는 인상을 주고 있다. 판례에서 사회적 약자들이 기본권보호의무의 지원만을 받게 된다면, 사회적 불평등은 기본권을 통해 심화되는 경향을 보이게 된다.

139 3각관계형 문제상황을 방어기능과 보호기능 중 어느 것으로 심사하느냐의 문제와 무관하게, 그러한 상황이 사법(私法)에 의해 규율되어 있는 경우에도, 기본권이 규준이 된다는 것은 기본법 제1조 제3항으로부터 추론된다.[46) 민사에 관한 **법률**이라고 하여 다른 법률과 다른 것이 적용되는 것은 아니다. 민사법은 기본법 제1조 제3항에 따라 기본권과 합치하여야 하며 민사법원의 재판 역시 기본법 제1조 제3항에 따라 기본권의 구속을 받게 된다. 민사법원의 재판도 기본법 제93조 제1항 제4a호의 공권력에 해당하며, 따라서 민사법원의 재판에 대해서도 헌법소원을 제기할 수 있다.

140 기본권심사에 있어서 기본권해석론을 통해 3각관계형 문제상황을 체계화하는 것과 관련된 문제를 둘러싼 논쟁은, (기본권심사체계상) 보호영역에 대한 설명 후에 검토될 수 있다. 이 단계에서는 국가가 행위의무나 수인의무에 대한 규율을 통해 제한을 가하는 것인지, 또는 그 경우 기본권의 보호기능만 해당되는 것인지를 판단하여야 한다. 만약 기본권에 대한 제한이 존재한다고 판단한다면 그 다음 심사는 통상적인 구조를 따라 진행된다(단락 400 이하). 반면에 보호기능만 해당된다고 판단할 경우에는 어떤 보호규율이 존재하는지 그리고 그 보호규율이 이른바 과소금지(단락 348)를 충족하는지를 심사하여야 한다.

141 "부진정" 보호의무는 국가가 권력독점적 지위를 보유하고 있기 때문에 해야만 하는 규율과 관련된다. 국가는 3각관계형 문제상황에 존재하는 갈등을 규율하지 않고 방치하면서 이를 관련 당사자들의 주먹에 맡겨놓아서는 안 된다. 기본권은 이 상황에서 필요한 국가적 규율에 대한 규준들을 제시하고, 상이한 규율

---

46) 이미 *Schwabe*, Die sogenannte Drittwirkung der Grundrechte, 1971, S. 26; 나아가 *Michl*, Jura 2017, 1062 참조.

방안들을 사용할 수 있는 범위를 설정한다. 입법자는 시간, 요일, 소음의 종류
에 따라 상이한 규율을 통해 이웃주민을 소음으로부터 보호할 수 있다. 그렇지
만 입법자는 이웃주민과 악기연주자 사이의 갈등을 규율하지 않은 채 이를 방
치할 수는 없다.

반면에 "진정" 보호의무의 문제상황은 그 보호여부의 문제 자체가 정치적 형성 **142**
의 대상이 되는 국가적 행위에 관한 것이다. 헌법은, 국가가 특정 권리침해에
대하여 형법으로 대응할 것인지 아니면 불행한 사건의 결과를 완화하기 위하여
급부를 제공할 것인지의 문제에 대한 지침을 미리 국가에 제시하지는 아니하였
다. 그러므로 "진정" 보호의무의 문제상황과 관련하여 국가에게 부여되는 형성
의 여지는 속성상 필수적 성격을 띠는, 3각관계형 문제상황에 대한 규율에 비
하여 훨씬 큰 것이다. 이에 따라 연방헌법재판소는 판례를 통해 진정보호의무
를 기본권제한을 정당화하기 위하여 주로 형량의 관점으로 활용하기도 한다.[47]
기본권은 그렇게 자유제한을 정당화하는 근거로 변질되게 된다.[48] 반면, 연방
헌법재판소는 진정보호의무에 관한 문제상황에서는 보호의무위반을 거의 예외
없이 부정해 왔다. 유명한 예외적 사례로는 연방헌법재판소가 입법자에게 형벌
을 통한 제재를 유지할 의무가 있다고 판단한 낙태판결들이 있다.[49] 그러나 이
러한 판결들 역시 진정기본권보호의무를 인정하는 해석론을 정치과정에 맡기
는 것이 나을 결정들에 사법(司法)이 산발적으로 개입하는 수단으로 악용할 위
험성이 있음을 보여주는 사례에 해당한다고 보는 학자들도 많다.[50] 그렇다면
"진정"보호의무의 인정이나 적어도 그것이 제기하는 요건과 관련해서는 신중한
태도를 취하는 것이 바람직하고 또한 경우에 따라서는 기본법에 명시된 경우에
만 이를 인정하는 것이 타당하다. 그 경우 3각관계형 문제상황에 대한 법적 규
율을 방어기능으로 파악한다면, 보호기능은 기본법이 보호의무를 명시하고 있

---

47) E 12, 274/319; BVerfG, NJW 2006, 1939/1945.
48) E 46, 160/164 f; BVerfGK 17, 1; BVerfG, NJW 2015, 150/151; BVerfG, NJW 2015, 3500/3501.
49) E 39, 1; 88, 203; 나아가 BVerfG, NJW 2017, 53/55 ff.
50) *Hain*, DVBl. 1993, 982 ff; *Hermes/Walther*, NJW 1993, 2337/2339; *Hesse*, Die verfassungs-gerichtliche Kontrolle der Wahrnehmung grundrechtlicher Schutzpflichten des Gesetz-gebers, in: FS Mahrenholz, 1994, S. 541/550 ff; 마찬가지로 회의적인 *Stern*, Staatsrecht III/2, § 813 f.

는 기본권들에 대해서만 의미를 갖게 되는 것이다.

143 어떤 기본권기능에 의하여 3각관계형 문제상황을 파악하든지 상관없이 그렇게
해서 실현되는 간접적 제3자효의 **의미**는 고도로 복잡한 현대산업사회라는 조건
에서 자유와 평등의 보호를 돕는다는 데서 찾을 수 있다. 자유와 평등은 역사적
이해에 따르면(단락 26 이하 참조) 모든 개인이 자신의 이익을 추구하고 관철할
수 있는 평등한 기회를 누리고 있는 **사실상의 균형**의 상태를 전제하고 있다. 그
러나 이러한 사실상의 균형은 오늘날 국가권력에 의해서만이 아니라 재벌, 단
체, 직업조직 및 이익조직과 같은 사경제적 권력과 사회적 권력에 의해서 빈번
하게 제거되거나 위협받고 있다. 힘의 행사라는 것도 일정 범위에서는 기본권
에 의해서 보장되어 있기는 하지만(계약의 자유와 재산권의 자유 참조), 그러한
경우 이외에는 민주적으로 정당화된 입법자가 헌법의 한계 안에서 사회적 관계
를 불균형적으로 형성하는 것도 정당화된다. 물론 입법자가 그로 인해 일방적
인 특권을 창설하거나 개인을 무방비상태나 조력을 얻을 수 없는 상태에 빠뜨
리는 것은 허용되지 아니한다. 이에 따라 입법자는 임차인과 임대인의 이익을
철저히 상이하게 평가할 수 있고, 법원은 입법자가 내린 상이한 평가에 구속된
다. 법령이 여지를 남기고 있는 경우에는 기본권은 자결이 타율로 역전되지 않
는 범위에서 사실상의 균형을 이뤄냄으로써 기회의 균등을 실현할 것을 요구한
다.[51]

144 예: 함부르크에서 발행되는 소규모 주간신문인 "브링크퓨어(Blinkfüer)"는 1961년 8월
31일 베를린 장벽이 설치된 이후에도 동독에서 송출되는 라디오방송프로그램들을 게재
하였다. 그러자 대규모 출판사인 슈프링거(Springer)는 모든 잡지판매상에게 회람을 돌
려 앞으로 브링크퓨어를 판매하는 잡지상에게는 잡지를 공급하지 않겠다고 압박하는 방
법으로 브링크퓨어에 대한 불매운동을 전개하였다. 그러자 브링크퓨어의 판매고는 현저
히 감소하였고, 브링크퓨어는 연방법원에 슈프링거 출판사를 상대로 손해배상청구소송
을 제기하였으나 패소하였다. 그러나 연방헌법재판소는 E 25, 256 판결에서 기본법 제5
조 제1항의 침해를 이유로 연방법원의 판결을 파기하였다. 즉 연방헌법재판소에 따르면
슈프링거 출판사는 견해의 경쟁에서 경제적 우위를 그와 같이 (자신과 다른 견해를 배

---

51) E 81, 242/261 ff; 89, 214/232 f; 103, 89/100 f; 이에 대해서는 *Hermes*, NJW 1990, 1764;
    Hillgruber, AcP 1991, 69; 또한 *Hesse*, VerfR, Rn 357; *Schlink*, Abwägung im
    Verfassungsrecht, 1976, S. 214 ff.

제하기 위해) 사용해서는 안 되며, 다양한 견해들은 정신적인 무기를 가지고 경쟁하여
야 하며 정신적 작용의 평등한 기회를 가져야 한다는 것이다.

국제인권법(Menschenrechtsschutz)에서는 기본권보호의무에 상당하는 "보호의무 **145**
(duty to protect)"가 있다. "존중의무(duty to respect)"와 달리 국제인권법상의 보
호의무는 국제법적으로 직접적 효력을 갖지 않으며, 체약국에게 제3자에 의한
위해로부터 인권을 보호하기 위한 법적 기초를 마련하여야 할 의무를 부과할
뿐이다. 다만, 인권보호의 기준과 관련한 경우에 한해서만, 그 기준이 인권조약
들로부터 직접 도출되는 것으로 인정되고 있다.[52] 유럽인권재판소는 가정폭력
사건과 관련하여 체약국이 가정폭력 피해자의 보호를 위해 명백히 부적합한 수
단만을 사용하였거나 법에 예정된 보호기제가 아무런 실효성을 발휘하지 못하
는 경우 유럽인권협약 제2, 3조의 침해를 인정하였다.[53] ― 유럽재판소는 **유럽**
연합의 기본적 자유와 관련해서도 보호의무를 인정하고 있다. 유럽재판소는 유럽
연합의 목표를 위협하는 어떤 조치도 취해서는 안 된다는 회원국의 일반적 의
무로부터도 보호의무를 도출하기도 한다(유럽연합조약 제4조 제3항).[54]

개별 인권의 법적 효과로서의 보호의무는 "보호책임(responsibility to protect)" **146**
(R2P)과 구분하여야 한다. 보호책임은 국제연합법의 테두리 안에서 전통적인 주
권관을 한편으로는 인도적 차원을 통해서 보완하고, 다른 한편으로는 그것을
제한하는 기능을 수행한다. "보호책임"은 주권이 권리와 결합되어 있을 뿐만 아
니라 주권에 복종하는 사람들에 대한 책임과도 결합되어 있다는 사상을 강화
시킨다. 보호책임은 무엇보다 인권 일반의 보호에 대한 책임을 지향하고 있
다.[55] 만장일치로 의결되기는 하였으나 국제법적 구속력이 없는 유엔총회 결
의에 의해 인정된 문서에 따르면, 보호책임은 민족말살, 전쟁범죄, 종족청소,
반인도적 범죄에 대한 보호에 국한되어 있다. 이 결의에 따르면 국제공동체도
"보호책임"을 지는 것이며, 개별 국가가 그 책임을 명백히 이행하지 않는 경우
에는 안전보장이사회가 최후수단으로서 무력개입을 하는 것을 정당화할 수 있

---

52) CESCR/GenC No. 3, § 10.
53) EGMR, Opuz v. Turkey, No. 33401/02, Rn 170; Talpis v. Italy, No. 4123714, Rn 95-108.
54) EuGH, Kommission/Frankreich, EU:C:1997:595, Rn 32; Schmidberger, EU:C:2003:333, Rn
    59.
55) ICISS Report 2001, Art. 2.15.

게 된다.[56] 그러므로 "보호책임"은 베스트팔렌 평화조약 이래 주권관에 대한 수정을 목표로 하는 가장 중요한 의미를 갖는 것이라고 할 수 있다.[57]

147 cc) 형성기능(Ausgestaltungsfunktion)　기본권을 통해 보장되는 자유는 신체, 생명, 신체적 거동, 의견의 표현이나 재산과 같은 대상들을 보호한다. 이러한 보호대상들 중 다수는 법질서와 무관하게 존재한다. 신체와 생명은 법질서가 없을 때보다는 이성적인 법질서 안에 있을 때 훨씬 잘 보호받을 수 있긴 하지만, 우리는 법질서의 존재와 무관하게 신체와 생명을 갖고 있다. 그렇지만 기본권이 보호하는 많은 대상은 그 보호를 위해서만이 아니라 그 존재를 위해서도 법적 규율에 의존하고 있다. 이와 같은 통찰은 기본법 제14조 제1항 제2문에서 극명하게 표현되어 있다. 이 규정은 입법자로 하여금 재산권의 "**내용**과 한계"를 확정하도록 하고 있다. 재산권은, 법질서 없이도 물건에 대해서 행사할 수 있는 사실상의 지배 이상의 것이다. 재산권은 타인을 어떤 물건의 사용에서 배제할 수 있고 그 물건을 법적으로 처분할 수 있는 법적 권능들을 포함하고 있다. 바로 이러한 법적 권능들이 재산권을 단순한 보유(Besitz)와 구분해 주는 것이다. 이러한 법적 권능들은 법령에 의한 그에 상당하는 내용의 규율의 존재를 전제하고 있다. 이 때문에 기본법 제14조 제1항 제2문은 입법자가 재산권의 내용을 확정해야 한다고 명시하고 있는 것이다. 기본권으로서의 재산권은 법령상의 규범에 의해 각인되어 있을 뿐만 아니라 구성되기도 한다. 법령은 기본법 제14조가 보호하는 대상도 구성한다. 가령 기본법 제2조 제1항에 근거를 두고 있는 계약의 자유, 혼인의 자유, 결사의 자유도 재산권과 마찬가지로 규범에 의해 구성된다. 법령에 의한 구체적 형성이 없다면 법적으로 구속력 있는 계약도 혼인도 법인도 존재할 수 없기 때문이다. 가령 단결의 자유(Koalitionsfreiheit)는 규범에 의해 각인된다. 노동자들이 법질서 없이도 파업을 할 수는 있지만 법적 행위능력이 있는 조직인 노동조합과 － 통상 노동쟁의를 거쳐서 체결되곤 하는 － 단체협약은 관련 법령에 의한 규율을 전제하고 있다. 기본법 제19조 제4항의 권리보호보장 역시 규범에 의해 각인된다.

---

56) 2005 World Summit Outcome, Sixtieth session, items 48 and 121 of the provisional agenda, A/60/L.I. United Nations General Assembly, art. 138-140.
57) *Slaughter*, Security, Solidarity, and Sovereingnty, The American Journal of International Law 2005, 619/627 ff.

규범에 의하여 구성되거나 각인되는 기본권들이 특수한 문제를 불러온다는 것 **148** 은 자명하다. 입법자에 대한 보호도 제공하는 기본권이, 그 보호대상을 입법자 가 구성한다면 어떻게 입법자에 대하여 기본권주체를 보호할 수 있다는 말인 가? 이 문제에 대해서는 기본권의 방어기능은 물론 그 보호기능도 해답을 줄 수 없다. 두 기능 모두 항상 보호대상을 전제하고 있는데, 이 보호대상이 국가의 제한이나 제3자에 의한 위해로부터 보호받아야 하기 때문이다. 규범에 의해 구 성되거나 각인되는 대상과 관련하여서는 먼저 기본권으로부터 법률로 이를 형 성할 때 존중하여야 하는 지침들도 함께 추출해 내야 한다. 그리하여 기본법 제 14조는 입법자에게 먼저 재산권의 발생 및 행사 자체를 가능하도록 하는 재산 권 관련 질서부터 창설하여야 하는 임무를 부과하고 있다. 이와 관련하여 기본 법 제14조로부터 가령 입법자는 한편으로는 사적 유용성을 갖도록 재산권을 형 성하여야 하는 동시에 다른 한편으로는 그 사회적 구속도 실현하여야 한다(기본 법 제14조 제2항)는 기본적 명제를 도출해 낼 수 있다. 기본법은 매우 분화되고 완비된 법질서를 수용하였기 때문에(기본법 제123조 제1항) 그 형성의 "여부"가 심각한 문제가 되는 경우는 드물었다. 기본법의 제정과 함께 이미 형성된 재산 법, 계약법, 혼인법, 노동조합법, 단체협약법을 포함하는 법질서가 동시에 시행 되었다. 그러므로 기본권의 형성기능은, 제도보장 사상(단락 103 이하)에서 설명 하는 것처럼 입법자가 재산법, 계약법, 혼인법, 노동조합법, 단체협약법을 제거 하는 것으로부터의 보호를 주로 제공하여야 한다. 그러나 이러한 문제조차도 지금까지 의미 있는 사건으로 등장한 적이 한번도 없었다. 보호의 "여부"와 관 련하여 형성기능은, 아직 헌법하위법적 법질서의 보호를 받지 않고 있지만 기 본권의 의미에 따라 형성될 필요가 있는 것은 아닌지의 문제가 새로운 사회의 발전에 따라 제기될 경우에만 그 의미를 갖게 될 것이다.

예: 단순히 집적된 정보는 과거에는 저작권법에 의한 보호를 받지 못했다. 그러나 데이 **149** 터뱅크(Datenbank)는 정보의 디지털화를 통해 다른 정신적 재산권처럼 거래의 대상이 되는 중요한 경제적 재화가 되었다. 이에 따라 입법자는 저작권법 제87a조 이하[58]를 통

---

58) 여기서 저작권법상 문제되는 것은 (신문사가 인터넷을 통해 공급한 기사를 검색기능을 통해 활용하는 것에 대하여 신문사의 저작권을 보호하는) 급부보호권(Leistungsschutzrecht)이다. 급 부보호권이 헌법에 의해 보장되는 재산권의 성격을 갖는지에 대해서는 BVerfG, NJW 2016, 2247/2248 (= JK 11/2016).

해 이러한 측면을 반영함으로써 기본법 제14조 제1항의 형성의무에 부응하였다.

150 기본권형성의 "방법"은 대개 기존에 형성된 것을 변경할 때 의미를 갖게 되며, 그러한 경우 이미 형성된 지위의 존속에 대한 제한의 문제로 다뤄지게 된다(단락 151~152).59) 그러나 국가의 감독을 받는 자유도 기본권형성의 특수사례에 해당하게 된다. 방송과 학문은 일면 자연적 자유의 성격을 갖는다. 방송이나 연구를 하기 위해서는 아무런 법적 규율을 필요로 하지 않기 때문이다. 그렇지만 국가는, 이 자유를 성공적으로 행사하기 위해서는 많은 제도적 요청들이 충족되어야 한다는 이유에서 국영방송체계와 국립대학체제를 수립하였다. 관련 조직규범들도 개별 기본권주체가 학문활동이나 방송활동을 하는 것과는 직접적인 관련성이 없는 경우가 많다. 대학 평의회(Senat)가 어떻게 구성되고 이 평의회에서 누가 투표권을 갖는지의 문제는60) 개별 학자의 연구활동에 대해서는 지극히 간접적으로만 영향을 미친다. 그러므로 조직규범의 변경이 항상 방어권에 대한 제한의 문제로 다뤄질 수는 없다. 그렇지만 방송의 자유나 학문의 자유는, 방송과 연구의 자연적 자유가 그 제도 안에서 실효성 있게 실현될 수 있도록 제도를 형성할 것을 요구하고 있다. 입법자는 이러한 제도들을 형성할 때 폭넓은 형성의 자유를 갖기는 하지만 — 가령 입법자는 방송을 외부다원모델(außenplural)이나 내부다원모델(innenplural)에 따라 조직할 수 있다(단락 681을 보라) — 이 기본권들로부터 나오는 조직법에 대한 지침을 존중하여야 한다(단락 731, 739를 보라).61)

151 기본권을 형성하는 법령의 개정을 어떻게 평가할 것인가의 문제에 대해서는 그 견해가 갈리고 있다. 먼저 원칙적으로 방어권의 경우와는 다른 규준들이 적용되어야 한다고 보는 견해가 있다.62) 이에 비하여 방어권은 이미 형성된 기본권에도 적용된다고 보는 견해도 있다. 이에 따르면 기존의 법적 상태에 대한 변경은 기본권제한의 문제로 다루거나63) 법령에 의한 형성에서 이념형적 자유를 도

---

59) 그러나 보험법에서 계약당사자 교체의 형성에 대한 E 114, 1/33 ff를 보라. 이에 대해서는 *Bumke/Voßkuhle*, Casebook Verfassungsrecht, 7. Aufl. 2015, Rn 226.

60) 이에 대해서는 바덴뷔르템베르크 헌법재판소 판례(VerfGH BW), NVwZ 2017, 403.

61) 학문의 자유에 대해서는 가령 E 127, 87/116 f; 136, 338/363.

62) *Cornils*, Die Ausgestaltung der Grundrechte, 2005, S. 633 ff; *Lenz*, Vorbelhaltslose Grundrechte, 2006, 119 ff.

출하고 - 가령 재산권과 관련해서는 무제한적인 배타적 권능 및 처분권능을 도출하고 - 여타의 모든 형성적 규율을 제한으로 다루게 된다.64) 어쨌든 형성기능의 독자성을 인정하는 견해 역시 형성에도 법률유보원칙과 비례원칙을 적용해야 한다고 주장하고 있다면,65) 결국 두 견해는 강조점에 차이가 있을 뿐이다.66) 그리하여 형성기능을 위한 독자적 해석론이 필요하다는 견해는, 규범에 의해 각인되는 기본권과 관련하여 이념형을 기준으로 그 제한의 여부를 판단하게 됨에 따라 형성의 측면이 전면에 부각됨으로써 형성의 규준들이 왜곡될 것을 우려하고 있다. - 가령 재산권의 경우 그 사회적 구속의 요청을 희생시키는 가운데 사적유용성이 부각되게 될 것이라고 한다.67) 그러나 이러한 위험에 대해서는 제한의 정당성 여부를 심사하면서 사회적 구속을 고려함으로써 대처하는 것도 가능하다는 반론이 제기된다.

이에 따라 연방헌법재판소 판례에서도 형성을 요하는 기본권의 영역에서 국가 **152** 가 취한 조치들에 대한 심사체계의 차이는 확인되지 않는다. 그러한 조치들은 대부분 방어권 제한처럼 다뤄지고 있다. 가령 기본법 제14조 내의 내용규정과 한계규정을 구분하는 기준을 새 규율에 의해 장차 타격을 받게 되는 사람과 구법의 규율 하에서 이미 재산권을 취득한 사람이라는 시간적인 관점에서 찾는다면, 이는 무엇보다도 법치국가적 신뢰보호의 문제가 된다. 그러나 이러한 신뢰보호는 규범에 의해 각인되는 기본권의 지위에 대해서만 타당한 것은 아니다 (아래 단락 1051을 보라). 연방헌법재판소는 국가가 한 경고와 관련한 판례에서 법률유보요건을 완화하기 위하여 기본권의 형성기능을 원용하고 있다(아래 단

---

63) *Lübbe-Wolff*, Die Grundrechte als Eingriffsabwehrrechte, 1988, S. 150 f; *Gellermann*, Grundrechte im einfachgesetzlichem Gewand, 2000, S. 429 ff는 과거의 형성을 토대로 하고 있는 구체적 법적 지위에 대해서 그러한 견해를 취하고 있다.
64) *Poscher*, Grundrechte als Abwehrrechte, S. 137 ff.
65) 그러한 견해로는 또한 *Bumke*, Ausgestaltung von Grundrechten, 2009, S. 50 ff; 판례는 비례의 원칙을 그 이유를 전혀 검토하지 않은 채 형성적 규율에도 적용하고 있다. 가령 E 77, 275, 284; 이견으로는 *Gellermann*, Grundrechte im einfachgesetzlichem Gewand, 2000, S. 336 ff; *Cornils*, Die Ausgestaltung der Grundrechte, 2005, S. 650 ff; *Lenz*, Vorbelhaltslose Freiheitsrechte, 2006, 141 f.
66) 뚜렷한 차이를 보여주고 있는 *Lenz*, Vorbelhaltslose Grundrechte, 2006, 119 ff. 물론 그는 형성을 사법(私法)에 귀속시키고 공법상의 조치는 기본권제한으로 평가한다. 그에 의하면 형성조치들은 대강의 상대적 타당성통제(Vertretbarkeitskontrolle)만을 받게 된다.
67) *Bumke*, Der Grundrechtsvorbehalt, 1998, S. 188.

락 628을 보라).[68] 그러나 이러한 판례는 이례적인 것일 뿐만 아니라 기본권 형
성기능을 방어권과 구분하려 하면서도 형성과 관련해서도 법률의 유보가 필요
하다고 보는 학설에도 반하는 것이다.

153 국제법 논의에서는 특별히 형성기능으로 입증된 인권기능은 확인되지 않는다
(위 단락 58을 보라). 체약국 또한 이미 충분히 분화된 법질서를 가지고 있으므로
규범에 의해 구성되거나 각인되는 인권의 영역에서 국가가 취하는 조치는 기본
권의 방어기능에 상당하는 "존중의무"로 파악되고 있다. 제도 및 법적 구조를
유지하여야 하는 의무가 문제되는 경우 인권의 급부차원인 "보호의무"나 "이행
의무"의 문제로도 고찰되고 있다.

154 dd) 급부기능(Leistungsfunktion)   기본권의 방어기능에 대한 상세한 고찰을
통해 방어기능이 급부요소와도 결합될 수 있다는 것이 밝혀졌다. 기본권보호의
무는 국가에게 기본권과 관련하여 특별히 규율할 의무를 부과하며, 특히 진정
보호의무의 경우에는 원칙적으로 일정한 사실상 행위를 하여야 할 의무를 부과
할 수도 있는바, 이러한 기본권보호의무와 기본권의 형성기능 역시 급부요소와
결합할 수 있다. 그렇지만 다른 기본권기능들에 포함되어 있는 이와 같은 급부
요소 이외에도 기본권의 별도의 급부기능이 논의되고 있다.

155 (1) **참여권(Teilhaberechte)**   국가가 기본권행사를 가능하게 하거나 용이하게
하는 설비, 지원 및 급부의 체계를 마련한 경우 개인을 위한 기본권보호는 이러
한 체계에 대한 참여(Teilhabe)의 보장이 된다. 참여와 관련한 문제는 무엇보다
도 제3조와 관련하여 제기된다. 즉 개인이 통상 원하는 것은 청구권을 **평등하게
균등한 기회를 보장하면서 그리고 정의로운 자격기준에 의해 배정**해 달라는 것이다.
그래서 평등한 참여권은 흔히 절차적 권리가 된다. 즉 평등한 기회의 인정과 자
격기준에 대한 정의로운 평가와 고려는 복수의 이해관계자들이 존재하는 경우
에는 절차를 통해서만 이뤄질 수 있다. 이 절차는 공정하게 규율되어야 하고 그
것이 상당히 중요한 경우에는 법규를 통해서 규율되어야 하며, 이 절차 안에서
개인의 지위가 보장되어 있어야 한다.

---

68) E 105, 252/265.

예: 기본법 제12조 제1항은 공증인 선발을 위한 절차, 즉 모든 잠재적 지원자들 중 제시 **156**
된 요건에 최적으로 부합하는 이가 선발되도록 형성된 절차를 요구한다. 절차적 요건에
는 공증인 선발 공시의무도 포함된다(E 73, 280/296). 참여권은 정원이 있는 대학의 입
학 절차에 대한 권리로도 섬세하게 형성되어 있다(단락 993 참조).

(2) **시원적 급부권**(Originäre Leistungsrechte) 평등권에 근거한 참여권과 시원적 **157**
급부권은 구분되어야 한다. 시원적 급부권은 국가가 이미 급부를 제공하고 있
는지와 무관하게 국가에게 급부의무를 부과한다. 기본법에 사회적 기본권을 수
용하지 않기로 한 결정으로 인해 헌법에서 직접 근거를 찾을 수 있는 급부권을
인정할 수 있는 준거는 거의 존재하지 않는다. 연방헌법재판소는 기본법 제6조
제4항에서 도출되는 명시적인 모성에 대한 지원과 관련한 위임 이외에도 기본
법 제1조 제1항과 기본법 제20조 제1항을 결합시켜 최저생활 보장을 위한 국가
의 급부 청구권을 도출하였다(아래 단락 421, 426를 보라).

연방헌법재판소는 때때로 여기서 더 나아가서 기존의 급부(Einrichtungen)에 대 **158**
한 참여권만이 아니라 창설되어야 하는 급부에 대한 참여권, 즉 **급부의 창설을**
요구할 수 있는 시원적 청구권이 존재할 수 있는지도 검토해 왔다. 연방헌법재판
소는 대학입학정원 판결에서 "기본권을 통한 가치결단으로부터 … 다양한 전공
분야를 위한 충분한 수용능력을 마련하여야 할 객관적인 사회국가적 헌법위임
이 도출되는지" 그리고 "이 헌법위임으로부터 특별한 전제가 충족되는 경우 대
학에서 공부할 수 있는 자리를 마련해 줄 것을 요구할 수 있는 소구가능한 청
구권을 도출할 수 있는지"를 검토하였다.[69] 물론 연방헌법재판소는 대학입학정
원 판결에서 이러한 두 가지 문제에 대하여 해답을 제시하지는 않았다. 또한 연
방헌법재판소는 그 후의 판례에서도 다른 법원의 판례와 같이 이 문제들에 대
해 소극적 태도를 취하였다.[70]

예: 연방헌법재판소는 "자유로운 예술적 삶을 유지하고 장려하여야" 할 국가의 객관법 **159**
적 의무가 있다고 확정하면서도 기본법 제5조 제3항에서 예술지원청구권을 도출하지는
아니하였다(E 36, 321/331 f; 81, 108/116; BVerfG, NJW 2005, 2843; 비판적인 견해로는
Geißler, Staatliche Kunstförderung nach Grundgesetz und Recht der EG, 1995, S. 46 ff);

---

69) E 33, 303/333.
70) 그와 같은 판례에 동의하고 있는 *Dreier*, Verwaltung 2003, 105/115 ff.

연방헌법재판소는 마찬가지로 극장보조금 청구권도 인정하지 않았다(NJW 1980, 718). 기본법 제5조 제1항 제2문 제1선택지를 통해 보장되고 있는 출판의 자유는 국가에게 정보를 제공하여야 할 객관법적 의무를 부과하고 있지만 개별적인 경우에 정보제공청구권이 존재하는지 그리고 어떤 경우에 그러한 청구권이 존재하는지에 대해서는 규정하지 않고 있다(BVerwGE 70, 310/314).

160 연방헌법재판소는 대학입학정원 판결에서 경우에 따라 발생할 수도 있는 시원적 급부청구권은 어쨌든 "개인이 이성적으로 사회에 요구할 수 있는 것을 뜻하는 **가능한 것의 유보** 아래에 있다"고 판시하기도 하였다.[71] 이에 대해서는 우려가 없지 않다. 그와 같은 상대화를 통해 기본권의 규범력이 위협받게 되기 때문이다. 그러나 기본권을 보호하고 장려하는 것도, 국가가 그 보호와 장려 여부를 결정하기 위해 자유의 가치나 지원받을 가치의 정도를 판단하게 된다면 그 규범력을 위태롭게 할 수 있다. 본래 자유는 그 행사가 위법할 때까지 행사할 수 있는 것이기 때문이다.

161 예: 국가가 예술활동의 질과 수준을 기준으로 예술활동을 장려할 경우, 예술의 자유가 국가가 예술에 대한 재판관 역할을 하는 것을 용납하지 않음에도 불구하고 국가가 예술에 대한 재판관의 지위에 오르게 되는 위험이 있다(v. Arnauld, Hdb. StR3 Ⅶ, § 167 Rn 8, 80; 뮨스터 고등행정법원(OVG Münster), NWVBl. 1992, 279/282 참조).

162 기본법과는 달리 초국가적 및 국제적 인권법은 사회적 기본권보장에 대해 훨씬 덜 소극적이다. 국제연합 사회권헌장만이 아니라 유럽평의회의 사회권헌장 그리고 아동의 권리에 관한 협약이나 장애인권리협약과 같은 일련의 특별 인권협약들도 체약국에게 사회적 급부를 제공하여야 할 의무를 부과하고 있다. 유럽연합 기본권헌장도 "연대"라는 표제가 달린 장(제27~38조)을 포함하고 있다. 이러한 보장은 급부권으로 해석될 수도 있었지만 지금까지는 그렇게 해석되고 있지 않다.[72] 국제적 인권보호체계에서 급부의무는 이행의무(duty to fulfill)로 불리고 있다. 이 의무는 대부분 체약국에게 가능한 범위 안에서 사회적 급부를 제공하는 노력을 하여야 할 의무를 부과한다는 의미에서 점진적으로 이행하여야

---

71) E 33, 303/333.
72) *Iliopoulos-Strangas*, Sozilae Grundrechte in Europa nach Lissabon, 2010; *Kingreen*, in: Ehlers (Hrsg.), Europäische Grundrechte und Grundfreiheiten, 4. Aufl. 2014, § 22 Rn 10 ff, 23 ff.

할 의무이다. 또한 이러한 의무는 법률에 의해 구체화될 필요가 있기 때문에 행
정관청과 법원에 의하여 직접 적용되지 않는다(위 단락 61 이하를 보라).

참고문헌: *R. Alexy*, Theorie der Grundrechte, 2. Aufl. 1994: *E.-W. Böckenförde*, **163**
Grundrechtstheorie und Grundrechtsinterpretation, NJW 1974, 1529; *M. Borowski*,
Grundrechte als Prinzipien, 2. Aufl. 2007; *C. Bumke*, Der Grundrechtsvorbehalt, 1998;
ders., Die Ausgestaltung der Grundrechte, 2009; *M. Cornils*, Die Ausgestaltung der
Grundrechte, 2005; *W. Cremer*, Freiheitsgrundrechte, 2003; *E. Denninger*, Staatliche
Hilfe zur Grundrechtsausübung durch Verfahren, Organisation und Finanzierung, Hdb.
StR³ IX, 193: *J. Dietlein*, Die Lehre von den grundrechtlichen Schutzpflichten, 2. Aufl.
2005; *H. Dreier*, Subjektiv- und objektiv-rechtliche Grundrechtsgehalte, Jura 1994, 505;
M. Gellermann, Grundrechte im einfachgesetzlichen Gewand, 2000; *G. Hager*, Von der
Konstitutionalisierung des Zivilrechts zur Zivilisierung der Konstitutionalisierung, JuS
2006, 769; *K.-E. Hain*, Ockhams Razor — ein Instrument zur Rationalisicrung der
Grundrechtsdogmatik?, JZ 2002, 1036; *K. Hesse*, Verfassungsrecht und Privatrecht, 1988;
J. Isensee, Das Grundrccht als Abwehrrecht und als staatliche Schutzpflicht, Hdb. StR³
IX, § 191: *H.D. Jarass*, Funktionen und Dimensionen der Grundrechte, Hdb. GR II, §
38; *W. Kahl*, Neuere Entwicklung der Grundrechtsdogmatik, AöR 2006, 579; *W. Krebs*,
Rechtliche und reale Freiheit, Hdb. GR II, § 31; *K.-H. Ladeur*, Die objektiv-rechtliche
Dimension der wirtschaftlichen Grundrechte, DÖV 2007, 1; *S. Lenz*, Vorbehaltlose
Grundrechte, 2006; *U. Mager*, Einrichtungsgarantien, 2003; *R. Michl*, Die Bedcutung der
Grundrechte im Privatrecht, Jura 2017, 1062; *C. Möllers*, Wandel der Grund-
rechtsjudikatur, NJW 2005, 1973; *D. Murswiek*, Grundrcchte als Teilhaberechte, soziale
Grundrechte, Hdb. StR³ IX, § 192; *J. Pietzcker*, Drittwirkung — Schutzpflicht — Eingriff,
in: FS Dürig, 1990, S. 345; *R. Poscher*, Grundrechte als Abwehrrechte, 2003; *W.
Rüifner*, Leistungsrechte, Hdb. GR II, § 40; *B. Schlink*, Freiheit durch Eingriffsabwehr
— Rekonstruktion der klassischen Grundrechtsfunktion, EuGRZ 1984, 457; *J. Schwabe*,
Die sogenannte Drittwirkung der Grundrechte, 1971.

§ 5 기본권능력과 기본권구속

164 기본권은 개인의 권리로서 원칙적으로 그것에 의해서 권리를 부여받은 사람에게 그것에 의해 의무를 지는 자에 대하여 부작위, 상황에 따라서는 어떤 행위나 수인을 요구할 수 있는 법적 힘을 부여한다. 이와 같이 기본권의 작용방식을 일반적으로 설명할 경우 먼저 다음과 같은 물음이 제기된다. 즉 누가 기본권에 의해서 **권리를 부여받는가**? 누가 기본권에 의해서 **의무를 부담하는가**? 기본권향유능력(Grundrechtsberechtigung)[1]과 같은 의미로 기본권능력(Grundrechtsfähigkeit) 또는 기본권주체(Grundrechtsträgerschaft)라는 용어도 사용된다. 기본법은 "의무부과"라는 표현 대신에 "구속"이라는 표현을 사용하고 있다(기본법 제1조 제3항 참조).

165 **사건해결기법**: 기본권능력 및 기본권구속의 문제는 실체헌법의 문제이다. 그에 따라 헌법소원에 대한 심사에서 이러한 문제들은 헌법소원이 이유 있는지의 문제에 해당한다. 그러나 이러한 문제들은 헌법소원의 적법성에 대해서도 의미가 있다. 즉 헌법소원은 기본권행사주체에 의해서만 제기될 수 있으며(단락 1291 이하 참조) 또 기본권의무자를 그 상대방으로 할 수 있다(단락 1294 이하 참조).

166 기본권은 **고도로 일신전속적인 성격을 띤다**. 즉 기본권은 스스로 행사하거나 대리행사를 위하여 제3자에게 양도할 수 없다.[2] 헌법소원에서 소송담당을 원칙적으로 배제한 것도 이에 부합하는 것이다(단락 1306 이하 참조).

---

1) [역주] 원문은 이 용어를 선호하고 있으나, 여기서는 우리 학계에서 정착한 기본권능력으로 번역하는 것을 원칙으로 하되 문맥에 따라서는 기본권향유능력이라는 용어도 사용하였음을 밝혀둔다.
2) E 16, 147/158 참조.

I. 기본권능력

1. 만인의 권리(Jedermannsrechte)와 독일인의 권리

만인의 권리란, 기본권능력자의 인적 범위에 아무런 제한이 없는, 따라서 누구나 **167** 향유할 수 있는 기본권을 말한다. 이 기본권들은 가령 다음과 같이 표현된다. 즉 "누구나 … 권리를 가진다"(기본법 제2조 제1항, 제2항 제1문, 제5조 제1항 제1문), "모든 사람은 … 권리를 가진다"(기본법 제17조, 제103조 제1항도 참조), "어느 누구도 … 해서는 안 된다"(기본법 제3조 제3항, 제4조 제3항 제1문, 제12조 제2항, 제101조 제1항 제2문, 제103조 제3항). 기본법 제4조 제1, 2항, 제5조 제3항, 제6조 제1, 2항, 제10조 제1항, 제13조 제1항, 제14조 제1항 제1문, 제104조에서와 같이 자유가 인적 범위를 한정하지 않은 채 주어지는 경우도 마찬가지다.

독일인의 권리란 독일인만이 향유할 수 있는 기본권을 말한다. 기본법 제8조, 제 **168** 9조, 제11조, 제12조 제1항, 제16조, 제20조 제4항, 제33조 제1~2항의 권리가 독일인의 권리이다. 보통·직접·자유·평등·비밀선거로 연방의회의원을 선출할 수 있는 기본권(기본법 제38조 제1항 제1문)도 독일인의 권리이다. 이는 문구상으로는 그렇게 표현되어 있지는 않지만 기본법 제20조 제2항을 통해 알 수 있다. 즉, 선거는 국민주권의 표현으로 독일연방공화국 국민의 권리이다. 독일국민에는 외국인이나 무국적자를 제외한 독일인만이 포함된다. 이에 따라 연방헌법재판소는 외국인에 대한 선거권 부여에 대하여 기본법 제20조 제2항을 근거로 위헌으로 선언하였으며, 이러한 판단을 기본법 제28조 제1항 제1, 2문의 동질성원칙을 이유로 다른 국민대표기관 선거에까지 확장하였다.[3] 그러나 지방자치단체 선거에서는 기본법 제28조 제1항 제3문에 따라 유럽연합 소속 국민에게도 선거권이 있다.

독일인의 개념을 규정하고 있는 것은 기본법 제116조 제1항이다. 독일인은 독일 **169** 국적자, 독일혈통의 난민 및 피추방자를 포함한다. 독일혈통의 난민 및 피추방자는 이른바 지위상의 독일인(Status-Deutsche)으로서 전쟁 중의 그리고 전후의

---

3) E 83, 37 및 60; 이견으로는 *Meyer*, Hdb. StR³ Ⅲ, § 46 Rn 7 ff.

극심한 혼란으로 독일국적자로서도 외국인으로서도 판정할 수 없게 된 사람들을
말한다. 동독의 국민도 동독 국적의 보유를 불문하고 독일국적을 보유한다.[4] 지
위상의 독일인은 「국적 규율에 관한 법률(Staatsangehörigkeitsregelungsgesetz)」
제6조 제1항에 의하여 독일국적청구권을 부여받고 있다.

170 기본법 제1조 제3항은 독일의 공권력을 포괄적으로 기본권에 구속시키고 있기
때문에 **외국인**은 외국에서도 독일의 공권력과 상대하는 경우 만인의 권리를 주
장할 수 있다(단락 244~245 참조). 물론 외국인이 만인의 권리를 주장할 수 있는
일반적 가능성이 있다고 하여 외국인에게 독일에 입국하고 체류할 권리가 있는
것은 아니다. 외국인에게는 특별히 망명권을 주장할 수 있을 때에만 그러한 권
리가 있다(단락 1133 이하 참조). 기본권의 효력은 외국인을 위한 법률차원의 권
리의 효력과 구분하여야 한다.

171 **예:** 유럽인권협약 제11조, 집회법(VersG) 제1조 제1항 및 결사법(VereinsG) 제1조에 의
하여 외국인도 집회의 자유와 결사의 자유를 가진다. 그러나 이러한 보장들은 법률적
지위만을 가지고 있을 뿐이다. 그러므로 결사법 제14, 15조는 기본법 제9조 제1항에 반
하지 않는 한 외국인의 결사 및 외국소속의 결사에 대한 금지의 사유를 기본법 제9조
제2항의 한계를 넘어서 확정할 수 있다(BVerfG, DVBl. 2000, 1515/1516). 마찬가지로
「외국인의 독일체류 등에 관한 법률(AufenhG)」 제47에서 외국인의 결사의 자유는 독
일인의 결사의 자유보다 더 많이 제한될 수 있다는 것을 알 수 있다(*Kaltenborn*, DÖV
2001, 55 참조).

172 외국인을 독일인의 권리의 주체에서 배제한 것에 대하여 **불만을 표하면서** 그 배
제를 부정하는 견해도 자주 주장되고 있다.[5] 이러한 견해는 그 근거로서 한편
으로는 기본법 제1조 제1, 2항 및 제19조 제2항을 들고 있다.[6] 즉 독일인의 권
리 일체를 비롯한 모든 기본권은, 기본법 제1조 제1, 2항을 통하여 보호받고 있
고 기본권의 본질적 내용에 해당함과 동시에 기본법 제19조 제2항에 의해서도
불가침적인 것으로 선언된 인간존엄성의 요소 및 인권적 요소를 가지고 있기
때문에 외국인도 적어도 인간존엄성의 요소, 인권적 요소 그리고 본질적 내용

---

4) E 36, 1/30 f; 77, 137/149 참조.
5) *Sachs*, BayVBl. 1990, 385 참조.
6) *Dürig*, MD, 초판본, Art. 1 Abs. Ⅱ Rn 85, Art. 2 Abs. Ⅰ Rn 66.

의 면에서는 독일인의 권리를 향유할 수 있다고 주장한다. 이러한 견해는 다른 한편으로는 기본법 제3조 제1항에 주목한다.[7] 평등규정은 인권으로서는 독일인 및 외국인에 대한 모든 차별의 정당화를 요구하는데, 문제의 차별이 독일인의 권리의 사항적 보호영역 안에서 이루어지고 있다는 이유로 외국인에게 불이익을 가해도 된다는 것은 인권적인 측면에서 볼 때 용납할 수 없다는 것이다.

그러나 두 가지 경우 모두 그와 같은 방식으로 독일인의 권리가 만인의 권리로 **173** 될 수는 없다. 기본법 제1조 제1항 및 제3조 제1항을 통한 보호가 독일인의 권리에 대한 보호와 국부적으로는 서로 접하거나 중복되기는 하지만, 독일인의 권리에 대한 전면적 보호에는 **미치지 못한다.**

기본법 제2조 제1항을 통해 외국인을 보호할 때에도 이러한 점을 고려하여야 한 **174** 다. 기본법 제2조 제1항은 자유를 일반적으로 보호함으로써, 개별 자유권의 보호영역이 해당하지 않는 경우에는 항상 자유를 보호하는 보충적 기본권으로 이해되고 있다(단락 436 이하 참조). 압도적 다수설에 의하면 기본법 제2조 제1항은 외국인을 위해서도 보충적 보호작용을 발휘한다고 한다.[8] 연방헌법재판소의 견해에 의하더라도 "거주이전의 자유라는 기본권이 독일인에게만 그리고 연방영역에만 적용된다고 하여 연방공화국 내의 외국인의 체류에 대해 기본법 제2조 제1항을 적용할 수 없는 것은 아니"라고 한다.[9] 그러나 연방헌법재판소는 이때 그와 같은 방식으로 외국인도 향유할 수 있는 거주이전의 자유에 대한 보호가 기본법 제11조 제2항의 가중법률유보가 아닌 기본법 제2조 제1항의 단순법률유보 아래에 있다는 것을 분명히 하였다.

외국인은 기본법 제2조 제1항을 통하여 공권력에 대하여 **객관적 헌법**에 속하는 **175** 모든 규범들을 자신과 관련해서도 준수해 줄 것을 기본권적으로 요구할 수 있다. 그러므로 외국인도 기본법 제2조 제1항을 근거로 하여 법치국가원리, 특히 이 원리의 구현원칙들(법률의 유보, 비례성, 신뢰보호)에 대한 침해를 헌법소원에

---

7) *Ruppel*, Der Grundrechtsschutz der Ausländer im deutschen Verfassungsrecht, 1968, S. 43 ff.
8) *Kloepfer*, VerfR Ⅱ, § 49 Rn 20; *Stern*, StR Ⅲ/1, S. 1041; 이견으로는 *Schwabe*, NJW 1974, 1044 f.
9) E 35, 382/399; 78, 179/196 f; 이에 대하여는 *Bauer*, NVwZ 1990, 1152.

의하여 주장할 수 있는 것이다.[10]

176 예: 체류허가 연장을 원하는 외국인에게 여러 차례에 걸쳐 아무런 제한 없이 그리고 아무런 유보 없이 체류허가를 반복하여 내어줌으로써 그 외국인에게 신뢰의 기초가 형성되었다면, 그에 대한 체류허가에 기한이 설정되어 있다는 이유로 체류허가의 연장을 거부하는 것은 정당화되지 아니한다(E 49, 168/175).

177 유럽연합에 소속된 개인들(「유럽연합 기능에 관한 조약」 제20조)은 (여타 외국인)에 비하여 더 많은 기본권보호를 향유한다. 즉 유럽연합법(특히 「유럽연합 기능에 관한 조약」 제18조 제1항에서 보장된 일반적인 차별금지 및 제34, 45, 49, 56, 63조에서 보장된 유럽연합 기본적 자유들)이 모든 유럽연합 소속 개인들을 평등하게 대우할 것을 요구하는 한, 유럽연합법에 부여되는 적용상의 우위에 비추어 볼 때 모든 독일인의 권리를 유럽연합 소속 개인들에게도 개방하거나[11] 기본법 제2조 제1항을 유럽연합 소속의 외국인들에게 독일인의 권리와 같은 가치의 보호를 보장하는 방향으로 해석하여야 한다.[12] 물론 기본권보호의 평등은 유럽연합법이 이를 사실상으로도 요구하는 범위에서만 필요하다. **연방헌법재판소**의 견해에 의하면 유럽연합법의 적용영역이 개방되어 있지 아니한 경우에는 그러한 사실상의 요구가 없다고 하며, 기본법 제16조 제2항에 의한 범인해외인도금지의 경우가 그에 해당한다고 한다.[13] 유럽연합법의 적용범위에서 일반적으로 제외된 영역이 도대체 존재하는 것인지가 의문스럽다.[14] 이와 관련해서는 대체로 구체적인 해당 유럽연합법이 실질적으로 평등대우를 요구하고 있는지가 결정규준이 될 수 있을 것이다. 「유럽연합 기능에 관한 조약」 제18조 제1항이나 유럽연합의 기본적 자유는 모두 정당화되는 차별을 허용하고 있다. 이에 따라 제2차유럽연합법도 다른 회원국 소속 국민을 내국인과 철저히 같게 대우할 것을 요구하지

10) E 35, 282/400; 78, 179/197.
11) *Ehlers*, JZ 1996, 776/781; *Wernsmann*, Jura 2000, 657.
12) 그 경향상 이러한 입장을 지지한다고 볼 수 있는 BVerfG, NJW 2016, 1436/1437 = JK10/2016.
13) BVerfG, NJW 2014, 1945/1946.
14) *Kingreen*, in: Ehlers, Europäische Grundrechte und Grundfreiheiten, § 13 Rn 13; 그러므로 기본법 제16조 제2항과 관련하여 베를린 주(州)법원(LG Berlin) v. 16.3.2016, 28 O 111/14 (유럽재판소에 대한 제청) 및 *Weiß*, Hdb.StR X, § 207 Rn 17은 이에 대해 회의적 견해를 피력하고 있다.

는 않고 있다. 그러므로 기본권보호의 범위는, 적어도 유럽연합법이 실질적으로 그것을 요구하는 만큼 미치게 된다 할 것이다.

예: 유럽연합 소속 시민은 「유럽연합 기능에 관한 조약」 제21조 제1항에 의하여 관련 **178** 조약 및 제2차법유럽연합법에 예정된 제한 및 조건을 기준으로 거주이전의 자유를 누린다. 이에 따라 유럽연합 지침 RL 2004/38/EG 제6조 이하는 유럽연합 소속 외국인의 체류권을 제한하고 있으며 그가 직업활동을 하지 않더라도 자신 및 가족을 위한 충분한 생계수단을 가지고 있는 경우에 한해 3개월 이상의 체류 자격을 인정하고 있다(유럽연합 지침 RL 2004/38/EG 제7조 제1항 제b호). 그러므로 기본법 제11조 제1항에 의한 거주이전권 및 기본법 제16조 제2항에 의한 범인해외인도 관련 보호의 범위도 더 넓게 인정될 필요가 없다. ― 「유럽연합 기능에 관한 조약」 제22조는 지방자치단체 선거에서 평등대우를 요구하고 있지만 주(州)와 연방 차원에서의 선거권을 요구하고 있지는 않다. 그러므로 기본법 제38조 제1항 제1문에 의한 선거권을 독일인에게만 인정하는 것이 가능하다.

2. 생전 및 사후의 기본권능력

자연인이 기본권을 통해 이를 향유할 수 있는 능력을 부여받고 있는 한, **살아** **179** **있는 사람**에게 기본권능력이 있다는 것은 자명하다. 법령도 인간의 권리능력을 출생의 종료와 함께 개시되도록 하고 있기 때문에(민법 제1조 참조) 살아 있는 사람에게 기본권능력이 있다는 말은 더욱 자명한 것이다. 권리능력은 사망으로 종료된다. 여기서 사망이란 원칙적으로 뇌가 불가역적으로 기능불능의 상태에 빠진 경우를 말한다. 이는 의학은 물론 입법자(「장기이식에 관한 법률[TPG]」 제3조 제2항 참조)에 의해서도 인정되고 있는 사망의 개념이다.[15]

기본권은 **살아 있는 사람**에게만 그 향유능력을 부여할 수 있음을 뒷받침하는 근 **180** 거는 많다. 예를 들면 아직 태어나지 않은 사람이나 사망한 사람은 의견을 표시할 수 없고(기본법 제5조 제1항), 집회에 참여할 수 없으며(기본법 제8조), 단체를 결성할 수 없고(기본법 제9조 제1항), 직업을 가질 수도 없다(기본법 제12조 제1항).

---

15) *Anderheiden*, Staat 2000, 509; 이견으로는 *Höfling*, FS-Stern, 2012, 1403/1412 ff; *Rixen*, Lebensschutz am Lebensende, 1999, S. 247 ff.

181 그러나 연방헌법재판소는 개별 기본권의 사항적인 내용과 관련하여 양 방향으로 이 원칙에 대한 **예외**를 인정하고 있다. 즉 연방헌법재판소는 인간존엄에 대한 공격으로부터 이를 보호해야 할 의무가 사망으로 종식된다고 보지 않는다. 물론 연방헌법재판소는 망자에 대한 그 이상의 보호, 따라서 기본법 제2조 제1항에서 도출되는 일반적 인격권에 의한 보호는 인정하지 않는다.[16]

182 기본법 제1조 제1항이 "자연인의 사망 이후까지 발휘하는 효력"은 시간이 지남에 따라 약화된다. 그런데 이러한 사후효(死後效)는 망자의 **장기이식**이 허용되는지의 문제에도 의미를 갖는다.[17] 독일의 「장기이식에 관한 법률」은, 망자가 생존 당시 이에 대해 결정한 경우에는 생존 당시의 결정을 그리고 망자의 생존 당시의 결정이 없는 경우에는 그의 가장 가까운 친족의 결정을 그 허부의 기준으로 삼는 방향으로 이 문제에 답하였다. 망자가 생존 당시에 자신의 기관을 적출하는 것을 거부한 경우 그의 사망 이후에도 이러한 의사가 존중된다면, 망자의 인간의 존엄성보다는 기본법 제2조 제1항에 의한 그리고 — 이 결정이 신앙이나 양심에 토대를 두고 있는 경우에는 — 기본법 제4조 제1, 2항에 의한 망자의 결정의 자유를 고려하게 되는 것이다.[18]

183 연방헌법재판소는 **출생 전의** 사람(태아: nasciturus)에게 처음에는 기본법 제2조 제2항 제1문을 적용하였다가[19] 나중에는 이 규정과 기본법 제1조 제1항을 함께 적용하였다.[20] 이 문제와 관련하여 연방헌법재판소는 "의료인간학의 인식이 뒷받침하는 것처럼 인간의 생명은 (착상과 더불어 시작되는 것인지, 아니면) 난자와 정자가 수정할 때부터 발생하는지"의 문제를 확정하지 않았다.[21] 또한 연방헌법재판소는 "태아 자체가 기본권의 주체인지, 아니면 권리능력과 기본권능력이

---

16) E 30, 127/194; BVerfG, NVwZ 2008, 549/550; 사후의 폭넓은 기본권보호를 지지하는 *Spilker*, DÖV 2014, 637 ff.

17) *Herdegen*, MD, Art. 1 Abs. Rn 54 참조.

18) *Kübler*, Verfassungsrechtliche Aspekte der Organentnahme zu Transplantationszwecken, 1977, S. 42 f, 66 ff; *Maurer*, DÖV 1980, 7 참조.

19) E 39, 1/36 f; 비판적인 견해로는 *Hoerster*, JuS 1989, 172.

20) E 88, 203/251 f; 비판적인 견해로는 *Dreier*, DR, Art. 1 I Rn 47 ff; *Michael/Morlok*, GR, Rn 155, 162.

21) E 88, 203/251; 수정시설을 취하는 *Herdegen*, MD, Art. 1 Abs. Rn *Schulze-Fielitz*, DR, Art. 2 II Rn 16

없기 때문에 헌법의 객관적 규범에 의해서'만' 생명권의 보호를 받는 것인지"에 대해서도 판단하지 않았다.[22]

3. 기본권행사능력(Grunrechtsmündigkeit)

기본법은 제12a조 제1항, 제38조 제2항에서만 기본권과 관련하여 **연령기준** (Altersgrenzen)을 두고 있다. 다른 연령기준들은 법령에 규정되어 있다. 민법 제 106조에 따라 제한된 행위능력은 만 7세부터 시작되고, 「아동의 종교교육에 관한 법률(RelKErzG)」 제5조 제2문에 따라 아동에게 만 12세부터 당시까지의 신앙과 다른 신앙을 갖도록 강제하는 것이 금지되며 만 14세부터는 신앙을 택할 자율적 결정권이 인정된다. **184**

미성년자가 기본권행사에 있어서 제한을 받고 있는지, 언제 그러한 제한을 받 **185** 는지가 기본권행사능력의 문제로서 논의되고 있다. 이와 관련하여 다음과 같은 두 가지 방안을 고려할 수 있다. 즉 구체적인 개인의 개별적 분별력 및 결정능력을 기준으로 하는 방안(**유동적 연령기준**)과 입법자가 설정한 한계를 기준으로 하는 방안(**고정적 연령기준**)이 있다. 후자의 방안에 의할 경우 결국 사람의 생존과 결부되어 있는 기본권(기본법 제1조, 제2조 제2항 제1, 2문, 제104조)과 관련해서는 항상 기본권행사능력을 인정하게 되고, 그 기본권행사가 사법적(私法的) 법률행위와 결부되어 있는 기본권(기본법 제12조 제1항, 제14조 제1항)은 민법의 행위능력의 연령기준에 따라 기본권행사능력을 인정하게 된다. 또한 기본법 제 4조 제1, 2항, 제5조 제1항 제1문의 기본권과 관련해서는 「아동의 종교교육에 관한 법률」상의 연령기준에 의한다. 끝으로 일정 연령에 달할 때 비로소 의미를 갖게 되는 기본권(기본법 제4조 제3항, 제6조 제1항, 제12a조)의 경우는 해당 연령(「병역의무에 관한 법률[WPflG]」 제1조 제1항, 민법 제1303조 제1, 2항)에 달하게 되면 기본권행사능력을 인정하게 된다.

기본권행사능력에 관한 위와 같은 논의에는 다음과 같은 **상이한 내용을 갖는 3가** **186** **지 문제들**, 즉 미성년자와 공권력 사이의 직접적인 관계, 미성년자의 기본권과

---

22) E 39, 1/41; 태아의 기본권주체성을 긍정하는 견해로는 *Herdegen*, MD, Art. 1 Abs. Rn 59, 61; *Kloepfer*, VerfR Ⅱ, § 49 Rn 6; 부정설로는 *J. Ipsen*, JZ 2001, 989; *Hartleb*, Grundrechtsschutz in der Petrischale, 2006.

부모의 친권 사이의 충돌, 헌법소원을 통한 미성년자의 기본권 주장 등의 문제들이 뒤섞여 있다.

187 a) 가령 학교나 기숙사에서 볼 수 있는 미성년자와 **공권력** 사이의 직접적인 관계에는 기본권행사능력(Grundrechtsausübungsberechtigung)을 연령에 의하여 일반적으로 제한하기 위한 규범적 근거가 없다.[23] 이 경우 미성년자의 기본권에 대한 제한은 일반적인 기준에 따라 허용된다. 청소년 보호와 관련한 기본권제한의 특별한 수권의 근거는 기본법 제5조 제2항, 제11조 제2항, 제13조 제7항에 명시되어 있다. 이는 미성년자에게 기본권을 행사할 자격이 있으며 부당한 기본권제한으로부터 보호받고 있음을 시사하고 있는 것이다.

188 b) 미성년자에게는 공권력과의 관계보다 부모와의 관계가 더 중요한 문제이다. **부모의 친권**(기본법 제6조 제2항)은 미성년자가 성장하면서 커지게 되는 미성년자의 독립성과 상충할 수 있다. 기본법 제6조 제2항은 부모가 미성년자의 기본권을 제한하기 위한 수권의 근거가 아니다. 부모는 공권력의 주체로서 그 자녀와 대립하고 있는 것이 아니기 때문이다. 그러나 입법자는 관련 갈등에 관한 규율을 하고 있고 또한 법률유보에 의해서도(단락 312 이하 참조) 그러한 규율을 해야만 한다. 즉 입법자는 미성년자에 의한 개종에 관해서는「아동의 종교교육에 관한 법률」제5조를 통해서, 친권의 보유 및 행사에 관해서는 민법 제1626조 이하 등을 통해서 규율하고 있다. 입법자는 이러한 규율을 함에 있어 아동의 권리는 물론 부모의 친권도 존중하여야 한다.

189 친권의 특수성은 **자녀의 복리를 위해** 존재하는 부모의 권리라는 것이다. 이에 따라 부모의 친권은 한편으로는 결정권한을 포함하고 있으며, 다른 한편으로는 시간적·내용적인 면에서의 제한을 받고 있다. 즉 부모의 친권은 시간적인 면에서는 자녀가 그때그때 제기되는 문제들과 관련하여 자율능력을 획득할 때까지로 국한되어 있고, 내용적인 견지에서는 자녀의 양육을 촉진하는 수단에 한정되어 있다(아래 단락 761, 772 참조). 이 때문에 「아동의 종교교육에 관한 법률」제5조 제1문이 14세에 불과한 아동에게 개종에 관한 단독결정권을 부여하고 있

---

23) *Hesse*, VerfR, Rn 285; *Hohm*, NJW 1986, 3107; 또한 E 47, 46/74; 75, 201/215 참조.

더라도 이는 아무런 문제가 되지 않는다. 반면에 모든 여타의 문제에서는 원칙적으로 친권(민법 제1626조 이하)에 기한 부모의 결정권이 타당하다. 그러나 부모의 결정권은, 특히 자녀의 거소결정 및 직업선택과 같은 비교적 중요한 의미를 갖는 문제와 관련해서는 제한을 받는다. 이 경우 아동의 복리를 위태롭게 하는 부모의 결정은 가정법원을 통해 대체될 수 있다.

예: 부모의 친권 및 전술한 법률차원의 규율들은 13세의 아동에게 교회에서 탈퇴하여 **190** 축구클럽에 가입하는 행위 또는 학생신문에 기사를 싣는 행위를 금지하는 것을 정당화한다. 그렇지만 학교의 담임교사가 취한 같은 내용의 금지는 그것에 의하여 정당화되지 아니한다.

c) 위의 a), b)에서 지적한 실체법적 문제들과 미성년자가 헌법소원을 비롯한 **191** 소송절차에서 기본권을 주장하는 것과 관련한 **소송법적** 문제를 구분하여야 한다. 이 문제는 적법요건의 하나인 소송능력에 관한 것이다(아래 단락 1292~1293 참조). 사법절차에서는 질서 정연한 재판을 위하여 연령을 기준으로 한계를 정하는 것은 불가결하다.

기본권행사능력이라는 개념을 넓게 이해할 것인지 아니면 좁게 이해할 것인지 **192** 와 무관하게 위의 3가지 **상이한** 문제상황을 혼동해서는 안 된다. 소송능력과 관련해서만 기본권행사능력이라는 개념을 사용하는 것이 합리적이라고 본다.[24]

4. 기본권의 포기

개인이 기본권능력을 처분할 수 있는지 또 어느 정도나 처분할 수 있는지 또는 **193** 기본권의 보호영역 안에서의 국가의 제한이 허용되는지에 대하여 기본권주체의 동의가 어떤 의미를 갖는지 문제된다.

예: 어떤 사람이 경찰에게 법관이 발부한 수색영장이 없음에도 불구하고 자신의 주거에 **194** 대한 수색을 허용하였다(기본법 제13조 제2항 참조). 미결구금상태에 있는 독신자가 지인들이 자신이 구금된 사실을 알게 되는 것을 꺼리고 기본법 제104조 제4항에 규정된 통지를 포기하였다. 건강한 수형자가 교도소 내 병원에서 행해지는 의학실험에 자원하였다(기본법 제2조 제2항 제1문 참조). 어떤 유권자가 비밀이 아닌 공개적으로 투표용지

---

24) 동지: *Dreier*, DR, Vorb. Rn. 73.

에 기표하였다(기본법 제38조 제1항 제1문 참조).

195 기본권주체가 어떤 기본권을 **사실상** 전혀 사용하지 않는 경우, 가령 집회에 일
절 참여하지 않는 경우(기본법 제8조), 어떤 단체에도 가입하지 않는 경우(기본법
제9조) 또는 모든 상소수단을 사용하지 않는 경우(기본법 제19조 제4항)는 기본권
포기의 문제가 아니다. 이와 달리 기본권주체가 집회참여, 단체가입, 상소수단
을 법적으로 구속력 있게 포기하는 경우에는 기본권포기 사례에 해당한다.

196 어떤 행위에 기본권포기의 표지가 있다고 해서 곧바로 기본권포기의 **법적 효과**
가 발생하는 것은 **아니다.** 즉 기본권포기가 국가의 조치를 항상 합헌적인 것으
로 만드는 것도 아니며, 관련자의 동의가 전혀 의미가 없는 것도 아니다. 이는,
기본권포기의 허용 여부의 문제를 해명할 수 있는 단서를 포함하고 있는 소수
의 기본법상 조문 중 일부는 기본권의 포기가 허용된다고 규정하는 반면 일부
는 기본권포기가 허용되지 않는다고 규정하고 있음을 통해 알 수 있다.

- 기본법 제16조 제1항은 이 기본권의 보호효과를 명시적으로 개인의 의사에
맡기고 있다. 독일국적의 상실은 기본법 제16조 제1항 제2문에서 확인할 수
있는 것처럼 독일국적 보유자의 의사에 기하여 이루어지기 때문이다. 여타
의 동종의 사례들은 기본법 제6조 제3항, 제7조 제3항 제3문에서 찾을 수
있다.
- 기본법 제9조 제3항 제2문은 단결의 자유라는 기본권행사를 방해하는 어떠
한 약정도 무효라고 선언하고 있다. 그러므로 기본법 제9조 제3항 제1문에
포함된 기본권의 주체들은 계약을 통하여 그 기본권적 지위를 처분하거나
포기할 수 없다.

197 그러나 대부분의 기본권 규정에는 기본권포기의 허용 여부에 관한 아무런 단서
도 들어 있지 않다. 그러므로 이 문제를 해결하기 위해서는 **기본권의 기능**에 의
거하여야 한다. 고전적 기본권관은 기본권의 기능은 국가에 대한 개인의 자유
권임을 강조하면서(상세한 것은 위 단락 89 이하 참조) 기본권적 지위를 포기하
는 것을 자유행사의 일종으로서, 즉 기본권포기는 기본권행사라고 본다.[25] 반

25) *Dürig*, AöR 1596, 117/152; *Merten*, in: FS Schmitt Glaeser, 2003, S. 53/60 참조.

면 새로운 기본권관은 기본권의 객관적 기능을 전제로 하면서 개인은 이를 처분하거나 포기할 수 없다고 본다.[26]

연방헌법재판소 판례는 기본권의 두 기능 모두를 논거로 하여 기본권의 처분·포 **198** 기의 불가만이 아니라 동의 내지 양해의 의사표시를 통해 국가의 행위에 영향력을 행사할 수 있는 개인의 가능성도 인정하고 있다. 개별 기본권의 기능은 그 기본권의 포기의 가부 판단에 결정적인 의미를 갖는다고 보아야 한다. 그러나 기본권포기가 허용되기 위한 불변의 **전제**는 그 포기가 분명히 인식될 수 있고 또 자유롭게 이루어져야 한다는 것, 즉 압력이나 기망에 의하여 포기가 이루어져서는 안 된다는 것이다.[27]

어떤 기본권이 인격발현의 자유에 기여하는 것이라면 그 기본권에 대한 포기는 **199** 허용된다고 추정할 수 있다. 반면에 어떤 기본권이 국가의 의사형성과정에 중요한 의미가 있는 것이라면, 이는 그 기본권에 대한 포기가 허용되지 않는다는 것을 시사하는 것이다. 다른 기본권에 포함되어 있는 인간존엄성의 요소를 포함하여 기본법 제1조 제1항의 인간의 존엄성은 포기의 대상이 될 수 없다.

예: 직업의 자유나 재산권의 영역에서 개인과 공권력 사이의 계약은 광범위하게 허용되 **200** 고(행정절차법 제54조 이하) 또한 이러한 맥락에서는 이 기본권의 특정 보호 효과를 포기하는 것도 허용된다(E 30, 65; 42, 331 참조). 주거, 우편·전신의 비밀 그리고 여타 개인정보를 기본권을 통한 보호를 포기하는 것도 원칙적으로 허용된다(E 85, 386/398; 106, 28/44 ff 참조; 이에 대해 비판적인 견해로는 *Hoffmann-Riem*, AöR 2009, 513/529 f). 이에 비하여 개인이 선거권 및 비밀선거권을 포기할 수는 없다(류네부르크 [Lüneberg] 고등행정법원[OVG] DÖV 1964, 355; 뮨스터[Münster] 고등행정법원, OVGE 14, 257).

기본권포기의 허용 여부를 판단하는 데 있어 고려해야 하는 **여타 요소**로서는 특 **201** 히 기본권제한의 강도와 기간, 포기가능성의 남용위험, 기본권을 포기하는 사람이 처해 있는 궁박상황 등을 들 수 있다. 그 밖에도 기본권의 포기를 자유롭게 철회할 수 있는 경우와 드물기는 하지만 기본권을 포기하는 것이 향후에도 그

---

26) *Sturm*, Festschrift Geiger, 1974, S. 173/192 ff.
27) *Stern*, StR Ⅲ/2, S. 912 ff.

구속력을 갖는 경우를 구분하여야 한다.[28)]

202 예: 권리구제수단과 상소수단의 포기는 관련 재판이 이미 내려졌거나 적어도 그 구체적인 내용을 예상할 수 있는 경우에는 허용되는 것으로 본다(E 9, 194/199). 그러나 장래의 재판에 대한 권리구제수단을 일괄하여 포기하는 것은 허용되지 아니한다. − 인신을 보호받기 위하여 경찰에 대하여 보호구금을 자발적으로 요구하는 것은 허용된다. 기본법 제104조 제4항에 의한 통지에 대한 이유 있는 포기도 마찬가지이다(*Rüping*, BK, Art. 104 Rn 87 f; 이견으로는 *Dürig*, MD, Art. 104 Rn 43). − 치료와 관련해서는 기본권의 포기가 허용되는 반면, 건강한 수형자가 교도소 내의 병원에서 이루어지는 의학실험에 자원하는 것은 다르게 판단되어야 할 것이다(*Pietzcker*, Staat 1978, 527/550 참조).

203 사례해결기법: 기본권침해심사 방식(보호영역−제한−헌법적 정당화, 위 단락 400 이하)에서 기본권포기의 문제는 기본권제한의 존부를 심사할 때 검토하여야 하는 것이 보통이다. 기본권제한에 대한 관련자의 양해가 허용되는 경우 그 양해하에 이루어진 국가의 조치는 기본권에 대한 제한이 아니다.

5. 단체와 조직의 기본권능력

204 기본권능력이 있는 자(기본권주체)는 우선 자연인("누구나", "모든 사람", "모든 독일인", "남자와 여자" 등등)이다. 자연인은 단체나 조직에 가입한 경우도 그러한 지위를 유지한다. 자연인들이 그 결합체를 통하여 기본권을 행사하고 또 그 행사와 관련하여 공권력 조치에 의하여 기본권을 제한받고 있는 경우에는 각자 헌법소원을 제기할 수 있다. 그런데 자연인들의 결합체 자체가 헌법소원을 제기할 수는 없는지, 즉 자연인들의 결합체가 기본권주체는 아닌지의 문제가 제기된다. 이 문제는 모든 종류의 단체와 조직과 관련하여 제기된다. 이에 대한 해답은 기본법 제19조 제3항에서 찾을 수 있다. 이 규정은 **기본권은 내국법인을 위해서도 효력이 있다**고 선언함으로써 내국법인에게도 기본권주체의 지위를 인정하고 있다. 이 규정은 그 전제로서 기본권이 본질상 내국법인에게 적용될 수 있을 것을 요구하고 있다.

205 a) 법률은 **법인**의 개념을 구체적으로 형성해 왔다. 여기서 법인이란 사법이나 공법에 의하여 법인격과 **권리능력**, 즉 권리와 의무의 주체가 될 수 있는 능력을

---

28) *Sachs*, VerwArch 1985, 398/422 ff 참조.

부여받은 단체와 조직(사법인 내지 공법상의 법인)을 말한다. 또한 법인이란 개념은 소를 제기하거나 제소될 수 있는 능력(당사자능력)도 포함한다.

예: 사법상의 법인으로는 가령 권리능력 있는 사단, 유한책임회사, 주식회사, 상호보험 **206** 단체, 권리능력 있는 재단을 들 수 있다. 공법상의 법인으로는 가령 연방, 주(州), 지방자치단체, 교회, 공영방송국, 주(州)립 대학, 프로이센 문화재 관리재단을 들 수 있다.

법률은 종종 단체와 조직에 권리능력을 포괄적으로 부여하는 것이 아니라 특정 **207** 법영역과 법규범에 국한하여 이를 인정하기도 한다. 그렇게 되면 법령이 법인에게 부여하는 것과 같은 완전한 권리능력이 아니라 이른바 **부분적 권리능력**이 설정되게 된다.[29]

예: 민법 제54, 민사소송법 제50조 제2항은 권리능력 없는 사단에 일정한 권리와 의무를 **208** 인정하고 있다. (권리능력 없는 사단으로 조직되어 있는 단체로는 무엇보다도 정당과 조합이 있다). 노사경영협의회(Betriebsrat)[30]는 기업조직법이 적용되는 영역에서 부분적 권리능력을 갖는다. 공법은 부분적인 권리능력이 있는 행정단위로서 가령 종합대학교의 단과대학을 인정하고 있다.

기본법 제19조 제3항은 **완전한 권리능력이나 부분적인 권리능력을 가지고 있는 모 209** 든 단체에 기본권주체의 지위를 인정하고 있다.[31] 그러므로 헌법상의 법인개념은 법률상의 법인의 개념보다 넓다. 기본법 제19조 제3항은 법령상의 권리능력을 기본권능력으로 강화시켜 주는 기능을 수행하므로 아무런 권리능력을 향유할 수 없는 만찬모임이나 현악사중주단과 같은 "단순한" 다수인에게 기본법 제19조 제3항은 적용되지 않는다.

b) 기본법 제19조 제3항의 법인이 **내국법인**인지 아니면 외국법인인지는 법인의 **210** 사실상의 활동중심지를 기준으로 결정되어야 하는바,[32] 이는 정관상의 본부의 소재지와 일치할 필요는 없다.[33] 유럽연합의 여타 회원국에 그 활동의 중심지

---

29) 이에 대한 기본적인 문헌으로는 *Bachof*, AöR 1958, 208.
30) [역주] 우리나라의 노사협의회와 유사하지만 노동조합에 훨씬 강력한 경영참여권이 보장된 노사간의 경영협의회.
31) *Dreier*, DR, Art. 19 Ⅲ Rn 44 ff; *Jarass*, JP, Art. 19 Rn. 16; *Remmert*, MD, Art. 19 Abs. 3 Rn 37 ff.
32) E 21, 207/209; BVerfG, NJW 2002, 1485 참조.
33) *Dreier*, DR, Art. 19 III Rn 79.

를 두고 있는 법인에게는 기본법 제19조 제3항의 적용범위 확대를 통해 내국법
인과 동등한 지위가 부여되어야 한다[34](이에 대해서는 단락 170도 참조). 단체를
결성한 사람들의 국적은 중요하지 않다. 외국법인의 내국인대우에 관한 국제법
상의 조약도 규준이 될 수 없다.

211 연방헌법재판소는 **외국법인**에도 기본법 제101조 제1항 제2문 및 제103조 제1항
의 **절차적 기본권**을 인정하고 있다. 이 규정들은 "법원의 모든 절차에 타당하고
또한 그러므로 누구나 주장할 수 있어야 하는 소송원칙을 포함하고 있기 때문
이다."[35]

212 법인의 **본질상 기본권을 적용할 수 있는가**의 문제는 여러 가지 측면을 가지고 있다.

213 aa) 해당 기본권이 법인에는 존재하지 않는 **자연인의 천성**과 결부되어 있어서는
안 된다. 해당 기본권이 특정 법인만이 가지고 있는 성질과 결부되어 있는 경우
에는 그 기본권도 본질상 그러한 법인에만 적용될 수 있다. 물론 이 점과 관련
한 연방헌법재판소의 판례는 분명하지 않다.

214 예: 법인은 직업활동을 할 수 있고(기본법 제12조) 재산권을 보유할 수 있다(기본법 제
14조). 그렇지만 법인에는 인간의 존엄성도 생명도 건강도 없다. 법인은 혼인을 하지도
않는다. 그럼에도 연방헌법재판소의 판례(BVerfGE 13, 290/298)는 특정 사원의 배우자
와 노동관계를 맺고 있는 기업을 제3자와의 노동관계를 맺고 있는 기업에 비하여 세법
상 불리한 대우를 하는 것은 기본법 제6조 제1항에 저촉되는 것으로 판단했다. – 어쨌
든 법인도 자기표현권 그리고 특히 개인정보자결권의 개별적 측면들과 관련해서는 일반
적 인격권을 향유한다(E 106, 28/42; BVerfG, NJW 2005, 883 f; 불리진술거부권과 관련
해서는 그렇지 않다. E 95, 220/241 f). – 특히 기본법 제4조 제1항의 영역에 관하여 형
성된 판례는 통일성이 없다. 즉 종교나 세계관 관련 목적을 가진 법인은 기본법 제4조
제1, 2항의 보호영역에서도 보호를 받는다(아래 단락 618 이하 참조). 그러한 목적이 없
는 기업은 교회세 징수에 대하여 기본법 제4조 제1, 2항에 의하여 다툴 수 없고(E 19,
206) 또 노동자의 합법적 임신중절에 따른 질병으로 인한 (결근 시에도) 부담하게 되어
있는 임금지불 의무에 대하여 다툴 수도 없다(BVerfG, NJW 1990, 241). 이 두 가지 사

---

34) E 129, 78/94 ff.
35) E 21, 362/373; 64, 1/11; 이견으로는 *Merten*, Hdb.GR Ⅲ, § 56 Rn 100; 또한 *Zuck*, EuGRZ
   2008, 680 참조.

건에는 모두 기본법 제2조 제1항만이 해당된다. 그렇지만 회교도인 정육업자가 도살금지에 대하여 다투는 경우(단락 616, 632를 보라) 기본법 제4조 제1항 자체는 그 사건에 해당되지 않아 기본법 제2조 제1항에 대한 침해 여부를 심사할 때 보충적으로만 원용되어야 하는 이유(BVerfG, NJW 2002, 1485)에 대한 해명은 아직 없다.

bb) 연방헌법재판소는 법인의 기본권능력과 관련하여 또 다른 측면을 발전시켜 **215** 왔다. 즉 연방헌법재판소의 판례에 따르면 법인의 구성과 활동이 자연인들의 자유로운 인격발현의 표현일 때에만 법인을 기본권의 보호영역에 포함하는 것이 정당화된다. 특히 "법인의 배후에 있는 사람들을 '직시(Durchgriff)'할 때 법인을 기본권에 의해 보호하는 것이 의미 있고 또 필요한 것으로 판단되는 경우"에만 정당화된다.36) 이와 같은 **인적 기저** 요건은 학계에서 다음과 같은 비판을 받았다. 즉 기본법 제19조 제3항은 법인에게 독자적인 기본권능력을 부여하고 있고, 따라서 자연인만을 기본권의 보호대상으로 하지 않고 있다는 것이다. 그러므로 법인의 배후에 있는 자연인 보호에 소급할 필요가 없다고 한다. 또한 결정적인 의미를 갖는 것은 법인의 인적 기저가 아니라 **"기본권에 전형적으로 나타나는 위협상황"**, 즉 법인의 상황이 자유를 위협하는 국가에 대하여 기본권 보호를 향유하는 자연인의 상황에 비견될 수 있는지 여부라고 한다.37) 연방헌법재판소는 기본권에 전형적으로 나타나는 위협상황이라는 개념을 사용하기는 하였으나 인적 기저가 결여될 경우에는 기본권에 전형적으로 나타나는 위협상황이 있다고 할 수 없다는 식으로 그 개념을 사용하고 있을 뿐이다.38) 연방헌법재판소의 판례가 이러한 인적 기저 요소를 일관성 있게 관철하고 있는 것도 아님은 물론이다.

예: 재단은 권리능력을 갖도록 조직된 재산일 뿐 아무런 인적 기저를 갖고 있지 않다. **216** 그럼에도 연방헌법재판소는 E 46, 73/83에서, 연방행정법원은 BVerwGE 40, 347에서 각기 재단에 기본권능력을 인정하였다. 위 판례들은 인적 기저의 결여를 문제로 다루고 있지도 않은데, 그 이유는 아마도 기본법 제19조 제3항의 성립사가 이미 재단도 의당 그 규정의 효과를 향유해야 한다는 것을 알려주기 때문일 것이다(JöR 1951, 183).

---

36) E 21, 362/369; 마찬가지로 *Krebs*, MüK, Art. 19 Rn 43 ff; *Remmert*, MD, Art. 19 Abs. 3 Rn 30 ff.

37) *V. Mutius*, BK, Art. 19 Abs. 3 Rn 114 참조.

38) E 45, 63/79; 61, 82/103 f, 105.

217 cc) 연방헌법재판소는 **공법인**과 관련해서는 인적 기저 요건을 특히 확고하게 고수하고 있다. 확립된 판례에 의하면 기본권은 원칙적으로 공법인을 위해서는 효력이 없다.[39] 판례의 논거는 다음과 같다. '공법인의 배후에는 자연인이 아니라 항상 국가가 있다. 국가의 다양한 기능담당자들은 개인의 관점에서 보면 통일적인 국가권력의 특수한 현상형식에 불과하며 또한 국가기능의 담당자는 기본권의 의무자이면서 동시에 그 권리자가 될 수 없다(이른바 혼동논거: 기본권능력과 기본권구속은 동일한 근거를 가질 수 없다, 즉 혼동되어서는 안 된다). 상이한 국가기능의 담당자들 사이에서 이루어지는 "간섭과 위해"는 "광의의 권한갈등"에 불과하다.[40] 공법인의 기본권능력을 승인할 경우에는 "국가과제 이행과 관련된 질서와 국가조직을 경제적·사회적·문화적 발전의 변동하는 필요에 적응시키는 것이 현저하게 어려워질 것"이다(같은 곳). 이 경우 공법인이 공적 과제를 고권적 형식으로 수행하는지의 문제나[41] 공법인이 국가의 행정체계에서 법적으로 다소간 독립성을 갖는지의 문제는 중요하지 않다. 사법상의 법인도, 생존배려의 과제를 이행하고 또 공권력주체의 수중에 있는 한 기본권보호를 받을 필요가 없다.'

218 예: 지방자치단체인 게마인데는 기본법 제14조 제1항 제1문을 원용할 수 없다(E 61, 82; 98, 17/47; *Schmidt-Aßmann*, NVwZ 1983, 1 참조; 비판적인 견해로는 *Hufen*, StR II, § 38 Rn 18). 생존배려의 과제를 수행하고 또 공법상의 사단이 주식의 전부(E 45, 63/80) 또는 과반을 점하는(BVerfG, NJW 2009, 1282 f; 비판적인 견해로는 *Pieroth*, NWVBl 1992, 85) 주식회사는 공법상의 사단과 마찬가지로 기본권을 원용할 수 없다(이견으로는 *Lang*, NJW 2004, 3601).

219 연방헌법재판소는 **기본법 제101조 제1항 제2문 및 제103조 제1항**에 의한 보호를 외국법인과 마찬가지로 공법인에게도 확장하고 있다.

220 예: 일반 지역의료보험조합(E 39, 302/312), 의료보험의사협회(E 62, 354/369) 및 공법상의 저축금고는 "적어도 기본법 제101조 제1항 제2문 및 제103조 제1항의 기본권유사적 권리들을 원용"할 수 있다(E 75, 192/200). 이는 행정관청이 소송절차에서 당사자가 될

---

39) E 21, 362/369 ff; 68, 193/205 ff; BVerfG, NJW 2017, 217/218 f; 같은 견해를 취하는 *Krebs*, MüK, Art. 19 Rn 47 ff; *Remmert*, MD, Art. 19 Abs. 3 Rn 45 ff.
40) E 21, 362/368 ff; 또한 E 61, 82/100 ff도 참조.
41) E 61, 82/103 f, 105.

수 있는 경우도 마찬가지다(E 138, 64/83).

연방헌법재판소는 일정한 경우에는 **공법인에도 인적 기저**가 존재한다고 본다. **221**
"국가의 기구들(Einrichtungen)이 … 국가에 대해 독립성을 가지고 있는 영역에
서 기본권을 주장할 수 있으려면", 그 기구들이 "기본권에 의하여 보호되고 있
는 생활영역에 직접 귀속될 수 있어야 한다."42) 그러한 경우에는 공법인을 개
인의 기본권행사를 위한 개인적 "사무의 관리자"라고도 할 수 있다.43) 연방헌
법재판소는 나아가 외국 공기업과 관련해서도 특수한 상황이 있다고 본다. 이
러한 기업들은 독일에서 고권을 행사하지 않고, 따라서 기본권에 구속되지도
않으며, 이 때문에 혼동논거(단락 217을 보라)는 해당 기업의 기본권능력을 부
정하는 근거가 될 수 없다는 것이다. 그러한 기업들이 공법인에 의해 운영된다
는 이유로 헌법소원을 통한 권리보호를 받을 수 없도록 하는 것은, 「유럽연합
기능에 관한 조약」 제49조 및 제54조에서 보장되는 개업의 자유는 물론 유럽
인권협약 제13조(단락 69를 보라)에서 보장된 소원권과도 합치하지 않는다고 한
다.44)

예: 주립 종합대학과 주립 단과대학은 학문의 자유를(E 15, 256/262), 공영방송국은 방 **222**
송의 자유(E 59, 231/255; 78, 101/102 f)와 이 자유와 기능적으로 연관된 통신의 자유(E
107, 299/310) 및 이 기본권들이 존중되고 있는지를 재판절차를 통해 통제하기 위하여
기본법 제19조 제4항을 주장할 수 있으며 또 그때그때 이 기본권들만을 주장할 수 있을
뿐이다. 종교단체는 공법상의 사단(단락 622 참조)의 일종이라는 그 특수한 지위 때문에
포괄적인 기본권능력을 가진다. 그러므로 스웨덴 정부가 100% 출자한 기업은 기본법 제
14조 제1항에 의거하여 핵에너지의 평화적 이용중단 촉진조치를 다툴 수 있는 권리가
있다(BVerfG, NJW 2017, 217/218 ff).

 공법인의 기본권능력을 원칙적으로 부정하고 있는 연방헌법재판소의 판례에 **223**
대한 **학계**45)의 반론은 인적 기저요건의 타당성에 대한 의문제기에 그치지 않는
다. 학계는 그 밖에도 다음과 같은 비판을 제기하고 있다. 즉 기본법 제19조 제

---

42) E 31, 314/322; 39, 302/314.
43) E 61, 82/103.
44) BVerfG, NJW 2017, 217/218 ff.
45) *Broß*, VerwArch 1986, 65/72 ff; *v. Mutius*, Jura 1983, 30/38 ff; *Stern*, StR III/1, S. 1149 ff;
　　이견으로는 *Roellecke*, UC, Art. 19 I-III Rn 125 ff.

3항의 문구가 사법인과 공법인을 구분하지 않고 있다는 것도 판례가 취한 견해의 타당성을 부정하고 있다고 본다. 기본법 제19조 제3항의 성립사도 공법인의 기본권주체의 지위가 원칙적으로 배제되어서는 안 된다는 것을 뒷받침한다고 한다.[46] 개인은 전체적으로 "통일적인 국가권력"에 대립하고 있고 또한 국가기능의 담당자들이 기본권의 의무자인 동시에 그 권리주체일 수 없다는 부정설의 논거도 설득력이 없다고 한다. 연방헌법재판소도 국영방송국이 국가와의 관계에서는 기본권에 의한 보호를 받지만 개인과의 관계에서는 기본권의 구속을 받는다고 보고 있지 않느냐는 것이다.[47]

224 공법인의 기본권능력을 인정하는 것과 관련해서 다음 사항에 유의하여야 함은 물론이다. 즉 민법상의 사단이 개인들의 자율적인 결정을 통해서 성립하고 존속하며 사라지는 것과는 달리 — 이 경우 법질서는 사단의 법적 형식만을 제공하고 있을 뿐이다 —, 공법인의 존립은 국가의 결정에 달려있다는 점이다. 공법상의 사단, 영조물 또는 재단은 전적으로 국가의 조직행위에 입각하고 있고, 국가가 배정한 기능영역 및 과제영역의 테두리 안에서만 적법하게 작용할 수 있으며, 국가의 조치를 통해서 다시 해산될 수 있다. 그러므로 기본권능력을 공법인까지 확장할 수 있는지는 공법인에게 **배정된 기능영역 및 과제영역**과 관계가 있다고 추론할 수 있다.[48]

225 공법인에 배정된 기능·과제 영역 안에서 전개되는 구체적인 공법인의 행위가 침해되었다고 주장되고 있는 기본권의 보호영역에 실제로 포함되어 있는 것이어야 한다. 이를 위해서는 그 행위가 이른바 **내부관계와 구분되는 외부관계**[49]에 속해야 한다. 즉 해당 법인은 법적으로 독립성을 가지는 권리주체로서 그 행위를 통해서 국가에 대립할 수 있어야 하며, 국가의 지시에 종속됨으로써 국가조직에 완전히 편입되어서는 안 된다. 그러한 경우에만 기본권에 전형적인 위협 상황이 있고, 또한 관대한 기준에 따른 평가에 의하여 인적 기저의 존재도 인정될 수 있을 것이다. 왜냐하면 법인이 국가의 지시로부터 독립될 때 비로소 법인

---

46) JöR 1951, 182 f.
47) E 14, 121/130 f.
48) *v. Mutius*, BK, Art. 19 Abs. 3 Rn 43 f, 69 f, 105, 111 ff; *Pieroth*, Störung, Streik und Aussperrung an der Hochschule, 1976, S. 197 ff; 또한 *Frenz*, VerwArch 1994, 22도 참조.
49) *Maurer*, Allg. VwR, § 21 Rn 26 ff 참조.

의 배후에 있는 사람들과 그 이익 및 행위를 고려할 수 있는 전망이 열리기 때문이다.

예: 법인 형식으로 조직된 대학생회는, 일반적인 정치적 주장을 하는 경우는 법정의 과 **226** 제영역을 벗어나게 되는 반면, 대학정책에 관한 주장을 하는 경우에는 그 영역을 방어하고 있는 것이다. 대학생회가 대학정책에 관한 주장을 하는 경우에는 전문성감독(합리성감독)을 받지 아니하고 법적 감독만을 받게 되며, 그러한 범위에서는 국가에 대하여 법적 독립성을 갖고 대립하게 된다(이견으로는 베를린 헌법재판소[BerlVerfGH], NVwZ 2000, 549). 자치행정사무에 관하여 상공회의소가 의견을 표현하는 경우나 지방자치단체인 게마인데가 입장을 표명하는 경우도 마찬가지이다. 연방헌법재판소 판례 E 61, 82 (단락 218 참조)와는 반대로 게마인데는 자신의 재산권을 보호하기 위하여 기본법 제14조 제1항을 원용할 수 있다(비고권적 형식의 과제이행에 한정된 것이기는 하지만 BVerwGE 132, 261/264도 이와 같은 입장을 취하고 있다; 또한 *Engisch*, Die verfassungsrechtliche Gewährleistung kommunalen Eigentums im Geltungskonflikt von Bundes- und Landesverfassung, 1994, S. 31 ff도 참조).

공법인의 기본권능력 문제는 공법인에 소속되어 활동하는 직무담당자에 대한 **227** 기본권보호의 문제와 구분하여야 한다. 공법인에 소속되어 있는 직무담당자는 직무행위를 정당화하기 위하여 자신의 기본권을 원용할 수 없다. 그러나 직무담당자가 직무상의 활동을 하면서 기본권주체로서 타격을 받은 경우는 기본권에 의한 보호를 받는다. 다만, 직무담당자는 자신의 직무상의 지위와 결부되어 있는 기본권에 대한 제한을 감수하여야 한다.[50] 이에 따라 가령 검사와 변호사는 소송 관련 보도에서 거명되어 인격권에 불리한 영향을 받는다고 하더라도 이를 감수해야 한다. 그렇지만 서기직에 있는 공무원은 자신의 이름이 정보로서의 가치가 없는 한, 그의 이름을 보도하는 것을 감수할 필요가 없다.[51]

---

50) 의견제시와 관련하여 사적 행위와 직무상의 행위의 구분에 대해서는 E 138, 102/117 ff; *Gröpl/Zembruski*, Jura 2016, 268 참조.

51) BVerwG, NJW 2015, 807/809 f.

II. 기본권의 구속력

1. 구속력의 종류

228 기본권은 **직접 효력을 발휘하는 법**으로서 입법권, 집행권, 사법권을 구속한다(기본법 제1조 제3항). 이는 바이마르 헌법과의 의식적인 단절의 표현이다. 바이마르 헌법에서는 기본권이 행정권만을 구속하고, 입법권은 구속하지 못했으며(위 단락 30 이하 참조), 다수의 기본권은 구속력 없는 강령규정으로 간주됨으로써 설령 그 기본권이 침해되더라도 법적·사법적 제재가 따르지 아니하였다.[52] 기본법 하에서는 어떤 기본권도 강령규정으로 상대화되어서는 안 되며, 기본권에 대한 침해가 있는 경우에는 언제나 제재가 뒤따를 수 있다.

2. 기본권구속력의 수범자: 국가

229 기본법 제1조 제3항은 입법권, 집행권, 사법권에 의무를 부과한다. 이 3대 권력은 간단히 국가, "국가권력"(기본법 제1조 제1항 제2문) 또는 "공권력"(기본법 제93조 제1항 제4a호)으로도 지칭되고 있다. 입법권 및 사법권에 대한 기본권구속력에는 아무런 문제가 없다. 반면에 집행권에 대한 기본권의 구속력과 관련해서는 그 과제, 조직형식, 행위형식이 다양하기 때문에 **범위획정 문제**가 제기된다.

230 예: 공립학교가 학생에게 고교졸업증, 즉 대학입학자격증을 발급하지 않고 있다면, 해당 학교는 기본법 제12조 제1항에 의해 보장되어 있는 학생의 직업교육장선택의 자유라는 기본권을 제한하고 있는 것이다. 사립학교는 사법상의 권리주체이고 집행권의 기관이 아니다. 이러한 사립학교가 동일한 행위를 하는 경우에도 그러한가? 주민에 대한 식수공급을 공법상의 권리능력 없는 영조물이라는 법적 형태의 시수도사업소를 통해서 하느냐, 아니면 시가 지분을 보유하고 있는 주식회사를 통해서 하느냐의 문제가 해당 시의 기본권구속에 아무런 차이를 낳지 않는 것인가? 시가 영조물을 통해 식수를 공급하는 경우에도 시가 수도요금을 지방자치단체의 조례에 의하여 부과하느냐, 아니면 사용자들과의 사법적 계약을 체결하느냐가 중요한 의미를 갖는가? 행정청이 건설업체와 행정용 건물 건설을 위하여 민법 제631조 이하의 도급계약을 체결할 경우 동일한 사례에서 도

---

52) *Anschütz*, Die Verfassungs des Deutschen Reiches, 14. Aufl. 1933, S. 505 ff; *Thoma*, in: Grundrechte und Grundpflichten der Reichsverfassung, Bd. I, 1929, S. 1 ff 참조.

급인이 사인이라면 기본권에 구속되지 않음에도 불구하고 행정청은 기본권에 구속되는가? 공권력주체가 자기사업으로 가령 맥주공장과 같은 기업활동을 하는 경우나 루프트한자 주식회사와 같은 상사회사의 지분을 갖고 있는 경우 기본권에 구속되는가?

a) 기본법 제1조 제3항은 무조건적이고 포괄적으로 표현되어 있기 때문에 집행 **231** 권이 **누구를 통해** 그 과제를 이행하는지는 관건적 의미를 가질 수 없다. 집행권이 자신의 과제를 자기의 기관을 통해서 이행하는 한, 그에 대해서는 기본권이 보호를 제공하여야 한다. 그러므로 사인인 권리주체도, 그가 "공무수탁사인"으로서 자신의 이름으로 행정과제를 고권적으로 이행하는 일을 수탁받고 있는 경우에는 기본권에 구속된다. 이러한 범위에서 사인은 간접적인 국가행정(기관)인 것이고, 따라서 기본법 제1조 제3항이 의미하는 "집행권력"의 개념에 해당한다.[53]

예: 사립학교가 "공립학교와 동일한 효과가 있는 증명서를 발급할" 권한(노르트라인-베 **232** 스트팔렌 학교조직법[nwSchG] 제100조 제4항 제1문)을 행사하는 경우 사립학교는 학생들의 기본권에 구속된다. 수렵감시인, 식육검사인, 건설감리인, 굴뚝소제사[54]와 같은 공무수탁사인의 경우도 마찬가지이다.

b) 기본권의 구속력은 포괄적이고 무조건적이기 때문에 집행권력이 **어떤 조직형** **233** **식과 행위형식**으로 활동하는지도 관건적인 의미를 가질 수 없다. 사법형식으로 활동하는 행정과 관련해서는 부분적으로 견해가 나뉘고 있다. 이 문제에 대해서는 18세기에 발전된 국고이론, 즉 사법형식으로 활동하는 국가를 군주와 병존하는 독립적인 사법(私法) 상의 권리주체로 구성하고 이에 대해서는 군주와는 달리 법원에 제소하는 것을 허용했던 이론이 계속하여 영향력을 발휘하고 있다.[55]

행정은 오늘날 다음과 같은 세 가지 영역에서 사법(私法)을 적용하고 있다.[56] **234** 즉,

---

53) *Kunig*, MüK, Art. 1 Rn. 60; 이견으로는 *Rupp*, Privateigentum an Staatsfunktionen?, 1963, S. 24 ff 참조.
54) [역주] 연소가스배출시설, 화기, 연통, 환기설비 등을 정비하고 배기가스의 수치 등을 측정하는 일을 하는 수공업자.
55) *Burmeister*, DÖV 1975, 695 참조.
56) *Maurer*, All. VwR, § 3 Rn 6 ff 참조.

— 진정한 의미의 행정과제 이행(이른바 **행정사법**), 무엇보다도 생존배려를 위한 급부이행 및 보조금의 지급에서 행정은 공법적 활동과 사법적 활동을 선택할 수 있는데, 이러한 선택의 자유는 그 기구의 조직형식 및 급부관계나 이용관계의 형성에도 미친다.

— **행정의 보조업무:** 사무용품에서 행정용 건물에 이르는 행정에 필요한 물품의 조달은 사법적 계약을 통하여 이루어진다.

— **행정의 영리활동:** 국가권력의 주체는 때때로 자기사업으로 기업활동을 하거나 기업의 지분 전체나 일부를 보유한다.

235 현재는 위의 세 가지 사례군에서 모두 기본권이 행정을 구속한다는 데 이론이 없다.[57] 물론 사법형식의 기업은 공권력주체가 그 지분의 과반을 점할 때에만 기본권에 구속된다.[58] 그렇지 아니한 경우에는 공권력주체에 대한 기본권구속은 사법형식의 기업을 통해서 기본권침해가 자행되는 일이 없도록 자신의 합법적 영향력을 행사하여야 한다는 것을 의미할 뿐이다.[59] 법령이 공권력주체에게 그러한 영향력 행사를 금지하고 있다면, 공권력주체는 그 지분을 양도하여야 한다.[60]

3. 기본권구속력의 수범자: 사인(제3자효)

236 기본법 제1조 제3항에 의하여 **국가만이** 기본권에 구속되고 사적 권리주체는 — "공무수탁사인"으로서 국부적으로 공권력을 행사하는 경우를 제외하고는 — 기본권에 구속되지 않는다고 본다면, 이는 기본권의 "제3자효"에 대한 분명한 거부인 것이다. 기본권의 제3자효란 기본권이 개인과 국가 사이의 고전적인 양자관계를 넘어서 개인과 다른 개인(즉 제3자)과의 관계에도 효력을 갖는 것을 말한다.

237 연방노동법원은 예전에 이른바 **직접적 제3자효설**을 한 차례 주장한 바 있다. 직접적 제3자효란 기본권이 다른 개인에 대하여 행동하는 개인을, 국가를 구속하는 것처럼 직접적으로 구속하는 것을 말한다. 연방노동법원은 기본권은 자유주

57) BVerfG, NJW 2016, 3153/3154 f (= JK 1/2017); BGH, NJW 2015, 2892/2893.
58) E 128, 226/244 ff; 비판적인 견해로는 *Goldhammer*, JuS 2014, 891/893 f.
59) *Höfling*, SA, Art. 1 Rn 96; *Herdegen*, MD, Art. 1 Abs. 3 Rn 96.
60) *Kersten/Meinel*, JZ 2007, 1127/1130.

의국가에서 사회적 법치국가로 발전하면서 그 의미가 변천하였다고 하면서(단락 89 참조), 그와 같은 기본권의 의미변천에 의거하여 "자유롭고 사회적인 공동체에서 법동료들 상호간의 거래에 대해 불가결적인 의미를 갖는 기본권규정들이 사법에 대하여 직접적인 효력을 발휘하게 되는 것"이라고 논증하였다.61)

유럽연합 **기본자유**(단락 71 이하)와 관련하여 유럽재판소는 오늘날까지 확립된 판 **238** 례를 통해 직접적 제3자효설을 취하고 있다. 이와 같은 판례는, 유럽연합법이 법형식에 대한 중립원칙을 토대로 하고 있다는 것을 배경으로 하고 있다. 즉 회원국이 형식선택의 자유를 통해 유럽연합법의 적용을 피할 수 없도록 하기 위해서는 유럽연합규범의 적용가능성이 법형식에 좌우되도록 해서는 안 된다는 것이다("유럽연합법으로부터 이탈의 금지").62) 이에 따라 회원국의 스포츠단체는 사적 자치에 입각하여 (단체)법을 제정할 때에도,63) 가령 노동조합이 기업에 대해 단체행동을 할 때와 마찬가지로 노동자의 거주이전의 자유(「유럽연합 기능에 관한 조약」 제45조), 개업의 자유(같은 조약 제49조), 용역제공의 자유(같은 조약 제56조)에 구속되게 된다.64) 이와 관련하여 사인이 기능적으로 볼 때 국가의 규범제정에 준하는 작용을 하고 있다는 논증이 타당성을 갖는다. "사법적 결사나 기구가 자치권에 의거하여 그와 같은 장애물을 설치함으로써 회원국들이 쌓아올린 장벽을 제거한 것의 실효성을 다시 무력화한다면,"65) 기본자유의 실현은 위험에 처하게 된다는 것이다.

그러나 판례와 통설은 기본법의 기본권의 직접적 제3자효에 반대하고 있다. 반 **239** 대의 논거로는 다음과 같은 것을 제시하고 있다. 기본법 제1조 제3항의 **문구**는 공권력만을 언급하고 있다. 이 규정의 **성립사**에 의하면 "회의66) 참여자들은 자

61) 연방노동법원 판례집(BAGE) 1, 185/193 f; 또한 BAGE 48, 122/138 f 참조.
62) 가령 카르텔 관련 법에 대하여 유럽재판소(EuGH), Rs. C-41/90, ECLI:EU:C:1991:161, Rn 21(Höfiner와 Elser) 참조.
63) 유럽재판소(EuGH), Rs. 36/74, ECLI:EU:C:1974:140, Rn 16/19 (Walrave와 Koch); Rs. 13/76, ECLI:EU:C:1976:115, Rn 17/18 (Donà); Rs. C-415/93, ECLI:EU:C:1995:463, Rn 82 ff (Bosman); Verb. Rs. C-51/96 및 C-191/97, ECLI:EU:C:2000:199, Rn 47 (Deliège); Rs. C-176/96 ECLI:EU:C:2000:201, Rn 9 f (Lehtonen과 Castors Braine).
64) 유럽재판소(EuGH), Rs. C-438/05, ECLI:EU:C:2007:772, Rn 42 ff (International Transport Workers' Association).
65) 이렇게 논증하고 있는 유럽재판소(EuGH), Rs. 36/74, ECLI:EU:C:1974:140, Rn 16/19 (Walrave와 Koch).

신들의 과제를 전래의 고전적 기본권의 의미로서의 기본권을 형성하는 것이라고 생각했다 … 그러므로 기본권을 통해서 개인과 국가의 관계가 규율되고 국가의 절대권력에 한계를 설정하여야 했다."⁶⁷⁾ 사실 기본권의 **역사**는, 기본권이 개인의 국가에 대한 방어권으로서 발생하였고 또 쟁취되었음을 보여주고 있다(단락 89 참조). **체계적** 해석은 기본권 또는 기본권유사적 권리의 효력이 사인 내지 사법적 관계에까지 미치고 있는 것으로 명시하고 있는 기본법상의 규정이 얼마 되지 않는다는 것을 입증하고 있다(기본법 제9조 제3항 제2문, 제20조 제4항, 제48조 제2항과 결합된 제38조 제1항 제1문 참조). 체계적 해석은 일반적으로는, 즉 여타의 모든 기본권의 경우는 기본권의 효력은 사법적 관계에 미치지 않는다는 추론을 뒷받침한다. 만인이 만인의 관계에서 기본권의 구속을 받는다면, 결과적으로 기본권의 **의미와 목적**은 전도되게 될 것이다. 즉, 공권력을 상대로 한 권리가 모든 동료시민들에 대한 의무로 바뀔 것이고, 자유에 대한 광범위한 제한이 불가피해질 것이다.

240 기본권의 직접적 제3자효 및 기본권주체들의 자유권들 사이의 갈등은, 국가에 의해 규율되는 3각관계적 문제상황에서의 기본권의 간접적 제3자효와는 구분되어야 한다. 3각관계에 대한 국가의 규율은 기본법 제1조 제3항에 의하면 — 그것이 사법에 의해서 행해지더라도 — 기본권의 구속을 받는다. 다만, 이러한 구속이 기본권의 방어기능과 보호기능 중 어느 기능을 통해서 어느 정도로 실현되는지에 대한 판단에 차이가 있을 뿐이다(이에 대해서는 단락 128 이하 및 136 이하를 보라). 3각관계적 갈등을 규율하는 국가에 대한 기본권 구속은, 기본권주체를 직접 기본권에 구속시키는 것과 유사한 결과를 낳게 된다. 그리하여 연방헌법재판소는, 사인들이 "특히 사실적인 견지에서 전통적으로 국가가 떠맡아 왔던 것과 비견될 만한 의무적 지위 또는 보증인의 지위에 들어서게 되면, 기본권의 간접적 제3자효의 방식으로 […] 그들 자신의 기본권에도 불구하고 […] 국가가 기본권에 의해서 의무를 지는 것과 유사하게 또는 그와 같은 정도로 기본권에 의해 의무를 지게 된다"고 판시하고 있다.⁶⁸⁾

---

66) [역주] 기본법제정 회의.
67) 의회협의회(Parlamentarischer Rat)의 1949.5.6.에 개최된 제9차 회의의 녹취보고서 부록 S. 6.
68) BVerfG, NJW 2015, 2485/2486 (= JK 3/2016); 비판적인 견해로는 *Michl*, Jura 2017, 1062.

간접적 제3자효 문제는, 기본권에 의해 보호되는 권리가 무엇보다도 차별금지 **241**
영역에서처럼 법령에 의하여 보장되는 경우에는(단락 537 이하를 보라) 제기되지
않는다. 그러한 영역에서는 **제2차유럽연합법**(단락 79~80을 보라)에 입각해 있는,
직접 사인을 대상으로 하는 「일반적 평등대우법(AGG)」의 규정들이 종족이나
성별을 이유로 하는 차별을 금지하고 있다(「일반적 평등대우법」 제1, 19조). 그에
따라 이 법의 적용영역에서는 간접적 제3자효를 통한 기본권의 적용은 불필요
하다. 그러나 기본권의 간접적 제3자효는 일반적 평등대우법이 불평등을 포착
하지 못하고 있는 경우에는 계속 그 의미를 보유하게 된다. [69]

4. 기본권구속력의 국제적인 측면과 초국가적 측면

a) 기본법 제1조 제3항은 국가권력은 기본권에 구속된다고 규정하고 있는데, **242**
이때 국가권력이 **독일**의 국가권력을 의미한다는 것은 자명하다. 외국의 국가권
력의 행위는 (독일 기본법의) 기본권에 구속되지 아니한다. 물론 외국의 국가행
위를 이행 내지 집행하는 것이 기본권을 침해하게 된다면, 독일의 국가권력이
그러한 외국의 국가행위를 이행 내지 집행하는 것은 금지된다. 그렇다고 하여
외국의 국가권력이 독일인에게 가한 기본권침해에 대한 보상의무를 독일의 국
가권력이 지고 있다고 말하는 것은 아니다.

예: 독일의 사법권은 민법시행법 제6조 제2항에 따라 기본권에 반하는 외국의 법규범을 **243**
적용해서는 안 된다(*Stern*, StR III/1, S. 1238 ff 참조). 독일의 국가권력이 기본법 제14조
에 구속된다고 하여 점령국인 소련에 의하여 행하여진 몰수를 무효화하고 또한 이에 대
해 보상하여야 한다는 것은 아니다(아래 단락 1050 참조).

b) 기본권이 독일의 국가권력에 대하여 발휘하는 포괄적 구속력은 **영역적인 면에** **244**
서도 포괄성을 띤다. 즉 독일의 국가권력은, 그것이 어디서 행사되든 그리고 그 효
과의 출현 장소가 국내인지 아니면 외국인지와는 무관하게 기본권에 구속된
다.[70] 물론 연방헌법재판소는 국제적인 관련성이 많은 사실관계에서는 국내수
준의 기본권보장을 관철하려 할 경우 오히려 기본권이 더 적게 실현될 가능성
이 있는 경우에는 "기본권보장수준의 저하를 감수"하는 태도를 보여주고 있

---

69) BGH, NJW 2012, 1725/1726 f; 또한 *Lehner*, NVwZ 2012, 861 참조.
70) E 6, 290/295; 또한 E 57, 9/23; 100, 313/362 ff; *Röben*, Außenverfassungsrecht, 2007 참조.

다.[71] 헌법적 지위를 갖는 국제법 구속이 존재한다는 것이 그 근거로 제시되고 있다.[72]

245 예: 해외 주재 독일대사관은, 국내에서 활동하는 외무부와 같이 독일인 및 외국인 상대 할동에 있어 독일인의 권리 및 만인의 권리에 구속된다. 연방군은 외국에 파견될 때에 도 원칙적으로 기본권에 구속된다(*Werner*, Die Grundrechtsbindung der Bundeswehr bei Auslandseinsätzen, 2006). 독일의 국적선이지만 외국인 선원단에 의하여 운항되고 있는 선박과 관련한 기본권에 대해서는 입법자가 그 보장수준을 낮추는 것이 허용되었 다. 그렇지 않으면 독일선박회사들은 기본권보장수준이 더욱 낮은 외국의 선적으로 선 박을 운항케 할 것이기 때문이다(E 92, 26/42; 공해 상에서 해적을 체포할 경우의 법관 유보에 대하여는 쾰른 행정법원[VG Köln], JZ 2012, 366).

246 c) 기본법 제23, 24조에 의하여 독일 연방공화국으로부터 그 고권영역에서 작 용하는 고권을 위임받은 초국가적 조직도 원칙적으로 기본권에 구속된다. 그러 나 기본법은 이 경우의 기본권보호가 반드시 헌법재판소를 통해 이뤄질 것까지 요구하지 않고 있다. 오히려 연방헌법재판소는 기본법이 국제적 협력에 대해 원칙적으로 개방적 태도를 취하고 있음을 이유로 그 관할권을 행사하지 않고 있다. 기본법에는 이와 관련하여 한편으로 유럽연합은 대체로 기본법에 비견될 수 있는 기본권보호를 보장하여야 한다는 지침(**기본권 수준의 보호**, 기본법 제23조 제1항 제1문, 단락 247)이 존재하고, 다른 한편으로 기본법 제23조 제1항 제3문의 요구수준을 개별사건에서도 보장해야 할 의무(**기본권 정체성의 보호**, 기본법 제23조 제1항 제3문, 단락 248)가 존재한다.

247 기본법 제23조 제1항은 기본법상의 기본권보호수준과 대체로 유사한 기본권보 호라는 요건을 통해 유럽연합의 전신인 유럽공동체가 "그 개념, 내용, 작용방식 에 의할 때" 기본법의 기본권보호수준에 대체로 유사한 기본권보호를 보장하고 있는 경우에는 유럽공동체법을 기본권에 우선하여 적용한다는 것을 인정하였 던 연방헌법재판소의 판례를 수용하고 있다.[73] 이와 관련하여 연방헌법재판소 는 자신이 유럽재판소와 일종의 협력관계에 있음을 인정하고 있다. 즉 유럽재

---

71) E 92, 26/42.
72) *Herdegen*, MD, Art. 1 Abs. 3 Rn 74 ff.
73) E 73, 339/378.

판소가 개별사건에서 기본권보호를 보장한다면 연방헌법재판소는 기본법의 기본권보호수준이 일반적으로 보장되고 있는지만을 심사하겠다는 것이다.[74] 기본법의 기본권보호수준은 일반적으로 기본법상의 모든 기본권과 관련되어 있다. 그러나 그것이 의미를 갖게 되는 것은 개별사건에서의 기본권보호가 기본법의 기본권보호수준 이하인 경우가 아니라 개별사건에서 일반적인 기본권보호수준을 추론할 수 있을 때이다.

기본권의 정체성은 기본법 제1조 제1항을 통하여 보장되어 있을 뿐만 아니라 **248** 기본법 제23조 제1항 제1문 및 제79조 제3항에 유럽통합과정에서도 처분되어서는 아니 된다고 규정되어 있다. 그러므로 이러한 기본권의 정체성이 침해되는 경우에는 유럽연합법의 적용상의 우위는 타당할 수 없다. 이러한 경우에는 개별사건으로부터 기본권보호수준이 일반적으로 낮다는 것을 추론해 낼 필요가 없다. 이에 따라 연방헌법재판소는 궐석재판에서 유죄판결을 받은 자를 유럽연합이 발한 체포명령에 의거하여 외국에 인도하는 것은 기본법 제1조 제1항과 합치하지 않는다고 판단하였다. 이 판례의 근거가 된 것은, 궐석재판을 통해 범인으로 확정된 자를 해외로 인도하는 것은 형벌의 부과는 어떤 경우에나 책임을 그 요건으로 한다는, 인간존엄성 보장 원칙으로부터 추론되는 원칙을 침해한다는 것이다.[75] 이와 같은 연방헌법재판소의 판례는, 회원국이 유럽연합 기본권헌장의 보호수준을 상회하는 것을 용인하면서도(유럽연합 기본권헌장 제53조) 회원국에 대하여 유럽연합법의 우위와 그 통일적 적용을 존중하도록 촉구하는 유럽재판소의 판례와 긴장관계에 있다.[76]

d) 기본법 제23조 제1항 제1문에 의한 기본권구속력의 완화는, 유럽연합법이 **249** 회원국에 대한 강행적인 지침을 제정하는 경우 유럽연합이사회에서 유럽연합의 법적 조치의 제정에 관여하고 또 유럽연합의 조치를 이행·집행하는 임무를

---

74) E 89, 155/175; 123, 267/353 f.

75) BVerfG, NJW 2016, 1149/1150 f.

76) 유럽재판소(EuGH), Rs. C-399/11, ECLI:EU:C:2013:107, Rn 60 (Melloni); 이에 대하여는 BVerfG, NJW 2016, 1149/1156; 연방헌법재판소의 판례에 동조하는 *Nettesheim*, JZ 2016, 424 ff; 특히 재판의 전제성이 없다는 이유로 비판적인 견해로는 *Reinbacher/Wendel*, EuGRZ 2016, 333/336 f; *Rung*, EWS 2016, 145/147 ff; *Sauer*, NJW 2016, 1134/1135 그리고 *Schönberger*, JZ 2016, 422/423 f.

수행하는 독일의 대표에 대해서도 적용된다.[77] 이에 반해 유럽연합법이 독일의
국가기관에 — 가령 지침의 경우처럼 — 그 이행과 관련하여 재량의 여지를 인
정하고 있는 경우에는 독일의 조치는 유럽연합법의 강행적 지침에 구속받지 않
는다. 그러므로 이 경우에는 기본법 제1조 제3항 이하에서 보장되고 있는 기본
권들을 규준으로 한 무제한적 기본권구속이 존재한다. 물론 이와 관련하여 기
본법의 기본권 이외에도 유럽연합의 기본권도 적용되는지에 대해서는 다툼이
있다(단락 77~78을 보라).

5. 기본의무?

250 기본의무에 대한 연구도 기본권 연구의 일환으로 행해지고 있다.[78] 기본의무는
기본법 제5조 제3항 제2문 및 제14조 제2항에서 그 준거를 찾을 수 있다. 즉 헌
법에 대한 충성조항에 의해 학자들에게 그리고 공공복리적합조항에 의해 재산
권주체에게 의무가 부과되었다고 볼 수도 있을 것이다. 그렇지만 이 의무들은
국가의 활동을 통해서 비로소 **현실화**되고 또 법적 효과를 발휘하게 된다. 기본
법 제6조 제2항 제1문에 따라 자녀를 양육하여야 할 부모의 의무에 대해 연방
헌법재판소는 자녀에 대해 "직접적으로" 존재하는 의무라고 표현하고 있기는
하지만(단락 759 참조), 이 의무는 관련 법률의 실행을 통해서 비로소 그 효력을
발휘하게 된다. 때때로 기본의무로 거론되는 납세의무와 취학의무는 아무런 헌
법규정상의 근거를 가지고 있지 않다. 물론 독일연방공화국이 그러한 의무에
더욱 의존하고 있다고는 할 수 있지만, 바로 그렇기 때문에 입법자가 그러한 의
무를 채택하고 구체적으로 형성할 필요가 있는 것이다. 그러나 입법자가 이러
한 입법을 한 후에는 그러한 의무들은 기본의무로서 기본권과 병존하는 것이
아니라 법률에 의해서 부과되는 여타의 모든 의무처럼 기본권에 대한 제한이
되는 것이다.

251 때때로 법률로 부과된 모든 의무의 바탕이 되고 있는 기본의무로서 **복종의 의무**
가 있다는 주장이 제기되고 있다.[79] 의무를 이행하여야 할 의무라는 관념은 권

---

77) E 118, 79/95 ff; 125, 260/306; 129, 78/90 f.
78) *Hoffmann*, Hdb. StR³ V, § 195; *Kloepfer*, VerfR II, § 53 Rn 1; *Randelzhofer*, Hdb.GR Ⅱ, §
37.
79) *Isensee*, DÖV 1982, 609/612 ff.

리를 행사할 수 있는 권리, 의욕하는 결의 또는 할 수 있는 능력 등의 관념과 같이 기이한 것이다. 이처럼 기본의무를 통하여 배가하더라도 추가적인 법인식을 얻을 수 있는 것은 아니다.

참고문헌: I의 참고문헌: *P.M. Huber*, Natürliche Personen als Grundrechtsträger; *W.* **252** *Rufner*, Grundrechtsträger, Hdb. StR³ IX, § 196. − I. 1.의 참고문헌: *J. Gundel*, Der grundrechtliche Status der Ausländer, Hdb. StR³ IX, § 198; *A. Siehr*, Die Deutschenrechte des GG, 2001. − I.2.의 참고문헌: *W Brohm*, Humanbiotechnik, Eigentum und Menschenwürde, JuS 1998, 197; *E. Iliadou*, Forschungsfreiheit und Embryonenschutz, 1999; *I. Klinge*, Todesbegriff, Totenschutz und Verfassung, 1996. − I. 3.의 참고문헌: *W. Roth*, Die Grundrechte Minderjähriger im Spannungsfeld selbstständiger Grundrechtsausübung, elterlichen Erziehungsrechts und staatlichcr Grundrechtsbindung, 2003; *D.C. Umbach*, Grundrechts− und Religionsmündigkeit im Spannungsfeld zwischen Kindes− und Elternrecht, in: FS Geiger, 1989, S. 359. − I. 4.의 참고문헌: *P.S. Fischinger*, Der Grundrechtsverzicht, JuS 2007, 808; *D. Merten*, Grundrechtsverzicht, Hdb. GR III, § 73; *G. Robbers*, Der Grundrechtsverzicht, Jus 1985, 925. − I. 5.의 참고문헌: *M. Goldhammer*, Grundrechtsberechtigung und− verpflichtung gemischtwirtschaftlicher Unternehmen, JuS 2014, 891; *D. Krausnick*, Grundfälle zu Art. 19 III GG, Jus 2008, 869, 965: *J. Isensee*, Anwendung der Grundrechte auf juristische Personen, Hdb. StR³ IX, § 199; *F. Schnapp*, Zur Grundrechtsberechtigung juristischer Personen des öffentlichen Rechts, Hdb. GR II, § 52; *F. Schoch*, Grundrecht juristischer Personen, Jura 2001, 201; *S. Tonikidis*, Die Grundrechtsfähigkcit juristischer Personen nach Art. 19 III GG, Jura 2012, 517 − II의 참고문헌: *M. Eifert/J. Gerberding*, Verfassungsbeschwerde und Unionsgewalt, Jura 2016, 628; *K.F. Gärditz*, Die Rechtsbindung des Bundesnachrichtendienstes bei Auslandstätigkeiten, DV 2015. 463; *H.−D. Horn*, Die Grundrechtsbindung der Verwaltung, in: FS Stern, 2012, 353; *W. Höfling*, Die Grundrechtsbindung der Staatsgewalt, JA 1995, 431; *M. Payandeh*, Entterritorialisierung des Öffentlichen Rechts, DVBl 2016, 1073, *H.C. Röhl*, Verwaltung und Privatrecht − Verwaltungsprivatrecht?, VerwArch 1995, 531: *W. Rüfner*, Grund−rechtsadressaten, Hdb. StR³ IX, 197; *F. Schnapp/M. Kaltenbon* Grundrechtsbindung nichtstaatlicher Institutionen, JuS 2000, 937.

§ 6 기본권보장 및 기본권제한

I. 보호영역 및 보장

253 상이한 개별 기본권들은 각기 **상이한 생활영역**(Lebensbereich)에서 타당하다. 기본권은 그 종류에 따라 좁기도 하고 넓기도 한 생활영역에서 기본권을 제한하는 국가작용을 정당화하여야 할 부담을 국가에게 지우고 있다. 이를 통하여 기본권은 개인의 활동 전체를, 경우에 따라서는 특정한 행위방식까지도 국가의 제한으로부터 보호한다.

254 예: 기본법 제4조는 종교적 확신이나 여타의 심오한 확신과 관련한 개인의 삶에, 기본법 제5조는 정보 및 의견을 통한 그리고 그에 관한 의사소통에, 기본법 제6조는 혼인과 가족에, 기본법 제9조는 결사와 관련한 개인의 삶에 효력을 갖는다.

255 이것이 기본권의 보호를 받는 생활영역, 즉 기본권의 **보호영역**(Schutzbereich)이다. 보호영역은 때때로 기본권규범이 생활현실로부터 떼어내어 그 보호대상으로 삼은 영역을 의미하는 기본권의 **규범영역**(Normbereich)으로 지칭되기도 한다. [1] **규율영역**(Regelungsbereich)이라는 표현은 보호영역이 아니라 기본권의 효력이 미치고 또한 기본권을 통해서 결정되는 보호영역을 포함하는 생활영역을 의미한다.

256 예: 기본법 제8조 제1항의 규율영역은 모든 집회에 미친다. 그러나 그 보호영역은 비무장의 평온한 집회만을 포함한다.

257 기본권 보호영역 안에서 전개되는 기본권주체의 행위는 **기본권의 사용**(Grundrechtsgebrauch) 또는 **기본권의 행사**(Grundrechtsausübung)라 할 수 있다. 이때 기본권의 보호영역 안에서 전개되는 행위는 최대한 넓은 의미로 이해되어야 한

---

1) *Hesse*, VerfR, Rn 46, 69.

다. 즉 행위는 작위(이른바 적극적 자유)는 물론 부작위(이른바 소극적 자유)[2] 그리고 상황에 따라서는 단순한 존재까지도 의미한다. 그 조문에 행위("의견을 … 표현하다", "… 알고", "… 집회하고" 등)라는 표현이 등장하는 기본권의 보호영역 안에서 전개되는 행위만이 아니라, 행위보다는 사항 중심의 표현이 사용되고 있는 기본권의 보호영역("예술과 학문은 … 자유이다") 안에서 이루어지는 행위도 의미하고 있다.

예: 기본법 제14조 제1항은 재산권을 보장하며 또 그럼으로써 재산권 주체의 물건 및 **258** 권리의 존속 및 이용을 그 보호영역에 포함시키고 있다. 기본법 제13조는 주거를 불가침으로 선언하고 있으며 또 그럼으로써 주거의 보호영역을 개인이 머무르고 또한 무엇보다도 누가 출입할 수 있는지를 결정할 수 있는 영역으로 정의하고 있다. 기본법 제2조 제2항 제1문은 생명권을 통하여 개인에게 단순한 생명의 존재만이 아니라, 생명의 전제인 호흡, 영양섭취, 움직임도 보장하는 것이다.

기본권이 그 보호영역 안에서 개인에게 제공하는 보호는 먼저 **권리**의 형태로 **259** 작용한다. 다수의 기본권은 공·사법상의 제도에 대한 보호도 포함하고 있으며, 연방헌법재판소 판례 및 통설은 모든 기본권에 권리로서의 의미와 아울러 **객관법적 의미**도 부여하고 있다(상세한 것은 위 단락 107 이하 참조). 그러나 이 객관법적 의미를 통해서 기본권의 권리로서의 의미가 제한되는 것이 아니라, 오히려 가령 기본권제한을 방어할 수 있는 권리가 가령 보호청구권, 참여권, 급부권으로 확대됨으로써 강화될 뿐이다.

개인의 권리 및 객관적 법의 형태로 전개되는 기본권의 이와 같은 보호작용을 **260** 기본권보장(Grundrechtsgewährleistungen, -garantien, 또는 -verbürgerungen)이라고 한다. 관련 **용어**들은 다음과 같이 구분하여야 한다. 즉 기본권은 보호영역을 **가지고 있으며**, 기본권은 그 보호영역 **안에서** 권리(방어권, 보호청구권, 참여권, 급부권), 제도보장(사법적 제도의 보장과 공법적 제도의 보장), 법령의 기본권합치적 해석·적용 등을 보장한다(verbürgt, garantiert oder gewährleistet). 기본권이 자유, 급부, 제도, 가치, 원리 등을 보장한다는 것을 줄여서 간단히 표현하는 용어도 사용되곤 하며, 기본권의 보장내용(Gewährleistungsgehalt 또는 Garantiegehalt)

---

2) 비판적인 견해로는 *Hellermann*, Die sogenannte negative Seite der Freiheitsrechte, 1993.

이라는 표현도 사용된다.[3] 결정적인 차이는 기본권보장이라는 개념이나 그 유사개념들은 모두 법에 의하여 구체화된 기본권의 **보호작용**에 관한 것인 반면, 기본권이 가지고 있는 보호영역이라는 개념은 그러한 보호가 이루어지고 있는 **현실의 단면**을 지칭한다는 점이다.[4]

261　예: 기본법 제12조는 직업생활 및 직업교육을 보호영역으로 가지고 있으며, 이 영역 안에서 방어권, 경우에 따라 참여권 및 급부권도 보장하고 있다. 기본법 제3조는 특정 생활영역에서만 효력을 갖는 것이 아니라 모든 생활영역에서 평등을 요구하고 있다. 따라서 기본법 제3조에서 문제되는 것은 보호영역이 아니라 보장일 뿐이다. 기본법 제2조 제1항의 일반적 행동의 자유에서는 보호영역을 적극적으로 확정할 필요가 없다. 다만, 다른 기본권에 의하여 특별히 보호되고 있는 것, 따라서 더 이상 일반적 행동의 자유에 의한 일반적 보호를 받을 수 없는 것만을 소극적으로 구분해 내기만 하면 된다.

262　사례해결기법: 사례해결작업은 해당 보호영역을 확정하는 것부터 시작해야 한다. 개인이 국가가 행태를 제한하는 것에 대하여 방어하고자 하는 경우 또는 자신의 행위에 대한 국가의 보호(단락 133 이하를 보라)를 원할 경우에 어떤 기본권을 원용할 수 있는지는 그의 행태가 어떤 보호영역에 해당하는지에 달려 있다. 때때로 연방헌법재판소가 두 개 이상의 기본권 침해 여부를 한꺼번에 심사하는 것("보호영역의 증강", *Spielmann*, JuS 2004, 371; *M. Breckwoldt*, Grundrechtskombinationen, 2015 참조; 또한 *E. Hoffmann*, Jura 2008, 667 참조)은 사례해결작업에서 고려해선 안 된다(이견으로는 *Michael/Morlok*, GR, Rn 58). 사례해결작업의 다음 단계는 기본권보장의 내용을 확정하는 것이다. 즉 기본권의 보장내용이 개인이 원하는 것을 포함하고 있는가? 예를 들면 어떤 사람이 기본법 제12조 제1항을 원용하여 추가적인 직업교육을 위한 국가의 지원을 요구할 수 있으려면, 추가적 직업교육도 기본법 제12조 제1항의 보호영역에 속한다는 것만으로는 충분하지 않다. 오히려 이를 위해서는 기본법 제12조 제1항이 그에 상응하는 방어권과 아울러 그에 상응하는 급부권도 보장하고 있어야 한다.

II. 기본권의 제한, 한계 및 유사개념

263　기본권주체가 기본권이나 자유를 남용하는 경우에는 **충돌**이 발생하게 된다. 즉

---

3) *Böckenförde*, Staat 2003, 165/174 f; *Hoffmann-Riem*, Staat 2004, 203/226 f.
4) 또한 *Volkmann*, JZ 2005, 261/265 ff; *Rusterberg*, Der grundrechtliche Gewährleistungsgehalt, 2009, S. 232 f도 참조.

일반의 이익과 충돌하거나 다른 기본권주체의 권리나 기본권과 충돌하게 될 것이다. 이러한 이유 때문에 기본권에 대한 제한이 존재하는 것이며 또 기본권행사에 한계가 설정되는 것이다. 어떤 경우에 국가가 기본권을 제한하고 한계를 설정할 수 있는지 또한 어떤 경우에 기본권주체가 헌법적 정당성이 없다는 이유로 이에 대하여 방어할 수 있는지의 문제는 뒤에서 살펴볼 것이다(아래 단락 304 이하 참조). 우선은 기본법에서 사용된 용어와 기본법에서 사용되지는 아니하였으나 판례와 학설에 의하여 사용되고 있는 용어부터 설명하고자 한다. 이 개념들 중 일부는 같은 의미를, 일부는 다른 의미를 가지고 있다.

1. 제한, 제약, 한계, 축소, 한정

국가에 의한 기본권의 제한(Eingriff, Beschränkung 또는 Einschränkung),[5] 제약 **264**
(Beeinträchtigung), 한계(Schranke), 축소(Verkürzung) 또는 한정(Begrenzung)은 국가가 기본권의 보호영역에 속하는 행위를 개인에게 허용하지 않는 경우에 존재하게 된다. 기본권제한은 **개별적으로**(행정행위, 법원의 판결을 통하여) 또는 **일반적으로**(법률, 법규명령, 규칙을 통하여) 행하여질 수 있다. 기본권제한이란 기본권에 의해 보호되는 자유에 대한 사실상의 한계설정은 물론 규범적인 한계설정을 말한다. 기본권에 대한 규범적 제한은, 입법수용(단락 1071)의 경우처럼 규율이 기본권적 지위를 직접 박탈할 때만이 아니라 법률이 다른 권력으로 하여금 기본권에 대한 사실적 또는 규범적인 제한을 할 수 있도록 수권하는 경우에도 존재한다. 이러한 경우에 자유는 그 자유가 먼저 행정청이나 법원의 결정에 유보되어 있지 아니하였기 때문에 규범적으로 축소되는 것이다.

위의 **용어들은 표현은 다르지만 모두 같은 의미를 가지고 있다.** 물론 한계라는 용 **265**
어와 한정이라는 용어는 종종 기본권에 의하여 보호되는 생활현실과 기본권에

---

5) [역주] Eingriff, Beschränkung, Einschränkung을 구분하여 번역하는 것이 쉽지 아니하였다. 원래 기본권 보호영역을 전제로 했을 때 이 용어들은 모두 그 보호영역에 침투하여 기본권에 의하여 보호되는 개인의 행위 등을 전부 또는 일부 불가능하게 하거나 어렵게 만드는 공권력의 일체의 조치를 말한다. 이 용어들 중 Eingriff를 적지 않은 학자들이 "침해"로 번역하지만, "침해"라는 용어는 헌법에 의하여 정당화되지 아니하는 기본권제한을 의미하는 개념으로 사용하는 것이 혼란을 피하는 길이다. 왜냐하면 Eingriff는 기본권을 제한하는 공권력조치의 합헌성 내지 기본권적합성 여하를 평가하기 이전단계에서 사용되는 개념이기 때문이다. 원저자가 Eingriff와 우리가 이미 제한으로 번역하여 왔던 Beschränkung, Einschränkung 등의 용어를 모두 동의어로 사용하고 있기 때문에 여기서는 국내 독자들에게 익숙한 제한으로 번역한다.

의하여 보호되지 아니하는 생활현실, 보호영역과 규율영역(단락 1255~1256을 보라) 또는 상충하는 다른 보호영역(단락 376을 보라)을 구분하는 경계의 표시로 이해되기도 한다.

2. 형성과 구체화

266 기본권의 형성이나 구체화는, 기본권의 보호영역을 건드리지 않고 그대로 두는 경우에, 즉 앞 절에서 설명한 바와 같이 기본권의 보호영역 안에서의 제한·제약·축소가 가해지지 않는 경우에는 언제나 존재한다. 이 경우는 국가가 가령 보호영역에 포함되어 있는 어떤 행태를 금지하려는 것이 아니다. 오히려 국가는 개인이 기본권을 사용할 수 있도록 행태의 가능성을 **열어**주려고 한다. 이른바 **법 또는 규범에 의하여 각인되는 보호영역**(rechts- oder normgeprägter Schutzbereich)의 경우는 그와 같은 형성과 구체화가 필요하다. 이러한 기본권과 관련하여 개인은 그 본성이나 천부적인 사회성을 통해서가 아니라 법질서를 통해서 비로소 기본권을 행사할 수 있게 된다(단락 147 이하).[6]

267 예: 생명현상을 유지하는 것(기본법 제2조 제2항 제1문) 그리고 체류지를 어딘가에 정하는 것은 개인의 천성에 속한다. 의견을 교환하는 것(기본법 제5조 제1항 제1문)과 집회를 개최하는 것(기본법 제8조 제1항)은 개인의 사회성에 속한다. 반면에 법질서에 의해서 남녀의 다양한 형태의 공동생활 중 혼인(기본법 제6조 제1항)이, 그리고 다양한 형태의 소유 중에서 재산권(기본법 제14조 제1항)이 만들어진다. 재산권 및 상속권과 관련된 기본권이 법이나 규범을 통해 구성되어야 한다는 점은 이 기본권이 그 한계를 확정하는 것만이 아니라 그 내용을 확정하는 것도 허용하고 있다는 점에서도 분명하게 드러난다(기본법 제14조 제1항 제2문).

268 그러나 법이나 규범에 의해 각인되는 보호영역과 그렇지 아니한 보호영역만 존재하는 것은 아니다. 기본권은 **부분적으로만 법이나 규범에 의하여 각인되는** 보호영역을 가질 수도 있다.

269 예: 기본법 제9조 제1항은 어떤 형태로든 결사를 만들거나 타인과 결합할 수 있는 권리를 보장하는 데 그치지 아니한다. 이 규정은 결사와 조합(Gesellschaft), 가령 합자회사, 주식회사, 노동조합처럼 법질서가 만들어 놓은 유형의 결사를 결성할 권리도 보장한다.

---

6) *Degenhart*, Hdb. GR Ⅲ, § 61 Rn 19 ff.

기본법 기본법 제2조 제1항은 계약의 자유(단락 438 참조)를 통하여 법질서가 예정하고 또한 보장하고 있는 법적 구속력 있는 (법적 관계를) 형성할 수 있는 자유[7]를 보장하고 있다(*Höfling*, Vertragsfreiheit, 1991, S. 20 ff; *Pieroth/Hartmann*, WM 2009, 677 참조).

법에 의해 각인되는 기본권들, 특히 제도보장도 포함하고 있는 기본권들에서는 **270** 항상 다음과 같은 **문제**가 제기된다. 즉, 그러한 기본권은 한편으로는 형성될 필요가 있으며, 다른 한편으로는 국가보다 앞서 존재하면서 국가에 대해 의무를 부과하여야 한다는 것이다. 입법자가 기본권을 형성하여야 한다는 말이 기본권을 처분해도 좋다는 것을 의미할 수는 없다. 보호영역을 **형성하는** 것과 보호영역 내에서 가해지는 제한을 구분하는 한편, 입법자가 그 보호영역 안에서 하는 제한활동에 대하여 한계가 설정되어 있어야 한다. 역사 속에서 인간의 천부적 사회성이 법제화되어 왔기 때문에 무엇보다도 역사가 그러한 한계선을 모색하는 작업에 기준을 제공한다.[8] **전통과 단절하는** 규율은 원칙적으로 보호영역의 형성이 아니다(단락 151).

예: 유책주의를 파탄주의로 대체하는 이혼제도 개혁은 일부일처제, 합의를 통한 성립, **271** 당사자 일방의 사망까지의 혼인관계의 원칙적 지속 등을 특징으로 하는 혼인제도의 전통을 고수하면서 혼인제도를 단지 새롭게 형성하였을 뿐이다. 만약 혼인법이 모든 혼인을 5년의 주기로 해소시키고 그 지속을 위해서는 새롭게 혼인할 것을 요구할 경우 이는 그 보호내용에 대한 제한이 될 것이다. – 재산권의 개념은 전통적으로 사적 유용성이라는 표지를 포함하고 있다. 이러한 사적 유용성이 다양한 형태로 제한된다면 이는 마찬가지로 전통적인 상태를 유지하고 있기 때문에 분명 형성 내지는 기본법 제14조 제1항 제2문의 표현처럼 내용규정으로서의 성격을 유지하고 있는 것이다. 그러나 재산권 주체에게 그 재산권에 대한 일체의 처분과 일체의 이용을 금지하거나 형해화된 권리만을 남긴다면 이는 형성이나 내용규정이라고 할 수 없고, 그 보호내용에 대한 제한인 것이다.

보호영역이 법에 의해 각인되지 않고, 그러한 한 형성이나 구체화를 요하지 않 **272** 는 경우에도 법질서는 **기본권행사를 용이하게 하거나 촉진할** 수 있다.

---

7) [역주] 예를 들면 민법이 예정하고 있는 각종 유명계약들을 체결함으로써 법적 관계를 형성할 수 있는 자유.

8) *Kloepfer*, Hdb. GR Ⅱ, § 43 Rn 34 참조; 제한과 형성을 획정할 수 있는 가능성에 대하여 비판적인 견해로는 *Jasper*, DÖV 2014, 872/877 ff.

273 예: 집회의 자유는 흔히 국가의 활동이 가미되거나 법질서가 그 행사를 쉽게 만들거나 촉진하지 않더라도 행사될 수 있다. 반면, 기본법 제5조 제1항 제1문과 연계된 기본법 제8조 제1항을 통해서 보호되는 시위의 자유는 상황에 따라 진로를 확보해주고 교통을 통제하고 우회시켜주는 경찰의 활동에 의존하고 있다. 그러므로 시위에 대한 신고(집회법 [VersG] 제14조 제1항 참조)는 상황에 따라서는 시위자의 이익을 위한 것이기도 하다.

274 종종 기본권행사의 편의성 제고 기능 내지 그 행사 촉진 기능을 수행하는 법과 관련해서는 **구체화**라는 개념을 사용하고 법에 의해 각인되는 보호영역과 관련해서는 형성이라는 표현만을 사용하기도 한다.[9) 그 내용상의 차이는 중요한 의미를 가진다. 즉 법에 의해 각인되는 보호영역에서는 법질서가 항상 그리고 행위가 반드시 따라가야 하는 일정한 궤도를 제시하고 있으며, 따라서 그 행위는 이 궤도 위에서만 자유로울 수 있다. 그러므로 행위의 궤도를 제시하는 것 자체는 아직은 보호내용에 대한 제한, 즉 기본권제한을 의미하는 것은 아니다. 반면, 법에 의해 각인되지 않는 보호영역에서는 일정한 궤도를 제시하고 이 궤도만을 이용하도록 하는 경우에는 보호내용에 대한 제한이 존재하게 된다.

275 예: 일정한 매개수단(독자투고, 게시판, 자유발언란)을 통해 말, 글, 도화로써 자유롭게 의견을 표현하고 전파하는 행위의 궤도를 다른 매개수단을 배제하는 방식으로 설정할 경우 이는 기본법 제5조 제1항 제1문에 대한 제한이며 그 구체화에 불과한 것으로 볼 수는 없다. 국가가 개인의 의견발표의 무대가 되고 있는 매개수단 이외에 추가적으로 게시판과 자유발언란을 제공하는 경우에만 이를 의견표현의 자유의 구체화라고 할 수 있다. 그러나 이를 위한 특별한 개념이 필요한 것은 아니다. ― 앞서 살핀 예시에서와 같이 경찰의 안전보장조치만이 아니라 시위의 신고의무나 집회법 전체를 집회의 자유의 구체화로 보는 것은 잘못이다. 양자가 모두 시위자의 이익이 될 수 있더라도 일반의 이익 그리고 시위를 하지 아니하는 사람들의 권리 및 기본권과 관련해서 볼 때는 그에 대한 제한이자 한계가 되기 때문이다.

3. 규율(Regelung)

276 기본법은 기본권 및 기본권유사적 권리들과 관련하여 특히 입법자에게 그 상세한 내용을 규율하거나 확정하도록 위임하는 경우에 규율이라는 개념을 사용하고 있다(기본법 제4조 제3항 제2문, 제12a조의 제2항 제3문, 제104조 제2항 제4문, 또

---

9) *Hesse*, VerfR, Rn 303 ff.

한 제38조 제3항도 참조). 기본법은 이와 같은 규율이라는 표현을 통해, 입법자는 각 기본권의 보장내용을 방식, 형식 및 절차를 통해 행사할 수 있는 것으로 만들 수는 있으나 그 내용을 **변경하거나 축소하지 못한다**는 의미를 담고 있다. 기본법이 이처럼 상세한 규율이라는 개념에 의거하고 있는 경우에는 **규율**할 수 있다는 표현만이 사용되고 있는 경우(기본법 제12조 제1항 제2문)에도 입법자에게 특히 신중한 활동을 요구하는 것으로 해석할 수도 있을 것이다.

4. 침훼(Antastung)

기본법은 **인간의 존엄성 및 기본권의 본질적 내용**을 침훼(侵毁)할 수 없는 것으로 **277** 선언하고 있다(기본법 제1조 제1항, 제19조 제2항). 기본법은 이러한 침훼라는 용어를 금지의 의미로만 그리고 국가가 처분할 수 있는 대상에서 확고히 제외한 기본권적 보장내용과 관련해서만 사용하고 있다. 물론 국가가 응분의 헌법적 정당성을 충족할 경우 처분할 수 있는 다른 기본권적 보장들과 관련하여 침훼라는 표현을 사용하는 것이 문법적으로나 해석론적으로 잘못은 아니다. 그러나 이러한 의미를 표현할 수 있는 다른 용어들도 충분히 존재한다. 그러므로 기본법 제1조 제1항 제1문 및 제19조 제2항을 설명하고 적용하기 위해 침훼라는 개념을 유보해 두는 것이 바람직하다.

5. 침해(Verletzung)

기본권의 제한은 허용될 수도 있고 허용되지 않을 수도 있다. 기본권 침해는 항 **278** 상 허용되지 아니하며, 그것은 기본권에 대한 **허용되지 아니하는 제한**을 의미한다. 기본법은 신체의 자유(기본법 제2조 제2항 제2문), 신앙, 양심, 신조의 자유(기본법 제4조 제1항), 신서·우편·전신의 비밀(기본법 제10조 제1항) 및 주거(기본법 제13조 제1항)의 불가침을 규정하고 있다. 이 기본권들 중 3개의 기본권에서 기본법은 제한(Eingriff und/oder Beschränkung) 권한을 부여하고 있는데(기본법 제2조 제2항 제3문, 제10조 제2항, 제13조 제2~7항), 이는 이러한 수권에 의하여 정당화될 수 없는 제한만이 침해를 의미한다는 것을 시사하고 있다. 기본법 제4조에서는 제한을 위한 수권이 전혀 주어져 있지 않다. 여기서는 – 기본권충돌의 경우(단락 369 이하 참조)를 제외하고는 – 모든 제한이 침해를 의미하는 것이다.

279 사례해결기법: 사례를 해결하는 작업에서는 용어가 정확하게 사용되지 않는 경우가 많다. 제한이라는 말 대신에 침해라고 표현하거나 침해가 헌법적으로 정당화될 수 있는 것인지를 검토하기도 한다. 그러나 침해는 헌법적으로 정당화될 수 없는, 따라서 허용되지 않는 제한인 것이다. 따라서 기본권의 침해 여부는 심사의 결과를 나타내는 것이다.

III. 보호영역 및 제한

280 보호영역과 제한이라는 개념은 **상호 관련**되어 있다. 각각의 유사개념들도 마찬가지이다. 기본권의 보호영역이 넓게 이해될수록 그에 비례하여 국가의 행위가 제한의 성격을 띠게 되는 경우가 많아지고, 그 보호영역이 좁게 이해될수록 그에 비례하여 국가가 기본권과 충돌하게 되는 경우는 감소한다.

281 예: 한 예술가가 도로에서 행위예술을 실행하는 것을 금지하는 경찰이 예술의 자유를 제한하고 있는지의 문제는 그 금지가 제한인지, 만일 그 금지가 우호적으로, 즉 강제 없이 단순히 임박한 위험을 지적함으로써 관철되는 경우에는 제한이 아닌지의 문제에 그치는 것이 아니다. 문제는 오히려 행위예술, 교차로상의 행위예술, 교통량이 많은 교차로상의 행위예술이 예술의 자유의 보호영역에 속하느냐 하는 것이다. 예술 및 예술의 자유를 좁게 이해할 경우에는 이를 넓게 이해할 경우보다 경찰의 행위의 여지는 더 넓어지게 된다.

282 국가가 기본권에 제한을 가하는 경우에는 헌법적으로 정당한 근거를 필요로 하기 때문에 국가를 자유주의적으로 이해할 경우 반드시 보호영역을 넓게 설정하고[10] 또한 제한의 개념도 넓게 파악하여야 한다고 생각할지도 모른다. 즉, 국가가 그 행위에 대하여 소명할 필요가 많을수록 그리고 국가가 헌법적 정당화 요건에 넓고 강하게 구속될수록 그 국가는 자유롭다고 생각할지도 모른다. 그러나 이는 두 가지 문제를 간과하고 있는 것이다. 하나는 기본권과 관련한 헌법적인 정당화가 국가행위에 대한 유일한 정당화가 아니라 민주적 정치과정에 토대를 두고 있는 또 다른 정당화와 병존한다는 점이다. 다른 하나는 기본권에 과도한 요구를 하고 또 그것을 과도하게 확장하는 것은 헌법적 정당화를 너무 자주 요구함으로써, 심지어는 자명한 경우까지 이를 요구함으로써 기본권이라는 척

---

10) *Höffling*, Offene Grundrechtsinterpretation, 1987.

도를 엽전으로 전락하게 만드는 결과를 초래하게 될 것이라는 점이다.

예: 양심과 양심의 자유를 넓게 이해할 경우 부동의 확신에 토대를 두는 모든 행위는 기 **283** 본법 제4조 제1항의 보호를 받게 될 것이다. 기본법 제4조 제1항에 아무런 제한도 예정되어 있지 않기 때문에 부동의 확신에 근거하여 행위를 하는 사람에 대하여 설정되는 모든 한계는 본래 양심의 자유에 대한 침해가 될 것이다. 그러나 이와 같이 될 수도 없고 또 되어서도 안 된다. 즉 적색 신호시에 도로를 횡단하는 행위조차도, 언제 차량이 자신을 위태롭게 할 것인지를 스스로 판단할 수 있다는 확고한 확신에 토대를 두고 있는 것이다. 그렇게 될 경우에는 무수히 많은 상황을 위하여 기본법 제4조 제1항에 예정되지 아니한 제한에 대한한 정당화근거를 어렵사리 궁리해 내야 할 것이다. 상충하는 헌법에 의한 정당화(단락 376 이하 참조)란 헌법에 예정되지 않은 제한을 위한 최후의 수단이자 그 정당화 근거로서 판례와 학설이 개발한 것이고, 따라서 그만큼 신중하게 사용하여야 하는바, 위와 같은 상황이 된다면 이는 오히려 그 예외성을 상실하게 되는 것이고, 기본권의 세분화된 한계체계마저 붕괴되는 것이다.

그러므로 **어떠한 추정도** 일부에서 주장하는 것처럼 보호영역을 **넓게** 설정하는 **284** 것("의심스러울 때는 자유의 이익으로[in dubio pro libertate]")을 **뒷받침하지는 못한다.** 또한 어떠한 추정도 보호영역을 좁게 설정하는 것을 뒷받침하지 못한다. 개별 기본권의 보호영역은 통상적인 법학적 해석수단을 통해 그 조문, 역사, 발생사, 체계적 위치 등의 관점으로부터 올바르게 확정되어야 한다.[11] 제한의 개념도 어떤 추정에 의해서가 아니라 기본권의 기능 및 개념으로부터 확정되어야 한다.

1. 보호영역의 확정

a) 보호영역을 확정할 때 '영역'이라는 말 때문에 **공간적 사고를 하는 오류를** 범해 **285** 서는 안 된다. 다양한 행위를 동일한 기본권 보호영역의 내용과 결부시키는 것이 하나의 공간이어야 할 필요는 없다. 오히려 같은 기능, 같은 역할, 같은 주제가 보호영역의 내용적 동일성을 구성하는 요소가 될 수 있는 것이다.

예: 주거의 개념은 공간을 의미하지만, 기본법 제13조는 주거공간을 그곳에서 일어나는 **286**

---

11) *Hoffmann-Riem*, Staat 2004, 203/229; *Merten*, Hdb. GR III, § 56 Rn 80; *Volkmann*, JZ 2005, 261/267 참조.

모든 행위와 함께 자유로운 상태에 두지 아니한다. 이는 동 규정이 제2~5항 및 제7항에서 특정의 제한 및 제약을 명시적으로 예정하고 있기 때문은 아니다. 오히려 위 규정은 그러한 것과는 다른 보호영역을 가지고 있기 때문이다. 위 규정은 주거를, 개인에게 안식처를 제공하고, 개인의 인격적 활동 및 경우에 따라서는 사업적 활동을 위하여 은거(隱居)하고 조용히 머물 수 있는 가능성을 제공해 주는 그 기능과 관련하여 보호하는 것이다. 언제 그와 같은 활동 자체가 합법성을 띠게 되고 또 언제 그것이 위법성을 띠게 되는지는 기본법 제13조가 아니라 다른 기본권에 의하여 판단하여야 한다. 가령 다른 기본권에 합치되는 형법규범과 민법규범은 주거의 내·외에서 모두 효력을 갖는다. 국가가 주거에 침입하는 경우에만 기본법 제13조에 의하여 판단될 수 있는 것이다.

287 b) 기본권의 보호영역은 문제가 되는 그 기본권 하나만을 고립시켜 보는 것이 아니라 다른 기본권 및 여타 헌법규정을 **체계적으로 같이 살펴볼 때**에만 확정될 수 있는 경우가 종종 있다.

288 예: 기본법 제4조 제1항과 기본법 제5조 제1항이 나란히 존재한다는 것으로부터 종교적 고백을 단순히 종교에 관한 의견으로 이해할 수는 없다는 것을 알 수 있다(단락 374도 참조). 즉 기본권과 조직법이 병존하기 때문에 의원이 연방의회의 토론 과정에서 한 발언은 기본법 제5조 제1항의 보호영역에서 제외되게 된다.

289 다음과 같은 **차이**는 중요한 의미가 있다. 즉,
- 다른 기본권이나 여타 헌법규정을 체계적으로 함께 들여다볼 때 밝혀지는 보호영역의 범위와
- 상충하는 다른 기본권이나 여타 헌법적 법익에 의한 그 제한의 정당화(아래 단락 369 이하 참조).

상충하는 기본권에 의하여 기본권을 제한하는 것의 정당성 여부는 사례별로 가려지지만, 보호영역이 미치는 범위는 일반적으로 고정되어 있다.

290 c) 보호영역과 제한은 상호 관련되어 있어서 **제한을 바라보며** 보호영역을 확정하여야 하는 경우도 있다. 즉 기본권이 무엇에 대하여 보호되어야 하는지를 물어야 하는 경우도 있다.

291 예: 기본법 제8조 제1항은 그 조문을 통하여 집회의 자유의 과제는 무엇보다도 신고의무 및 허가의무에 대한 방어를 위한 보호를 제공하는 것임을 표현하고 있다. 기본법 제1

조 제1항의 보호영역은 전적으로 인간의 존엄에 대한 제한의 관점으로부터 확정된다(단
락 418 이하 참조).

2. 제한의 확정

고전적 제한의 개념은 4가지 요건을 내포하고 있다. 그 개념은 다음과 같은 것 **292**
을 요구한다. 즉, 제한이

- 전혀 다른 목표를 지향하는 국가활동을 통해 의도치 않게 발생한 결과에 불
  과한 것이 아니라 의도된 것일 것
- 그 결과가 국가활동을 통해 간접적으로 의도한 것에 불과한 것이 아니라 직
  접적으로 의도한 것일 것
- 단순한 사실상의 효과가 아닌 법적 효과가 있는 법적 행위일 것
- 하명(Befehl)과 강제를 통하여 지시되거나 관철될 것[12]

현대적인 기본권론은 고전적 제한의 개념이 **너무 좁다**고 보고 이를 거부한다. **293**
고전적 제한개념이 현대적인 제한개념으로 확대되는 근저에는 **자유주의적 법치
국가로부터 사회적 법치국가로의 발전**, 즉 권리의 성격을 갖는 기본권보장내용의
확대와 기본권의 객관법적 보장내용의 보충을 수반하는 발전이 있다(단락 111
이하 참조). 즉, 개인이 삶의 다양한 측면에서 점점 더 많이 국가에 의존하게 됨
에 따라 개인은 점점 더 많은 삶의 국면에서 사회국가적 활동마저 개인의 생존
을 보장해 줄 뿐 아니라 이를 위협하는 것으로, 즉 자유를 장려하는 것이 아니
라 이를 제한하는 것으로 경험하게 된다. 국가와 개인이 접촉하는 면이 늘어날
수록 그만큼 국가와 개인 간의 갈등의 가능성도 높아지게 된다. 기본권이 조직,
절차, 참여 및 급부와 관련해서도 많은 의미를 가질수록, 국가의 조직행위, 절
차형성, 참여에 관한 규율, 급부에 관한 규율도 기본권제한적 성격을 띠는 것은
아닌지에 대한 의문도 그만큼 더 많이 제기되게 되는 것이다.

연방헌법재판소가 경우에 따라 제약(Beeinträchtigung)이라는 용어(단락 264 참조) **294**
로 지칭하는[13] 현대적 제한의 개념은 고전적 제한개념의 4대 기준들을 모두 완
화하고 있다. 즉, **개인이 기본권의 보호영역에 속하는 어떤 행태를 하는 것 내지는**

---

12) E 105, 279/300 참조.
13) E 105, 279/301.

법익을 향유하는 것을 전부 또는 일부 불가능하게 하는 모든 국가의 활동은, 그러한 작용이 의도된 것이든 의도하지 않은 것이든, 직접적인 것이든 간접적인 것이든, 법적인 것이든 사실적(tatsächlich; faktisch 또는 비공식적〈informal〉)인 것이든, 하명이나 강제를 통해 이루어지는 것이든 그렇지 않은 것이든 모두 기본권제한으로 본다.[14] 행태나 법익의 향유가 – 가령 조종적 부담금의 경우처럼 – 개인에게 부담을 주는 법적 효과와 결부되어 있는 경우에도 제한은 존재한다.[15]

295 예: 경찰공무원이 도주하는 범죄혐의자를 향해 발사한 총알이 무고한 행인을 맞힌 경우 또는 행정관청의 지시에 따라 자녀에게 강제접종을 받도록 하던 중 모가 감염된 경우는 의도하지 아니한 사실상의 제한이 존재한다. 전화 대화를 감청하거나 정보의 유통을 여타의 방법으로 제한하는 것은 하명이나 강제 없는 사실상의 제한이다.

296 사례해결기법: 오늘날 현대적 제한의 개념이 일반적으로 인정을 받고 있으므로 고전적 제한개념은 사실관계에 관련 언급이 포함되어 있는 경우에만 검토할 필요가 있다(이견으로는 Michael/Morlock, GR, Rn 500).

297 제한 개념의 확대는 **문제를 수반한다**. 한편으로는 모든 사실상의 효과를 포함시킬 경우 국가의 행위가 기본권행사를 어렵게 할 뿐인 경우와 그것을 불가능하게 하는 경우의 경계선을 확정해야 하는 문제가 등장한다. 다른 한편, 의도하지 않은 그리고 간접적인 효과까지 포함할 경우에 국가행위의 상대방인 개인(이른바 **수범자**)에 대해서만이 아니라, 국가가 그 행위의 상대방으로 삼기를 원하지도 않았고 또 그에 대한 영향을 의식하지도 않았던 제3자(이른바 **제3의 피해자**)[16]의 기본권에 대한 제한이 존재하게 된다. 두 가지 문제가 **동시에 출현할** 수도 있다.

298 제한의 개념 확대가 초래하는 문제를 하나의 예리한 공식을 통하여 **해결할** 수는 없다. 기본권행사를 불가능하게 만드는 것과 단순히 어렵게 만드는 것을 구분하는 일과 제3자가 받는 법적으로 의미 있는 영향(Betroffensein: 관련성)과 법적으로 무의미한 영향을 구분하는 일은 제약(Beeinträchtigung)과 성가심(Beläst-

---

14) *Kloepfer*, VerfR Ⅱ, § 51 Rn 31; *Peine*, Hdb. GR Ⅲ, § 57 Rn 29 ff 참조.
15) E 98, 106/117.
16) *Koch*, Der Grundrechtsschutz des Drittbetroffenen, 2000, S. 211 ff 참조.

igung) 사이의 경계를 확정하는 문제이다. 그러나 그러한 경계를 긋는 것은 **어려운 일이다.**

확실한 것은, 국가가 기본권에 의하여 보호되는 행위를 개인에게 금지하거나 **299** 제재의 **준거**로 삼는 경우는 항상 제한이 존재한다는 점이다. 행정수단으로서 점차 중요성을 더해가고 있는 국가의 부정적인 견해표시, 지도, 경고, 그러한 활동에 선행하는 감시는, 그것이 그 목표와 효과 면에서 고전적 기본권제한으로 평가될 수 있는 국가의 조치를 대체하는 한, 기본권제한에 해당한다.[17] 사인이 하는 그러한 활동을 국가가 의도적으로 지원하는 것도 마찬가지다.

예: 국가가 특별히 위험하다는 평가를 받고 있거나 실제로 위험한 생산품이나 사이비종 **300** 파와 관련하여 공중에게 경고하거나 공중을 보호하는 활동을 하는 사설 기구를 의도적으로 지원하는 것은 직업의 자유(단락 942 참조) 그리고 종교의 자유나 세계관의 자유(단락 628 참조)를 제한할 수 있다. 금지와 유사한 효과가 있는 법적 상태를 지도하는 것도 마찬가지다(뮨스터 고등행정법원[OVG Münster], NVwZ 2013, 1562/1563 f).

그러나 사소한 부담, 일상의 성가심, 개인의 예민한 감수성을 해치는 것만으로 **301** 는 아직은 기본권에 대한 제약 내지 제한이 존재한다고 할 수 없다.[18]

예: 고속도로에서 경찰이 실시하는 검문은 그 검문을 받는 사람들에게는 기본권제한이 **302** 지만, 이 검문으로 인하여 발생한 교통체증으로 발이 묶인 사람들에게는 일상의 번잡함에 해당할 뿐이다. 연방군의 홍보활동으로 피해를 입었다고 주장하는 평화주의자의 주관적인 예민한 감수성은 법적인 의미가 없다.

입법자 스스로가 가령 단순한 성가심과 기본권제한 사이의 경계선을 확정함으 **303** 로써, 단순한 성가심을 넘어서 기본권제한이 존재하게 되는 임계점에 관한 규준을 제시할 수 있는가의 문제가 남아 있다. 이는 기본권을 입법자의 처분에 맡기게 되는 것을 의미할 것이고, 따라서 입법자를 구속하는 기본권의 효력과 부합하지 않는다(기본법 제1조 제3항).

---

17) E 105, 252/273; 105, 279/300 f; 113, 63/76 f; BVerwGE 151, 228/243; *Gusy*, NJW 2000, 977/982 f; *Murswieck*, NVwZ 2003, 1 참조.
18) *Kpoepfer*, VerfR II, § 51 Rn 36; 이견으로는 *Stern*, StR III/2, S. 204 ff.

Ⅳ. 제한의 헌법적 정당화

1. 법률유보의 유형

304 제한, 한계, 제약 등은 용어는 다르지만(단락 263 이하 참조), 그 내용의 차이가 존재하는 것은 아니다. 기본권이 예정하는 제한의 종류와 범위에 따라 기본권은 다음과 같은 3가지 유형으로 분류될 수 있다.

- 단순법률유보 있는 기본권
- 가중법률유보 있는 기본권
- 법률유보 없는 기본권

305 a) 기본법이 법률을 통한[19] 또는 법률에 근거한 제한[20]만을 요구하고 있는 기본권들은 **단순법률유보** 아래에 있다. 단순법률유보는 제한하는 법률에 아무런 특별한 요건을 제시하지 않는다.

306 예: 기본법은 제2조 제1항에서 신체불훼손권에 대해서 단순히 "법률에 근거하여 제한될" 수 있다고 규정하고 있다. 또 기본법은 제10조 제2항 제1문에서 신서·우편·전신의 비밀의 기본권과 관련하여 "제한은 … 법률에 근거해서만 할 (수 있다)"고 규정하고 있다.

307 기본법에서 법률을 통한 또는 법률에 근거한 제한을 요구하는 것에 그치지 않고, 특정한 제한상황, 제한목적 또는 제한수단을 제한요건으로 요구하는 기본권을 **가중법률유보** 아래에 있다고 한다.

308 예: 기본법은 제11조 제2항에서 거주이전은 "법률을 통해서 또는 법률에 근거해서만 그리고 충분한 생활의 근거가 없고 그로 인하여 공공에 특별한 부담이 발생하게 되거나 임박한 위험의 예방을 위하여 … 필요한 경우에만 제한될 (수) 있다"고 규정하고 있다.

309 c) **법률유보 없는 기본권**에서는 기본법은 법률을 통한 또는 법률에 근거한 제한

---

19) [역주] '법률을 통한'(durch das Gesetz)이라는 것은 법률이 행정권에 기본권을 제한할 수 있도록 수권하는 것에 그치지 않고 법률이 직접 기본권을 제한하는 규율을 하는 것을 말한다.
20) [역주] '법률에 근거한'(auf Grund) 제한이란 행정권이 법률의 기초 위에서 법률이 부여한 수권을 기초로 기본권을 제한하는 것을 말한다.

을 전혀 예정하고 있지 않다.

예: 기본법 제5조 제3항 제1문은 예술·학문·연구·교수의 자유를 법률을 통한 또는 법 **310**
률에 근거한 제한이나 제약 또는 규율의 가능성을 유보하지 아니하고 보장하고 있다.

물론 법률유보 없는 기본권의 경우도 자유가 남용되는 경우에는 **충돌의 위험**이 **311**
잠재해 있다. 그러나 법률유보의 부재는, 기본법상 입법자에게 이와 같은 위험
을 판단하고 대처할 수 있는 자유가 없다는 것을 시사하는 것이다. 위와 같은
입법자의 자유는 단순법률유보 있는 기본권의 경우에 가장 크고, 가중법률유보
있는 기본권의 경우에는 비교적 적으며, 법률유보 없는 기본권의 경우 입법자
는 본래 기본권의 보호영역이 미치는 경계선을 확인하는 것 이상을 할 수 없다
(단락 384 이하 참조).

2. 법률유보에서 의회유보로

법률유보는 기본권을 제한하는 행정권에 법률에 의한 수권을 요구하는 것이다. **312**
법률유보의 **역사적 기능**은 19세기 군주가 장악하고 있는 집행부에 대해서 부르
주아 사회를 보장하는 것이었다.21) 그러나 행정권에 뿌리를 두고 있던 군주제
원리와 입법기능을 통하여 성장하던 민주주의원리와의 대립이 사라진 후에도
행정권이 강력한 독자성과 비중을 가지고 있어서 행정권으로 하여금 기본권을
제한하는 경우에는 법률에 의한 수권이라는 요건을 준수하도록 하는 것이 충분
한 의미를 가지고 있었다. 연방헌법재판소의 판례는 행정권이 이와 같이 법률
에 구속되는 범위를 원래의 의미를 넘어 **확장**하였다.

법률유보는 **시원적으로** 법률에 의한 수권의 존재만을 요구하였을 뿐이며 법률 **313**
에 의하여 수권을 하는 방법에 관한 요건을 제시하지는 않았었다. 입법자가 기
본권을 제한하는 행정활동을 상세하게 규율하는 것도 가능하였지만 행정권에
게 기본권제한과 관련하여 독자적인 규율을 하도록 폭넓게 수권하는 것도 가능
했다. 이러한 경우에도 행정권이 기본권을 제한하기 위하여 필요한 법률의 수
권은 존재하는 것이었고, 따라서 법률유보는 준수된 것이었다. 그러나 이는 입
법자가 자신의 책임의 대부분을 회피하는 것이었다.

---

21) *Böckenförde*, Gesetz und gesetzgebende Gewalt, 2. Aufl. 1981 참조.

314 기본법도 법률유보를 통하여 명시적으로는 법률에 의한 수권의 존재만을 요구하고 있다. 기본법은 행정권이 "법률에 근거하여" 기본권을 제한하는 것을 허용한다. 그런데 기본법이 이러한 표현에서 또는 이에 유사한 표현에서 말하는 법률은 기본법이 다수의 규정에서 사용하고 있는 것처럼 **형식적 의미의 법률**을 의미한다. 그러나 이러한 형식적 의미의 법률이 행정권에게 독자적인 규율을 하도록 수권할 수 있는 가능성은 배제되어 있지 않다. 법률에 의한 수권이 없으면 기본권제한도 없다 – 이 말은 기본권제한이 관습법에만 그 근거를 두고 행하여질 수는 없지만,[22] 형식적 의미의 법률에 그 근거를 두고 있는 이른바 **실질적 의미의 법률,** 즉 법규명령이나 규칙과 같은 연결고리에 그 근거를 두고 있는 것도 가능하다는 것을 의미한다. 법률유보가 가중된 경우에는 수권하는 형식적 의미의 법률은 물론 위임받은 실질적 의미의 법률도 그 가중요건을 충족하여야 한다. 기본법이 예외적으로 연결고리를 배제하고자 하는 경우에는 이를 명시적으로 규정하고 있다. 기본법 제13조 제2항이나 제104조 제1항 제1문에 따라 수색이나 신체의 자유에 대한 제한의 경우에는 이를 행하는 기관 및 준수되어야 하는 형식이 형식적 의미의 법률 자체에 규율되어 있어야 한다. 그러나 그 밖에는 기본법상의 법률유보규정들도 행정권에 폭넓은 수권을 함으로써 책임을 상당 부분 덜어낼 수 있는 가능성을 입법자에게 남겨주고 있다.

315 입법자가 자신의 책임을 다하도록 하는 기능을 수행하는 것은 무엇보다도 기본법 **제80조**이다. 즉 법률이 법규명령을 제정할 수 있도록 수권하는 경우 그 법률에 그 내용, 목적 및 정도를 특정하여야 한다. 그러나 내용, 목적 및 정도가 특정될 수도 있지만, 동시에 기본권제한의 요건에 관한 본래의 결정권이 수임자인 행정권으로 넘어갈 정도로 그 수권이 광범위할 수도 있다.[23] 연방헌법재판소는 이른바 **본질성이론**을 통해 이를 방지하고 있다. 그에 따르면 입법자는 "근본적 의미를 갖는 규범영역에서, 특히 기본권행사의 영역에서, 그것이 국가에 의한 규율의 대상이 될 수 있는 한, 모든 본질적인 결정을 스스로 … 내려야 한다."[24] 즉, 입법자는 본질적 결정을 행정권에 위임해서는 안 된다. 그러므로 법

---

22) *Jarass*, JP, Vorb. Rn 35 참조.
23) 이견으로는 *Ramsauer*, AK, Art. 80 Rn 28 f.
24) E 61, 260/275; 88, 103/116.

률유보는 **의회유보**로 강화된다. 즉 "그것25)은 허용되는 기본권행사와 허용되지 않는 기본권행사의 경계, 허용되는 기본권제한과 허용되지 않는 기본권제한의 경계를 임의의 행정관청이나 법원이 임의로 평가하여 사건별로 결정하는 것이 아니라 일차적으로 ─ 일반성을 띠는 법률의 형식으로 ─ 입법자가 결정하는 것을 보장한다."26)

문제는 기본권행사의 영역에서 과연 무엇이 본질적이냐 하는 것이다. 이러한 문제는 연방헌법재판소가 법률유보 내지 의회유보를 "이미 극복된 공식들(자유와 재산권에 대한 제한)"로부터 분리시키려고 하기 때문에27) 더욱 어려워지고 있다. 이는 한편으로는 최근의 기본권이론의 발전(단락 107 이하 참조)에 따라서 입법자가 보호조치, 조직, 절차, 급부에의 참여와 관련한 규율까지 직접 할 것을 요구한다는 의미에서 법률유보의 적용범위를 확장하는 효과를 갖는다. 그것은, 다른 한편으로는 본질적인 제한과 비본질적인 제한을 구분하고 입법자가 본질적인 제한에 관한 규율만을 직접 할 것을 요구한다는 점에서는 법률유보의 적용범위를 **제한하는 작용**을 할 수도 있을 것이다. 그러나 후자와 같은 추론은 **수용할 수 없다**. 본질성이론은 기본권보호를 축소할 수는 없으며, 전적으로 강화할 수 있을 뿐이기 때문이다. **316**

따라서 본질성이론이 다음과 같은 것을 의미한다. **317**
- 행정권은 (이 이론에 의하더라도) 변함없이 법률에 근거해서만 기본권을 제한할 수 있다.
- 기본권에 대한 제한의 전제, 상황, 효과에 관한 본질적인 결정은 입법자가 스스로 내려야 하고 이를 행정권에 위임해서는 안 된다.
- 어떤 결정이 본질적인지는 기본권이 받는 타격의 강도에 따라 판단된다.

예: 어떤 기본권의 보호영역에 속하는 여러 행위를 동시에 불가능하게 만드는 기본권제한, 어떤 행위를 단기간이 아니라 장기간 금지하는 기본권제한, 기본권행사를 개인이 충족할 수 있는 주관적 요건에만 결부시키는 것이 아니라 개인이 영향을 미칠 수 없는 객관적인 요건에 결부시키는 기본권제한은 특히 제한의 강도가 높은 것이다(단락 346 이 **318**

---

25) [역주] 의회유보.
26) E 133, 112/132.
27) E 47, 46/79; *Lerche*, Hdb. GR III, § 62 Rn 26 ff.

하 참조).

319 나아가 판례와 학설은 법률유보의 타당범위만이 아니라 **법률의 규율밀도**에 대한 요청도 본질성이론에 의거하여 판단하고 있다. 즉 기본권에 대한 타격의 강도가 높을수록, 법률은 그만큼 엄밀하고 섬세하여야 한다.[28] 그러므로 본질성은 법치국가적 명확성 및 확정성의 기준이 되는 것이다[29](단락 365 이하 참조).

320 연방헌법재판소는 입법자와 **사법권** 사이의 관계에도 본질성이론을 응용하였다. 즉, 입법자는 평등한 지위에 있는 기본권주체들 사이의 민사법적 분쟁을 제외한 기본권행사의 영역에서의 본질적인 결정을 사법권에 맡겨서는 안 된다고 본다.[30]

3. 법률유보로부터 비례의 원칙을 충족하는 법률의 유보로

321 기본법은 행정권은 법률에 근거를 두고 있는 경우에만 기본권을 제한할 수 있다고 예정하고 있다. 그러므로 기본권은 법률유보를 통하여 행정권을 구속하는 것이다. 그러나 기본법 제1조 제3항에 의하면 기본권은 **입법작용**도 구속하고 있다. 문제는 이러한 구속이 무엇을 의미하느냐 하는 것이다. 기본권은 지금까지 설명한 법률유보를 통해 기본권제한의 근거로서 법률이 존재할 **것**을 요구하거나 어떤 경우에 법률적 근거가 기본권제한의 근거로서 충분한 것인지(법률유보) 그리고 어떤 경우에 본질적 결정을 포함하고 있는 법률의 근거가 필요한지(의회유보)에 관한 요건만을 제시하고 있을 뿐이다. 법률유보는, 법률이 **어떠해야 하고** 어떠한 내용을 가져야 하며, 어느 정도의 자유를 개인으로부터 박탈할 수 있고 어느 정도의 자유를 개인에게 남겨두어야 하는지의 문제를 확정하지 않는다. 그러나 기본권의 입법작용에 대한 구속은 다름 아닌 이 **내용적 요건**을 통해서 그 모습을 드러내야 한다.

322 **가중법률유보**는 기본권이 법률에 대하여 제기하는 내용적 요건이 어떤 양상을 보이는지를 뚜렷하게 보여준다. 가중법률유보는 개별 기본권에서 경우에 따라

---

28) E 49, 168/181; 59, 104/114; 86, 288/311; *Maurer*, StR, § 8 Rn 21 f 참조.
29) *Jarass*, JP, Art. 20 Rn 82 참조.
30) E 88, 103/115 ff.

특정의 상황을 위하여 특정의 목적이나 수단을 명하거나 금지하는 방식으로 입법자를 구속하고 있다.

예: 청소년 및 명예의 보호라는 목적을 위해서는 일반성을 띠지 않는 법률로도 의견표   **323**
현의 자유 및 출판의 자유를 제한할 수 있다(기본법 제5조 제2항). 법률은, 자녀의 방치
방지라는 목적을 위해서만 자녀를 가족으로부터 격리하는 수단을 사용할 수 있다(기본
법 제6조 제3항). 충분한 생활의 근거가 없고 또 이로 인하여 공공에 부담을 주는 경우
에는 거주이전의 자유는 공공의 부담경감이라는 목적을 위하여 제한될 수 있다(기본법
제11조 제2항).

가중법률유보에서 한편으로는 **목적**이, 다른 한편으로는 **수단**이 요구되거나 금지   **324**
된다는 점에 입법작용에 대한 기본권의 구속이 존재하는 것이다. 가중법률유보
는 목적 및 수단과 관련하여 목적과 수단 사이의 연관성을 요구한다. 즉, 가중
법률유보는 법률이 입법자가 추구하는 목적을 달성하기 위한 수단일 것을 요구
한다. 이와 같은 가중법률유보는, 그것이 없는 경우에도 입법작용에 대한 기본
권의 구속력이 무엇을 의미하는지를 알려주고 있다. 즉, 가중법률유보 요건이
없는 경우에도 입법자는 목적을 추구하고 이를 위하여 수단을 동원한다. 특정
한 목적과 특정한 수단이 명령·금지되고 있는 경우가 아니더라도, **목적과 수단
이 부합하는 관계에 있어야 한다**는 요건은 남아 있는 것이다. 연방헌법재판소는
기본권의 입법작용에 대한 구속을 특히 법률의 **비례성통제**를 통해서 실현하고
있는 것이다. 입법자에게 비례성이란 기본권을 제한하는 법률적 규율 및 수권
은 그 자체 헌법적 정당성이 있는 구체적인 목적의 달성을 위하여 적합하고 필
요한 것이어야 한다는 것을 의미하기 때문이다.

비례의 원칙의 **헌법적 근거**로서 종종 법치국가원리가 제시되고 있다. 그러나 기   **325**
본권이 입법작용을 구속하게 되면서 기본권의 법률유보는 비례원칙을 충족하
는 법률의 기본권적 유보로 발전하였다.[31] 기본권은 법률유보를 통하여 예나
지금이나 법률적 근거 없는 기본권제한적 행정작용을 방어하고 있고, 비례의
원칙에 부합하는 법률의 유보를 통하여 기본권을 과도하게 제한하는 법률을 방
어하고 있다.

---

31) *Schlink*, EuGRZ 1984, 457/459 f 참조.

4. 제한의 한계(Schranken-Schranken)

326 법률유보는 입법자가 스스로 기본권을 제한하거나 행정권에 기본권을 제한할
수 있도록 수권하는 것을 허용한다. 이로써 법률유보는 입법자가 **기본권행사의
한계**를 설정하는 것을 허용하는 것이다. **제한의 한계라는 개념**은, 기본권행사의 한
계를 설정하는 경우에 **입법자가** 지켜야 할 한계를 말한다.

327 a) 제한의 한계는 **기본권 자체**에 포함되어 있다. 독자적인 기본권처럼 보이는 기
본권보장을 위한 장치들도 제한의 한계일 수 있다. 이에 따라 기본법 제104조
제1항 제2문은 신체불훼손권에 대한 제한의 한계이다(단락 399 참조). 기본법 제
12조 제2, 3항은 일반적 행동의 자유에 대한 제한의 한계(단락 966 참조)이며, 기
본법 제16조 제2항은 거주이전의 자유에 대한 제한의 한계(단락 1100 참조)이다.
이러한 보장장치들을 헌법소원을 통하여 주장하는 경우, 이는 – 기본권해석론
에 의하여 엄밀히 살펴본다면 – 전술한 보장장치들과 연결되어 있는 기본법
제2조 제2항, 제2조 제1항 및 제11조를 주장하게 되는 것이다. 독자적 기본권처
럼 보이지 아니하는 제한의 한계는 신고나 허가 없이 집회를 개최할 수 있도록
보장하는 기본법 제8조의 보장장치에 포함되어 있다(단락 833 참조).

328 법률유보요건의 가중이나 제도보장도 **기본권해석론상** 제한의 한계로 볼 수 있
다. 즉 가중법률유보는 특정한 목적을 위하여 또는 특정한 수단으로써 기본권
을 제한하도록 입법자에게 의무를 부과함으로써 해당 기본권의 보호내용을 제
한하는 입법자의 권한을 제한하고, 제도보장은 일정한 제도를 입법자의 처분대
상에서 완전히 제외하는 것이다.

329 b) **의회유보**도 제한의 한계로 볼 수 있다. 즉 의회유보는 기본권에 대한 제한 권
한을 행정권에 수권하려는 입법자에게 본질적 결정을 위임하지 말고 스스로 내
려야 할 의무를 부과함으로써 입법자가 기본권을 제한하는 권한을 위임하는 것
을 제한하고 있다. 심지어는 **입법권한** 및 **입법절차**에 관한 기본법의 규율도 기본
권제한적인 활동을 하는 입법자에게 설정된 한계로 이해될 수 있지만, 이는 제
한의 한계로 분류되지는 않으며 처음부터 형식적 합헌성이라는 표제하에서 설
명되고 있는 것이 보통이다(단락 400 이하).

c) 그러나 연방헌법재판소의 판례에서 가장 중요한 제한의 한계는 **비례의 원칙** **330** (과잉금지)이다. 비례의 원칙은 구체적으로 무엇보다도 다음과 같은 것을 요구한다.

– 국가가 추구하는 **목적** 자체가 추구해도 되는 것일 것
– 국가가 사용하는 **수단** 자체가 사용해도 되는 것일 것
– 수단의 사용이 목적의 달성에 **적합한** 것일 것
– 수단의 투입이 목적의 달성을 위하여 **필요한** 것일 것

이는 직접 기본권을 제한하거나 행정권에 기본권을 제한할 수 있도록 수권하는 **331** **입법자**는 물론 기본권제한적 활동을 하는 **행정권**에도 적용된다. 그러나 입법자는 어떠한 목적을 추구하고 어떠한 수단을 사용할 수 있는지의 문제와 관련하여 행정권보다도 훨씬 자유롭다는 점에 그 차이가 있다. 입법자는 기본법, 특히 기본권에 의해서만 특정 목적을 추구하고 특정 수단을 동원하거나 이를 금하는 명령이나 금지를 하달받고 있다. 따라서 입법자에게는 다수의 헌법적으로 정당한 목적과 수단 중에서 선택할 수 있는 여지가 있다. 이에 비하여 행정작용이 선택할 수 있는 목적과 수단의 수는 많이 줄어든다. 법률이 추가로 행정권에 다수의 목적과 수단을 명령·금지하고 있기 때문이다.

예: 기본법 제5조 제2항은 기본법 제5조 제1항의 기본권을 제한하는 입법자에게 무엇보 **332** 다도 청소년을 보호할 의무를 부과하고 있는 가중법률유보 조항이다. 청소년의 보호라는 목적을 추구하는 방법, 이를 위해 동원할 수단의 종류는 광범위하게 입법자의 자유로운 선택에 맡겨져 있다. 물론 검열이라는 수단은 기본법 제5조 제1항 제3문에 의하여 명시적으로 금지되어 있다. 사형도 기본법에서 직접 금지된 또 다른 수단이다.

적합성 및 필요성이라는 기준들도 입법작용과 행정작용에 대해 각기 **다른 의미** **333** 가 있다. 입법자는 행정작용에 대하여 예측의 우선권(Einschätzungsprärogative)을 가지고 있으며, 기본권의 제한으로 조성되는 상태와 그 목적이 달성된 상태 사이의 복잡한 연관을 판단하는 어려운 문제와 관련하여 행정작용보다 확실히 더 많은 신뢰를 부여받고 있다. 적합성 및 필요성이라는 기준들은 바로 이 연관관계에 관한 것이다.

aa) **적합성**은, 국가가 기본권의 제한을 통해 조성하는 상태와 국가가 추구하는 **334**

목적이 달성된 것으로 볼 수 있는 상태가 현실에 관한 검증된 가설에서 상관성이 인정된다는 것을 의미한다. 요컨대, 수단이 목적을 모두 달성할 필요는 없으나 그 달성을 촉진하여야 한다.

335 예: 적합성의 관점에서 볼 때 삼림고사현상의 해소나 완화를 위한 차량의 속도제한은, 검증된 가설을 통해 공해물질 배출의 감축(기본권제한을 통해서 조성된 상태)과 삼림구조의 개선(목적이 실현된 것으로 볼 수 있는 상태) 사이에 연관이 형성되는 경우에만 비례성이 있다.

336 bb) **필요성**이란, 국가가 큰 비용을 투입하지 않고도 마찬가지로 조성할 수 있는 동시에 개인의 부담은 더 적고 추구하는 목적은 실현된 것으로 볼 수 있는 상태와 현실에 관한 검증된 가설에서 상관성이 인정되는 다른 상태가 없다는 것을 의미한다. 달리 말하자면, 실효성은 같으면서도 부담을 덜 주는 수단을 통해서 목적을 달성할 수 없어야 한다.

337 예: 필요성의 관점에서 볼 때 차량속도제한은, 이미 진행 중인 재조림 사업에서 특정 종의 수목을 선호함으로써 일정한 산림상태가 조성되게 되고 또 검증된 가설에 의하면 이 산림상태(국가가 큰 비용을 들이지 않고도 똑같이 조성할 수 있는 동시에 개인의 부담이 더 적은 상태)와 산림구조의 개선(목적이 실현된 것으로 볼 수 있는 상태) 사이에 연관이 존재하는 경우에는 비례의 원칙에 반한다.

338 널리 알려져 있는 것처럼 산림고사의 조건은 복합적이므로 결정적인 인과관계가 무엇인지를 판단하는 것은 어려운 일이다. 이 경우 **입법자에게 인정되는 예측의 우선권** 내지 진단의 여지(Prognosespielraum)가 의미하는 것은, 입법자가 선택한 수단의 적합성이나 필요성 등과 관련하여 남아 있는 의문은 입법자에게 유리하게 작용하는 데 비하여 행정작용은 불확실성의 요소가 항시 내재하는 위험방지권을 법률을 통해 부여받은 경우에만 의문이 남아있는 경우에도 개인에게 불리한 활동을 할 수 있게 된다는 것이다.[32]

339 적합성 및 필요성이라는 기준들이 **동일한 비중을 갖는 것은 아니다.** 적합한 것만이 필요한 것일 수도 있다. 그러나 필요한 것이 부적합한 것일 수는 없다. 심사

---

32) 보다 상세한 것은 *Ossenbühl*, FS BVerfG, 1. Bd., 1976, S. 458; 심화된 연구로는 *Raabe*, Grundrechte und Erkenntnis, 1998 참조.

체계에서 적합성심사의 비중은 필요성심사에 비해 낮다. 즉 필요성심사의 결과
가 긍정적일 경우 적합성심사의 결과도 긍정적일 수밖에 없으며, 필요성심사의
결과가 부정적일 경우 적합성심사의 결과가 긍정적이라도 비례성심사를 통과
할 수는 없다. 그러나 적합성심사는 전략적으로 볼 때 중요하다. 적합성심사는
경험적 연관관계를 밝혀주고 필요성심사로 이끌어주기 때문이다.

cc) 판례와 통설은 비례의 원칙으로부터 마지막 기준인 **협의의 비례성**(Verhält-   **340**
nismäßigkeit)이라는 개념을 도출하여 기본권제한 내지 이 기본권제한이 개인에
게 가하는 피해(Beeinträchtigung)와 그 제한을 통해 추구하는 목적이 올바르게
형량되고 균형을 이룰 것을 요구하고 있다(비례성[Proportionaltät], 상당성[Ange-
messenheit] 또는 기대가능성으로도 지칭된다).[33] 종종 기본권 자체가 관련 계량 및
형량(Gewichtung und Abwägung)을 통해 제한과 목적을 연결시켜 준다. 그런데
개별적으로는 적정한 것으로 보이는 기본권제한들이 그 누적효과 또는 합산효
과로 인해 적정하지 아니한 것이 될 수 있다.[34] 상당성요건을 단순한 불비례성
통제가 아니라 개별사건과 관련된 모든 상황들의 포괄적인 형량으로 이해할수
록, 상당성심사에서 모든 관련 기본권들을 합해서 형량의 대상으로 삼는 이른
바 기본권조합(Grundrechtskombination)도 이목을 끌게 된다.[35]

예: 기본법 제6조 제3항은 자녀의 양육에 비하여 가족의 유지에 높은 가치를 부여하고   **341**
있으나 자녀의 방치 방지보다는 낮은 가치를 부여하고 있고, 기본법 제5조 제2항은 청
소년 및 명예의 보호에 의견표현의 자유나 신문보도의 자유에 비해 높은 비중을 부여하
고 있으며, 가령 국가의 선전활동을 통한 자기홍보보다는 의견표현의 자유나 신문보도
의 자유에 높은 비중을 주고 있다고 할 수 있다.

그러나 판례와 통설은 기본법을 통해 규정된 그와 같은 계량과 형량에 머무르   **342**
지 않고 개별 사건에서 해당 공·사의 법익 또는 이익을 **독자적으로 계량하고 형
량할 것**을 요구하고 있다. 그렇게 되면 가령 절대성을 띠는, 우월한, 특히 중요
한 공동체법익이나 순수한 동기에 기초하고 있는 자유행사 또는 형식적으로만
올바른 자유행사 또는 자유권들의 서열, 자유민주적 기본질서의 의의 등을 거

---

33) *Stern*, StR Ⅲ/2, S. 782 ff 참조.
34) E 130, 377/392.
35) *Breckwoldt*, S. 238 ff.

론하게 된다.

343 예: 류트판결 및 약국판결: "의견표현의 권리는, 타인의 더 높은 서열의 보호가치 있는 이익들이 침해되는 경우에는 후퇴하여야 한다"(E 7, 198/210). "직업활동 착수 자체를 일정한 요건의 충족에 결부시키고 또 이로써 직업선택의 자유에 영향을 미치는 … 규율 은 개인의 자유에 우선하는 우월한 공동체법익이 그 규율로 인하여 보호될 필요가 있는 한에서만 정당화된다"(E 7, 377/406).

344 그런데 이와 같은 계량과 형량을 위한 **합리적이고 구속력 있는 규준이 없다.**[36] 연 방헌법재판소의 관련 실무마저 "곡예"라고 평가되고 있을 정도다.[37] 기본권적 가치질서 내지 기본법의 가치질서에 의거하는 것도 하나의 규준을 주장하는 것 일 뿐이지 그 규준의 타당성을 입증하지는 못한다. 그러므로 협의의 비례성심 사는 아무리 합리성을 확보하려고 노력을 기울이더라도 항상 심사주체의 주관 적인 판단과 선입관의 영향을 받게 될 위험이 있다. 심사기관인 연방헌법재판 소가 자신의 주관적 판단으로 심사대상기관인 입법자의 판단을 대체하는 것은 정당화될 수 없다. 반대로 주관적 판단이 내려질 수밖에 없는 경우에는 정치의 영역 및 정당성의 문제가 시작되는 것이다. 협의의 비례성은 행정작용과 이를 심사하는 사법작용에 대하여 완전히 다른 위상을 갖는다. 즉 입법자가 사법작 용에 그 주관적 판단으로 행정권의 판단을 대체할 수 있도록 수권할 수 있는 것과 마찬가지로, 입법자는 아무리 합리성을 기하려 하더라도 주관성을 띨 수 밖에 없는 계량과 형량을 할 수 있는 권한을 행정권에 부여할 수 있는 자유를 갖는다.

345 협의의 비례성심사에 잠복해 있는 위험을 피하기 위해서는 사건이 제기하는 문 제들을 가능한 한 다른 심사의 관점들을 가지고 해결해야 한다. 연방헌법재판 소의 실무에서도 협의의 비례성심사는 이론적으로는 중요한 역할을 하지만 실 제로는 작은 역할을 하고 있을 뿐이다. 그러므로 실무에서 비례성심사는 무엇 보다도 필요성심사라고 할 수 있다. 공동선 내지 공익이 실로 기본권제한이라

---

36) *Schlink*, in: FS 50 Jahre BVerfG, 2001, Bd. II, S. 445/460 ff; *Groß*, DÖV 2006, 856/858 f; 기 껏해야 상시 사용되는 규준들이 제시되고 공식화되고 있을 뿐이다. 가령 *Alexy*, in: GS Sonnenschein, 2003, 771/777 ff의 시도; 공익의 계량에 관해서는 *Kluckert*, JuS 2015, 116 참조.
37) *Hoffmann-Riem*, EuGRZ 2006, 492/495.

는 소중한 대가를 지불해야 얻어질 수 있는 것이라면, 바로 그 사실이 그 공익이 갖는 높은 가치에 대한 증거라고 볼 수도 있다. 협의의 비례성심사는 결국 **부조리통제**(Stimmigkeitskontrolle)의 기능을 수행한다고 할 수 있다. 즉 사건에 대한 결론이 전적으로 부조리한 것으로(unsinnig) 생각된다면, 이는 먼저 모든 다른 심사의 쟁점을 점검하는 계기로, 그중에서도 특히 필요성심사를 다시 한번 세심하게 점검하는 계기로 삼아야 한다. 그렇게 했음에도 불구하고 그 결과가 여전히 부조리하다는 인상을 지울 수 없다면, 그 수정을 위하여 예외적으로 협의의 비례성 위반의 문제를 제기할 수도 있을 것이다.

비례의 원칙 내지 그 필요성이라는 기준은 몇 가지 **해석론적인 도구개념들** **346** (dogmatische Figuren)을 통하여 더 구체적인 모습을 띠게 되었다. 필요성이라는 기준은 동일한 정도의 적합성을 갖는 복수의 기본권제한 중에서 최소한의 제한, 가장 관대한 제한을 채택할 것을 요구하고 있다. 그러므로 비례의 원칙에 의하면, 기본권에 대한 제한 강도의 단계들을 구분할 수 있는 한, 입법자가 강도가 낮은 기본권제한의 단계에서는 목적을 달성할 수 없을 때에만 그보다 더 높은 강도의 기본권제한 단계를 밟을 수 있다.

이처럼 기본권행사의 **가부**(Ob)에 대한 제한과 그 **방법**에 대한 제한을 구분할 수 **347** 있고, (기본권주체가) **영향을 미칠 수 없는** 제한과 **영향을 미칠 수 있는** 제한을 구분할 수 있으며 또한 기본권제한의 강도도 그에 상응하여 구분할 수 있다. 연방헌법재판소는 처음으로 기본법 제12조 제1항과 관련하여 이와 같은 구분을 시작하였다(단락 975 이하 참조). 면제나 예외의 유보가 있는 억제적 금지와 허가유보가 있는 예방적 금지도 상이한 강도의 기본권제한에 해당하는데, 연방헌법재판소는 처음에 제2조 제1항과 관련하여 이와 같은 구분을 하기 시작하였다.[38] 억제적 금지는 금지된 행위를 가급적 억제하고 예외적으로만 허용하는 것을 목표로 하는 데 비하여, 예방적 금지는 행위를 원칙적으로 허용하면서도 위법적인 비행(Fehlverhalten)을 걸러내는 것을 통제목표로서 추구하고 있다.

dd) 연방헌법재판소의 판례[39]와 헌법학[40]은 때때로 과잉금지원칙에서 **과소금지** **348**

---

38) E 20, 150.
39) E 88, 203/254.

원칙으로 나아가고 있다. 이에 따르면 국가가 방어권으로서의 기본권을 과도하
게 제한하지 않음으로써 이를 존중하게 되는 것처럼 국가는 보호의무로서의 기
본권을 규준 미달의 보호조치로 그치지 않음으로써 이를 존중하게 되는 것이
다. 그렇지만 이러한 유추 때문에 두 원칙이 전혀 다른 원칙이라는 사실을 간과
해서는 안 된다. 미달해서는 안 되는 규준이 초과하지 말아야 하는 규준과 같은
것일 수는 없는 것이다. 방어권의 규준은 적합하고 필요하며 협의의 비례성을
충족하는 제한을 요구한다. 따라서 적합성이 없는 제한은 적합하지 아니한 제
한들 중의 하나에 지나지 않는 반면, 적합성이 없는 보호조치는 적합하지 아니
한 보호조치들 중의 하나에 불과한 것이 아니다. 적합성이 없는 보호조치는 오
히려 보호조치가 아닌 것이다.

349 어떤 보호조치가 필요하다 내지 최후수단이다(erforderlich)라고 말하는 것도 유
사한 **오류를 범하는 것**이다. 기본권을 보호하는 방법, 좀 더 정확하게 말해 기본
권행사를 보호하는 방법은 항상 다수가 존재한다(단락 155 이하 참조). 이 때문에
연방헌법재판소는 입법자에게 보호방법의 선택에 관한 현저한 정도의 결정의
자유가 있다고 보는 것이다(단락 135 이하 참조). 보호의무는 국가에게 보호활동
을 할 것을 요구하지만 그 보호방법까지 지시하고 있지는 않다. 필요한 것은 다
수의 보호조치 중의 하나를 취하는 것이지 특정된 보호조치 내지 유일한 보호
조치를 취하는 것이 아니다. 보호가 어떤 조치에 의해서만 실현될 수 있는 극히
이례적인 상황이 사실상 발생한다고 하더라도 그러한 보호조치를 필요하다
(erforderlich)고 하는 것은 내용이 없는 것이다. 필요한(notwendig) 보호조치가
곧 유일한 보호조치이기 때문이다.

350 그러므로 과소금지원칙에서 남아 있는 규준은 협의의 비례성뿐이다.[41] **연방헌
법재판소**는 과소금지원칙에 의거하여 실효성 없는 보호조치는 보호조치가 아니
기 때문에 보호조치의 실효성 이외에 "대립하는 법익들을 고려하는 가운데 적
절한 … 보호가 실현되어야 할 것(과소금지)"[42]만을 요구하고 있을 뿐이다. 끝으

---

40) *Merten*, in: Gedächtnisschrift Burmeister, 2005, S. 227/238 ff; *Klein*, JuS 2006, 960; *Calliess*,
   in: FS Starck, 2007, S. 201.
41) *Schlink*, in: FS 50 Jahre BVerfG, 2001 Bd. II, S. 445/462 ff 참조.
42) E 88, 203/254.

로 심사주체는 과소금지원칙에 의하여 자신의 주관적인 판단이나 선입견을 관철하는 경향이 있다.

예: 제2차낙태판결에서 재판부의 다수의견은, 그 보호가 "기본적인 것(elementar)"이라 **351** 는 이유로(E 88, 203/257 f, 270 ff) 과소금지원칙에 따라 생성중의 생명을 보호하기 위해 형법을 적용하거나 임신부상담과 관련한 특정 조건들이 요구된다고 판시하였다. 그러나 소수의견을 낸 재판관들은 그 보호과제가 기본적인 것임을 다투지 않으면서도 그와 같은 조건들을 요구하지 않았다. 아이를 위한 부양의무를 헌법상 손해로 평가하는 것이 허용되는지의 문제를 둘러싼 논쟁에서 연방헌법재판소 제2재판부는 그러한 평가가 과소금지를 통해서 금지되어 있다고 보았지만(E 96, 409/412 f), 제1재판부는 그렇지 않았다(E 96, 375/399 ff). 바이에른 임신부지원보완법에 대한 판결에서 소수의견을 낸 재판관들은 다수의견이 과소금지에 반한다는 생각을 "떨쳐 버릴 수 없다"고 주장한 반면(E 98, 265/355 f), 다수의견은 그렇게 생각하지 않았다. 생성중의 생명에 대한 보호라는, 감성이 크게 영향을 미치는 문제들 이외에 연방헌법재판소가 다수의견이든 소수의견이든 상관없이 과소금지 위반을 인정한 적이 없다.

d) 기본권의 **본질적 내용보장**이라는 제한의 한계는 **기본권**별로 확정되어야 한 **352** 다.[43] 여기서는 본질적 내용이 확정되기 위해서는 무엇을 검토하고 모색하여야 하는지에 대해서만 언급하고자 한다.

본질적 내용에 관하여 상대설이[44] 자주 주장되고 있다. 상대설에 의하면 본질적 **353** 내용은 기본권별로, 그리고 심지어는 사건별로 확정되어야 한다. 개별사건에서 관련 공·사의 법익 및 이익을 계량하고 또 형량한 뒤에야 비로소 본질적 내용이 침훼되었는지를 확정할 수 있다는 것이다. "구체적으로 결정되어야 할 문제에 대하여" 기본권이 "비교적 적은 비중을 가진다고 판단되는" 경우에는 본질적 내용 침훼는 존재하지 않게 되며,[45] 구체적으로 결정되어야 할 문제에 대하여 기본권이 비교적 큰 비중을 가짐에도 불구하고 그것이 제한된 경우에는 본질적 내용 침훼를 인정해야 한다고 한다. 이로써 비례의 원칙 그리고 이 원칙의 구성요소들 중 협의의 비례성이라는 문제성 있는 기준만이 반복되고 있다.

---

43) E 22, 180/219; *Krebs*, MüK, Art. 19 Rn 23.
44) *Häberle*, S. 234 ff.
45) BVerwGE 47, 330/358.

354 이에 비하여 **본질적 내용에 관한 절대설**은[46] 본질적 내용을 개별사건 및 구체적인 문제와 무관하게 존재하는 고정된 어떤 것으로 이해한다. 이러한 고정된 어떤 것은 본질적 핵, 기본권의 핵, 근본적 실체, 최소한의 내용, 최소한의 지위 등등으로 막연하게만 시사되고 있을 뿐이다. 그러나 불가침의 상태로 남아 있어야 할 것이 정확하게 무엇인지를 지금까지는 보다 엄밀하게 확정할 필요가 없었다. 왜냐하면 개별 기본권 가운데 어떠한 경우에도 희생시킬 수 없는 것이 무엇인지가 쟁점화되는 계기는 기본권제한의 정도가 심각해 기본권이 희생될 지경에 달한 때에야 비로소 존재하기 때문이다. 그렇지만, 경제성장과 복지의 시대 그리고 정치적 합의가 존재하는 시대에는 강력한 기본권제한을 통해서만 규율될 수 있는 심각한 사회적 갈등이 존재하지 않았고, 국가가 기본권제한에 대한 대안들을 마련하는 데 소요되는 비용을 조달할 수 있었으며, 기본권에 대한 제한을 급부의 제공이나 절차적 참여를 허용함으로써 완화시키는 것이 가능했던 동안에는 기본권에 대한 제한이 그렇게 극단적인 강도를 띨 필요가 없었다.

355 따라서 기본법 제19조 제2항에 관한 **연방헌법재판소의 판례**로부터도 어떠한 제한이 가해지더라도 기본권 중 남아 있는 어떤 것이 있어야 한다는 것 이상을 확인할 수는 없다. 또한 누구에게 그것이 남아 있어야 하는지도 미결의 문제로 남아 있다. 즉, 연방헌법재판소는 "기본법 제19조 제2항의 목적이 개별사건에서 기본권의 핵심을 남김없이 박탈하는 것을 금지하는 것인지, 아니면 가령 일반이 누릴 수 있는 기본법상의 기본권보장이 사실상 사라짐으로써 기본권의 본질적 핵심 자체가 침해되는 것을 방지하는 것인지"를 묻고 있다.[47] 전자의 경우라면 각 개인이 기본권을 여전히 행사할 수 있는지가 관건적인 문제가 되고, 후자의 경우라면 일반적으로 여전히 기본권행사가 가능한지의 문제가 관건적인 문제가 될 것이다.

356 예: 경찰의 조준사로 사망한 사람의 생명은 남김없이 박탈된다. 그러나 그 때문에 일반성을 띠는 보장으로서의 생명권(기본법 제2조 제2항 제1문)이 침훼된 것은 아니다.

357 기본법 제19조 제2항은 이러한 문제에 대하여 아무런 해답을 제시하지 않고 있

---

46) *Stern*, StR III/2, S. 865 ff.
47) E 2, 266/285.

다. 물론 그 규정은 기본권의 본질적 내용이 "어떠한 경우에도" 침훼되어서는 안 된다고 선언하고 있다. 그러나 이것은 다양한 기본권, 다양한 개인, 다양한 상황과 관련된 다양한 사건을 의미할 수 있다.

예: 기본법 제2조 제2항 제3문은 생명권에 대한 제한도 예정하고 있다. 생명에 대한 제한은 항상 생명의 박탈을 의미하기 때문에 기본법 제2조 제2항 제1문의 본질적 내용은 모든 개인으로부터 생명을 박탈할 수 없다는 것이 될 수는 없다. 즉 생명권의 경우 본질적 내용은 일반을 위한 보장에서 모색되어야 한다. ― 생명권과는 달리 전부 아니면 전무의 형태가 아니라 상이한 정도로 제한될 수 있는 신체불훼손권의 경우에는 사정이 다르다. 이러한 기본권의 경우 본질적 내용을 일반을 위한 보장에서 찾아야 할 아무런 이유도 없다. **358**

본질적 내용이 개인을 위한 보장인지 일반을 위한 보장인지 의심스러운 경우에는 그것은 일반을 위한 보장이 아니라 **개인을 위한** 보장이라는 의미로 모색되어야 한다. 기본권은 개인을 위하여 보장되는 것이며, 어떤 사람이 자신의 기본권을 더 이상 행사할 수 없게 된다면 다른 사람이 기본권을 여전히 행사할 수 있다고 하더라도 기본권은 그에게는 아무런 소용이 없기 때문이다. **359**

때때로 기본권의 본질적 내용은 기본권의 내용 중 **인간존엄성의 요소**(단락 410 참조)와 같은 것이라는 주장도 제기된다. 그러나 이 주장에 따르면 기본법 제19조 제2항의 보호내용은 기본법 제79조 제3항에 이미 포함되어 있는 것이 될 것이고, 그에 따라 기본법 제19조 제2항은 무용지물이 될 것이다. 그 밖에도 모든 기본권이 항상 인간의 존엄과 연관관계에 있는 것도 아니다. 물론 어떤 기본권이 인간의 존엄과 관련된 내용을 포함하고 있다면 그 내용은 그 기본권의 본질적 내용과 일치하는 경우가 많기는 할 것이다.[48] **360**

e) 기본법 제19조 제1항 제1문은 **기본권을 제한하는 개별사태법에 대한 금지를 포함** 하고 있다. 이에 따라 기본권을 제한하는 법률은, 개별사건에만 타당한 것이 아니라 **일반성을 띨** 경우에만 헌법적으로 정당화될 수 있게 된다. 이와 같은 금지의 목적은 입법자가 행정영역에 침범하여 법률의 형태로써 행정과 같이 구체적이고 개별적으로 활동하는 것을 방지하는 것이다. 이러한 측면에서 기본법 제 **361**

---

48) *Breuer*, Staat 1993, 493/499 ff; *Remmert*, MD, Art. 19 Abs. 2 Rn 44 참조.

19조 제1항 제1문은 권력분립론 내지는 기능분립론과 관계된다.[49] 그 금지의 또 다른 목적은 기본권제한과 관련한 각종 예외를 만들어 기본권과 관련된 특권 내지 차별이 창설되는 것을 방지하는 것이다.

362 그러므로 기본법 제19조 제1항 제1문도, 입법자의 권한을 제한하는 기본법 제3조와 **마찬가지로** 기본권을 제한하는 입법자의 권한에 대하여 한계를 설정하는 것이다. 기본법 제3조는 이미 특권과 차별을 금지하고 있다. 그렇지만 기본법 제19조 제1항 제1문을 통하여 일정한 요건이 충족되면 기본법 제3조에 의거하는 경우보다 법률의 헌법적 정당성을 **용이하게** 부정할 수 있다.
- 1인 또는 복수의 수범자를 일일이 거명하고 있거나
- 수범자를 일반적·추상적으로 표시하고는 있으나 전적으로 특정인들을 겨냥 하고 있거나 겨냥하려고 하는 경우(이른바 위장된 또는 은폐된 개인법률)[50]

이와 같은 요건을 충족하는 기본권제한 법률의 경우에는 기본법 제3조에 의한 고찰을 할 필요가 없다. 물론 입법자료를 통해 개별사건들을 어떤 규율의 필요성을 뒷받침하는 근거로 활용하고 있다는 사실이 확인된다는 것만으로는 곧바로 기본법 제19조 제1항 제1문에 반한다고 할 수는 없다.[51]

363 f) 기본법 제19조 제1항 제2문에 명시된 **적시의무**(Zitiergebot)에 의하여 법률은, 그것이 제한하는 기본권의 조항을 언급하면서 **적시**하는 경우에만 헌법적으로 정당화될 수 있다. 이러한 적시의무는 입법에 대한 경고·각성기능과 법률해석·적용에 대한 명확성부여기능을 수행한다. 입법자는 법률이 기본권에 미치는 영향에 유념하여야 하며, 법률해석·적용기관은 법률이 어떤 기본권을 제한하도록 수권하고 있는지를 알고 있어야 한다는 것이다.

364 연방헌법재판소는 확립된 판례를 통하여 적시의무가 "입법자의 작업에 필요 이상의 장애를 초래하지 않도록" 기본법 제19조 제1항 제2문을 좁게 해석하고 있다.[52] 이와 같은 **좁은 해석**을 뒷받침하는 논거로는 "기본권이 법률을 통하여 또는 법률에 근거하여 제한될 수 있는 경우에만" 이를 적시하도록 요구하고 있는

---

49) *Stern*, StR III/2, S. 731; 비판적인 견해로는 *Remmert*, MD, Art. 19 Abs. 1 Rn 15.
50) E 99, 367/400; *Kloepfer*, VerR II, § 51 Rn 75; *Lege*, Hdb. GR III, § 66 Rn 116 참조.
51) E 134, 33/89 f = JK1/2014.
52) E 35, 185/188.

그 문구를 들 수 있다. 유보 없는 기본권의 경우는 이를 제한하는 법률을 언급하는 것 자체가 불가능하며, 기본법 제2조 제1항, 제3조 제5항 제2항, 제12조 및 제14조 제1항, 제3항 제2문에는 해당 기본권들이 "법률 자체를 통하여 또는 법률에 근거하여 제한된다"는 명시적 표현이 없다. 이에 따라 연방헌법재판소는 법률유보가 없거나 기본법 제19조 제1항 제2문과는 다른 법문을 포함하고 있는 모든 기본권과 관련하여서는 적시의무의 준수를 요구하지 않고 있다.[53] 그 밖에도 연방헌법재판소는 기본권제한이 다른 수범자를 향하고 있는 의도적 제한의 반사적 효과에 불과한 것인 경우에도 적시의무를 적용하지 않는다.[54] 적시의무는 기본법 제정 이전의 법률에도 적용될 수 없다. 나아가 연방헌법재판소는 법률이 기본법 제정 이전의 기본권제한을 수정 없이 또는 경미한 수정 하에 답습하고 있는 경우에도 기본법 제19조 제1항 제2문의 적시의무를 적용하지 않는다.[55] 그러나 연방헌법재판소는 법률의 개정으로 기본권을 새로 제한하게 되는 경우에는[56] 구법이 그 기본권을 이미 적시하고 있더라도 개정법에서도 기본권을 적시할 것을 요구하고 있다.

g) 법적 구성요건과 효과는 명확하게 조문화하여야 한다는 법치국가적 원칙(**명확성원칙**)이 기본법 제103조 제2항의 특별규정(단락 1251~1252 참조) 이외에도 별도의 독자적인 기본권제한의 한계를 설정하느냐의 문제에 대해서는 의문의 여지가 있다. 왜냐하면 법률이 불명확할 경우에는 법률의 목적을 달성하기 위하여 필요한 정도를 넘어서는 제한의 길이 열리고, 그에 따라 비례의 원칙이 침해될 것이기 때문이다. 그러나 법치국가적 명확성의 원칙은, **개인의 관점**에, 즉 개인이 예측하고 계산할 수 있는지에 초점을 맞추고 있으므로 그 중점을 달리하고 있는 것이다. 어떤 법률이 개인에게 지나치게 불명확한 경우에는 그 법률은 비례성심사를 거치지 않고도 명확성원칙 때문에 위헌이 될 수 있게 된다. **365**

예: 1983년 인구조사법(Volkszählungsgesetz) 제9조 제1항 제1문은, 지방자치단체인 게마인데가 전입신고기록부와 설문지에 기재된 사항들을 대조함으로써, 관련 개인정보의 **366**

---

53) *Dreier*, DR, Art. 19 Ⅰ Rn 18 ff; 비판적으로 *Axer*, Hdb, GR Ⅲ, § 67 Rn 25 f 참조.
54) BVerfG, NJW 1999, 3399/3400.
55) E 130, 1/139; 기본법 제정 이전의 법률에 대해서는 이미 E 35, 185/189; 61, 82/113.
56) E 113, 348/366 f; 129, 208/237.

정정을 위하여 사용하고 전달할 수 있도록 허용하였다. 그리하여 선정된 개인정보들은 통계 목적만이 아니라 목적이 구체적으로 특정되지 않은 집행적 행정활동을 위해서도 사용될 수 있었다. 이로 인하여 "그 규율이 전체적으로 불명료한 것"이 되어 버리고 또한 설문에 응답할 의무를 지는 개인이 해당 규정의 효과를 개관할 수 없게 되는 결과를 초래하였다(E 65, 1/65). 개인정보 이용목적의 변경도 "규범적으로 충분히 명확한" 법률적 근거를 필요로 한다(E 100, 313/360). - 법원은 일정한 사건에서 유죄판결을 받은 형사범에게 보안처분의 일종인 보호관찰처분(Führungsaufsicht)을 할 수 있는데, 이 처분에 형사범의 행태와 관련한 지시도 포함시킬 수 있다. 이 처분에 의거하여 극우적 또는 나치 사상을 담은 표현물의 확산을 위한 출판을 5년간 금지하는 것은 "너무 불명확하고, 그에 따라 비례의 원칙에 반한다"(BVerfG, EuGRZ 2011, 88/89).

367 h) **소급효금지**가 기본법 제103조 제2항 (단락 1251~1252 참조)에서 도출되고 있는데, 기본법 제103조 제2항도 그러한 범위에서는 일반적인 제한의 한계로서 기능한다.[57] 기본법 제20조 제3항에서 도출되는 법치국가적 소급효금지 원칙은 신뢰보호에 그 근원을 두고 있다. 개인은 행위의 기초로 삼은 법적 상태가 소급적으로 변경되지 않으리라는 것을 원칙적으로 신뢰할 수 있어야 한다. 기본권의 보호를 받는 법적 지위를 허용되지 않는 방법으로 소급적으로 변경하는 법률은 관련 기본권도 침해하게 된다. 진정소급효는, 새로운 규율이 이미 완성된 생활사태에 개입하여 그 규율이 시행되기 전 시점까지 소급적으로 법적 효과를 미치는 경우에 존재한다. **진정소급효**는 원칙적으로 허용되지 아니한다. 그 예외는 가령 규율의 변경을 확실하게 예상할 수 있었거나 극히 혼란스러운 법적 상황 때문에 그 법적 상태를 신뢰의 기초로 삼을 수 없는 경우에만 인정된다. 부담이 경미한 경우에도 소급효금지는 적용되지 않는다. 그 밖에도 공공복리를 위한 불가피한 사유가 진정소급효를 정당화할 수도 있다.[58] 이에 비하여 부진정소급효는, 새로운 규율의 구성요건이 그 법률의 시행 전에 이미 시작되었으나 아직 완료되지 아니한 생활사태에 적용되고 있는 경우에 존재한다. **부진정 소급효**는 입법자에게 원칙적으로 금지되어 있지 않지만, 비례성의 테두리 안에서 신뢰보호가 고려되어야 한다. 특히 투자의 기초가 된 보호가치 있는 신뢰를 깨는 것이 규율의 목적에 비추어 볼 때 필요하고 적정한 것임이 입증되어

---

57) 기본권과 소급효금지의 관계에 대하여는 *Möller/Rührmair*, NJW 1999, 908/910 f.
58) E 111, 139/145 f; 30, 367/387; 72, 200/249 ff (확립된 판례).

야 한다.[59] 신뢰보호는 부진정소급효가 진정소급효에 근접하는 때에는 비례성 심사에서 특별한 의미를 갖게 된다.[60] 일반적인 법치국가적 소급효금지는 일 단은 입법에만 관련되어 있다. 판례 변경에까지 그 적용을 확대하는 것은 학문 적 논의의 대상이 되고 있을 뿐이다[61](기본법 제103조 제2항과 관련하여 단락 1263을 보라).

예: 개정법률 시행 전 과세기간이 진행 중이던 조세채무를 인상하는 소득세법의 개정은 **368** 진정소급효를 포함하고 있고, 따라서 소급효금지에 위반된다(E 72, 200/249 ff). 반면에 개정법률에 의해서 과거에 있었던 주거지의 해외이전만을 구성요건과 결부시키고 세율 은 장래를 향해서만 인상된 경우에는 부진정소급효만이 존재하며, 이는 원칙적으로 헌 법상 허용된다(E 72, 200/241 ff). 입법자가 법적 상태를 소급적으로 명확히 규정한 것도 소급효금지에 의해서 평가되어야 한다. 이와 같은 명확화는 해석의 대안들을 배제하고 있고, 따라서 규범의 재고를 소급적으로 변경하는 것이기 때문이다(E 131, 20/37 f; *Bauheim/Lassahn*, NVwZ 2014, 562 ff). 그러나 연방헌법재판소는 일련의 사회법 사건 에서는 확립된 판례로 굳어지지 아니한 불명확한 규범의 재고(Normbestand) 자체는 충 분한 신뢰의 기초를 제공하지 않는다는 점을 명확히 한 적이 있다(E 126, 369/394 ff; 131, 20/41 ff). 연방헌법재판소는 세법에 관해서는 입법자에게 불리하게 그러한 평가를 철회하였다는 것이 분명해 보인다(E 135, 1/23 ff). 그렇게 되면 법적 상태의 명확성에 대한 신뢰가 보호받는 것이 아니라 유리한 해석의 기초가 되는 규범의 재고에 대한 신 뢰가 보호받게 되는 것이다(법정의견에 대해 비판적인 소수의견 E 135, 1/29 ff; *Lepsius*, JZ 2014, 488 ff; 이견으로는 *Grupp*, FS Wendt, 115/121 ff).

V. 충돌과 경합

1. 충돌

충돌은 자유를 무절제하게 행사하는 경우에 발생할 수 있는 사람들 사이의 갈 **369** 등과 다름없다. 입법자는 법률유보를 통하여 기본권을 제한함으로써 기본권의 충돌을 방지할 수 있는 권한을 부여받았다. **유보 없는** 기본권과 같이 법률유보 가 존재하지 아니한 경우 입법자에게 충돌을 방지할 수 있는 자유가 없다. 그렇

---

59) E 95, 64/86; 101, 239/263; 122, 374/394 f (확립된 판례).
60) E 132, 302/319 f - 과세기간 진행중의 세법 개정.
61) *Grzeszick*, MD, Art. 20 und die allgemeine Rechtsstaatlichkeit, Rn 101 ff.

다고 충돌의 위험이 완전히 사라지는 것은 아니다. 이러한 충돌문제의 해결과 관련하여 다음과 같은 견해들이 있다.

370 a) 법률유보 없는 기본권들과 관련한 충돌의 문제를 한 기본권에 있는 **한계**를 다른 기본권에 **전용**함으로써 해결하려는 시도가 과거는 물론 지금도 종종 행해지고 있다.

371 예: 기본법 제5조 제3항은 기본법 제5조 제2항의 한계 아래에 있다거나, 일반성의 정도가 가장 높은 기본권이자 "모기본권(母基本權)"인 기본법 제2조 제1항에 열거되고 있는 3가지 한계("… 한")는 "자기본권(子基本權)"인 개별 기본권에 적용되며, 따라서 유보 없는 기본권에도 적용된다는 것이다(가령 *Lücke*, DÖV 2002, 93).

372 그러나, 위와 같은 주장에 **따를 수는 없다**. 이는 개별 기본권들을 보장하는 의미와 특별법의 의미에 부합하지 않는다. 연방헌법재판소도 확립된 판례에서 "예술의 자유는 기본법 제2조 제1항 후단에 따라 타인의 권리, 헌법질서 및 도덕률에 의하여 제한되어 있다는 견해를 … 따를 수 없다"[62]고 판시하고 있다. 연방헌법재판소는 기본법 제4조 제1, 2항에 대해서도 동일하게 판단하고 있다.[63]

373 b) **체계적 해석**을 통하여 경우에 따라서는 법률유보 없이 보장된 기본권의 보호영역이 충돌을 초래하는 무절제한 자유행사까지 포함하는 것은 아니라는 점을 밝힐 수도 있다.

374 예: 유보 없이 보장되는 양심의 자유를 넓게 이해하면서 확신에 기초를 둔 모든 행위가 양심의 자유의 보호를 받는다고 보는 경우에는 기본법 제4조 제1항이 공·사의 이익과 많은 충돌을 일으키게 될 것이다. 그러나 기본법 제5조 제1항에 대한 체계적 해석은 양심의 자유를 넓게 이해하는 것이 타당하지 않다는 것을 보여준다. 즉, 확신 자체는 단순한 견해일 뿐이며, 이 확신에 의무를 부과하는 것으로서 느껴지는 종교적·도덕적 요소가 추가되어야 양심을 형성하게 된다(*Mager*, MüK, Art. 4 Rn 23 참조).

375 이처럼 어떤 기본권의 보호영역에 속하지 아니하는 것에 대해서는 그 기본권을 제한함으로써 다른 이익, 다른 기본권 및 헌법적 법익과의 충돌을 방지할 필요

---

62) E 30, 173/192.
63) E 32, 98/107.

가 없다. 사건을 해결할 때 무엇보다도 유보 없는 기본권이 문제되는 경우에는 기본권제한과 그 헌법적 정당성의 문제를 다루기 전에 **보호영역을 세심하게 확정**할 필요가 있다.

c) 체계적으로 해석하면 법률유보 없이 보장된 기본권의 보호영역은, 해당 기본 **376** 권과 상충하는 다른 기본권 또는 헌법적 법익들을 상호 조정하려는, 실제적 조화의 원리에 의한 조정시도가 그때그때 허용하는 범위까지만 미치게 된다(**보호영역의 한정근거[Begrenzung]로서의 상충하는 헌법**)고 보는 견해도 있다.

예: 어떤 사람이 양심상의 이유로 집총병역을 할 수 없다는 사실을 알게 되었다. 그러나 **377** 군대가 정상적으로 운영되어야 한다는 점을 고려한다면, 그의 병역거부권은 확정적인 법적 승인이 있을 때까지 실현될 수 없다(E 28, 243 참조). 이와 같이 기본법 제4조 제3항의 보호영역을 연방군의 원활한 기능이라는 상충하는 헌법적 법익을 통하여 한정하는 것이 정당화되고 있다(*Erichsen*, Jura: Studium und Examen, 2. Aufl. 1983, S. 214/234).

앞서 살핀 예시는 위와 같은 견해에 내재하는 **제1의 결함**으로서 기본권에 대한 **378** 법률유보의 **기능을 박탈하고 있음을** 보여주고 있다. 이러한 견해는 먼저 집총병역거부권의 보류가 그 상세한 내용을 규율할 것을 요구하는 입법자에 대한 수권(기본법 제4조 제3항 제2문)에 근거를 두고 있는지에 대해서조차 검토하지 않고 있다. 집총병역 거부가 보호영역에 속하지 않는다면, 그 권리를 보류할 수 있는 근거를 물을 필요도 없는 것이다. 다른 모든 기본권의 경우도 마찬가지로 어떤 법률이 다른 기본권이나 헌법적 법익을 보호하는 것을 목적으로 하고 또한 충돌을 방지하거나 조정하는지 여부를 먼저 검토하는 것이 옳다. 법률이 그러한 기능을 하고 있다면 이는 보호영역을 정의하고 있는 것이며, 법률이 그러한 기능을 수행하지 않는 경우에야 비로소 법률유보가 그 기능을 발휘할 여지가 있는 것이다. 한 걸음 더 나아가 입법자에 의한 보호영역에 대한 정의가 필요한 근거는 도대체 무엇인지, 그리고 행정권이 보호영역 밖에서 활동하고 있는 경우 법률적 수권 없이 작용할 수 있어야 하는 이유가 무엇인지 등의 의문을 제기할 수 있다.

위와 같은 견해에 내재된 **제2의 결함**은 보호영역의 범위가 **명확성을 상실하게 된** **379** **다**는 점이다. 기본권 충돌의 양상이 다양·다기하므로 기본권충돌의 해결은 개

별사건의 구체적인 상황을 고려하여야 한다. 이는 연방헌법재판소의 재판에서
도 마찬가지다. 따라서 만약 보호영역의 범위가 그것이 상충하는 헌법에 의하
여 제한을 받게 된다면, 이는 결국 각 개별 사건에 따라 좌우되게 될 것이다.
즉 그렇게 되면 보호영역의 범위가 일반적으로 확정되어 있는 것이 아니라 그
때그때의 사건 해결을 위하여 그리고 개별적으로만 확정될 수 있을 뿐이다. —
이와 같은 두 가지 이유로 위와 같은 견해는 설득력이 없다.[64]

380 d) 체계적 해석을 논거로 삼고 있는 통설은, 위와 같은 견해와 유사한 측면이
있지만 상충하는 헌법(기본권 및 헌법적 법익)을 (헌법내재적)[65] 한계로 이해하고
유보 없이 보장된 기본권에 대한 제한의 경우는, 그것이 기본권과 다른 기본권
이나 헌법적 법익들을 실제적 조화의 의미에서 조화시키는 것이라면 정당화될
수 있다고 본다(제한의 정당화 근거로서의 상충하는 헌법).

381 우리의 견해는 구체적인 충돌에 대한 해결과 관련하여 통설과 일치한다. 통설
의 **장점**은 상충하는 헌법에 의거하여 보호영역의 범위를 측정하는 것이 아니라
보호영역 내에서 이뤄지는 제한을 헌법적으로 정당화하고 있다는 점이다. 그러
므로 이 견해는 **보호영역이 미치는 범위의 명확성**을 보장하고 있다.

382 그러나 통설에 따르더라도 법률유보의 기능이 **위협을 받고 있는** 것은 사실이다.
왜냐하면 통설은 상충하는 헌법에 의하여 그어지는 기본권의 한계가 법률유보
없는 기본권에서만 전제되어 있는 것인지 아니면 법률유보 있는 기본권에서도
전제되어 있는 것인지, 그리고 그 한계를 입법자만이 확인하여 표시할 수 있는
것인지 아니면 사법권이나 행정권도 그렇게 할 수 있는 것인지를 충분히 명확
하게 보여주지 못하고 있기 때문이다.

383 기본법이 어떤 기본권을 법률유보 없이 보장함으로써 그 기본권에 부여하고 있
는 특별한 가치 및 법률유보들의 의미와 체계가 존중되어야 한다면 **구체적인 충
돌문제의 해결**에 있어서 다음과 같은 점들에 유의하여야 한다.

---

64) *Lege*, DVBl. 1999, 569/571 참조.
65) [역주] 원문은 '내재적(immanent)'으로만 되어 있다. 그러나 유보없이 보장된 기본권 자체의
내재적 한계를 상충하는 기본권 등에서 찾는, c)에서 비판을 받은 견해와 통설의 차이를 감안
하여 '헌법내재적' 한계로 번역하였음을 밝혀둔다.

- **법률유보**를 포함하고 있는 경우에는 기본법이 충돌의 위험을 미리 인식한 것 **384**
  이며 기본권제한의 가능성을 마련해 놓고 있는 것인 만큼 기본권제한의 필
  요성도 인정한 것이다. 법률유보 있는 기본권에서는 상충하는 헌법에 대하
  여 고민하여야 할 이유가 없다.[66]

- 법률유보를 두고 있지 않은 경우 기본법은 충돌의 위험도 존재하지 않는다 **385**
  고 예상한 것이다. 기본법이 기본권제한의 가능성을 명시적으로 마련하지
  아니한 이유는 기본권제한의 필요성 자체를 인정하지 않았기 때문이다. 이
  로부터 이러한 기본권의 경우 그 보호영역이 충돌을 배제하는 방향으로 설
  정되어 있다는 생각을 토대로 하고 있음을 알 수 있다. 그러므로 충돌의 문
  제를 해결할 때 충돌을 초래하는 행위가 보호영역에 속하는지의 문제 내지
  는 **보호영역의 범위**에 대한 엄밀한 확정으로부터 출발하여야 한다. 이는 법률
  유보 없이 보장된 기본권들과 관련하여 **일정한** 문제(das Problem)는 존재하
  지 않으며, 항상 법률유보 없이 보장된 상이한 기본권들의 상이하게 해결되
  어야 할 상이한 문제들만이 존재하기 때문에 더욱 그러하다.

- 기본법이 기본권제한의 가능성에 미리 대비하려 한 경우에는 법률을 통한 **386**
  또는 법률에 근거한 기본권제한을 예정하고 있다. 기본법이 제한의 필요성
  이 없다고 보아 제한의 가능성을 마련해 놓지 않은 기본권의 경우에도 제한
  이 가능해야 한다면, 기본법이 제한의 필요성이 있다고 보아 그 가능성을 마
  련한 경우에 비하여 기본권을 **용이하게** 제한할 수 있어서는 **안 된다**. 법률유
  보 없이 보장된 기본권을 법률을 통하여 또는 법률에 의거하여 제한하는 것
  은, 헌법적으로 정당화될 수 없다.[67]

- 법률유보 없는 기본권에는 그에 대한 제한의 가능성이 예정되어 있지 않기 **387**
  때문에 그 제한은 어쨌든 **예외로** 머물러야 한다. 그러므로 기본법이 일상적
  헌법생활에서 입법권한 및 행정권한의 대상으로 열거하고 있는 것은, 연방
  헌법재판소의 판례에서[68] 때때로 나타나는 경향과는 달리 상충하는 헌법이

---

66) 이견으로는 E 66, 116/136; 111, 147/175; BVerwGE 87, 37/45 f; 이에 대하여 비판적인 견해
  로는 *Schoch*, DVBl. 1991, 667/671 ff; 세분하는 견해로는 *Michael/Morlok*, GR, Rn 712 ff.
67) E 107, 104/120; *Böckenförde*, Zur Lagen der Grundrechtsdogmatik nach 40 Jahren
  Grundgesetz, 1989, S. 21 참조.

라는 논거에 의거하여 유보 없이 보장된 기본권을 제한하는 것을 정당화하기에 적합하지 않다.[69] 그러므로 권한으로 지칭되고 있는 것은, 이미 (유보 없이 보장된 기본권에 대한 제한을 정당화할 수 있는) 헌법적 법익이라 할 수 없다.

2. 경합

388 a) 경합은 **동일한 기본권주체**의 행태가 일견 **복수의 기본권**에 의해 보호받는 것처럼 보일 경우에 존재한다.

389 예: 편집인은 출판을 직업으로 삼고 있고, 따라서 원칙적으로 기본법 제5조 제1항 및 제12조 제1항의 보호를 받는다. 그러므로 편집인이 자신의 업무수행에 방해를 받고 있다면 이는 일응 위 두 가지 기본권과 관련한 사건에 해당하는 것처럼 보인다. 그러나 그 방해가 특히 출판에 관한 것인지 아니면 직업에 관한 것인지의 문제, 가령 그의 탐사보도가 그 내용 때문에 방해를 받고있는 것인지, 아니면 법관이 직업규율적 효과가 있음을 알고 의도적으로 내린 운전금지의 선고 때문에 방해를 받고있는 것인지의 문제를 구분할 수 있고 또 구분하여야 하는 경우가 종종 발생한다.

390 b) 특히 **자유권과 평등권**은 일견 둘 다 적용되는 것처럼 보인다. 한 기본권주체가 자유에 대한 제한을 받고 있다면 이는 곧 자유를 제한받지 아니하는 다른 기본권주체에 비하여 차별을 받는 것이다. 그러나 자유를 제한받고 있는 기본권주체에게 관건적인 문제는 다른 기본권주체와 평등한 대우를 받는 것이 아니다. 평등대우는 그의 자유만이 아니라 다른 기본권주체의 자유도 제한될 때에도 이루어질 수 있을 것이다. 기본권주체가 원하는 것은 이와 같은 평등한 상태에 도달하는 것이 아니라 자신의 자유에 대한 제한을 정당화되지 않는 것으로서 방어하려는 것이며 또 자신만이 아니라 다른 기본권주체에게도 적용되는 제한에 대해서도 방어하는 것이다.

391 자유를 정당하게 제한받고 있는 **사람에게만 평등대우가 관건적 문제가** 될 수 있다. 즉 그의 자유에 대한 제한을 뒷받침하는 것과 동일한 정당화 근거로는 다른

---

68) E 53, 30/56; 105, 279/301 ff; 비판적인 견해로는 *Lege*, DVBl. 1999, 569.

69) 이견으로는 E 69, 57/58 ff; *Bamberger*, Verfassungswerte als Schranken vorbehaltloser Freiheitsgrundrechte, 1999, S. 145 ff; *Gärditz*, Hdb. StR³ IX, § 189 Rn 18 ff; *Kloepfer*, VerfR II, § 51 Rn 65.

기본권주체의 자유를 제한할 수 없을 것임에도 그의 자유가 제한되고 있을 때에만 평등대우가 의미 있는 문제가 될 수 있다. 이 경우에도 평등대우는 다른 기본권주체와 같이 제한을 받지 않음으로써 실현될 수 있을 뿐만 아니라 그의 자유에 가해지는 제한과 동일한 제한을 다른 기본권주체의 자유에 가하는 방식으로도 실현될 수도 있다. 그렇지만 그는 (평등대우를 주장할 경우) 그에 따른 위험부담을 안아야 한다. 그는 평등대우가 자신에게 유리한 방식으로 실현되기를 희망할 수 있을 뿐 그렇게 된다는 보장이 없기 때문이다. 그러한 희망은 대부분 실망으로 끝나곤 한다. 개인의 자유에 대한 특별한 제한을 정당화할 수 있는 근거는 대부분 다른 기본권주체와 달리 차별하는 것에 대한 정당화 근거도 포함하고 있을 정도로 특별하기 때문이다.

예: 연방헌법재판소는, 대마초 사용을 금지하면서 그 위반행위를 처벌하는 것이 기본법 **392** 제2조 제1항을 침해하지 않는다고 판단한 후에 기본법 제3조 제1항에 의하여 처벌되는 대마초 사용과 처벌되지 않는 음주에 대한 차별이 허용되는지를 심사하고(E 90, 145/195 ff) 이 차별 역시 정당화되는 것으로 판단하였다(E 89, 69/82 ff).

c) 하나의 행태가 일반과 특별의 관계에 있는 두 기본권의 보호영역에 모두 속 **393** 하는 경우에는 그 행태에 대한 보호 여부는 전적으로 **특별한 기본권**에 의하여 정해진다. 이는 특별한 규범이 일반적인 규범에 대해서 우선한다는 원칙으로부터 추론된다.

예: 집회나 결사에 대한 조치 또는 주거침입이 헌법적으로 허용되는지는 기본법 제2조 **394** 제1항이 아니라 기본법 제8조, 제9조 제1, 2항 및 제13조에 의하여 판단되어야 한다. 노·사의 단결체에 대한 국가의 조치는 기본법 제9조 제1항이 아니라 기본법 제9조 제3항에 의해서만 판단되어야 한다. 특별평등규정과 일반평등규정 사이의 관계에 대하여는 단락 597 참조.

일반적 행동의 자유는 하나의 행태가 어떤 기본권의 보호영역에는 속하지 않지 **395** 만 그 기본권의 규율영역에는 속하는 경우에도(단락 255 참조) 해당한다.[70] 이견에 의하면 그 행위가 특별한 기본권의 규율영역에 속할 때에도 기본법 제2조 제1항은 배제된다.[71] 그러나 이는 기본법 제2조 제1항을 일반적 행동의 자유로

---

70) *Lorenz*, BK, Art. 2 Abs. 1, Rn 74

넓게 이해하는 견해나 연방헌법재판소의 판례와 합치하지 않는다.

396 예: 폭력집회는 기본법 제8조 제1항의 규율영역에는 속하지만 그 보호영역에는 속하지 아니한다. 그러한 집회는 기본법 제2조 제1항에 의하여 보호되고 있다.

397 d) 하나의 행태가 일반과 특별의 관계에 있지 아니한 두 기본권의 보호영역에 속하는 경우(이른바 상상적 경합) 그 행위에 대한 보호는 **두 기본권** 모두에 의하여 결정된다. 두 기본권이 그 보호 효과의 면에서 정도의 차이가 있다면, 이러한 이중적인 보호는 더 강한 보호를 제공하는 기본권과 관련해서도 그 제한이 정당화될 때에만 제한이 정당화될 수 있다는 것을 의미한다.[72]

398 예: 옥외에서 전개되고 있는 행열은 법률유보 없이 보장된 신앙의 자유와 법률유보 아래에 있는 집회의 자유를 행사하고 있는 것이다. 그 행열이 일정한 종교적 전통에 뿌리를 둔 방식을 선택하고 있다면, 그 방식의 선택에 대한 제한의 위헌여부는 기본법 제8조 제2항만이 아니라 기본법 제4조 제2항에 의해서도 측정되어야 한다. 그렇지 아니한 경우에는 그 행진방식과 그에 대한 제한의 정당성은 전적으로 기본법 제8조를 규준으로 해서만 판단되어야 한다.

399 참고문헌: *A. v. Arnauld*, Die Freiheitsrechte und ihre Schranken, 1999; *M. Bäuemrich*, Entgrenzte Freiheit – das Schutzgut der Grundrechte, DÖV 2015, 374; *H. Bethge*, Mittelbare Grundrechtsbeeinträchtigungen, Hdb. GR III, § 58; *M. Breckwoldt*, Grundrechtskombinationen, 2015; *C. Bumke*, Der Grundrechtsvorbehalt, 1998; *C. Drews*, Die Wesensgehaltsgarantie des Art. 19 II GG, 2005; *P. Häberle*, Die Wesensgehaltgarantie des Art. 19 Abs. 2 GG, 3. Aufl. 1983; *H. Hanau*, Der Grundsatz der Verhältnismäßigkeit als Schranke privater Gestaltungsmacht, 2004; *G. Hermes*, Grundrechtsbeschränkungen auf Grund von Gesetzesvorbehalt, Hdb. GR Ⅲ, § 63: *C. Hillgruber*, Grundrechtlicher Schutzbereich, Grundrechtsausgestaltung und Grund-rechtseingriff, Hdb. StR³ Ⅸ, 200; *M. Jestaedt/O. Lepsius* (Hrsg.), Verhältnismäßigkeit, 2015; *D. Krausnick*, Grundfälle zu Art. 19 Ⅰ und Ⅱ GG, Jus 2007, 991, 1088; *K.-H, Ladeur/T. Gostomzyk*, Der Gesetzesvorbehalt im Gewährleistungsstaat, Verwaltung 2003, 141; *J. Lege*, Verbot des Einzelfallgesetzes, Hdb. GR Ⅲ, 8 66; *F. Müller*, Die Positivität der Grundrechte, 2. Aufl. 1990; *D. Murswiek*, Grundrechtsdogmatik am Wendepunkt,

---

71) *Krebs*, Vorbehalt des Gesetzes und Grundrechte, 1975, S. 38 ff.
72) *Berg*, Hdb. GR Ⅲ § 71 Rn 47.

Staat 2006, 473; *H-J. Papier*, Vorbehaltlos gewährleistete Grundrechte, Hdb. GR III, § 64; *M. Reßing*, Die Grundrechtskonkurrenz, 2016; *N. Schaks*, Die Wesensgehaltsgarantie, Art. 19 II GG, JuS 2015, 407; *B. Schlink*, Abwägung im Verfassungsrecht, 1976; *J. Schwabe*, Probleme der Grundrechtsdogmatik, 1977; *T. Schwarz*, Die Zitiergebote im Grundgesetz, 2002; *K. Stern*, Die Grundrechte und ihre Schranken, in: FS 50 Jahre BVerfG, 2001, Bd. II, S. 1; *L.P. Störring*, Das Untermaßverbot in der Diskussion, 2009; *M. Winkler*, Kollisionen verfassungsrechtlicher Schutznormen, 2000.

부록: 사건해결공식

400 상술한 기본권보장 및 기본권제한의 체계론은 **사건해결**을 위하여, 특히 사례해결연습에서 사건해결공식으로 활용될 수 있다. 그 구조는 다음과 같은 사건과 관련한 질문에 초점을 맞추고 있다. 즉 헌법문제 연습과 관련해서는 어떤 사람이 그 기본권을 침해받았는지(문제상황 1)를 묻거나 어떤 법률이 합헌인지(문제상황 2)를 묻는다. 문제상황 1에서의 사건 관련 질문은 기본권이라는 심사규준에 관한 것이다. 그러므로 규준인 기본권에서 시작하는 해결공식을 기초로 삼아야 한다(**사건해결공식** I). 사건해결공식 I은 헌법소원이 이유가 있는 것인지에 대한 심사에 관한 것이다(단락 1334). 문제상황 2는 법률의 총체적 합헌성을 묻는다. 이 경우 법률의 형식적·실질적 합헌성이 심사된다(**사건해결공식** II). 이러한 질문은 소송에서는 대개 규범통제절차(기본법 제93조 제1항 제2호, 제100조 제1항)에서의 심사에서 제기된다. 이때 실질적 합헌성심사의 일환으로 기본권도 심사된다. 이 경우 헌법적 정당성심사의 테두리 안에서 다시 형식적 합헌성을 심사하지 않음은 물론이다. 그러므로 두 가지 심사는 내용 면에서는 상호 일치한다. 두 심사의 구조는, 근간이 되는 사건 관련 질문에 의해서만 달라질 뿐이다.

두 심사공식은 방어권으로서의 자유권에 관한 것으로 모든 자유권에서 활용될 수 있다. 반면에 어떤 행태를 위험으로부터 보호해야 할 국가의 의무가 문제로 등장하고 있는 경우에는 **사건해결공식** III이 적용된다. 급부 등에의 참여의 보장을 통한 국가의 보호, 따라서 통상 평등권이 문제되는 경우에는 평등권심사에 관한 **사건해결공식** IV(단락 597)이 적용된다. **사건해결공식** V는 재산권행사의 자유에 적용된다. 재산권행사의 자유는 원칙적으로 다른 모든 자유권과 같이 심사될 수 있지만, 그 제한의 정당성과 관련하여 특별한 요건이 적용된다(단락 1097-1098).

401

사건해결공식 Ⅰ
사례의 쟁점: 기본권주체가 기본권을 침해받았는가?

Ⅰ. 보호영역
 1. 사항적 보호영역
  − 보호법익의 확정
  (가령 기본법 제4조 제1, 2항은 신앙, 기본법 제5조 제1항 제1문은 의견)
  − 보호되는 행태의 확정
  (가령 기본법 제4조 제1, 2항은 신앙에 따른 사유, 표현, 행위
   기본법 제5조 제1항 제1문은 말, 글, 그림을 통한 표현과 전파)
 2. 인적 보호영역
  기본권능력(단락 167~226)에 대한 심사는 사실관계에 비추어 볼 때 심사의 필
  요성이 있을 때에만 한다.
 3. 개별조치의 합헌성
  사법부와 집행부의 조치의 경우에만(위 1 참조) 위의 2에서 심사된 법률을 기본
  권에 합치하게 적용하였는지를 심사하되, 법률상의 권리가 침해되었는지는 심사
  하지 않고 헌법이 침해되었는지 여부만을 심사한다(단락 1340 이하).

Ⅱ. 제한
 제한에 대한 정의: 단락 294(단, 심사대상이 되는 조치가 제한으로 볼 수 있는지
 여부가 문제될 때에만 제한의 존부를 판단할 필요가 있다)

Ⅲ. 헌법적 정당화
 1. 기본법이 기본권 제한권한을 부여하고 있을 것
  a) 의회유보
   주의: 법률이 심사대상이 되지 않고 법률에 의거한 개별조치만이 심사대상
   인 경우에만 심사한다. 법률의 합헌여부만이 질문의 대상인 경우에는 아래
   b)사항을 심사하기만 하면 된다.
  b) 기본권 제한권한 부여에 관한 실질적 요건
   − 단순법률유보 있는 기본권(예: 기본법 제2조 제2항 제3문): 추가적인 요건
    은 없음. 바로 아래 2.의 심사로 이행.

- 가중 법률유보 있는 기본권(예: 기본법 제11조 제2항): 가중된 요건이 충족되었는지를 심사해야 한다. 가중된 법률유보는 흔히 사리상 정당하거나 정당하지 아니한 목적 또는 수단에 대한 언명을 포함하고 있다. 어떤 법률이 가중된 법률유보에서 열거하고 있지 아니한 목적을 추구하거나 수단을 사용하고 있다면, 이를 비례성의 테두리 안에서 심사하여야 한다.
- 명시적인 법률유보가 없는 기본권(예: 기본법 제4조 제1항)에 대한 제한은, 그 제한이 상충하는 다른 헌법적 법익의 보호라는 목적을 추구할 때에만 허용된다.

2. 제한권한을 부여하는 법률의 합헌여부

   a) 형식적 합헌요건의 충족여부

   aa) 입법권, 특히 기본법 제70~74조의 존중여부

   bb) 입법절차의 준수, 기본법 제76~79조, 제82조 제1항의 준수여부

   b) 실질적 합헌요건의 충족여부

   aa) 비례원칙

   (1) 목적과 수단의 정당성   헌법이 금지하지 않은 모든 목적(가령 기본법 제26조에 의해 금지된 목적인 침략전쟁)과 수단(기본법 제104조 제1항 제2문에 의해 금지된 수단인 영적 또는 신체적 학대) 정당하다.

   (2) 적합성

   (3) 필요성

   (4) 협의의 비례성

   bb) 여타 제한의 한계   명확성요건, 개별사건법에 의한 제한의 금지(기본법 제19조 제1항 제1문), 적시명령(기본법 제19조 제1항 제2문), 본질적 내용금지(기본법 제19조 제2항)

402

사건해결공식 Ⅱ

사례의 쟁점: 법률이 합헌성을 띠는가?

Ⅰ. 형식적 합헌요건의 충족여부

　1. 입법권한, 특히 기본법 제70~74조의 존중여부

　2. 입법절차의 준수, 기본법 제76~79조, 제82조 제1항의 준수여부

Ⅱ. 실질적 합헌요건의 충족여부

　이와 관련해서는 위 공식 Ⅰ의 지침에 따라 기본권저촉에 대해 심사.

　물론 이 경우 헌법적 정당성 심사와 관련한 실질적 문제, 특히 비례의 원칙의 준
　수여부만을 심사하여야 한다(그러므로 형식적 합헌요건의 준수여부는 심사대상
　이 되지 않는다).

403

사건해결공식 Ⅲ

국가권력 중 어느 하나에 의한 기본권보호를 요구할 수 있는 권리가 존재하는지의
문제는 다음과 같은 단계로 심사한다.

Ⅰ. 보호영역

　보호를 요청하고 있는 행태가 기본권의 보호영역에 해당하는가?

Ⅱ. 보호의무 존부

　그 행태를 위험으로부터 보호하여야 할 국가권력의 의무가 존재하는가?

　1. 기본권이 보호를 명시적으로 요구하고 있는가?

　2. 그 행태의 자유가 실제로 위협받고 있는가?

　3. 그 위협이 관련 개인이 요구하는 보호를 통해서 제거 또는 감소되는가?

　4. 국가권력에게 요구하는 보호가 사실적으로 그리고 법적으로 가능한가?

Ⅲ. 보호의무 위반의 존부

　국가권력이 요청되고 있는 것과는 다른 방식으로 그 의무를 이행하고 있는가?

　1. 국가권력이 그 행태를 보호하기 위하여 활동하고 있는가?

　2. 국가의 보호가 헌법에 의해 요구되는 최저수준 이상인가?

제2부 **기본권각론**

기본법 제1장의 표제는 "기본권"이다. 따라서 **기본권**은 무엇보다도 제1~19조에 **404**
포함되어 있다고 할 수 있다. 기본법 제93조 제1항 제4a호가 언급하는 기본권
도 기본법 제1~19조에 포함된 권리들을 말한다. 그 밖에도 그 구조와 역사에
비추어 볼 때 기본법 제1~19조의 기본권과 유사한 기본법 제2, 3, 9장에 있는
규범들도 있다. 기본법은 제93조 제1항 제4a호에서 이러한 유사한 지위를 다음
과 같이 표현하고 있다. 즉 헌법소원은 기본법 제20조 제4항, 제33, 38, 101,
104조에 포함되어 있는 권리들에 의거해서도 제기될 수 있다. 이 권리들은 **기본
권유사적 권리**로 불린다.

기본법 제1장이 기본권의 소재지라 해서 거기에 들어있는 모든 규범이 기본권 **405**
인 것은 아니다. 기본법 제1장에는 기본권 및 기본권에 관한 규범들 외에도 **개
인에게 권리**를 부여하지 **아니하는** 조직규범도 포함되어 있다. 가령 국가의 학교
에 대한 감독에 대해 규율하고 있는 기본법 제7조 제1항과 같은 규범들은 기본
권과 의미상의 연관만이 있을 뿐이다. 기본법 제93조 제1항 제4a호에 기본권과
함께 열거되어 있는 조항들도 기본권유사적 권리만이 아니라 조직법적 규범들
도 포함하고 있다.

§ 7 인간존엄성의 보호(기본법 제1조 제1항)

사례 4: 납치극   **406**

甲과 乙은 심장병을 앓고 있는 기업인 丙을 납치하였다. 甲과 乙은 丙의 가족에게 인질
석방을 대가로 거액의 금전을 요구하였다. 丙은 평소 복용하던 약을 복용할 수 없어 생
명이 극히 위험한 상태다. 납치범들의 요구를 들어주더라도 석방의 대가를 전달하고 인
질을 석방하는 절차가 투약을 통한 치료가 소용이 없게 될 만큼 오래 걸릴 것으로 예상

된다. 그 사이에 체포된 乙은 甲이 丙을 억류, 은익하고 있는 곳을 알고 있다. 그러나 乙은 이 장소를 알려주기를 거부하고 있다. 丙의 생명을 구하기 위하여 경찰은 乙을 고문하여 그 장소를 말하도록 강제하기로 결정하였다. 경찰은 기본법 제1조 제1항을 위반하고 있는가? 이 사례에 대한 약해는 **단락 432**를 보라.

Ⅰ. 개관

407 기본법 제정회의체인 의회협의회는 나치의 만행에 대한 경험을 바탕으로 기본권목록의 앞머리에 인간존엄성에 대한 고백을 배치하였다. 이러한 위치 및 헌법개정을 통해서도 기본법 제1조를 건드릴 수 없다는 점을 고려하여 연방헌법재판소는 초기 판례를 통해 "자유민주제에서 인간의 존엄성이 최고가치"임을 확인하고 있다.[1]

408 기본법 제1조 제1항이 마치 하나의 선언처럼 불명확하다는 점, 기본법 제1조 제3항에서 공권력이 "이하에 규정된 기본권들"에 구속된다고 규정되어 있다는 점, 인간의 존엄성을 기본권으로 이해하지 않더라도 기본권에 대한 보호에 흠결이 발생하지 않는다는 점 등을 이유로 기본법 제1조 제1항은 기본권이 아니라고 보는 설이 있다.[2] 그러나 선언과 같은 불명확성은 다른 기본권에도 나타난다는 점, 기본법 제1장의 표제 및 제142조에 대한 체계적 해석은 기본법 제1조 제1항이 기본권임을 뒷받침한다는 점에 비추어 볼 때 기본법 제1조 제1항은 **기본권의 하나로 보아야 한다**. 연방헌법재판소는 초창기부터 기본법 제1조 제1항은 하나의 기본권이라는 입장을 취하였으며, 최근에도 기본법 제1조 제1항은 "기본권으로서 모든 인간의 존엄을 보호한다"는 점을 거듭하여 명확히 확인하고 있다.[3]

409 대다수의 기본권과는 달리 인간존엄성 보장의 법적 효과는 하나의 별도의 법문으로 표현되어 있다. 즉, 기본법 제1조 제1항 제2문은 모든 국가권력에게 인간의 존엄성을 **존중하고 보호할** 의무를 부과하고 있다. 이러한 존중의무는 방어권을 보장하며, 이 규정에서 이례적으로 명문으로(단락 133 참조) 부과되어 있는 보호의무는 급부청구권을 보장한다.[4]

---

1) E 5, 85/204.
2) *Enders*, FH, Art. 1 Rn 60 ff 참조.
3) E 125, 175/223; 1, 332/343.
4) E 125, 175/222 f.

다른 기본권들은 인간의 존엄성을 **구체화하고 있다**(weiter ausformen). 그렇다고 해서 **410**
그 기본권들이 모두 헌법개정에 의해서도 기본법 제1조를 변경할 수 없도록 규정하고
있는 기본법 제79조 제3항의 보호효과를 누리는 것은 아니다. 다른 기본권들은 그 보호
영역이 기본법 제1조 제1항의 보호영역인 **인간존엄성의 내용**과 겹치는 범위에서만, 기본
법 제1조 제1항의 불가변성에 의해서 그 기본권규정들이 개폐되는 경우에도 무엇인가
남아 있도록 보장받을 수 있다.[5]

II. 보호영역

인간존엄성의 보호영역을 확정하는 일은 두 가지 면에서 난관에 봉착한다. 첫 **411**
째 난관은, 인간존엄성은 2천5백 년의 철학사가 침전된 개념이기 때문에 그 개
념에 대해서는 오늘날에 이르기까지 영향력을 미치고 있으며 다양한 법학적 해
석을 뒷받침하는 신학적 · 철학적 · 사회학적 해석이 존재한다는 것이다. 둘째 난
관은, 인간의 실존을 특별히 위협하는 것이 무엇인지 그리고 그 침해를 방지하
는 데 관건이 되는 것이 무엇인지에 대한 생각은 사회의 정치적 · 경제적 · 문화
적 상태에 의해 규정되고 또 그러한 상태의 변화와 함께 변한다는 것이다.

기본법 제1조 제1항의 보호영역을 확정하는 방법으로 특히 세 가지를 들 수 있 **412**
다. 이른바 **천품설**(天稟說: Mitgiftstheorie) 의하면 기본법 제1조 제1항은 인간을
인간으로 규정하게 하는 것, 즉 하느님의 모상(模像)으로서의 본질, 천부적인 이
성, 의사의 자유 및 결정의 자유를 보호한다고 본다. 천품설의 그리스도교적 연
원과 계몽철학적 연원은 **칸트**의 철학에서 합류한다. "자율은 … 존엄의 근거이
다", 인간은 자유롭고 이성적인 자기입법의 능력을 부여받고 있고 또한 그러한
의무를 지는 존재이므로 주체이며 또 그 자체 목적으로서 존재하며, − 국가가
되었든 타인이 되었든 − 타자를 위해 이용되는 수단 내지 객체로 존재하지 않
는다는 것이다.[6]

이른바 "**성과설**(Leistungstheorie)"은 이성을 사용할 줄 아는 타고난 소질과 이성 **413**
을 사용하여야 할 의무로 만족하지 않는다. 성과설은 인간이 자신의 정체성을

---

5) E 109, 279/310 참조.
6) *Seelmann*, in: Brudermüller/Seelmann, Menschenwürde, 2008, S. 67 ff 참조.

형성하고 자기를 표현할 수 있는 존재라는 점에 근거하여 그리고 그 성과의 정도를 기준으로 인간의 존엄성을 인정한다. "인간만이 그가 어떤 존재인지를 결정할 수 있다."7) 기본법 제1조 제1항은 이와 관련하여 인간을 국가로부터 보호하는 것이다. 이 이론을 주창한 **루만**(Luhmann)은 인간은 기본법 제1조 제1항을 통하여 국가와의 관계에서만 보호를 받을 뿐이며 타인과의 의사소통과 관련해서 보호받는 것은 아니라고 본다. 법이 설정하는 폭넓은 한계 안에서 전개되는 자유로운 의사소통은 개인의 정체성 형성 및 자기표현의 가능성과 함께 그 좌절의 위험도 함께 제공하기 때문이라는 것이다.

414 이른바 **승인설**(Anerkennungstheorie)에 의하면 인간이 자유롭고 평등한 존재라는 승인을 상호 주고받는 것에 인간존엄성의 근거가 있으며, 이 승인을 통해서 인간은 승인과 연대의 공동체인 국가적 공동체라는 조직의 일원이 된다고 한다. 인간존엄성은 천품설에 의하면 인간에게 전제되어 있고(실체적 개념) 또 성과설에게는 인간이 획득하여야 하는 대상이 되는(성과개념) 반면, 승인설에 의하면 인간존엄은 "소통개념"이며 공동체 안에서 생성되는 것이다.8)

415 위와 같은 세 가지 학설은 모두 인간존엄성이라는 개념에서 불가침의 요소로서 고수할 가치가 있고 또 연방헌법재판소의 판례에서도 고수되고 있는 것의 **핵심적인 측면들**을 파악하고 있다. 천품설은, 동설이 인간으로 규정하는 존재가 충분한 의사능력, 행위능력이나 성과능력을 가지고 있지 아니한 경우에도 존엄성이 존재한다고 주장한다. 성과설은 각 개인만이 자신의 존엄성 형성을 결정할 수 있다는 점, 개인에게 존엄성의 실현행위나 표현행위를 강요해서는 안 된다는 점을 명확히 확인하고 있다.9) 승인설은 존엄성은 승인에 달려 있다는 점을 고수하고 있다. 인간의 존엄성은 불가침일 뿐 아니라 존중받고 또 보호받아야만 한다는 기본법 제1조 제1항의 문구는, 존중 및 보호를 필요로 하는 권리는 다름 아닌 불가침의 인간존엄성으로부터 추론되는 침해가능한 청구권, 즉 승인청구권임을 시사하는 것으로 이해될 수 있다는 것이다.10)

---

7) *Luhmann*, Grundrechte als Institution, 1965, S. 53 ff 참조.
8) *Hoffmann*, AöR 1993, 353/364 ff; *Kloepfer*, VerfR II, § 55 Rn 8 f.
9) E 87, 209/228; *Podlech*, AK, Art. 1 Abs. 1 Rn 46 참조.
10) E 109, 133/150.

예: "자신의 신체적 또는 정신적 상태 때문에 의미 있게 활동할 수 없는" 사람도 인간의 **416**
존엄성을 갖고 있다(E 109, 133/150). ─ 핍쇼(peep show)에 출연하려는 여성이나 난쟁
이 던지기에 출연하는 난쟁이에게 인간존엄성을 이유로 그 출연을 금지할 수 없다
(*Dreier*, DR, Art. 1 Ⅰ Rn 149). ─ 자유를 박탈당하거나 여타의 제재를 받는 사람은, 그
것이 행해지는 방식을 통해서 자신의 인간존엄성이 승인되고 있음을 확인할 수 있어야
한다. 이로부터 특히 형사법적 절차에 관한 지침을 추론해 낼 수 있다(단락 427 참조).

위에서 설명한 세 가지 학설은 존엄권의 보호영역이 다음과 같은 **3가지 부분영** **417**
역을 포함하고 있다는 데 견해를 같이하고 있다.
 ─ 인간의 주체성, 특히 영육의 정체성과 온전성
 ─ 인간 상호간의 기본적인 법적 평등
 ─ 최저생활의 보장

인간의 존엄성을 존중하고 보호하여야 할 국가의 의무는 위의 세 영역에서 상 **418**
이한 효과를 갖는다. 인간의 주체성 및 평등성에 대한 요구는 국가에 의한 인간
의 가치평가에 선행한다. 물론 때때로 이러한 부분영역에서조차도 보호영역의
확인이 상황이나 맥락에 좌우되고 또 **형량의 대상이 될 수 있다**(abwägungsoffen)
는 주장이 제기되기도 한다.

예: 위와 같은 주장에 따르면 피해자의 존엄성을 침해하는 범인은 피해자를 구하기 위 **419**
한 경찰에 의한 고문을 감수해야 하고 그 고문으로 인하여 자신의 존엄성이 침해된다는
이유로 이에 대해 방어할 수 없다. 테러리스트들에 의해 피랍되어 원자력발전소로 향하
는 항공기의 탑승객은 공권력이 그 항공기를 격추하더라도 그의 존엄이 침해되지 않을
정도로 삶의 가능성과 존엄성의 범위가 축소된다는 것이다.

그러나 보호영역의 상대화가 어떤 기본권의 기능과 목적에도 합치하지 않는다 **420**
면, 인간존엄성의 보호영역을 상대화하는 것은 인간존엄성의 불가침, 그에 대한
특별한 존중과 보호 의무와는 더더욱 합치하지 않음은 물론이다. 일반적으로
인간존엄의 보호영역을 구성하는 요소는 구체적인 사건에서도 보호영역으로
고수되지 않으면 안 된다. 이러한 이유로 연방헌법재판소도 인간존엄성의 보호
영역이 아닌 그 침해와 관련하여 그 침해 여부는 "일반적으로가 아니라 항상
구체적인 사건을 직시하는 가운데에서만" 확정할 수 있다고 판시하고 있다.[11]

421 이에 비하여 인간다운 최저생활을 보장하기 위해서는 국가가 개인의 필요상황에 맞추어 적극적으로 보호활동을 하여야 한다. "소득활동, 재산, 또는 제3자의 증여로도 최저생활에 필요한 재원을 확보할 수 없어 생존에 필요한 재원이 없는"[12] 사람은 사회국가적 급부체계에 의존하게 된다. 해당 급부청구권은 기본법 제1조 제1항으로부터 도출되지만 급부의 범위는 헌법으로부터 직접 이끌어 낼 수는 없다. 연방헌법재판소는 **인간의 존엄성에 부합하는 최저생활의 보장을 구할 수 있는 기본권**은 독자적인 권리로서 절대적 효력을 갖는 기본법 제1조 제1항과 병존하지만, 그 기본권은 기본법 제1조 제1항만이 아니라 급부의 범위와 관련해서는 국가에 그 형성을 위임하고 있다고 볼 수 있는 기본법 제20조 제1항에도 의거하고 있다고 함으로써 이러한 점을 고려하고 있다.[13]

Ⅲ. 제한

422 연방헌법재판소는 인간존엄에 대한 제한이 존재하는지 여부를 확정하기 위하여 이른바 **객체공식**(Objektsformel)을 활용하고 있다. 인간은 주체로서 존엄성을 갖는다. 따라서 인간을 "국가의 단순한 객체"로 만드는 것은 인간의 존엄성에 반하게 된다.[14]

423 객체공식의 문제점은 명백하다. 이 공식이 많은 것을 미해결상태로 남겨두고 있다는 것이다. 감청판결(E 30, 1)에서 연방헌법재판소는 객체의 공식을 **정치**(精緻)**하게 만들기** 위한 시도의 일환으로 인간존엄성에 대한 제한의 특징을 다음과 같이 묘사한 적이 있다. 즉 인간이 "그 주체성을 근본적으로 무시하는 대우를 받게 되거나 구체적인 사건에서 인간존엄성이 자의적으로 무시되는 대우를 받게 되는 것이다. 그 대우가 인간이 인격체라는 이유로 부여받는 가치에 대한 경멸의 표현, 따라서 이러한 의미에서 '경멸적 대우'이어야 한다".[15]

424 그러나 이와 같은 정치화 시도는 다음과 같은 이유로 도움이 되지 않는다. 즉,

---

11) E 30, 1/25.
12) E 125, 175/122.
13) E 125, 175/122 ff.
14) E 87, 209/228; 109, 133/149 f; 115, 118/153.
15) E 30, 1/26; 또한 E 109, 279/312 f도 참조.

"인간의 존엄성에 대한" 허용되지 아니하는 "자의적인 무시" 이외에 인간의 존엄성에 대한 자의적이지 아니하고 허용되는 무시가 존재한다는 말인가? 인간에 대한 대우가 인격체로서의 가치에 대한 경멸의 "표현"이어야 한다는 요건을 통하여 도대체 무엇을 말하고자 하는 것인가? 감청판결에 대한 소수의견도 이러한 정치화 시도를 따르지 않고, 오히려 그에 대하여 "인간을 하나의 물건처럼 **전적으로** 비인격적으로" 대우하는 것은, "그것이 비록 인격체로서의 가치에 대한 무시에서 기인하는 것이 아니라 '선한 의도'로 행하여진 것이라 하더라도" 허용되지 않는다는 반론을 제기하였다.16) 최근 연방헌법재판소는 객체공식을 이러한 소수의견과 유사하게 파악하고 있다. 즉 "그러므로 공권력이 모든 인간에게 인간이라는 이유로, 즉 인격체로서의 지위를 가지고 있다는 이유로 귀속되는 인간의 주체성, 따라서 권리주체의 지위를 원칙적으로 의문시하는 대우를 하는 것은 항상 금지된다."17)

어쨌든 객체공식은 인간을 객체나 도구로 다룸으로써 추구하는 목적은 유효하 **425** 지 않다는 것을 **명확히** 하고 있다. 즉 객체공식은 최선의 목적 내지는 최고의 목적을 추구한다고 하여 위와 같은 인간에 대한 대우가 인간의 존엄성과 조화를 이룰 수 있는 것이 아니라는 점을 명확히 해준다. 인간의 존엄성에서 관건은 목적과 수단의 관계, 형량과 비례성이 아니라 인간을 객체 내지 도구로 다루는 것의 일반적 금지이다. 목적이 관건이 아닌 것처럼 공권력주체를 지도하는 것이 자의냐 아니냐, 무시냐 아니냐는 관건이 아니다. 더욱이 동의나 참여 또는 투명성이 인간에 대한 대우의 전제가 될수록 그만큼 인간은 주체로서 존중되고, 반대로 그만큼 객체로서 다뤄지지 않게 된다.

인간존엄성에 관한 다양한 학설들은 그 보호영역에 속하는 세 가지 부분영역들 **426** 과 관련해서 견해의 일치를 보일 뿐 아니라 **이 부분영역에 대한 전형적인 제한에** 대해서도 견해의 일치를 보이고 있다.18)
- 영육의 정체성과 온전성에 대한 제한으로는 특히 고문, 약물이나 최면을 통한 개인 의사의 왜곡, 연구나 인간개조를 위해 은밀히 또는 물리적 강제력

---

16) E 30, 33/39 f.
17) E 115, 118/153; 또한 *Enders*, JöR 2011, 245/251 ff 참조.
18) *Windthorst*, StudK, Art. 1 Rn 26 ff.

을 사용하여 수행하는 의학적 조작을,

- 근본적인 법적 평등에 대한 제한으로는 특히 노예제, 농노제, 인신매매, 여타의 체계적 차별, 비하, 천대를,

- 최저생활 보장에 대한 제한으로는 최소한의 개인적 필요를 스스로 충족할 수 있는 가능성을 부정하거나 필요한 물적·문화적 자원을 거부하는 것 등을 그러한 제한의 예로 들고 있다.

427　예: 인간의 생명과 관련하여 장기이식이나 유전공학적 처치가 기본법 제1조 제1항에 의한 정체성 및 온전성 보호의 문제인지, 아니면 기본법 제2조에 의한 생명, 건강, 인격에 대한 보호의 문제인지에 대한 다툼이 있다(*Dreier*, DR, Art. 1 I Rn 81 ff, *Lorenz*, JZ 2005, 1121; *Middel*, Verfassungsrechtliche Fragen der Präimplantationsdiagnostik und des therapeutischen Klonens, 2006; 장기이식에 대해서는 단락 135, 423 참조). 잘못된 불임시술이나 유전병 관련 진단 후에 출생한 아이의 양육에 대한 의사의 책임을 묻는 것이 그 아이의 인간존엄성에 합치하는 것인지 아니면 인간존엄성에 반하여 "인간의 삶을 상업화"하는 것인지의 문제도 연방헌법재판소의 양 재판부 사이에 다투어지고 있다 (E 96, 375/400 f; 96, 409/412 f). 연방헌법재판소는 테러용으로 피랍된 것으로 추정되는 항공기를 격추하는 것은 그 승무원 및 승객을 타인의 생명을 구하기 위한 수단으로 희생시키는 것이어서 그들의 인간의 존엄성을 제한하는 것이라고 본다(E 115 118/154; 이에 대해서는 *Merkel*, JZ 2007, 373; *Lindner*, DÖV 2006, 577; 군용 살상가스를 사용하여 인질을 구하는 조치에 대하여는 EGMR, Finogenov v. Russia, No. 1829903 18299/03 그리고 27311/03 Rn 198 ff). 연방헌법재판소는 거짓말탐지기 사용을 인간존엄성의 문제가 아니라 일반적 인격권의 문제로 평가하고 있다(NJW 1982, 375; 또한 NJW 1998, 1938도 참조). 반면에 주거감청은, 그로 인해 사생활의 핵심영역에 대한 제한이 가해지는 경우에는 주거의 권리만이 아니라 인간존엄성에 대한 제한으로도 본다(E 109, 279/314 ff). – 형사사법과 관련해서 기본법 제1조 제1항으로부터 범인을 범죄방지대책의 단순한 수단으로만 전락시켜서는 안 된다는 추론이 가능하다(E 131, 268). 그러므로 형사범죄로 교정시설에 수감된 자에게 석방될 가능성이 없어 그 형집행이 그의 재사회화에 영향을 미치지 않거나(E 109, 133/150 f), 8㎡ 크기의 감방에 지나치게 장기간 수용하거나 (BVerfG, EuGRZ 2011, 177/180 f; 또한 BVerfG, NJW 2016, 1872도 참조), 감방이 분뇨로 오염된 경우(NJW 1993, 3190 f, EuGRZ 2010, 531/533)에는 해당 수인의 인간존엄성을 제한하는 것이다. 연방헌법재판소는 형사절차에서 인간존엄성을 보호하기 위해서는 피고인이 "형사절차에 영향을 미칠 수 있는 가능성, 즉 그 혐의에 대한 입장을 표명하면

서 자신에게 유리한 상황을 진술할 수 있고, 그러한 상황이 모두 빠짐없이 충분히 검토되고 경우에 따라서는 판단에 반영될 수 있도록 할 수 있는 가능성을 가져야 한다"고 본다(E 63, 332/337 f). – 인간의 존엄성에 부합하는 최저생활을 보호하는 데 필요한 충분한 자력도 없고 제3자로부터 증여도 받지 못하는 개인은 "육신의 생존을 위해 그리고 최소한의 사회적, 문화적, 정치적 생활에의 참여에 필요불가결한 물질적 전제를 요구할 권리"를 갖는다(E 125, 175). 국가는 개인이 획득한 소득이 최저생활을 유지하기 위하여 불가결한 경우 이를 박탈하거나 과세해서는 안 된다(E 82, 60/85; 99, 246/259 ff: 120, 125/155 f). 입법자에게는 다른 참여영역과는 달리 기본법 제1조 제1항 및 제20조 제1항의 지침(단락 421)에 의해 행사되어야 하는 형성의 여지가 있다. 물론 입법자는 "생존에 필요한 모든 비용을 사리에 맞게 형성되고 투명한 절차를 통해 사실상의 필요에 맞추어, 따라서 현실에 부합하게 일관성을 견지하면서 … 산정하여야 하고" 또 이 절차를 지속적으로 점검하고 발전시켜야 한다(일반적인 기초생활보장에 대하여 E 125, 175/225: 137. 34/72 ff; 또한 정치적 망명신청자에 대해서는 E 132, 134/162 참조; 일관성의 원칙에 대해서는 단락 524를 보라).

인간의 존엄성이 일상적인 언어에서 "점점 더 빈번하게 주변적인 사회적 사건" **428** 과 관련되고 있기 때문에,[19] 연방헌법재판소에 제기된 소송절차에서 인간의 존엄성 침해와는 거리가 먼 국가의 조치를 인간의 존엄성을 원용하여 비난하는 경우가 종종 있다. 이와 관련하여 연방헌법재판소는 종종 인간의 존엄성에 대한 침해를 주장한 헌법소원을 **명백히 이유 없는 것**으로 기각하고 있다.

예: 공공질서위반죄(Ordnungswidrigkeit)[20]에 관한 절차를 통해 부과된 과태료(Geldbuße) **429** 의 납부(E 9, 167/171), 교통위반사범을 교통교육에 소환하는 것(E 22, 21/28), 수사절차에서 행해지는 시체해부(BVerfG, NJW 1994, 783/784) 그리고 유골함의 공동묘지 안치 의무(E 50, 256/262).

---

19) *Podlech*, AK, Art. 1 Abs. 1 Rn. 12.
20) [역주] 독일에서 공공질서위반행위란 과태료에 의한 제재를 허용하는 법률의 구성요건을 실현하는 위법·유책의 행위를 말한다. 이러한 공공질서위반행위는 형사범죄와 질적으로 다른 것은 아니기 때문에 이를 단순한 행정불법으로 이해할 수는 없다. 오히려 독일의 입법자는 형사처벌의 필요가 없다고 생각하는 법위반행위와 관련하여 행위자에게 형벌과 결부된 사회적 무가치판단을 내리는 것을 피하기 위하여 이를 공공질서위반행위로 분류하고 있다.

Ⅳ. 헌법적 정당화

430 기본법 제1조 제1항은 법률유보 아래에 있지 않다. 이 규정은 기본법 제79조 제
3항에 따라 헌법개정의 대상이 될 수 없고, 이러한 측면에서 여타 헌법 규정에
대해 우월한 지위를 부여받고 있기 때문에 **상충**하는 헌법에 의한 제한의 정당
화 법리는 적용될 수 없다.[21] 인간의 존엄성에 대한 제한의 정당화는, 기본법
제79조 제3항을 통하여 헌법개정의 대상에서 제외된 헌법원칙들과 인간존엄권
보장이 충돌하는 경우에만 생각해 볼 수 있다. 그렇지만 기본법 제20조에 반영
된 국가권력의 형태에 관한 원칙들은, 국가권력은 인간의 존엄성 보장을 위하
여 존재하고 이를 존중하고 보호하여야 할 의무를 지고 있기 때문에 인간존엄
권에 대한 제한의 정당화사유가 될 수 없는 것이다.[22]

431 또 하나의 문제는 한 개인의 인간존엄성 보호를 위하여 다른 개인의 인간존엄
성을 제한하는 것이 허용되는지, 특히 불법으로 고통받는 사람의 인간존엄성
보호를 위하여 불법을 행하는 자의 인간존엄성에 대한 제한을 가하는 것이 허
용되는지의 문제이다.[23] 기본법 제1조 제1항에 의하여 국가는 인간존엄성에 대
한 존중의무는 물론 그에 대한 보호의무도 지고 있지만, 이러한 보호의무를 국
가가 어떻게 이행하여야 할 것인지에 대해서는 기본법에 미리 제시되어 있지
않다. 그 이행방법에 대해서는 국가가 "원칙적으로 자신의 책임으로 결정하여
야 한다."[24] 그리고 국가는 이러한 인간존엄성에 대한 보호의무를 법률의 제정
및 집행을 통해서, 특히 경찰 및 법원에 의한 법률집행을 통해서 이행하고 있
다. 일반성을 띠는 법률에 의한 보호의 본질에 비추어 볼 때 법률에 의해 이뤄
지는 일반적인 존엄성보호가 개별 집행사례에서 실패할 수도 있음은 물론이다.
인간존엄성에 대한 보호의무와는 달리 국가가 그 존중의무를 어떻게 이행해야
하는지에 대하여는 헌법에 명백히 제시되어 있다. 즉 국가는 인간존엄성을 침
해하는 대우를 하지 말아야 한다. 보호청구권(Schutzrechte)이 방어권과 항상 같

---

21) E 93, 266/293; 107, 275/284.
22) E 75, 369/380 참조.
23) 긍정적인 견해로는 *Starck*, MKS, Art. 1 Rn 47; *Wittreck*, DÖV 2003, 873/879 f.
24) E 46, 160/164 f.

은 정도의 직접적 그리고 무조건적 효력을 발휘하는 것은 아니다. 이는 인간존엄성과 관련해서도 마찬가지이다.[25] 이처럼 인간존엄성에 대한 어떤 제한도 정당화될 수 없으므로 인간존엄성에 대한 모든 제한은 곧바로 인간존엄성에 대한 침해를 의미하게 된다.[26]

사례4(단락 406)에 대한 약해: **432**

Ⅰ. 인간존엄성의 보호영역의 본질적인 부분은 영육의 측면에서의 인간의 정체성 및 온전성 유지이다. 그러므로 인간존엄성은 경찰을 비롯한 모든 국가권력에게 고문을 금지하고 있다. 乙은 "구금되어 있는 사람"이다. 따라서 이 사례에서 고문금지는 기본법 제104조 제1항 제2문을 통해 적용될 수 있다.

Ⅱ. 그러므로 경찰이 인간존엄성을 제한한 것이다.

Ⅲ. 기업인 丙의 보호라는 목적도 경찰의 조치를 헌법적으로 정당화할 수 없다. 이 사례에서 乙의 인간존엄성과 丙의 인간존엄성이 상호 충돌한다고 보고, 乙이 불법을 행하였고 丙은 이러한 불법으로 인해 고통을 받고 있다는 이유로 丙의 인간존엄성을 乙의 인간존엄성을 위하여 희생시킬 수는 없다. 물론 국가는 기본법 제2조 제2항 제1문과 결합된 기본법 제1조 제1항에 의하여 생명을 보호할 의무를 진다. 그러나 국가는 乙에게 범죄를 금지하는 형법 및 그 형법의 실효성을 확보해 주는 경찰권력 및 법원을 통해서 이 의무를 이행하고 있다. 형법의 실효성을 완벽하게 확보하는 것은 가능하지 않다. 법치국가가 그 목표들을 달성하기 위하여 필요한 모든 수단들을 갖고 있는 것은 아니기 때문이다. 그러므로 乙의 존엄성을 침해하지 말아야 할 무조건적인 의무는 고문을 무조건적으로 금지한다(*Poscher*, JZ 2004, 756; 또한 유럽인권협약 제3조에 대하여 EGMR, NJW 2010 3145도 참조; 고문이 허용된다는 결론을 내리고 있는 이견으로는 *Brugger*, Staat 1996, 67: *Starck*, MKS, Art. 1 Rn 79; 또한 *Hörnle*, in: Pieper/Brudermüller [Hrsg.], Grenzen staatlicher Gewalt, 2012; 71; *Lenzen* [Hrsg.], Ist Folter erlaubt?, 2006).

참고문헌: *M. Baldus*, Kämpfe um die Menschenwürde. Die Debatten seit 1949, 2016; **433** *S. Blömacher*, Die Menschenwürde als Prinzip des deutschen und europäischen Rechts, 2016; *H.G. Dederer*, Die Garantie der Menschenwürde (Art. 1 Abs. 1 GG), JöR 2009, 89; *G. Dürig*, Der Grundrechtssatz von der Menschenwürde, AöR 1956, 117; *C. Enders*,

---

25) *Goos*, S. 186 ff 참조.

26) *Kunig*, MüK, Art. 1 Rn. 4; *Michael/Morlok*, GR, Rn 147; *Denninger*, in: FS von Brünneck, 2011, S. 39/409 ff; *Classen*, DÖV 2009, 689/694 f; *Linke*, JuS 2016, 888/891 f; 이견으로는 *Kloepfer*, VerfR II, § 55 Rn 76; *Baldus*, AöR 2011, 529.

Die Menschenwürde in der Verfassungsordnung, 1997; *C. Goos*, Innere Freiheit. Eine Rekonstruktion des grundgesetzlichen Würdebegriffs, 2011; *P. Häberle*, Die Menschen‐ würde als Grundlage der staatlichen Gemeinschaft, Hdb. StR³ Ⅱ, 22; *H. Hofmann*, Die versprochene Menschenwürde 1993, 353; *F. Hufen*, Die Menschenwürde, Art. 1 I GG, Jus 2010, 1; *R. Kipke/E. Gündüz*, Philosophische Dimensionen der Menschenwürde – zu den Grundlagen des höchsten Verfassungsgutes, Jura 2017, 9; *T. Linke*, Die Menschenwürde im Überblick: Konstitutionsprinzip, Grundrecht, Schutzpflicht, JuS 2016, 888; *M. Nettesheim*, Die Garantie der Menschenwürde zwischen metaphysischer Erhöhung und bloßem Abwägungstopos, AöR 2005, 71; *R. Poscher*, "Die Würde des Menschen ist unantastbar", JZ 2004, 756; *B. Schlink*, Aktuelle Fragen des pränatalen Lebensschutzes, 2002; *P. Tiedemann*, Menschenwürde als Rechtsbegriff, 2. Aufl. 2010.

§ 8 인격의 자유발현권(기본법 제2조 제1항)

사례 5: 숲속에서의 승마(출전: E 80, 137)

노르트라인-베스트팔렌의 자연경관보호법은 원칙적으로 숲속에서의 승마는 승마용 길 **434**
로 표시된 길에서만 허용하고 있다. 이로써 승마인들의 인격의 자유발현권이 침해되었
는가? 이 사례에 대한 약해는 **단락 466**을 보라.

I. 개관

기본법 제2조 제1항은 인격의 자유발현권을 보장하는 한편, 이 권리에 대한 타인의 권 **435**
리, 헌법적 질서 및 도덕률이라는 3가지 한계("3한계")를 설정하고 있다. 먼저 이른바
"인격핵심"설(Persönlichkeitskerntheorie)은 이 기본권의 보호영역을 특정되고 한정된
생활영역으로, 즉 "인격의 핵심지대"와 관련된 것으로 이해하였다.[1] 그러나 연방헌법재
판소는 엘페스 판결[2] 이래 인격핵심설과는 다른 길을 걷고 있으며, 판례와 문헌도 대체
로 연방헌법재판소의 입장을 따르고 있다. 연방헌법재판소는 기본법 제2조 제1항의 기
본권을 한편으로는 성립사에 비추어 일반적 행동의 자유로 이해하고 있으며, 다른 한편
으로는 인격핵심설의 의도를 수용하여 기본법 제1조 제1항을 보충적으로 원용하면서 일
반적 인격권으로도 이해하고 있다. 기본법 제2조 제1항은 헌법실무에서 중대한 의미를
갖고 있다. – 민법의 입법자가 거부하였던 일반적 인격권은 기본법 제2조 제1항의 기
본권의 영향으로 민법 제823조 제1항의 여타의 권리로서 판례에 뿌리를 내렸다.[3]

---

1) *Peters*, Das Recht auf freie Entfaltung der Persönlichkeit in der höchstrichtlichen
   Rechtsprechung, 1963, S. 49; 또한 *Hesse*, VerfR, Rn 428; E 80, 164/169에 수록된 소수의견
   참조.
2) E 6, 32; 이에 대하여 역사적 고찰을 하고 있는 *Lenz*, RW 2017, 149 ff.
3) E 34, 269/280 ff.

II. 보호영역

1. 일반적 행동의 자유

436 일반적 행동의 자유로서의 기본법 제2조 제1항은 특정의 한정된 생활영역이 아
니라 인간의 모든 행위를 보호하며, "형식적·실질적으로 헌법에 부합하지 아니
하는 규정들에 의하여 불이익을 입지 아니할 할 개인의 기본권"이다.[4] 기본법
제2조 제1항은 이처럼 광범위한 보호영역을 갖고 있기 때문에 특히 일반적 행
동의 자유에 대해서도 그 보호영역에 대한 법윤리적 한계 설정이 필요하다는
주장이 제기되고 있다. 즉, "법윤리적 위생"을 이유로(*Starck*, in: MKS, Art. 2 Abs.
1 Rn 13) 핵심적인 형법에서 금지된 행태는 보호영역에서 제외된다거나 이 기
본권이 일반적 "평화유보"(*Isensee*, in: FS Sendler, 1991, S. 39/56 ff) 아래에 있다
는 등의 주장이 제기되고 있다. 그렇지만 모든 보호영역의 축소는 국가가 자유
를 제한할 경우에는 민주적인 절차(단락 312 이하)를 거쳐야 하는 부담 및 기본
권에 의한 실질적 정당화의 부담을 벗게 해주는 위험이 있다(단락 321 이하). 기
본법 제2조 제1항에서 일반적 행동의 자유를 추론하는 이유가 바로 그러한 부
담을 국가권력에게 부과하려는 것임에도 말이다. 사실 보호영역에서 배제되는
것이 살인, 방화, 모욕의 자유에 관한 것이기만 하다면 이 논쟁은 실무상 중요
하지도 않고 무의미하다. 그것이 보호영역에 포함된다고 하더라도 배제론에서
그것을 보호영역에서 배제하는 것만큼이나 포함론에서 해당 금지와 형벌구성
요건의 정당화는 자명한 것이기 때문이다. 그러나 이와 같이 자명하지 않은 경
우에는 기본권과 관련한 정당화요건이 의미를 가질 수밖에 없다. 국가가 가하
는 자유의 제한이 기본권적으로 정당화될 수 있는지의 문제가 진지하게 제기되
는 경우에는 항상 일반적 행동의 자유의 보호영역이 미친다.[5] 이는 그 행태가
형법을 통해 금지되는 것인지 아니면 평화를 해하는 것으로 평가되는 것인지와
는 무관하다. 헌법이 평화교란을 기본권의 보호영역의 한계로 보는 경우에는
이는 기본권에 공식적으로 명시되어 왔다(기본법 제8조 제1항을 보라). 일반조항

---

4) E 29, 402/408.
5) *Epping*, GrundR, R. 558 f.

으로 지칭될 만큼 광범위한 기본법 제2조 제1항의 보호영역은 무엇보다 다음과 같은 두 가지 효과를 갖는다.

a) 기본법 제2조 제1항은 개별 기본권들에 대한 **보충적 기본권**(Auffanggrund-　**437** recht)이며, 개별 기본권들의 보호영역이 미치는 범위에서는 기본법 제2조 제1항은 후퇴한다(보충성, 위 단락 395~396 참조). 기본법 제2조 제1항은 개별 기본권의 보호영역이 전혀 해당하지 않는 경우에만 의미를 갖는다.

예: 사법적 계약의 체결여부(E 8, 274/328; 95, 267/303; 103, 197/215). 단, 재산권이나　**438** 직업과 관련한 계약이나 조합계약, 상속계약, 혼인계약의 경우는 각기 해당 기본권들이 적용된다(*Höfling*, Vertragsfreiheit, 1991, S. 14 ff 참조); 강제가입된 협회가 월권하였을 때 협회에서 탈퇴하는 것(BVerwG, NVwZ 2017, 70/71); 썬텐장 방문(BVerfG, NJW 2012, 1062); 안전띠를 매지 않은 상태에서의 차량 운전(BVerfG, NJW 1987, 180); 음주, 흡연, 대마초 흡입(E 90, 145/171; 이에 대해서는 *Kniesel*, ZRP 1994, 352); 개인이 여가 및 휴식을 즐기는 방법(E 54, 143/146; 55, 159/165; *Burgi*, Erholung in freier Natur, 1993 참조); 기부금품모집(E 20, 150/154). 범죄를 구성하는 행태도 이 보호영역에 해당한다(이견으로는 *Kloepfer*, VerfR II, 56 Rn 10). – 나아가 어떤 것을 하지 않을 자유, 가령 의무를 이행하지 않을 자유(소극적 자유)도 개별 기본권에 의해 보호되지 않는 경우가 종종 있다. 가령 항만이용료 납부의무(E 91, 207/221), 법인의 교회세 납부의무(E 19, 206/215), 농업에 종사하는 부부를 위한 보험가입의무; 사설단체의 회원이 아닌 자에게 사설단체가 제정하는 규범에 따를 의무를 부과하는 것(E 64, 208/214) 등을 그 예로 들 수 있다.

사례해결기법: 사례연습에서는 먼저 하나 또는 복수의 개별 기본권의 보호영역이 해당　**439** 하는지의 문제부터 다루어야 한다. 개별 기본권이 해당하지 아니하는 경우에만 기본법 제2조 제1항이 침해되었는지를 검토하여야 한다. 물론 이 경우 어떤 기본권의 보호영역이 관련되어 있기는 하지만 그에 대한 제한이 없거나 그 제한이 헌법적으로 정당화되어 침해로 평가되지 않는다고 해서 그 기본권의 해당성이 조각되는 것은 아니다. 이 설명은 사항적인 보호영역에 관한 것이다. 인적 보호영역에 대하여는 위 단락 174 이하를 참조할 것.

b) 기본법 제2조 제1항은 기본법 제19조 제4항의 "권리"를 매개하여 일반조항　**440** 과 같이 광범위한 보호영역을 통해 **권리보호**를 확장해 준다. 또한 기본법 제2조

제1항은 기본법 제93조 제1항 제4a호에서 헌법소원청구의 기초로 삼을 수 있는 기본권으로 열거된 기본권 중의 하나이기 때문에 **헌법소원**청구의 가능성도 확대해 준다. 이와 같은 보호영역의 확대는 권리보호의 확대와 헌법소원의 적용영역 확대로 귀결되어 개별 기본권의 침해를 주장할 수 없는 경우에도 기본법 제2조 제1항의 침해를 주장할 수 있게 된다.

2. 일반적 인격권

441 일반적 인격권은 연방헌법재판소에 의하여 기본법 제1조 제1항과 기본법 제2조 제1항의 결합을 통해 개발되었다. 일반적 인격권은 기본법 제2조 제1항에 뿌리를 두고 있다. 일반적 행동의 자유와 마찬가지로 특정 생활영역에 한정된 것이 아니라 모든 생활영역과 관계되어 있기 때문이다. 일반적 인격권은 기본법 제1조 제1항과도 관계를 맺고 있다. 일반적 인격권은 인간존엄성과 마찬가지로 개인을 그 행위와 관련하여서가 아니라 그 주체성에 있어서 보호하기 때문이다. 기본법이 보호하는 자유는 단순한 자의적 제한으로부터의 자유가 아니라 개인이 스스로 세운 기획을 배경으로 결정을 내릴 수 있는 능력을 뜻하는 자율이다. 그러므로 연방헌법재판소의 판례를 통하여 밝혀진 일반적 인격권의 다양한 구체적 내용들은 상이한 생활영역에 대해 타당한 것이 아니라 개인이 스스로 세운 기획의 다양한 측면, 즉 자기결정, 자기유지, 자기표현에 대하여 타당한 것이다. 일반적 인격권은 특히 개인정보보호와 관련해서는 시간이 흐를수록 더욱더 유럽법의 지침에 의해서도 강한 영향을 받고 있다.

442 a) **자기결정권**(das Recht der Selbstbestimmung)으로서의 일반적 인격권은 개인이 자신의 정체성을 스스로 결정할 수 있도록 보장한다. 특히 개인이 자신의 정체성을 명확히 할 수 있는 권리, 정체성 형성과 주장을 심대하게 제약하는 부담을 지지 아니할 자유가 포함된다.

443 예: 개인은 자신의 혈통을 알 권리가 있다(E 79, 255/268 f; 90, 263/270 f; 96, 56/63; BGHZ 204, 54/66). 이 권리는 제3자의 권리를 보호하기 위하여 법률로 제한될 수 있음은 물론이다. 개인이 자신의 이름을 보유하는 것(E 78, 38/49; 109, 256/266 ff; 109, 256/266 f; 115, 1/14), 자신의 성적 지향(E 47, 46/73; 121, 175/190; 128, 109/124), 성적 지향에 부합하는 신분등록(Personenstand; E 49, 286/298; 또한 E 60, 123/254도 참조)과

자녀의 출산(임신에 관해서는 E 88, 203/254; 불임시술에 관하여는 BGH, NJW 1995, 2407/2409)을 스스로 결정하는 것을 금지해서는 안 된다. 부(父)가 자신의 법적 친자가 실제로도 자신의 혈통인지를 확인하는 것을 금해서는 안 된다(E 117, 202/225 ff; 그러나 또한 BVerfG, NJW 2015, 1506/1506 f = JK 7/2015도 참조. 단락 445를 보라). 사람은 "새 출발"을 할 권리를 가진다(*Britz*, S. 74). 그에 따라 미성년자에게는 채무를 지지 않은 채 성년자가 될 수 있는 권리가 있다. 이러한 권리는 이제 성년이 되는 사람에게 재정적 부담이 없는 삶 가운데서 자신의 좌표를 발견하고 또 그러한 삶 가운데서 좌표를 정할 수 있도록 해주는 것이다. 또한 수형자에게는 책임에 비례하는 처벌을 받을 권리만이 아니라 사회복귀 가능성에 대한 보호를 요구할 권리도 있다. 대중매체가 형사범이 형기를 마친 후까지도 무제한적으로 그의 신상과 사생활을 보도할 경우 형사범은 자신의 사회복귀 가능성을 보호해 줄 것을 요구할 권리를 가진다(E 35, 202/235 f; 또한 E 64, 261/276 f; BVerfG, EuGRZ 2007, 738/742).

b) **자기유지권**(das Recht der Selbstbewahrung)으로서의 일반적 인격권은 개인이 **444** 사생활로 돌아가(sich zurückziehen) 은거하고 홀로 있을 권리를 보장한다. 자기유지권으로서의 일반적 인격권에 의해서 보호되는 사생활 및 은거는 무엇보다도 사회적으로 이해하여야 하지만, 공간적 관점에서도 이해하여야 한다.

예: 의사와 환자의 신뢰에 기초한 접촉을 통하여 만들어지는 진료기록(E 32, 373/379; **445** BVerfG, NJW 2006, 1116), 유전자 정보(E 103, 21/32 f; BVerfG, EuGRZ 2001, 249; 또한 *Halàsz*, Das Recht auf bio-materielle Selbstbestimmung, 2004), 건강 정보(BVerfG, NJW 2013, 3086/3087), 정신적 상태 및 성격에 관한 정보(E 89, 69/82 f), 개인의 재산상황 (BVerfG, NJW 2008, 1435 참조)도 보호된다. 자기은폐권으로 보호받을 수 있는 것으로는 타인과의 성적 관계를 말하지 아니할 권리(BVerfG, NJW 2015, 1506/1506 f = JK 7/2015, 또한 E 117, 202/225 ff도 참조, 단락 443을 보라), 신체적 수치감(BVerfG, NJW 2013, 3291/3292 = JK 9/2014), 일기장의 은비성(隱秘性)(E 80, 367/373 ff), 자녀와의 접견 거부(E 121, 69/90 ff), 비어가르텐 내의 은밀히 들여다볼 수 없는 외진 조용한 곳처럼 외진 곳에 홀로 있는 것(E 101, 361/383 f) 등이 있다.

사생활 및 은거의 영역과 관련하여 연방헌법재판소는 **영역구분론**(Sphären- **446** theorie), 즉 공권력에 대하여 전적으로 차폐된 내밀영역(內密領域)[6]과 비례원칙을 엄격히 준수하면서 제한할 수 있는 사생활영역을 구분하는 이론을 발전시켰

---

6) E 6, 32/41; 38, 312/320.

다. 연방헌법재판소는 내밀영역을 사생활 영위의 핵심영역으로 파악하여 왔다. 그에 따르면 이 핵심영역은 기본법 제1조 제1항에서 추론되고 또한 인간존엄성의 요소로서 모든 기본적 자유권에 내재하는 것이다7)(단락 360, 410, 1020 참조). 사생활형성의 핵심영역은 인간존엄성의 보장과 마찬가지로 절대적 보호를 향유하지만, 형사범죄를 위한 의사소통은 그에 내재하는 사회적 관련성 때문에 이에 포함되지 않는다고 보는 것이 타당하다.8) 내밀영역과 사생활영역은 어느 정도의 불명확성을 띨 수밖에 없다. 그 보호영역은 "인격을 위협하는 아직 알려지지 아니한 새로운 위험들에 대처하기 위하여 개방"되어 있고,9) 개인이 어느 곳에서 어떻게 사생활로 돌아가고 또 은거할 것인지는 원칙적으로 누구에게나 자유이고, 어디서 어떻게 자신을 위하여 사생활영역을 발견하거나 조성할 것인지도 원칙적으로 누구에게나 자유이다. 물론 가족과 관련된 사생활영역 및 자녀에 대해서는 기본법 제6조 제1, 2항에 의한 특별히 강력한 보호가 제공되며, 개인이 다중 가운데 존재하거나 가령 상업적 이유로 스스로 사적 영역을 공개하는 경우에는 사생활영역을 보호하기 위한 전제가 존재하지 않는다.10) 공직자에게 이러한 권리는 사생활에 대해서만 인정되며 직무수행과 관련해서는 인정되지 않는다.11)

447 c) **자기표현권**(das Recht der Selbstdarstellung)으로서의 일반적 인격권은 개인을 그의 의사에 반하여 공개적으로 폄하, 날조, 왜곡하는 표현, 개인의 의사에 반하여 그를 은밀히 탐지하는 조치에 대하여 방어할 수 있는 권리를 보장한다.

448 예: 의복이나 장식으로 개성 있게 외모를 표현하는 것(BVerfG, NJW 2000, 1399); 개인의 명예에 대한 보호(E 54, 148/155); 대중에게 비춰지는 개인의 모습을 해할 수 있는 표현으로부터의 보호(E 99, 185, 193 f; 114, 339/346); 엿듣기, 도청, 은밀한 녹취(E 34, 238/246; 106, 28/39 f), 개방된 장소에서 공개적인 영상감시(BVerfG, NVwZ 2007, 688/690), 기계적 조작(BVerfG, NJW 2005, 3271 f), 통화종료 후 통화내역 조회 등으로부터 보호받을 권리를 포함하는 성명(E 104, 373/387; 123, 90/102)·초상(E 35, 202/220;

---

7) E 109, 279/310; 113, 348/391; 119, 1/29 f; 124, 43/69 f.
8) E 109, 279/313; 141, 200/276 f.
9) E 95, 220/241.
10) E 101, 361/385 f; 120, 180/199.
11) E 101, 361/383; 또한 BVerwGE 121, 115/125 f도 참조. 이에 대해서 비판적인 견해로는 *Lege*, Jura 2005, 616.

101, 361/380)·말(E 54, 148/155)에 대한 권리; 반론권(E 63, 131/142 f) 및 정정청구권(E 97, 125/148 f); 형사절차 및 그 유사절차에서 자신에게 불리한 진술을 강요받지 아니할 권리(자기부죄금지원칙[Nemo-tenetur-Grundsatz]; E 38, 105/114 f; 95, 220/241) 그리고 직업생활에서 개인의 생활형편을 밝히도록 강요받지 아니할 권리(E 96, 171/181) 등이 자기표현권의 예라 할 수 있다.

개인 관련 정보 보호권(das Recht auf den Schutz personenbezogener Daten)은 일반 **449** 적 인격권이 구체화된 중요한 권리 중의 하나이다. 연방헌법재판소는 1983년 인구조사판결에서 이미 기본법 제1조 제1항과 기본법 제2조 제1항을 결합하여 "언제 그리고 어떠한 범위에서 자신의 삶과 관련된 사정을 공개할 것인지를 원칙적으로 스스로 결정할 수 있는 개인의 권능"을 포함하는 포괄적인 **개인정보자결권**을 도출하였다.[12] 그러므로 개인에 관한 정보는 그것이 유래하는 영역과 완전히 무관하게 민감성을 띠고 보호를 필요로 한다. 특히 개별적으로 보면 중요하지 않은 정보도 디지털기술에 의한 가공과 결합을 통해 새로운 위상을 획득할 수 있기 때문에 "'사소한' 정보란 존재하지 않는다"[13]. 개인정보자결권, 특히 개인정보에 대한 국가의 조사, 가공, 지득에 대한 방어권[14]은 특별한 권리들을 배척하지 않고 오히려 그 권리들을 보충하는 권리로서의 역할을 하게 되었다. 개인정보자결권은 개인정보와 관련한 국가의 개인에 대한 조치를 빠짐없이 정당화하도록 강제하고 있으며, 이에 따라 점차 개인 상호간의 관계를 포함하는 개인의 정보 및 자료를 보호하기 위한 광범위한 입법의 계기가 되었다.[15]

연방헌법재판소에 의하면 개인정보자결권은 이용자의 개인적인 상황, 사회적 **450** 접촉, 수행된 활동이 풍부하게 쌓이는 개인용컴퓨터, 인터넷 등을 포함하는 정보기술체계까지 보호하지 않는다. 개인정보자결권은 개별적인 정보조사에 대해서만 그 보호효과를 미칠 뿐, 정보기술체계에 대한 은밀한 침투에 대해서는 "**정보기술체계의 신뢰성 및 온전성 보장에 대한 기본권**"이 보호한다는 것이다.[16] 정보

---

12) E 65, 1/42; 113, 29/47; 118, 168/183 ff.
13) E 65, 1/45.
14) E 120, 351/360 f.
15) *Hoffmann-Riem*, AöR 1998, 513; *Gurlit*, NJW 2010, 1035 참조.
16) E 120, 274/302; BVerfG, NJW 2016, 1781/1794 ff; *Volkmann*, DVBl. 2008, 590; *Heinemann*, Grundrechtlicher Schutz informationstechnischer Systeme, 2015.

기술체계는 주거를 연상시킨다. 이 체계는 거리와 무관하게 이용될 수 있기 때문에 기본법 제13조의 보호범위에는 포함되지 않지만 사생활공간과 유사한 의미를 갖고 또한 그렇기 때문에 그에 유사한 보호대책을 필요로 한다(단락 461 참조).

451 d) 유럽연합법은 인격권(기본권헌장 제7조) 이외에도 기본권헌장 제8조를 통해 개인정보보호에 관한 독자적인 기본권을 보장하고 있다. 이와 같은 두 가지 보장의 연원은 모두 유럽인권협약 제8조에서 찾을 수 있다.[17] 유럽재판소가 이 두 규정을 지금까지 대체로 엄밀히 구분하지 않고 함께 심사하고 있는 이유도 이 때문이다.[18] 두 기본권은 기본권헌장의 다른 기본권들과 비교할 때 유럽법에서 현저한 의미를 가지고 있다.

452 예: 농업보조금 수령자의 정보를 인터넷을 통해 공개하는 것(EuGH, Schecke/Land Hessen, Eu:C:2010:662, Rn 46 ff)과 통신회사에게 부과된 무조건적 정보저장의무(EuGH, Digital Rights Ireland/Minister for Communications u.a., EU:C:2014:238, Rn 24 ff = JK 8/2014; Tele 2 Sverige AB/Post- och Telestyrelsen u.a., EU:C:2016:970, Rn 62 ff)는 기본권헌장 제7, 8조에 저촉된다; 유럽재판소는 **잊혀질 권리**의 근거로 해석하기도 한 기본권헌장 제8조의 보호범위를 검색엔진운영업자에 대한 삭제청구권에도 확장하고 있다(EuGH, Google Spain, EU:C:2014:317, Rn 6 ff, 97 ff = JK 9/2014). 유럽재판소는 인격권이 경제적 이익뿐만 아니라 정보에 대한 공공의 이익에 대해서도 원칙적으로 우월하다는 점을 인정하여 왔다. 인격권이 우위를 가진다는 테제는, '새 출발을 할 권리'(단락 443)를 디지털 세계에 맞게 발전시켰으면서도 인격의 자유와 통신의 자유 중 어느 한 자유의 원칙적 우위를 인정하지 않는 것으로 해석되어 온 기본법상의 두 자유의 상호관계에 관한 평가와는 다른 것이다(단락 697 참조). 유럽연합이 유럽의 개인정보보호기준을 준수하는 국가들만을 상대로 개인정보전달과 관련한 이른바 안전항구협정(Safe-Harbor-Abkommen) 체결할 것을 요구하는 것도 인권헌장 제8조의 법적 효과 중의 하나이다(EuGH, Digital Rights Ireland/Schrems, EU:C:2015:650, Rn 38 ff). 반면에 지문을 신분증명서에 저장하여야 할 의무는 제8조의 기본권에 대한 정당화되는 제한이다(EuGH, Schwarz/Stadt Bochum, EU:C:2013:670, Rn 23 ff = JK 3/2014).

453 유엔인권위원회는 "시민적 · 정치적 권리에 관한 국제규약" 제17조로부터 국가

---

17) *Britz*, EuGRZ 2009, 1.
18) 이에 대하여 비판적인 견해로는 *Kühling/Klar*, Jura 2011, 771/773.

가 일정한 요건을 준수할 때에만 개인정보를 조사할 수 있도록 허용하는 사생
활에 대한 권리를 도출하고 있다. 유엔인권위원회는 2013년 미국의 인권보고서
에 대한 의견에서 위의 조약 제17조에 의하여 미국 등의 대규모 개인정보집적
과 관련하여 공개적으로 접근할 수 있는 비례의 원칙을 준수하는 상세한 법적
지침의 제정, 실효성 있는 감독절차, 권리보호절차를 요구하였을 뿐 아니라 개
인정보를 저장할 의무를 제3자에게 부과하는 것의 포기도 요구하였다.[19]

III. 제한

일반적 행동의 자유를 의미하는 기본법 제2조 제1항의 보호영역의 광범성과 고 **454**
전적 제한개념의 해체가 결합됨으로써 기본권에 대한 모든 부정적 영향이 그에
대한 제한을 의미하게 되는 결과가 초래되었고(단락 292 이하 참조), 그에 따라
헌법소원을 제기할 수 있는 가능성도 **무한히 확대된다**는 문제가 발생한다. 그러
나 이 문제는 오늘날까지 만족스럽게 해결되지 못하고 있다.[20]

이러한 문제를 해결하기 위해 **고려할 만한 가치가 있는** 시도의 하나는 고전적 제 **455**
한개념의 해체를 개별 기본권들 및 기본법 제2조 제1항의 개별적 보장내용과
관련해서만 인정하고 일반적 행동의 자유에 대해서는 인정하지 말자는 제안이
다.[21] 이 제안은 그 근거로 연방헌법재판소의 판례가 일반적 행동의 자유와 관
련하여 의도적으로 부과된 부담이나 특정인에게 부과된 부담만을 기본권에 대
한 제한으로 보고 있다는 것을 들고 있다. 그에 따르면 일반적 행동의 자유에
대한 제한은 다음과 같은 두 가지 전제하에서만 인정될 수 있게 된다.
 — 그 조치가 (사실상의 조치가 아닌) 법적 조치일 것
 — 그 조치가 (제3자가 아닌) 관련 개인을 대상으로 발하여진 조치일 것

예: 어떤 마을에 정치적 망명 신청자를 위한 수용시설을 설치할 경우 그 마을의 주민들 **456**
이 수용시설로 인해 피해를 입었다고 느낄 수는 있지만 수용시설의 설치는 사실상의 조

---

19) CCPR/C/SR/3061, 110 Sitzung, 26.3.2014, Ziff. 22; 이에 대해서는 *Fischer-Lescano*, JZ 2014,
    965/967 ff.
20) *Di Fabio*, MD, Art. 2 Abs. 1 Rn 48 ff; *Cornils*, Hdb. StR³ Ⅶ, § 168 Rn 37 ff 참조.
21) *Pietzcker*, Festschrift Bachof, 1984, S. 131; *Höfling*, FH, Art. 2 Rn 62; 이견으로는 *Kahl*, Staat
    2004, 167/187.

치로서 일반적 인격권에 대한 제한은 아니다. 자동차 운행 허가는 보행자와 자전거이용자의 일반적 행동의 자유를 축소하기는 하지만 기본법 제2조 제1항에 대한 제한은 아니다. 예를 들면 이웃주민들이 자신들의 토지가 정치적 망명 신청자를 위한 수용시설 때문에 피해를 입고 있다(기본법 제14조)고 주장하고 있거나, 배기가스 한계치에 관한 법규정이 대기를 오염시킴으로써 건강을 위협하고 있다면(기본법 제2조 제2항 제1문), 상황에 따라서는 그 조치들의 성격을 달리 판단하여야 한다.

457 가령 인구조사와 관련하여 국가가 수행하는 개인에 관한 자료의 수집, 개인정보의 조사, 조사한 정보의 처리 등과 같은 개인의 생활관계에 관한 모든 조치는 개인정보자결권에 대한 제한이다. 반면에 의도하지 않았음에도 기술적인 문제로 개인정보가 포착되긴 하였으나 그 포착 즉시 기술적으로 익명상태로, 인적 연관성을 추적할 수 없게 흔적도 없이 제거된다면 개인정보자결권에 대한 제한은 존재하지 않는다.22) 사생활영위의 핵심영역에서 형성된 정보라도 그에 대한 이용 가능성이 완전히 차단되는 것이 보장된다면 역시 제한은 존재하지 않는다. 연방헌법재판소는 사생활의 핵심영역에 관한 정보를 직접 겨냥하지 않았음에도 결론적으로 이에 대한 조사에 이르게 되는 개인정보자결권에 대한 전형적인 제한과 관련하여, 개인정보 조사 차원에서는 개인정보 발생의 방지(Datenvermeidung)를 위한 대책23)을 세우는 한편, 정보 이용 차원에서는 독립기관에 의한 예방적 통제를 통해 핵심영역에 관한 정보의 이용을 방지할 수 있는 법률적 규율을 할 것을 요구하고 있다.24)

458 예: 차량번호를 자동으로 인식하는 비디오카메라에 의해 광학기술적으로 인식된 번호가 경찰의 수배정보와 대조된 후 일치하지 않을 경우 자동으로 삭제되고 수배정보와 일치할 경우 기록이 남는다면 이때 비로소 제한이 존재하게 된다(E 120, 378/399). 신용카드 회사가 검찰의 조회요청에 따라 특정 신용카드와 관련하여 특정 은행과 일정한 기간 동안 일정 금액 이상으로 이루어진 지불사례를 기계적으로 검색하는 것은 그러한 검색의 결과가 검찰에 전달될 때 비로소 제한이 존재하게 된다(BVerfG, NJW 2009, 1405).

---

22) E 100, 313/366; 115, 320/343; 120, 378/399.
23) [역주] 구체적인 과제의 수행을 위해 꼭 필요한 개인정보만 이용·처리하여야 한다는 원칙에 따라 불필요한 개인정보의 발생을 억제할 수 있도록 컴퓨터나 인터넷 기술을 디자인해야 한다는 요청. 즉 개인정보보호의 요청을 IT기술체계에 통합하라는 요청으로서 체계적 개인정보보호(Systemdatenschutz)의 한 측면이며 오늘날 Privacy by Design으로 지칭되곤 한다.
24) E 109, 279/318 f; 113, 348/390 f; 120, 274/335 ff; BVerfG, 20.4.2015, Rn 125 ff.

Ⅳ. 헌법적 정당화

기본법 제2조 제1항의 세 가지 한계는 일반적 행동의 자유 및 일반적 인격권 **459**
모두에대해 적용된다.[25] 이 세 가지 한계 중 헌법적 질서만이 실제적 중요성을
갖는다.

1. 헌법적 질서

연방헌법재판소는 판례에서 엘페스 판결 이후 헌법적 질서의 개념을 형식적· **460**
실질적으로 헌법에 합치하는 규범들의 총합으로,[26] 즉 **단순법률유보**로 이해하고
있다. 이와 같이 기본법 제2조 제1항의 한계가 확대된 것은 그 보호영역의 확대
에 따른 결과이다(단락 436 이하 참조).

다수의 사건에서 기본법 제2조 제1항을 규준으로 하는 심사의 중점은 제한의 **461**
한계, 그 중에서도 특히 **비례의 원칙** 준수 여부의 심사에 있다. 연방헌법재판소
는 과잉금지원칙의 효과로서 다음과 같은 형량의 지침을 제시한 바 있다: "법률
에 의한 제한이 인간의 행동의 자유의 기본적인 표현형식에 미치는 영향이 클
수록 그 정당화를 위하여 제시된 근거는 그만큼 더 세심하게 원칙적인 의미가
있는 개인의 자유권과 형량되어야 한다."[27] 이러한 지침은 일반적 행동의 자유
만이 아니라 일반적 인격권의 경우에도 타당하다. 특히 사생활 영역에 대한 제
한은 그 피해자가 예측하지 못하거나 피할 수 없거나 지각할 수 없는 제한과
마찬가지로 특별히 세심한 형량을 필요로 한다.[28] 개인정보자결권에 대한 제한
은, 법률이 그러한 권한을 부여함과 동시에 조사된 정보와 관련하여 정보조사
목적을 위해서만 정보를 사용하여야 할 의무, 개인정보주체에 대한 통지의무,
(잘못되거나 낡은 정보에 대한) 정정의무, (불필요한 정보에 대한) 삭제의무를 예정

---

25) E 65, 1/43 f; *Jarass*, JP, Art. 2 Rn 58.
26) E 6, 32/38 ff; 80, 137/153.
27) E 17, 306/314.
28) 유전자 분석에 대하여 E 103, 21/33; 만하임 행정법원(VGH Mannheim), NJW 2001, 1082/1085;
   위성항법장치(GPS)에 의한 감시에 대하여 E 112, 304/318 ff; 컴퓨터의 압수에 대하여는 E
   113, 29 /52 ff; 범인 추적을 위해 각종 데이터베이스에 집적된 정보를 컴퓨터 프로그램에 의하
   여 대조하는 조치(Rasterfahdung)에 대하여는 E 115, 320/345 ff.

하고 있을 때에만 허용된다.29) 그 밖에도 연방헌법재판소는 국가 소속 비밀정
보기관과 경찰 간의 정보교류와 관련하여 비례의 원칙으로부터 정보분리의 원
칙을 도출하면서 예외적인 경우에만 이 원칙이 적용되지 않는다고 판단하였
다.30) 정보기술체계에 대한 은밀한 침투는 특별히 중대한 제한에 해당하므로,
원칙적으로 매우 중대한 법익에 대하여 구체적이거나 구체화될 수 있는 위험이
존재하는 경우에만 법관의 영장에 의하여 제한이 허용될 수 있다.31)

2. 타인의 권리

462 이 개념은 단순한 이익을 제외한 **모든 권리**를 포함한다. 그러나 이 모든 권리는
이미 헌법적 질서에 완전히 포함되어 있다.

3. 도덕률

463 이 개념은 한때 역사적으로 전승된 도덕관과 동일시되기도 하였으나,32) 이는
기본법 제2조 제1항이 수행하는 자유수호 기능에 배치된다.

464 예: 1957년 연방헌법재판소는 다음과 같이 확인하였다. "동성애는 명백히 도덕률에 반
한다"(E 6, 389/434). 이와 같은 결론의 근거는 형법에 의한 제재(구 형법 제175조)에서
"준거"를 찾을 수 있는 그에 대한 "일반적 승인"의 존재였다. — 1954년 칼스루에
(Kahlsruhe) 주(州)고등법원은 사실혼관계를 도덕률에 위반되는 것으로 보았다(FamRZ
1955, 117). 이와는 반대로 오늘날에는 사실혼은 일반적으로 기본법 제2조 제1항에 의하
여 보호받는 것으로 본다(단락 752 참조).

465 도덕률은 "오랜 기간에 걸쳐 검증받고 또 실무에 적용할 수 있는 법개념인" **선량
한 관습, 신의성실**로서 이해되는데, 이와 같은 이해가 옳다고 본다.33) 이러한 개념
들은 이미 실정화되어 있으므로(민법 제138, 242, 826조 참조) 도덕률이라는 한계
역시 헌법적 질서라는 한계와 병존할 만큼의 독자적인 의미를 갖지 못한다.34)

---

29) E 65, 146.
30) E 133, 277/329.
31) E 120, 274/326; 또한 *Voßkuhle*, in: FS Wahl, 2011, 443도 참조.
32) 가령 *Starck*, Festschrift Geiger, 1974, S. 259/276; 오늘날에도 *Kahl*, in: FS Merten, 2007, S. 57.
33) *Dürig*, MD, Art. 2 Abs. 1 Rn 16.
34) *Lorenz*, BK, Art. 2 Abs. 1, Rn 134.

사례 5(단락 434)에 대한 약해: **466**

Ⅰ. 숲속에서의 승마는 개별 기본권을 통하여 보호되고 있는 것이 아니기 때문에 전적으로 기본법 제2조 제1항을 통한 보호만이 고려될 수 있을 뿐이다. 기본법 제2조 제1항의 보호를 받기 위한 전제로서 어떤 행위가 "여타 기본권의 보호법익에 비견될 정도로 인격발현과 밀접한 관련성(gesteigerte Relevanz)이 있을 것"을 요구한다면(이와 같은 입장으로는 E 80, 164/165의 소수의견), 숲속에서의 승마는 기본법 제2조 제1항의 보호영역에 포함되기는 어려울 것이다. 또한 숲속에서의 승마는 판례와 학설이 개발한 일반적 인격권의 구체적 내용에도 포함되지 않는다. 그렇지만 판례와 학설의 지지를 받고 있는 연방헌법재판소의 견해에 의하면, 인격의 자유발현권에는 일반적 행동의 자유가 포함되어 있고 또 "모든 형태의 인간의 행위가, 인격발현에 대한 그 비중과는 무관하게" 일반적 행동의 자유에 포함되어 있기 때문에 숲속에서의 승마는 기본법 제2조 제1항을 통해서 보호된다(E 80, 137/152).

Ⅱ. 노르트라인-베스트팔렌(Nordrhein-Westfalen) 자연경관보호법(Landschaftsgesetz)의 규율에 의하여 승마를 하려는 사람은 승마용으로 표시된 길만을 이용할 수 있기 때문에 부담을 안게 되었다.

Ⅲ. 위와 같은 부담은, 그것이 헌법적 질서에 속한다면, 즉 형식적·실질적으로 헌법에 합치한다면, 정당화된다. 그러므로 먼저 위와 같은 규율이 과잉금지원칙에 위반되는지를 심사하여야 한다. 위 규율의 목적은 휴식을 취하기 위하여 숲속을 산책하는 사람들이 말과 조우할 경우 있을 수 있는 위험이나 승마로 인하여 숲의 산책로의 지면이 울퉁불퉁하게 함으로써 발생하는 위험을 예방하려는 것이다. 승마하는 사람이 승마용 길만을 이용하도록 하는 것은 이러한 목적을 달성하기에 적합한 수단이다. 그러한 수단은 필요한 것이기도 하다. 물론 그 규율의 목적은 숲속 길 가운데서 승마용 길을 선정하는 방식 대신에 산책로를 선정하는 방식을 통해서도 달성될 수도 있을 것이나, 후자는 기본권을 덜 제한하는 수단이 아니다. 산책하는 사람도 승마하는 사람과 마찬가지로 기본법 제2조 제1항을 원용할 수 있는데, 승마하는 사람의 수보다 많은 산책하는 사람에게 더 무거운 부담을 지우는 것은 더 유연한 수단이라고 할 수 없기 때문이다. - E 80 137/160은 이 사건에서 "입법자에게 위임된" 산책하는 사람들과 승마하는 사람들 사이의 "정의로운 이익형량"을 협의의 비례성심사의 문제로 보고 입법자의 형량결과를 수용하였다.

참고문헌: *M. Albers*, Grundrechtsschutz der Privatheit, DVBl. 2010, 1061; *G. Britz*,   **467** Freie Entfaltung durch Selbstdarstellung, 2007; *H.P. Bull*, Informationelle Selbstbestimmung — Vision oder Illusion?, 2009; *I. Dammann*, Der Kernbereich der privaten Lebensgestaltung, 2011; *M. Eifert*, Das Allgemeine Persönlichkeitsrecht des Art. 2 Abs. 1 GG, Jura 2015, 111; *W. Kahl*, Grundfälle zu Art. 2 I GG, JuS 2008, 499, 595; *ders./L. Ohlendorf*, Grundfälle zu Art. 2 I iVm Art. 1 I GG, JuS 2008, 682; *H. Kube*, Persönlichkeitsrecht, Hdb. StR³ VII, 148; *J. Lege*, Die allgemeine Handlungsfreiheit gem. Art. 2 I GG, Jura 2002, 753; *R. Poscher*, Menschenwürde und Kernbereichsschutz, JZ 2009, 269; *B. Schlink*, Das Recht der informationellen Selbstbestimmung, Staat 1986, 233; *F. Schoch*, Das Recht auf informationelle Selbstbestimmung, Jura 2008, 352; *D. Suhr*, Entfaltung der Menschen durch die Menschen, 1976.

§ 9 생명권 및 신체불훼손권(기본법 제2조 제2항 제1문)

사례 6: 대학생에 대한 엑스레이 검진 강제(출전: 만하임[Mannheim] 행정법원, DÖV **468**
      1979, 338)

어떤 주(州)의 대학법은 학생의 건강상태가 정상적인 학업을 마칠 수 없는 경우에는 해당 학생의 등록을 말소할 수 있도록 규정하는 한편, 등록말소에 관한 상세한 규율을 정하도록 대학의 학칙에 위임하고 있다. 한 대학의 학칙이 4학기마다 한 차례씩 엑스레이 촬영을 통한 검진을 받지 않으면 해당 학생의 등록을 말소할 수 있도록 규정하고 있다면, 이러한 학칙은 기본법 제2조 제2항 제1문에 위반되는가? 이 사례에 대한 약해는 **단락 491**을 보라.

I. 개관

생명권 및 신체불훼손권은 독일 헌법사에 전례가 없는 권리에 해당한다. 이 권리는 나 **469**
치에 의해 자행된 범죄("유대인문제의 종식", "가치 없는 종족" 또는 "무가치한 생명"의 절멸, "강제불임시술", 살아 있는 사람을 대상으로 한 강제실험, 고문 등)에 대한 반성의 산물이다.

생명권 및 신체불훼손권은 일면 국가에 대한 방어권이다. E 1, 97/104까지만 해도 이 기 **470**
본권의 효력은 생명권 및 신체불훼손권을 명시적이면서도 **소극적으로 규정**하는 데에 있었고, 특히 국가에 의하여 조직적으로 자행되는 고살(故殺)과 인간에 대한 강제실험을 배제하는 것에 한정되었었다. 이에 비해 연방헌법재판소는 E 39, 1/4 이래 기본법 제2조 제2항 제1문으로부터 국가의 생명보호의무를 도출하고 있다. 그 논거로는 이 규정과 기본법 제1조 제1항과의 체계적 연관성을 제시할 수 있을 것이다. 즉 생명권과 신체불훼손권은 인간의 정체성과 온전성을 존중하고 보호하라는 기본법 제1조 제1항의 명령(위 단락 425~426 참조)과 밀접한 관계가 있다. 환언하자면, 기본법 제2조 제2항 제1문은 기본법 제104조 제1항 제2문과 함께 인간존엄성의 요소를 특히 가시적으로 표출하고 있다고 할 수 있다.

II. 기본법 제2조 제2항 제1문의 방어권

1. 보호영역

471 a) **생명권**은 생명을 유지할 권리이다. 여기서 생명은 육신의 생존을 말한다. 생명권은 출생 전부터 시작되고(위 단락 183 참조) 사망으로 소멸된다(위 단락 179 참조). 생명권은 죽을 권리도 포함한다. 즉 생명권은 소극적 자유의 보호라는 의미에서 자살권 및 극심한 질병을 앓고 있을 때 자살 목적으로 마취제를 취득할 수 있는 권리,[1] 환자의 의사에 반하여 생명을 연장하는 진료를 받지 않을 권리[2]도 포함하고 있다. 국립의 시설에 수용되어 있는 사람에게 존엄한 죽음을 거부 또는 방해하거나 강제영양주입 조치를 취하는 것과 관련해서는 생명권 이외에도 인간존엄권이 적용된다.[3]

472 b) **신체의 불훼손**(Unversehrtheit)이라 함은 생물학적·생체학적 의미의 건강을 의미하지만 정신적 건강도 그 보호법익에 포함된다.[4] 이는 인간의 정체성 및 온전성의 보호를 육신의 영역에 한정하지 않는 인간존엄성(단락 426~427 참조)과 기본법 제2조 제2항 제1문의 연관성 및 이 규정의 성립사로부터 추론된다. 즉 나치에 의하여 자행된 범죄 가운데는 심리적 테러, 정신적 고문, 그에 부합하는 심문방법도 있다는 것이다. 그러므로 이 규정의 보호법익인 건강은 고통으로부터의 자유도 포함한다.[5] 반면에 신체의 불훼손에 사회적 안락감[6]이나 불쾌감의 부재상태[7]는 포함되지 않는다. 따라서 소극적 자유의 의미에서의 아플 권리

---

1) 연방행정법원(BVerwG), 2017.3.2.의 판결, Rn 23 ff.
2) *Fink*, Hdb. GR IV, § 88 Rn 48; *Kämper*, Die Selbstbestimmung Sterbewilliger, 2005, S. 177 ff; *Michael/Morlok*, GR, Rn 46, 160; 통설은 이를 달리 보고 자살을 일반적 행동의 자유의 보호영역에 포함시키거나(*Stern*, StR IV/1, S. 148 f; *Lindner*, JZ 2006, 373/377 참조) 일반적 인격권의 보호영역에 포함시키는데(*Möller*, KritV 2005, 230 참조) 그다지 일관성이 있다고 할 수 없다; 유럽인권재판소(EGMR), Pretty v. The United Kingdom, No. 2346/02, Rn 63 ff; Lambert v. France, No. 46043/14, Rn 142는 유럽인권협약 제2조를 고려하는 가운데 같은 협약 제8조를 우선적으로 원용하고 있다.
3) *Podlech*, AK, Art. 1 Abs. 1 Rn 55 참조.
4) 비판적인 견해로는 *Kloepfer*, VerR II, § 57 Rn 8.
5) E 56, 54/75.
6) *Schmidt-Aßmann*, AöR 1981, 205/210; 이 문제를 미결로 남겨 두고 있는 E 56, 54/74 ff.
7) 이견으로는 BVerwG, NJW 1995, 2648/2649.

도 기본법 제2조 제2항에 포함되며, 개인은 긴절하게 필요한 치료를 거부할 수
도 있다.[8]

2. 제한

a) **생명권**에 대한 제한의 예로는 사형의 선고 및 집행, 경찰에 의한 사살, 연방   **473**
군, 경찰, 소방관, 재난방위대원이 자신의 생명과 건강을 공법적 근무관계에 투
입할 의무[9] 등을 들 수 있다. 나치 체제에서 국가가 조직적으로 자행한 고살(故
殺)과 마찬가지인 안락사도 생명에 대한 제한으로 볼 수 있다. 이러한 안락사는
생명을 단축하지 않는 가운데 죽음을 도와주거나 환자의 의사에 따라 그 생명
을 단축하기 위하여 죽음을 도와주는 것(단락 471 참조)과 구분되어야 한다. 회
복불능의 극심한 고통이 따르는 질환을 앓고 있는 환자의 생명을 환자의 의사
에 따라 종식시킬 수 있도록 의사에게 허용하는 법률적 규율은 생명에 대한
침탈을 막으면서 실제 환자의 의사에 따라 이루어질 수 있도록 엄격한 실체법
적·절차법적 요건들을 규정하여야 한다.[10]

b) **신체불훼손권**에 대한 제한은 고통을 가하거나 고통을 느끼도록 하는 경우에만   **474**
존재하는 것은 아니다. 건강을 해치거나 위험에 노출시키는 조치도 그에 대한
제한에 해당한다.[11] 환자의 동의를 받아 행해지는 의사의 진료는 제한이 아니
다.[12] 신체불훼손권에 대한 제한의 강도가 사소하다고 하여 그 제한의 존재가
부정될 수 있는 것은 아니다. 물론 제한 강도의 문제는 헌법적 정당화의 테두리
안에서 고려될 수 있다.

예: 인간에 대한 실험, 강제거세 및 강제불임시술, 강제치료(E 128, 282/300 ff; 129,   **475**
269/280 ff), 신체형 및 체벌, 강제접종(BVerwGE 9, 78/79), 살아 있는 장기기증자에게
서 채취한 장기를 친척과 가까운 사람들에게만 이식할 수 있도록 하는 것(BVerfG, NJW
1999, 771/772) 및 혈액채취(BVerfG, NJW 1966, 771/772), 골수채취(E 16, 194/198), 두
개골 내 공기주입(E 17, 108/115), 두발 및 수염 모양의 강제변경(E 47, 239/248 f)과 같

---

8) E 128, 282/304.
9) *Sachs*, BayVBl. 1983, 460, 489; *Baldus*, NJW 1995, 1134 참조.
10) *Höfling*, JuS 2000, 111; *Lorenz*, JZ 2009, 57.
11) E 66, 39/57 f; BVerfG, NJW 1998, 295.
12) E 128, 292/307; *Di Fabio*, MD, Art. 2 Abs. 2 Rn 69.

은 형사소송절차상의 제한들. – 반면에 BVerfGE 125, 85/88에 의하면 이발 명령은 기
본법 제2조 제1항에 대한 제한일 뿐이라고 한다.

3. 헌법적 정당화

476 a) 생명권 및 신체불훼손권은 기본법 제2조 제2항 제3문의 **법률유보** 아래에 있
다. 기본법 제2조 제2항 제3문의 보호영역에 속하는 법익에 대한 국가의 제한
조치의 심각성에 비추어 볼 때 본질성이론(단락 315 이하 참조)의 요건을 충족하
려면 생명권에 대한 제한은 물론 통상적인 경우의 신체불훼손권에 대한 제한은
의회의 법률을 통하여 규율되어야 한다. 신체불훼손권에 대한 제한이 본질적
의미를 갖지 아니할 때에만 실질적인 의미의 법률에 의거한 제한이 가능하다.

477 예: 형사소송에서 증거조사를 위한 신체불훼손권에 대한 제한은 의회가 제정하는 법률
을 통하여 규율되어야만 할 것이다(형사소송법 제81a조 참조). 교사의 학생에 대한 체벌
은 고통이 따르고 또한 고통이 수반되어야 의미가 있다. 체벌은 신체불훼손권에 대한
비본질적인 제한이라고 볼 수 없으며, 따라서 의회의 법률을 통하여 규율되어야 한다
(*Kunig*, MüK, Art. 2 Rn 83).

478 b) 먼저 기본법 제104조 제1항 제2문 및 제102조의 **특별규범**이 **제한의 한계**로 작
용한다. **기본법 제104조 제1항 제2문**에 따라 구금된 자를 육체적·정신적으로 학
대하는 것(misshandeln)은 금지된다. 여기서 학대라는 말은 넓게 이해하여야 한
다.[13] 그렇지 않으면 그 규범은 기본법 제1조 제1항 때문에 아무런 독자적 의
미를 갖지 못하게 될 것이다(단락 425~426, 432). 학대의 강도가 인간존엄성에
저촉되는 정도에 이르지 아니하는 경우에는 신체불훼손권에 대한 제한으로서
원칙적으로 기본법 제2조 제2항 제3문의 법률유보를 통하여 정당화될 수 있는
반면, 구금된 자에 대한 학대는 전적으로 금지된다.

479 예: 경찰의 곤봉사용은 신체적 학대에 이를 수 있다. 곤봉사용이 합법적인 경찰처분을
집행하기 위한 직접적인 강제로서는 허용될 수 있지만, 구금된 자에 대한 곤봉사용은
어떤 경우에도 정당화될 수 없다.

480 사형은 **기본법 제102조**에 따라 폐지되고 동시에 법률로 다시 채택하는 것도 금

---

13) *Jarass*, JP, Art. 104 Rn. 7 f; *Kloepfer*, VerfR Ⅱ, § 57 Rn 70; *Kunig*, MüK, Art. 104 Rn 14 f.

지되었다. 그렇다면 만약에 기본법 제102조가 헌법개정으로 폐지된다면 사형을 법률로 다시 채택할 수 있는지가 문제된다. 기본법 제102조가 기본법 제79조 제3항의 헌법개정금지의 대상에 포함되어 있지 않다는 사정은 긍정설을 뒷받침한다.[14] 반면, 사형제도의 재채택은 기본법 제1조 제1항에 저촉될 수 있고, 따라서 기본법 제79조 제3항에도 위반되게 될 것이라는 점은 부정설의 논거가 된다. 부정설에 따르면 사형의 선고와 집행은 인격성을 침해함으로써 육신을 단순한 객체로 전락시키고 말 것이고,[15] 인간존엄성 존중을 보장하는 사형집행 형식은 존재하지 않으며, 따라서 사형집행은 국가가 그에 관여하는 이들에게 야만적인 행위를 부당하게 요구하는 것을 의미한다.[16] 유럽인권협약 제2조 제1항이 사형을 생명권에 대해 가할 수 있는 제한의 유형 중의 하나로 명시하고 있고 일부 회원국이 비준하지 아니한 제6차 추가의정서가 사형의 금지를 대상으로 하고 있음에도 불구하고 유럽인권재판소도 사형제는 유럽인권협약 제3조의 "잔인하고 모멸적인 형벌"의 금지에 저촉된다고 본다.[17]

범인의 인도를 요청하는 국가에서 사형에 처해질 수도 있는 범죄행위를 이유로 **외국인을** 해당국에 **인도하는 것**이 기본법 제102조에 의하여 독일의 공권력에게 금지되는지가 다투어지고 있다.[18] 연방헌법재판소가 이 문제를 미결로 남겨 두고 있던 사이에[19] 「형사문제에 관한 국제사법공조에 관한 법률(IRG)」은 제8조에서 위와 같은 상황에서의 범인인도를 금지하였다. **481**

다음으로 이 기본권들과 관련해서는 **일반적인 제한의 한계**, 특히 비례의 원칙이라는 정당화요건을 특히 세심하게 준수하여야 한다. 신체불훼손권은 특히 예민한 권리이기 때문이다. **482**

예: 강제치료는 개인의 자결권에 따라 질병으로 인하여 분별력을 상실한 경우에만 인정될 수 있다. 나아가 정신질환자의 강제치료는 해당 환자를 퇴원할 수 있는 상태로 회복시키는 것을 목적으로 하는 경우에만 정당화된다(E 128, 282/304 ff; E 129, 269). **483**

---

14) *Tettinger*, JZ 1978, 128/131.
15) *Gusy*, MKS, Art. 102 Rn 33; *Degenhart*, SA, Art. 102 Rn 8.
16) *Podlech*, AK, Art. 1 Abs. 1 Rn 43.
17) EGMR, Al-Saadoon and Mudfdhi v. United Kingdom, No 61498/08, Rn 115-140.
18) *Di Fabio*, MD, Art. 2 Abs. 2 Rn 39 참조.
19) E 60, 348/354.

484 신체불훼손권에는 기본법 제19조 제2항에서 명시된 이 권리의 본질적 내용으로도 이해되고 있는 **인간존엄성의 요소**가 특히 가시적으로 나타난다(단락 360 참조). 생명권 및 신체불훼손권 중 인간존엄성의 요소는 어떤 경우에도 침훼될 수 없으며 기본법 제79조 제3항에 의하여 헌법개정입법자의 처분대상에서도 제외되어 있다.

485 그러나 생명은 생명권의 본질적 내용 내지 인간존엄성의 요소는 아니다. **생명의 박탈**이 생명에 여분을 남기지 않는 것임에도 불구하고 생명의 박탈 자체가 기본법 제19조 제2항 및 제79조 제3항에 배치되는 것은 아니다. 왜냐하면 기본법 제2조 제2항 제3문은 생명 자체에 대한 제한까지 허용하고 있고 생명에 대한 제한에는 무엇보다도 생명의 박탈도 포함되어 있기 때문이다. 기본법 제19조 제2항이 기본권에 (그에 대한 제한 이후에도) 항상 잔여부분이 남아있을 것을 요구하고 있다면(단락 355 참조), 이는 개인적인 차원이 아니라 집단적·일반적인 차원에서만 이해될 수 있을 뿐이다.

486 예: 경찰은 절박한 위험으로부터 인질의 생명을 구출하기 위한 최후의 비상수단으로서만, 즉 인질범이 인질구출을 위한 경찰의 사격을 오로지 인질석방을 통해 피할 수 있을 때만[20] 해당 인질범을 사살할 수 있다. 일단 이러한 전제가 충족된다면 인질범 사망을 어쩔 수 없는 것으로 감수한 경우만이 아니라 인질범의 살해가 의도된 경우라도 인질범에 대한 경찰의 사격은 적법한 것이다(*Schöne/Klaes*, DÖV 1996, 992; *Correll*, AK, Art. 2 Abs. 2 Rn 62 참조). 상황에 따라서는 인질의 생명을 구하기 위해서는 의도적으로 인질범을 사살하여야 한다.

III. 기본법 제2조 제2항 제1문의 보호의무 및 보호청구권

1. 근거

487 연방헌법재판소는 기본권의 객관적 기능으로부터 국가의 보호의무가 도출된다는 것을 일반적 형태로 판시하기는 하였으나, 특히 생명권 및 신체불훼손권에 가해지는 위협에 대한 보호가 문제되는 경우를 보호의무의 도출을 위한 계기로 삼았다(단락 134 이하 참조). 생명권에 대한 위협이 현실화되는 경우, 즉 생명권

---

20) [역주] 인질을 구할 다른 가능성이 없는 경우에만.

이 침해되는 경우에는 그 침해를 **되돌리는 것이 언제나 불가능하기** 때문에 생명
권과 관련해서는 보호의무를 인정하는 것이 용이하다. 그러나 다른 기본권의
경우에는 사정이 다르고, 또한 신체불훼손권의 경우만 해도 그 보호의무의 정
도는 생명권의 경우보다 약하다. 왜냐하면 신체불훼손권에 대한 침해는 생명권
침해처럼 종국적 성격을 띠지 않기 때문이다. - 보호청구권은 국가에 대한 (사
회적) 급부청구권과 구분하여야 한다. 보호청구권은 기본권이 위협을 받고 있는
단계에서 국가로 하여금 기본권침해를 방어하도록 하는 것이며 또 국가 자신의
기본권침해만이 아니라 개인에 의한 기본권침해를 예방하여야 한다는 것은 (최
저생활을 보장하기 위하여) 사회적 구제 및 의료제공을 보장하는 것(단락 421, 426)
과는 다른 것이기 때문이다. 물론 기본법 제2조 제2항 제1문은 표준적인 치료
법이 없으면서도 생명을 위태롭게 하는 질환을 치료하는 것이 도움이 되는지가
불확실한 경우에도 의료보험법상의 의료급여청구권의 근거가 된다고 보아야
한다. 이러한 경우 의료급여청구권은 보험가입의무에 따른 피보험자의 자율성
부재에 기인하는 것이다.[21] 따라서 이는 방어권의 한 측면에 해당한다(단락
123).

2. 보호의무의 이행

보호의 방법 및 성공 여부는 다수의 요인들에 달려 있다(단락 141~142, 349 참 **488**
조). 그러므로 국가는 보호의무 이행과 관련하여 **현저한 형성의 여지**를 가지고
있다.[22] 보호의무에 대한 위반은 "보호대책이 전혀 강구되지 않았거나 발해진
규율과 조치가 요청되는 보호목표를 달성하는 데 명백히 부적합하거나 극히 불
충분한 경우 또는 보호목표에 현저히 미달하는 경우"에 존재한다.[23]

예: 국가는 생명과 신체적 온전성을 위협하는 산업체와 관련해서는 환경법과 경제행정 **489**
법의 허가규정을 통해(E 53, 30/55 ff; 56, 54/73 ff), 장기이식을 위한 장기 배분과 관련
해서는 절차 및 권리보호 보장을 통해서(NJW 2017, 545/546 = JK 8/2017, 또한 단락
1172도 보라) 상충하는 보호법익들이 조화를 이룰 수 있도록 함으로써 보호의무를 이행

---

21) E 115, 25/45 f; NJW 2016, 1505/1506; 비판적인 견해로는 *Huster*, JZ 2006, 466 ff; *Kingreen*,
   NJW 2006, 877 ff.
22) E 77, 170/214; BVerfG, NJW 2017, 53/55 = JK 3/2017.
23) BVerfG, NJW 2017, 53/55 = JK 3/2017; 또한 BVerfG, NVwZ 2016, 841/842도 참조.

한다. – 국가가 납치범의 요구에 굴복할 경우 국가를 우습게 보게 되는 테러범들에 의하여 더욱 빈번하게 테러리즘의 위협에 노출될 다른 모든 국민의 생명에 대한 보호의무와 피랍된 슈라이어 사용자단체장의 생명에 대한 보호의무 중 어떤 것을 선택할 것인지의 문제는 원칙적으로 국가기관들만이 독자적인 책임을 지고 결정할 수 있다(E 46, 160/165). 국가는 스포츠용 무기의 오용으로부터도 기본권을 보호하여야 하지만 그 이용 자체를 금지해서는 안 된다(BVerfG, NVwZ 2013, 502). – 그러나 국가는 분별력이 없는 피성년후견인의 건강이 심각히 손상되는 상황이 임박한 경우 엄격한 요건하에서 그의 자연적인 의사에 반해서도 의사의 치료를 강제할 수 있도록 하는 입법을 해야 할 의무를 진다고 한다(NJW 2017, 53/55 ff = JK 3/2017, 또한 단락 65, 135도 보라). 이 사건은 기본권제한을 정당화하는 근거가 되곤 하는 기본권보호의무의 이면을 보여주고 있다(단락 135). 유럽인권재판소의 판례(EGMR, Lambert v. France, No. 46043/14, Rn 143 ff)에 의하면 회복불능의 혼수상태에 빠져 있는 환자를 위한 치료의 중단과 관련하여 환자 가족을 위해 충분히 구체적으로 형성된 절차와 권리보호장치가 마련되어 있다면 치료중단이 환자의 추정적 의사에 따르는 것이라고 하더라도 유럽인권협약 제2조에서 도출되는 국가의 보호의무에 대한 위반은 존재하지 않는다고 한다. 유럽인권협약 제2조에서 도출되는 가정폭력에 대한 보호의무에 대해서는 위 단락 145를 보라.

490 보호의무는 **형법규범의 제정 및 적용**과 관련해서도 의미가 있을 수 있다. 연방헌법재판소는 제1차 낙태판결을 통해 수태 후 3개월 내의 낙태자유화를 태아 생명에 대한 보호가 충분하지 않다는 이유로 위헌으로 선언하고 기한제 대신에 적응방식(낙태정당화사유 열거방식)을 채택할 것을 요구하였다.[24] 반면에 연방헌법재판소는 제2차 낙태판결을 통해서는 "태아를 보호하는 차원에서 임신의 지속 여부에 관한 갈등에 처하게 되는 임신 초기에 임신부가 아이를 출산하는 방향으로 결정을 내릴 수 있도록 임신부에게 상담을 받도록 요구하는 것에 초점을 맞추면서 … 적응방식에 바탕을 둔 형벌의 위하를 … 포기하는 보호구상으로 이행하는 것을" 입법자에게 금지하지 않았다.[25] 사실 형법에 의한 제재가 낙태의 경우처럼 생명보호를 촉진하지 않는 것으로 이미 밝혀졌다면 보호의무에 기하여 형법에 의한 제재를 요구할 수는 없다. 그러나 생명, 신체와 같은 기본적인 법익을 보호하는 형법의 실효성 있는 적용의무가 보호의무로부터 도출될 수도 있다. 특히 공직자의 범죄가 문제되거나 국가가 범죄피해자에 대하여

---

24) E 39, 1.
25) E 88, 203/264; 또한 E 98, 265/302 ff도 참조.

특별한 지원의무를 지고 있는 경우에는 그러한 의무가 발생한다. 범죄피해자는 형사소추청구권을 기본권으로 갖고 있지는 않지만 사실관계를 밝히고, 수사과정을 기록하고 수사중지결정의 근거를 제시할 것을 요구할 수 있는 기본권을 가지고 있다.[26]

사례 6(단락 468)에 대한 약해: **491**

 Ⅰ. 엑스레이 검진은, 엑스레이가 생체학적 변화의 원인이 될 수 있기 때문에 신체불훼손권의 **보호영역**과 관련된다.

 Ⅱ. 엑스레이 검진 거부의 법적 효과는 제적에 해당하며, 이 제적은 다시 직업교육을 받을 자유의 기본권을 제한하는 것이다. 학생들이 이러한 제재를 피하려면 엑스레이검진에 의해 가해지는 신체불훼손권에 대한 피해를 감수할 수밖에 없다. 그러므로 기본법 제2조 제2항 제1문의 보호영역에 속하는 요소가 국가에 의한 제한조치의 대상이 되는 것이고, 이에 따라 기본법 제12조 제1항에 대한 **제한**만이 아니라 기본법 제2조 제2항 제1문에 대한 **제한**도 존재하게 된다(이견으로는 만하임 행정법원[VGH Mannheim], DÖV 1979, 338).

 Ⅲ. 엑스레이 검진으로 인한 건강에 대한 위험성을 결코 완전히 배제할 수 없고, 따라서 그것을 비본질적인 것이라고 할 수 없기 때문에 엑스레이 검진은 **의회가 제정한 법률**에 근거를 두고 있어야 한다. 대학법률은 정상적인 학업을 위해 필요한 건강상태를 요구하고 있다. 그러나 그러한 건강상태의 입증방법과 그 입증을 위해 엑스선검진이라는 제한을 요구할 수 있는지는 본질적인 문제에 해당한다. 대학법률은 이러한 문제에 대하여 침묵하고 있으며, 따라서 제한의 근거가 될 수 없다. 또한 대학의 학칙만으로는 기본법 제2조 제2항 제3문에 따라 요구되는 제한의 법률적 근거가 있다고 할 수 없다(이견으로는 v. Olshausen, DÖV 1979, 340/341 f).

 ─ 기본법 제2조 제2항 제3문의 법률유보를 너그럽게 이해하더라도 대학의 학칙상의 규정은 여전히 헌법적인 문제를 안고 있다. 왜냐하면 대학의 학칙이 기본법 제2조 제2항 제3문이 말하는 법률이라고 볼 경우에도 엑스선검진이라는 학칙상의 요구가 **과도하지는** 않은지의 문제를 추가적으로 검토하여야 하기 때문이다. 학생이 이미 엑스선검진을 받은 적이 있다는 점, 엑스선의 위험성 및 결핵의 발병률이 낮다는 점이 그 요건이 과잉금지원칙에 위배된다는 것을 뒷받침해주고 있다(군인과 관련한 이견으로는 BVerwGE 83, 191/195).

---

26) BVerfG, NJW 2015, 150/150 f; 나아가 유럽인권재판소(EGMR), NJW 2001, 1989/1989 f.

492 참고문헌: *M. Anderheiden*, "Leben" im Grundgesetz, KritV 2001, 353; *I. Augusburg*, Grundfälle zu Art. 2 Ⅱ 1 GG, JuS 2011, 28, 128; *H. Dreier*, Grenzen des Tötungsverbotes, JZ 2007, 261, 317; *G. Hermes*, Das Grundrecht auf Schutz von Leben und Gesundheit, 1987; *M. Kloepfer*, Leben und Würde des Menschen, in: FS 50 Jahre BVerfG, 2001, Bd. Ⅱ, S. 77; *J.F. Lindner*, Die Würde des Menschen und sein Leben, DÖV 2006, 577; *R. Müller-Terpitz*, Recht auf Lenben und körperliche Unversehrtheit, Hdb. StR³ Ⅶ, § 147; *B. Rütsche*, Rechte von Ungeborenen auf Leben und Integrität, 2009.

§ 10 신체의 자유(기본법 제2조 제2항 제2문, 제104조)

사례 7: 부랑자의 체포(출전: 뮌스터 고등행정법원[OVG Münster], DVBl. 1979, 733) **493**
수차례에 걸친 무신고 시위로 여러 차례 경찰이 동원되었던 어느 날 시민 甲은 장시간
경찰서 앞에 서 있었다. 경찰공무원인 乙은 甲이 또 다른 무신고 시위의 조직을 돕기 위
하여 경찰의 동원상태를 염탐하고 있다고 생각하고 甲을 체포하였다. 경찰관 乙은 일반
에게 중대한 의미가 있는 범죄 또는 공공질서위반행위가 임박한 경우 이를 저지하거나
그러한 범죄 또는 공공질서위반행위의 진행을 저지하기 위하여 불가피한 경우에는 그 행
위자를 체포할 수 있다고 규정하고 있는 노르트라인-베스트팔렌(Nordrhein-Westfalen)
경찰법(nw PolG) 제35조 제1항 제2호를 통하여 甲을 체포할 수 있는 권한을 부여받고
있다고 생각했다. 甲은 경찰 乙에 대하여 자신은 아무런 상관이 없는 부랑자일 뿐이라
고 주장하였다. 그럼에도 불구하고 경찰 乙은 甲을 5시간 동안이나 구금하였다. 경찰 乙
의 행위는 합법적이었는가? 이 사례에 대한 약해는 **단락 512**를 보라.

Ⅰ. 개관

기본법 제2조 제2항 제2문 및 제104조는 신체의 자유라는 동일한 보호영역을 갖고 있 **494**
다. 그런 점에서 보면 기본법 제104조는 본래 불필요한 **중복보장**에 해당한다. 그러나 기
본법 제104조는 가중법률유보를 포함하고 있어서 기본법 제2조 제2항 제1문의 단순법
률유보에 대한 특별법이라는 독자적인 의미를 가진다. 기본법 제2조 제2항 제3문은, 그
것이 생명과 신체적 불훼손이라는 보호영역과 아울러 신체의 자유의 보호영역과 관련되
는 범위에서는 기본법 제104조에 의하여 배척된다.

기본법 제2조 제2항 제2문과 제104조가 기본법 안에서도 서로 매우 멀리 떨어지게 배치 **495**
된 이유는 전적으로 그 성립사 때문이다. 기본법 제104조는 먼저 영국의 헌법사에서 발
전된 **인신보호율**(habeas corpus)이라는 제도에서 유래한다.[1] 이 제도는 무엇보다도 공
권력에 의한 체포나 여타 자유제한에 관한 법치국가적 규준들로서 법관에 의하여 보장
되어야 하는 것에 관한 것이다. 이러한 이유 때문에 기본법제정회의인 의회협의회가 이

---

1) *Riedel*, EuGRZ 1980, 192 참조.

규준들을 사법에 관한 절에 편재하게 된 것이다.

II. 보호영역

496 신체의 자유는 **신체적 거동의 자유**를 의미한다. 이 기본권은 (적극적으로는) 원근의 임의의 장소를 방문할 권리를, (소극적으로는) 임의의 장소를 피할 수 있는 권리를 포함하고 있다. 이 기본권의 보호영역에는 머물고 싶지 않은 곳에 강제로 머무르지 아니할 권리도 포함된다. 신체의 자유는 규범에 의하여 구성될 필요가 없는 다른 자유권들과 마찬가지로 일반적 법질서의 테두리 안에서만 보호받는 데 그치지 아니한다.[2]

497 통설은 역사적인 근거를 이유로 신체의 자유는 신체적 거동의 자유를 **물리적으로 제약**하는 조치에 대해서만 보호하는 것이라고 본다. 그에 따르면 특정 장소에서의 이탈을 금지하는 것은, 일정 장소에 출석하라는 명령과 마찬가지로 직접강제가 가해지는 경우나 직접강제 행사의 위하를 수반하는 경우에만 신체의 자유에 대한 제한이 존재한다.[3] 그러나 역사적 근거가 신체적 거동의 자유의 보호범위를 신체에 물리적 제약이 가해지는 경우로 축소할 충분한 이유가 될 수 없다. 직접강제나 그 행사의 위하는 오늘날처럼 국가의 권력독점이 충분히 성숙한 시대에는 이탈금지나 출석명령에 대하여 특별한 성격을 부여하지 못한다. 그러한 강제는 모든 명령이나 금지의 배후에 존재하는 것이기 때문이다.[4]

498 그러나 신체적 거동의 자유는 신체적 거동에 관한 모든 의무로부터의 자유가 아니다. 따라서 일정 장소에 출석할 명령은 이를 **구분해서** 평가해야 한다. 특정 시점까지 일정 장소에서 특정한 것을 해야 할 의무는 의무주체에게 언제 그 의무를 이행할 것인지에 대한 자유를 남겨 두고 있다. 따라서 이러한 의무는 신체의 자유에 영향을 미치지 않는다. 신체의 자유의 보호영역은 신체적 거동의 자유 자체이지 신체적 거동을 수반하는 일체의 행위의무로부터의 자유가 아니기 때문이다. 그러나 그 의무가 특정 시점과도 결부되어 있다면 해당 의무는 신체

---

2) *Kloepfer*, VerfR II, § 58 Rn 4; 이견으로는 E 94, 166/198; 96, 10/21.
3) *Di Fabio*, MD
4) *Gusy*, MKS, Art. 104 Rn 18 참조.

의 자유의 소극적 측면과 관련되는 것이다.

III. 제한

신체의 자유에 대한 제한은 명령이나 금지로 어떤 장소를 방문하거나 체류하는 **499**
것을 방해받았거나 일정기간 동안 그렇게 해야 할 의무를 지게 된 경우에 존재
한다.5) 신체의 자유에 대한 제한으로는 소환, 단기간의 체포, 종신 자유형 등이
있다. 신체적 거동의 자유는 가령 병역의무나 취학의무에 의해서도 제한된다.6)
나아가 명령 및 금지를 관철하기 위하여 동원되는 집행행위들, 특히 직접강제
도 신체적 자유에 대한 제한에 해당한다.

예: 자유형을 선고하는 형사법원의 판결은 범인의 체포 및 교도소에서의 형집행과 구분 **500**
하여야 한다. 이 3가지 조치들 모두 신체의 자유에 대한 제한이다(또한 E 14, 147/186 참
조). 집행유예의 철회도 신체의 자유에 대한 제한이다(BVerfG, NJW 2013, 2414/2415).
이에 반해 자유형 집행유예에 추가된 금전 부담은 신체의 자유에 대한 제한이 아니다
(BVerfG, NJW 2011, 3508).

기본법 제104조 제2항 제4문은 신체의 자유에 대한 특히 강도 높은 제한인 **자** **501**
유박탈을 별도로 규율하고 있다. 자유박탈이란 "모든 방향으로의" 신체적 거동
의 자유를 박탈하는 조치,7) (명령 그리고/또는 집행을 통하여) 울타리가 쳐진 좁은
장소에 사람을 붙잡아 두는 것,8) 따라서 모든 종류의 체포, 구금(Gewahrsam),
구속(Haft), 자유형, 시설에의 수용을 의미한다. 체류지를 제한하면서 거동을 감
시하는 조치 및 소환은, 자유박탈이 아니라 자유제한일 뿐이다. 소환의 관철이
라 할 수 있는 구인은 자유박탈이 아니라 자유에 대한 제한에 불과한 것으로
보기도 한다.9) 그러나 구인된 사람이 그의 의사에 반하여 붙잡혀 있는 관서는
좁은 공간이기 때문에 자유박탈에 해당한다. 따라서 단기간 관서에 구인된 경
우도 유럽인권협약 제5조의 자유박탈로 보는 유럽인권재판소의 판단은 정당하

---

5) E 105, 239/248 참조.
6) 이견으로는 *Gusy*, NJW 1992, 457/459 f; *Stern*, StR IV/1, S. 1097.
7) E 105, 239/248; BVerfG, DVBl. 2011, 623/624.
8) BVerwGE 62, 325/328; BGHZ 82, 261/267; *Dürig*, MD, Art. 104 Rn 6.
9) BVerwGE 62, 325/327; 82, 243/245; BGHZ 82, 261/267.

다.[10] 형집행은 자유박탈을 넘어 다른 자유에 대한 제약을 수반할 수밖에 없다. 다른 자유에 대한 제한은 자유박탈에 의해 포착되고 또 정당화되는 것이 아니라, 다른 기본권에 대한 제한에 해당하므로 별도로 정당화되어야 한다.[11]

Ⅳ. 헌법적 정당화

1. 기본법 제104조의 법률유보

502 기본법 제104조는 다양한 제한의 종류 및 상황에 따라 신체의 자유를 합법적으로 제한하기 위하여 충족하여야 하는 다양한 **형식적·절차적 요건**을 제시하고 있으며, 이러한 요건들은 특별규율과 예외규율로서 서로 얽혀 있다. 즉, 자유박탈에 적용되는 기본법 제104조 제2~4항은 자유제한에 관한 같은 조 제1항에 대한 특별법이다. 제2항 제1문은 자유박탈의 선행조건으로서 이를 허용하는 법관의 결정을 요구하고, 제2항 제2, 3문 및 제3항은 제2항 제1문의 위 규칙에 대한 예외를 규정하고 있다. 그런데 제2항 제3문과 제3항은 다시 제2항 제2문에 대한 특별규정이며, 이는 경찰에 의하여 범죄혐의를 받고 구금되거나 체포된 특수한 상황에 적용된다.

503 a) **자유제한**을 위해 기본법 제104조 제1항에 따라 충족하여야 하는 요건은 자유제한의 조치가
- 형식을 준수하는 가운데 발해지지 않으면 안 되고,
- 그 형식은 법규명령, 규칙 또는 관습법이 아닌 형식적 의미의 법률을 통하여 규율되어 있어야 하며, 법률의 유추적용으로는 충분하지 않다[12]는 것이다.

기본법 제104조 제1항은 법률의 형식을 헌법적 의무로서 규정하고 있기 때문에, 법률이라는 형식을 위반하는 것은 곧 헌법에 대한 위반이 된다. 그런데 기본법 제104조 제1항 제1문이 말하는 형식이란, 형식적 합법성이라는 의미에서 형식, 절차, 자유제한의 관할권 등을 의미한다. 또한 자유제한의 요건에 대해서는 본질성이론에 따라(단락 315 이하 참조) 의회 입법자가 스스로 본질적 규율을

---

10) EGMR, EuGRZ 2013, 489/494; NVwZ 2015, 879/879 f.
11) E 33, 1/9 f; 116, 69/80 f.
12) E 33, 1/9 f; 116, 69/80 f.

하여야 한다.

b) **자유박탈**이 헌법적으로 허용되기 위한 **추가적인** 요건은 우선 법관이 **사전**에 자 **504** 유박탈의 여부에 대하여 결정하여야 한다는 것이다(기본법 제104조 제2항 제1문). 법원은 이 문제에 대한 법관의 판단을 받을 수 있도록 조직적으로 보장하여야 한다.13) 예외적으로 기본법 제104조 제2항 제2, 3문 및 제3항의 경우 법관의 사 전결정 없이도 자유박탈이 허용될 수 있다. 그러나 이 경우에도 사후에 지체없 이 법관의 결정을 받아야 한다(제2문). 여기서 '**지체없이**'라는 요건을 통해 "체포 에 앞서 법관의 결정을 받게 되면 자유박탈을 통해 달성하고자 하는 헌법적으 로 허용되는 목적을 달성할 수 없는" 경우에만 법관의 사전결정 요건에 대한 예외를 인정할 수 있음을 알 수 있다.14) 법관은 이 재판을 통해 경찰이 주장하 는 근거가 그럴듯한지를 심사하는 데 그쳐서는 안 되며, 구금이 불가피한지를 직접 심사하여야 하고,15) 나아가 체포된 사람의 주장을 직접 청문해야 하고,16) 상황에 따라서는 통역사도17) 활용하여야 한다.

기본법 제104조 제2항 제3문 및 제3항은 법관의 사전결정 없이 명해진 자유박 **505** 탈이 **경찰**에 의하여 행해지거나 가벌적 행위에 관한 혐의로 인하여 잠정적으로 체포되는 과정에서 행하여진 경우를 위한 특별한 요건을 제시하고 있다.

자유박탈이 헌법적으로 허용되기 위한 또하나의 추가적인 요건은 기본법 제104 **506** 조 제4항의 **통지의무**이다. 기본법 제104조 제4항의 통지의무는 체포된 자에게만 통지를 요구할 권리를 부여할 뿐 체포된 자의 친척이나 그가 신임하는 사람들 에게까지 권리를 부여하는 것은 아니다.18) 이 권리는 포기가 가능하다(단락 202 참조).

법률은 기본법제104조 제2~4항의 형식요건을 보다 상세하게 형성하고 있으며 **507** 때로는 그 요건을 강화하기도 한다.

---

13) E 105, 239/248; 또한 단락 1016도 참조.
14) E 22, 311/317; BVerfG, NVwZ 2009, 1033.
15) E 83, 24/33.
16) *Degenhardt*, SA, Art. 104 Rn 22 f.
17) BVerfG, NVwZ 2007, 1045.
18) E 16, 119/122; BVerwG, NJW 1985, 339 참조.

508 예: 정신질환자의 수용에 관한 각 주(州)의 법률은 병원에의 강제입원 및 수용의 요건
및 절차를 규율하고 있다. 이러한 법률들은 강제입원 및 수용의 허부에 대한 구역법원
의 재판을 요구함으로써 단지 법관의 결정만을 요구하는 기본법 제104조 제2항을 구체
화하고 있다. 그 밖에도 위 주(州) 법률은 구역법원이 원칙적으로 정신질환자를 구두로
청문할 것을 요구하고 있다. 이와 같은 법률에 대한 위반은 헌법소원으로 다툴 수 있다
(E 58, 208/220 f; 66, 191/195 ff 참조).

2. 제한의 한계

509 자유의 제한은 물론이고 특히 자유박탈에 있어서도 중요한 제한의 한계는 비례
의 원칙이다. 무엇보다도 **종신자유형**은 특히 심각한 제한으로서 특별히 엄격한
심사를 받아야 한다. 연방헌법재판소는 유죄판결을 받은 자를 법률로 규율되어
있지 아니한 사면에만 희망을 걸 수 있도록 해서는 안 되며, 종신자유형의 집행
이 정지될 수 있는 요건 및 관련 절차가 법률에 규율되어 있는 경우에만 종신
자유형은 정당화된다고 판시하였다.[19] 이에 따라 재소자에게 아직 재범의 위험
성이 남아 있다는 이유로 종신자유형을 계속 집행하고자 하는 경우에는 그 집
행의 기간이 길어질수록 그 정당화를 위한 실체적·절차적 요건 역시 강화된
다.[20]

510 자유형 형기를 모두 복역하였으나 여전히 재범의 위험성이 있는 것으로 평가되
는 형사범으로부터 사회를 보호하기 위한 보호감호처분(형법 제66조 이하)에 대
해서도 까다롭고 세분화된 요건이 적용된다. 연방헌법재판소는 입법자가 1998
년까지 존속했던 10년이라는 집행기간의 상한을 폐지하면서, 이를 그 폐지 시
점까지 이미 유죄판결을 받았던 형사범에 대해서도 적용하도록 하는 것은 기본
법 제2조 제2항 제2문에 대한 위반이 아니라고 판단하였다.[21] 이에 반해 유럽
인권재판소는 자유박탈은 유죄판결의 결과이어야만 한다는 점을 분명히 하면
서 위의 독일 입법은 자유권(유럽인권협약 제5조 제1항 제2문 a호)에 대한 침해라
고 판결하였다.[22] 그리고 이후에 연방헌법재판소도 이러한 유럽인권재판소의

---

19) E 45, 187/242 ff; 72, 105/113; 113, 154/164 ff; 유럽인권협약 제3조와 관련해서 유사한 판시
   를 하고 있는 유럽인권재판소(EGMR), NJOZ 2014, 1582/1584.
20) E 117, 71/94 ff; BVerfG, NJW 2009, 1941/1942.
21) E 109, 133/187 f.
22) EGMR, NJW 2010, 2495/2496 f; 소급처벌금지에 대한 위반에 대해서는 Rn 1252.

판결을 따라 비례성에 대한 엄격한 심사의 필요성을 강조하면서 보호감호처분에 관한 규정이 기본법 제2조 제2항 제2문에 위반된다는 것을 인정하였다.[23] 보호감호처분의 집행은 피보호감호자의 자유를 중심에 두고 치료를 지향한다는 점에서 형집행과는 구분되기 때문에(이른바 격차원칙[Abstandsgebot]) 특별한 요건이 적용된다.[24] 정신질환자의 수용도 마찬가지다(단락 1252).[25] 그 밖에도 유럽인권재판소에 의하면 예방적 구금이 정당화되기 위해서는 유럽인권협약 제5조 제1항 제2문 b호 제2선택지의 문구와는 달리 법률에 대한 일반적인 복종의무가 강제되어야 한다는 것만으로는 충분하지 않으며 개인이 구체화된 의무의 이행을 거부해야 하고,[26] 범죄를 범하지 말아야 할 의무의 경우 그 의무의 내용이 그 장소와 시점 및 잠재적 피해자와 관련해서 충분히 특정되어 있어야 한다.[27]

미결구금이 정당화되기 위해서는 무죄추정의 법치국가적 원칙도 준수되어야 한 **511**
다.[28] 무죄추정은 한편으로는 범죄혐의를 받는 자를 유죄판결을 받은 자와 같이 다루는 것을 금지(형벌선취금지)하고,[29] 다른 한편으로는 범죄혐의가 있는 자를 합리적 근거 없이 범죄혐의가 없는 자와 다르게 다루는 것을 금지한다. 또한 미결구금은 그 구속사유가 도주 또는 증거인멸의 우려인 경우에는 구속 외에 다른 유연한 수단이 없어야 하고, 구속사유가 재범의 위험인 경우에는 중대한 범죄를 예방할 필요성이 있어야만 정당화될 수 있다.[30] 이와 같은 미결구금과 성격이 유사한 공판을 위한 구속(Hauptverhandlungshaft)은, 그 구속이 형사소송절차의 실효성을 확보하기 위한 것이어야 한다.[31] 나아가 관할 소추기관이 비례의 원칙을 준수하기 위해서는 절차를 가능한 한 신속하게 진행하여야 하며[32]

---

23) E 128, 326/366 ff.
24) E 128, 326/374 ff; NJW 2013, 3151/3155 f = JK 1/2014; *Payandeh/Sauer*, Jura 2012, 289; *Volkmann*, JZ 2011, 835. 격차원칙에 대해서 유럽인권재판소(EGMR), EuGRZ 2016, 352/359 ff, 364 ff; *Renzikowski*, NJW 2013, 1638/1639 ff.
25) BVerfG, NJW 2013, 3228/3230; 유럽인권재판소(EGMR) 2013, 1791/1793 ff.
26) 유럽인권재판소(EGMR), NVwZ 2012, 1089/1091.
27) 유럽인권재판소(EGMR), NVwZ 2014, 43/47 f; 이에 대해서는 BVerfG, NVwZ 2016, 1079/80.
28) E 74, 358/370 ff; 82, 106/144 f; 110, 1/23.
29) *Stuckenberg*, Untersuchungen zur Unschuldsvermutung, 1998, S. 530 ff 참조.
30) *Di Fabio*, MD, Art. 2 Abs. 2 Rn 49 ff; *Schulze-Fielitz*, DR, Art. 2 II Rn 109.
31) BVerfG, NJW 2001, 426; *Hellmann*, NJW 1997, 2145.
32) E 19. 342/347 f; 53, 152/158 f; BVerfG, EuGRZ 2009, 414/416.

미결구금이 허용되는 기간의 상한을 초과해서는 안 된다.[33]

512 사례 7(단락 493)에 대한 약해:

甲을 최초로 체포한 조치의 합법성과 그를 계속 체포해둔 조치의 합법성을 구분하여야 한다.

Ⅰ. 노르트라인-베스트팔렌 경찰법 제35조 제1항 제2호는 신체의 자유를 제한할 수 있는 권한을 부여하고 있다. 위 법은 형식적 의미의 법률로서 기본법 제104조 제1항 제1문에 그 근거를 두고 있고, 기본법 제104조 제2항 제2문은 법관의 명령에 의하지 아니한 자유박탈도 허용하고 있다. 위 사례에서 위의 경찰법 규정을 적용하는 것이 합법적이었는지는 그 규정의 "임박해 있는" 그리고 "일반에 대하여 현저한 의미가 있는"이라는 구성요건적 표지의 관점에서는 의문의 대상이 될 수밖에 없지만, 사실관계에 대한 상세한 언급이 없기 때문에 이를 문제삼기는 어렵다.

Ⅱ. 甲을 계속 체포해둔 조치의 합법성은, 기본법 제104조 제2항 제2문과 합치하는 노르트라인-베스트팔렌 경찰법 제36조 제1항 제1문에 달려있다. 위 사건에서는 경찰이 지체 없이 법관의 결정을 받지 않았다. 다만, 경찰이 기본법 제104조 제2항 제3문에 명시된 기한을 모두 활용할 수 있는 것은 아닌지의 의문이 제기된다. 만일 기본법 제104조 제2항 제3문이 기본법 제104조 제2항 제2문을 배척하는, 이 조항에 대한 특별법이라면 그 기한을 활용할 수도 있을 것이다. 그러나 경찰에 의한 자유박탈이 예외적 성격을 갖는다는 사정으로부터 알 수 있듯이, 위 기한은 **추가적인** 제한에 해당한다. 따라서 법관의 결정을 지체없이 받아내야 한다는 명령은 위 기한에 의하여 영향을 받지 아니한다(E 105. 239/249). 이에 따라 뮌스터 고등행정법원(OVG Münster, DVBl. 1979, 733)은 법관의 결정을 받는 데 보통 3시간이 소요될 것으로 추산된다는 점에 비추어 볼 때 甲을 5시간 동안 체포상태에 둔 것은 위법하다고 판단하였다.

513 참고문헌: *C. Gusy*, Freiheit der Person, Hdb. GR IV, § 93; *P. Hantel*, Das Grundrecht der Freiheit der Person nach Art. 2 II 2, 104 GG, JuS 1990, 865; *H.-H. Jeschek/O. Triffterer* (Hrsg.), Ist die lebenslange Freiheitsstrafe verfassungsmäßig?, 1978; *V. Neumann*, Freiheitssicherung und Fürsorge im Unterbringungsrecht, NJW 1982, 2588; *A. Schieder*, Der richterliche Bestätigung polizeilich veranlasster Freiheitsentziehungen, KritV 2000, 218; *A. Tiemann*, Der Schutzbereich des Art. 2 II 2 GG, NVwZ 1987, 10; *F. Wittreck*, Freiheit der Person, Hdb. StR³ Ⅶ, § 151.

---

33) *Gropp*, JZ 1991, 804/808 f.

§ 11 평등권(Gleichheitsgebot)(기본법 제3조, 제6조 제5항, 제33조 제1~3항, 제38조 제1항 제1문)

사례8: 가구소득에 따른 유치원비의 차등화(출전: E 97, 332) **514**

어떤 시는 조례에 근거하여 가구소득에 따라 차등화하여 시립유치원의 유치원비를 받고 있다. 최저유치원비의 2배 이상에 달하는 최고유치원비 - 이 역시 해당 아동 때문에 발생하는 실비에도 미치지 못한다 - 를 내야 하는 학부모가 이와 같은 유치원비의 차등부과는 기본법 제3조 제1항의 평등권의 침해라고 주장하는 것은 타당한가? 이 사례에 대한 약해는 **단락 595**를 보라.

Ⅰ. 개설

기본법은 여러 조항을 통해 각기 중점을 달리하며 평등을 보장하고 있다. 기본법 제3조 제 **515**
1항은 평등에 관한 일반규정으로서, 일반적으로 **법률적용의 평등**(법률 앞에서의 평등) 및 **법제정의 평등**(법률의 평등)을 요구한다. 여기서 법제정에서의 평등권(Gleichheitsgebot)[1]은 기본법 제3조 제1항의 문구에서 직접 도출되는 것은 아니지만 기본법 제3조 제1항과 입법작용의 기본권구속을 명시하고 있는 기본법 제1조 제3항 사이의 연관관계로부터 도출된다. 기본법 제3조 제2, 3항은 일정한 여건을 우대 또는 차별의 근거로 삼는 것을 금지하고 있고, 이로부터 기본법 제3조 제1항이 일체의 우대나 차별을 금지하는 완전한 평등을 요구하는 것이 아님을 알 수 있다. 이 규정들로부터 기본법 제3조 제1항이 완전한 평등대우를 요구하는 것, 즉 일체의 우대나 차별을 금지하는 것이 아님을 알 수 있다. 만일 기본법 제3조 제1항이 완전한 평등대우를 요구하는 것이라면, 기본법 제3조 제2, 3항은 불필요했을 것이기 때문이다. 기본법 제3조 제1항은 **근거 없는 차별**만을 금지하는 것이기 때문에 기본법 제3조 제2, 3항이 필요하게 되는 것이고, 기본법 제3조 제1항은 차별을 위한 정당화사유를 요구하고 있는 반면, 기본법 제3조 제2, 3항은 어떠한 여건이 차별을 위한 정당화사유가 될 수 없는지를 규정하고 있는 것이다. - 기본법 제6조

---

1) [역주] 직역하면 평등명령 내지 평등원칙이 될 것이지만, 여기서는 편의상 평등권으로 번역하되 문맥상 불가피한 경우에만 평등명령으로 번역하였음을 밝혀둔다.

제5항, 제38조 제1항 제1문, 제33조 제1~3항도 특별한 평등명령이나 차별금지를 포함하고 있다. 이러한 특별 평등권규정들도 기본법 제3조 제2, 3항과 마찬가지로 특정 차별기준을 금지하거나 기본법 제33조 제2항과 같이 특정한 정당화사유만을 허용함으로써 차별의 정당화사유에 관한 특별한 요건을 제시하고 있다. 기본법 제3조 제2항 제2문도, 남녀평등권의 조성 및 관철의 과제를 국가에 부과하고 있는 한 특별규정에 해당하는 것이다.

516 유럽인권협약(단락 47, 66~69)은 일반적 평등규정을 포함하고 있지는 않지만 제14조에서 기본법 제3조 제3항이 규정하고 있는 사유와 대체로 부합하는 사유에 의한 차별금지는 포함하고 있다. 기본법 제3조 제3항과 마찬가지로 유럽인권협약 제14조의 차별금지는 해당 사유들에 의한 차별을 부분적으로는 정언적으로 배제하고 있다(유럽인권재판소[EGMR], NVwZ 2008, 533/534). 그러나 유럽인권협약 제14조의 차별금지는 다른 사유들(Kriterien)과 관련해서는 "사리·이성에 근거한" 차별을 허용하고 있다(유럽인권재판소[EGMR], NJW 2002, 2851/2855). – 한편, 평등은 유럽연합법의 중심적 주제이다. 유럽연합법은 유럽공동체시장 내의 법적 평등의 보장을 지향하였으며 유럽공동체가 정치연합으로 이행한 이후인 1992년 일반적 평등기본권으로 확대하였다. 차별금지(「유럽연합 기능에 관한 조약」 제18조 제1항)와 기본적 자유(「유럽연합 기능에 관한 조약」 제34, 45, 49, 56, 63조)는 유럽연합 역내시장의 실현에 근본적인 의미를 갖는 유럽연합 소속 시민들의 평등대우를 그 국적과 무관하게 보장하고 있다(단락 538). 유럽연합법은 특히 노동생활에서의 남녀 간에 근본적인 평등을 장려하고 있다. 이에 유사한 평등대우명령은 평등한 경쟁을 보장하기 위해 1957년에 시행된 유럽공동체설립조약(단락 48)에 이미 포함되어 있었다. 개인의 권리보다는 역내시장 조성을 위해 설립된 이러한 특별한 체제는, 2009년 이래 법적 구속력을 발휘하는 유럽기본권헌장이 유럽공동체설립조약의 보호범위를 넘어서 평등보호를 일반화하고 또 평등을 위한 별도의 장까지 두고 있음에도 불구하고 여전히 존속하고 있다(이제는 「유럽연합 기능에 관한 조약」 제157조). 한편, 기본권헌장의 일반적 평등규정(기본권헌장 제20조)은 차별금지명령(기본권헌장 제21조)에 의해 보완되고 있다. 여기서 차별금지명령은 기본법 제3조 제3항의 표지 이외에도 가령 성적 지향, 연령을 원칙적으로 금지되는 차별기준으로 열거하고 있다. 유럽연합법은 이로써 오랫동안 거의 아무런 역할을 못하고 있었거나(성적 지향: 단락 537), 연령(단락 532)의 경우와 같이 자유권의 맥락에서만 역할을 수행하여 왔던(단락 961, 967) 기준들을 위한 평등권의 지평을 열었다. 이러한 제1차유럽연합법의 보장들은 주로 「유럽연합 기능에 관한 조약」 제19조 제1항에 입각해 있으며 무엇보다도 노동생활에서의 차별과 관련하여 현저한 역할을 수행하고 있는 제2차유럽연합법의 보장들에 의해 보완된다.2)

평등과 자유는 다층적인 관계에 있다. 가능한 한 많은 사회적 자유를 보장하라는 **정치적** **517**
주장은 가능한 한 많은 사회적 평등을 보장하라는 정치적 주장과 **충돌한다**. 사회적 자유
는 강자의 활동의 자유이기도 하며, 사회적 평등은 곧 약자의 기회균등이기도 하기 때
문이다. 이에 반하여 자유의 **기본권적 보장**과 평등의 **기본권적 보장은 충돌하지 않고** 병존
한다. 이러한 보장들은 강자에게 어느 정도의 여지를 남기고, 약자에게 어느 정도의 보
호를 제공할 것인지, 이로써 두 상반된 정치적 주장을 어떻게 충족시킬 것인지에 대한
규율을 입법자에게 광범위하게 위임하고 있다. 이와 관련하여 두 보장은 입법자에게 각
기 어느 정도 한계만을 설정하고 있을 뿐이다. 자유보장을 통한 한계설정과 평등보장을
통한 한계설정에 공통적인 것은 자유의 축소와 차별 모두 **근거 없이** 행해져서는 안 된다
는 점이다. 그러나 이러한 두 보장의 **법적 기법**은 다르다. 자유권의 경우 개별적인 생활
영역이나 행위 일반이 보호영역으로서 존재하고 또 이 보호영역 내에서 가해지는 제한
이 존재한다. 제한이 존재한다는 것이 확인되면 이어서 그 제한이 헌법적으로 정당한지
를 묻게 된다(단락 401). 이에 반하여 평등권의 경우에는 보호영역도 없고 따라서 이 보
호영역 내에서 가해지는 제한도 존재하지 않는다.[3] 평등권에서는 기본권침해 심사는 2
단계로 진행된다. 즉, 차별의 확인 및 그것의 헌법적 정당화의 문제로 구성된다(단락
597).

II. 차별

1. 헌법적으로 문제되는 차별

"본질적으로 같은 것"을 차별하는 것만이 헌법적으로 **문제된다**, 즉 헌법적으로 **518**
정당화되어야 한다.[4] 이러한 명제는 한편으로는 동일한 입법권에 의하여 차별
이 행해졌어야 한다는 것을 의미한다. 어떤 주(州)의 주민이 같은 내용의 주(州)
법을 제정하지 않았거나 다른 내용의 주(州)법을 제정한 다른 주(州)의 주민과
다른 대우를 받고 있는 경우는 애초부터 본질적으로 같은 것이 존재하지 않는
다. 연방법률 및 주(州)법률의 관계, 상이한 지방자치단체인 게마인데들의 조례
(내지 규칙)들의 관계나 상이한 대학의 학칙들의 관계도 마찬가지이다.[5] 위의

---

2) *Kingreen*, in: Ehlers (Hrsg.), Europäische Grundrechte und Grundfreiheiten, 4. Aufl. 2014,
   § 21 Rn 22.
3) *Heun*, Hdb. GR II, § 34 Rn 40 ff; 이견으로는 *Blome*, JA 2011, 486; *Huster*, FH, Art. 3 Rn
   79 ff.
4) 확립된 판례, 가령 E 49, 148/165.
5) E 33, 224/231; *Huster*, FH, Art. 3 Rn 47.

명제는, 다른 한편으로는 어떠한 사람도 다른 사람과 똑같지 않으며 어떠한 상황도 다른 상황과 똑같지 않다는 것을 의미한다. 그러므로 본질적으로 평등하다는 것은 사람들, 인적 집단들 또는 상황들이 상호 비교될 수 있음을 의미할 뿐이다. 비교가 가능하려면 먼저 비교대상 사이에 **공통점**(tertium comparationis)이 있어야 한다.[6]

519 예: 승용차를 운행하는 자에게는 도로교통법이 적용되고 주점(酒店)을 운영하는 자에게는 공중접객업소법(Gaststättenrecht)이 적용된다. 이 경우 물론 상이한 인적 집단들이 법적으로 상이하게 다루어지고 있으나 헌법적으로 문제가 되는, 즉 헌법적으로 정당화될 필요가 있는 차별이라고 할 수 있을 만한 공통점이 존재하지 않는다. 반면, 승용차운행자와 화물차 또는 이륜차의 운행자는 상호 비교될 수 있으며 주점영업은 음식점영업 및 숙박업과 상호 비교될 수 있다. 비교를 가능하게 하는 공통점은 전자의 경우에는 자동차를 운행한다는 사실이며, 후자의 경우에는 공중접객업소를 운영한다는 사실이다.

520 비교대상 사이의 공통점은 법적으로 상이하게 다루어진 서로 다루어지는 사람들, 인적 집단들 또는 상황을 포괄하는 **공통의 상위개념**(genus proximum)을 말한다. 하나의 구분표지(종차[differentia specifica])에 비추어 볼 때 서로 다른 사람들, 인적 집단들 또는 상황들을 그 상위개념을 통하여 완전히 그리고 남김없이 포착할 수 있어야 한다. 다만, 그 상위개념을 통하여 차별의 내용, 정도, 그리고 그 근거가 될 수 있는 것까지 파악되지는 않는다.

521 예: 법률제정자나 명령권자가 유치원 입학허가와 관련하여 홀로 자녀를 양육하는 모에게 특권을 부여하거나 자녀가 아플 때 추가로 휴가를 준다면, 홀로 자녀를 양육하는 모에 대한 그와 같은 우대는 자녀를 공동으로 양육하는 부모와의 관계에서는 그 근거가 있을지 모르지만, 홀로 자녀를 양육하는 부와의 관계에서는 우대의 근거가 없다. 그러나 위와 같은 사실은 부모라는 개념이 아니라 자녀를 홀로 양육하는 사람이라는 개념을 가장 가까운 공통의 상위개념이라고 볼 경우에만 파악할 수 있는 것이다. 부모라는 개념은 홀로 자녀를 양육하는 편부모가 공동으로 자녀를 양육하는 부모와 다른 대우를 받는 경우에만 가장 가까운 공통의 상위개념에 해당한다.

522 사례해결기법: 일반적으로 사리상 존재하는 상위개념을 성(性)적 차이에 근거하여 (또는 기본법 제3조 제2, 3항에 열거된 다른 기준들에 근거하여) 부정한다면, 가령 교도소

---

6) 동지: *Epping*, GrundR, Rn 782 ff; 비판적인 견해로는 *Sachs/Jasper*, JuS 2016, 769/772.

에 수감된 남성 재소자와 여성 재소자는 하나의 공통의 상위개념으로 파악하기에는 성별의 차이 때문에 지나치게 상이하다고 판단한다면, 이는 기본법 제3조의 의미를 간과하는 것이다. 그러므로 기본법 제3조 제2~3항의 표지에 의한 차별은 정당화의 차원에서 (특별한 헌법적 정당화요건을 통해서) 논의되어야지 공통의 상위개념 자체를 부인하는 결과가 되어서는 안 된다.

그러므로 헌법적 정당화를 요하는 차별은 다음과 같은 경우에 **존재한다.** **523**
- 어떤 사람, 어떤 인적 집단 또는 어떤 상황을 제한 또는 급부, 참여 또는 절차를 통하여 특정한 방식으로 다루고 있을 것
- 다른 사람, 다른 인적 집단, 또는 다른 상황이 다른 특정한 방식으로 법적으로 다루고 있을 것
  - 위의 두 사람, 두 인적 집단 또는 두 상황이 여타의 사람들, 여타의 인적 집단들, 또는 여타의 상황들을 배제하는 하나의 공통된 상위개념을 통해 파악될 수 있을 것

유럽인권재판소(단락 532)는 물론 연방헌법재판소[7]도 입법의 정합성(Kohärenz) **524** 내지 "입법의 일관성(Folgerichtigkeit)" 원칙을 평등권(단락 427 말미)과 연관시키고 있다. 그렇지만 입법자가 규칙체계에서 파격과 예외를 예정하는 것 자체가 문제가 되는 것은 아니다. 결정적인 문제는 그러한 파격이나 예외가 기본법 제3조에 비추어 볼 때 정당화될 수 있느냐 여부이다. 그러므로 일관성의 원칙은 기껏해야 인식을 돕는 가치를 가지고 있을 뿐이다. 즉 파격과 예외는 평등권심사의 계기가 될 수 있을 뿐이다.[8]

2. 본질적으로 다른 것의 평등대우?

연방헌법재판소의 확립된 판례에 의하면 평등규정은 "본질적으로 같은 것을 자 **525** 의적으로 차별하는 것"만을 금지하는 것이 아니라 "본질적으로 다른 것을 자의적으로 같게 대우하는 것"도 금지한다.[9] 그에 따르면 헌법적으로 정당화되어야

---

7) 예전 판례(E 17, 122/132; 25, 236/252)에서는 체계적 정의(Systemgerechtigkeit)라는 용어도 사용되었다; 세법에 관한 근자의 판례에서는 E 84, 239/271; 122, 210/235; 135, 126/144.
8) *Tappe*, JZ 2016, 28/31 f; *Payandeh*, AöR 136 (2011), 578/598 f; *Boyen*, MüK, Art. 3 Rn 89; *Dietrich*, Systemgerechtigkeit und Kohärenz, 2013, S. 382 ff.
9) E 49, 148/165; 98, 365/385.

하는 차별만이 아니라 헌법적으로 정당화되어야 하는 평등대우도 존재하게 될 것이고, 많은 법적 차별에서처럼 많은 법적 평등대우에서도 일단 헌법적 정당화를 요하는 헌법적으로 의미 있는 법적 평등대우를 선별해 내야 할 것이다. 그러나 이 선별작업이 정확히 어떻게 진행되어야 하는지의 문제는 논외로 할 수 있다. 평등대우의 문제는 항상 차별의 문제로도 파악되기 때문이다. 따라서 문제는 올바른 비교집단을 선정하는 것뿐이다.[10]

526 예: 폐점시간에 관한 법률(Ladenschlußgesetz)에 의하면 일반적으로 적용되는 폐점시간에 대하여 철도역(驛) 내 상점을 위한 광범위한 예외 및 약국을 위한 덜 광범위한 예외가 존재한다. 위 법률에 의하면 철도역 내 약국에는 후자의 예외가 적용된다. 그러므로 철도역 내 약국은 철도역 내의 다른 상점들과 비교하면 차별을, 반면에 다른 약국들과 비교하면 평등대우를 받고 있다(E 13, 225/228 f 참조). ─「정치적 망명신청자 지원법(Asylbewerberleistungsgesetz)」에 의하면 지원청구권이 있는 망명신청자는 위 법에 의한 지원을 받기 전에 자신의 소득과 재산을 모두 사용하지 않으면 안 된다. 한 망명신청자는 자신이 받은 위자료도 먼저 사용해야 하는 소득으로 산정되자 본질적으로 다른 사람들과 부당하게 평등한 대우를 받았다고 생각하였다. 삶의 기쁨을 앗아간 행위에 대한 배상금에 해당하는 위자료는 생존보장에 기여하는 소득 및 재산과는 다르다는 것이다. 연방헌법재판소는 그가 부당하게 차별을 받았다고 판단하였다. 즉「정치적 망명신청자 지원법」에 의한 지원금을 받는 그와 같은 망명신청자를, 위자료를 신청자가 먼저 소진해야 하는 소득에 포함하지 아니하는 사회법에 의한 지원금을 받은 망명신청자와 부당하게 차별하였다고 판단하였다(E 116, 229/236, 238 ff 참조).

III. 헌법적 정당화

1. 일반요건

527 차별의 헌법적 정당성 심사에는 "단계화되지 아니하고(stufenlos) 비례의 원칙에 따르는 단일의 헌법적 심사규준이 적용된다. 물론 이 심사규준의 내용과 한계는 추상적으로가 아니라 그때그때 관련된 상이한 사항·규율영역에 비추어 확정된다."[11] 이로써 연방헌법재판소는 어떤 대우가 자의적인지의 심사에 국한된

---

10) *Podlech*, S. 53 ff; *Rüfner*, FS Kriele, 1997, S. 271; *Kempny*, JZ 2015, 1086; *Sachs/Jasper*, JuS 2016, 769/775.

11) E 129, 49/69; 130, 131/142; 이러한 판례에 대하여 비판적인 견해로는 *Sachs/Jasper*, JuS 2016,

단순한 명백성통제12)와 한때 '새로운 공식'으로 지칭되면서 특히 인적 차별에 적용되었던 비례성통제13)로 범주화하여 구분하던 과거의 판례를 포기하고 단일의 통일적 비례성심사를 적용하되 그 통제강도를 매우 세분하는 심사방식으로 이행하였다.14) 그렇지만 평등권심사에서는 비례원칙의 하부요소들이 자유권에서처럼 선명하게 다듬어지지 않은 상태다.15) 연방헌법재판소는 차별의 목적과 정도가 상호 "적정한 비례관계"에 있는지만을 묻는 경우도 흔하다.16)

a) 차별의 **정당한 목적**이란 원칙적으로 명시적으로 금지되어 있지 아니한 모든 **528** 목적이다. 그러므로 무엇보다도 기본법 제3조 제3항 제1문에 열거되어 있는 기준과 결부되는 모든 차별(단락 537 이하)은 금지된 것이다. 그러나 때로는 특정 기준만이 허용되기도 한다. 기본법 제33조 제2항의 경우에는 적성, 성적, 능력에 의한 차별만이 허용되어 있다. 연방헌법재판소는, 두 집단 사이에 "차별을 정당화할 수 있는 비중과 속성을 갖는 차이"가 **있을** 때에만 차별이 정당성을 띠는 것17)이라는 오해의 소지가 있는 표현을 하곤 한다. 그렇지만 국가는 차별을 정당화하는 차이가 존재하는 경우에만 차별을 할 수 있는 것이 아니다. 국가는 오히려 규율과 형성을 통하여 차이를 조성해 낼 수 있는 자유가 있다. 그 경우 국가는 이미 존재하는 차이에 바탕을 두는 내재적 목적과 구분되는 - 학계에서 지칭하는 것처럼 - 이른바 외재적 목적을 추구하는 것이다.18)

예: 한 지방자치단체가 물놀이장 입장객 중 타지에서 온 방문객을 제외한 지역주민들에 **529** 게만 이용료 할인을 예정하고 있다면, 그 지방자치단체는 차별을 통해서 차이를 만드는 것이고 그 차이의 종류와 비중도 결정하는 것이다. 그러므로 이 차별의 정당성은 차이 자체에 내재하는 것이 아니고, 이용객의 주소지는 우대를 정당화하는 근거가 아니다. 그 차별의 정당성은 오히려 이 지방자치단체가 지역주민을 우대함으로써 부족한 자원을 지방자치단체의 고유 과제영역에만 쓰거나, 특별한 부담을 부과받은 지역주민에게 보상하

769/772 f.
12) E 17, 122/130.
13) E 55, 72/88.
14) *Britz*, NJW 2014, 346/347.
15) *Jarass*, JP, Art. 3 Rn 22.
16) E 102, 68/87; 129, 49/68.
17) E 55, 72/88; 105, 73/110; 107, 205/214.
18) *Huster*, S. 165 ff 참조.

거나 타지에서 온 방문객에게 높은 입장료를 부과하는 것과 같은 지방자치단체의 목적
에 있는 것이다. 지역주민들을 특별히 우대함으로써 지역공동체의 문화적·사회적 이익
을 촉진하거나 공동체의 결속을 강화하려고 한다면, 이는 정당한 목적일 수 있다. 물론
이는 물놀이장의 최대 수용능력을 십분 활용하는 데 필요한 광역성을 지향하는 것이 아
니라 물놀이장이 주민의 문화적 또는 사회적 복리 촉진을 지향할 때에만 그렇다
(BVerfG, NJW 2016, 3153/3155 ff = JK 1/2017). – 유럽인권재판소도 주소지에 따라
차별화되는 이용료체계는 「유럽연합 기능에 관한 조약」 제18조 제1항에 대한 허용되지
않는 제한이라고 판단하고 이른바 토지 취득과 관련하여 지역주민에게 부여되는 특권은
그것이 지역주민 중 저소득층을 비롯한 여타 취약 계층에게 주거를 충분히 공급하기 위
한 것일 때에만 허용하고 있다(EuGH, Libert u.a/Flämische Regierung, EU:C:2013:288,
Rn 49 ff).

530 b) 차별이 원칙적으로 정당한 목적을 추구하는 것이라면 그 차별이 목적의 달
성과 **비례**하는지를 검토하여야 한다. 여기서 결정적인 문제는 연방헌법재판소가
입법자에게, 또는 상황에 따라서는 행정권이나 법관에게 인정하는 예측 및 형
성의 여지가 얼마나 큰가 하는 것이고, 이와 관련해서는 무엇보다도 차별로 인
하여 관련 개인이 받는 타격의 강도가 규준적 의미를 갖게 된다. 이때 타격의
강도는 다음과 같은 요인에 따라 커지게 된다.
  – 차별의 기준이 기본법 제3조 제3항에 의하여 금지된 기준들과 유사한 정도
  – 차별로 타격을 받는 이가 불평등대우의 기준에 영향을 미칠 수 있는 정도
  – 차별이 기본권에 의하여 보호된 자유의 행사를 어렵게 하는 정도

531 차별의 강도가 커짐에 따라 비례성 요건은 강화된다. 차별은 추구하는 목적을
달성하기에 적합하고 필요한 것이어야 하며 이 목적과 무관한 것에 대해서까지
미쳐서는 안 된다. 이와 관련해서는 무엇보다도 이러한 차별이 상이하게 규율
되는 사태들 사이의 차이점과 관련이 있는 충분히 합리적인 근거에 토대를 두
고 있는지를 심사하여야 한다.[19] 차별의 강도는 유형화에 따른 차별의 정당성
에 대한 평가에도 영향을 미친다. 즉 유형화로 인한 차별이 목적과 관련된 사례
들만을 포착하는 확률이 상당히 높아야 한다.[20] 나아가 추구하는 목적이 차별

---

19) *Britz*, NJW 2014, 346/350.
20) E 133, 377/413; 유형화에 대한 요건에 대해서는 BVerfG, DStR 2017, 1094/1100 f.

의 강도와 적정한 비례관계에 있어야 한다. 연방헌법재판소는 대개 이 적정성
을 별도로 심사하는 것이 아니라 목적의 정당성 심사를 할 때 함께 검토하고
있다.[21]

예: 혼인한 부부만이 승계입양[22]을 할 수 있도록 하는 것은, 자녀가 입양을 통해서 이 **532**
가족 저 가족으로 보내지지 않도록 하겠다는 원칙적으로 정당한 목적을 추구하고 있다.
그렇지만 혼인 형식 이외의 형식으로 관계를 유지하고 있는 인생동반자에게 승계입양의
자격을 부정하는 것은 이러한 목적과 무관하다. 가족관계부에 등재되어 있는 인생동반
자가 공동의 자녀에 대한 친권을 혼인관계에 있는 자에 비하여 일치된 의사로 행사하기
어렵다는 증거가 존재하지 않기 때문이다(E 133, 59/88; 또한 E 133, 377/412 f도 참조).
– 유럽인권재판소도 연령제한과 관련하여 그 차별적 규율이 정합성이 있을 것을 요구
함으로써 차별의 목적과 차별의 사유 사이의 관계를 판단의 준거로 삼고 있다. 가령 유
럽인권재판소는 의료보험조합과 계약관계에 있는 치과의사의 능력감퇴로부터 환자의
건강을 보호하기 위해 해당 치과의사에게 연령의 상한을 68세로 설정하는 것은 이와 같
은 계약관계에 있지 아니한 치과의사에게는 적용하고 있지 않은 기준이라는 이유로 수
용하지 않았다(EuGH, Petersen, EU:C:2010:4, Rn 83; *Dombert*, Jura 2015, 938/943).

국가가 어떤 인적 집단을 육성하기 위하여 우대함으로써 "소극적"이 아니라 **533**
"적극적"으로 차별을 한다면 평등권과 관련하여 비례성심사의 역할은 자유권에
서보다 축소되게 된다.[23] 입법자의 입장에서는 자유에 대한 제한을 가하지 않
으면서 이를 규율하거나 형성하는 것보다는 차별 없이 규율하고 형성하는 것이
더 어렵다. 이는 세법과 사회법의 영역에서는 특히 그러하다.[24] 일반적으로 어
떤 인적 집단을 육성하기 위해 선택할 수 있는 방안은 다양하게 존재하고, 이에
따라 국가가 선택할 수 있는 육성방법의 대안도 다수 존재하기 마련이다. 따라
서 입법자의 입장에서 어떤 집단을 육성하기 위하여 선택한 대안보다 유연하고
완충적인 대안이 없다는 것을 입증할 수 있는 경우는 드물 수밖에 없다. 그러므
로 어떤 집단에 대한 육성목적을 추구하는 입법자에게는 차별과 관련하여 **폭넓
은 형성 및 평가의 여지가** 주어지는 경향이 있다. 헌법 내지 헌법재판에서는 "(이

---

21) *Britz*, NJW 2014, 346/350.
22) [역주] 이미 입양된 자녀를 혼인의 의사로 결합하였으나 법적 의미의 혼인을 할 수 없는 동성
　　의 짝들이 구성하는 비혼생활공동체의 짝인 인생동반자(Lebenspartner)가 입양하는 제도.
23) E 99, 165/178 참조.
24) E 113, 167/227 ff.

여지의) 한계를 명백히 유월한 경우에만" 입법자의 결정을 탄핵할 수 있고 또한 "입법자가 그때그때 가장 정의롭고 또 합목적적인 규율을 했는지"를 기준으로 심사해서는 안 된다.[25] 그렇지만 세법상의 규율이라 할지라도, 그것이 일반적 규준에 비추어 볼 때(단락 530) 강도 높은 차별을 초래할 경우에는 엄격한 비례성심사의 대상이 되어야 한다. 특히 입법자의 자유는 "세제혜택으로 인한 차별의 정도와 그 차별이 이 조세를 최대한 평등하게 부과하는 데 미치는 전체적인 영향에 비례하여 제한을 받을 수 있다."[26] 세법상의 규율이 사회적 기회균등에 영향을 미치는 경우에도 사회국가의 원리(기본법 제20조 제1항)에 비추어 볼 때 입법자의 재량의 여지는 비교적 좁아진다.[27] 국가가 육성목적 이외의 목적을 추구할 때도 필요성의 요건은 국가행위에 대한 지도력을 발휘한다.

534 예: 입법자는 택시운송업에 일정한 의무를 부과함과 동시에 일정한 혜택을 부여하고 있다. 이와 관련하여 입법자는 택시운송업을 차량임대업보다 세법상으로도 우대하고 있다. 입법자의 목표는 "계약강제 부담을 지고 확정요금체계를 따르는 개인용 대중교통수단을 택시업을 통해 공중에게 제공하는 것"이다. 이러한 목표는 "판매세를 통하여 차량임대업체보다 택시업체에 유리한 영업조건을 확보해 주는 방식에 의해서도 … 실현될 수도 있다." 연방헌법재판소는 적합성과 필요성에 대하여는 그 이상 말하고 있지 않으며 말할 수도 없었다. 이어서 연방헌법재판소는 상당성만을 심사한 뒤 그것이 충족되었다고 보았다(E 85, 238/246). ― 반면에 연방헌법재판소는 대학에 재학중인 자녀와 따로 떨어져서 사는 부부의 소득과 재산을 산정할 때 생활비를 적게 산입하는 조치의 적합성과 필요성을 상세하게 심사하고 있다. 부부라는 이익 및 책임의 공동체를 배려한다는 목표에 생활비를 적게 산입하는 조치는 적합하지 아니하며 또한 남용 방지라는 다른 목표를 위해서도 다른 방법으로 대처할 수 있으므로 필요하지도 않다(E 91, 389/402)는 것이 연방헌법재판소의 판단이다. 연방헌법재판소는 상속세란 사유재산이 소수인에게 집중되는 현상을 조정하는 것을 가능하게 하는 제도라는 이유로 상속세법을 통해 영업용 재산을 대가 없이 취득하는 특권을 부여하는 것의 적합성 및 필요성에 대하여 상세히 심사하고 있다(BVerfG, NJW 2015, 303/306, 327).

535 상술한 심사강도의 분화는 원칙적으로 행정권 및 사법권의 조치에 대해서도 타

---

25) 확립된 판례, E 64, 158/168; 66, 84/95.
26) E 138, 136/182.
27) E 138, 136/252의 반대의견; 비판적인 견해로는 Sachs, NJW 2015, 601/602 ff.

당하다. 행정권은 예외적으로 부여되는 판단의 여지 및 재량을 사리에 맞게 행사하여야 하고 법원 또한 법률을 타당성 있게 해석하여야 한다[28](단락 589 이하). 물론 행정권과 사법권은 법률에 구속되기 때문에 그들에게 부여되는 여지는 입법자에 비하여 좁다. 그러므로 위와 같은 행정권 및 사법권의 결정으로 인한 권리제약의 근본적 원인은 그 규준이 되는 법률이지 그 법률을 집행하는 행정권의 결정이나 법원의 판결이 아니다.

예: 연방헌법재판소가 기본법 제3조 제1항 위반을 **인정한** 법률적 규율: 동일 심급에 속 **536** 하는 법관들의 봉급을 재판영역별로 다르게 책정하는 것(E 26, 100/110 f); 성전환자에 대한 이름 변경 거부(E 88, 87/97 ff; 116, 243/259 ff); 동일 공공단체인 사용자가 연금의 수준을 차별하여 확약하였음에도 이를 동일하게 다루는 것(E 98, 365/384 ff); 다른 법영역과는 달리 세법영역에서는 법률상담비 지원을 배제하는 것(E 122, 39/53 ff); 흡연금지의 예외가 적용되는 흡연실을 주점에만 허용하고 식당에는 허용하지 않는 것(E 130/131/143); 권리구제를 모색하는 자의 개인적 사정을 불문하고 소송비용을 지원하는 것(BVerfG, NJW 2011, 2039/2039 f, 이른바 권리구제의 평등); 학자금융자제도에 의한 융자금 탕감 조치와 관련하여 기존 주(州)와 동독 지역의 신생 주(州)의 대학생을 차별하는 것(E 129, 49/68 ff); 상속세와 관련하여 개인 재산과 달리 영업용 재산에는 필요성 여부를 불문하고 우대하는 것(E 138, 136/179 ff) - 연방헌법재판소가 기본법 제3조 제1항에 대한 위반을 **부정한** 사례: 혼인 관계에 있는 부부와는 달리 비혼 동거자에게는 인공수정비용을 법정 의료보험으로 지원하지 않는 것(E 117, 316/325 ff); 가계소득에 따라 유치원수업료를 차등화한 경우(E 97, 332/344 ff); 존재하는 사실관계를 기준으로 삼고 있어서 사리상으로 주장이 가능한 기준일에 관한 규율(E 13, 31/38; 87, 1/43 f); 소규모 업체를 위해 직원에 대한 해고 보호수준을 낮추어 주는 것(E 97, 169/181 ff); 사회복지사와 수의사에게 형사소송법 제53조 제1항의 증언거부권을 인정하지 않는 것(E 33, 367/382; 38, 312/323 f); 공공단체의 일정 금액 이하의 발주 관련 결정에 대한 권리보호의 축소(E 116, 135/159 ff).

2. 기본법 제3조 제2, 3항의 특별요건

기본법 제3조 제2, 3항에 열거된 표지에 의거한 차별에 대해서는 정당화요건이 **537** 강화된다. 기본법 제3조 제2항의 남·여 차이는 기본법 제3조 제3항의 "성(性)"

---

28) E 109, 38/59.

이라는 표지와 내용상 동일하다.[29] "혈통"은 선조들과의 생물학적 관계에 관한 것이다. "고향"이란 한 사람의 출생이나 정주에 따른 감성이 수반되는 출생지를 의미하며[30] 원래 무엇보다도 독일혈통의 난민 및 피추방민에 대한 평등대우를 목표로 하고 있다. "출신(Herkunft)"이란 혈통의 사회적·계층적 측면을 의미한다. "인종"이란 일정한 유전적 특성을 가진 인적 집단을 말한다. "종교관"은 "신앙"(아래 단락 601)과 같은 개념이다. "언어"와 "정치적 견해"라는 표지는 그 규정 자체로 자명한 것으로 별도의 설명을 요하지 않는다. "장애"란 신체적·정신적 또는 영적 기능의 결함으로서 일시적이지 아니한 상태를 말한다.[31]

538 연방헌법재판소는 기본법 제3조 제3항에 열거된 표지 중 어느 하나에도 해당하지 않는 경우에도 가령 "고향"이나 "출신"이란 표지에 근접한 "국적"과 같은 경우처럼 구분을 위해 사용된 표지가 기본법 제3조 제3항의 인적 표지에 근접하는 정도만큼 정당화요건을 강화하고 있다.[32] 유럽연합시민과의 관계에서 국적에 의거한 차별은 유럽연합법의 지침 때문에라도 허용되지 않는다(단락 177, 516 참조). 그러나 헌법상 사회적 급부 제공에 있어서 외국인 차별에 관해서는 비교적 까다로운 정당화요건 하에 허용되고 있다.[33] 최근 연방헌법재판소는 정당화요건의 강화를 위해 필요한 기본법 제3조 제3항의 표지와의 근접성을 다음과 같이 일반화하였다. 가령 성적 지향을 비롯한 소수자에 대한 차별의 경우 정당화요건은 강화된다. 그러므로 비혼생활공동체를 혼인과 차별하는 규정들은 이와 같이 강화된 요건 때문에 허용되지 않게 된다. 이로써 연방헌법재판소는 회원국의 입법자가 혼인과 비혼생활공동체를 원칙적으로 비교가능한 제도로 예정하고 있다면 관련 차별을 정당한 것으로 보지 않는 유럽재판소의 관련 판례를 수용하고 있는 것이다.[34]

539 기본법 제3조 제2, 3항은 재량 또는 형성의 자유에 대한 확고한 한계를 설정하고 있다.[35] 연방헌법재판소는 이러한 한계를 과거에는 유연하게 설정하였다.

---

29) BVerfG, NJW 2008, 209/210.
30) E 102, 41/53.
31) E 96, 288/301; *Neumann*, NVwZ 2003, 897.
32) E 111, 160/169 ff; 111, 176/183 ff; E 130, 240/255 ff; BVerfG, NJW 2012, 1711/1713.
33) E 111, 160/169 ff; 111, 176/183 ff; E 130, 240/255 ff; BVerfG, NJW 2012, 1711/1713.
34) EuGH, Maruko, EU:C:2008:179, Rn 68 ff; Römer, EU:C:2011, Rn 42 ff.

즉 이러한 차별금지는 명시적이거나 의도적인 차별이나 우대(직접적 차별)만을 금지하는 것으로 해석하여야 한다고 보았던 것이다.[36] 물론 유럽재판소는 오늘날의 「유럽연합 기능에 관한 조약」 제157조(단락 516)와 이 규정에 입각해 있는 제2차유럽연합법을 간접차별, 즉 금지된 표지에 대하여 중립적으로 표시되어 있지만 결과적으로 주로 해당 표지를 충족하는 집단에 속해 있는 사람들에게 타격을 가할 수 있는 차별도 포착할 수 있도록 줄곧 해석해 왔다.[37] 이후에는 연방헌법재판소도 그러한 간접차별의 중요성을 인식하고[38] 기본법 제3조 제2항에서 언급된 남녀의 차이와 기본법 제3조 제3항 제1문에 언급된 표지는 차별을 정당화하는 기준 및 근거가 될 수 없고[39] 또한 차별의 근거를 그 차이나 표지에서 찾아서는 안 된다고 보았다.[40] 이는 상술한 심사 및 논증의 도식에도 다음과 같이 영향을 미친다.

a) 남녀 간의 차이와 기본법 제3조 제2항 제1문의 표지들에 의하여 우대를 하 **540** 거나 불이익을 부과하는 것은 공권력이 추구하는 **목적**이 될 수 없다.

예: 입법자는 남성과 여성을 각각의 전통적 역할 안에 가두어 두거나(E 85, 191/207; **541** NJW 2009, 661) 그 역할로부터 축출하는 것을 목표로 삼아서는 안 된다. 경찰은 혐의와 무관하게 행해지는 신원확인을 위한 경찰법상의 조치를 피부색과 결부시켜서는 안 된다 (코브렌쯔 고등행정법원[OVG Koblenz], NJW 2016, 2820/2827 ff = JK 1/2017).

입법자가 기본법 제3조 제2, 3항에 따라 금지된 목적을 추구하는 것과 문화적· **542** 종교적·정치적 삶을 **전체적으로 장려**하거나 언어적·지역적 다양성을 **전체적으로 장려**하는 것은 구분되어야 한다. 기본법 제3조 제2항 제2문은 여성과 남성 사이의 동등한 권리의 조성·관철을 허용되는 것으로 명시적으로 선언하고 있다.[41] 기본법 제3조 제2항 제2문의 취지는 여성을 우대하는 할당제, 즉 (공직이나 감사

35) 확립된 판례, E 37, 217/244 f 참조.
36) E 75, 40/70; BVerwGE 75, 86/96.
37) EuGH, Bilka, EU:C:1986:204, Rn 29; Lewark, EU:C:1996:33, Rn 28; Gerster, EU:C:1997:452, Rn 30.
38) 이에 대해서는 *Richter*, Hdb. GR V, § 126 Rn 71 ff; 부정적인 견해로는 *Sachs*, Hdb. StR³ Ⅷ, § 182 Rn 91 ff는 그 경우 기본법 제3조 제1항이 해당한다고 본다.
39) E 85, 191/206 f; 89, 276/288 f; *Heun*, DR, Art. 3 Rn 125 f.
40) E 104, 373/393; 121, 241/254 f; 126, 29/126, 29/53.
41) E 92, 91/109; 109, 64/89; 113, 1/15.

직과 같은 경제영역의 고위직[42]의) 일정 비율의 자리에 여성을 임용할 것을 요구하고 해당 직종에 더 적합한 남성 지원자를 덜 적합한 여성 지원자의 후순위로 보내는 제도를 통해 "역차별"하는 것도 정당화하는 것이다.[43] 그러나 기본법 제3조 제2항은, 제33조 제2항에 대한 예외를 포함하고 있지 않다. 기본법 제33조 제2항은 체계적 이유로 성이 아닌 능력을 기준으로 삼기 때문이다. 기본법 제3조 제2항이 유권자의 선거의 자유(기본법 제38조 제1항 제1문)에 대한 예외를 허용하는 것도 아니며, 따라서 국민대표기관 구성원의 성별분포 현황을 투표용지에 기재하는 등의 조치는 금지된다.[44] 연방헌법재판소는 지금까지 할당제에 대하여 입장을 표명한 적이 없다. 그러나 연방헌법재판소의 판례는 남성과 여성 지원자가 동일한 적성을 가지고 있는 경우 일정 비율의 자리에 여성 지원자를 채울 것을 요구하는 이른바 자격 조건부 할당제를 허용하는 입장인 것으로 이해되곤 한다.[45] 또한 유럽연합법도 명시적으로 적극적 평등실현조치를 취할 수 있도록 수권하고 있다(「유럽연합 기능에 관한 조약」 제157조 제4항, 기본권헌장 제23조). 유럽재판소의 견해에 따르면 경쟁관계에 있는 남성의 특별한 상황을 고려하지 않고 여성을 기계적으로 우대하는 고정 할당제는 허용되지 않는 반면에,[46] 개별적 고려를 가능하게 하는 열린조항[47]을 포함하는 할당제는 허용된다.[48] 그러한 경우에도 자질이 상대적으로 떨어지는 지원자가 우대받는 것이 방지되어야 함은 물론이다.[49] 나아가 적극적 평등실현조치는 항상 목표를 정확히 지향하고 있는지를 기준으로 평가를 받아야 한다. 가령 가족생활 및 직업생활의 양립가능성(기본권헌장 제33조 제2항)이 개선되어야 한다면 여성이 아니라 자녀를 양육하는 사람이 우대받아야 한다.[50]

543 여성이 여성이라는 이유로 채용되지 않거나 낮은 임금을 받지 않도록 보장하는 통제나 제재는 애초부터 기본법 제3조 제2, 3항과 충돌하지 않는다. 연방헌법재

---

42) *Sachs*, ZG 2012, 5261 ff.
43) *Jarass*, JP, Art. 3 Rn 97, 106.
44) 라인란트-팔쯔 헌법재판소(VerfGH RhPf), NVwZ 2014, 1089/1093.
45) *Kokott*, NJEW 1995, 1049/1051; *Langenfeld*, DVBl. 2010/2ß25; *Osterloh*, SA, Art. 3 Rn 289.
46) EuGH, Kalanke, EU:C:1995:322, Rn 22.
47) [역주] 경쟁관계에 있는 같은 적성의 남성지원자의 개별적 상황을 고려하도록 하는 조항.
48) EuGH, Marschall, EU:C:1997:533, Rn 32 f.
49) EuGH, Abrahamsson, EU:C:2000:367, Rn 52.
50) *Kingreen*, in: Calliess/Ruffert (Hrsg.), EUV/AEUV, 5. Aufl., 2016, Art. 33 GRCh Rn 6 참조.

판소에 따르면 기본법 제3조 제2항 제2문은 입법자에게 그와 같은 통제나 제재를 위한 규율을 발하고 가능한 한 사실상의 차별도 방지할 의무도 부과하고 있다.[51]

예: 5% 저지조항은 연방선거법 제6조 제6항 제2문에 의하여 "소수민족 정당들이 제출한 **544** 명부에는 적용되지 아니한다." 그렇다고 이 경우 혈통, 언어, 출신지에 따른 우대가 행하여지는 것은 아니다. 소수민족이라는 개념은 이러한 표지들 중의 하나로 환원되지 않기 때문이다. 현재로서는 슐레스비히-홀슈타인에 거주하는 덴마크 민족에게만 유일한 유사규정이 실천적인 의미를 가지고 있을 뿐이다(E 5, 77/83; BVerfG, NVwZ 2005, 205/207도 참조). 이에 반하여 기본법 제3조 제2항 제2문은 투표용지에 "남성과 여성은 동등한 권리를 갖는다"라는 표현, 대표기관의 현 성비, 지원자의 성별, 비례대표명부상의 성비를 기재하도록 하는 주(州)법상의 규율을 뒷받침하지 않는다(라인란트-팔쯔 헌법재판소[VerfGH RhPf], NVwZ 2014, 1089/1093).

기본법 제3조 제3항 제2문에 의하여 장애인을 우대하고 비장애인과의 차이를 **545** 보정할 수 있도록 특별한 수당 및 활동가능성을 보장함으로써 장애인의 사회적 소외에 대처하는 목적을 추구하는 것은 허용된다.[52] 그리고 이와 같은 수권은 의무로 굳어질 수도 있다. 입법자는 장애인을 위한 특별한 보호규정을 마련할 권한을 가지고 있을 뿐만이 아니라 그러한 규정을 마련하여야 할 의무를 질 수도 있으며, 법원과 행정권은 기본법 제3조 제3항 제2문에 비추어 법령을 해석하여야 한다.

예: 기본법 제3조 제3항 제2문은 그 자체로서는 장애학생을 특수학교(Förderschule)로 **546** 전학시키는 것을 금지하지는 않지만, 장애학생이 특수교육을 필요로 하나 일반학교에서의 수학도 가능하다면 그러한 조치를 금지할 수도 있다(E 96, 288/303). 유럽인권재판소(NZS 2017, 299/300 f)는, (대학을 비롯한) 학교가 장애학생과 일반학생을 통합하여 교육을 할 수 있도록 적절한 대책을 취한 것인지를 심사할 경우에는 보다 진보적 입장[53]을 취하는 경향이 있다(*Upermann-Wittzack*, NZS 2017, 301/302). 기본법 제3조 제3항 제2문으로부터 장애인의 시험조건변경 청구권(불리조건 보정)이 추론되지만 성적평가

---

51) E 109, 64/89 ff; 이에 대해서는 *Aubel*, RdA 2004, 141.
52) E 96, 288/302 f; BVerfG, NJW 2005, 737; *Straßmair*, Der besondere Gleichheitssatz aus Art. 3 Abs. 3 Satz 2 GG, 2002, S. 178 ff.
53) [역주] 적절성 판단에 까다로운 기준을 적용하는 입장.

기준의 변경청구권(점수보호)은 추론되지 않는다. 그렇지만 기본법 제3조 제3항 제2문은 장애학생에게 점수보호를 제공할 권한을 부여하며, 따라서 비장애학생에게 불리한 차별을 정당화하는 근거가 된다(BVerwG, NVwZ 2016, 541/543). 기본법 제3조 제3항 제2문은 불법행위 성립에 피해자에게도 책임이 있는지를 심사할 때도 장애가 있는 교통참여자를 위하여 배려할 것을 요구한다(BVerfG, NJW 2016, 3013/3013 f 및 3014/3014 f = JK12/2016).

547 b) 차별이 정당한 목적의 달성을 위하여 **적합하고** 또 **필요하다는 것**이, 남성과 여성의 성적 차이나 기본법 제3조 제3항의 표지들이 그 차별의 기준으로서 작용하지 아니하였다는 것과 함께 입증되어야 한다. 이를 입증할 수 없는경우에는 그 차별은 기본법 제3조에 위배되어 허용될 수 없다. 반면에 이를 입증할 수 있다면, 그 차별은 여성과 남성을, 언어가 다른 사람들을, 출신이 다른 사람들을, 종교나 세계관에 관한 견해가 다른 사람들을 법적으로 다르게 대우하는 결과가 초래된다고 하더라도 기본법 제3조의 벽을 넘을 수 있다. "다른 측면에서의 사람들 사이의 차이나 삶의 상황들의 차이를 이유로 한 차별은 이 차별금지에 저촉되지 아니한다."[54]

548 예: 노르트라인-베스트팔렌의 법률은 가정이 있는 여성에게 주당 하루씩의 유급휴가(가사휴가일) 청구권을 부여하고 있다. E 52, 369는 동일한 상황에 있는 남성에게는 같은 청구권을 인정하지 않는 것은 기본법 제3조 제2항에 합치하지 않는다고 선언하였다. 위 규율이 "가사를 … 돌보는 일이 여성의 일이라는 전래의 관념에만" 토대를 두고 있다는 것이다(376). 전통적인 역할분담과 관련한 남녀 간의 차이를 기준으로 삼지 아니하면서 이 법률을 뒷받침하는 논증은 확인되지 않는다. 여성노동자는 남성노동자와 달리 야간노동을 할 수 없도록 하는 규율(E 85, 191/207 ff), 여학생만 수예를 필수과목으로 듣도록 하는 규율(뮌헨 행정법원[VGH München], NJW 1988, 1405), 남성만 의용소방대원으로서 복무할 의무를 지도록 하는 규율(E 92, 91/109), 형집행중 화장품 구입과 관련하여 여성에게 특권을 부여하는 것(BVerfG, NJW 2009, 661/661 f) 등도 마찬가지이다. 이에 반하여 연방군 복무규정에서 남성만 두발의 길이를 짧게 유지하도록 하는 규율은 허용된다고 한다. BVerwGE 149, 1/14 ff(= JK 6/2015)는 군대에서 남성과 관련하여 형성된 전통으로서 두발의 길이에 관한 규율 때문에 여성이 연방군 복무를 꺼릴 수도 있다는 논거로 이 차별을 정당화하고 있다. 그러나 기본법 제3조 제2항이 성과 관련된 전통과

---

54) E 3, 225/241; 57, 335/342 f; 또한 E 128, 138/156 f도 참조.

단절할 것을 요구하고 있다는 사정에 비추어 보면 이러한 차별의 정당성은 인정될 수 없다고 본다.

연방헌법재판소는 남성과 여성을 차별하는 규율의 정당성을 **"객관적인 생물학적 549 인 차이"** 에 의해서도, 즉 "그 차별이 성질상 전적으로 남성 아니면 여성에게만 발생하는 문제들을 해결하고 있다"는 논증을 통해 인정하고 있다.[55] 이는 부와 모에 대한 법적 차별에 대하여도 의미가 있다. 즉, 부에 비하여 모에게 특권을 부여하는 것이 임신, 출산 및 휴직으로 인한 부담을 배려하기 위한 것이라면 허용되는 것으로 보게 되는 것이다. 그러나 객관적 생물학적 차이보다 기본법 제6조 제4항 및 이 규정에 의하여 국가에게 부과된 모성보호 의무에 착안하는 것이 더 설득력이 있다고 본다. 그렇게 되면 부가 모의 기능을 떠맡게 되는 경우에는 기본법 제3조 제2항으로부터 부를 모와 동등하게 대우하여야 할 의무가 도출되기 때문이다.[56]

기본법 제3조 제2항은 남성과 여성의 차이만을 언급하고 있고 기본법 제3조 제 **550** 3항은 일정한 표지들만을 언급하고 있을 뿐, 그 차이 내지 그 표지들에 기인하는 행위에 대해서는 전혀 언급하지 않고 있다. 이에 따라 그와 같은 **행위** 가 허용되는지도 기본법 제3조가 아니라 그 행위를 포함하는 보호영역을 가지고 있는 다른 기본권들에 의하여 판단하여야 한다. 물론 어떤 행위가 다른 기본권들을 규준으로 판단해 볼 때 허용되는 것이더라도 그것이 기본법 제3조 제2, 3항에 열거된 표지들의 자연적인 결과라면, 그 행위는 그 표지들과 마찬가지로 차별의 정당성을 입증하기 위하여 원용될 수 없다. 언어를 차별의 근거로 삼을 수 없는 것처럼, 언어의 사용행위도 차별의 근거로 삼을 수는 없다. 출신을 차별의 근거로 삼아서는 안 되는 것처럼 각 계층에 특유한 행위가 차별의 근거가 될 수는 없으며, 특정 정치적 견해를 가지고 있는 것이 차별의 근거가 되어서는 안 되는 것처럼 그 견해를 표현하거나 그에 따라 행동하는 것 역시 차별의 근거가 될 수는 없다.

예: 어떤 공직지망자가 헌법에 적대적인 정치적 견해를 취하고 있을 뿐만 아니라 그 견 **551**

---

55) E 85, 191/207.
56) *Sachofsky*, UC, Art. 3 Ⅱ, Ⅲ 1 Rn 299; 또한 E 114, 357/367 ff도 참조.

해를 표현하고 실천한다는 이유만으로 그의 공무담임 기회의 평등한 행사를 막아서는 안 된다. 이와 관련하여 관건적인 문제는 헌법에 적대적인 견해의 표현과 그에 따른 행동이 기본법 제5, 8, 9조 및 제2조 제1항, 특히 제5조에서 그 근거를 발견할 수 있는지 그리고 특히 제5조 제2항이 요구하는 일반성을 띠는 법률을 통하여 적법하게 제한될 수 있는지 여부이다. 위와 같은 행위가 전술한 자유권을 규준으로 할 때 자유롭게 할 수 있는 것이라면, 그러한 행위를 차별의 근거로 삼을 수는 없다. 이 문제에 대한 연방헌법재판소의 입장은 일견 다른 것처럼 보인다. 즉 "기본법 제3조 제3항의 금지를 정치적 확신을 단순히 '취하는 것'과 결부시키는 것만이 아니라 그러한 정치적 견해의 표현 및 실천과 결부시키는 것"도 적절하지 않다(E 39, 334/368)는 것이다. 그러나 연방헌법재판소는 이로써 기본법 제3조 제3항의 금지가 정치적 견해의 표현과 실천을 전술한 자유권들을 규준으로 적법하게 제한하는 입법자에게 "장애물로 작용하지 않는다"는 점만을 명확히 하고 있을 뿐이다(공무담임의 균등한 기회에 대하여는 단락 568 이하 참조).

552 끝으로 기본법 제3조 제2, 3항의 요건에 대한 **예외**를 허용하고 있는 헌법규범들이 있음에 유의하여야 한다. 기본법 제117조 제1항은 기본법 제3조 제2항에 반하는 법(부모가 자녀교육에 대해 합의하지 못하는 경우 부의 최종결정권, 남편의 성(姓)을 부부의 성이나 가족의 성으로 삼는 규율과 같은 민법상의 규율)의 효력을 과도기 동안, "그러나 1953년 3월 31일까지만" 유지시켜 주고 있다. 이에 비하여 남성에게만 병역의무를 부과할 수 있도록 하는 기본법 제12a조 제1항은 오늘날에도 여전히 효력을 발휘하고 있다.[57]

3. 기본법 제6조의 특별요건

553 기본법 제6조 제1항은 혼인한 사람의 지위를 독신자에 비하여,[58] 부모의 지위를 자녀가 없는 이들에 비하여[59] 그리고 혼인 및 가족의 지위를 다른 생활공동체나 양육공동체에 대하여[60] 우대할 것을 명하고 있지는 않지만 열악하게 만드는 것은 금지하고 있다. 연방헌법재판소는 기본법 제6조 제1항과 기본법 제3조 제1항을 결부시킴으로써 무엇보다도 사회법 및 세법의 영역에서 가족의 지위를

---

57) BVerfG, DVBl. 2002, 772.
58) E 76, 126/128 f; 87, 234/259.
59) E 87, 1/37; 103, 242/263 ff; 112, 268/279.
60) E 67, 186/196; 99, 216/232; 107, 205/215; 비판적인 견해로는 *Kingreen*, Jura 1997, 401/406 f.

강화하고 있다.[61] 반면에 연방헌법재판소는 가령 혼인의 법적 성립이 구체적인 생활영역에 대하여 중요한 의미를 갖는 경우 등 상응하는 합리적 근거가 있는 경우에만 다른 생활공동체에 대한 혼인의 우대를 인정하고 있다.[62] 그런데 이와 같은 구분의 근거는 흔히 전통에 기반을 둘 뿐이기 때문에 그러한 차별적 규율의 합리적 근거가 발견되는 경우는 드물 수밖에 없다. 게다가 이와 같은 구분이 동성(同性)의 비혼생활공동체를 형성하고 있는 자들의 인생동반자관계에 대한 차별을 수반하는 경우에는 정당화요건도 강화되게 된다. 이는 그러한 차별적 규율이 성적 지향을 토대로 하는 것이어서 까다로운 정당화요건을 충족시켜야 하기 때문이다(단락 538). 그러므로 연방헌법재판소는 혼인에 대하여 인생동반자관계를 차별하는 것은 기본법 제6조 제1항에 의하여 정당화될 수 없는 기본법 제3조 제1항에 대한 제한으로 보는 것이 보통이다.[63] 마찬가지로 모가 **기본법 제6조 제4항**에 의하여 공동체에 대하여 가지고 있는 보호 및 배려 청구권은 모의 지위를 모가 아닌 자보다 악화시키는 조치에 대한 금지도 내포하고 있는 것이다.[64]

기본법 제6조 제5항 역시 입법자에 대한 위임만이 아니라 특별평등규정을 포함 **554** 하고 있다. 연방헌법재판소가 이 기본권이 직접 적용될 수 있는 것임을 인정한 이래로[65] 적자 또는 혼외자로서의 출생에 대해서는, 남성 또는 여성이라는 특성(기본법 제3조 제2항) 및 제3항의 표지에 대하여 적용되는 것과 같은 법리가 타당하다. 즉, 위와 같은 특성은 차별을 정당화하는 근거로서의 적합성이 없다.[66] 그리고 그 사이 입법자는 적자와 혼외자 사이의 법적 지위상의 차이를 대부분 제거하였는데, 연방헌법재판소가 요구하고 있는 바와 같이[67] 적자와 혼외자의 부양청구권을 더 이상 구분하지 않고 있는 것도 입법자에 의해 제거된 차이 중의 하나이다. 다만, 연방헌법재판소는 1949. 7. 1. 이전에 출생한 혼외자

---

61) *Kingreen*, JZ 2004, 938 ff.
62) E 105, 313/348 ff; 117, 316/325 ff.
63) E 124, 129/220; 131, 239/260; 132, 179/191 f; 133, 59/88; 133, 377/412 f.
64) E 44, 121/15; *Aubel*, Der verfassungsrechtliche Mutterschutz, 2003; *Seiler*, BK, Art. 6 Abs. 4 Rn 45 ff 참조.
65) E 25, 167/178 ff.
66) E 74, 33/38 ff; 85, 80/87 f 참조.
67) E 118, 45/62 ff.

에 대한 상속권 배제를 인용하였다.[68] 연방헌법재판소의 이 문제와 관련한 입장이 유럽인권재판소의 판례와 같은 것이라고 보기는 어렵다. 유럽인권재판소는 그 사이 확립된 판례를 통해 혼외자에 대한 상속법상의 모든 차별을 유럽인권협약 제14조에 위반되는 것으로 판시하고 있기 때문이다.[69]

4. 정치적 권리에 관한 특별요건

555 a) 기본법 제38조 제1항 제1문은 독일연방의회 의원의 선거와 관련하여 무엇보다도 **선거가 보통성과 평등성**을 띠어야 한다고 규정하고 있다(기본법 제38조 제1항 제1문의 여타의 명령 및 그 적용영역에 대하여는 아래 단락 1197 이하 참조).

556 선거의 보통성이란 모든 독일인이 선거 및 피선거와 관련하여 동등한 **능력**이 있다는 것을 의미한다. 그러므로 선거의 보통성은 선거의 평등성의 특수사례에 해당한다. 나아가, 이는 선거권에 대하여는 동등한 **계산가치**("일인일표": one man, one vote)와 동등한 **결과가치**(의석을 배분할 때 각 표가 동등하게 고려되어야 한다는 것)를 의미하고, 피선거권에 대해서는 모든 후보자의 **기회균등**을 의미한다. 그 밖에도 선거의 평등은 선거권자 및 후보자의 선거심사절차에 대한 제소권을 포함한다.[70]

557 연방헌법재판소는 오래전부터 기본법 제38조 제2항의 평등선거원칙을 "일반적 평등원칙의 응용사례"로 해석해 왔다. 그 사이 연방헌법재판소는 평등선거원칙을 "기본법 제3조 제1항을 통하여 일반적으로 보장된 개인의 평등을 구체화하는 특별법적 규범"으로 이해하면서 평등선거원칙의 근거를 기본법 제3조 제1항까지 거슬러 올라가서 찾는 것은 필요하지도 가능하지도 않다고 보았다.[71] 이와 같은 해석에 따르면 이제 연방헌법재판소에 기본법 제28조 제1항 제2문 및 이를 구체화하는 주(州)의 특별법규정들과 관련한 평등선거권의 침해를 주장하기 위해서는 이제 기본법 제3조 제1항을 근거로 들 수 없게 된다. 평등선거원칙

---

68) BVerfG, NJW 2013, 2103/2104 ff.
69) 유럽인권재판소(EGMR), Wolter und Sarfert v. Deutschland, No. 59752/13 및 66277/13, Rn 57 ff; 이 판례 전에도 이미 유럽인권재판소(EGMR), NJW-RR 2009, 1603/1604 ff 및 유럽인권재판소(EGMR), NJW-RR 2014, 645/646 ff도 참조.
70) E 85, 148/158 f.
71) E 99, 1/10.

은 변함없이 **산술에 기한 형식적인 평등대우**를 요구하며 입법자에게 "차별을 위한 좁은 여지만을 남기고 있다 … 차별이 정당화되기 위해서는 항상 불가피한 사유가 존재하여야 한다."[72]

행정권에는 물론 입법자에게도 차별과 관련하여 좁은 형성의 여지만 주어진다 **558** 는 것은 곧 차별에 대한 **정당화의 부담 내지 논증의 부담이 가중된다**는 것을 의미한다. 이와 같은 부담의 가중에 따라 위의 심사도식 및 논증도식에서

- 추구될 수 있는 목적은 소수로 한정되며
- 적합성 및 필요성 심사에서 엄격한 규준이 적용되게 된다.

예: 선거의 **보통성**은 선거구에의 정주(定住) 요건에 의하여 깨지고 있다(연방선거법 제 **559** 12조 제1항 제2호). 해외에 거주하는 독일인에 대해서는 독일연방공화국의 정치적 문제에 어느 정도 친숙할 것을 요건으로 하여 선거권을 부여할 수 있으나, 특정 시점이나 3개월 이상 선거구에 체류할 것을 그 요건으로 하는 것(연방선거법 제12조 제2항 제1문)은 독일의 정치에 대한 친숙함을 기준으로 선거권을 부여한다는 목적을 달성하는 데 적합하지 않다. 이는 어린 시절에만 독일에서 생활했던 사람들과 같이 독일의 정치적 문제에 친숙하지 아니한 사람들은 포함하면서도 정기적으로 독일을 오가는 사람들과 같이 독일에서 3개월 이상 체류하지는 않았더라도 독일 정치문제에 친숙한 사람들은 배제하기 때문이다(E 132, 39/51 ff; *Felten*, DÖV 2013, 466; *Germelmann*, Jura 2014, 310). 선거의 보통성에 대한 예외 중의 하나는 연방선거법 제13조 제2호에 근거하여 자신의 모든 일을 처리할 성년후견인이 선임되어 있는 자의 선거권을 부정하는 것이다. 이에 대하여 유엔 장애인권리위원회(DÖV 2016, 613)에 따르면 독일 법원이 응당 장애인인권협약 제19조를 고려하여야 할 의무를 지고 있음에도 이를 위반하고 있다고 주장하였다(동지: *Uerpmann-Wittzack*, DÖV 2016, 608 f). ─ 한편, 선거의 **평등성**은 5% 저지조항(예컨대 연방선거법 제6조 제6항)에 의해서도 깨지고 있다. 이러한 저지조항에 의하여 의석배분 대상에서 제외되는 정당이 획득한 표는 여타의 표와 동등한 결과가치를 갖지 못하게 되는 것이다. 이와 같은 차별은 소수의석을 가진 정당이 출현하기 쉬운 비례대표 선거제도에서 의회의 원활한 기능을 보장하기 위해서는 반드시 필요하다는 논거를 통하여 정당화되고 있다(E 51, 222/235 ff; 95, 408/419 f 참조; 이에 대하여 비판적인 견해로는 *Meyer*, Hdb. StR³ Ⅲ, § 46 Rn 36 ff; 지방자치단체선거에서의 비례대표제와 관련해서는 이와 달리 평가하고 있는 E 120, 82/110 ff; 이에 대해서는 *Krajewski*, DÖV 2008, 345

---

72) E 82, 322/338; 95, 408/418 f; 129, 300/320.

참조). 반면, 유럽의회선거에서의 3% 저지조항은 위헌으로 판단되었는데(E 129, 300/ 324 ff; 135, 259/293 ff), 유럽의회는 저지조항이 없어도 그 기능에 장애가 발생하지 않기 때문이라는 것이 그 논거이다. (이 결정이 유럽의회의 민주적 기능에 대한 과소평가를 토대로 하고 있다는 점에 대해서 정당한 비판을 가하고 있는 *Geelings/Hamacher*, DÖV 2012, 671/677; *Greszick*, NVwZ 2014, 537/539 f; *Schönberger*, JZ 2012, 80/82 ff; *Wernsmann*, JZ 2014, 23 ff). - 반면에 연방헌법재판소는 다수대표제에 수반되는 투표결과가치의 불평등은 다수대표제와 비례대표제 중 어떤 선택을 할 것인지는 입법자에게 맡겨져 있다는 전제(제38조 제3항: "상세한 것"은 연방법률로 정한다. 이에 대해서는 *Degenhart*, StR I, Rn 74 f 참조)에 의거하여 정당화될 필요가 전혀 없다고 본다(E 95, 335/349 f; 121, 266/296; 이에 대하여 비판적인 견해로는 *Morlock*, DR, Art. 38 Rn 106). 연방헌법재판소에 의하면 초과의석(Überhangmandat)[73]에 관한 규율 및 기본의석(Grundmandat)에 관한 규율(E 95, 408/420 ff; 이 판례에 대해 비판적인 견해로는 *Roth*, UC, Art. 38 Rn 72, 98 ff)은 "비례대표제의 본질"을 벗어나지 않는 한 헌법적으로 문제가 없지만, 원내교섭단체 자격의 기준이 되는 의석수의 과반에 해당하는 초과의석이 발생해서는 안 된다(E 131, 316/356 ff). 입법자 또한 선거구를 가급적 초과의석이 발생하지 않도록 획정하여야 할 의무가 있다(E 130, 212/226). 의석을 배분할 때 유권자의 제2투표가 유권자가 선택한 정당에게 불리하게 작용함으로써 투표를 부정적으로 평가하게 되는 효과가 발생하는 경우는 위헌에 해당한다(E 121, 266/294 ff; 나아가 투표에 대한 부정적 평가 효과를 보정하는 역할을 수행하여야 하는 이른바 잔여표 반영(Reststimmenverwertung)[74]의 위헌성에 대해서는 E 131, 316/354 ff도 보라).

---

73) [역주] 독일 연방선거법은 연방의회의원의 정원을 확정해 두고 있으면서도 동법이 정한 예외적인 경우에 의석수가 정원 이상으로 증가할 수 있는 가능성을 열어놓음으로써 선거에 따라서는 다수의 초과의석이 발생하기도 한다. 연방의회선거에서 유권자는 2개의 투표권을 행사하되, 제1표는 지역구후보자에, 제2표는 정당명부에 행사하게 된다. 한 후보자가 지역구에 출마하는 동시에 명부상의 후보자가 될 수도 있고, 각 지역구는 1명의 당선자를 상대다수대표제에 의하여 선출한다. 초과의석이 발생하게 되는 이유는, 각 정당은 "연방의회기본의석수 × 정당이 획득한 유효한 제2투표의 득표수 ÷ 유효한 제2표 총수"라는 공식을 기준으로 헤어니마어 계산법(그 전에는 돈트식 계산방법을 채택하였음)에 따라 의석수를 배정받되, 이와 같이 계산한 의석수에서 지역구에서 획득한 의석수를 공제한 나머지 의석만을 명부기재 순으로 후보자들에게 할당하게 되는데, 그 수가 음수가 되더라도 지역구에서 얻은 의석을 그대로 보유하기 때문이다. 이에 따라 가령 전국적으로 고루 많은 득표를 하지는 못했으나 특정 지역에서 지역구후보자를 많이 낸 정당의 경우에는 그 숫자가 음수가 될 수도 있다. 이 경우 각 지역구에서는 1인의 당선자를 배출하여야 하기 때문에 초과의석이 발생하게 된다.

74) [역주] 위헌으로 선언된 독일 연방선거법 제6조 제2a항에 의하면 잔여표에 의한 추가의석의 배정은 다음과 같은 절차에 따라 이루어졌다. 어떤 정당의 주(州)비례대표명부에서 의석 확보에 기여하지 못하고 남은 제2투표는 연방 차원에서 합산한 다음 선거구에서 배분되어야 할 1의석을 확보하는 데 필요한 제2투표의 수로 나누어 소수점 이하의 수를 버리고 자연수인 몫을

위와 같은 특별한 요건들에 대하여는 다시 특별헌법규범들이 그 **예외**를 허용하 **560**
고 있다. 기본법 제38조 제2항은 선거권을 만18세 이상에게만 부여함으로써 그
와 같이 선거의 보통성에 대한 파격을 예정하고 있으며, 기본법 제137조 제1항
은 공직자를 위한 예외를 예정하고 있다.75)

b) 연방헌법재판소는 정치적 의사형성에 관한 법인 선거법이 헌법적으로 정당 **561**
화되기 위해 충족하여야 하는 위와 같은 특수한 요건들을 "**정치적 의견형성의 전
단계**"까지 확대하였으며, 이를 일반적으로 "자유민주주의에서의 정치적 권리
행사에 타당한 형식적 평등의 원칙"이라고 표현하였다.76) 산술적으로 볼 때 형
식적 평등원칙은 선거운동 및 정치적 의견형성과 관련한 기회, 방송시간, 포스
터의 크기 및 세제혜택 등이 산술적으로 배정되는 경우에만 타당하다. 그러나
그 경우에도 형식적 평등원칙은 부분적으로 수정될 수밖에 없다. 즉, 기본법
제38조 제1항 제1문은 선거라는 국가기관 구성과 관련한 행위와 관련하여 각
표에 동등한 비중을 부여하고 있는 반면, 선거운동과 정치의견의 형성은 사회
안에서 이루어지는 것이고 이러한 사회 안에서 자유권은 개인, 집단, 정당들이
자신의 견해를 통하여 각기 상이한 정도로 주목을 받고 또한 상이한 정도로 관
철될 수 있는 여지를 열어준다. 형식적 평등을 국가가 그 균일화를 위하여 개
입하여야 할 의무를 부과하는 것으로 이해하고 실천한다면, 위와 같은 자유는
그 결실을 맺지 못하게 될 것이며, 또한 자유권도 그 의미를 박탈당하게 될 것
이다.

연방헌법재판소는 **정당의 기회균등**에 관한 방대한 양의 판례에서 위와 같은 점 **562**
을 철저하게 고려하고 있으며,77) 이에 따라 정당의 기회균등의 헌법적 근거도
기본법 제38조 제1항 제1문이 아니라 대체로 기본법 제3조 제1항에서 찾고 있
다. 물론 연방헌법재판소는 정당에 대한 차별을 위해서는 특별한 "불가피한" 근

구한다. 추가의석은 잔여 제2투표수가 가장 많은 정당의 명부에 배정하되, 초과의석이 있는 명
부에 우선적으로 배정된다. 연방선거법 관련 조문으로부터 선거구역에서 배정되어야 할 의석
당 제2투표의 수를 계산하는 법이 추론되지 않았기 때문에 잔여투표의 계산법에 대해서는 현
저한 불확실성이 존재하였다.

75) E 98, 145/160 ff 참조.
76) E 8, 51/68 f; 69, 92/107; 82, 322/337 ff; 120, 82/104.
77) E 99, 69/79; 121, 108/121 참조.

거가 있을 것을 요구하고 있다.[78] 그러나 연방헌법재판소는 그와 같은 근거가 있는 경우에도 형식적·도식적 평등을 요구하지 않고, "차등적" 평등, "비례적" 평등으로 만족하고 있다.

563 **예:** 정당법 제5조 제1항은 무엇보다도 공영방송국에 의한 선거운동을 위한 방송시간 배정에서 모든 정당들이 평등한 대우를 받아야 "한다(sollen)"고 규정하고 있다. 그러나 방송시간의 배정은 "정당의 비중에 따라 … 차등화"될 수 있다. "정당의 비중을 측정할 때 특히 직전에 있었던 의원총선거의 결과가 판단기준이 된다." 이 규정은 형식적 평등이 정당이 스스로 사회에서 쟁취한 의미를 앗아갈 것이라는 내용의 연방헌법재판소의 판례의 취지와 부합한다(E 14, 121/134 ff; 이견으로는 *Lipphardt*, Die Gleichheit der politischen Parteien vor der öffentlichen Gewalt, 1975).

564 연방헌법재판소가 정당의 기회균등의 규범적 근거를 기본법 제3조 제1항에서 찾는 것은 다음과 같은 **소송법적** 이유도 있다. 즉, 연방헌법재판소의 그러한 판례에 따르면 기본권이나 기본권유사적 권리도 아닌 기본법 제21조에 반하는 공권력의 조치가 정당이 제기하는 헌법소원절차를 통하여 연방헌법재판소의 심판대상이 될 수 있으며, 반면에 정당이 국가의사형성 과정에서 다른 사회적 집단이나 단체와는 다른 특수한 역할을 수행함에 따라 헌법기관들과 갈등을 겪는 경우에는 기본법 제93조 제1항 제4a호에 따른 사인의 지위가 아닌 준헌법기관적 지위를 갖게 되며, 따라서 권한쟁의절차(기본법 제93조 제1항 제1호)에서의 당사자능력을 갖게 된다.[79]

5. 공민의 권리와 의무에 관한 특별한 요건

565 a) **기본법 제33조 제1항**은 이중적 의미에서 기본법 제3조에 대한 특별한 규정에 해당한다. 즉, 기본법 제33조 제1항은 평등 일반을 보장하는 것이 아니라 평등한 **공민으로서의** 권리와 의무를 보장하며, 또 모든 사람이 아닌 **독일인에게만** 그와 같은 권리와 의무를 보장한다. 여기서 독일인이라는 개념은 기본법 제116조에 의해서 확정되고, 공민의 권리와 의무의 개념은 넓은 의미로 이해되어, 선거권에서 납세의무 및 역무제공의무에 이르는 "국민과 국가의 법률관계 전체"를

---

78) E 82, 322/338; 111, 382/398; 121, 108/122.
79) E 84, 290/298; *Maurer*, JuS 1992, 296.

포괄한다.[80] 역무제공의무와 관련해서는 기본법 제12조 제2항(아래 단락 966 이하 참조)이 특별규정에 해당하고, 기본법 제33조 제1항에 대한 예외로는 기본법 제33조 제1항의 특별규정에 해당하는 기본법 제36조가 있다.

기본법 제33조 제1항은 기본법 제3조 제2, 3항을 배척하는 것이 아니라 이를 보 **566** 충하는 기능을 수행한다. 기본법 제33조 제1항의 **보충기능**은 기본법 제3조 제2, 3항에 규정된 차별금지 근거에 대하여 기본법 제33조 제1항이 다른 차별금지 근거를 추가하고 있다는 점을 통해 알 수 있다. 독일인의 출신지가 연방 내 어떤 주(州)라는 사실은 그를 다른 주(州)에서 그 주(州) 출신인 사람과 차별할 수 있는 근거가 될 수 없다. 독일인의 출신지가 해외라는 사실이 국내 출신자와 그를 차별할 수 있는 근거가 될 수도 없다. 그렇다고 하나의 규율이 상이한 독일인들에게 상이한 효과를 발휘하는 것이 불가능한 것은 아니다(단락번호 547 참조). 그러나 어떤 주(州)의 주민이 되는 자격의 본질적 요소가 무엇이 되어야 하느냐의 문제는 달리 판단되고 있다. 역사적으로는 바이마르 헌법 제110조 제2항에 포함되어 있던 해당 규율과 관련해서는 주적(州籍: Landesangehörigkeit)이 그 기준이 되었다. 오늘날에는 공식적인 주적은 존재하지 않기 때문에 주적을 좁게 이해하면 위 규정은 의미를 상실한 것이다.[81] 반면에, 주적을 넓게 이해하면 출생, 주소지나 교육 등의 사실상의 준거가 어떤 주(州)의 주민인지를 결정하게 될 것이다.[82]

예: 해당 주(州)에서 정주한 기간을 기준으로 주(州)의회 의원선거에 참여할 수 있는 선 **567** 거권을 부여함에 따라(가령 노르트라인-베스트팔렌 선거법 제1조 제3호 참조) 선거 직전에 해당 주(州) 안에서 이사한 사람은 선거를 할 수 있는 반면에 선거 직전에 외부에서 해당 주(州)로 전입해 온 사람은 선거를 할 수 없게 된다. 선거권을 거부하는 것이 대개 해당 주(州) 출신자를 보호하고 비출신자에게는 불리하게 작용할지라도 그와 같은 거부는 허용된다(이견으로는 *Sachs*, AöR 1983, 68/89). 주(州)의 정치적 문제에 친숙한 사람으로 하여금 선거권을 행사하도록 하고 정치적 권리를 의미 있게 행사하도록 한다

---

80) *Badura*, MD, Art. 33 Rn 6, 9.
81) E 134, 1/19 f 참조. 이 판례는 대학등록금을 주소를 두고 있는 주를 기준으로 차별하고 있는 규율을 기본법 제33조 제1항이 아니라 기본법 제3조 제1항과 결합된 기본법 제12조에 의하여 판단하고 있다.
82) *Brosius-Gerdorf*, DR, Art. 33 Rn 65 ff; *Jarass*, JP, Art. 33 Rn 3.

는 근거(위 단락 559 참조)에 따라 마련된 정주요건이라도 해당 주(州)의 출신자라는 특성을 기준으로 삼는 것은 아니다. 선거 직전에 외부에서 해당 주로 이주해 온 비교대상 집단에는 이전에 해당 주(州)를 떠났던 해당 주(州)의 출신자도 포함되기 때문이다.

568 b) **기본법 제33조 제2항**은 차별이나 정당화의 근거로 사용이 금지되는 근거를 추가적으로 제시하고 있다. **공무원** 임용 시에는 기본법 제3조 제2, 3항에 열거된 사항을 차별기준으로 삼거나 지원자가 해당 주(州)의 출신인지 또는 — 해외 출신 독일인과는 달리 — 독일 연방공화국 출신인지를 차별의 기준으로 삼을 수 없다. 공무원 임용에서는 지원자의 적성, 능력(Befähigung) 및 전문적 업적 이외의 요소를 반영해서는 안 된다(이른바 적격자선별의 원칙[Grundsatz der Bestehenauslese]).[83] 공무원 임용에서의 연령기준은, 그것이 업무능력에 대한 유형화를 통한 평가[84]나 정년보장이나 생활보장 원칙처럼 기본법 제33조 제5항 자체를 통해서 헌법적 지위를 갖게 된 다른 목적들[85]의 달성에 기여하는 한, 적격자선별의 원칙은 물론 유럽법상의 차별금지법(단락 79)에도 합치한다. 그런데 이와 같이 사용이 금지된 근거들은 상호 무관하게 병존하는 것이 아니라 서로 맞물려 있기 때문에 적성, 능력, 전문적인 업적이 다시 기본법 제3조 제2, 3항 및 제33조 제1항에 의하여 금지되거나[86] 기본권을 통해 보호받고 있는 자유에 합치하지 아니하는[87] 관점에 의거하여 논증되어서는 안 된다. 이는 전문지식, 전문역량(Fachkönnen), 전문자격시험과 관련된 전문적 업적이라는 개념과 소질(Begabung), 상식 및 삶의 경험을 의미하는 능력이라는 개념과 관련하여서는 분명하게 드러나지 않지만, 신체적·정신적·성격적 특성을 가진 인격체와 관련된 적성이라는 개념에서는 분명하게 드러난다.[88] 여기서 자질(Eignung)이라는 요소는 장래의 과제수행과 관련한 예측의 요소도 가지고 있다. 이와 같은 예측에서 선임자나 동료 사이의 협력관계에서 발생하는 잠재적 이해갈등도 주목할 만한 가치를 가질 수 있다.[89]

---

83) 연방법관 임명과 관련하여 이 원칙에 대한 기본법 제95조 제2항에 의한 수정에 대해서는 NJW 2016, 3425/3426 f.
84) BVerfG, NVwZ 2013, 1540/1541 f = JK 2/2014.
85) BVerfG, NVwZ 2015, 1279/1283 ff.
86) *Broisus-Gersdorf*, DR, Art. 33 Rn 95.
87) E 108, 282/296, 397.
88) E 92, 140/151; BVerfG, NVwZ 2009, 389.
89) BVerfG, NVwZ 2016, 59/61.

예: 연방헌법재판소와 통설에 의하면 헌법적대적 정당에 속해 있는 사람에게는 결여되 **569**
어 있다고 보아야 할 헌법에 대한 충성도 자질에 포함된다(BVerfGE 39, 334/348 ff;
BVerfG, NVwZ 2002, 848). 그런데 헌법적대성은 헌법위반성과는 다르다. 즉 헌법위반
성에 대해서는 기본법 제21조 제2항 제2문에 의하여 연방헌법재판소만이 심판하지만,
헌법적대성에 대하여는 임명권자(Dienstherr) 내지 임명권자의 결정을 통제하는 법원이
결정할 수 있어야 한다. 자질 내지 헌법에 대한 충성 사이에 존재하는 이와 같은 관계는
정치적 견해에 따른 차별을 금지하는 기본법 제3조 제3항과 조화를 이룰 수 없다. 즉 연
방헌법재판소가 기본법 제21조 제2항 제2문에 의한 심판을 내리고 있지 않은 동안에는
모든 정당의 정치적 지위는 기본법의 명령에 의하여 동일한 자유를 향유하고, 연방헌법
재판소가 심판을 내린 후에야 비로소 정당의 정치적 지위 내지 개인의 정치적 견해에
부정적인 법적 효과가 인정될 수 있다. 연방헌법재판소와 통설은 기본법 제33조 제4, 5
항과 투쟁적 민주주의라는 해석론적인 형식을 원용함으로써 그와 같은 자체 일관성 있
는 논리에서 벗어나고자 한다. 공무원관계는 전통적으로 충성관계로서 공무원에게 국가
및 헌법과 특수한 일체적 관계를 형성할 것을 요구하고 있으며, 이는 기본법이 채택하
고 있는 투쟁적 민주주의에서는 더욱 타당성을 갖는다는 것이다. 그러나 공무원관계를
충성관계로 보는 입장은 시간이 흐르면서 동요하고 있으며, 민주주의의 투쟁적 성격 또
한 연방헌법재판소에게 독점적 심판권을 부여하고 있는 기본법 제21조 제2항 제2문에
비추어 볼 때 제한적이다(이에 대하여 상세한 것은 *Pieroth/Schlink*, JuS 1984, 345;
Schlink, Staat 1976, 335 및 그 곳에서 인용된 문헌 참조). – 구 동독의 공직자에 대한
특별해임조치들에 관한 연방헌법재판소의 최근 판례는 헌법에 대한 충성이 아니라 보다
신중한 입장에서 "직무상의 과제를 헌법의 원칙에 따라 수행할 수 있는 능력 및 정신자
세, 특히 개인의 자유권들을 수호하고 법치국가적 규칙들을 준수할 수 있는 능력 및 정
신자세"라고 표현하고 있다(E 96, 152/163; 이에 대하여는 *Will*, NJ 1997, 513 참조).

여성이 아닌 남성에게, 해외출신 독일인이 아닌 국내출신 독일인에게, 가톨릭교 **570**
도가 아닌 개신교도에게 공직을 부여한다고 해서 기본법 제33조 제2항의 차별
금지조항이 침해되는 것은 아니다. 결정적인 의미를 갖는 것은 금지된 이러한
차별의 근거들이 차별의 정당화근거가 되어서는 안 된다는 점이다. 연방헌법재
판소는 가령 여성이 여학교의 운영기능을 맡는 것은 "자명한" 것으로 본다.[90]
그러나 여학교에 여성이 지원하였기 때문에 여성에게 공직이 부여될 수 있는
것은 아니므로 여성이 여학교를 운영하는 것은 자명하다고 볼 수 없다. 여학교

90) E 39, 334/368.

에 지원한 여성이 학교의 운영이라는 과제를 교육학적·훈육적인 견지에서 특히 잘 이행할 수 있는 경우에만 그 여성에게 공직이 부여될 수 있는 것이고, 만약에 그 과제를 더 잘 이행하는 남성이 있다면 그 남성이 우선해서 임용되어야 하는 것이다.[91]

571 통설에 의하면 전통적으로는 사회국가원리가 그리고 오늘날에는 기본법 제3조 제3항 제2문이 장애인을 위한 **예외**를 요구하고 있다.[92] 그러나 장애인이 비장애인 지원자와 마찬가지로 적성, 능력 및 전문적 업적의 면에서 특정 기능을 위한 자격을 갖도록 장애인을 지원한다면 사회국가원리 내지 기본법 제3조 제3항 제2문 및 제33조 제2항에 부합할 수 있다는 점에서, 위와 같은 견해의 타당성은 상당히 의문스럽다.[93] 반면에 정무직 공무원을 언제든지 일시 퇴임시키는 것은 의원내각제에서 최고위 공무원의 정치적 견해는 그 자질의 일부라는 논증을 통해서 정당화될 수 있다.[94]

572 c) **기본법 제33조 제3항**은 상술한 차별 및 정당화의 근거로의 사용금지를 **반복하**고 있으며, 동 조항의 일부 내용은 바이마르헌법 제136조 제2항과 연계된 기본법 제140조에서 다시 한번 반복되고 있다. 기본법 제33조 제3항은 역사적·체계적인 이유로 기본법 제33조에 수용되었다. 역사적으로 특히 갈등의 소지가 컸던 종교·종파의 차이가 의미를 가져서는 안 된다는 점을 공민의 권리와 의무의 지위를 규정하고 있는 체계적 맥락에서 다시 한번 분명하게 부각하고, 공직에서의 특정 종파에 대한 비호와 종파별 안배의 금지가 특별히 강조되어야 할 필요가 있었던 것이다. 기본법 제33조 제3항에서 금지하는 사유를 차별 및 정당화의 근거로 사용하는 것은 이미 다른 조항에서도 금지되고 있기 때문에 본래 기본법 제33조 제3항은 불필요한 조항이라고 할 수도 있으나, 기본법 제33조 제3항은 다른 금지규정에 대한 더욱 **특별한** 규정에 해당한다. 그러므로 관련 사례와 문제들은 일차적으로 기본법 제33조 제3항에 의하여 심사되어야 한다.[95]

91) 이러한 견해를 취하고 있는 견해로는 또한 *Höfling*, BK, Art. 33 Abs. 1-3 Rn 247.
92) *Jarass*, JP, Art. 33 Rn 17; *Broisus-Gersdorf*, DR, Art. 33 Rn 122 참조.
93) *Schmidt-Aßmann*, NJW 1980, 16 참조.
94) BVerfG, NVwZ 1994, 477; *Bracher*, DVBl. 2001, 19 참조.
95) *Jachmann*, MKS, Art. 33 Rn 24.

예: 교황청과 자유국 바이에른 사이에 체결된 조약에 의하여 바이에른주(州)는 여러 대 **573**
학에 철학, 사회학 및 교육학 분야에 이른바 콩코르다트(Konkordat)[96] 교수직을 지원하
고 있다. 바이에른 주(州)는 이 조약에 의하여 "교수직을 보유하는 교수가 가톨릭교회
에 대하여 취하는 입장과 관련하여 해당 교수에게 아무런 이의를 제기하지 못하게" 되
어 있다. 그런데 관할교구의 주교는 교수임명에 대한 동의권을 보유하고 있다. 가톨릭교
회에 반하는 입장으로 인하여 위 공직에 취임할 수 있는 허가를 받지 못한 지원자와 관
련하여 기본법 제33조 제3항은 기본법 제3조 제3항 및 제33조 제2항에 대한 특별법에
해당한다. 이와 같은 경우에는 종교적 신조를 이유로 한 차별이 존재하지만, 그에 대한
헌법적 정당화근거는 확인되지 아니한다(*F. Müller*, DuR 1976, 175; *Korioth*, MD, Art.
140 iVm Art.136 WRV Rn 70; 이견으로는 *v. Campenhausen/Unruh*, MKS, Art. 140 iVm
Art. 136 WRV Rn 25 ff; *Höfling*, BK, Art. 33 Abs. 1~3 Rn 416 f). – 종파연합학교의 교
사를 임명할 때 학생들의 종파가 지원자의 종파를 고려하는 요인이 되어서는 안 된다
(BVerwGE 81, 22/24 f).

IV. 평등위반의 효과

1. 법률, 법규명령 및 규칙의 평등위반

a) 일반적 내용

위헌적인 차별은 자유권에 대한 위헌적인 제한과는 **효과가 다르다**. 자유권에 대 **574**
한 위헌적인 제한의 경우, 그 제한이 없었을 때와 마찬가지로 개인이 다시 자유
를 향유할 수 있도록 위헌적인 제한이 제거되기만 하면 된다. 반면에 甲, 乙 두
집단 사이의 차별은 다양한 방식으로 제거될 수 있다. 즉 甲 집단이 乙 집단과
같은 대우를 받을 수 있도록 하거나, 乙 집단이 甲 집단과 같은 대우를 받도록
하거나, 양 집단 모두 새로운 제3의 방식으로 대우할 수도 있는 것이다.

어떤 개인이 타인에 비하여 불평등하게 부과된 **부담**에 대하여 이의를 제기하는 **575**
경우나 타인에 비하여 불평등하게 받지 못한 **혜택**을 받고자 하는 경우 모두 위
와 같이 차별을 제거할 수 있는 다양한 가능성이 존재한다. 그렇지만 개인이 부
과된 부담에 대하여 이의를 제기하고 있느냐 아니면 혜택을 받고자 하느냐에

---

96) [역주] 로마가톨릭 교회와 국가 간에 체결되는 조약.

따라 차이가 있을 수 있는데, 그 차이는 입법과 사법이 불평등 제거를 위하여 협동작용을 한다는 데서 기인하는 것이다.

576 – 어떤 개인이 평등권에 반하는 법규를 통하여 자신에게 부과된 부담이나 자신이 속한 집단에게 부과된 **부담**에 대하여 이의를 제기하는 경우에는 사법작용은 그 법규를 폐기함으로써 그 부담을 제거할 수 있다.

577 – 어떤 개인이 평등권에 반하는 법규를 통하여 다른 집단에 부여된 것과 동일한 **혜택**을 받으려는 경우 만약 사법에 의하여 그 법규가 폐기된다면 다른 집단은 물론 그 개인까지도 혜택을 받을 수 없게 된다. 예외적으로 어떤 법규가 모든 개인에게 혜택을 부여하면서도 다른 법규가 특정 집단을 수혜대상에서 제외하고 있는 경우에만 그 다른 법규를 폐기함으로써 수혜대상에서 제외된 집단에게 혜택을 확보하여 줄 수 있을 뿐이다.97)

578 기본법의 권력분립의 틀 안에서 사법은 입법에 대하여 **파기재판**을 할 수 있을 뿐 형성재판을 할 수는 없는 것이 원칙이다. 사법이 파기재판을 할 수 있는 경우조차도 – 통상적으로는 부담부과적 규율의 경우에, 예외적으로는 수혜배제적 규율의 경우에도 – 연방헌법재판소 판례는 **소극적 입장의 견지**를 지침으로 삼고 있는데, 이는 파기도 어쨌든 형성적 요소를 포함하고 있기 때문이다. 즉, 파기도 차별을 제거할 수 있는 다른 가능성들이 있음에도 불구하고 그 가능성 중의 하나를 실현하는 것이다. 다만, 연방헌법재판소는 새로운 법률적 규율이 시행될 때까지 수인하기 어려운 법적 불안의 발생을 방지하기 위하여 필요하다고 판단되는 경과규율을 스스로 발하는 경우에는 소극적 입장을 포기하고 있다.98)

b) 평등에 반하여 보류된 혜택

579 연방헌법재판소는 어떤 법규로 인하여 한 집단이 받지 못하게 된 **혜택**을 다른 집단에게도 **확장**함에 있어서는 각별하게 소극적인 입장을 견지하고 있다. 연방헌법재판소가 이처럼 특히 소극적 입장을 취하는 이유는 혜택 범위를 확장하는

---

97) E 22, 349/360.
98) E 84, 8/20 f 참조.

것에 내재하는 각별한 형성적 요소 때문이다. 즉, 연방헌법재판소가 혜택을 확장할 경우 그것은 "법률의 흠결"을 보충하는 것이고,[99] 입법자가 형성하는 것을 중지한 곳에서 형성활동이 이루어지게 되는 것이다. 연방헌법재판소는 다음과 같은 **두 가지 전제**하에서만 자신이 그와 같은 법률적 흠결을 보충할 권한이 있다고 본다.

– **헌법위임**이나 여타 헌법규정이 개인에게 일정한 혜택을 부여해 줄 것을 요구   **580**
  하고 있음에도 입법자가 평등에 반하여 한 집단에게 이와 같은 혜택을 부여
  하고 있는 경우에는 그와 같은 혜택을 해당 집단에게도 확장하고 있다.[100]
  이는 물론 헌법위임 또는 여타 헌법규정으로부터 직접 추론되는 것이다.

– 입법자가 공무원법이나 사회법에서처럼 이미 복잡한 **규율체계**를 조성하고   **581**
  있고 또한 이러한 체계를 고수하려는 입법자의 의사가 분명히 드러나 있으
  며 수혜대상에서 제외된 집단에게도 혜택을 확장하는 경우에만 **일관성을 유
  지하고 또 조화를 이룰 수 있는 경우에는** 연방헌법재판소가 스스로 수혜범위를
  확장할 수 있다.[101]

상술한 수혜범위를 확장할 수 있는 전제가 충족되어 있지 아니한 경우에는 연   **582**
방헌법재판소는 규범을 무효로 선언하지 않고 오로지 수혜의 배제가 **위헌**이라
는 것만을 확인[102]하고 있다.[103] 동시에 연방헌법재판소는 입법자에게 명시적·
묵시적으로 합헌적인 법적 상태를 조성할 것을 촉구한다. 이에 더 나아가 때때
로 연방헌법재판소는 위헌적 법상태를 제거하여야 하는 시한을 설정하기도 한
다.[104]

예: 연방헌법재판소는 가사휴일에 관한 노르트라인-베스트팔렌 법률(단락 548 참조)에   **583**
대하여 다음과 같은 주문을 형성한 바 있다. 즉, "위 법률은 가족이 있는 독신 남성노동
자를 제외한 여성노동자만 가사휴일을 받고 있는 범위에서 기본법 제3조 제2항에 합치

---

99) E 22, 349/360.
100) E 22, 349/361; *Kirchhof*, MD, Art. 3 Abs. I Rn 282.
101) E 103, 225/238 ff; 또한 BVerwGE 101, 113/118 f 참조.
102) [역주] 우리 헌법재판소의 헌법불합치결정에 해당.
103) 이 유형의 변형재판에 대하여 상세한 것은 Schlaich/Korioth, BVerfG, Rn 394 ff 참조.
104) E 82, 126/155 참조.

하지 않는다"(E 52, 369/370). 이에 따라 연방헌법재판소는 노동법원이 이 위헌규정에 입각하여 내린 판결을 파기하고 환송하였다. 즉, "(노동법원이) 그 절차를 정지한다면 소원청구인에게는 입법자가 가사휴일청구권을 확대할 경우 그 혜택을 받을 수 있는 가능성이 열리게 된다"(같은 곳).

584 연방헌법재판소는, 수혜범위 확대와 관련한 위와 같은 소극적 입장을 **수혜의 배제**를 파기하는 경우에도 견지하는 것이 적절하다고 보고 있다. 입법자의 동일한 의사가 전자의 경우와 후자의 경우에 입법기술적으로 각기 상이하게 표현될 뿐이며, 두 경우 모두 본래 동일한 법률의 흠결이 존재하기 때문이라는 것이다.105)

c) 불평등하게 부과된 부담

585 연방헌법재판소는 초기 판례부터 부담을 불평등하게 부과하는 법규도 "위헌부분이 없더라도 입법자가 여타의 법률적 규율을 유지했을 것이라는 점에 의문의 여지가 없는 경우에만" 무효로 본다는 입장을 늘 견지해 왔다.106) 연방헌법재판소가 직접적으로 적시하지는 않았지만 이 경우에도 수혜의 범위를 확장하기 위한 두 가지 전제 중 하나에 해당하여 차별은 헌법규정에 의하여 이러한 그 부담부과가 금지되고 있는 경우에만 무효로 파기될 수 있다.

586 상술한 파기가 가능한 전제들이 충족되어 있지 **아니한** 경우에는 위헌을 확인하더라도 결과적으로 파기의 효과에 접근하게 될 것이기 때문에 위헌확인도 할 수 없게 된다. 즉, 그 부담은 어떤 식으로든 더이상 개인에게 부과되어서는 안되는 것이다. 그러나 불평등하게 혜택을 부여하는 경우는 사정이 다르다. 즉, 혜택이 무효로 파기될 경우 개인은 그 혜택을 향유할 수 없게 될 것이다. 반면, 불평등한 수혜로 인하여 한 집단이 수혜대상에서 제외되고 있는 한 그 수혜에 대한 위헌확인만이 선언되는 경우에는 다른 집단은 계속하여 혜택을 받을 수 있게 된다. 다른 집단까지도 더이상 혜택을 받지 못하게 되는 결과는 위헌확인 대신 무효를 선언함으로써 얻어질 수 있을 것이기 때문이다.107) 이에 따라 연

---

105) E 22, 349/360 f.
106) E 4, 219/250.
107) 이견으로는 *Heußler*, NJW 1982, 257/258; BAGE 37, 352/355; 또한 *Schlaich/Korioth*, BVerfG, Rn. 417 ff.

방헌법재판소 역시 불평등한 부담부과를 무효로 파기할 수 없는 경우에는 규율
전체를 무효로 선언하고 있다.[108)

d) 요약

평등권이 불평등한 법규로부터 개인을 보호하는 상황과 효과를 다음과 같이 요 **587**
약할 수 있다.

- 부담을 부과하는 규율의 일부 또는 전체가 무효인 경우는 개인은 평등권
  에 반하여 자신에게 가해진 부담에서 벗어날 수 있게 된다.
- 혜택 부여를 명하는 헌법적 명령이나 규율대상 및 규율의사의 체계가 그
  수혜 범위 확대를 요구하는 경우 개인이 평등권에 반하여 받지 못하였던
  혜택에 참여하게 된다.
- 어떤 개인이 평등권에 반하여 혜택을 받지 못하였으나 헌법적 명령이나
  규율대상 및 규율의사의 체계가 그 수혜의 범위 확대를 요구하지 않는
  경우 그는 혜택에 참여하지 못한다. 그는 수혜배제에 대한 위헌확인, 혜
  택 부여를 부정한 재판의 취소 및 진행 중인 절차의 정지만을 확보할 수
  있을 뿐이다.

2. 행정작용과 사법작용의 평등위반

a) 일반적 내용

행정작용과 사법작용은 **행위의 여지**를 부여받은 경우에만 평등한 대우 또는 차 **588**
별을 할 수 있는 가능성을 보유하게 된다. 법규가 아무런 (재량)행위의 여지를
남기지 않으면서 특정한 전제가 충족되면 특정한 법적 효과를 적용할 것을 명
시하고 있는 경우, 그러한 특정 전제가 충족되었음에도 행정작용이나 사법작용
이 이 법적 효과를 적용하지 아니한다면 그로 인하여 해당 개인은 차별을 받게
된 것이다. 그러나, 이와 같은 유형의 차별은 단순한 법규 적용의 오류일 뿐이
고 실제로도 평등권침해가 아닌 법률의 오적용으로서 다투어지고 있으며 또 일
반법원도 법률적용의 오류를 정정하고 있다. 행정작용은 **재량권**을 행사할 수 있

---

108) E 9, 291/302 참조.

는 영역에서는 (재량)행위의 여지를 보유하고, 행정작용과 사법작용은 **불확정법 개념**을 해석하고 적용할 때에도 행위의 여지를 보유한다.

b) 행정작용의 평등위반

589 재량권이 부여된 영역 그리고 원칙적으로 판단의 여지가 부여된 영역(단락 1173~1174)에서도 행정작용이

- 스스로 자신의 재량행사를 조절하는 규준으로 삼는 행정규칙과
- 재량권을 행사함에 있어서 스스로 준수해 온 확립된 행정관행으로부터 정당한 사유 없이 벗어나지 못하기 때문에 평등권의 구속력은 행정의 자기구속의 형태로 실현된다.[109)]

590 행정작용이 이처럼 자기구속의 원칙을 위반한 경우에는 개인은 자신에게 부과된 부담에 대하여 방어할 수 있음은 물론 혜택도 받아낼 수 있다. 이러한 경우는 법규로 인하여 받지 못하게 된 혜택을 관련 개인에게 확장하는 것에 대하여 제기되는 우려가 터 잡을 여지가 없다. 집행작용에 주어지는 형성의 자유는 입법작용에 주어지는 형성의 자유에 비하여 적을 뿐만 아니라, 사법작용이 행정작용을 통제하는 경우에는 파기재판만이 아니라 **형성**재판도 가능하기 때문이다.

591 예: 기초생활보장담당관청(Sozialhilfeträger)은 기초생활급여 수령자에게 크리스마스명절을 위한 크리스마스보조금을 지급하였으나 집이 없는 경우에는 크리스마스명절을 즐길 수조차 없다는 이유로 노숙자들에게는 크리스마스보조금을 지급하지 않았다. 만하임 행정법원(VGH Mannheim, NVwZ 1983, 427)은 단도직입적으로 노숙자에게도 크리스마스보조금 청구권을 인정하였다. 국민기초생활담당관청이 적시한 근거는 차별적이며 사회국가원리에도 합치하지 않는다는 것이다.

592 법률에 배치되는 행정규칙 또는 행정관행이 형성된 경우 행정관청이 한 개인과의 관계에서는 합법적인 행정관행으로 이행한다고 하더라도 평등권에 위반하는 것은 아니다. 개인은 **불법 앞의 평등**을 향유하지 못하며, 오류반복청구권을 갖지 아니한다.[110)] 물론 법률이 그 실체적 규율을 통하여 부담의 평등을 달성

---

109) 행정의 자기구속에 대하여는 *Ossenbühl*, DVBl. 1981, 857; *Pietzcker*, NJW 1981, 2087 참조.
110) 통설; *Huster*, FH, Art. 3 Rn 129; 신뢰보호가 문제되지 않는 한 기본법 제3조에 의거하여 제3자에 대한 위법적 혜택부여처분 취소청구권을 인정하고 있는 *Reimer*, RW 2017, 1/15 ff.

하려고 하였으나 절차적 규율에서는 이러한 목표를 전반적으로 달성하지 못하고 있는 경우에는 개인은 자신에게 그러한 부담을 부과하지 말 것을 요구할 수 있다. 이 경우 절차 및 절차적 규율의 평등위반은 실체적 규율에 대해서도 영향을 미치게 되는 것이다.111)

c) 사법작용의 평등위반

확립된 행정관행을 통한 자기구속에 상응하는 확립된 판례를 통한 자기구속과 관련하여 연방헌법재판소는 매우 **주저하면서**, 그리고 학설은 매우 신중하게 이를 인정하고 있다. 연방헌법재판소는 평등권이 법의 발전 및 보완적 형성에 장애를 유발해서는 안 된다고 판시하면서도 "개별 재판들이 자의적이라고 할 수밖에 없을 만큼 판례의 유기적 발전의 궤도를 이탈하는 경우도 있을 수 있다"고 본다.112) 학설 또한 법의 발전 및 보완적 형성에 장애가 있어서는 아니 된다고 주장하면서도 자기구속 역시 지켜져야 한다고 본다.113) **593**

연방헌법재판소는 때때로 주장이 불가능할 정도의 자의적인 법령의 오적용에 대처하는 **정의통제**를 위하여도 평등권을 활용하고 있다.114) 그러나 이는 '연방헌법재판소는 초상고심이 아니다'라는 연방헌법재판소 자신의 주장과 조화되기 어렵다.115) **594**

사례 8(단락 514)에 대한 약해: **595**

　I. 사안에서 甲은 조례제정자는 유치원비를 차등화함으로써 **본질적으로 같은 것을 다르게** 대우하였음이 분명하다고 주장하고 있다. 甲와 같이 시에 더 많은 유치원비를 내는 학부모나 시에 더 적은 유치원비를 내는 학부모나 모두 그 자녀가 시립유치원을 다닌다는 점에서 공통점을 갖는다. 이 학부모들은 시로부터 경비와 비용 면에서도 등가치의 동일한 급부를 받고 있다. 그러므로 그들은 비교가 가능한 집단들이다. 따라서 조례제정자는 유치원비의 차등화를 통해서 본질적으로 같은 것을 다르게 취급하고 있는 것이다.

---

111) E 84, 239/268 ff, 284; 110, 94/112 ff.

112) E 18, 224/240.

113) *Riggert*, Die Selbstbindung der Rechtsprechung durch den allgemeinen Gleichheitssatz(Art. 3 I GG), 1993; 소수의견이 요구하고 있는 특별한 논증의 필요성을 뒷받침하고 있는 *Kirchhof*, MD, Art. 3 Abs. I Rn 288.

114) E 70, 93/97; 86, 59/62 f.

115) 이에 대하여 비판적인 견해로는 또한 *Heun*, DR, Art. 3 Rn 62.

Ⅱ. 조례제정자가 이와 같은 내용의 차별을 하기 위해서는 그 차별이 **헌법적으로 정당화되어야 한다.** 조례제정자는 유치원생을 돌보는 데 필요한 비용 전액을 학부모에게 요구하고 있는 것이 아니기 때문에 이는 유치원비 지원과 관련한 "적극적" 차별에 해당한다. 이는 일견 강도가 낮은 차별로서 자의성이 없으면 헌법적으로 정당화되기에 충분한 것처럼 보일지 모른다. 그러나 가구의 수입은 인적 관련 차별기준에 해당하고 또한 그렇기 때문에 그 차별이 정당한 목적을 추구하고 그 목적의 달성을 위해 적합하고 필요하며 그 목적이 지닌 가치와 적정한 비례관계에 있을 때에만 그 차별은 정당화될 수 있다.

1. 조례제정자는 이른바 내재적 목적을 추구하고 있음이 명백하다. 즉 조례제정자는 가구의 소득차이를 소위 새로운 공식에 따른 차별을 통해 고려할 수 있는 속성과 비중을 지니는 차이로 보고 있기 때문에 가구의 소득을 기준으로 삼고있는 것이다. (유치원비와 같은) 사용료는 조세와는 달리 개인에게 귀속될 수 있는 공적 급부를 제공하는 대가로 부과되는 것이고 그 급부제공에 필요한 비용에 충당될 것을 요구하는, 실정헌법에 선행하는 사용료 개념(Gebührenbegriff)은 **목적의 정당성** 인정을 어렵게 하는 것처럼 보인다. 그러나 사용료라는 개념으로부터는 사용료가 실제로 소요되는 비용과 무관하게 확정되어서는 안 된다는 추론만이 가능할 뿐이다. 헌법상 비용 이상의 것을 요구해서도 비용 이하를 요구하는 것도 금지된다. 그러므로 조례제정자가 가구의 소득차이와 그로부터 초래되는 자녀의 삶 및 교육의 가능성과 관련한 기회의 불균등은 열악한 가능성을 가진 가구들의 상황을 개선하려는 목적을 정당화하는 차이에 해당한다고 보는 것은 허용된다.

2. 상대적으로 고소득 가구의 학부모에게 더 높은 유치원비를 부과하는 것은 이러한 목적의 달성에 **적합하다.** 이와 같은 차등화된 유치원비 부과를 통해 시는 동일한 수입을 가지고도 상대적으로 저소득 가구의 학부모에게 낮은 유치원비를 부과할 수 있기 때문이다. 이를 통해 저소득 가구의 학부모들이 시립유치원을 통한 교육기회 제공에 보다 쉽게 응할 수 있도록 해주고, 그 자녀들에게는 중요한 기본적 지식과 능력을 획득할 수 있는 기회를 열어줄 수 있다.

3. 그렇다면 저소득 가구의 기회를 다양한 방식으로 증진하려는 목적을 달성하기 위하여 고소득 가구의 학부모에게 더 많은 유치원비를 부과하는 것이 과연 **필요한** 것인지의 문제가 제기된다. 시의 수입이 동일하다면 고소득 가구의 학부모에게 더 큰 부담을 부과할 때에만 저소득 가구 학부모의 부담을 덜어줄 수 있다. 고소득 학부모의 부담을 덜어주는 고소득 학부모에게 보다 친화적인 방식은 저소득 학부모의 부담을 가중함으로써 이들을 지원하려는 목적에 불리하게 작용하게 될 것이다.

4. 이와 같은 고소득 학부모에 대한 차별의 적정성은 그들에게 부과되는 상대적으로

높은 유치원비도 그들의 자녀들로 인해 실제로 발생하는 돌봄 비용을 모두 충당하지 못한다는 점에서 드러난다. 고소득 학부모들도 서로부터 지원을 받고 있으며, 다만 그 지원규모가 비교적 적을 뿐이다. 그러므로 학부모 甲이 유치원비의 차등부과로 기본법 제3조 제1항의 권리를 침해받았다고 주장하는 것은 타당하지 않다.

참고문헌: *M. Albers*, Gleichheit und Verhältnismäßigkeit, JuS 2008, 945; *G. Britz*, Der **596** allgemeine Gleichheitssatz in der Rechtsprechung des BVerfG, NJW 2014, 346; *K. Hesse*, Gleichheitssatz in der neueren deutschen Verfassungsentwicklung, AöR 1984, 174; *S. Huster*, Der Rechte und Ziele, 1993; *A. Podlech*, Gehalt und Funktionen des allgemeinen verfassungsrechtlichen Gleichheitssatzes, 1971; *M. Sachs/C. Jasper*, Der allgemeine Gleichheitssatz, Jus 2016, 769; *K.-A. Schwarz*, Grundfälle zu Art. 3 GG, JuS 2009, 315, 417; *R. Wendt*, Die Weiterentwicklung der „Neuen Formel" bei der Gleichheitsprüfung des Bundesverfassungsgerichts, in: FS Stern, 2012, 1553. － 특히 기본법 제3조 제2항 관련 문헌으로는 *U. Di Fabio*, Die Gleichberechtigung von Mann und Frau, AÖR 1997, 404; *I. Ebsen*, 15 Jahre Fördergebot des Art. 3 Abs. 2 S. 2 GG － zur praktischen Bedeutung einer Verfassungsänderung －, in: FS Jaeger, 2011, S. 401; *S. Huster*, Frauenförderung zwischen individueller Gerechtigkeit und Gruppenparität, AöR 1993, 109; *S. Kempny/P. Reimer*, Die Gleichheitssätze, 2012; *J. Kokott*, Gleichheitsschutz und Diskriminierungsverbote in der Rspr des BVerfG, in: FS 50 Jahre BVerfG, 2001, Bd. II, S. 127; *M. Sachs*, Quotenregelungen für Frauen im staatlichen und im gesellschaftlichen Bereich, ZG 2013, 52; *U. Sacksofsky*, Das Grundrecht auf Gleich-berechtigung, 2. Aufl. 1996. － 특히 기본법 제3조 제3항 관련 문헌으로는 *G. Beaucamp*, Das Behindertengrundrecht (Art. 3 Abs. 3 Satz 2 GG) im System in der Grund-rechtsdogmatik, DVBl. 2002, 997; *M. Sachs*, Besondere Gleichheitsgarantien, Hdb. StR³ VIII, § 182. － 특히 기본법 제38조 제1항 제1문 관련 문헌으로는 단락 1218을 보라.

부록: 평등권 사건해결공식

597

사건해결공식 Ⅳ: 평등권

Ⅰ. 본질적으로 같은 것의 차별

다르게 대우받고 있는 비교집단의 구성

(1) 다른 사람 (또는 집단)과 차별받고 있는 둘 이상의 사람 또는 집단

(2) 차별하는 규율의 목적을 지침으로 삼아 공통의 상위개념 구성

Ⅱ. 헌법적 정당화

주의: 의회유보(단락 321 이하)가 일반적 평등규정의 영역에서도 적용된다는 점에는 이론의 여지가 없다. 어쨌든 평등규정과 관련한 추가적인 문제 제기가 없을 경우에는 이 원칙의 심사를 포기하는 것도 충분히 고려할 만하다. 평등규정과 더불어 – 보통 우선적으로 심사되어야 할 – 자유권도 해당되고, 이 자유권의 심사에서는 의회유보도 함께 검토될 것이기 때문이다.

1. 차별적 법률의 합헌여부

(법률에 의한 차별이 행해지고 있는 경우. 법률에 의한 차별이 아닌 경우에는 2로 갈 것)

a) **형식적 합헌요건의 충족**

aa) **입법권한의 존재**, 기본법 제70~74조

bb) **입법절차의 준수**, 기본법 제76~79조, 제82조 제1항

b) **실질적 합헌요건의 충족**

차별의 정도를 기준으로 한 비례성원칙에 따른 심사(단락 528~529)

aa) **정당한 목적**

– 기본법 제3조 제3항에 의하여 금지된 차별기준에 의거하는 것

– 명시적으로 허용된 차별기준(기본법 제33조 제2항)과는 다른 기준의 사용은 금지된다.

bb) **비례성**

정당화요건은 다음과 같은 기준에 따라 강화된다.

– 차별기준이 금지되어 있는 기준(특히 기본법 제3조 제2, 3항의 기준)과

> 유사하거나 사실상 근접하는 효과를 발휘할수록
> – 관련 개인들이 그 차별기준에 대해 영향을 미칠 수 있는 가능성이 적을
> 수록
> – 차별대우가 자유권의 행사를 어렵게 할수록
> 2. **차별적 개별조치의 합헌여부**
> 집행부나 입법부의 조치와 관련한 심사는 1의 b)에 따라 진행하여야 하되 헌법
> 하위법과의 합치여부에 대한 심사는 하지 않음(이에 대해서는 단락 1346을 보라)
>
> **Ⅲ. 위반의 법적 효과**
> 자유권에서와는 달리 입법자로 하여금 불평등대우를 제거하는 방법을 선택할 수
> 있도록 파기가 아니라 불합치선언만을 하는 것이 보통이다(단락 574 이하).

사례의 쟁점이 기본권의 침해여부(**사건해결공식 Ⅰ**, 단락 401)를 가리는 것이 아니라 법 **598**
률의 합헌여부(**사건해결공식 Ⅱ**, 단락 401)를 가리는 것인 경우에는 **사건해결공식 Ⅳ**는 자
유권 사건해결공식에 준하여 변형된다. 특별평등규정은 보호영역을 갖고 있는 것이 아
니라 정당화요건을 제시하는 것이기 때문에 특별한 자유권과 일반적 행동의 자유의 관
계에서와는 달리(단락 402 이하 참조) 특별평등규정이 일반적 평등규정을 배척하지 아
니한다. 따라서 특별평등규정이 불평등대우를 금지하지 않는 경우에도 항상 일반적 평
등규정에 의한 심사가 이루어져야 한다. 여타 사항과 관련하여 위의 공식을 가지고 사
례를 해결하려면 자유권침해여부를 가리기 위한 공식에 대한 약해(단락 437 이하 참조)
을 참조하기 바란다.

예: 특정 여성 경기종목이 평균 이상의 사고율을 발생시킨다는 이유로 법률로 금지되었 **599**
다. 그 법률은 남녀차이가 아닌 해당 경기종목에 내재하는 고도의 위험성에 근거하고
있는 것이므로 기본법 제3조 제2항에 위반되지 아니한다. 그렇지만 이 문제에 대해서는
제3조 제1항이 침해되었는지도 검토되어야 한다. 마찬가지로 평균 이상의 사고율을 기
록하고 있는 다른 경기종목들은 허용되고 있기 때문이다.

§ 12 종교·세계관·양심의 자유(기본법 제4조, 제12조의 a 제2항, 바이 마르헌법 제136조 제1, 3, 4항, 제137조 제2, 3, 7항과 연계되어 있는 기본법 제140조)

600 사례 9: 양심상의 이유로 인한 납세거부?(출전: BVerfG, NJW 1993, 455)

평화주의자 甲은 수년 전부터 세무관청에 자신이 납부한 세금을 군비(軍備)에 사용하지 말 것을 신청하였다. 그는 관할관청이 소득세수 중 군비에 지출되는 비율만큼 자신의 소득세채무를 감액시켜 주어야 한다고 주장하였다. 甲은 보조적으로 자신의 조세채무 중 위 비율에 해당하는 금액만큼 평화기금이 조성될 때까지 공탁하도록 해달라고 신청 하였다. 甲이 제기한 위 신청들은 관할관청에 의하여 모두 거부되었으며, 법원을 통한 권리구제 시도 역시 무위에 그치고 말았다. 甲은 헌법소원을 제기하면서 양심상의 이유 로 간접적으로 전쟁목적에 사용되는 세금을 납부할 수 없다고 주장하였다. 이 경우 甲 은 양심의 자유를 원용할 수 있는가? 이 사례에 대한 약해는 **단락 643**을 보라.

I. 개관

1. 조문

601 편견 없이 바라보면 기본법 제4조는 상이한 여러 보호영역을 포함하고 있음을 확인하게 된다.[1] 즉 제1항은 신앙 및 양심의 자유를 통하여 **사유**, 즉 종교적 확신(신앙) 및 도덕적 확신(양심)이라는 이른바 내면의 광장(forum internum)을 보호하고, 종교적·세계관적 고백의 자유를 통하여 종교적·비종교적[2] 의미부여 및 의미해석의 **표현**을 보호한다. 제 2, 3항은 신앙 및 양심에 기반을 둔 **행위**를 보호하지만, 이를 전반적으로 보호하는 것이 아니라 나치에 대한 체험에 비추어 볼 때 특별히 보호할 만한 가치가 있는 다음과 같은 두 영역에서 그와 같은 행위를 보호한다. 즉, 교회를 대상으로 한 전쟁(교회에 대한 박 해)을 체험한 이후 종교행사를 방해받지 않을 자유를 보장해야 했으며, 전쟁의 와중에 도덕의 붕괴를 체험한 후 양심상의 이유에 기한 집총병역거부의 자유를 보장해야 했다.

---

1) *Herzog*, MD, Art. 4 Rn 2, 6 ff 참조.
2) BVerfG, NJW 2017, 145/150.

기본법 제140조를 통하여 바이마르헌법 제136, 137, 138, 139, 141조도 기본법의 구성부 **602** 분이 되었으며, 따라서 이 규정들도 기본법의 조문이다. **기본법에 수용된 이 조항들**은 "전 면적으로 유효한 독일연방공화국의 헌법이 되었으며, 기본법의 다른 조항들에 비하여 낮은 지위를 갖지 않는다"[3].

기본법 제4조는 해당 기본권의 제한을 위한 수권을 포함하고 있지 아니하다. 양심을 이 **603** 유로 한 집총병역거부권과 관련해서만 제3항 제2문에서 상세한 규율이 유보되고 있을 뿐이다. 기본법 제4조는 **유보 없는 기본권**이다. 이에 비하여 기본법 제140조와 연계된 바 이마르헌법 제136조 제1항, 제3항 제2문, 제137조 제3항 제1문은 개별적인 한계규율을 포함하고 있다.

2. 일원적 보호영역?

전술한 상이한 보호영역들 사이에 **보호의 빈틈**이 존재한다는 것이 확인되었다. 확신에 **604** 기한 행위 중 양심을 이유로 하는 집총병역거부 이외에는 종교활동만이 보호받는다면, 다른 양심 및 세계관에 비하여 종교만이 특권을 누리게 되지 않는가? 이는 기본법 제4조 제1항, 제33조 제3항 제2문 및 바이마르헌법 제137조 제2, 7항이 종교와 세계관을 같은 것으로 다루고 있는 것과 조화를 이루기 어렵지 아니한가? 그렇게 되면 양심과 세계관 이 종교와 마찬가지로 요구하는 것, 즉 심오한 확신을 통해 옳다고 느끼는 것의 실행이 보호영역에서 제외되는 것은 아닌가? 이를 보면 연방헌법재판소가 그 판례에서 전술한 법문에서 나타나는 보호영역의 차이를 그대로 수용하지 않고 있는 것도 납득이 간다. 즉, 기본법 제4조 제1, 2항은 하나의 **통일적 영역**으로 파악되며 신앙, 양심, 종교와 세계 관을 형성하고, 보유하며, 표현하고 또 그에 따라 행동할 수 있는 자유를 보호하는 것 이다. 한편으로는 종교·세계관의 자유를, 다른 한편으로는 양심의 자유를 각기 별도의 보호영역으로서 다룬다고 해서 각 보호영역을 통해서 보장되는 보호의 강도에 차이가 있음을 의미하지는 않는다. 양측의 보호영역 모두 사유(내심), 표현, 행위를 아우르는 것이다.

물론 보호영역의 일원화는 **문제를 수반**한다. 그중 하나는 기본법 제4조 제1항의 존재로 **605** 인하여 기본법 제4조 제2항은 물론 기본법에 흡수된 바이마르헌법 조항에 포함된 기본 법 제4조의 유사 보장들도 필요 없는 것이 되고 또한 그에 따라 바이마르헌법상의 한계 에 관한 규율들 역시 유보 없이 보장된 기본법 제4조에 의해 "덧씌워지면서"[4] 기본법

---

3) E 19, 206/219.
4) E 35, 23/31.

제4조 제1항의 배후로 밀려난다는 것이다. 또 다른 문제점은 그 보호영역이 신앙, 양심, 종교, 세계관에 토대를 둔 모든 행위로 확대됨으로써 충돌의 가능성도 늘어난다는 점이다. 이로 인해 제한을 정당화하여야 할 필요성과 그에 따른 난점도 늘어나게 되지만, 기본법 제4조는 이 문제를 해결하기 위한 아무런 명시적인 수권도 포함하고 있지 않다. 기본법 제4조는 상충하는 헌법에 의한 제한의 유보 아래 놓일 수밖에 없다.

606 그럼에도 이와 같은 기본법 제4조에 대한 일원적인 이해는, 신앙이나 양심에 기반을 둔 행태가 기성의 크고 작은 그리스도교회들의 갈등이나 충돌의 소지가 희박한 행태의 지평을 따르고 있던 동안에는 통설적 지위를 점하여 왔다. 그러나 이러한 견해는 독일 사회가 직면하고 있는, 갈등이나 충돌을 마다하지 않는 새로운 외래 종교 내지 종파가 출현한 이래 점점 비판의 대상이 되고 있다.[5] 연방헌법재판소가 앞으로도 상술한 일원적 이해를 고수할 것인지는 아직 열려 있는 문제. 연방헌법재판소는 지금까지 판례를 통해 외래 신종 종교나 종파 및 그에 따른 관련 갈등이나 충돌을 별로 다루지 아니하였다. 이하의 서술은 연방헌법재판소의 판례를 따르면서도 이에 대해 제기되고 있는 비판을 감안하면서 일원적 보호영역을 정치화하고 있다.

II. 보호영역

1. 종교의 자유 및 세계관의 자유

a) 개인의 종교의 자유 및 세계관의 자유

607 그러므로 이 기본권의 보호영역은 신앙이나 세계관(세계와 인간에 대한 종교적 내지 비종교적 의미해석)[6]을 **형성, 보유, 표현**하고 그에 따라 **행위**할 수 있는 자유를 포함한다.

608 무엇보다도 이 기본권이 어떠한 **행위**를 보호하는지 그 보호영역을 면밀히 확정할 필요가 있다. 기본법 제4조 제2항의 문구("방해 없는 종교행사") 및 신앙의 자유의 역사적 발전은 상징, 의식, 기도, 미사, 성사, 행렬, 타종 그리고 회교사원에서 기도시간을 알리는 일을 하는 사람[7]의 외침[8] 등을 통하여 신앙내용을 전

---

5) *Kloeper*, VerfR II, § 60 Rn 11, 92; *Muckel*, FH, Art. 4 Rn 5 ff; *Mückl*, Art. 4 Rn 53 ff; *Schoch*, in: FS Hollenbach, 2001, S. 149.

6) BVerwGE 89, 368/370 참조.

7) [역주] 무아진.

통적인 방식으로 (옥내에서 또는 개방된 곳에서) 표현하는 행위에 보호영역을 **한정**한다는 견해를 뒷받침하고 있다.9)

연방헌법재판소는 위와 같이 한정된 보호영역의 범위를 확장하고 있다. 연방헌 **609** 법재판소는 교회, 종교공동체, 세계관공동체가 주장하고 있는, 상술한 보호영역의 범위를 상회하는 **자기이해**를 따르면서 이러한 자기이해가 보호영역의 확정에 대하여 중요한 의미가 있음을 인정하고 있다.10) 그에 따르면 전술한 종교의식과 관련된 행위들과 종교적 관습만이 아니라 각종 사회사업과 자선활동, "종교교육, 무종파주의자들(freireligiös) 또는 무신론자들의 축제, 종교적·세계관적 삶의 여타 표현들",11) 바이마르헌법 제139조와 연계되어 있는 안식일(일요일)의 향유("부수적 보장": Konnexgarantie),12) "신앙의 가르침에 맞추어 자신의 행위 전체를 조절하고 내면의 신앙적 확신에 따라 행위할 권리"13)도 보호된다.

연방헌법재판소는, 기본법은 "현대 문화민족들의 어느 정도 공통적인 기본적 **610** 윤리관의 토대 위에서 역사적 발전과정을 통하여 형성된" 신앙적 행위들만을 보호하는 것으로 보았던 과거의 입장14)을 나중에는 포기하였다.15) 종교적 결사의 수적 규모와 사회적 영향력은 중요한 요인이 아니다.16) 즉 신앙의 자유는 대규모 교회의 구성원들과 소규모 교회·종교 공동체의 구성원들에게 **동일하게** 보장되어 있다. 독일 문화권에는 낯선 새로운 종교나 종파는 물론 독일문화를 배격하는 종교나 종파의 구성원들도 신앙의 자유를 주장할 수 있다.17) 때로는 교회 및 종교공통체의 공식적 교리와 다른 신앙적 확신이 출현하기도 하는데, 그와 같은 신앙적 확신도 기본법 제4조 제1, 2항에 의하여 보호된다.18) 무신론

---

8) [역주] 아잔.

9) 또한 *Preuß*, AK, Art. 4 Abs. 1, 2 Rn 25 f; *Waldhoff*, Verh. 68. DJT 2010, D 73 f.

10) E 24, 236/247 f; 비판적인 견해로는 *Mückl*, BK, Art. 4 Rn 84 ff.

11) E 24, 236/246.

12) E 125, 39/80; 또한 *v. Lucius*, KritV 2010, 190/207 f 참조.

13) E 32, 98/106; 93, 1/15; 108, 282/297; 이 판례에 동조하는 견해로는 *Borowski*, S. 381 ff; 비판적인 견해로는 *Herzog*, MD, Art. 4 Rn 103 ff; *Muckel*, FH, Art. 4 Rn 5 ff; *Vosgerau*, S. 178 ff.

14) E 12, 1/4.

15) E 41, 29/50.

16) E 32, 98/106.

17) E 105, 279/293; *Diringer*, BayVBl. 2005, 97; 이 테제의 타당범위를 축소하고 있는 *Starck*, MKS, Art. 4 Rn 60 f.

18) E 33, 23/28 f; 이 판례에 대해 비판적인 견해로는 *Augsberg*, Staat 2009, 239; *Classen*,

적 세계관과 관련해서는 유신론적 입장이나 종교적 기념일과 노골적으로 거리를 두는 것도 세계관의 자유에 속한다.[19]

611 어느 모로 보나 확장적인 위와 같은 해석에 의한다면 보호영역의 **윤곽이 흐려지게 될 위험**이 있다. 연방헌법재판소는 "사실상으로도, 즉 정신적 내용 및 외적으로 드러난 모습에 비추어 볼 때도 하나의 종교요 종교공동체"일 것을 요구함으로써 이러한 위험에 대처하고자 한다.[20] 또한 누군가 자신의 행위가 신앙에 기한 것으로서 신앙의 요구에 따른 것이라고 주장하는 것만으로는 충분하지 않으며 그 주장이 신빙성이 있어야 한다.

612 관련 행위가 신앙에 기반을 두고 있는 것이라는 주장이 신빙성이 없다고 판단된 경우의 예: 학문적 인식이 수반할 사회적 결과도 함께 유념해야 할 대학구성원 및 소속 직원의 의무(E 47, 327/385); 유골함의 공동묘지 안치 강제(E 50, 256/262); 국가가 개인의 신앙이나 양심에 반해 조세를 사용하는 경우에도 조세를 납부하여야 할 개인의 의무(BVerfG, NJW 1993, 455 참조); 반면에 신앙에 기반을 두고 있는 행위라는 주장이 신빙성이 있는 것으로 받아들여진 경우로는 사제가 거주하는 주거공간에 주방기구의 설치(BVerfG, NVwZ 2016, 1804/1809).

613 연방행정법원의 판례 및 학설은 기본법 제4조의 보호영역을 다음과 같이 정교하게 그려냄과 동시에 그것을 보완하고 있다. 즉, 그 행위가 "객관적 기준에 의할 때" 종교적 또는 세계관적 요구(Auftrag)에 부응하기 위하여 필요한 것이어야 하고 또한 그러한 요구와 조직적·내용적인 **연관성**을 가지고 있어야 하고,[21] 그 행위가 종교적 또는 세계관적 행위와 단지 외견상으로만 관련이 있거나 그러한 행위를 구실로 행해진 것만으로는 충분하지 않으며,[22] 본래 전적으로 경제적 또는 정치적 활동인 것을 종교적으로 치장했다고 해서 종교적 행위가 되지 못한다는 것이다.[23] 때때로 학설은 타인에 유해한 행태를 종교 및 세계관의 자유

Religionsfreiheit und Staatskirchenrecht in der Grundrechtsordnung, 2003, S. 54 ff 및 *Mückl*, BK, Art. 4 Rn 92에 의하면 산발적으로 출현하는 신앙적 확신은 종교의 자유의 행사가 아니라 양심의 자유의 행사로 보호된다고 한다.

19) BVerfG, NJW 2017, 145/151.
20) E 83, 341/353.
21) *Badura*, Der Schutz von Religion und Weltanschauung durch das Grundgesetz, 1989, S. 54.
22) *Müller*, Die Positivität der Grundrechte, 2. Aufl. 1990, S. 99 f.
23) BVerwGE 90, 112/118; *Mückl*, BK, Art. 4 Rn 75; *Poscher*, Staat 2000, 49.

의 보호영역에서 제외하기도 한다.[24]

예: 신자와 사제의 접촉은 보호되지만 신자를 위한 사제의 모든 조력이 보호되는 것은 **614**
아니다(BVerfG, NJW 2007, 1865); 선교는 기본법 제4조에 의해 보호되지만, 선교와 관
련하여 투입되는 모든 수단이 보호되는 것은 아니다. 가령 강박상황(E 12, 1/4 f)이나 종
속상황(BVerwGE 15, 134/136)의 악용은 기본법 제4조에 의해 보호받지 못한다; 다른
신앙공동체로의 개종은 보호되지만 이와 같은 개종을 기화로 한 모든 행태가 보호되는
것은 아니다(E 17, 302/305); 종교행사는 보호되지만 참석자에 대한 음식 및 음료수의
판매(E 19, 129/133)나 종교단체 구성원을 불문하고 제공되는 것이 보통인 다른 급부의
유상제공(BVerwGE 105, 313/321)이 기본법 제4조의 보호를 받는 것은 아니다.

끝으로 개인이 행태 전체를 자신의 신앙에 맞추어 조절할 수 있어야 한다는 연 **615**
방헌법재판소의 판단도 기본법 제4조의 의미에 비추어 보다 정교하게 다듬어질
필요가 있다. 개인의 **정체성**은 종교나 세계관, 신앙은 물론 양심을 통해서도 보
호된다. 국가의 명령과 개인의 신앙 또는 양심의 명령이 충돌하는 상황에 개인
을 빠뜨려서 개인의 정체성을 파괴해서는 안 된다. 신자가 어떤 종교적 행위를
할 동기를 발견할 수는 있지만 그러한 행위를 해야 할 종교적 의무는 없어 그
러한 행위를 할 수도 있고 하지 않을 수도 있다면, 그러한 종교적 행위는 기본
법 제4조에 의해 보호되지 않는다.[25] 그러한 경우에는 개인의 종교, 세계관, 신
앙은 물론 양심에 의해서도 보호받아야 하는 그의 정체성은 위협받지 아니하기
때문이다.[26]

예: 어떤 종교가 중혼을 허용할 뿐 이를 강제하지 않는다면 중혼은 보호받지 못한다. 어 **616**
떤 종교가 베일의 착용을 개인의 선택에 맡겨두고 있다면 베일의 착용은 보호받지 못한
다. 여기서도 종교가 일정한 행위를 하도록 신자들을 구속하고 있다는 것을 신빙성 있
게 주장해야 한다는 원칙이 적용된다. 이를 성공적으로 주장할 수 있다면, 수인할 수 없
는 대안을 제시하면서 그 구속력에 의문을 제기하는 것은 행정관청이나 법원의 과제가
아니다. 그러므로 유대교의식에 의한 도살을 누구도 육류를 섭취하도록 강제받지 않고
있다는 이유로 기본법 제4조의 보호영역에서 제외할 수는 없다(E 104, 337/350 f;
BVerwGE 127, 183/185 f; 이견으로는 BVerwGE 99, 1/7 f; *Trate*, Jura 1996, 462).

---

24) *Merten*, Hdb. GR III, § 56 Rn 60; *Muckel*, Hdb. GR IV, § 96 Rn 80 f; *Zähe*, AöR 2009, 434.
25) 그러나 그러한 행위도 보호를 받는다고 보는 *Hufen*, StR II, § 22 Rn 9, 13.
26) 이에 동의하는 *Michael/Morlok*, GR, Rn 195; *Fischer/Groß*, DÖV 2003, 932/938 f.

617 종교의 자유 및 세계관의 자유는, 그것과 관련한 사유, 표현, 행위의 **부정**까지도 함께 보장되지 않는다면 충분히 보장될 수 없게 된다. 그러므로 이러한 자유에서 종종 적극적인 것으로 명시적으로 언급되어 있는 신앙의 자유, 고백의 자유, 활동의 자유는 물론 이와 나란히 신앙을 갖지 않을 자유, 신앙이나 세계관을 고백하지 아니하고 침묵할 자유, 교회나 세계관공동체에서 탈퇴할 자유,[27] 신앙에 기한 활동을 하지 아니할 자유[28] 그리고 특정 신앙의 영향력 행사로부터 벗어날 수 있는 자유[29]와 같은 소극적 자유도 그 보호영역에 포함된다. 소극적 종교의 자유 및 세계관의 자유의 일부 측면들은 기본법 제7조 제2항, 제3항 제3문, 바이마르헌법 제136조 제3항 제1문, 제4항 및 제141조와 연계되어 있는 기본법 제140조에 규율되어 있다.

b) 집단적 종교의 자유와 세계관의 자유

618 이는 종교적·세계관적 결사 자체가 누리는 자유를 말한다. 이 자유는 종교적·세계관적 결사에 가입할 수 있는 개인의 자유와 구분하여야 하며[30] 기본법 제19조 제3항에 비추어 이해하여야 한다.[31] 집단적 자유의 특수한 측면 중의 하나는 기본법 제140조와 연계된 바이마르헌법 제137조 제2항 제2문에 의하여 규율되어 있다.

619 예: 공법상의 사단이나 사법적 형식으로 조직된 교회, 여타 종교·세계관공동체(E 105, 279/293)와 아울러 권리능력 없는 가톨릭 청년회(E 24, 236/247), 사법적으로 조직된 종교계 병원(E 46, 73/85 ff; 53, 366/391 f), 공법상의 사단으로서 조직된 교육시설(E 70, 138/162 f)과 같이 교회에 대해 독립성을 띠는 결사도 기본권능력을 가진다.

620 기본법 제140조와 연계된 바이마르헌법 제137조 제3항에 의하여 종교단체에 부여되고 있는 **자결권**을 통하여 종교적·세계관적 자유를 위한 제도적·조직적 전제들이 보장되고 있는바, 연방헌법재판소는 이러한 자유 역시 넓게 이해하고 있다. 무엇보다도 구성원의 지위를 규율할 수 있는 권리가 이에 속하는데, 이는

---

27) BVerfG, NJW 2008, 2978; *Stuhlfauth*, DÖV 2009, 225.
28) E 49, 375/376; 52, 223/238; 65, 1/39 참조.
29) E 93, 1/16; 이에 대하여 비판적인 견해로는 *J. Ipsen*, in: FS Kriele, 1997, S. 301.
30) E 105, 279/293 f.
31) E 46, 73/83; 53, 366/386; 70, 138/160; *v. Campenhausen*, Hdb. StR³ VI, S. 417 참조.

특히 종교공동체에서의 탈퇴의 방식에 대하여 의미를 갖고 있다.[32] 기본법 제4
조 제1, 2항을 넓게 해석하고 있는 연방헌법재판소의 입장의 연장선 위에서는
바이마르헌법 제137조 제3항의 자결권도 기본법 제4조 제1, 2항의 보호영역에
귀속시킬 수도 있을 것이다. 그러나 연방헌법재판소는 바이마르헌법 제137조
제3항을 "교회와 종교공동체의 종교생활 및 활동의 자유에 더하여 이를 실행하
는 데 불가결한 조직, 규범제정, 행정에 관한 결정의 자유를 추가해 주는 독자
적인 법적 보장"으로 이해하고 있다.[33] 물론 법적으로 독자성을 갖는 이러한
보장을 헌법소원으로 주장하기 위해서는 기본법 제4조 제1, 2항을 통해야 한다.
기본법 제140조는 기본권이나 기본권유사적 권리가 아니기 때문이다.[34]

예: 상술한 종교단체의 자결권에 속하는 것으로는 노동조건을 노사협약 체결이 아닌 노 **621**
동법상의 위원회와 중재위원회를 통해 합의할 권리(이른바 제3의 길, BAG(연방노동법
원), NZA 2013, 448/460; *Greszick*, NZA 2013, 1377/1379 f; 단락 879를 보라); 이러한 노
동조건에 대한 합의의 방법이 유럽인권재판소의 판례와 합치할 수 있는지는 불확실하
다. 유럽인권협약은 종교공동체의 자결권을 별도로 보장하고 있지 않기 때문이다
(*Erdenharter*, RW 2015, 167/191 f). 나아가 교회에서 일하는 노동자에게 그 삶의 영위
와 관련해서도 특별한 충성의무를 부과하는 것이 허용된다(E 70, 138/164 ff; 원칙적으
로 이를 인정하고 있는 EGMR(유럽인권재판소), NZA 2012, 199/201 그리고 EGMR, Nr.
56030/07, Rn 137). 독일의 법원들은 개별 사건과 관련하여 충성의무의 내용이 설득력
이 있는 것인지 그리고 기본법 제79조 제3항에 합치하는지만을 심사하는 것으로 충분하
다고 한다(E 137, 273/315 f = JK 5/2015; BVerwG, DÖV 2017, 115/117; 비판적으로
Safoklov, DÖV 2017, 99/104 ff). 그러나 이러한 충성의무를 위반할 때 가해지는 (해고와
같은) 제재는 노동자의 인격권과 충돌하기 때문에 엄격한 비례성심사를 통과해야 한다.
이러한 심사에 있어서는 관련 개인의 삶의 상황, 의무위반의 정도 (그리고 경우에 따라
서는 의무위반행위의 공적 효과) 그리고 교회 내에서의 관련 개인의 지위가 결정적인
의미를 가진다(간통을 이유로 한 해고에 대해서는 EGMR, NZA 2011, 277/278 f과 NZA
2011, 279/282; 동성애를 이유로 한 해고금지에 대해서는 *Pallasch*, NZA 2013, 1176). 나
아가 재취업 가능성에 대한 전망도 심사에서 중요한 역할을 하고 있다(EGMR, Nr.
56030/07, Rn 144); 그러므로 무엇보다도 종교공동체가 - 사회복지 및 보건 영역에서와

---

32) BVerwGE 144, 171/174 ff; *Augsberg*, AöR 2013, 493.
33) E 53, 366/401; 72, 278/289.
34) E 19, 129/135; 42, 312/322 f; 99, 100/119 f.

마찬가지로 - 중요한 비중을 가지고 있으면서 동시에 그 시설의 대부분을 공공재원으로써 운영하고 있는 사용자인 경우에 해고는 특히 문제가 된다. 나아가 국가에 의한 권리보호를 배척하는 독자적인 교회재판(BVerfG, NJW 2009, 1195; BVerwGE 149, 139/149; BGH, NJW 2000, 1555/1556; 비판적인 견해로는 *H. Weber*, NJW 2009, 1179), 신학교과과정 설치(BVerwGE 101, 309/311; 이에 대하여는 *Molock/Müller*, JZ 1997, 549); 신학대학에서의 교수 및 연구의 내용이 해당 교회의 입장과 일치하는지에 대한 감독(BVerwGE 101, 309/315); 어떤 종교공동체(게마인데)가 가입하지 아니한 상급단체의 회원인 것처럼 국가에 의해 취급받지 아니할 그 공동체의 권리(E 123, 148/180); 학설에 의하면 교회로의 피난(*Fessler*, NWVBl. 1999, 449; *Görisch*, Kirchenasyl und staatliches Recht, 2000)도 자결권에 속한다; 그러나 교회가 개설한 병원의 물자조달은, 교회가 "이러한 경우 법적 거래 및 경제거래에 참여하는 임의의 다른 시장참여자와 마찬가지로" 활동하고 있기 때문에 자결권에 속하지 아니한다(BVerfG, NJW 1995, 1606/1607).

622 집단적 종교·세계관의 자유는 **공법상의 사단**인 종교공동체와도 관련이 있다(기본법 제140조와 연계된 바이마르헌법 제137조 제5항). 바이마르헌법 제137조 제5항 제1문에 따르면 종교공동체는 바이마르헌법의 발효 이전에 공법상의 사단의 지위를 보유하고 있었던 경우(그리스도 및 유대 종교공동체)에는 그러한 지위를 계속 보유하게 된다. 여타의 종교공동체는 바이마르헌법 제137조 제5항 제2문에 따른 특정 조직요건을 충족하고 또한 법에 대한 충성을 서약하는 경우 신청에 기해 주(州)의 관할관청[35]으로부터 공법상의 사단의 지위를 부여받을 수 있다. 연방헌법재판소는 나아가 종교공동체가 공법상 사단의 지위를 취득하기 위해서는 그 종교공동체는 "자신의 장래의 행태를 통해 기본법 제79조 제3항에 포함된 불문의 기본적 헌법원리들, 국가의 보호를 받는 제3자의 기본권, 기본법상의 자유로운 종교공동체 및 국가교회법의 기본원리"[36]를 위협해서는 안 된다고 판시하였다. 그런데 이와 같은 요건은 종교공동체의 행태에 대한 것이지 그 신앙의 내용에 관한 것이 아니고, 이는 또한 국가질서와의 관계에 관한 것이지 종교공동체의 내부질서와의 관계에 관한 것이 아니다. 그러므로 공법상의 사단의 지위를 취득하고자 하는 종교공동체가 신정정치의 채택을 추구하는 것은 허용되지 않지만, 그렇다고 하여 민주적으로 조직되어야 하는 것은 아니다.[37] 종교

---

35) BVerfG, NVwZ 2015, 1434/1436 ff = JK 12/2015.
36) E 102, 370/392.

공동체는 국가에 대하여 각별히 충성할 것도 요구받지 않는다.[38] 종교공동체는 기본법 제4조에 따라 공권력주체의 기관이 되는 것은 아니며, 따라서 간접국가행정에 속하지 아니한다.[39] 오히려 종교공동체는 "일반 개인(Jedermann)과 마찬가지로 국가에 대하여" 대립하고 있는 존재에 해당한다.[40] 물론 공법상 사단으로서의 종교공동체는 그 지위에 의하여 공법상의 사단으로 인정받지 못한 종교공동체와 비교할 때 특권을 부여받으며 또한 그것이 정당화된다.[41] 종교공동체는 부분적으로 공법의 행위형식을 사용할 수 있으며,[42] 따라서 단체회비 대신에 세금을 징수할 수 있고(기본법 제140조와 연계되어 있는 바이마르헌법 제137조 제6항) 또한 정관의 자율적 제정권 대신에 자치입법권을 가지며, 중재법원 대신에 독립법원을 둘 수 있고,[43] 사용자가 아니라 직무상의 상관이 된다. 다만 이는 내용적 측면이 아니라 형식적 측면에서의 고권적 행위에 해당하기 때문에 위와 같은 종교공통체가 기본권의 구속을 받을 필요가 있는지에 대해서는 의문이 제기된다고 할 것이다.[44]

2. 양심의 자유

a) 개념

양심이란 사람의 인격적 정체성을 구성하는 요인으로서 사람을 주관적으로 구 **623** 속하면서 구체적인 상황에서 특정한 행위를 "선한 것" 또는 "정의로운 것"으로서 하도록 명령하거나 "악한 것" 또는 "정의롭지 아니한 것"으로 하지 말 것을 명하는 도덕적 태도를 말한다. 이에 따르면 "미추" 또는 "진위"의 범주에 따른 평가에서는 양심상의 결정은 존재하지 아니한다. 그러므로 기본법 제4조 제1항 및 제3항이 말하는 양심상의 결정은 "개인이 특정한 상황에서 자신을 무조건적으로 구속하는 것으로 내적으로 체험하는 모든 윤리적 결정, 즉 '선', '악'의 범

---

37) E 102, 370/394.
38) E 102, 370/394.
39) E 66, 1/19 f.
40) E 42, 312/322.
41) BVerfG, NVwZ 2015, 135/136.
42) *Schlink*, JZ 2013, 209/213.
43) BVerwG 153, 282/286 ff.
44) 그러나 기본권에 구속된다고 보는 E 102, 370/392 f; 또한 BVerfG, NVwZ 2015, 517/519 = JK 10/2015.

주에 정향되어 있는 결정이다. 그러므로 개인은 심각한 양심상의 갈등 없이 양심의 결정에 반해 행위할 수 없다."45)

624 양심상의 결정에 해당하지 않는 결정의 예: 학생의 특별한 재능을 계발하는 것을 목적으로 하는 의무 종합반(Förderstufe)에서 자녀가 수업을 듣지 않도록 하겠다는 결정(E 34, 165/195)이나 응급의로 봉직하지 않겠다는 결정(BVerwGE 41, 261/268), 법정에서 변호사 복식을 착용하지 않겠다는 결정(E 28, 21/36).

b) 보호영역의 범위

625 위 단락 604에서 설명한 바와 같이 연방헌법재판소는 그 판례에서 종교·세계관의 자유와 양심의 자유를 구분하지 아니한다. 이는 곧 기본권이 보장되는 보호의 강도에 영향을 미쳐 양심의 자유의 보호영역 역시 **사유**와 **표현** 그리고 **활동**을 아우르게 된다. 양심의 자유에서도 종교의 자유에서와 마찬가지로 행위가 양심에 기한 것임이 신빙성 있게 입증되어야 한다. 양심의 자유가 내면의 영역(forum internum: 내면의 광장)에 국한되지 아니하고 외부영역에 해당하는 양심에 의하여 촉발되고 또한 규정된 행위(forum externum: 외면의 광장)까지도 포괄한다는 것은 설득력 있게 논증될 수 있다. 즉, 양심상의 결정은 그에 부합하는 행위를 통하여 비로소 사회적 갈등을 유발하는 것이 보통인데, 이를 규율하는 것이 기본법 제4조의 과제이며 또 사회에 영향을 미치지 아니하는 양심상의 결정을 위한 것이라면 양심의 자유라는 기본권은 실천적으로 볼 때 필요 없는 것이기 때문이다. 여기서도 양심은 명령이나 금지로 말해야 하고, 문제의 행위를 방치하여서는 안 된다는 것, 따라서 행위자가 양심에 기반을 두고 행위하고 있다는 주장이 신빙성이 있어야 한다는 테제가 타당하다. 반면에 집단 또는 단체의 양심의 자유는 존재하지 않는다.46)

c) 기본법 제4조 제3항에 의한 양심상의 사유에 기한 집총병역거부

626 기본법 제4조 제1항이 양심에 기한 모든 행위를 포착하고 있는 만큼 기본법 제4조 제3항에 독자적인 의미를 부여하지 않는 것이 기본법 제4조 제1항을 확장

---

45) E 12, 45/55.
46) BVerfG, NJW 1990, 241 참조.

적으로 해석하고 있는 연방헌법재판소의 입장에 부합할 것이다. 그러나 연방헌법재판소는 이와 같은 추론을 한 적이 없다. 오히려 연방헌법재판소는 기본법 제4조 제3항을 병역의무 영역에서 양심의 자유의 효과를 완결적으로 규율하고 있는, 기본법 제4조 제1항에 대한 **특별법**으로 보고 있다.[47]

집총병역은 개인이 스스로 무기를 사용하거나 타인의 무기사용을 직접 지원하 **627** 여야 하는 역무를 말한다. 전시만이 아니라 평시의 집총역무로서 무기를 다루는 훈련도 기본법 제4조 제3항의 집총병역에 해당한다. 이는 기본법 제4조 제3항과 제12a조의 제2항과의 체계적 연관으로부터 추론된다. 왜냐하면 동 조항에서 입법자는 대체역무의 도입권한을 부여받고 있는데, 이 대체역무는 바로 평시의 병역의무를 대신하는 것을 의미하기 때문이다. 대체복무는 기본법 제4조 제3항뿐만 아니라 기본법 제4조 제1항에 의해서도 거부할 수 없다. 그러므로 이른바 전면거부자는 양심의 자유를 향유할 수 없다.[48]

Ⅲ. 제한

제한과 관련하여서도 그 조문구조에 비추어 볼 때 쉽게 파악할 수 있는 사유, **628** 표현, 행위의 세 가지 영역에 의하여 서술하는 것이 바람직하다. **사유를** 제한한 다 함은 국가가 종교적·세계관적·도덕적 확신의 형성과 유지에 대하여 주입식으로 영향력을 행사하는 것을 의미한다.[49] **표현**에 대한 제한은 침묵할 의무를 부과함으로써 적극적 자유에 대하여, 고백할 의무를 부과함으로써 소극적 자유에 대하여 각각 가해진다. **행위**에 대한 제한은, 위험하다고 판단된 종교공동체나 세계관공동체의 활동에 대처하기 위하여 국가가 이 공동체에 대하여 직접 행하는 경고나 국가의 지원을 받는 사설단체에 의하여 이루어지는 경고에서 이미 시작된다. 연방헌법재판소는 제한의 성격을 띠지 않는 합리적 정보제공과 제한적 성격을 띠는 사실 왜곡적·차별적·폄훼적 묘사를 구분하고 있는데, 이

---

47) E 19, 135/138; 23, 127/132.
48) BVerfG, NJW 2000, 3269; *Franke*, AöR 1989, 7/28 ff; *Mückl*, BK, Art. 4 Rn 190; 이견으로는 *Kempen*, AK, Art. 4 Abs. 3 Rn 26; *Mager*, MüK, Art. 4 Rn 80.
49) *Mager*, MüK, Art. 4 Rn 18; 상징을 통한 영향력 행사에 대하여는 *Heckmann*, JZ 1996, 880; *Filmer*, S. 222 ff 참조.

와 같은 구분이 타당한지는 의문이다.[50] 행위에 대한 제한은 특히 개인의, 경우
에 따라서는 어떤 공동체의 신앙·세계관·양심적 입장에 반하는 작위의무나 부
작위의무를 부과하는 경우에 존재하게 된다.

629 법질서는 명령과 금지를 발함과 동시에 그 **대안들**을 제시함으로써 기본법 제4
조의 기본권에 대한 제한을 피할 수 있다. 이에 따라 법질서는 종교적 서약을
하지 않는 선서와 그것을 포함하는 선서를 허용하고 있으며, 연방헌법재판소는
선서에 준하는 보증(Bekräftigung)[51]이라는 다른 대안이 제시되고 있지 않은 경
우 기본법 제4조에 대한 제한이 존재한다고 보았다.[52] 자신의 확신에 따라 어
떤 행위를 해야만 하거나 할 수 없는 자에게도 **스스로 대안을** 제시하고 책임을
타인들에게 넘길 것을 기대하고 요구할 수 있다.

630 예: 현대 의학 및 약학 연구의 산물을 악마의 장난이라고 하여 그 사용을 금하는 종교공
동체의 구성원에게는 치명적인 질병에 걸린 어린 자식이 있었다. 의사는 항생제를 처방
하고 그 아이의 부친에게 처방전을 주었다. 물론 부친에게 자신의 확신에 반하여 그 약
을 사서 아이에게 투약할 것을 요구할 수는 없다(BVerwG, DVBl. 2002, 1645). 그러나
부친에 대하여 자신이 아이에게 투약할 마음이 없음을 의사에게 솔직하게 알리고 의사
가 아이의 병원이송책임을 넘겨받을 수 있도록 조치할 것을 요구하거나, 병원에서 아이
에게 연결한 투약관을 절단하지 말 것을 요구할 수는 있다. 이와 같은 내용의 의무의 부
과는 기본법 제4조에 대한 제한을 의미하지 않는다. ― 양심상 동물실험이나 일부러 죽
인 동물을 가지고 연습하는 행위를 할 수 없다고 주장하는 여생물학도에게 이와 동등한
가치를 갖는, 다른 설비에 의한 교수법 내지 학습법을 제시할 것을 요구하고, 경우에 따
라서는 동등한 가치를 갖는 성과를 보일 것을 요구할 수도 있다(BVerfG, NVwZ 2000,
909; BVerwGE, 105, 73/87; 이에 대하여 비판적인 견해로는 *Caspar*, NVwZ 1998, 814).
― 우체배달부가 사이언톨로지교 조직의 우편물을 배송하지 아니하고 이를 파괴하기에
앞서 자신의 상급자에게 자신의 입장을 알릴 것을 해당 우편배달부에게 요구할 수 있다
(BVerwGE, 113, 361/363).

---

50) E 105, 279/294; BVerfG, NJW 2002, 3459; 이에 대해 비판적인 *Kloepfer*, VerfR II, § 60 Rn 54.
51) [역주] 독일 형사소송법 제65조상의 선서와 같은 효력을 갖는 제도로서 "법관이 증인에게 다음
과 같이 말함으로써 진술의 진실성이 보증된다. "당신은 최선의 지식에 따라 오로지 진실만을
말하였고 아무것도 숨기지 않았음을 법원 앞에서 귀하의 책임 하에 보증합니다." 이에 대하여
증인은 다음과 같이 말한다. "예." 허위 보증은 위증과 마찬가지로 형법에 의해 처벌됨은 물론
이다. 독일 형법 제156조 참조.
52) E 33, 23/32 f; 79, 69/76 f.

사유, 표현, 행위라는 상이한 기본권행사 양식 간의 그리고 적극적 자유행사와 **631**
소극적 자유행사라는 상이한 기본권행사 양식들 간에 존재하는 **상호작용**에 유
의할 필요가 있다. 국가에 의하여 부과된 작위의무나 부작위의무에 상반된 신
앙의 자유나 양심의 자유를 원용하는 자는 동시에 자신의 신앙적 입장이나 양
심적 입장에 대하여 침묵할 수 있는 권리를 주장할 수 없다. 그러므로 헌법은
"침묵할 수 있는 기본권 행사에 다름 아닌 확신의 고백을" 전제하고 있는 것이
다.53)

개인적 종교·세계관의 자유에 대한 제한의 예: 특정 교파의 학교에 입학하여야 할 의무 **632**
(E 41, 29/48. 이 판례는 E 6, 309/339 f에 상반된다)와 십자가나 십자고상이 게시된 교
실에서의 수학의무(E 93, 1/16; BVerwGE, 109, 40/43); 교사가 회교 교리에 따라 두건
(히잡)을 착용하는 것을 금지하는 것(E 108, 282/297; 138, 296/328 = JK 7/2015; NJW
2017, 381/383 = JK 4/2014); 회교의 복식 규정에 반하는 수영수업과 체육수업에 참여
할 의무(BVerwGE 94, 82/89 ff; BVerwGE 147, 362/364 = JK 4/2014); 학내 기도금지
(BVerwGE 141, 223/226; *Rubin*, Jura 2012, 718; *Schäfer*, VerwArch 2012, 136); 십자
고상 아래서 행해지는 선서(E 33, 23/29 f)와 변론(E 35, 366/375 f; 이견으로는 *Starck*,
MKS, Art. 4 Rn 25)과 같이 신앙 또는 양심의 입장에 반하는 소송법적 의무; 종교공동
체 가입강제에 따른 교회세부과(E 30, 415/423 f; E 44, 35/50 ff도 참조); 할례의 금지
(LG[주(州)법원] Köln, NJW 2012, 2128/2129; *Zähle*, AöR 2009, 434; 단락 759를 보라);
희생제물용 동물을 교리에 따라 도살하는 것의 금지(BVerwGE 112, 227/234; 식용 동물
도살에 대해서는 단락 616 참조).
단체의 종교·세계관의 자유에 대한 제한의 예: 교회에서의 설교를 통한 자선기금모집
공고의 금지(E 24, 236/251 f); 성사시(聖事時) 교회종 타종의 금지(BVerwGE 68, 62/66
f; 또한 BVerwGE 90, 163; *Haaß*, Jura 1993, 302도 참조); 특히 종교공동체의 **자결권**에
관한 예로는 교회병원에서의 노사협의회(Betriebsrat) 위원 선거의 실시(E 46, 73/94 ff);
교회 소속 직원의 해고로부터의 보호(E 70, 138/165 ff).

특히 기본법 제4조 제3항과 관련하여 양심상의 이유에 의한 집총병역거부자 인 **633**
정을 위한 행정절차가 이 기본권에 대한 제한을 의미하는지의 문제에 대하여
많은 논의가 있었다. 양심에 기한 결정은 일정한 도덕적 내지 윤리적 가치관과
관련되어 있어야 하기 때문에 (가령 미학적, 경제적 또는 여타 이와 유사한 가치관이

---

53) E 52, 223/246.

아니라) 그와 같은 도덕적 내지 윤리적 가치관의 문제에 해당하는지를 심사하는 것이 허용된다.[54]

Ⅳ. 헌법적 정당화

634 기본법 제4조 자체는 **유보 없는 기본권**이다. 기본법 제4조 제3항 제2문의 규율유보도 집총병역거부자의 양심의 자유에 대한 제한을 정당화할 수 없다.[55] 물론 기본법 제4조 이외의 규정에 특별한 제한의 수권이 존재한다. 그러나 이 수권이 적용될 수 없는 경우에는 제한의 정당화를 위해 상충하는 헌법에 의거하는 수밖에 없다.

1. 기본법 제140조와 연계되어 있는 바이마르헌법 제136조 제1항, 제3항 제2문, 제137조 제3항 제1문

635 바이마르헌법 제136조 제1항은 종교의 자유에 대한 한계로서 기본법 제4조에 대한 일원적 이해의 연장선에서 기본법 제4조에 의해 보호되는 모든 종교적·세계관적 행위에 대한 한계 중의 하나에 해당한다. 이 규정은 일련의 사법적·공법적 의무들을 종교나 세계관과 무관하게 부과하고 관철하는 것을 정당화하고 있으므로 이 규정은 일종의 **단순법률유보**를 포함하고 있다고 할 수 있다. 연방헌법재판소는 이를 유보 없이 보장된 기본법 제4조와 양립할 수 없는 것으로 보고, 바이마르헌법 제136조 제1항은 기본법 제4조에 의해 "덧씌워졌다"[56]고 해석한다. 이러한 견해는 학설[57]과 일부 판례[58]로부터 비판을 받고 있다. 기본법에 수용된 바이마르헌법 제136조 제1항은 "전면적으로 타당한 실정헌법이 […] 되었으며 […] 기본법의 다른 조항들에 비하여 서열이 낮은 것이 아니"라는 것이고(단락 602참조), 따라서 이 규정은 기본법의 다른 조항에 의하여 덧씌워질 수 없다는 것이다. 하지만 종교의 자유는 단순법률유보에 의거한 광범위

---

54) *Böckenförde*, VVDStRL 28, 1970, 33/70 f; 이에 대하여 비판적인 견해로는 *Kempen*, AK, Art. 4 Abs. 3 Rn 18 ff.
55) E 12, 45/53; 69, 1/23; 또한 단락 276 참조.
56) E 33, 23/51.
57) *Muckel*, FH, Art. 4 Rn 52; *Schoch*, in: FS Hollerbach, 2001, S. 149/163.
58) BVerwGE 112, 227/231 (제3재판부); 그러나 BVerwGE 147, 362/364(제6재판부) 참조.

한 제한에 맡겨져서는 안 된다는 발생사적 해석은 위 연방헌법재판소의 덧씌워 졌다는 해석을 뒷받침하고 있다.[59)]

바이마르헌법의 규정에 포함된 한계규율 중 제136조 제3항 제2문만이 연방헌법   **636** 재판소의 판례에서 의미를 획득하고 있다. 이 규정을 통해 소극적 **종교·세계관 의 자유**에 대한 제한이 정당화되고 있다.

예: E 46, 266/267은 환자가 국립병원 입원 절차를 밟을 때 그의 종교를 묻는 것이 허용   **637** 된다고 보았으나, 그와 결부되어 있는 권리와 의무를 적시하지는 않으면서 바이마르헌 법 제141조의 병원사목에 대한 제도적 보장을 고려하여 그러한 질문을 허용하였다. 개 인에게 근로소득세 산정용 카드에 종교를 기재하도록 하는 것은 개인의 교회세 납세의 무와 관련된 바이마르헌법 제136조 제6항에 따라 허용된다(E 49, 375 ff). 종교공동체 소 속여부에 대한 통계조사는 바이마르헌법 제136조 제3항 제2문에 명시적으로 규정되어 있다(E 65, 1/38 f 참조).

바이마르헌법 제137조 제3항 제1문 및 "모든 사람에게 타당한 법률"은 기본법   **638** 제4조에 대한 또 다른 한계를 포함하고 있다. 물론 이는 종교·세계관 공동체 **고유의 사무에 대한 규율 및 행정**의 보호영역에 대해서만 타당하다. 연방헌법재 판소는 그러한 한계규율마저도 법익형량의 원칙에 의해서 종교공동체나 세계 관공동체의 자기이해를 최대한 존중하는 방식으로 축소하고 있다.[60)] 교황청과 의 종교협약이나 교회조약은 종교의 자유에 대한 제한을 정당화할 수 없다. 교 회가 이를 통해 그 자율권이나 자치행정권을 특정 방식으로 행사하여야 할 의 무를 스스로 지는 한 이는 기본권포기(단락 193 이하 참조)로서 허용된다.[61)]

2. 기본법 제12a조 제2항

기본법 제12a조 제2항 제1문은 **제한수권**이지만, 현재는 이 수권은 사용되지 않   **639** 고 있다. 만약에 이 수권이 사용된다면 기본법 제4조 제3항에 따른 기본권적 보 호를 향유하는 양심상의 결정인 집총병역거부를 대체역무에 관한 부담부과적

59) *Borowski*, S. 487 ff; *Kloepfer*, VerfR II, § 60 Rn 57; *Korioth*, MD, Art. 140 Art. 136 Rn 54; *Maurer*, ZevKR 2004; *Mückl*, BK, Art. 4 Rn 162.
60) E 53, 366/399 ff; 72, 278/289; BVerfG, JZ 2015, 188/189 f; 이에 대해 비판적인 견해로는 *Wieland*, Staat, 1986, 321/328 ff.
61) *Ehlers*, SA, Art. 140 Rn 8; Art. 140 iVm Art. 137 WRV Rn 6 참조.

규율을 위한 준거로 삼는 것이 헌법적으로 정당화된다. 이 경우 기본법 제12a 조 제2항 제2, 3문은 **제한의 한계**가 된다.

3. 상충하는 헌법

640 기본법 제4조의 기본권들은 유보 없이 보장되어 있다. 그러나 이 기본권들의 행사는 종교와 세계관이 다원화된 현실에서는 다른 기본권이나 헌법적 법익과의 다양한 충돌을 초래할 수밖에 없다. 따라서 연방헌법재판소가 기본법 제4조와 관련한 판례를 통해서 유보 없는 기본권에 대한 제한은 상충하는 기본권 및 다른 헌법적 법익들을 통해서만 헌법적으로 정당화된다는 확립된 판례를 정립한 것은 놀라운 일이 아니다.[62] 위와 같은 판례가 다루어야 했던 충돌은 특히 학교 영역에서 일어난 것이었다. 이와 관련하여 기본적 의미를 갖는 연방헌법재판소의 판례는 주(州)법의 규율에 따라 그리스도교 신앙을 토대로 학생들을 교육하게 되어 있는 그리스도교계 종파혼합학교에 대한 것이다. 연방헌법재판소는 이와 같은 학교교육에 따라 기본법 제4조에 의해 보호되는 다른 신앙이 있거나 신앙이 없는 학부모와 자녀의 소극적 신앙의 자유와 학교고권(기본법 제7조 제1항) 사이의 충돌이 발생하며, 이는 주(州)법규정들에 대한 헌법합치적 해석을 통해서 실제적 조화의 원칙을 따라 해소되어야 한다고 보았다.[63] 이와 관련하여 학생의 종교의 자유와 부모의 종교 교육권은 종교 주입으로부터 보호되어야 할 뿐만 아니라 이는 종교의 계율에 반하는 수업의 내용에 대해서도 관철되어야 한다. 그러나 이와 같은 헌법적인 조정에서도 의무적으로 다녀야 하는 학교의 통합기능이 현저한 비중을 차지하며, 따라서 수업면제의 필요성은 예외적인 경우에만 인정된다.[64]

641 예: 회교의 복식에 관한 규정은 회교도인 여학생이 남학생과 함께 수영수업에 참여하는 것을 허용하지 않기 때문에 보통 회교도인 여학생들은 수영수업 면제를 신청한다. 이러한 면제신청에 대한 학교행정관청의 거부처분은 해당 학생들 및 경우에 따라서는 그 학부모의 종교의 자유를 제한하는데, 이에 대해 학교행정관청은 제한의 근거로 수업의 내용을 확정하고 수업을 혼성교육형식이나 성별분리교육형식으로 할 것인지의 문제와 같

---

62) E 28, 243/261.
63) E 41, 29/44 ff; 41, 65/77 ff; *Huster*, Die ethische Neutralität des Staates, 2002, S. 182 ff.
64) BVerwGE 147, 362/364 ff; BVerwG, NJW 2014, 804/807 f.

은 수업의 외견적 양식에 대해서 결정할 권한을 부여하고 있는 기본법 제7조 제1항을 원용할 수 있다. 당초에 연방행정법원(BVerwGE 94, 82/90 f)은 해당 여학생에 대한 낙인의 위험성이 있다는 이유로 수영수업 면제 신청에 대한 거부처분을 비례의 원칙에 부합하지 않는 것으로 판단하였으나 이후 연방행정법원은 부리키니 수영복(Burkini)[65] 착용의 가능성을 들어 종전 판례를 파기하였다. "학교수업에서 종교적 확신을 철저히 관철하고자 하면서도 학교로부터 이와 관련한 배려를 기대하는 사람은 스스로도 이를 통해서 타인의 주목을 받는 특별한 역할을 떠맡을 수 있다는 것을 원칙적으로 수용하여야 한다."(BVerwGE 147, 362/375 = JK 5/2014; BVerfG, NVwZ 2017, 227/228; EGMR[유럽인권재판소], Osmanoglu v Suiss, No. 29086/12, Rn 56 ff; *Uhle*, NVwZ 2014, 541/542 ff 도 보라); 수업 중 안면을 가리는 베일 착용 금지에 대해서는 BayVGH[바이에른헌법재판소], BayVBl. 2014, 233 f = JK 10/2014). ‑ 그리스도 학교에서의 학내기도와 관련한 유사한 타협적 해결에 대해서는 E 52, 223/235 ff(이에 대해서는 *Böckenförde*, DÖV 1980, 323) 그리고 학교에서의 회교 기도와 관련하여 그에 준하는 타협적 해결책에 대해서는 BVerwGE 52, 223/235 ff. 교실에 게시된 십자고상 문제와 관련하여 그에 준하는 타협적 해결책이 거부된 사례에 대하여는 위 단락 632 참조. E 108, 282/309 ff가 회교도인 여교사가 학교에서 두건(히잡)을 착용할 수 있는지를 입법자의 학교정책적 결정에 넘긴 이후 E 138, 296/335 ff = JK 7/2015는 입법자의 규율의 여지를 학내평화에 대한 구체적인 위험의 방지에 한정시켰다(유치원과 관련하여 BVerfG, NJW 2017, 381/383 f = JK 8/2017). 이는 기껏해야 방해자에 대하여 조치를 취하지 않으면 학내평화가 보장될 수 없는 경우에만 설득력을 가질 수 있으며, 단순히 위협이 "감지되었다"는 것만으로는 충분하다고 볼 수 없다(*Klein*, DÖV 2015, 464/468). 어쨌든 제3자가 동의하지 않는다는 사정은 국가에 의한 기본권제한을 정당화할 수 없다(*Muckel*, JA 2015, 476/478; 비판적인 견해로는 *Rusteberg*, JZ 2015, 637/640 ff; *Volkmann*, Jura 2015, 1083/1085 f). 사기업에서의 두건(히잡) 착용금지에 대한 유럽연합법 차원에서의 판단에 대해서는 단락 51a.

기본법 제4조의 기본권과는 달리 유럽인권협약 제9조 제2항에 의하여 보장된 **642** 종교 및 세계관의 자유는 폭넓은 법률유보 아래에 놓여있다. 유럽인권재판소에 따르면 유럽인권협약 제9조 제2항은 사회 안에서의 공동생활에 필요한 최소한의 요건을 유지하는 데 필요한 규칙도 허용하고, 사람들 사이의 의사소통을 방해한다는 이유로 공적 공간에서의 부르카[66] 착용을 금지하는 것을 정당화한

---

65) [역주] 회교의 복식교리에 부합하는 전신수영복.

다.[67] 그러나 유보 없이 보장된 기본법 제4조의 기본권은 그와 같은 유보를 알지 못하며, 연방헌법재판소는 어쨌든 유럽인권협약 제53조에 내포된 '유럽인권협약에 의해 회원국법에 보장된 기본권을 침해할 수 없다'는 원칙(Günstig-keitsprinzip)에 대한 해석(단락 68도 보라)에 의하여 그러한 유보를 수용할 의무를 지지 않는다.[68]

643 사례 9에 대한 약해:

Ⅰ. 국가의 소득세 수입 중 군비에 지출되는 비율만큼의 소득세를 납부하지 않겠다는 甲의 결단은 양심의 자유의 보호영역에 해당함은 틀림없다. 그의 결단은 "선"과 "악"의 범주에 정향되어 있을 뿐만 아니라 그렇게 행동하여야 할 의무감에 입각해 있는 진지한 결단이라고 보아야 할 것이다. 연방헌법재판소는, 甲의 결단이 평화주의에 바탕을 둔 확신에 기초를 두고 있고, 여러 권리구제수단을 통하여 거듭 자신의 결단을 관철하기 위한 시도를 했으며, 자신의 조세채무 중 군비에 사용되는 만큼 평화기금으로 낼 용의가 있었다는 등의 이유로 甲의 결단이 양심상의 결단에 해당하는 것으로 보았다.

Ⅱ. 그러나 연방헌법재판소는 납세의무가 양심의 자유를 **제한**한다고 보지는 않았다. 연방헌법재판소는 조세부과와 예산법에 의한 지출결정이 국가조직법상 엄격히 분리되어 있다는 점에 착안하고 있다. 개인은 납세자로서 그 지출결정에 아무런 영향력을 가지고 있지 않고, 따라서 그 지출에 대하여 책임을 지지 않으며, 그의 조세채무는 지출목적과는 무관하게 부과된다. 지출목적은 전적으로 유권자에 대하여 책임을 지는 의회가 결정하도록 되어 있다.

연방헌법재판소의 이와 같은 판단은, 다음과 같은 문제, 즉 양심의 자유의 보호영역 내에서 가해지는 제한만이 부정되는 것인지 아니면 그 보호영역의 해당성까지도 부정되는 것인지의 문제가 함께 검토되고 있는 한 설득력이 있다.

644 참고문헌: *T. Barczak*, Die Glaubens- und Gewissensfreiheit des Grundgesetzes Jura 2015, 463; *H. Bethge*, Gewissensfreiheit, Hdb. StR³ VII, § 158; *M. Borowski*, Die Glaubens- und Gewissensfreiheit des Grundgesetzes, 2006; *A. Edenharter*, Das Selbstbestimmungsrecht der Religionsgemeinschaften vor dem Hintergrund europäischer Grundrechtsvereinheitlichung and kultureller Diversifizierung, RW 2015, 167; *H.M. Heinig/C. Walter* (Hrsg.), Staatskirchenrecht oder Religionsverfassungsrecht?, 2007; *dies.*

---

66) [역주] 여성의 전신을 감추는 회교식 여성 복장.

67) EGMR, NJW 2014, 2925/2931; 이에 대한 비판적인 소수의견 EGMR, NJW 2014, 2932.

68) 법정에서의 부르카 착용에 대해서는 *Michael/Dunz*, DÖV 2017, 125.

(Hrsg.), Religionsverfassungsrechtliche Spannungsfelder, 2015; *P. Hoffmann*, Die Weltanschauungsfreiheit, 2012; *Holterhus/Aghazadeh*, Die Grundzüge des Religionsverfassungsrechts, JuS 2016, 19, 117; *S. Korioth*, Freiheit der Kirchen und Religionsgemeinschaften, Hdb. GR IV, § 97; *S. Magen*, Körperschaftsstatus und Religionsfreiheit, 2004; *S. Muckel*, Religiöse Freiheit und staatliche Letztentscheidung, 1997: *G. Neureither*, Grundfälle zu Art. 4 I, II GG, JuS 2006, 1067; 2007, 20; *B. Pieroth/C. Görisch*, Was ist eine „Religionsgemeinschaft"?, JuS 2002, 937; *R. Poscher*, Vereinsverbote gegen Religionsgemeinschaften?, KritV 2002, 298; *B. Schlink*, Die Angelegenheiten der Religionsgemeinschaften, JZ 2013, 209; *U. Volkmann*, Dimensionen des Kopftuchstreits, Jura 2015, 1083: *U. Vosgerau*, Freiheit des Glaubens und Systematik des Grundgesetzes, 2007; *A. Volkuhle*, Religionsfreiheit und Religionskritik — Zur Verrechtlichung religiöser Konflikte, EUGRZ 2010, 537.

§ 13 의견표현·정보·출판·방송·영상보도의 자유(기본법 제5조 제1, 2항)

645 사례 10: 공무원신분인 교사가 직무수행중 구호가 적힌 리본을 패용한 사건(출전: BVerwGE 84, 292)

교사 甲은 공립학교에 근무하고 있는 공무원신분인 교사이다. 그는 "원자력발전? 사절!" 이 표기된 리본을 학생들이 볼 수 있도록 패용하고 수업을 진행하였다. 관할 교육청은 연방공무원법 제53조에 상당하는 주(州)공무원법상의 "공무원이 정치적 활동을 함에 있어서는 (공동체) 전체에 대한 자신의 지위 및 직무상의 의무를 고려할 때 도출되는 중용과 신중함을 견지하여야 한다"는 규정을 들어 甲이 학교에서 위 리본을 패용하는 것을 금지하였다. 관할교육청의 리본 패용금지처분은 甲의 의견표현의 자유에 저촉되는가? 이 사례에 대한 약해는 **단락 713**을 보라.

I. 개관

646 의견표현의 자유(Meinungsfreiheit)[1] 기본권은 현대 헌법국가의 생성에 대하여 중심적의미가 있다. 연방헌법재판소는 1789년 인권 및 시민권의 선언에 담겨 있는 문구("가장 소중한 인권 중의 하나[un des droits les plus précieux de l'homme]") 그리고 저명한 미국의 법학자인 카도조(Cardozo)의 문구("거의 모든 자유의 기반이요 불가결적 조건 [the matrix, the indispensible condition of nearly every other form of freedom]")를 빌어 이 기본권을 높이 평가하였다.[2] 의견표현의 자유는 "긍정적으로 수용되거나 무해한 것 또는 중요성이 없는 것으로 간주되는" 의견만이 아니라 "[…] 모욕이나 충격을 가하거나 혼란을 유발하는" 의견도 보호하며 또한 그렇게 함으로써 "민주주의사회에 불가결한 다원주의, 관용과 개방성 구현에 기여하는 것이다."[3]

---

1) [역주] 통상 의사표현의 자유로 번역되고 있으나, '의사'가 무엇을 하려고 하는 생각을 의미하고 '의견'이 어떤 대상에 대한 생각을 의미하므로, 이 기본권이 보장하는 내용에 비추어 보면 의견표현의 자유로 번역하는 것이 정확하다고 본다.

2) E 7, 198/208.

3) EGMR(유럽인권재판소), A./. Deutschland, Nr. 3690/10, Rn 52.

종종 총괄하여 의견표현의 자유의 기본권으로 지칭되고 있는 기본법 제5조 제1항은 다 **647**
음과 같은 총 5개의 기본권을 포함하고 있다:
- 의견표현의 자유(제1문 전단) - 자신의 의견을 말, 글, 그림으로 자유롭게 표현하고
  전파할 수 있는 권리
- 정보의 자유(제1문 후단) - 일반적으로 접근할 수 있는 정보원으로부터 방해받지
  않으면서 정보를 수집할 수 있는 권리
- 출판의 자유(제2문 제1선택지)
- 방송보도의 자유(제2항 제2선택지)
- 영상보도의 자유(제2항 제3선택지)

위 다섯 가지 기본권을 모두 일원적인 의사소통의 자유로 총괄하거나 뒤의 세 가지
기본권을 일원적인 매체의 자유로 총괄한다고 해서 개별 기본권 이상의 규범적 효력을
발휘할 수 있는 것은 아니다.[4]

이 기본권들 중 일부는 기본권주체("누구나 … 권리를 갖는다")가 아닌 보호영역("출판 **648**
의 자유 …")을 중심으로 조문화되어 있으나, 이 기본권들도 개인의 권리를 보장하고 있
는 것이다. 출판의 자유와 관련하여 연방헌법재판소는 권리의 기능과 객관법적 기능 사
이의 관계(단락 105, 111 이하 참조)를 다음과 같이 확정하였다. 즉, "- 그 규정의 체계
적 위치와 전통적인 이해에 맞게 - 개인의 권리로서의 기본권"이 일차적으로 주어지지
만, 그 규정은 "동시에 객관법적 측면도" 가지고 있다는 것이다.[5] 연방헌법재판소는 이
러한 객관적 측면으로부터 출판에 대한 국가의 보호의무를 도출하고 또한 의견표현의
자유에 대하여 중립적 성격을 갖는 출판의 육성을 위한 국가의 조치를 원칙적으로 허용
된다고 추론하고 있다.[6]

기본법 제5조 제1항 제3문의 규율("검열은 허용되지 않는다")은 독자적인 기본권이 아 **649**
니라, 기본법 제5조 제1항의 기본권에 적용되는 제한의 한계일 뿐이다. 기본법 제42조
제3항은 또 다른 기본권제한의 한계를 포함하고 있다.

---

4) *Degenhart*, BK, Art. 5 Abs. 1 및 2 Rn 20; *Jestaedt*, Hdb. GR IV, § 102 Rn 27.
5) E 20, 161/175.
6) E 80, 124/133 f.

II. 보호영역

1. 의견표현의 자유(기본법 제5조 제1항 제1문 전단)

a) 개념

650 의견표현은, 그 대상이나 내용이 무엇인지와 무관하게 무엇보다도 **가치판단**에 해당한다. 의견표현은 정치적 사항이나 비정치적인 사항과 관계되고, 공적 사항 또는 사적 사항과 관계될 수 있으며, 이성적이거나 비이성적일 수 있으며, 가치 있는 것일 수도 있고 무가치한 것일 수도 있다.[7] 기본법 제5조 제2항에 규정된 "사람의 명예권"이라는 한계로부터 추론할 수 있는 것처럼 의견표현은 모욕성을 띨 수도 있다.

651 판례에서 찾아볼 수 있는 예: 나치주의자인 영화감독 파이트 할란(Veit Harlan)의 영화를 상영하거나 관람하지 말자는 불매운동(E 7, 198/217; 이에 대하여는 단락 112 참조); 병역의무를 이행하는 병사를 상대로 인근에 건설예정인 원자력발전소에 대한 반대서명을 군부대의 영내에서 받는 행위(E 44, 197/202 f); 교도소장에 대한 모욕적인 표현이 담긴 재소자의 편지(E 34, 1/14 f); 변호사를 "극우"로 지칭한 것(BVerfG, NJW 2012, 3712/3713 f); 편지봉투 표면에 인쇄된 그린피스의 상징을 통한 선전(BVerwGE 72, 183/185 f); 상업광고도 어쨌든 의견형성에 기여하는 한 의견표현이라 할 수 있다(E 71, 162/175; 102, 347/359 f; 107, 257/280; 더 넓은 개념을 취하는 것으로는 *Hufen*, StR II, § 25 Rn 9; 비판적인 견해로는 *Hochhuth*, S. 311 ff).

652 오래전부터 **사실주장**도 의견표현에 해당하는지의 문제가 논의되어 왔다. 사실주장과 의견표현은 명확히 구분된다. 즉 사실주장은 참이거나 거짓이지만, 의견표현은 참도 아니고 거짓도 아니다. 형법도 명예범죄(형법 제186조 이하)와 사기죄의 구성요건(형법 제263조)에서 그 표현이 의견표현에 해당하는지 아니면 사실주장에 해당하는지에 따라 상이한 법적 효과를 부여하고 있으며, 주(州)의 언론매체법들은 사실주장이 있는 경우에만 이에 대한 반론권을 인정하고 있다. 이 때문에 사실주장은 기본법 제5조 제1항 제1문의 보호영역에서 제외된다는 주장이 종종 제기되고 있다.[8]

---

7) E 61, 1/8; 65, 1/41.

그러나 사실주장도 (적어도 암묵적으로) 그것을 주장하는 자의 가치판단이 따라 **653**
붙는 것이 보통이다. 사실을 주장할 것인지 그리고 언제, 어디서 어떻게 그 사
실을 주장할 것인지에 대한 결정 자체가 평가적 성격을 갖는 것이다. 연방헌법
재판소는 모든 방송 프로그램들은 "그 방송내용의 선정과 구성을 통하여 어느
정도의 경향성을 갖는다고 보았다. 방송은 특히 무엇을 방영하지 않을 것인지,
무엇으로 시청자의 관심을 끌 것인지, 여론형성에 부정적 영향을 미치지 않으
면서도 제외할 수 있는 것이 무엇인지, 그리고 방송의 내용을 어떻게 구성하고
표현할 것인지에 대한 결정이 문제되는 한" 가치판단이 결부되어 있는 것이라
고 판시하였다.9) 또한 일부 학설은 사실주장과 가치판단의 구분은 불가능하다
고 보기도 한다.10)

연방헌법재판소는 의견의 개념을 광의로 사용함으로써 중도적 입장을 취하고 있 **654**
다. 그에 따르면 "입장표명, 견해표명(Dafürhalten)의 요소들로 각인되어" 있는
표현은 "그 요소들이, 흔히 그런 것처럼, 사실의 전달이나 사실주장의 요소들과
결합되어 있거나 혼합되어 있는" 경우에도 기본법 제5조 제1항 제1문의 보호영
역에 속한다.11) 이와 같은 결합과 혼합의 현상은 특히 사실주장이 "의견형성의
전제"에 해당하기 때문에 발생한다.12) 가령 통계조사의 내용과 같이 가치판단
과 결합되어 있지도 않고 의견형성을 위해서도 의미가 없는 사실주장만이 기본
법 제5조 제1항 제1문 전단의 보호영역에서 제외된다.13)

연방헌법재판소는 "명백히 또는 의식적으로 진실이 아닌 사실을 주장하는 것은 **655**
기본법 제5조 제1항 제1문의 보호영역에 포함되어 있지 않다"고 판시하였다.
즉, "잘못된 정보는 보호할 가치가 있는 법익이 아니"라는 것이다.14) 이처럼 표
현주체의 의견을 반영하지 않는 진실에 대한 의식적인 왜곡은 표현주체의 의견
표시로서 보호받을 수 없다는 판례의 취지는 타당하다고 본다. 이러한 범위를

---

8) *Huster*, NJW 1996, 487 참조.
9) E 12, 205/260.
10) *Herzog*, MD, Art. 5 Abs. Ⅰ, Ⅱ Rn 51; *Schulze-Fielitz*, DR, Art. 5 Ⅰ, Ⅱ Rn 47.
11) E 61, 1/9; 90, 241/247; BVerfG, NJW 2011, 47/48.
12) E 85, 1/15.
13) E 65, 1/41.
14) E 65, 1/8; 85, 1/15; 99, 185/187; 이견으로는 *Jestaedt*, Hdb. GR Ⅳ, § 102 Rn 36 ff; *Kloepfer*,
   VerfR Ⅱ, § 61 Rn 9.

넘어서면 보호영역의 확정문제에 있어서 진리의 입증, 즉 사실의 객관적 정확
성은 관건적인 의미를 가질 수 없다. 의견표현의 자유는 항상 **오류를 범할 수 있
는 자유**15) — 이른바 가짜 뉴스(Fake News)에서 현저하게 나타나는 것과 같은
진실에 대한 무심함, 무분별 또는 무관심에 기인하는16) 오류의 자유 — 이기도
하기 때문이다. 이러한 기본권의 보호영역에 대한 심사는 사실주장과 관련하여
2단계로 진행된다. 제1단계는 어떤 표현이 사실주장에 해당하느냐 아니면 의견
표현에 해당하는지를 가리는 것이다. 그 표현이 사실주장이라면 그것이 의견표
현과 아무런 관련이 없거나 의식적 거짓인 경우일 때에만 보호영역에서 제외된
다. 또한 진지한 질문은 물론 수사적인 질문도 보호를 받는다.17)

b) 말, 글, 그림에 의한 표현과 전파

656 이와 같은 보호영역의 표지들은 의견이 타인들에게 전달되는 형식과 관련되어
있다. 말, 글, 그림을 통한 표현 및 전파 등 의견의 발표(Kundgabe) 형식들은 예
시적 열거일 뿐이다. 표현과 전파는 각기 별개의 구성요건 표지이기는 하지만,
그렇다고 양자가 상호 엄밀히 구분되는 것은 아니며18) 늘 새로운 유형과 방식
으로 행해지기도 한다. 인터넷을 통한 의사소통도, 그것이 어떤 불특정의 수령
자집단에게 문자화된 정보를 일괄적으로 제시하는 것을 넘어서는 것이라면 원
칙적으로 보호된다. 미국에서의 논의에 따르면 검색엔진도 검색알고리즘에 의
거하여 평가적인 입장을 포함하고 있다면 보호대상이 된다는 견해도 있다.19)
인터넷을 통한 의견표현은, 그것이 준비된 프로그램의 요소로서 의견형성에 이
바지한다면 방송의 자유의 보호를 받지만(단락 675), 그 내용의 중점이 (가령 온
라인 신문처럼) 문자화되어 있다면 신문의 자유에 의한 보호도 받는다.20) 또한
의견표시와 더불어 그 장소 및 시기의 선택도 보호받는다.21)

---

15) *Schmaenbach*, JA 2005, 749; 이견으로는 아우슈비쯔 유태인 학살을 조작이라는 거짓말과 관
   련한 E 90, 241/249; 또한 *Wandres*, Die Strafbarkeit des Auschwitz-Leugnens, 2000, S. 276
   ff.
16) 거짓말과의 차이에 대해서는 *Frankfurt*, On Bullshit, 2005, S. 30-34.
17) E 85, 23/31 ff; BVerfG, NJW 2005, 1341.
18) *Wendt*, MüK, Art. 5 Rn 17.
19) *Milstein/Lippold*, NVwZ 2013, 182/185.
20) *Jarass*, J/P, Art. 5 Rn 101; *Kube*, Hdb. StR³ Ⅳ, § 91 Rn 12 ff.
21) E 93, 266/289.

의견을 타인에게 **강요**하는 경우에만 예외가 인정될 수 있다. 연방헌법재판소는, **657**
의견표현의 자유라는 기본권의 의미와 본질은 "자유민주적 기본질서를 위한 기
본전제의 하나라고 볼 수 있는 의견들 사이의 **정신적** 투쟁을 보장하는 것임을
거듭하여 지적해 왔다.22) 이에 따라 기본법 제5조 제1항 제1문 전단에 의한 보
호는 정신적 투쟁의 영역을 벗어나 의견형성을 위한 논거 대신에 압력수단을
동원하는 곳에서 끝나게 되는 것이다(단락 144).

표현주체와 전파주체가 각기 표현과 전파의 행위를 하는 것만이 의견의 표현과 **658**
전파로서 보호받는 것이 아니라 수령자에게 그 의견이 도달하고 수령자가 그
의견을 **수령**할 수 있는 가능성도 보호받는다. 그러므로 검열된 우편물을 전달하
지 않는 행위도 기본법 제5조 제1, 2항에 의하여 평가되어야 한다.23) 물론 이와
같은 기본권 보호는 오로지 그 의견을 표현하고 전파하는 사람만을 위한 것이
다. 수령자의 수령권을 보장하는 것은 기본법 제5조 제1항 제1문 전단이 아니
라 기본법 제5조 제1항 제1문 후단의 정보의 자유이다. 또한 이러한 수령권도
일반적으로 접근할 수 있는 정보원으로부터 의견을 수령하는 것에 한하여 정보
의 자유에 의하여 보호된다.

c) 소극적 의견표현의 자유

나아가 기본법 제5조 제1항 제1문 전단은 의견을 표현하지 아니할 권리와 의견 **659**
을 전파하지 아니할 권리도 보장하며,24) 이로써 타인의 의견을 자신의 의견으
로 표현하여야 할 의무로부터도 개인을 보호한다. 이와 같은 소극적 의견표현
의 자유의 보장내용에 비추어 볼 때 연방헌법재판소가 의견의 개념으로부터 평
가적인 입장표명의 요소가 없는 통계조사에 포함되는 사실기재, 사실주장, 사실
전달을 제외하려는 의도를 납득할 수 있게 된다. 왜냐하면 그것을 포함한다는
것은 수많은 보고의무 및 신고의무, 특히 경제나 영업에 관한 법령에 의해 부과
되는 그러한 의무가 소극적 의견표현의 자유에 대한 제한을 의미하게 될 것이
기 때문이다.

---

22) E 25, 256/265.
23) E 35, 35/39; BVerfG, NJW 1995, 1477.
24) E 65/1, 40; 비판적인 견해로는 *Jestaedt*, Hdb. GR, § 102 Rn 42 참조.

660 예: 소극적 의견표현의 자유는 국가가 주도한 환영사 및 충성선언문에 참여할 의무로부
터 개인을 보호해 준다. ─ 국가가 부과한 제품특성을 고지할 의무, 가령 "흡연은 건강
에 해롭습니다"와 같은 내용의 표시의무에서 그 표시는 제품생산자의 의견이 아님을 알
수 있다. 그러므로 이와 같이 명백한 타인의 의견을 제품에 표시할 의무를 부과하는 것
은 기본법 제12조 제1항을 제한하기는 하지만, 기본법 제5조 제1항 제1문 전단을 제한
하는 것은 아니다(E 95, 173/182; *Hardach/Ludwig*, DÖV, 2007, 288).

661 소극적 의견표현의 자유의 보장에서 기본법 제5조 제1항의 보호영역과 기본법
제10조 제1항의 보호영역을 **구분**할 필요가 있다. 적극적 의견표현의 자유가 의
견이 수령자에게 도달하는 것까지를 포함하는 것과 마찬가지로 소극적 의견표
현의 자유는 표현주체와 전파주체가 의견을 표현·전파하지 않으려는 상대방
에게 의견이 도달되지 않도록 하는 것도 포함하기 때문이다. 그러나 신서, 전
화, 여타 유사한 방법에 의한 의견 전달의 자유의 소극적 측면은 기본법 제10
조 제1항에 의해서도 보장되고 있다. 즉 기본법 제10조 제1항은 위와 같은 전
달이 발송된 사람 이외의 사람에게 도달하지 않도록 보장한다. 이러한 범위에
서 기본법 제10조 제1항은 소극적 의견표현의 자유에 대한 특별법에 해당하는
것이다.

2. 정보의 자유(기본법 제5조 제1항 제1문 후단)

662 **정보원**(情報源)이란, 한편으로는 정보를 **담고 있는** 모든 것을 의미하고 다른 한편
으로는 자체 정보의 **대상**이 되는 것을 의미한다.[25]

663 예: 신문, 라디오방송, 텔레비전방송, 문서, 신서, 구두형식의 고지, 교통사고, 자연재해.
신문독자나 방송시청자는 출판(신문)의 자유 및 방송의 자유를 통해서가 아니라 정보의
자유를 통하여 보호받는다(BVerfG, JZ 1989, 339).

664 정보원은, 그것이 "개별적으로 특정될 수 있는 범위의 사람이 아닌 일반인에게
정보를 제공할 수 있는 적성과 본성이 있는 경우에" **일반적으로 접근할 수 있는
것**이다.[26] 정보원은 일반인에게 정보를 제공할 수 있는 적성과 본성은 사실적
인 것 내지는 연방헌법재판소가 일찍이 표현한 것처럼 기술적인 것이어야 한

---

25) *Herzog*, MD, Art. 5 Abs. Ⅰ, Ⅱ Rn 87; *Wendt*, MüK, Art. 5 Rn 22.
26) E 27, 71/83; 90, 27/32; 103, 44/60.

다. 그렇게 해석하지 않는다면 국가는 법적 규율이나 조치를 통해 정보원의 일반적 접근성에 대하여 결정하고 "일반적으로 접근할 수 있는 정보원"이라는 개념을 미리 축소함으로써 기본법 제5조 제2항의 제한의 한계를 우회할 수 있게 되기 때문이다.[27] 그러나 이러한 올바른 통찰에도 불구하고 연방헌법재판소는 다음과 같은 판례를 통해 정보의 자유를 특별한 필요도 없이 규범에 의한 형성을 요하는 기본권으로 변질시켜 버리고 말았다.[28] 즉 국가는 "국가의 책임 범위 내에 있는 정보원"에 대한 접근을 법적으로 확정 · 제한할 수 있으며, 이는 기본법 제5조 제2항에 의하여 평가되어야 하는 정보의 자유에 대한 제한이 아니라는 것이다.[29] 이로써 연방헌법재판소는 국가, 특히 집행부를 사회의 대립자로 보는 입헌군주시대의 국가관에서 벗어나지 못하고 있음을 알 수 있다. 그러나 민주국가에서는 공행정도 사회의 자기조직의 표현이며, 따라서 공행정은 공직의 형태(기본법 제33조 제2항)만이 아니라 그 정보를 통해서도 개인에게 일반적으로 접근 가능한 존재인 것이다.[30] 이는 의회와 법원에 보관된 문서도 마찬가지이다. 위 판례는 연방 및 몇몇 주(州)의 정보공개법을 통해서 대체로 극복되었다.[31] – 이러한 정보공개법에서 확인할 수 있는 것처럼 – 접근의 방식만이 법률로 형성될 수 있을 뿐이다(단락 685~686 참조).

예: 우체국이 구독자에게 배달하는 신문은, 그 판본(版本) 전체가 일반적으로 접근할 수 **665** 있는 것이기 때문에, 일반적으로 접근할 수 있는 정보원에 해당한다. 우체국이 우송하는 특정 견본이 일반인의 접근대상에서 제외되어 있다는 사실이 우체국이 배달하는 신문의 위와 같은 특성을 바꾸지는 못한다(E 27, 71/85). 특히 신문, 라디오방송, 텔레비전방송, 영화 등과 같은 대중매체들은, 그것이 해외에서 수입되는 것이라도 원칙적으로 일반적으로 접근할 수 있는 정보원에 해당한다(E 90, 27/32). 현대헌법국가에서 법원의 변론(E 91, 125/143; 이견으로는 E 103, 44/62. 이 판례는 "법정만이 공개되어 있다"는 입장을 취하고 있다)과 토지등기부(BVerfG, EuGRZ 2000, 484 참조)도 마찬가지이다. 그러나 사설출판사의 교정지는 일반적으로 접근가능한 정보원에 해당하지 않는다(E 66, 116/137).

---

27) E 27, 71/83 ff.
28) 그러나 그렇게 보는 *Wirtz/Brink*, NVwZ 2015, 1166/1170 f.
29) E 103, 44/60; 또한 BVerfG, NJW 1986, 1243; BVerwG, NJW 2014, 1126/1127; 이견으로는 또한 *Dörr*, Hdb. GR IV, § 103 Rn 30 f, 42 ff.
30) *Scherzberg*, Die Öffentlichkeit der Verwaltung, 2000, S. 383 참조.
31) *Schoch*, Jura 2008, 25/30; *Wegener*, in: FS Bartlsperger, 2006, S. 165.

666 정보의 자유는 **적극적으로는** 일반적으로 접근할 수 있는 정보원으로부터 정보를 수집하는 것, 가령 위성수신안테나와 같이 필요한 (기술적) 전제를 구비하고[32] 능동적으로 정보를 수집하는 것[33]처럼 정보를 단순히 수령하는 것을 보호한다. 물론 국가를 비롯한 공법상의 방송국도 개인에게 가용정보를 공급하고 제시하여야 할 의무를 지지는 않는다.[34] 정보의 자유에서도 적극적인 자유와 아울러 **소극적** 자유가 인정된다. 소극적 정보의 자유의 본질은 정보를 집요하게 강요하는 것으로부터 개인을 보호하는 것이다.[35]

3. 출판의 자유(기본법 제5조 제1항 제2문 제1선택지)

a) 개념

667 출판(물)이란 전통적으로 배포하기에 적합하고 또한 배포용으로 제작된 모든 인쇄물을 의미한다. 출판물에는 **정기적으로** 간행되는 인쇄물(신문, 잡지)만이 아니라 **일회적으로** 인쇄되는 것도 포함되며, 일반적으로 접근할 수 있는 간행물만이 아니라 집단의 내부용으로 만들어진 간행물도 포함된다. 나아가, 주(州)의 출판법들은 음반과 영상물도 인쇄물로 정의함으로써 출판의 자유의 보호영역에 대하여 중요한 의미를 갖는 기술적·사회적 변천을 고려하고 있다.[36]

668 예: 정기적으로 간행되는 신문 및 잡지, 학생들이 제작하는 신문(이와 구분해야 하는 것으로는 공립학교가 그 책임으로 발행하는 학교신문이 있다. 이에 대해서는 *Hufen*, StR II, § 27 Rn 5 참조); 노동조합신문(E 95, 28/35), 일회적으로 발행되는 서적, 전단, 홍보지, 스티커, 플래카드, 녹음테이프, 비디오테이프, CD, DVD, 온라인 신문 저장고 (BVerfG, NJW 2012, 755).

b) 보장범위

669 출판의 자유의 보호범위는 **적극적으로는** "정보의 수집에서 시작하여 뉴스와 의견을 전파하는 것에까지 미치"며,[37] "그 중심에는 출판사의 설립과 형성의 자

---

32) E 90, 27/36 f.
33) E 27, 71/82 f.
34) VGH Mannheim(만하임 행정법원), NJW 1992, 929/930.
35) *Dörr*, Hdb. GR IV, § 103 Rn 63 ff; *Kloepfer*, VerfR II, § 61 Rn 45.
36) *Bullinger*, Hdb. StR³ VI, S. 668 f; *Schulze-Fielitz*, DR, Art. 5 I, II Rn 69.
37) E 20, 162/176.

유가 있다."³⁸⁾ 출판의 자유의 보장범위는 출판기능에 중요한 의미를 갖는 보조
활동에까지 미친다. 물론 여기서 말하는 보조활동은 출판에 내재하는 활동으로
조직의 관점에서 볼 때 출판기업의 구성요소가 된 보조활동만을 의미한다. 출
판 외적인 보조활동은 무엇보다도 기본법 제12조 제1항을 비롯한 다른 기본권
의 보호를 받는다.³⁹⁾ **소극적**인 출판의 자유는 국가의 촉구, 경고, 공시를 사적인
출판물을 통해 공개하여야 할 의무로부터 개인을 보호한다.⁴⁰⁾

기본법 제5조 제1항 제2문은 관청에 대한 신문사⁴¹⁾의 헌법 차원의 정보공개청 **670**
구권의 근거가 될 수 있다.⁴²⁾ 유럽인권재판소는 유럽인권협약 제10조에서 도출
되는 정보공개청구권에 의해 정보를 공개하여야 할 의무를 지는 자의 범위를
신문사와 같이 공공적 통제기능을 수행하고 있는 비정부기구에까지 확장하고
있다.⁴³⁾ 신문사의 주(州) 관청에 대한 정보공개청구권은 해당 주(州)의 신문법
으로부터 도출된다. 물론 주(州)의 신문법은 연방정부와 주(州)정부 간의 권한분
배 문제로 인하여 연방관청에 대한 정보공개청구권을 규율할 수는 없다. 이에
따라 연방관청과 관련해서는 연방정보공개법이 적용되어야 하는데, 이는 신문
사에게 정보공개청구권을 부여하고 있지 아니하다. 그러나 연방행정법원은 연
방관청의 정보에 대한 접근을 규율하고 그 범위를 한정하는 연방정보공개법상
의 규정은 "신문의 특별한 기능상의 필요를" 반영하지 "않고 있다"고 판시하였
다.⁴⁴⁾ 헌법에 직접 근거를 두는 정보공개청구권은 주(州)의 신문법상의 정보공
개청구권에 상응하는 수준으로 보장되어야 한다.⁴⁵⁾ 국가는 이러한 정보공개청
구권에 따라 부담하는 의무를 기본법 제5조 제1항 제1문으로부터 추론되는 정
보접근권에 의해서 지는 의무와 마찬가지로 국가의 책임영역에서 이루어 지고

---

38) E 95, 125/144.
39) E 77, 346/354; 이에 대하여 비판적인 견해로는 *Wendt*, MüK, Art. 5 Rn 33.
40) *Kloepfer*, VerfR Ⅱ, § 61 Rn 62 참조.
41) [역주] 원문은 Presse로 여기서도 출판사로 번역할 수도 있으나 독자의 이해를 돕기 위하여 신
    문사로 번역하였다.
42) BVerwGE 146, 56/63 ff; 151, 348/350 ff; 이 문제를 미결로 남겨 두고 있는 BVerfG, NVwZ
    2016, 51; 부정적인 견해로는 *Blome*, NVwZ 2016, 1211/1212 ff; *Cornils*, AfP 2016, 205 ff.
43) EGMR, Társaság a Szbadágjogokért v. Hungary, No. 37374/05, Rn 26 ff; Animal Defenders
    v. United Kingdom, No. 48876/08, Rn 103; Österreichische Vereinigung v. Ausria, No.
    39534/07, Rn 33 ff.
44) BVerwGE 146, 56/64.
45) EGMR, NVwZ 2016, 211/212.

있는 것과 같은 정보관리를 통해서 면탈할 수는 없다.[46] 그러나 신문법상의 정보공개청구권은 기본법 제5조 제1항 제1문 및 정보공개법의 정보공개청구권과는 달리 공공기관의 문서에 대한 접근을 포함하지는 않으며, 이 청구권은 항상 사설 기관 및 공공기관의 정당한 이익과의 형량을 필요로 한다. 판례는 이러한 이익의 구체화를 위하여 주(州)의 신문법 및 정보공개법에 포함되어 있는 법령상의 규율을 함께 고려하고 있다.

671 예: 정보공개청구권은 법관이나 검사와 같은 공기능 담당자의 성명(姓名)(BVerwGE, NJW 2015, 807/808 ff = JK 5/2015)에 대해서도 적용되며, 정보공개로 인하여 제3자의 사업이나 영업체의 비밀에 영향을 미친다고 하더라도 행정기관에 의해 체결된 임대차계약의 내용에도 적용된다(BVerfGE 146, 56/63 ff; 151, 348/351 ff); 정보공개청구권은 경우에 따라서는 국가비밀정보기관의 이익에 대해서도 관철될 수 있다(BVerwGE, NVwZ 2016, 945/946 f). 연방의회의원의 공금사용과 관련하여 연방의회사무처에 대해서도 정보공개청구권이 존재한다. 이에 대해서는 물론 의원직을 보호하여야 할 필요성에 비추어 볼 때 공금이 낭비되었다는 구체적인 단서가 존재하여야 한다(BVerwGE, NVwZ 2016, 1020/1022). 그러나 기본법 제38조 제1항 제2문은, 원내교섭단체들이 어떤 이익단체대표에게 연방의회출입증을 발급하였는지에 대한 정보를 독일 연방의회가 신문사에게 제공하는 것을 막지 않는다(베를린-브란덴부르크 고등행정법원[OVG Berlin-Brandenburg], LKV 2016, 45/46 f = JK 3/2016). 연방대통령의 서명을 필요로 하는 법률들에 대한 심사(기본법 제82조 제1항)에 관한 신문사의 정보공개청구권은, 그러한 심사권이 "대통령의 고유한 책임의 핵심영역"에 속하기 때문에 존재하지 않는다(베를린-브란덴부르크 고등행정법원, NVwZ 2016, 950/952).

672 "출판분야에서 활동하는 사람들과 기업"은 모두 출판의 자유의 **기본권능력**을 갖는다.[47] 출판사주, 간행인, 편집인, 기자는 물론 신문기업에서 활동하는 경리담당직원,[48] 광고부 소속 광고업무담당자[49]도 그 기본권을 향유할 능력이 있다. 여기서 출판사주는 물론 편집인과 기자들도 출판의 자유의 주체에 해당하기 때문에 제3자효라는 어려운 문제가 발생할 수 있다. 출판사주는 편집인에게 그리고 편집인은 기자에게 특정 사건에 대하여 보도하지 말 것을 또는 특정 방식을

---

46) 베를린 행정법원(VG Berlin), 2014.6.19., 2 K 212.13, Rn 50 ff.
47) E 20, 162/175.
48) E 25, 296/304.
49) E 64, 108/114 f.

통해서만 보도할 것을 명령할 수 있는가? 이 문제들은 출판사(신문기업)의 대내적 자유의 문제로 논의되고 있다.[50]

c) 기본법 제5조 제1항 제1문의 기본권과의 관계

출판의 자유는 의견표현의 자유의 특수사례에 해당하지 않는다. 의견표현의 자 **673** 유의 보호에 대해서는 의견표현이 출판물을 통하여 공표되는 경우에도 기본법 제5조 제1항 제1문 전단이 적용된다.[51] 출판의 자유의 특별한 보호영역은 "출판 분야에서 활동하는 사람들이 각기 수행하는 기능, 출판 그 자체, 출판의 제도적·조직적 전제 및 기본조건, 자유로운 출판제도 일반이 문제된다"는 것과 관련되어 있다.[52] 출판의 자유는 정보의 자유의 특별한 사례에 해당하는 것도 아니다. 왜냐하면 출판의 자유는 일반적인 정보원에서 정보를 수집하는 것만이 아니라 개별적인 탐사, 관찰(Beobachtungen), 인터뷰 등을 통하여 정보를 수집하는 것도 포함하고 또 이러한 활동을 위한 정보의 보호와 정보원의 비밀유지, 즉 정보원에 대한 비밀의 유지와 사적인 정보제공자와의 신뢰관계에 대한 보호까지도 요구하기 때문이다.[53] 출판의 자유는 의견표현의 자유의 특수한 경우에 해당하지는 않지만, 보호영역 획정의 문제를 의견표현의 자유와 공유하며, 따라서 이 문제에 대한 해결기준도 공유한다.

예: 의견의 개념에서 내용은 관건적 요소가 아닌 것처럼 출판의 개념에서도 공표된 내 **674** 용이 일정 수준에 도달하는지는 아무런 의미가 없다(E 34, 269/283; 101, 361/389 f). 기본법 제5조 제1항 제1문 전단의 보호대상에 단순한 사실의 주장도 포함되는지의 문제와 유사하게 객관적인 요소의 반영으로 출판기업의 평가적 입장표명의 요소가 거의 사라진 광고가 출판의 자유의 보호대상에 포함될 수 있는지가 쟁점이 된 사건에서 연방헌법재판소는 이를 인정하였다(E 21, 271/278 f; 64, 108/114). 이와 같은 보호범위는 연방법원 민사부의 판결(BGHZ 116, 47/54)을 통해서 편집의 요소가 없는 광고지면에까지 확장됨으로써, 신문에 끼워 배달되는 광고지도 출판의 자유의 보호를 받을 수 있게 되었다(같은 견해로는 *Hufen*, StR Ⅱ, § 27 Rn 4).

---

50) *Gersdorf*, AfP 2016, 1; *Liesegang*, JuS 1975, 215 참조.
51) BVerfG, NJW 2003, 1110; 이에 대하여 비판적인 견해로는 *Trute*, Hdb. GR Ⅳ, § 104 Rn 19.
52) E 85, 1/12 f; 113, 63/75; 비판적인 견해로는 *Heselhaus*, NVwZ 1992, 740.
53) E 36, 193/204; 107, 299/329 f; 117, 244/265 ff.

4. 방송의 자유(기본법 제5조 제1항 제2문 제2선택지)

a) 개념

675 여기서 방송은 - 보통 방송으로 일컬어지고 있는 - 라디오방송 이외에도 텔레비전방송을 포함한다("라디오방송 및 텔레비전방송"[54]). 라디오방송은 사상의 내용을 유·무선을 통해 전파로 불특정 다수인에게 전달하는 것을 말한다. 따라서 유선라디오방송 및 유선텔레비전방송은 방송의 자유에 의하여 보호되지만, 사적인 전화통화나 팩스는 불특정 다수인을 상대로 하는 것이 아니기 때문에 방송의 자유에 의하여 보호되지 않는다.[55] 그러나 이와 같은 차이는 매체, 네트워크, 서비스의 통합(이른바 매체융합)이 고도화됨에 따라 흐려지고 있다. 특히 문제가 되고 있는 것은 공법적으로 규율되는 방송의 자유와는 달리 대체로 영리를 목적으로 하는 출판의 자유와 방송의 자유 사이의 경계획정이다.[56]

b) 보장의 범위

676 방송의 자유는 출판의 자유와 마찬가지로 정보의 수집부터 뉴스 및 사상의 전파까지 보호하는 것으로 각 방송매체가 필요로 하는 특수한 방송준비행위까지도 그 보호범위에 포함하고 있다.[57] 연방헌법재판소는 "보도"라는 말의 의미가 좁아 보임에도 그 실질적 개념범위가 출판의 자유보다 좁지 않다는 점, "정보와 의견은 … 뉴스나 정치논평은 물론 텔레비전 드라마나 음악방송을 통해서도 매개될 수 있다"는 점을 명확히 하였다.[58] 방송의 자유와 의견표현의 자유 간의 관계도 출판의 자유와 의견표현의 자유 간의 관계와 같이 확정될 수 있다(위 단락 673 참조).

677 전통적으로 **공법상의 방송국들**에게도 기본권능력이 인정되어 왔다. 물론 공법상의 방송국들은 공법인에 해당하며 연방헌법재판소는 공법인의 기본권능력을

---

54) E 12, 205/226; 31, 314/315.
55) *Herzog*, MD, Art. 5 Abs. 1, 2 Rn 194 f.
56) *Franzius*, JZ 2016, 650 (652 ff.).
57) E 91, 125/134 f; 119, 309/318 f.
58) E 35, 202/222; 마찬가지로 *Herzog*, MD, Art. 5 Abs. Ⅰ, Ⅱ Rn 200 ff; 이에 대하여 비판적인 견해로는 *Hochhuth*, S. 308 f.

원칙적으로 부인하고 있다. 그러나 연방헌법재판소는 "예외적으로 관련 공법인이 기본권의 보호를 받는 생활영역에 직접적으로 배속되어 있는 경우에는" 해당 공법인에게 기본권능력을 인정하고 있다.59) 이에 따라 공법상의 방송국들은, 기본법 제5조 제1항 제2문 제2선택지에 따라 방송은 국가로부터 자유로워야 한다는 명령의 효력을 받기 때문에 방송의 자유의 기본권을 주장할 수 있다는 것이다.60) 이로부터 공법상의 방송국들은 기본권주체에 해당하는 동시에 기본법 제1조 제3항의 집행권력의 요소로서 기본권의 의무자에 해당하기도 하다는 특수성을 확인할 수 있다. 연방헌법재판소는 선거운동을 위한 방송시간을 정당에게 배정하는 문제와 관련하여 이러한 특수성을 명시적으로 인정한 적이 있다.61) 이와 같은 특수성은 각 주(州)의 매체들에 대해서도 인정되어야 한다.62)

방송을 송출하는 **사인**도 이 기본권을 향유할 수 있다. 방송의 자유는 공·사의 **678**
법형식과 무관하게, 그리고 방송활동의 상업성 여부와도 무관하게 방송을 송출하고 있거나 장차 방송을 송출하려는 자 그리고 방송허가를 얻으려고 하는 자가 모두 향유할 수 있다.63) 기본권주체성은 출판의 자유에서처럼(단락 672) 확정되어야 한다.64) 청취자나 시청자 또는 방청객과 같은 방송참여자는 이 기본권을 향유할 수 없다.65)

방송에 관한 연방헌법재판소의 판례는 출판과 비교할 때 방송이 처한 **특수한 상** **679**
황에 그 근거를 두고 있다. 80년대 초까지만 해도 방송에 관한 판례는 가용 주파수가 부족하다는 점 및 방송의 송출에 비상할 정도로 많은 비용이 든다는 점을 논거로 형성되었다. 이와 같은 상황은 여전히 유효하다. 다만, 방송프로그램의 제작과 송출을 위한 기술적 요건들이 새로운 매체들이 발전됨으로써 개선되

---

59) E 31, 314/322.
60) 확립된 판례, E 83, 238/322 참조.
61) E 7, 99/103 f; 14, 121/133.
62) *Bumke*, Die öffentliche Aufgabe der Landesmedienanstalten, 1995, S. 197 ff; *Nolte*, in: Symposion Grimm, 2000, S. 161; 또한 바이에른 헌법재판소(BayVerfGH), NVwZ 2006, 82; 이견으로는 *Bethge*, NJW 1995, 557.
63) E 95, 220/234; 97, 298/311 f.
64) *Bethge*, DÖV 2002, 673/674.
65) BVerfG, NJW 1990, 311.

었고 유럽방송시장 및 유럽권을 넘어서는 방송시장이 성립됨으로써 상황이 바
뀌었을 뿐이다.[66] 연방헌법재판소는 그 판례를 통해 일관되게 방송이 여론형성
을 위한 매체이자 광장으로서의 기능을 수행한다는 사실에 근거하여 방송의 자
유의 보호영역을 확정하고 있다. 이에 따라 판례는 방송의 자유는 자유로운 의
사소통과정을 보장하여 사회 내에 존재하는 견해들이 방송을 통하여 폭넓게 그
리고 충분하게 표현될 수 있도록 보장하는 실체적·조직적·절차적 규율을 통한
법률적 형성을 요구하는 것으로 해석하며, 그러한 측면에서 연방헌법재판소는
방송의 자유를 규범에 의하여 구성되는 기본권으로 이해하고 있는 것으로 볼
수 있다.

680 오늘날의 공·민영 **이원체제**에서[67] 공법상의 방송국들은, 그 지상파 채널들이
거의 모든 주민에게 도달하면서 포괄적인 내용의 프로그램을 제공할 수 있는
여건을 토대로 민주적 질서와 문화생활에 불가결한 방송을 개인들에게 제공하
는 방송의 "기간공급자(基幹供給者: Grundversorgung)"로서의 임무를 수행하고
있다.[68] 그러나 공적 재원으로 운영되지 않는 언론기업과 경쟁적 관계에 있으
면서 다양한 서비스와 프로그램을 인터넷을 통해 제공할 수 있는 공영방송국의
권리가 점차 다툼의 대상이 되고 있다.[69] 연방헌법재판소의 판례에 의하면 국
가는 공영방송국이 방송의 기간공급자로서의 과제를 이행할 수 있도록 재정적
으로 보장하여야 하기 때문이다. 이에 따라 공법상의 방송국은, 정당(기본법 제
21조 제1항)과 마찬가지로 사회의 자치와 국가에 대한 의존 사이에서 형성되는
긴장관계에 서있다. 공영방송과 국가 사이에 필요한 거리를 보장하기 위하여(단락
677) 독립성을 띠는 위원회(방송국 재정수요 조사위원회: [Kommission zur Ermittlung
des Finanzbedarfs der Rundfunkanstalten])가 방송수신료를 확정하고 있고, 각 주
(州)는 예외적인 경우에만 이 위원회의 제안과 다른 결정을 내릴 수 있다(방송에
관한 일반적 입법과 방송수신료 확정의 분리).[70] 공영방송국이 국가와 거리를 두어
야 한다는 원칙은 공영방송국의 각종 기구 구성에 대해서도 의미가 있다. 공영

66) E 73, 118/121 ff.
67) *Stock*, JZ 1997, 583 참조.
68) E 73, 118/158 f; 87, 181/198 ff.
69) 이에 대해서는 가령 *Korte*, AöR 2014, 384/399 ff.
70) E 119, 181/219.

방송국 운영을 감독하는 위원회는 "공동체의 가능한 한 모든 영역에 속한 다양한 관점과 경험적 지평을 가진 사람들로 구성되어야 한다."[71] 또한 국가 측에 있거나 국가와 가까운 관련자의 영향력은 제한되어야 한다.

연방헌법재판소는 **사설방송국**과 관련하여 다수의 방송국을 통하여 견해의 다양성을 확보할 것인지(대외적 다원성) 아니면 방송국에 조직적 · 내용적 요건을 부과함으로써 견해의 다양성을 확보할 것인지(대내적 다원성)에 대해서는 원칙적으로 (각 주(州)의) 입법자의 결정에 맡기고 있다. 물론 이와 같은 요건들이 공법상의 방송국에 대한 것과 같은 수준이어야 할 필요는 없으며, 그렇다고 반드시 그보다 수준이 낮아야 하는 것도 아니다.[72] 중요한 것은 방송국과 국가와의 밀착, 일부 세력의 결정적 영향력, 그 밖에도 여론형성에서 독주하는 세력이 형성되는 것을 방지하는 것이다.[73] 이러한 위험요인들은 넓은 지역을 커버하는 방송국만이 아니라 좁은 지역만을 커버하는 방송국 차원에서도 방지되어야 한다.[74] 연방헌법재판소는 (각 주(州)의) 입법자에 대하여 다음과 같은 규율을 할 것을 요구하고 있다. **681**

- 정보 독점을 방지할 것
- 최소한도의 내용적 공정성, 전문성 및 상호존중의 태도를 보장할 것
- 민간과 국가의 합동방송국의 프로그램에 대한 공공적 요구가 공동화되는 것을 방지할 것
- (주(州)에 의한) 국가감독의 범위를 제한할 것
- 사설방송국설립의 균등한 기회를 보장할 것[75]

5. 영상의 자유(기본법 제5조 제1항 제2문 제3선택지)

여기서 영상(Film)은 방영용으로 제작된 일련의 화상을 통하여 사상적 내용을 전달하는 것으로 이해되고 있다.[76] 상영장에 올리는 영상은 방송과는 달리 공 **682**

---

71) E 136, 9/31 ff; 이에 대해서는 *Starck*, JZ 2014, 552.
72) E 83, 238/316; 97, 228/257 f; *Schulze-Fielitz*, DR, Art. 5 Ⅰ, Ⅱ Rn 253 ff.
73) E 121, 30/51 ff.
74) BVerfG, NVwZ 2006, 201/203 f.
75) E 83, 238/296 f; 97, 228/257 f; *Schulze-Fielitz*, DR, Art. 5 Ⅰ, Ⅱ Rn 253 ff.
76) *Herzog*, MD, Art. 5 Abs. 1, 2 Rn 198.

개성을 기준으로 삼는다.[77] 영상의 자유는 방송의 자유(단락 640 참조)에 준해 기록영상만이 아니라 드라마 및 영상을 통한 여타의 모든 의견표시를 보호대상으로 한다.[78]

III. 제한

1. 의견표현·출판·방송·영상의 자유

683 위 자유에 대한 제한으로는 의견을 표현하고 전파하는 것의 금지, 금지 위반에 대한 제재, 의견의 표현과 전파에 대한 사실상의 제한이나 방해, 출판(신문)기업 및 방송국이 그 과제이행을 위하여 마련한 기술적·조직적·제도적 전제에 대한 제약 등이 있다. 방송국경영자 및 방송제작자에 관한 요건은, 그것이 방송의 자유를 보장하는 한, 방송의 자유에 대한 제한이 아니다. 그러한 요건들은 규범에 의해 구성되는(단락 266 이하 참조) 기본권의 형성인 것이다.[79]

684 제한의 예: 통신판매를 통한 청소년 유해서적 배포금지(E 30, 336/347); 텔레비전 방송 국의 법정 촬영 및 중계의 금지(E 91, 125/135; 119, 309/318 ff; NJW 2017, 798/798 f); 헌법보호청의 보고서에 어떤 잡지의 기사를 반영하는 것(E 113, 63/77 f); 기자에 대한 심문, 편집실에 대한 수색, 출판물·방송자료·영상자료의 압수(E 20, 162/185 ff; 77, 65/77 ff; 117, 244/265 ff; BVerfG, NJW 2011, 1860, 1846; 또한 *Schmidt−De Caluwe*, NVwZ 2007, 640 참조); 신문사나 방송국의 사적인 통화기록에 대한 조사(E 107, 299/330 f); 방송에 대한 감독을 위하여 사설방송국에게 방송을 녹화하여 주(州) 언론매체 관할 행정청에 제출하여야 할 의무를 부과하는 것(E 95, 220/235 f) − 이에 반하여 단신보도권은 규범에 의하여 형성되는 기본권의 형성이지 제한이 아니다(E 97, 228/267; *Bethge*, DÖV 2002, 673/680).

2. 정보의 자유

685 정보의 자유에 대한 제한은 정보에 대한 접근을 종국적으로 금지하는 경우는 물론 정보에 대한 접근을 지연시키는 경우에도 존재한다.[80] 개인들이 이용하는

---

77) *Degenhart*, BK, Art. 5 I , II Rn 902; *Trute*, Hdb. GR IV, § 104 Rn 72.
78) *Jarass*, JP, Art.
79) E 95, 220/235; 97, 228/266 f 참조.
80) E 27, 88/98 f.

정보원을 국가가 파악하고 이를 등재하는 것도 제한에 해당한다. 일반적으로 접근할 수 있는 모든 정보원에 대한 조치만이 아니라 단 하나의 정보원을 대상으로 하는 조치도 정보의 자유에 대한 제한에 해당한다. 그러므로 기본법 제5조 제1항 제1문 후단은 복수의 가용 정보원 중에서 선택할 수 있는 권리도 포함하고 있는 것이다. 어떤 정보원에 대한 접근을 위해 불가결한 양식을 확정하는 것은 정보의 자유에 대한 제한이 아니다. 그러한 범위에서 정보의 자유는 규범에 의해 구성되는 것이다.[81]

예: 원칙적으로 공개되는 법원의 심리는 일반적으로 접근할 수 있는 정보원에 해당하며 **686** 그 공개를 지속해서 또는 일시적으로 배제하는 것은 정보의 자유에 대한 제한에 해당한다. – 신문을 볼 수 있는 자유가 있다는 이유로 미결구금자의 방송청취를 금지하는 것 (E 15, 288/295 f), 교도소에 수감되어 있는 수형자에게 형집행 중의 권리들에 대한 안내 책자의 배달을 보류하는 것(BVerfG, NJW 2005, 1341)은 정보의 자유에 대한 제한이다. 그러나 국가의 문서고, 도서관, 박물관의 개방시간을 확정하거나 입장료를 부과하는 것은 정보의 자유에 대한 제한이 아니다.

Ⅳ. 헌법적 정당화

1. 한계

기본법 제5조 제1항에서 보장된 기본권들의 중대한 한계는 기본법 제5조 제2항 **687** 에 규정되어 있고, 그중에서도 가장 중요한 것은 일반적 법률이라는 한계이다. 그와 아울러 기본법 제17a조에는 의견표현의 자유에 대한 법률유보가 있다. 기본법 제9조 제2항, 제18조, 제21조 제2항에 명시되어 있는 제한의 수권 역시 기본법 제5조 제1항의 기본권에 대하여 의미가 있을 수 있다.

a) **기본법 제5조 제2항의 한계들**은 형식적 의미의 법률에 의해서 설정된다. 이 법률 **688** 로 법규명령과 조례에 한계설정권을 수권할 수 있음은 물론이다. 이러한 법률들은 모두 기본법 제5조 제2항의 의미에서 **일반성**을 띠어야 한다(단락 314 참조).

aa) 기본법 제5조 제2항의 한계를 정하는 법률은, 그것이 추상적·일반적으로 **689**

---

81) *Schoch*, Jura 2008, 25/29.

조문화되었다고 해서 그 규정의 의미에서의 **일반성을 띠는 법률**이 되는 것은 아니다. 만일 추상적·일반적 법률이 기본법 제5조 제2항이 말하는 일반적 법률에 해당한다면, 일반성 요건은 기본법 제19조 제1항의 개별사태법 금지원칙과 완전히 중복되게 될 것이며, 따라서 필요 없는 것이 될 것이다. 기본법 제5조 제2항의 일반성을 띠는 법률의 개념은 특정한 내용적 특질을 의미하는 것이라는 점에 견해가 일치하고 있다.[82]

690 이와 관련하여 기본법 제5조 제2항의 법문과 동일했던 바이마르헌법 제118조 제1항 제2문에 대하여 이른바 **특별법설**(Sonderrechtslehre)이라고 하여 일반적이지 아니한, 특별한 법률이라는 표지는 법률이 "그 자체로 허용되는 행위를 전적으로 그 정신적 지향 및 그로 인하여 야기되는 유해한 정신적 작용 때문에 금지하거나 제한하고 있는" 경우에 충족된다고 보는 학설이 주장된 바 있다.[83] 또한 특별법설은 일반적 법률이란 "어떤 의견 자체를 금지하지 않는, 즉 의견의 표현 자체를 대상으로 하지 아니하는" 법률이라고 보는 설로도 정의되기도 한다.[84] 그런데, 여기서 "그 자체"라는 표현을 통해 시사되는 의견과 그 표현의 특수성은 다름 아닌 정신적 지향과 정신적 작용으로 이해되어야 한다. 따라서 특별법설에 의하면 특별한 법률은 "의견표현의 자유에 대한 특별법"이다.[85]

691 예: 바이마르 시대의 헌법학은 특별한 법률의 예로서 "공산주의적이거나 파시스트적인 또는 무신론적이거나 성서에 반하는 교설을 금지하는 법률"을(*Anschütz*, Die Verfassung des Deutschen Reichs, 14. Aufl. 1993, Art. 118 Anm. 3), 일반적인 법률의 예로는 대부분의 형법조항과 일반 경찰법을 든 바 있다.

692 이러한 특별법설은 **정신의 자유**를 수호하고, "설득의 영역에서 직접적인 행위의 영역으로 돌입하지 않는 한" 의견의 교환과 갈등의 자유로운 과정을 사회에 맡기고 있으면서 이를 사회에 대하여 기대하고 있다.[86]

693 그러나 바이마르헌법 시대에 이미 특별법설은 형식주의적이며 동설이 주장하

82) *Herzog*, MD, Art. 5 Abs. I , II Rn 252 ff; *Starck*, MKS, Art. 5 Rn. 197.
83) *Häntzschel*, in: Anschütz/Thoma, Handbuch des Deutschen Staatsrechts II, 1932, S. 651/659 f.
84) *Anschütz*, VVDStRL 4, 1928, 74/75.
85) *Häntzschel*, 위와 같은 곳.
86) *Häntzschel*, 위와 같은 곳.

는 일반적 법률이라는 개념도 형식적이라는 비판에 직면하였으며, 이에 일반적 **법률을 실질적인 개념**으로 이해하여야 한다는 주장이 제기되었다. 이러한 실질설에 따르면 일반적 법률이란 "의견표현의 자유보다 중요한 사회적 법익을 보호하고 또 이러한 이유로 바이마르헌법 제118조에 대하여 우위를 갖는" 법률이라고 보아야 한다.[87] 또한 이러한 의미에서 "가령 형법적 법익의 실질가치가 기본권적 법익에 대해 우월하기 때문에 형법에 우위가 주어지는 것"이다.[88] 그에 따르면 법률이 일반적이라는 확인은 형량의 결과인 것이며, **스멘트** 스스로도 "그와 같은 형량관계는 … 변동할 수 있다"고 본 것이다.[89]

연방헌법재판소가 **류트판결**[90]에서 처음으로 일반적 법률이라는 개념을 다루어 **694** 야 했을 당시에는 바이마르헌법 시대의 통설이었던 특별법설과 형량설 간의 경쟁이 이미 목전에서 전개되고 있었다. 연방헌법재판소는 위 판결 이래 두 학설을 간단히 결합하였으며, 그 확립된 판례를 통해 일반적 법률을 다음과 같이 정의하였다. 즉 일반적 법률이란 특정한 의견 자체를 대상으로 하지 않으며 자유로운 의견형성의 과정에 대한 특별법도 아니며,[91] "오히려 특정 견해에 대한 고려없이 전적으로 보호되어야 할 법익의 보호, 즉 의견표현의 자유 행사보다 우월한 공동체적 가치의 보호에 기여하는" 법률이라는 것이다.[92] 이러한 공식은 특별법설의 입장을 그대로 유지하면서도 일반적 법률을 통하여 임의의 목적이 아니라 특별한 가치를 갖는 목적을 추구하는 것만을 허용하는 요건을 추가함으로써 특별법설이 발휘하는 자유보장적 효과를 강화하고자 하는 것이다. 이와 관련하여 연방헌법재판소는 법률의 일반성 심사와 비례성심사에서 특별법설의 개별적 측면들에 의거하고 있다.

연방헌법재판소가 특별법설을 유지함으로써 요구하는 것은 – 하나의 핵심개 **695** 념으로 요약하면 – 일반적 법률의 **의견에 대한 중립성**이다. 의견에 대한 중립성이란 법률에 의해 개인에게 특정한 내용의 의견으로 그 의견을 바꾸도록 하거

---

87) *Smend*, VVDStRL 4, 1928, 44/51.
88) *Smend*, 위와 같은 곳.
89) 위와 같은 곳, S. 53.
90) E 7, 198.
91) E 95, 220/235 f.
92) E 7, 198/209 f.

나 특정한 내용의 의견을 포기하도록 할 수 없다는 것(의견에 대한 선전의 금지) 그리고 의견의 내용의 무가치 또는 유해성을 의견표현의 자유에 대한 제한의 구성요건으로 삼는 것은 허용되지 않는다는 것(의견에 대한 차별의 금지)이다. 따라서 연방헌법재판소의 판례에 따르면 법률이 의견의 내용에 의거하는 것은 금지되지 않으나, 사상투쟁에 있어 구체적인 관점에 의거하는 것은 금지된다.[93] 즉, 일반적 법률이라는 한계는 기본법 제3조 제3항 제1문 제9선택지와 마찬가지로 특정 견해들을 차별하지 못하도록 보호작용을 하는 것이다. 또한 의견에 대한 중립성은 비례성심사에도 영향을 미치는데, 그것은 국가가 의견표현의 자유를 제한함에 있어 의견표현의 정신적 작용을 대상으로 삼지 않을 것을 요구한다. 만약 그것이 허용된다면 의견투쟁의 정신적 성격,[94] 즉 더 나은 논거가 발휘하는 강제력 없는 강제(der zwangslose Zwang des besseren Arguments)[95]에 입각해 있는 의견표현의 자유의 원리가 제거되기 때문이다.[96] 그러므로 의견표현의 자유에 대한 국가의 규제 권한은 법익을 위협하는 행위의 "외적 영역"에 한정되어 있다.[97] 물론 의견표현은 제3자의 보호를 위해 존재하는 억제의 문턱을 낮추거나 관련 개인을 위축시킴으로써 이미 그 법익이 위협을 받을 수는 있다. 기본법상의 의견표현의 자유에 대한 보호수준은, 국가에 의한 제한은 의견에 대하여 중립적이어야 한다는 요건을 통해서 국제법상의 보호수준을 상회하게 된다. 인권조약들은 가령 유럽인권협약 제17조와 같이 조약의 정신에 반하는 내용의 의견표현에 대한 금지도 허용하는 것이 보통이다.[98] — 유럽인권협약과는 달리 - 그에 상당하는 제한을 허용할 뿐 아니라 그러한 제한을 요구하기도 하는 인권조약들과는 긴장관계가 형성되게 된다. 인종차별금지협약 제4조 a호는 "특정 인종의 우월성이나 특정 인종에 대한 증오에 입각한 **이념을 확산하려는 모든 시도**를 … 법률로 처벌할 수 있는 행위로 선언"하도록 촉구하고 있다.

---

93) E 124, 300/326.
94) E 25, 256/264 참조.
95) *Habermaß*, in: Habermaß/Luhmann, Theorie der Gesellschaft oder Sozialtechnologie, 1971, S. 101/137.
96) E 124, 300/332; 또한 *Hong*, DVBl. 2010, 1267; *Schlink*, Staat 1976, 335/353 ff 참조.
97) E 124, 300/333.
98) EGMR, Glimmerveen and Hagenbeek v. Netherlands, No. 8406/78; 근자의 판례로는 가령 EGMR, Norwood v. United Kingdom, No 2313/103; 또한 EGMR, Vejdeland v. Sweden, No. 1813/07(유럽인권재판소는 이 판례에서 유럽인권협약 제10조 제2항을 원용하고 있다).

의견에 대한 중립의 사상을 추구하는 다른 국가들과는 달리 독일은 해당 규정
들에 대한 아무런 유보를 두고 있지 않다.

형량설에 의한 보완은 일반적인 사례에서 **협의의 비례성**요건(단락 340 이하 참조) **696**
이 갖는 의미와 동일한 의미를 갖고 있다. 법률이 추구하는 목적과 의견표현의
자유의 행사가 어느 정도의 가치를 가지는지 그리고 그 법률의 목적과 의견표
현의 자유 사이의 서열이 옳은 것인지에 대한 심사는 선행하는 심사단계들에서
도출된 결론을 검증하는 부조리통제의 일종이다. 즉, 부조리통제의 결론이 만족
스럽지 않은 경우에는 먼저 선행하는 심사단계를 다시 한번 검토하여야 하고
형량을 통한 결과의 수정은 최후의 해결수단으로서만 허용되게 된다.[99]

연방헌법재판소는 여타의 기본권에도 적용되는 기본권제한에 대한 정당화 요 **697**
건들 중 하나를 개념적으로 독립시켰다. 연방헌법재판소에 의하면 "'일반적 법
률'은 그 문구상 의견표현의 자유라는 기본권에 한계를 설정하기는 하지만, 그
법률이 … 이 기본권을 제한하는 작용 자체는 다시 제한될 수밖에 없다는 의미
에서 교호작용"이 요구된다.[100] ─ 냉소적으로는 그네이론(Schaukeltheorie)으로
도 불리는 이른바 **교호작용이론**(Wechselwirkungstheorie)은 다른 기본권들과 관련
한 **헌법합치적 해석**의 원칙과 같은 의미를 갖는다.[101] 교효작용이론은 "언론
(Rede)의 자유가 인정된다는 추정"하에 일반적 법률을 해석한다.[102]

이러한 추정은 일반성을 띠는 법률의 이해를 위한 이른바 법률해석의 차원뿐만 **698**
아니라 제한의 대상이 되는 의견표현의 이해를 위한 이른바 의견이해의 차원
(Deutungsebene)에서도 의미를 갖는다. 그런데 이러한 추정은 다양한 방식으로
해석될 수 있는 공개적인 표현에 대하여 그 표현주체나 수령자의 관점이 아니
라 객관적인 관점에서 원칙적으로 다른 법익과의 갈등 관계에 있지 아니한 것
으로 해석하면서 법적으로 평가할 것을 요구한다.[103] 즉, 법원은 적어도 먼저
갈등 관계에 있지 아니한 방향으로 의견표현을 해석하는 방법을 모색해 보아야

---

99) 또한 *Starck*, Festschrift Weber, 1974, S. 189/215 참조.
100) E 7, 198/208 f; 또한 E 71, 206/214 참조.
101) *Herzog*, MD, Art. 5 Abs. I, II Rn 264.
102) E 54, 129/137; 93, 266/294.
103) E 82, 43/52 f.

하고, 그것이 불가능한 경우에만 이러한 해석방법을 포기하고 다른 법익과의 갈등 관계를 인정하는 해명방법을 채택할 수 있는 것이다.[104] 물론 이와 같은 우호적 해석원칙의 효력은 표현에 있어서 사실적 요소들이 평가적 요소를 압도할수록 약화된다.[105] 연방헌법재판소는 이 해석원칙의 효력을 미래와 관련된 표현에서는 과거와 관련된 표현보다 약하게 인정하려는 경향이 있다.[106]

699 **사례해결기법:** 기본법 제5조 제1항이 법률에 의해 침해되었는지를 심사함에 있어서는 교호작용이론을 헌법합치적 해석의 특별한 예로서 존중하여야 한다. 법률에 대한 복수의 가능한 해석 중 언론의 자유를 최소로 제한하는 해석만이 필요성요건 및 그에 따른 협의의 비례성요건도 충족할 수 있다. 이에 반해 기본법 제5조 제1항이 집행권이나 사법권의 조치로 인하여 침해되었는지를 심사할 때에는 표현된 의견에 대한 이해의 차원에서는 언론의 자유가 인정된다는 추정을 존중하여야 한다. 즉 집행권이나 사법권은 의견표현에 대한 복수의 가능한 해석 중 그 법률의 적용을 초래하지 아니하는 해석을 출발점으로 삼아야 하며, 그러한 경우에만 집행권이나 사법권의 조치는 비례의 원칙을 충족할 수 있게 된다.

700 무엇보다도 인간의 정신적인 **작용**만이 아니라 인간의 완력에 기한 **작용**도 규율하는 다수의 법률이 일반적 법률의 개념에 해당한다.

701 **예:** 의견에 대해 중립적인 법률로는 가령 공공질서유지법(Ordnungsrecht) 및 경찰법의 일반조항들(BVerwGE 84, 247/256), 형법, 형사소송법 및 형집행법의 대부분의 규정들(E 71, 206/214 f와 형법 제353d조 제3호에 대한 NJW 2014, 2777/2778 참조), 도로교통법, 건축법, 영업법의 규정들, 민법에서는 제823조 이하에 의한 그리고 제1004조의 유추적용에 의한 결과제거청구권(BVerfG, NJW 1997, 2589). 대중매체를 통한 법률상담을 제한하는 법률상담 오남용 방지법(Rechtsdienstleistungsgesetz)도 의견에 대하여 중립적이다(*Ricker*, NJW 1999, 449/452 참조). – 연방헌법재판소는 외국에서의 노동자채용공고에 대하여 인가를 받을 의무를 부과하는 규정에 대하여 처음으로 일반적 법률로서의 성질을 부정하였다(E 21, 271/280; 그러나 E 74, 297/343도 참조).

702 **정치형법**과 **공무원법**의 일부 규정들은 자유민주적 기본질서의 보호를 위하여 일정한 의견표현과 의견실행(Meinungsbetätigung)을 금지하고 있다. 공무원에 대하

---

104) E 94, 1/9.
105) E 85, 1/16 f.
106) E 114, 339/350 f; 비판적으로 또한 *Teubel*, AfP 2006, 20; *Meskouris*, Staat, 2009, 355.

여 의견의 표현 및 실행에 대해서 중용과 절제를 명할 뿐인 공무원법상의 규정
들(단락 713 참조)과 의견을 표현하고 실행하는 모욕적인 방식만을 구성요건으
로 삼고 있는 형법의 해당규정들(형법 제90조 이하)은 의견의 내용적 가치나 정
신적 작용이 아니라 표현된 의견의 내용 및 실행의 **종류와 방식**에서 그 근거를
찾는 것으로, 종종 구체화가 어렵고 판례 또한 그 구체화 과정에서 간혹 오류
를 범하는 경우가 있기는 하나 형식과 내용의 구분은 전체적으로 명확하면서
도 풍부한 전통을 간직하고 있기 때문에 기본법 제5조 제2항에도 불구하고 정
당화된다.

연방헌법재판소는 의견을 제한하는 법률이 충족해야 하는 일반성요건에 대해 **703**
납득하기 어려운 예외를 두어 "나치체제의 역사적 실재에 대한 적극적 평가를
대상으로 하는 의견표현"에 대해서는 특별법을 허용하는 경향을 보이고 있
다.[107] 그러한 의견표현은 나치의 불법적 과거를 배경으로 할 때 "다른 의견표
현과 비교할 수 없으며" "해외의 심각한 우려"를 유발할 수도 있다는 것이다.
연방헌법재판소는 "기본법의 성립과 발효에 참여했던 모든 세력의 역사적이고
핵심적인 관심사가 이를 요구하고 있기 때문에"[108] 그러한 의견표현을 위해 불
문의 예외를 만들고 특별법을 허용하는 것이 필요하다고 보았다. ― 이는 마치
이러한 세력들이 그들의 핵심적 관심사를 명시적으로 기본법에 새겨넣을 수 없
었고 또 새겨넣지 않았던 것처럼 해석하고 있는 것이다.

예: 연방헌법재판소(E 124, 300)는 형법 제130조 제4항을 특별법으로 수용하면서 이를 **704**
다음과 같이 해석하고 있다. 즉 "루돌프 헤스(Rudolf Heß) 추념"이라는 주제로 "그의 영
예는 자유 이상의 것이었다"는 기치 아래 개최하려던 집회는 금지될 수 있다는 것이다.
연방헌법재판소의 판례에 의하면 위 형법규정에 대한 이러한 해석은 비례의 원칙도 충
족하지만, 형법 제130조 제2항 제1a호, 제3, 5항은 두 사람 사이의 단순한 서신교환이
종족증오를 조장하는 글과 관련된 표지인 "확산"에 해당하는 것으로 해석된다면 의견표
현의 자유를 과도하게 제한한다(BVerfG, NJW 2012, 1498/1499 f).

---

107) E 124, 300/331; 비판적으로 *Barczack*, StudZP 2010, 309/314; *Enders*, in: FS Wahl, 2011, S.
283/301; *Höfling/Augsberg*, JZ 2010, 1088; *Hong*, DVBl. 2010, 1267/1271; *Jestaedt*, Hdb. GR
IV, § 102 Rn 68; *Lepsius*, Jura 2010, 527/533; *Mansen*, GrundR, Rn 402; *Martini*, JöR 2011,
279; *Rusteberg*, StudZR 2010, 159/166 ff.
108) E 124, 300/328 f.

705 bb) 개인의 **명예** 및 **청소년보호** 관련 법과 관련하여 입법과 행정은 "제한을 받는 기본권에 주목하면서 의견표현의 자유에 대한 과도한 제한을 피해야 한다."109) 어떤 표현(Rede)이 개인의 명예에 관한 법과 충돌하는 경우에는 표현의 자유에 유리한 추정이 타당하다. 그러나 만약 의견표현이 일반적·공공적 의미가 있는 문제를 대상으로 하는 것이 아니라 인간의 존엄성을 공격하는 노골적 모욕이나 악의적 비판에 해당하거나, 반격이 아닌 선제공격인 경우나 표현된 사실이 사전에 세심하게 검토되지 아니한 경우라면 이러한 추정은 유효하지 않게 된다.110) 또한 말이 아닌 사진의 공개가 개인의 명예와 충돌하는 경우에는 출판의 자유는 개인의 명예권에 비해 더 후퇴하게 된다.111) 이러한 기준은 유럽인권재판소112)의 구 판례들113)에 대하여 가해졌던 비판에 따르면 여론형성에 아무런 도움이 되지 않는 공적 인물에 대한 의견표현114)에 대해서도 타당하다. 공개적인 정치적 논의에 자발적으로 참여하고 있는 사람은 의견표현의 자유를 위하여 사적 영역에서보다 자신의 인격권에 대한 더 많은 제한을 감수해야 한다.115) 연방헌법재판소에 따르면 표현의 자유에 관한 법률은 여타 법률에 대한 체계적 요청과는 달리 일반성을 띠어야 한다는 요건은 명예 및 청소년의 보호라는 한계에 대해서도 적용된다. 이러한 한계를 조문에 명시적으로 언급한 목적은 명예 및 청소년을 보호하기 위해 기본법 제정 이전에 시행된 규율들이 이후에도 계속해서 합헌성(zulässig)을 띨 수 있도록 보장하려는 것이었다.116) 그리고 그 합헌성은 미성년자의 사회적 인정 요구 및 자유로운 발전에 대하여 영향을 미치는 의견표현이 발휘하는 순수 정신적 작용에 대한 보호를 약화시키면서 법익에 대한 위협을 "외적 측면"에서 찾을 때에만 유지될 수 있을 것이다.

706 예: "군인은 살인자"라는 말은 연방군에 소속된 군인들에 대한 (가벌성 있는) 집단모욕으로서만이 아니라 군인제도와 전쟁도구 전반에 대하여 반대하는 (기본권의 보호를 받

---

109) E 93, 266/290; 또한 BVerfG, NJW 2008, 1654; 2010, 2193; 2012, 1273.
110) *Lenski*, Personenbezogene Massenkommunikation als verfassungsrechtliches Problem, 2007, S. 209 ff; *Seyfarth*, NJW 1999, 1287.
111) BVerfG, NJW 2011, 740; 2012, 756.
112) EGMR, NJW 2004, 2647.
113) E 101, 361.
114) E 120, 180/200 ff; 이 판례는 EGMR, NJW 2012, 1053에 의해서 수용되었다.
115) EGMR, NJW 2014, 3501/3502 (JK 5/2015).
116) E 124, 300, 327.

는) 표현으로서도 이해할 수 있다(E 93, 266/298; 이에 대하여는 *Mager*, Jura 1996, 405 참조). 그 문장을 반드시 군인들은 "형법 제211조의 고살죄의 구성요건적 표지 중 하나를 실현하는 고의살인의 책임이 있는 … 형사범"이라는 의미로 해석하여야 할 필요도 없다(BVerfG, NJW 1994, 2943). "모든 경찰관은 후레자식이다(All cops are bastards)"라는 문장을 구성하는 각 단어의 첫 문자의 조합으로 만들어진 단어 ACAB는 경찰의 활동에 대한 비판으로 해석될 수 있고, 따라서 반드시 형사처벌이 가능한 모욕으로 제재의 대상이 되어야 하는 것은 아니다(BVerfG, NJW 2016, 2643/2643 ff; 비판적인 견해로는 *Rüthers*, NJW 2014, 764; NJW 2016, 2870 = JK 12/2016). 특히 대중매체는 제3자의 인격권에 타격을 가하는 사실주장을 검증하여야 할 원칙적인 의무를 지고 있으며(EGMR, EuGRZ 2016, 23/26), 그 주의의무 요건은 인격권에 가해지는 타격의 강도에 비례하여 강화된다(BVerfG, NJW 2016, 3360/3362). 그러나 명예보호를 위하여 진실하지 아니한 표현을 금지하는 민·형사법상의 규정들을 표현주체가 의견표현의 자유라는 기본권을 행사하는 것을 전반적으로 위축시킬 정도로 표현주체에게 무거운 소명책임(Darlegungslast)을 부과하는 의미로 해석되어서는 안 된다(E 85, 23/34). 가령 언론보도의 허위성이 그것을 통한 공격의 상대방에 의하여 실체성 있게 주장되고 또 입증되지 않는 한(E 99, 185/199), 그 언론보도의 내용이 반박되지 아니하였음을 원용하는 것으로 충분하다고 보아야 한다(E 85, 23/34). 경우에 따라서는 치밀한 탐사보도(Recherche)가 마감된 후에도 자신이 보도한 주장이 별도의 사후검증 결과와 일치하지 않는다거나 그 판단이 논란의 대상이 되고 있음을 알려야 할 의무가 표현매체에게 부과될 수도 있다(BVerfG, NJW 2016, 3360/3361). − 타인에 대한 표현이 진실하다면 타인의 인격적 이익은 후퇴하여야 하는 것이 보통이며, 그 밖에도 그 표현이 표현주체의 인격발현에 대해서도 중요한 의미가 있다면 더욱더 타인의 인격적 이익은 후퇴하여야 한다(E 97, 391/401 ff). 공개적인 의견표현을 통해서 논쟁을 유발한 개인의 인격적 이익의 비중도 상대적으로 낮게 평가될 수 있다(BVerfG, NVwZ 2016, 761/762 f). 청소년을 대상으로 하는 표현의 경우 청소년에 대한 특별한 보호의 필요성을 고려하여야 한다(E 101, 361/385). 그러나 정보에 대한 공공의 이익이 청소년의 익명성의 이익에 대하여 후퇴하여야 한다는 원칙적 추정은 존재하지 않는다(BVerfG, NJW 2012, 1500/1502). − 청소년보호는 미성년자의 포르노 영화 시청이 사실상 방지될 수 있을 때에만 텔레비전을 통한 포르노영화 방영금지를 정당화한다(BVerwGE 116, 5/23 ff). 인격권보호는 재판절차, 무엇보다도 형사절차에서 더 큰 의미가 있다. 피고인이 자신의 의사에 반해서 공개대상이 되기 때문이다(E 103, 44/68; NJW 2012, 2178). − 불매운동(단락 651)은 사회적 또는 경제적 종속상태를 악용함으로써 불매호소에 위력을 부여하는 권력적 수단이 동원되거나 불매호소가 주로 사적인 경제적 이익을 위한 것이 아닌 한 기본권을 통해 보호된다

(BVerfGE 25, 256/264 f; BGH, NJW 2016, 1584/1585 f).

707 b) 기본법 제9조 제2항(단락 864)의 법률유보 및 기본법 제21조 제2, 3항에 의한 정당에 대한 위헌선언에 관한 규율유보는 결사와 정당이 자유민주적 기본질서에 반하는 의견을 표현하고 실행하는 행위를 금지하는 것을 정당화하고 있다. 이와 같은 결사금지법 및 정당금지법(결사법[VereinsG] 제3조 이하, 정당법[PartG] 제32, 33조)은 일반법에 해당하지 않으며, 상술한 특별한 유보가 존재하기 때문에 일반법이어야 하는 것도 아니다. 위 규정들은 그 금지의 집행을 위한 형법상의 규정들(형법 제84조 이하)과 마찬가지로 상술한 유보를 통해서 정당화되는 특별법에 해당한다. 또한 자유민주적 기본질서에 반하는 의견의 표현이나 실행에 대한 그 이상의 조치는 기본법 제5조 제2항에 반하는 특별법에 해당한다.

708 예: 과거 나치 조직의 지향을 계승하는 것을 내용으로 하는 "선전 수단" 배포에 대한 형사처벌(형법 제86조 제1항 제4호)은 군정법상의 국가사회주의노동당(나치) 금지를 집행하는 것에 한정되어 있지 않고 또한 의견의 내용적 가치를 구성요건으로 삼고 있는 한, 위헌이다(*v. Dewitz*, NS-Gedankengut und Strafrecht, 2006, S. 240 ff; *Hamdan*, Jura 2008, 169/171).

709 c) 군대 보호를 목적으로 의견표현의 자유를 제한하는 법률은 일반성을 띠어야 할 필요가 없다. 기본법 제17a조 제1항은 단순한 법률유보의 형식으로[117] 의견표현의 자유를 법률로 제한하는 것을 가능하게 하고 있다.

2. 검열금지(기본법 제5조 제1항 제3문)

710 모든 기본권에 적용되는 일반적인 기본권제한의 한계 이외에 기본법 제5조 제1, 2항과 관련해서는 검열금지라는 특별한 제한의 한계가 추가되어 있다. 이 제한의 한계는 그 체계적 위치에 맞게 원칙적으로 제1항에서 보장되는 모든 기본권들에 대하여 적용된다. 반면에 연방헌법재판소는 검열금지는 "사리상" 정신적 저작물의 제작자만을 보호할 뿐 그 정기구독자나 독자까지 보호하는 것은 아니라고 하면서 검열금지 규정을 정보의 자유에는 적용하지 않으려 한다.[118]

---

117) *Ipsen*, BK, Art. 17a Rn 21 ff.
118) E 27, 88/102; 33, 52/65 ff; *Herzog*, MD, Art. 5 Abs. I, II Rn 297. 참조; 이견으로는 *Deumeland*, KUR 2001, 121/123.

기본법 제5조 제1항 제3문의 검열은 "작품의 공표 전에 반드시 거쳐야 할" 예 **711**
방적 절차[119]를 말한다. 예방적 절차와 사실상 같은 효과를 발휘하는 기본법
제5조 제1항의 기본권에 대한 제한도 검열에 해당한다.[120] 이른바 **사전검열 또**
는 예방적 검열(Vor- oder Präventivzensur)만이 검열에 해당된다.[121] 반면에 사후
적인 통제조치와 진압조치들(사후검열)은, 그것이 전술한 바와 같은 기본법 제5
조 제2항의 한계를 준수하는 한, 허용된다.

검열금지는 해석론상 제한의 한계로 분류되기 때문에 검열금지 자체는 기본법 **712**
제5조 제2항의 한계를 준수해야 할 필요는 없다. 그러므로 가령 청소년 및 명예
의 보호를 위한 규정들을 통해 검열이 허용된다고 보는 견해는 수용할 수 없
다.[122]

사례 10(단락 645)에 대한 약해: **713**

　Ⅰ. "원자력발전소? 사절!"이라는 격문이 표시된 리본의 패용은 의견표현의 일종이기
때문에 기본법 제5조 제1항 제1문 전단의 **보호영역**에 해당한다.

　Ⅱ. 위 리본의 패용금지처분에는 교사 甲이 교내에서 위 리본을 패용하는 특정한 방
법으로 자신의 의견을 표현하는 행위에 대한 금지가 포함되어 있으므로 그 처분은 **제한**
의 일종에 해당한다.

　Ⅲ. 위 사례에서 적시된 규범에 근거한 금지처분은 그 규정이 기본법 제5조 제2항의
한계들에 의하여 뒷받침되고 또한 구체적인 사례에서 그 규정을 적용하는 것이 의견표
현의 자유에 위반되지 않는다면 **헌법적으로 정당화**된다.

　1. 연방공무원법 제53조와 그에 상당하는 주(州)법상의 규정들은 제5조 제2항이 의미
하는 "**일반성을 띠는 법률**"이어야 한다. 형량설과 특별법설의 논쟁에서 원칙적으로 후자
의 우위를 인정하여야 한다. 신중하고 중용적인 태도를 견지하여야 할 공무원의무를 규
정하고 있는 위의 규범들의 목적은 특정 의견을 선전하려는 것이 아니다. 그 규정들의
목적이 개인들이 특정한 의견으로 의견을 바꾸도록 하거나 특정한 내용의 의견을 포기
하도록 하는 것이 아니기 때문이다. 또한 그 규정들은 의견의 내용적 무가치나 유해성
을 제한의 구성요건으로 삼지 않기 때문에 차별적인 제한수단에 해당하는 것도 아니다.

---

119) E 87, 209/230.
120) *Bethge*, SA, Art. 5 Rn 135b; E 87, 209/232 f는 이 문제에 대한 입장이 명확하지 않다.
121) *Jarass*, JP, Art. 5 Rn 77; *Stern*, StR IV/1, S. 1480 ff; 이견으로는 *Hoffmann-Riem*, HdbVerfR,
　　S. 221.
122) E 33, 52/72.

그 규정들은 의견의 내용적 가치나 정신적 작용에 의거하지 않고도 정당한 목적을 달성하기 위하여 적합하며 필요한 것이라는 점이 입증될 수 있어야 한다. 그 규정들의 목적은, 한편으로는 직무수행의 테두리 안에서 직무수행을 방해하는 정치적 논쟁을 억제하고, 다른 한편으로는 직무수행의 정치적 중립성에 대한 공중의 신뢰가 손상되지 않도록 함으로써 공무원제도의 원활한 기능을 보장하는 것이다. 이는 기본법 제33조 제5항이 의미하는 직업공무원제의 전통적 원칙(단락 1190 참조)으로서 정당한 목적에 해당한다. 중용적 태도와 신중한 태도를 견지하여야 하는 의무의 부과가 적합하고 필요한지의 문제가 그 정신적 작용에 의거하지 않고도 입증될 수 있는지에 대해서는 의문의 여지가 있다. 왜냐하면 우려의 대상이 되는 직무수행의 방해는 물리적 싸움이 아니라 정신적인 것이며, 국민의 신뢰가 존재하는지의 문제는 정신적 현상에 해당하기 때문이다. 이에 대해서는 형식과 내용의 차이 그리고 공무원이 모든 내용의 의견을 표현할 수는 있으나 그 표현의 형식과 관련해서만 중용적 태도와 신중한 태도를 견지해야 한다는 점에 착안할 때에만 정당화될 수 있다. 이에 따라 그 의무가 전적으로 적정하지 않다고 볼 수는 없다.

2. 그 규정을 甲에게 적용하는 것은 기본법 제5조 제1항 제1문 전단을 침해할 수 있다. 특히 그 비례성이 부인될 가능성이 있다. 중용적 태도와 신중한 태도를 견지하여야 할 의무의 부과에 내재하는 목적의 실현은 무엇보다도 의견의 표현이 직무범위 내에서 행해지느냐 그리고 해당 공무원의 구체적인 직책이 무엇이냐의 두 가지 요인에 달려 있다. 공무원신분의 교사가 직책 수행시 준수하여야 할 규범적인 요건들은 일반공무원법상의 의무 이외에도 공립학교의 교육위임에 관한 주(州)의 법 규정들 그리고 부모와 학생의 기본권에 의하여 정해진다. 이로부터 교사들에게 부과된 중용적 태도와 신중한 태도를 견지할 의무의 내용으로서 특히 학생들을 획일적으로 교육하지 말아야 할 의무, 즉 학생들에게 권위적으로, 편향적으로 그리고 비합리적으로 영향력을 행사하지 말아야 할 의무가 도출된다. 리본패용은 공립학교에서 요구되는 논의의 방식으로서 쟁점이 되는 정치적·세계관적 문제들에 대한 합리적 논증과 토론을 통한 논의가 아니며, 따라서 이는 공무원법에 의하여 부과된 중용적 태도와 신중한 태도를 견지할 의무에 대한 위반으로 평가되어야 한다(BVerwGE 84, 292/296 ff). 이와 상반된 견해(가령 베를린 행정법원[VG Berlin], NJW 1979, 2629/2630)는 리본의 패용으로 학생들에게 편향적인 영향력을 행사할 수 있게 되는 위험이 교사가 수업시간에 하는 여타의 의견표현으로 인한 위험보다 크지 않다고 논증하고 있으나, 이러한 견해는 여타의 의견표현을 통해서도 학생들에게 어쨌든 편향된 영향을 미쳐서는 안 된다는 점을 간과하고 있는 것이다. 그러므로 리본패용금지처분은 교사 甲의 의견표현의 자유를 침해하지 아니한다.

참고문헌: *H. Bethge*, Die Freiheit des privaten Rundfunks, DOV 2002, 673; *M.* **714** *Bullinger*, Freiheit von Presse, Rundfunk, Film, Hdb. StR³ VII, § 163; *D. Dörr*, Informationsfreiheit, Hdb. GR IV, § 103; *M. Eifert*, Die Rundfunkfreiheit, Jura 2015, 356; *V. Epping/S. Lenz*, Das Grundrecht der Meinungsfreiheit (Art. 5 I1 GG), Jura 2007, 881; *C. Fiedler*, Die formale Seite der Äußerungsfreiheit, 1999; *B. Geier*, Grundlagen rechtsstaatlicher Demokratie im Bereich der Medien, Jura 2004, 182; *C. Hillgruber*, Die Meinungsfreiheit als Grundrecht der Demokratie, JZ 2016, 495; *M. Hochhuth*, Die Meinungsfreiheit im System des Grundgesetzes, 2007; *W. Hoffmann-Riem*, Regelungsstrukturen für öffentliche Kommunikation im Internet, AöR 2012, 509; *M. Jestaedt*, Meinungsfreiheit, Hdb. GR IV, § 102; *A. Koreng*, Zensur im Internet, 2010; *S. Korte*, Die dienende Funktion der Rundfunkfreiheit in Zeiten medialer Konvergenz, AöR 2014, 384; *M, Nolte/C, J. Tams*, Grundfälle zu Art. 5 I 1 GG, JuS 2004, 111, 199, 294; *F. Schoch*, Das Grundrecht der Informationsfreiheit, Jura 2008, 25; *S. Wirtz/S. Brink*, Die verfassungsrechtliche Verankerung der Informationszugangsfreiheit, NVWZ 2015, 1166; *H. Wolter*, Meinung − Tatsache − Einstufung − Deutung, Staat 1997, 426; *R. Zimmermann*, Die Meinungsfreiheit in der neueren Rechtsprechung des Bundesverfassungsgerichts, NJ 2011, 145.

§ 14 예술 및 학문의 자유(기본법 제5조 제3항)

715 사례 11: 스프레이 화가(출전: BVerfG, NJW 1984, 1293)

甲은 사무실이나 상점 건물의 외벽에 예술적 호소력이 강한 진기한 형상을 스프레이로 은밀하게 그리는 스프레이예술을 실행하고 있다. 건물소유자들은 甲의 스프레이화(畵)로 사무실이나 상점의 건물이 손상되었다고 생각한다. 이에 甲은 체포되어 재물손괴를 이유로 자유형을 선고받았다. 甲에 대한 유죄판결이 甲의 예술의 자유의 기본권을 침해하고 있는가? 이 사례에 대한 약해는 **단락 742**를 보라.

I. 개관

716 기본법 제5조 제3항 제1문은 예술의 자유와 학문의 자유라는 두 기본권을 포함하고 있다. 여기서 학문은 연구와 교수를 포괄하는 공통의 상위개념이다.[1] 기본법 제5조 제3항 제2문의 규정에 의하면 교수의 자유도 헌법에 대한 충성의무를 면제받지 않고 있다. 이는 보호영역 자체에 대한 한정(Begrenzung)[2]의 일종이다. 예술·학문의 자유는 법률유보 없이 보장되고 있다.

717 기본법 제5조 제3항 제1문에 대한 연방헌법재판소의 판례에 의하면 이 규정은 "우선 객관적 … 가치결단을 포함하고 있는 원칙규범"을 포함하고 있으며, "동시에 이 규정은 이 영역에서 활동하는 모든 사람에게 개인적인 자유권을 보장한다."[3] 이는 기본권의 객관법적 기능에 개인의 권리로서의 기능에 대한 우위를 인정하는 것이다. 그러나 이는 조문의 문구로부터 필연적으로 추론되는 것도 아니고, 그 체계나 전통과 조화될 수도 없는 것이다. 예술과 학문의 자유도 출판의 자유와 마찬가지로 일차적으로는 개인의 권리이다(단락 648 참조).[4]

---

1) E 35, 19/113.
2) [역주] 입법자에 의한 학문의 자유에 대한 제한이 아니라 헌법제정자 스스로 학문이라는 구성요건의 효력범위를 축소시키고 있는 것.
3) E 30, 173/188; 또한 E 35, 79/112 참조.
4) *Hufen*, Hdb. GR IV, § 101 Rn 36; *Löwer*, Hdb. GR IV, § 99 Rn 40 참조.

II. 보호영역

1. 예술의 자유

a) 개념

일반적으로 타당한 **예술에 대한 정의**를 개발하려는 판례와 학계의 노력은 이제까 **718**
지는 무위에 그치고 말았다. 그러한 정의를 내리는 것은 심지어 **불가능하다**는
인식까지도 점차 관철되어 가고 있는 실정이다.

연방헌법재판소는 메피스토(Mephisto)결정에서 예술은 정의될 수 있다는 전제로 **719**
부터 출발하였다. 즉 "예술 활동의 본질은 예술가의 인상, 경험, 체험을 특정한
형상언어를 매개로 하여 직관할 수 있도록 자유롭게 창조적으로 형성하는 것이
다".5) 그러나 연방헌법재판소는 최근 "예술을 일반적으로 정의하는 것은 불가
능하다"는 점을 강조하고 있다.6) 이에 연방헌법재판소는 다음과 같은 여러 가
지 예술개념들을 병용하고 있다.

－ 연방헌법재판소 스스로 실질적인 예술개념으로 지칭한 메피스토결정의 예
  술개념
－ "예술작품의 본질을" 특정한 작품유형(회화, 조각, 시, 연극 등등)으로 분류할
  수 있다는 점에서 찾는 예술개념. 연방헌법재판소는 직접 이를 형식적인 개
  념으로 지칭하였다.
－ "그 표현내용의 다양성 때문에 지속적인 해석을 통해서 그 표현으로부터 늘
  새로운 의미들을 찾아낼 수 있으며, 따라서 사실상 고갈되지 아니하는 다층
  적인 정보를 전달하고 있다는 점에 예술표현의 특징적인 표지가 있다고 보
  는" 개방적 예술개념7)

연방헌법재판소는 브레히트(Betolt Brecht)의 시를 희곡으로 만든 시대착오적 행 **720**
진(der anachronistische Zug)을 이 세 가지 예술개념에 포섭하고 있다. 연방헌법
재판소는 이 예술개념들이 서로 충돌할 경우에는 그 예술에 관한 정의 중 어떤

---

5) E 30, 173/188 f.
6) E 67, 213/225.
7) E 67, 213/226 f.

것을 따를 것인지에 대해서는 확정하고 있지 않다. 그렇지만 연방헌법재판소는 판례에서 거듭하여 시대착오적 행진의 해석가능성, 해석필요성, 그리고 다양한 해석가능성에 주목함으로써 사실상 **개방적 예술개념**에 접근한 입장을 표명하고 있다.[8] 여기서 개방적 예술개념의 장점은 특히 이를 통해 예술의 자유의 유보 없는 보장이 보유하고 있는 내재적 정당성을 알 수 있다는 것이다. 즉 예술은 그 다양한 해석 가능성으로 인하여 대체적으로 다른 권리, 법익, 이익과의 충돌을 일으키거나 예술의 자유에 대한 제한을 요구할 수 있는 명백한 방향성을 띠는 언표 및 핵심이 없다는 점을 알 수 있다는 것이다.

721 위의 세 가지 예술개념은 **문헌**에서도 각기 이를 옹호하는 학자를 찾을 수 있다.[9] 나아가 이른바 제3자의 인정이라는 기준에 따라 어떤 대상이 예술작품인지의 문제는, 예술의 문제에 정통한 제3자가 그것을 예술작품으로 보는 견해가 주장할 만한 것이라고 볼 수 있는지에 따라서 결정하여야 한다고 보는 설도 있다.[10] 마지막으로 예술의 자유를 정의금지로 이해하는 설도 있다. 이에 따르면 예술의 자유란 국가가 예술이라는 의사소통의 과정에 올바르고 진정하며 좋은 예술에 관한 자신의 표상을 강요하는 것을 금지하는 것으로 결국 예술에 대한 정의가 금지되는 것이다.[11] 예술개념의 다양성에 비추어 볼 때 예술의 자유에 대한 보장은 개방적으로 이해하여야 하며 또 그것이 생소하고 기상천외한 표현 형태(행위예술, 풍자적 접착물, 포르노 같은 도발적 표현, 향기이벤트, 스프레이화 등등)를 포함할 수 있다는 점에 대해서는 학설이 일치하고 있다.

b) 보장의 범위

722 개인은 예술가로서 인정받거나, 예술을 직업으로 행하거나, 그 작품을 공표, 전시하거나 여타의 방식으로 이를 공연하여야 할 필요가 없다. 물론 개인이 작품을 공표, 전시 또는 공연할 경우 예술의 자유의 보호를 받을 수 있다(**작품영역**[Werkbereich]과 구분되는 **작용영역**[Wirkbereich]).[12] 또한 연습과 같은 제작 준비

---

8) E 67, 213/228 ff; 또한 E 81, 278/291 ff; *Arnauld*, Hdb. StR³ Ⅶ, § 167 Rn 11.
9) E 67, 213/226 f에 수록된 문헌 참조.
10) *Scholz*, MD, Art. 5 Abs. 3 Rn 25 f; *Wendt*, MüK, Art. 5 Rn 92.
11) *Knies*, Schranken der Kunstfreiheit als verfassungsrechtliches Problem, 1967, S. 214 ff; *Hoffmann*, NJW 1985, 237.

행위도 보호를 받는다.13) 연방헌법재판소는 예술의 자유의 보호범위에 예술가는 물론 예술가와 대중을 이어주는 "불가결한 중개기능"을 하는 사람까지 포함시키고 있다.14) 반면에 예술의 단순한 소비는 예술의 자유에 의해 보호되지 아니한다.15)

예: 예술의 자유의 보호범위는 소설의 출판(E 30, 173/191; 119, 1/20 f), 예술작품 광고(E **723** 77, 240/251; 이에 대해 비판적인 *Hufen*, StR II, § 33 Rn 13), 음반제조자(E 36, 321/331) 에는 미치지만, 음반제조업자에 의한 상업적 이익의 관철이나 극장에서 제공하는 주차서비스, 복원서비스, 옷보관서비스에는 미치지 않는다(이견으로는 *Michael/Morlok*, GR, Rn 240).

예술의 자유에 대한 유보 없는 보장은 그 제한이 정당성이 있는지의 문제를 수 **724** 반하므로 이 자유의 **보호영역을 특히 세심하게 확정**하여야 한다. 연방헌법재판소는 예술의 자유와 재산권행사의 자유 사이의 충돌과 관련하여 다음과 같이 판시한 바 있다 — 물론 이는 다른 판례에서 반복되거나 심화되지는 않았다. 즉, "그러나 애초부터 (그 보호영역의) 범위는 (예술의 작품영역에서든 아니면 작용영역에서든) 예술활동을 위하여 타인의 재산권을 완력으로 **빼앗거나** 그에 대하여 피해를 입히는 행위에까지 미치지 아니한다."16) 이는 타인의 육신과 생명, 타인의 명예와 자유를 **완력으로 침해**하는 경우에도 마찬가지로 적용되어야 한다. "예술활동은 타인의 재산권을 훼손하지 않고도 전개될 수 있다" — 이 명제에서 "할 수 있다"는 말은 "해야만 한다"는 의미도 포함하고 있는데, 이를 일관성 있게 생각하면 이 명제의 적용범위는 재산권에 국한되지 않는다. 연방헌법재판소가 이와 같이 예술의 자유의 보호영역을 좁게 보는 입장을 폐기하기는 하였지만,17) 이러한 입장은 예술의 자유가 유보 없이 보호되는 범위를 확정하는 데

---

12) *Müller*, S. 97 ff에 의거하고 있는 E 30, 173/189.

13) *Arnauld*, Hdb. StR³ VII, § 167 Rn 45.

14) E 30, 173/191; *Hufen*, Hdb. GR IV, § 101 Rn 41 ff; 이견으로는 *Müller*, S. 101; *Scholz*, MD, Art. 5 Abs. 3 Rn 13.

15) BVerfG, NJW 1985, 263 f; *Starck*, MKS, Art. 5 Rn 323; 이견으로는 *Arnauld*, Hdb. StR³ VII, § 167 Rn 49.

16) BVerfG, NJW 1984, 1293/1294; 동지의 견해로는 BVerwG, NJW 1995, 2648/2649; *Murswiek*, Staat 2006, 473/496; 이에 대해 비판적으로 *Kloepfer*, VerfR II, § 62 Rn 13; *Lenski*, Jura 2016, 35/37 f 그리고 *Wittreck*, DR, Art. 5 III (Kunstfreiheit) Rn 73 f.

17) BVerfG, NJW 2016, 2247/2251 = JK 11/2016.

여전히 중요한 의미를 가지고 있다.

725 **통상적으로 허용되는 행위**를 통하여 예술품이 제작되고 전시되는 경우, 그러한 행위가 예술을 위하여 활용된다는 이유로 인하여 그 행위에 대하여 제한을 가하는 것은 허용되지 않게 된다. 이는 이미 허용된 것을 추가로 보장하는 것이 되어 불필요한 것이 아니라 다양한 내용으로 해석될 수 있는 표상을 지닌 예술작품에 내재하는 특별한 자극성과 도발성을 보호하는 것이다. 상술한 개방적 예술개념과 연관시켜 볼 때 예술의 자유는 어떤 예술작품에 대한 복수의 가능한 해석에 대한 법적 평가 중 타인의 권리를 **침해하지 않는** 방향의 해석을 그 기초로 삼아야 한다는 것을 의미하기 때문이다.[18] 이와 같은 해석에 따를 때 그 예술작품이 허용되는 것이라면 그 예술작품의 제작과 전시도 허용되는 행위가 된다. 마찬가지로, 상황에 따라서는 자극적이고 도발적인 다른 해석들은 예술가가 그 허용된 행위를 특별히 예술적 행위로 활용한 결과일 뿐이며, 따라서 예술의 자유에 의한 보호를 받는다. 예술의 자유의 행사가 일반적으로 허용되는 행태를 넘어서 제3자의 권리를 침해하게 되면 제3자의 권리는 실효성 있는 보호를 받아야 한다.[19] 제3자의 권리에 대한 이러한 실효성 있는 보호는 원칙적으로 일반적 법질서에 의한 보호와 부합하는 것이지만 경우에 따라서는 예술에 관한 특별한 고찰을 필요로 할 수도 있다.[20]

726 예: 어떤 예술을 타락했다는 이유로 금지하는 것, 그 내용이 포르노라는 이유로 예술성을 부인하는 것(E 83, 130/138 f), 의사소통을 위한 도로교통의 다른 형태들이 허가를 받을 필요가 없음에도 노상예술을 위해서는 특별이용허가를 요구하는 것(만하임 행정법원 [VGH Mannheim], NJW 1989, 1299; 보다 엄격한 입장으로는 BVerwGE 84, 71/73 f), 어떤 건축물이 도시계획법 및 건축법에 따르면 통상적으로는 허용되는 것임에도 그 건축물을 예술성 있게 건축하도록 요구하는 요건들은 허용되지 아니한다. 문학작품의 텍스트를 단순히 현실의 반영으로만 받아들이면서 그 부정적 묘사를 작품의 현존하는 모델의 인격을 침해하는 초상으로 해석하는 것은 허용되지 않는다. 문학작품의 텍스트를 예술작품에 적합하게 판단한다면 문학작품은 허구라는 추정이 적용된다(E 119, 1/28; NVwZ, 2008, 549/550). 그 밖에도 특히 예술적 풍자와 역설에 담긴 의미를 언필칭 건전

---

18) E 67, 213/230; 81, 298/307.
19) E 119, 1/23.
20) BVerfG, NJW 2016, 2247/2250 f.

한 인간오성이라는 해석적 잣대로 측정하는 것, 그리고 다른 상징이나 은유로 해석할 수 있는 가능성이 있는 경우에도 명예, 인격이나 국가에 대한 보호가 침해되었다고 보는 것은 허용되지 않는다. 군인들의 서약식에 게시된 연방의 국기에 한 남성이 소변을 보는 장면을 묘사한 콜라주작품이 반드시 독일의 국가와 헌법질서를 공격하는 것으로 해석되어야 하는 것은 아니며, 풍자의 일종으로서 병역과 군사제도만을 대상으로 하는 것일 수도 있다(E 81, 278/294). 독일 국가(國歌)의 풍자적 개사가 독일국가를 반드시 조롱하는 것으로 해석되어야 하는 것은 아니며, 희망과 현실 사이의 모순들을 희화화하려는 것일 수도 있으며 거기에는 독일국가의 이상에 대한 의무감이 담겨 있을 수도 있다(E 81, 298/306 f). 연방헌법재판소가 E 75, 369/377 ff 이래 취하고 있는 입장과 같이 풍자나 풍자만화와 관련하여 언표의 핵심과 그 분식(粉飾)을 구분하고 양자를 상이한 척도로 심사하는 것은 타당하지 않다. 예술은 궁극적으로는 형상과 내용의 통일체이기 때문이다(또한 *Nolte*, EuGRZ 1998, 253; *Gärtner*, Was die Satire darf, 2009 참조). 법령을 예술의 특성에 맞게 해석한다면, 음악작품의 샘플을 그 장르에 전형적인 방식으로 이용하는 것을 저작권법을 통해 반영하지 않으면 안 된다(BVerfG, NJW 2016, 2247/2250 f).

연방헌법재판소가 예술의 자유의 보호영역이 미치는 범위를 전술한 바와 같이 **727** 확정할 경우 이는 단순히 예술활동을 **기화로**(bei der Gelegenheit) 행하여질 뿐인 것이거나 예술활동과 표면적으로만 관련을 갖고 있는 것을 제외함으로써 예술에 특수한 행위를 확정하고자 하는 이전의 확정방식과 공통점을 갖는다.[21]

예: 대리석을 훔치는 조각가, 악기를 훔치는 음악가는 표면적으로만 예술활동과 관련한 **728** 행위를 하는 것이다. 13세의 모델을 유혹하는 화가는 창작활동을 기화로 하여 그러한 행위를 하는 것일 뿐이다. — 철도 차단기를 파괴하여 기차와 버스를 충돌시키는 행위예술을 하는 사람은 물론 이러한 의미에서의 예술창작을 기화로 하거나 그것과 관련해서만 그러한 행위를 하는 것은 아니다. 그러한 행위예술은 연방헌법재판소와 같이 예술의 자유를 이해하는 경우에만 보호영역에서 제외된다.

---

21) *Müller*, S. 104 ff; 또한 *Stern*, StR IV/2, S. 695 참조.

2. 학문의 자유

a) 개념

729 여기서 학문이란 "내용과 형식에 비추어 볼 때 진리를 탐구하기 위한 진지하고 계획적인 시도라고 볼 수 있는" 모든 활동을 말한다.[22] 이 정의는 다음과 같은 개념요소들을 전제로 하고 있다.

- "진지한"이라는 표지는 학문이 항상 어느 정도의 지식수준을 전제하고 이를 가다듬는 것이라는 측면을 반영하고 있다는 점
- "계획적"이라는 표지는 방법론적 절차를 밟는 사유라는 의미로 이해된다는 점
- 진리탐구는 본질상 기존의 인식을 공개적인 논의의 대상으로 삼고[23] 그 논의를 통해 비판적으로 문제 삼는 작업에서 생명력을 얻는다는 점

730 그에 따라 **학문**이란 일정한 지식의 상태에 토대를 두고 방법론적 절차를 밟아 비판적으로 숙고하며 논변하는 사유를 통하여 참다운 인식을 탐구하기 위한 진지한 시도라 할 수 있다.[24] 여기서 유의할 것은 진리탐구와 그 방법 그리고 그에 대한 비판도 학문의 대상이 되며 변천할 수 있다는 점이다. 학문의 과정에서도 늘 거듭하여 생소하고 예기치 못한 내용과 형식이 획득될 수도 있으며, 그러한 측면에서 볼 때 학문의 개념도 개방적인 것이다. 그러나 학문적 솔직함이라는 원칙의 무시나 연구결과의 왜곡과 조작, 정신적 재산권의 침해에 대해서까지 학문의 개념이 열려 있는 것은 아니다. 그와 같이 학계의 신뢰성을 해하기에 적합한 잘못된 행태는 학문의 자유의 보호영역에 속하지 않는다.[25]

b) 보장의 범위

731 기본법 제5조 제3항 제1문은 "학문적 인식의 획득과 인식의 과정을 보호한다."[26] 이 과정은 대학에서 전개될 수는 있지만, 반드시 대학에서 전개되어야 하는 것은 아니다.[27] 학자(대학에 근무하는 대학교수와 조교[wissenschaftliche Mitarbeiter])뿐만

---

22) E 35, 79/113; 47, 327/367; 90, 1/12.
23) E 111, 333/354; 122, 89/105 f.
24) *Scholz*, MD, Art. 5 Abs. 3 Rn 91; *Stern*, StR Ⅳ/2, S. 747 참조.
25) BVerwGE 147, 292/301; *Rixen*, NJW 2014, 1058/1059 f.
26) E 35, 79/111 f.

이 아니라 대학생도 학문의 자유의 주체가 될 수 있다고 보아야 한다.28) 물론 학생들이 학문의 자유를 향유하는 범위는 소속 대학의 유형과 대학에서 맡은 임무 등 그들이 수행하는 특별한 기능에 따라 달라진다.29) **국립대학**, 그 **단과대학**, 여타 (막스-프랑크 연구소와 같은) 국립연구소는 공법상의 법인이기는 하지만 기본법 제5조 제3항의 기본권의 주체가 된다(단락 179 이하 참조). 마찬가지로 **사립대학**도 학문의 자유의 주체가 된다고 보아야 한다.30) 기본법 제5조 제3항 제1문은 그 형성기능을 통해서 학문과 무관한 동기의 영향을 받지 않고 학문의 고유법칙을 관철하는 것을 가능하게 하는31) 대학교의 조직 및 교수의 자질32)을 요구한다. 이 기본권은 학칙을 통한 교수내용의 확정과 같은 학문적으로 중요한 (공동)결정권을 보호하지만,33) 대학 관련 입법절차에 특별히 참여할 수 있는 권리의 존재를 뒷받침하지는 못한다.34)

대학교 이외의 전인교육을 하는 학교에서의 수업은, 기본법 제5조 제3항의 보호 **732** 대상이 아니다. 이는 그 학교에서 고학년 수업이 학문적인 색채를 띠더라도 마찬가지이다. 이와 관련해서는 기본법 제7조 제1항이 특별법에 해당한다고 보아야 하며(단락 802 참조), 교육의 자유는 법률적 보장에 의해서만 존재할 수 있기 때문이다.35) 반면에 국립 및 사립 연구소, 대형 화학회사의 실험실, 환경운동단체의 생태연구소 등 국립·사립의 연구시설에서 일하는 학자들, 개인적으로 학문활동을 하는 **지식인**들도 마찬가지로 이 기본권의 보호를 향유한다.36)

학문의 자유 역시 유보 없이 보장되고 있기 때문에 그 보호영역을 각별히 세심 **733** 하게 확정할 필요가 있다. 왜냐하면 기본법 제5조 제3항 제2문은 보호영역의 범위를 **교수활동**이라는 부분영역에 대해서만 제한하고 있으며 이 활동과 관련해서도 제한적인 의미만을 가질 뿐이기 때문이다. 즉, 기본법 제5조 제3항 제2

27) *Britz*, DR, Art. 5 Ⅲ (학문의 자유) Rn 22.
28) *Fehling*, BK, Art. 5 Ⅲ Rn 21; *Glaser*, Staat 2008, 213/221.
29) E 54, 363/380 ff; 126, 1/19 ff 참조.
30) *Jarass*, JP, Art. 5 Rn 141.
31) E 35, 79/114 f.
32) E 111, 333/362.
33) BVerfG, NVwZ 2015, 1444/1445 = JK 4/2016.
34) BVerfG, NVwZ 2015, 1370/1372.
35) *Rus*, Die pädagogische Freiheit des Lehrers, 2002 참조.
36) *Thieme*, DÖV 1994, 150; *Stern*, StR Ⅳ/2, S. 752 참조.

문은 성립사적 관점에서 볼 때 강단에서 헌법을 경멸·비방·모욕하는 정치를 행하는 것을 방지하려는 것이지만, 헌법에 대한 비판적 표현을 위한 자유의 여지도 남기고 있다.[37] 그 밖에도 학문의 자유에서도 완력으로 타인의 권리를 침해하는 학문적 활동이 그 보호영역에 속하는지가 문제되고 있다.[38] 물론 이 문제는 학문의 자유와 관련해서는 예술의 자유에서와 같은 정도의 폭발력을 갖지는 않는다. 즉, 예술이 무엇이든지 그 내용과 대상으로 삼는 데 비하여 학문은 더 전문화되고, 일정한 양식에 따라 수행되며, 또한 추상적 성격을 띤다. 그렇지만 타인의 육신, 생명, 재산권, 타인의 명예와 건강을 **완력으로 제약하는 것**은 학문의 자유에서도 일어날 수 있는 일이다.

734 예: 사용이 금지된 장비를 동원하여 사회적 상황을 엿듣고 관찰하는 것은 사회과학자들에게 생산적인 활동일 수 있다. 의사가 인간에 대한 생체실험과 유전자 조작을 하는 것도 생각할 수 있다(*Sobota*, Festschrift Kriele, 1997, S. 367 참조).

735 학문의 자유의 보호영역이 미치는 범위를 확정하는 것은 예술의 자유에서와 다르지 않다. **허용된 행위를 특히 학문적으로 행하는 것**은 그 보호범위에 속한다. 여기서도 이와 같은 해석은 이미 허용되어 있는 것을 다시 허용할 뿐이어서 무의미한 것을 의미하지는 아니한다. 학문이라는 것도 진리에 대한 의무감에 토대를 두고 비판적인 주장을 펼치는 활동이기 때문에 불쾌하고 도발적인 성격을 띨 수 있고, 이는 특별한 보호를 필요로 하기 때문이다

III. 제한

736 **예술의 자유에 대한 제한**은 기본법 제5조 제1항의 기본권에 대한 제한과 같이 명령, 제재, (보호영역에 속하는 행태에 제약을 가하는) 사실상의 조치들에 의하여 이루어진다(단락 683~684 참조). 예술의 창작(작품영역)은 물론 그 전시나 공연(작용영역)도 제한의 대상이 될 수 있다.

---

37) *Schlink*, Staat 1976, 335/352 f.
38) 긍정설로는 *Britz*, DR, Art. 5 Ⅲ (Wissenschaftsfreiheit) Rn 28; *Fehling*, BK Art. 5 Abs. 3 (Wissenschaftsfreiheit) Rn 147; 부정설로는 *Lorenz*, Festschrift Lerche, 1993, S. 267/274 f; 명백한지 여부에 따라 세분하는 *Löwer*, Hdb. GR IV, § 90 Rn 15.

예: 시대착오적 행진 사건에서 서독의 연방수상후보였던 슈트라우스(F.J. Strauß)에 대한 **737**
묘사를 모욕으로 처벌하는 것(E 67, 213/222 ff); 클라우스 만(Klaus Mann)의 소설 "메피
스토"의 배포를 구스타프 그룬드겐(Gustav Gründgen)의 인격권을 침해한다는 이유로
금지한 것(E 30, 173/188 ff).

학문의 자유 역시 무엇보다도 학문에 대한 외부의 평가를 통해서 제한될 수 있 **738**
다. 교과과정에 대한 승인을 받도록 의무를 부과하는 것은 강의내용에 대한 예
방적 통제에 해당하므로 교수요원과 단과대학의 권리에 대한 중대한 제한이
된다.[39] 평가나 비판은, 그것이 학문적 표준을 충족하고 시험·평가·징계절차
나 이에 준하는 여타 절차의 일부 또는 학문적 논의의 일부에 해당하는 한 학
문의 자유에 대한 제한은 아니다.[40] 나아가 국가나 대학의 기관이 연구 및 교
수활동을 평가하는 것은 학문의 자유에 대한 제한에 해당한다.[41] 법률로 교수
목표와 강의교재를 확정하는 경우, 교수활동을 하는 사람에게 강의의 소재 정
선·제시의 자유, 교수의 방법이나 수단의 선택의 자유를 맡겨두지 않거나[42]
그에게 다른 강의나 전공을 맡긴다면[43] 이는 학문의 자유에 대한 제한에 해당
한다.

연방헌법재판소는 **대학교에서 발생할 수 있는 조직 내의 갈등**과 관련하여 학문의 **739**
자유에 대한 침해를 예방하기 위하여 기본권의 객관법적 차원으로부터 대학조
직을 구체적으로 형성할 의무를 발전시켰다. 이 의무에 따라 입법자는 대학 내
각종 위원회를 구성하거나 관련 결정을 내리는 문제와 관련하여 개별 학자들의
학문의 자유를 침해하는 것을 미연에 방지할 수 있는 구조를 마련하여야 한
다.[44]

---

39) BVerfG, NVwZ 2016, 675, Rn 52 ff.
40) E 96, 205/214; BVerfG, NJW 2000, 2635; BVerwGE 102, 304/311 참조.
41) *Schlink*, Evaluierte-Freiheit?, 1999, S. 15 ff.
42) BVerwG, NVwZ-RR 2006, 36; 또한 E 93, 85/97.
43) E 122, 89/107 ff; 126, 1/27.
44) E 35, 79/112 ff; 111, 333/353 ff; 127, 87/114 ff; BVerwGE 135, 286/296 f; 144, 171/176 f;
   바덴뷰르템베르크 헌법재판소(VerfGH BW), NVwZ 2017, 403.

Ⅳ. 헌법적 정당화

740 기본법 제5조 제3항은 법률유보를 포함하고 있지 아니하다. 그러므로 일반적 원칙에 의하면 "예술의 자유보장의 한계는 헌법 자체에 의해서만 정해질 수 있다"[45] 것, 즉 기본법 제5조 제3항의 기본권에 대한 제한은 **상충하는 헌법**에 의해서만 정당화될 수 있다는 추론을 할 수 있다. 이와 관련해서는 예술의 특성에 맞게 그 예술작품이 얼마나 실재에 대한 묘사로서 파악될 수 있는지 그리고 이에 따라 그것이 얼마나 인격침해적 성격을 띠는지에 대한 질문을 던지는 심사가 필요하다.[46] 연방헌법재판소에 의하면 "논란의 대상이 되는 행위가 예술의 자유의 핵심에 가까울수록 그리고 그 행위가" (작용의 영역과 구분되는) "창작의 영역에서" 수행될수록 "그만큼 그에 대한 국가에 의한 제한은 적게 허용된다."[47] 이와 유사한 공식은 삶의 현실을 모델로 삼고 있는 문학에서 발생하는 예술의 자유와 인격권 사이의 충돌에도 적용된다. 이에 따라 작품 속 인물과 실존인물이 일치하는 정도가 커질수록 그리고 보다 실존인물의 사적(私的) 측면을 묘사할수록 예술의 자유보다는 인격권을 보호해야 한다.[48]

741 예: 아동과 청소년에게 윤리적으로 중대한 위험을 가할 것이 명백한 예술서적의 매매, 반포, 선전에 대한 제한은 일반적 인격권(기본법 제1조 제1항과 연계된 기본법 제2조 제1항; 함부르크 주(州)법원[LG Hamburg]), 2017.02.10., 3240402/16 - 뵈머만 [Böhmermann] 사건; 이에 대해 비판적인 견해로는 *Klass*, AfP 2016, 477/486 ff) 및 부모의 친권(기본법 제6조 제2항 제1문)에서 그 근거를 찾을 수 있다(E 83, 130/139 f; 91, 223/234 f; 이에 대해 비판적인 견해로는 *Kühne*, KitV 2005, 244); 바이마르헌법 제139조와 연계된 기본법 제140조에 의한 종교축일 보호제도에 따라 주(州)법에 의하여 이른바 경건한 태도를 요구하는 종교축일에 뮤지컬 공연을 금지할 수 있으나(BVerwG, DVBl. 1994, 1242/1243 f), 연방헌법재판소(JZ 2017, 145/150 ff)는 기본권에 의하여 보호되는 비상업적 행사의 경우 그 행사개최자의 기본권적 이익이 우월한 경우에는 예외를

---

45) E 30, 173/191 f.
46) *Büllow*, S. 160 ff.
47) E 77, 240/254.
48) E 119, 1/29 ff; *Wittreck*, DR, Art. Ⅲ (예술의 자유) Rn 65 f; 이에 대해 비판적인 견해로는 *Vosgerau*, Staat 2009, 107.

인정해야 한다고 판시하였다; 옥외예술품 축조를 제한하는 것은 기본법 제20a조에 따른 환경보호를 위한 헌법위임에 의하여 정당화될 수 있다(BVerwG, NJW 1995, 2648; 이에 대하여는 *Koenig/Zeiss*, Jura 1997, 225). – 종교단체의 자결권(기본법 제140조와 연계된 바이마르헌법 제137조 제3항)에 따라 그리스도교 신앙과 결별한 신학교수를 신학자 양성에서 제외하는 것은 허용된다(E 122, 89/114 ff). 유전공학규제법(Gentechnikgesetz)에 의한 학문의 자유 제한은 신체불훼손권(기본법 제2조 제2항 제1문) 및 생활환경에 대한 보호(기본법 제20a조)에 그 근거를 찾을 수 있다(E 128, 1/40 ff). 강의의 질을 보장하기 위한 학문의 자유에 대한 제한도 허용된다. 단, 대학졸업이 기본법 제12조 제1항에서 보장된 취업 관련 기본권에 대해서 갖는 의미에 비추어 볼 때 그러한 제한이 법률에 의한 조직 및 절차의 구체적 형성을 통해 학문에 적합한 규준을 확보하여야 한다(BVerfG, NVwZ 2016, 675/677 ff; 기본법 제12조 제1항을 위하여 학문의 자유를 제한하는 것에 대해서는 또한 BVerfG, NVwZ 2015, 1444/1445 = JK 4/2016).

사례 11(단락 715)에 대한 약해: **742**

I. 스프레이화(畵)는 실질적·형식적·개방적 예술개념은 물론 이른바 제3자에 의한 예술성 인정이라는 기준에 의하더라도 예술의 자유의 **보호영역**에 속할 것이다. 그러나 그 보호영역의 범위가 연방헌법재판소에 의해서 간헐적으로 형성되고 있는 판례에서처럼 타인의 권리를 통해 한정되고 또 그에 따라 허용된 활동을 특별히 예술적으로 수행하는 데에 미친다면, 위 사건의 스프레이화가는 예술의 자유의 보호영역 안에서 활동하고 있다고 할 수 없다. 이로써 해답은 이미 얻어졌다고 볼 수 있다. 즉 예술의 자유에 대한 침해는 없다. 이하에서는 예술의 자유의 보호영역을 넓게 이해하는 경우에는 이 사례를 어떻게 해결할 것인지에 대하여 간략히 설명하도록 하겠다.

II. 자유형의 선고는 스프레이화 제작에 대한 제재이고, 따라서 그 보호영역에 대한 **제한**을 의미한다.

III. 유보 없이 보장된 기본법 제5조 제3항에 대한 제한의 **헌법적 정당화**는 상충하는 헌법에 의해서만 가능하다. "재산권보장은 동시에 자유의 보장을 (포함한다). 기본법이 내린 가치평가에 의하면 원칙적으로 재산권보장은 예술의 자유에 비해 열등하지 않다"(BVerfG, NJW 1984, 1293/1294). 예술의 자유와 재산권의 자유가 충돌하는 경우에 예술활동이 형사처벌의 대상이 되는 한 예술의 자유를 재산권의 자유보다 후퇴시키는 것은 정당한 것으로 보인다. 그러므로 예술의 자유는 침해되지 않았다는 결론을 그대로 유지할 수 있다.

참고문헌: 예술의 자유에 관한 문헌: *A. v. Arnauld*, Freiheit der Kunst, Hdb. StR³ VII, **743**

§ 167; *F. Hufen*, Kunstfreiheit, Hdb. GR Ⅳ, § 101; *K.S. Bülow*, Persönlichkeitsrechts-verletzungen durch künstlerische Werke, 2013; *H. Kobor*, Grundfälle zu Art. 5 Ⅲ GG, JuS 2006, 593, 695; *S. Lenski*, Die Kunstfreiheit des Grundgesetzes, Jura 2016, 35; *F. Müller*, Freiheit der Kunst als Problem der Grundrechtsdogmatik, 1969. − 학문의 자유에 관한 문 헌: *M. Blankenagel*, Wissenschaft zwischen Information und Geheimhaltung, 2001; *H. Dähne*, Forschung zwischen Wissenschaftsfreiheit und Wirtschaftsfreiheit, 2007; *M.-E. Geis*, Autonomie der Universitäten, Hdb. GR IV, § 100; *A.-K. Kaufhold*, Die Lehrfreiheit − ein verlorenes Grundrecht?, 2006; *W. Löwer*, Freiheit wissenschaftlicher Forschung und Lehre, Hdb. GR IV, § 99; *U. Mager*, Freiheit von Forschung und Lehre, Hdb. StR³ Ⅶ, § 166; *M. Nettesheim*, Grund und Grenzen der Wissenschaftsfreiheit, DVBl. 2005, 1072; *H.H. Trute*, Die Forschung zwischen grundrechtlicher Freiheit und staatlicher Institutionalisierung, 1994.

§ 15 혼인과 가족(기본법 제6조)

사례 12: 위탁아동(Pflegekinder)¹⁾을 둘러싼 분쟁 **744**

2살인 아이의 부모가 그 자녀를 방치할 위험이 있다는 이유로 민법 제1666조 제3항에 따라 자녀의 거소결정권을 박탈당한 뒤에 그 아이는 위탁부모에게 인도되었다. 후에 친부모의 생활상태가 현저하게 개선되었고, 친부모는 그사이 5살이 된 아이를 친히 양육하기를 원했다. 친부모와 위탁부모 사이의 법적 분쟁에서 가정법원은 민법 제1632조 제4항에 따라 위탁부모로 하여금 아이를 친부모에게 인도할 것을 명하였다. 그러나 위탁부모는 아이를 인도할 의사가 없다. 위탁부모가 기본법 제6조에 근거하여 제기한 헌법소원은 이유있는 것인가? 이 사례에 대한 약해는 **단락 782**를 보라.

I. 개관

기본법 제6조는 혼인과 가족, 부모와 자녀를 여러 관점에서 규율하고 있다. 제1항은 혼 **745**
인과 가족이 원칙적으로 그리고 일반적으로 국가질서에 의하여 받는 보호를 보장하고 있다. 제2, 3항은 특별법으로서 양육기능과 관련한 부모와 자녀의 관계에 대하여(제2항) 그리고 공간적인 공동생활의 기초에 대하여(제3항) 각각 규율하고 있다. 제4항은 부모 중 모를 부각하면서 임신, 출생 및 휴직으로 모가 받게 되는 특별한 부담과 관련하여 모에게 보호·부조청구권을 부여하고 있다. 제5항은 혼외자에게 평등한 지위를 부여하여야 한다는 요구를 규율하고 있는바, 결손가족적 상황으로 인하여 자녀의 발전조건에 제약이 있어서는 안 된다는 취지의 규정으로서, 그러한 측면에서 제2, 3항과 공통점을 갖고 있다.

기본법 제6조는 기본권의 다양한 기능을 포함하고 있다. 제1, 2항은 방어권을 포함하고 **746**
있으며 이로써 혼인 및 가족의 공동생활의 자유를 국가의 제한으로부터 보호한다. 제2항 제2문은 가중법률유보를, 제3항은 제한의 한계를 각각 포함하고 있다. 또한 제1, 4,

---

1) [역주] 여기서 말하는 위탁아동은 16세 미만의 미성년자로서 친부모가 자녀를 제대로 양육하지 못해 방치하는 경우에 친부모의 거소지정권을 박탈하여 지속적으로 또는 하루의 일정 시간을 규칙적으로 친부모의 집이 아닌 가정에서 가족적 보호를 받도록 결정된 아동을 말한다.

5항은 객관법적 기능을 통해 차별금지로서 작용하기도 한다. 제1, 4항은 혼인과 가족에 대한 보호를 보장하고 모에게 보호·부조청구권을 보장함으로써 **보호청구권**도 규정하고 있다. 보호청구권은 기본권합치적 해석(단락 260 참조)과 더불어 그 보호를 실행하기 위한 입법을 필요로 하며, 따라서 **입법위임**의 성격을 띠게 된다. 반대로 제5항은 일종의 입법위임을 규정하고 있으나, 이는 연방헌법재판소의 판례에 따라 직접적인 효력을 갖는 평등대우청구권으로 그 성격이 전환되었다(단락 554 참조). 끝으로 제1항은 **제도보장**을 포함하고 있으며, 이를 통하여 다시 한번 혼인과 가족의 법적 관계에 대한 규율에 있어서의 입법자의 형성의 자유를 제한하고 있다.

747 기본법 제6조는 헌법규범으로서 국가가 혼인과 가족, 부모와 자녀의 문제에 대한 규율에 있어서 지켜야 할 규준을 제시하여야 한다. 그러나 혼인관계, 가족관계, 부모와 자녀의 관계는 항상 국가에 의하여 이미 법적으로 규율되어 있는 관계이기도 하다. 혼인과 가족의 영역은 국가 이전에 존재함으로써 국가에 의해 처분될 수 없는 것이 아니라 국가에 의하여 구성되는 것이기는 하지만, 동시에 혼인과 가족의 영역에서의 자유는 국가에 대해서 보장되어야 하기도 한 것이다. − 바로 이러한 점이 기본법 제6조에 대한 해석의 근본적인 문제이다.

II. 방어권

1. 보호영역

748 a) 기본법 제6조 제1항의 **혼인**은 사회제도인 동시에 법제도에 해당한다. **사회제도로서의 혼인**이란 한 남자와 한 여자를 쌍방의 의사와 상호 약속에 따라 포괄적으로 − 물론 예외가 없는 것은 아니지만 원칙적으로 − 평생 결합시키는 공동체이다.[2] 이러한 점에서 혼인의 개념은 일체의 법형식성을 포기하고 있으며, 따라서 동성(同性)의 생활공동체를 제외한 사실혼 또는 혼인유사의 생활공동체 등의 지속성을 띠는 모든 공동생활을 포괄한다.[3] 그러나 이러한 공동생활의 형식들은 일찍이 헌법제정자 및 연방헌법재판소가 따르는 보편적 견해에 의하면 혼인의 개념에 속하지 아니한다. 혼인이란 동시에 **법제도**에 해당한다. 그러므로

---

2) [역주] 독일은 2017년 9월 30일까지는 남녀의 결합만을 혼인으로 허용하고, 혼인의사가 있는 동성의 짝들에게는 생활공동체법(Lebenspartnerschaftsgesetz)에 의해서 인생동반자관계로 보호를 제공했었다. 2018년 10월 1일부터 동성혼이 합법화됨으로써 동성의 짝들이 결정하는 혼인관계에 대한 차별은 사라지게 되었다.

3) E 105, 313/345 f; *Ipsen*, Hdb. StR³ VII, § 154 Rn 9; *Robber*, MKS, Art. 6 Rn 45.

헌법이 토대로 삼고 있는 혼인의 모습은 법이 예정한 형식에 따라 맺어지는 " '세속화된' 민법적 혼인의 형상"인 것이다.[4]

이러한 법적 혼인개념은 이상적인 혼인상(婚姻相)을 표현하고 있다. 문제는 법 **749** 적·사회적 면에서 현존하는 이러한 **이념형에서 벗어나는 현상**들을 어떻게 판단 할 것이냐 하는 것이다.

예: 독일 여성과 영국인 남성이 독일에서 영국성직자의 주례로 결혼하였다. 그들은 먼저 **750** 영국에서, 이후 독일에서 생활하였으며 늘 그들의 혼인이 법적으로 유효하다고 생각해 왔다. 그 주변사람들도 그들을 부부로 생각하고 대우하였으며, 아이가 출생하자 독일의 신분등록공무원도 그에 상응하는 출생확인서를 발급하였다. 그런데 남편이 사망한 후 부인이 연금을 청구하자 관할 연금보험공단(Versicherungsanstalt)은 독일법상 그 혼인이 무효라는 이유로 이를 거부하였다. 그와 같은 이른바 절름발이 혼인(hinkende Ehe),[5] 즉 독일법에 따르면 무효이지만 외국법에 의하면 유효한 혼인도 기본법 제6조 제1항의 보호영역에 포함된다(E 62, 323/329 ff; BVerwGE 123, 18/20). 또한 이른바 위장혼인, 성 (姓)을 물려주기 위한 혼인(Namensehe)이나 체류허가를 목적으로 하는 혼인과 같이 법 에 예정된 형식을 따르기는 하였으나 평생의 책임공동체를 형성할 의도 없이 성(姓)을 물려주기 위하여 또는 외국인의 추방을 막기 위하여 행하여지는 혼인도 기본법 제6조 제1항의 보호영역에 속한다. 물론 민법 제1310조 제1항 제2문 후단과 연계된 제1314조 제2항 제5호는 신분등록공무원이 그러한 혼인의 성립을 방치하는 것을 금지하고 또한 취소할 수 있다고 규정하고 있으며, 외국인법은 사실혼과 체류나 초청 및 추방 등의 문 제를 해결하기 위한 단순한 위장혼인을 구분하고 있다(E 76, 1/58 ff; BVerfG, DVBl. 2003, 1260 참조). 중혼도 절름발이 혼인과 마찬가지로 혼인 및 가족에 대한 헌법적 보 호를 향유할 수 있다(BVerwGE 71, 228/231 f; *Coester-Waltjen*, MüK, Art. 6 Rn 8; *Robbers*, MKS, Art. 6 Rn 42).

절름발이 혼인을 비롯하여 **성**(姓)**을 주기 위한 혼인**이나 **위장혼인**까지도 보호영역 **751** 에 포함시키는 이유는 명백하다. 헌법적 혼인개념이 법률의 혼인개념을 그대로 반영한다면 헌법이 법률의 우위를 점하는 것이 아니라 그 하위에 놓이게 될 것 이기 때문이다. 헌법적 혼인개념이 개인의 동기를 기준으로 한다면 개인의 동

---

4) E 53, 224/245.
5) [역주] 국적이 다른 혼인당사자들의 본국법상의 혼인에 대한 법적 규율의 차이로 혼인의 유효 여부나 법적 효과가 달라지는 혼인.

기를 탐지하고 평가하여야 하며 그렇게 되면 개인의 자유권인 기본권에 타격을 가하게 될 것이다. 이상적인 혼인의 모습에서 벗어난 이러한 현상들은 모두 그 당사자들이 상호관계를 위하여 혼인으로 **공적 승인**을 받는 것을 모색하였고 또한 그 승인을 획득하였다는 결정적인 측면을 가지고 있다.[6]

752 비혼생활공동체는 헌법상 기본법 제2조 제1항의 보호를 받는다.[7] 비혼생활공동체도 인생의 위기나 전환기에 상호헌신을 기대할 수 있다면("책임·헌신공동체") 법령에 의하여 일정한 경우에는 혼인과 동등하게 대우받을 수 있다.[8] 동성애자들의 생활공동체도 서로 혼인을 맺을 수 없는 개인들을 규율대상으로 하기 때문에 기본법 제6조 제1항과 충돌을 일으키지 않는 생활공동체법에 의해서 법률상의 승인을 받고 공식적인 보장을 받게 되었다.[9] 연방헌법재판소는 비혼생활공동체를 혼인과 차별하는 것에 대해 엄격한 정당화요건까지 적용하고 있다 (단락 553).

753 혼인의 보호영역은 스스로 선택한 상대방과의 혼인행위[10]에서 시작하여 혼인 공동생활을 넘어 이혼에까지 **미친다**. 혼인의 당사자들은 평등한 혼인계약의 체결과 형성,[11] 부부가 공통의 성(姓) 내지 가명(家名)을 쓸 것인지에 대한 결정, 구체적인 성의 선택,[12] 공동생활의 공간문제에 대한 확정,[13] 혼인공동체 내에서의 가사의 배분[14]과 관련하여 자유를 누린다. 이혼의 결정도 혼인의 보호영역에 속한다. 이혼은 혼인의 자유의 회복을 의미하기 때문이다.[15] 이혼에 수반하는 문제를 규율하는 법을 통해서도 혼인에 대한 보호는 지속된다.[16] 또한 혼

---

6) 동지: *V. Coelln*, SA, Art. 6 Rn 10; 위장혼인에 대한 이견으로는 *Kloepfer*, VerfR Ⅱ, § 67 Rn 7.

7) E 82, 6/16; 115, 1/24; 128, 109/125; *Kingreen*, Die verfassungsrechtliche Stellung der nichtehelichen Lebensgemeinschaft im Spannungsfeld zwischen Freiheits- und Gleich- heitsrechten, 1995, S. 65 ff.

8) E 87, 234/265.

9) E 105, 313/350 f; 124, 199/226; *Pieroth/Kingreen*, KritV 2002, 219/239; 비판적인 견해로는 *Steiner*, Hdb. GR IV, S. 63 ff.

10) E 31, 58/67; 105, 313/342; BVerfG, NJW 2004, 2008/2010.

11) E 103, 89/101; 또한 *Steiner*, Hdb. GR IV, § 108 Rn 13 ff 참조.

12) 평등논증과 함께 E 84, 9/21 ff 참조.

13) E 114, 316/335.

14) E 105, 1/11.

15) E 53, 224/245; 55, 134/142.

인을 하지 않겠다는 결정도 소극적 혼인의 자유로서 보호된다.[17]

b) **가족이란, 부모와 자녀 사이에 형성되어 있는 사회적 관계유형**(Beziehungsver- **754**
hältnis)을 말한다. 혼인관계에 있는 부모가 자녀와 함께 형성하는 공동체는 물
론 생활공동체를 이룬 동성배우자들이 자녀와 함께 형성하는 공동체[18]나 비혼
생활공동체가 자녀와 함께 형성한 공동체[19]도 헌법적 보호를 받는 가족에 해당
한다. 자녀들이 혈통이 같은지 아니면 이복형제인지,[20] 성년인지,[21] 단일혼 소
생인지 아니면 중혼 소생인지[22] 또는 양자나 계자(繼子) 또는 위탁아동인지
는[23] 불문한다. 양자관계나 위탁아동관계의 설정에 형식적 하자가 있다고 하더
라도, 가족에 상당하는 사회적 공동생활을 영위하고 가족으로 **공적 승인**을 받기
위해 노력하며 또한 그러한 승인을 받은 경우에는 형식적 하자가 있는 관계도
가족으로 볼 수 있다. 피붙이(자연적인 연관)라는 것만으로는 충분하지 않다. 자
(子)의 모(母)와 혼인관계에 있지 아니한 그 부(父)는, 본인이 자를 인지하였거나
법원이 자의 부임을 확인하였거나(법적 부) 법적인 부는 아니더라도 친부(생물학
적인 부)로서 자에 대한 부의 책임을 적어도 일시적으로 실제로 부담한 적이 있
을 때에만 기본법 제6조 제1항의 가족개념에 해당한다.[24] 그러나 친부는 그러
한 경우에도 친권의 주체가 아니다. 친부에게는 절차법적으로 법적 부의 지위
를 획득할 수 있는 가능성이 있을 뿐이다.[25] 법적으로만 부일 뿐인 사람은 사
회적·가족적 관계가 설정되었는지와는 무관하게 기본법 제6조 제1항의 보호를
누린다.[26]

---

16) E 53, 257/296; 108, 351/364.
17) *Kingreen*, Jura 1997, 401/402; *Robbers*, MKS, Art. 6 Rn 57; 이에 반해 E 56, 363/384는 기본
    법 제2조 제1항을 그 근거로 본다; 이에 동의하는 *Ipsen*, Hdb. StR³ VII, § 154 Rn 59 ff;
    Kloepfer, VerfR II, § 67 Rn 28.
18) E 133, 59/82.
19) E 112, 50/65.
20) *Robbers*, MKS, Art. 6 Rn 79.
21) E 57, 170/178; 92, 158/176 ff.
22) BVerwGE 71, 228/231 f.
23) E 68, 176/187; 80, 81/90.
24) E 108, 82/112 ff.
25) E 108, 82/103 ff.
26) E 135, 48/83 f = JK 6/2014. 이 사건은 체류에 관한 법률규정을 잠탈하였음을 이유로 관할행
    정청이 부의 지위를 취소할 수 있느냐의 문제와 관련되어 있다.

755 가족적 유형의 관계가 하나의 주거공동체(Hausgemeinschaft)에서 영위되어야 하
는 것은 아니다. 그러나 그러한 관계가 하나의 주거공동체에서 영위되거나 여
타의 방식으로 사실상의 밀접한 가족적 결합 속에서 영위되고 있다면, 가족의
개념은 이를 통해 서로 결합된 **모든 가까운 친척들**을 포괄한다. 연방헌법재판소
는 과거 기본법 제6조 제1항에 따른 보호를 조부모를 포함하는 대가족이 아닌
소가족에만 한정함으로써 그 타당성을 의심받는 판례[27])를 형성한 바 있으나,
결국 이러한 판례의 입장을 포기하였다.[28]) 이는 유럽인권재판소의 같은 취지의
판례에 비추어 보더라도 일관성 있는 판단이라 할 것이다.[29])

756 가족이라는 보호영역은 가족의 창설을 비롯하여 가족 공동생활의 모든 영역에
까지 **미치며** 유류분에 관한 권리를 통해서 그 이상으로 넘어갈 수도 있다.[30]) 이
보호영역은 무엇보다도 언제 그리고 몇 명의 자녀를 가질 것인지에 관한 부모
의 결정의 자유도 포함한다. 나아가 이 보호영역은 가령 후견인이나 보충적 보
호자(Ergänzungpfleger)[31])의 선정에 관한 결정에서 우선적인 고찰의 대상이 되
는 가까운 친척의 권리도 뒷받침한다.[32]) 연방헌법재판소는, 가족이 생활공동체
인 동시에 헌신공동체냐 그리고 가족 중 미성년자가 있는 경우에는 교육공동체
냐 아니면 단순한 만남의 공동체[33])냐에 따라 기본법 제6조 제1항의 보호효과를
차등화하고 있다.[34])

757 c) 부모가 자녀의 신체적 건강(**부양**)과 정신적·영적 발전, 교양과 직업교육(**교육**)
을 어떻게 뒷받침할 것인지의 문제는, 기본법 제6조 제2항 제1문의 **친권**을 통하
여 가족의 보호영역에 대하여 독자성을 갖는 보호영역으로 독립하게 되었다.

---

27) E 48, 327/329.
28) E 136, 382/388 = JK 12/14; *Herzmann*, Jura 2015, 248/250.
29) EGMR, NJW 1979, 2449/2452.
30) E 112, 332/252 f.
31) [역주] 독일 가족법에 의하여 법원의 결정으로 미성년 자녀에 대한 친권의 일부를 위탁받은
사람.
32) E 136, 382/389 f = JK 12/14.
33) [역주] 만남의 공동체는 부모와 자녀가 이따금 방문하고 교류하는 관계를 말한다. 독일연방헌
법재판소는 부모와 자녀의 관계는 생활 및 양육의 공동체, 그리고 한 집에서 동거하면서도 가
족구성원들에게는 독자적인 삶을 형성할 수 있는 여지가 부여되는 주거공동체의 단계, 그리고
만남의 공동체로 발전하면서 점차 느슨해진다고 보았다.
34) E 80, 81/90 f.

친권자는 혈통이나 법률의 귀속을 통해 설정된 자녀와 부모의 관계를 맺고 있는 자들이다.[35] 동성의 배우자들도 법률에 의해서 자녀의 부나 모로 인정받았다면 친권자에 해당한다.[36] 이 기본권은 우선적으로 부모가 자녀의 성장에 본질적인 의미를 가지는 결정을 내리는 것을 보장한다. 부모는 자녀를 어떻게 부를 것인지,[37] 부모 중 일방이 주로 자녀를 양육할 것인지 아니면 부모 쌍방이 서로 보완해 가면서 양육을 할 것인지 아니면 제3자가 양육하도록 할 것인지에 대하여 결정을 내릴 자유를 갖는다.[38] 이러한 보호영역의 내용은 특히 학교제도의 형성과 관련한 논의를 거치면서 보다 섬세하게 확정되었다.

예: 이와 관련하여 연방헌법재판소는 부모와 학교의 "공통의 교육과제"가 존재한다(E **758** 34, 165/183; 98, 218/244 f)것을 토대로 부모가 여러 형태의 학교들 가운데 선택할 수 있는 권리를 가지고 있음을 인정하였으나, 이 권리는 단일의 교과과정을 제시하는 단일의 학교형태만 존재하는 것이 아닌 한 침해되지 않는다고 보았다(E 45, 400/416); 어떤 학교에 특정 교과과정이 앞으로도 계속 제공되리라는 기대는 보호받지 못한다(BVerfG, NVwZ 2016, 281 f); 연방헌법재판소는 탐색과정(Förderstufe)[39]의 설치(E 34, 165/181 ff), 상급과정의 재편(E 53, 185/195 ff), 수업계획의 내용과 교육방법의 형성(E 45, 400/415 ff; 47, 46/71 ff), 개정 맞춤법을 학교에서 시행하는 것(E 98, 218/244 ff)과 관련한 부모의 관여권을 부인하였다. 연방헌법재판소는 범교과적인 성교육의 채택과 관련해서만 부모의 친권으로부터 성교육의 내용과 방법에 관한 부모의 정보청구권을 도출하였다(E 47, 46/76). 주(州)법에 규정된 부모의 청문권과 발언권의 근거가 기본법 제6조 제2항 제1문에 있다고 보아야 한다는 학설이 때때로 제기되고 있으나(*Coester-Waltjen*, MüK, Art. 6 Rn 90), 연방헌법재판소의 지지를 받지 못하고 있다(E 59, 360/380 f).

친권은 **부모의 의무**이기도 하다. 부모는 기본법 제7조 제2항 제1문에 의하여 자 **759** 녀를 양육할 의무를 진다. 연방헌법재판소는 이 규정에 부모의 양육의무에 상

---

35) E 108, 82/100, 103.
36) E 133, 59/77 ff.
37) E 104, 373/385.
38) E 99, 216/231.
39) [역주] 본래의 명칭은 진로결정과정(Orientierungsstufe)이며, 보통은 탐색과정 또는 관찰과정(Beobachtungsstufe)으로 불린다. 일반교양교육을 담당하는 학교의 5~6학년을 진로결정과정이라고 한다. 이 과정의 목표는 초등과정(1~4학년)에서 시작된 공통의 기초교육을 토대로 학생이 진학할 학교의 종류에 관한 선택을 6학년 말까지 유예하고 이를 통해서 진로선택의 확실성을 도모하는 것이다. 이는 진로결정과정에서 학생들의 학습능력을 탐지하여 학생에게 맞는 학교형태를 선택하기 위한 결정에 도움을 주는 것을 목적으로 한다.

응하는 **자녀의 기본권**이 포함되어 있다고 본다. 이 기본권은 기본법 제1조 제1항과 연계된 기본법 제2조 제1항에 의한 자녀의 일반적 인격권에 더하여 자녀의 인격발현에 중요한 의미가 있는 가족 관련 관계, 특히 따로 사는 부나 모와의 접촉과 관련한 관계를 보호하며[40] 자녀의 양육과 관련한, 특히 포경수술과 같은 자녀의 신체에 대한 행위와 관련한 부모의 결정의 여지를 한정한다.[41]

2. 제한

760 혼인과 가족은 사회제도인 동시에 법제도에 해당하기 때문에 혼인과 가족과 관련된 규율이 모두 이 기본권에 대한 제한에 해당하는 것은 아니다. 오히려 그러한 규율은 법제도로서의 혼인과 가족을 정의(定義)하는 규율에 해당할 수 있다 (단락 147 이하 참조). 혼인법과 가족법의 규범들은 원칙적으로 혼인과 가족을 **정의하는** 규율에 속한다. 다른 법영역의 규율은, 그것이 혼인과 가족의 규율복합체에 대하여 자유제한적 작용을 하는 경우에는, **제한적인 규율**로 볼 수 있다.

761 예: 정의를 내리는 규율의 예로는 혼인을 책임공동체로 규정하는 민법 제1353조 제1항 제2문, 부부 중 일방이 가족의 생활수요를 적정하게 충족하기 위하여 타방에 대하여도 효력을 갖는 법률행위를 할 수 있는 권능이 있는 것으로 규정하고 있는 민법 제1357조 제1항(E 81, 1/7)을 들 수 있다. 이혼법상의 규율도 법적 제도로서의 혼인을 정의한다(E 53, 224/245 ff). 이에 대하여 이혼의 전력이 있는 공무원의 승진을 어렵게 하는 제도로 인하여 이혼의 의사가 있는 공무원이 기존의 혼인을 해소하고 새로 혼인을 하는 데 어려움을 겪게 된다면, 이는 제한에 해당할 것이다. 혼인한 상태에서 성전환수술을 받은 사람은 먼저 이혼을 한 경우에만 신분관계법에 의하여 새로운 성(姓)을 인정받을 수 있다면, 이는 혼인의 자유에 대한 제한이 될 것이다(E 121, 175/198 ff). – 민법 제1631조 제2항에 규정되어 있는 모욕적 훈육조치의 금지는 기본법 제6조 제2항 제1문이 책임을 의식하는 "양육"이라는 문구를 통하여 말하고자 하는 있는 것에 관한 하나의 정의일 뿐이다. 반면 가정법원이 부모 중 일방에게 친권을 부여하는 것은 그 상대방의 친권을 제한하는 것이다. 자녀를 취학시킬 의무는 부모의 친권에 대한 고전적인 제한에 해당한다.

---

40) E 121, 69/93; *Höfling*, Hdb. StR³ VII, § 155 Rn 32; 이견으로는 *Jestaedt*, BK, Art. 6 Abs. 2와 3 Rn 134.
41) *Hörnle/Huster*, JZ 2013, 328/332 ff; *Rixen*, NJW 2013, 257/258 f; *Windthorst*, StudK, Art. 6 Rn 52 ff, *Manok*, Die medizinisch nicht indizierte Beschneidung des männlichen Kindes, 2015, S. 92 ff.

그러나 **정의**를 내리는 법률상의 규율들은 항상 헌법상의 혼인 및 가족의 개념 **762**
에 의하여 **평가되어야 한다.** 그러한 규율들이 헌법상의 해당 개념에 부합하지 않
는 경우 정의는 **제한**으로 변질되며, 이는 엄밀히 말하면 정의에 실패한 것이다.
연방헌법재판소는 어떤 정의가 기본법 제6조 제1항 앞에서 존립할 수 있는지를
심사함에 있어 기본권에 대한 제한이 해당 기본권 앞에서 존립할 수 있는지를
심사할 때 사용되는 통상적인 심사방식에 의거하고 있다. 즉, 그 **정당화근거**를
찾는 것이다.

예: 연방헌법재판소는 과거에 있었던 성공동체내혼(性共同體內婚: Ehe der Geschlechts- **763**
gemeinschaft)의 금지[42]에 대하여 이는 혼인의 전통적 형태나 사회적 기능은 물론 유전
학적 인식에도 충분한 근거가 없고, 따라서 기본법 제6조 제1항에 합치하지 않는다고
보았다(E 36, 146/161). 전통과 기능에 주목하는 경우에 사회의 변천, 남성과 여성의 역
할변천 및 남녀평등의 헌법적 보장(기본법 제3조 제2항)이 중요성을 띠게 될 것이다(단
락 501 이하 참조). 연방헌법재판소는 남편에게 인정되었던 최종결정권을 기본법 제6조
제1항에 위반되는 것으로 보았고(E 10, 59/66), 부인에게 부과된 가사의무는 문제가 있
다고 보았으며(E 48, 327/338), 부부성(姓) 확정이 반드시 필요한 것이 아니라고 선언하
였다(E 84, 9/19; 이에 대하여는 *Sacksofsky*, KritV 1995, 94). 반면에 부모 양쪽의 성(姓)
을 조합한 이른바 복합성(複合姓)을 자녀의 성으로 사용하는 것을 금지하는 것은 성(姓)
이 대를 이어갈수록 점점 길어지는 것을 억제하기 위한 것으로서 정당한 근거가 있다고
보았다(E 104, 373/390 f).

독일연방공화국에서 결혼하고 또(는) 자녀가 있는 **외국인에 대한 추방**은, 그로 **764**
인하여 그 부부 또는 가족이 독일연방공화국에서 함께 체류할 수 없게 되더라
도 기본권을 제한하는 조치에 해당하지는 않는다.[43] 외국인에게는 독일연방공
화국에서의 체류 자체가 기본권에 의하여 보장되지 않기 때문이다(단락 170 참
조). 이에 외국인 및 외국인과 혼인한 독일인은 부부 및 가족 공동생활을 항상
독일연방공화국에서 영위할 수는 없다는 점을 감안하여야 한다.[44] 성년이 된

---

42) [역주] 혼인당사자 중 일방이 상대방의 부모, 조부모 또는 직계후손과 성공동체를 이루었던 자
    인 경우 이들 간의 혼인은 금지된다. 이 금지규정에 위반한 혼인은 유효하기는 하지만 후견법
    원이 중대한 사유를 이유로 혼인금지를 해제하지 않으면 그 혼인은 효력을 잃게 되어 있었다
    (1946. 2. 20.에 제정된 혼인법 제4조 제2, 3항 참조).
43) E 76, 1/47; 이견으로는 *Zuleeg*, DÖV 1988, 587.
44) *Renner*, NVwZ 2004, 792/795 ff 참조.

부부 일방이나 가족구성원과 함께 살기 위하여 그들을 초청하는 것을 거부하거나 추방하는 것은, 특별한 상황으로 인하여 외국에서는 혼인공동체 내지 가족공동체를 실현하는 것이 불가능하거나 그것을 수인할 수 없는 경우에만 혼인 및 가족에 대한 기본권에 대한 제한이 존재한다고 볼 수 있다.[45]

765 **미성년 자녀**는 미성년자이기 때문에 원칙적으로 부모와 운명을 함께 하여야 한다. 그러므로 독일로 데려올 수 있는 자녀의 연령에 상한을 설정하는 것은, 가족의 유대와 부모에 대한 자녀의 의존성이 예외적으로 성년 이전에 이미 대체로 해체된 경우에만 정당화될 수 있다(「외국인 체류에 관한 법률」 제32조 참조). 그렇지 아니한 경우에는 그와 같은 연령 상한의 설정은 기본법 제6조 제1항에 대한 허용되지 아니하는 제한에 해당한다.

3. 헌법적 정당화

766 a) 먼저 어떤 규율이나 조치가 정의의 성격을 갖는지 아니면 제한의 성격을 갖는지를 구분하는 것은 중요한 의미가 있다. 기본법 제6조 제1항에는 **혼인과 가족**의 기본권이 **유보 없이** 보장되어 있기 때문이다. 친권과 관련해서만 기본법 제6조 제2항 제2문이 부모에게 자녀에 대한 양육의 의무를 부과하고 국가공동체를 그 의무의 이행을 감독하는 자로 동원함으로써 묵시적으로 그에 대한 제한을 수권하고 있다.[46] 이러한 수권은 법치국가적인 이유로 법률을 통해서나 법률에 근거하여서만 행사될 수 있다.[47] 친권의 제한을 위하여 발해지는 국가의 규율이나 조치는 자녀의 양육을 위한 것이어야 하며, 그러므로 기본법 제6조 제2항 제2문은 가중법률유보로서의 성격을 갖는다.

767 aa) 국가는 **혼인과 가족**이라는 유보 없이 보장된 기본권의 보호영역 안에서는 제한을 가할 수는 없으며, 혼인과 가족을 **정의하는** 규율을 통해서 그 보호영역을 구체적으로 형성할 수 있을 뿐이다. 정의를 시도하는 규율이 이러한 범위를 벗어났다면 혼인이나 가족에게 불리한 규율이나 조치의 정당성은 **상충하는 헌법**에

---

45) BVerfG, NVwZ 2009, 387; BVerwGE 129, 367/373 ff 참조.
46) *Erichsen*, S. 48; *Burgi*, FH, Art. 6 Rn 149 ff; 이견으로는 *Klein*, Fremdnützige Freiheits-grundrechte, 2003, S. 79 f, 88 f; *Ossenbühl*, S. 59 f, 76, 84.
47) E 107, 104/120; *Burgi*, Hdb. GR Ⅳ, § 109, Rn 43.

서만 찾을 수 있을 뿐이다.

예: 다른 모든 기동경찰대원과 같이 독신의무를 지고 있는 기동경찰대원이 제기한 혼인 **768**
허가신청이 거부되었다. BVerwGE 14, 21/27 ff는 독신조항의 원칙적 합헌성을 인정하면
서도 자의 출생이 임박하여 그 자가 혼외자로 출생하는 것을 방지할 필요가 있다는 이
유로 그 거부처분이 과도한 제한에 해당하며, 따라서 위헌이라고 판단하였다. 그러나 상
충하는 헌법적 법익으로서 고려될 수 있는 경찰의 효율성을 이유로 기동경찰대원에게
혼인여부와 무관하게 부여된 직무를 수행하는 것 이상을 요구할 수 있는 근거가 제시되
지 않았다(*Richter*, AK, Art. 6 Rn 19; *Robbers*, MKS, Art. 6 Rn 52 참조).

연방헌법재판소에 따르면 공동생활을 하는 부부나 가족을 떼어놓게 되는 외국 **769**
인 **추방**이 혼인이나 가족의 기본권에 대한 제한은 아니라고 할지라도(단락 764,
765 참조) 비례의 원칙이 그러한 조치에 한계를 설정한다. 또한 그러한 맥락에
서 기본법 제6조 제1항은 가치결단적인 원칙규범으로서 기본법 제6조 제1항의
방어권과 제도보장이 적용되지 않는 경우에도 혼인과 가족의 결합관계를 배려
할 것을 요구하는데,[48] 물론 이는 혼인생활공동체가 사실상 존재하여야 하고
그것이 위장혼인과 같이 그 존재를 가장하는 것이 아니어야 한다는 것을 전제
로 한다.[49] 독일연방공화국에서 결혼하고 그 자녀나 부모가 독일에 있는 외국
인을 추방하는 조치에 대해서는 배우자 (또는) 가족이 독일에 정착하고 있는 만
큼 중대한 근거가 있어야 한다. 체류 허가와 그 연장[50] 그리고 귀화 허가[51]도
이에 준한다.

예: 독일국적자와 결혼한 외국인을 경미범죄를 범하였다는 이유로 추방할 수는 없으며, **770**
독일국적의 자녀가 있다는 사정도 추방을 막는 유력한 논거가 된다(E 51, 386/397 f). –
독일국적자가 입양한 성인인 외국인의 추방 문제에서 그 입양을 통하여 만남의 공동체
만이 형성될 뿐이라면 입양은 추방을 막을 수 있는 사유가 될 수 없지만, 생활공동체나
헌신의 공동체가 형성된 경우에는 입양은 추방을 막을 수 있는 근거가 된다(E 80,
81/90 ff; BVerfG, BayVBl. 1996, 144). – 독일국적의 자를 낳은 후 이혼하여 자에 대한
친권이 없는 외국인인 부(父)에게 체류 허가나 체류권을 거부하는 것은 기본법 제6조

---

48) E 76, 1/41 ff; BVerfG, NVwZ 2011, 870 f.
49) *Weichert*, NVwZ 1997, 1053 참조.
50) BVerwGE 71, 228/232 ff; 105, 35/39 f; 133, 72/82.
51) BVerwGE 77, 164/171 ff; 84, 93/98 f.

제1항에 합치한다. 부자의 관계는 이제 생활 및 교육의 공동체가 아니라 단순한 만남의 공동체에 불과하기 때문이다(BVerfG, DVBl. 1989, 1246; BVerwGE 106, 13/19; 단락 756 참조).

771 독일에서 배우자나 가족과 함께 살기 위하여 이주를 희망하는 배우자 또는 가족구성원이 독일연방공화국에 내린 뿌리가 깊을수록 그리고 거부처분이 혼인이나 가족의 공동체에 가하는 타격의 정도가 클수록 외국인인 배우자 또는 가족구성원을 데려오는 것을 거부하는 외국인 관할 관청의 결정은 더욱 엄격한 요건을 충족하여야 한다.[52] 이는 독일연방공화국에서 생활하고 있는 사람이 독일인인지 여부에 따라서도 달라진다[53](단락 927). 외국인이라면 그 외국인이 이미 독일에서 살고 있는지, 독일국적의 자녀가 있는지, 자녀가 미성년자인지, 성년의 자녀나 부모가 가족공동체의 구성원의 생계지원에 의존하는지에 따라서도 차이가 난다.

772 bb) **친권**에 대한 제한은 먼저 기본법 제6조 제2항 제2문에 의하면 **자녀의 복리**를 위한 것일 때에만 정당화된다. 국가는 자녀가 성장할수록 커지는 분별력과 책임능력을 고려하도록 부모의 양육권(Sorgerecht)을 규율함으로써 자녀의 성장에 따라 강화되는 자녀의 기본권과 부모의 친권을 조화시키고 있다. 자녀와 부모의 이익이 충돌하는 경우에는 원칙적으로 자녀의 이익이 우선한다.[54] 양육권을 부모의 일방에 부여하는 방식으로 부모 중 일방의 친권을 제한하는 것은 자녀의 복리에 의해서 정당화될 수 있다. 연방헌법재판소는 두 개의 관련 사건에서 양육권 공동행사 배제를 선고한 법원의 판결들을 위헌임을 이유로 파기하였다.[55] 혼외자 출생 시 우선 모가 양육권에 의하여 혼외자를 양육하도록 하는 것은 합헌이지만 모가 이러한 조치에 동의하지 않았다는 이유만으로 모를 그 혼외자 양육에서 배제하는 것은 허용되지 않는다.[56]

773 친권의 제한은 **상충하는 헌법**에 의해서도 정당화될 수 있다. 국가의 학교고권(기

---

52) E 76, 1/49 ff.
53) E 144, 141/150.
54) E 61, 358/378; 72, 122/137; 108, 82/102.
55) E 61, 358/375는 이혼당한 자의 양육권 공동행사에 관한 사건이고, E 84, 168/181은 혼인관계에 있지 아니한 부모의 양육권 공동행사에 관한 것이다.
56) E 127, 132/145 ff; 이견으로는 E 107, 150/169 ff.

본법 제7조 제1항)은 사상을 획일적으로 주입하는 방법을 사용하지 않으면서 관
용과 중립성의 원리를 존중하여야 하는 의무를 지는 국가의 교육권력이라는 사
상을 토대로 하고 있다.[57] 학교고권은 자녀의 취학의무에 수반되는 친권에 대한
제한을 정당화할 수 있지만 모든 유아를 의무적으로 유치원에 다니도록 하는 제
도를 정당화하지는 못한다.[58] 연방헌법재판소는 소년형법과 관련하여 "형법을
통한 법익보호라는 헌법적 명령"에 의하여 친권에 대한 제한을 정당화하고 있는
데,[59] 이는 자유형보다 약한 소년형벌에 대해서는 설득력이 있다(단락 776 참조).

b) 자녀를 부모로부터 격리하는 것은 친권에 대한 가장 강력한 제한에 해당한 **774**
다. 따라서 그러한 조치는 **기본법 제6조 제3항**의 특별한 요건인 자녀를 방치하는
상태가 임박했다는 요건이 충족되어 있지 않으면 허용되지 않는다. 친권자의
중대한 의무불이행(Versagen) 등의 사유가 그와 같은 방치상태의 원인이 될 수
있으며, 임박한 방치상태는 자녀가 해를 입을 현저한 위험이 현존한다는 것을
전제한다.[60]

기본법 제6조 제3항에 명시된 제한의 한계는 부모의 의사에 반하여 **자녀를 입양** **775**
시키는 경우에도 적용되어야 한다.[61] 강제입양은 단순히 자녀를 부모역할을 못
하는 부모로부터 격리하여 참부모에게 넘겨주는 것이 아니다. 자녀를 격리할
때까지는 친부모가 자녀의 유일한 부모이며, 따라서 강제입양은 자녀의 **방치가**
임박해 있다는 요건의 충족에 의하여 정당화될 수 있어야 한다. 이러한 요건의
충족을 인정할 때에는 비례의 원칙을 "엄격하게" 준수하여야 한다.[62]

친권자의 중대한 의무불이행 및 자녀방치상태의 임박 이외에 가령 병역소집과 **776**
자유형의 집행과 같은 **다른 격리사유**도 존재한다는 견해는 기본법 제6조 제3항에
합치하지 않는다.[63] 기본법 제6조 제3항은 친권자의 의사에 반하는 성년 전의 징

57) BVerfG, NVwZ 1990, 54; BVerwGE 79, 298/301 참조.
58) *Hartman*, DVBl 2014, 478/480.
59) E 107, 104/119.
60) BVerfG, NJW 2014, 2936/2936; NJW 2015, 223/224; *Britz*, JZ 2014, 1069/1071 ff.
61) *Coester-Waltjen*, MüK, Art. 6 Rn 100; *v. Coelln*, SA, Art. 6 Rn 85; 이견으로는 E 24, 119/139 ff.
62) E 60, 79/89; BVerfG, NJW 2006, 1723; 2010, 2333; 2011, 3355 f.
63) *Erichsen*, S. 56 참조.

집을 금지하고 있으며, 자유형 집행시 친권자의 양해, 친권자의 중대한 의무불이행 또는 여타 사유에 의하여 자녀의 방치 임박 등이 있을 것을 요구하고 있다.

777 c) 혼인과 가족이라는 **제도보장**은 혼인이나 가족을 정의하는 규율 및 제한요건에 따른 제한적 규율에 대한 제한의 한계로 작용한다. 이러한 제도보장은 모든 여타의 제도보장과 마찬가지로 제도의 보존을 그 내용으로 한다. 입법자가 제도로서의 **혼인이나 가족**이 역사적으로 획득한 사회적·법적 형태를 전혀 변경할 수 없는 것은 아니지만, 그 핵심과 본질을 침해하는 것은 금지된다.[64] 이 원칙은 제도의 변경이 어느 정도 사회적 발전에 기인하는 것이고 또한 국가에 의하여 강요된 이질적인 것이 아니라면 충족된다.

778 예: 일부일처제라는 혼인의 형태, 혼인의 성립요건으로서의 합의, 원칙적으로 평생 유효한 혼인의 기간은 국가가 변경할 수 있는 대상이 아니다(E 31, 58/69; 53, 224/245). 반면에 혼인법을 유책주의에서 파탄주의로 전환하는 것(E 53, 224/245 ff)이나 이혼 후의 연금 등의 분할제도(Versorgungsausgleich)를 도입하는 것(E 53, 257/299 ff; 71, 364/384 ff)은 허용된다. 혼인법은, 부부의 성(姓)에 대한 선택의 자유를 확대하고, 혼인공동체의 과제분담을 부부에게 맡기며 또한 부부에게 동등한 결정권을 부여함으로써(E 10, 59/66ff; 48, 327/337; 105, 1/11 ff) 사회적 발전의 추세를 따를 뿐만 아니라 기본법 제3조 제2항의 평등대우의 명령을 이행하는 것이다(단락 539 이하 참조).

III. 차별금지, 보호청구권 및 참여권

779 기본법 제6조는 제1, 4, 5항의 특별평등규정에서 **차별금지**를 포함하고 있다(단락 553~554 참조). 국가에 의한 차별적 급부 분배가 문제되는 경우 이러한 특별평등권들은 급부에 대한 참여권(Teilhaberechte)의 성격을 띠게 된다.

780 기본법 제6조 제1항은 객관법적 기능을 통하여 혼인과 가족을 사회세력에 의한 침해로부터 보호하고, 나아가서는 가령 자녀의 양육을 위한 요구를 세제를 통해 배려하는 등[65] 국가의 조치로 지원하여야 한다는 명령을 포함하고 있다.[66]

---

64) E 105, 313/348; *Burgi*, Hdb. GR IV, § 109 Rn 31; *Ipsen*, Hdb. StR³ VII, § 154 Rn 47 ff.
65) E 99, 216/233 f; 이에 대해서는 *Birk/Wernsmann*, JZ 2001, 218 참조.
66) E 6, 55/76; 87, 1/35; BVerwGE 91, 130/133 f.

부모의 의무(기본법 제6조 제2항 제1문) 및 국가의 감독권(기본법 제6조 제2항 제2문)으로부터 자녀의 복리에 부합하는 행위의무가 추론되는데, 자녀는 기본법 제2조 제1항에 의하여 그러한 행위에 대한 기본권적 청구권을 가지고 있다.[67] 그러나 이로부터 국가의 특정 급부에 대한 구체적인 청구권(Ansprüche auf Teilhabe)이 도출되는 것은 아니다.[68]

기본법 제6조 제4항에 규정된 공동체의 보호와 부조를 요구할 수 있는 모의 청   **781** 구권과 **기본법 제6조 제5항**에서 도출되는 혼외자의 청구권, 즉 영육의 발전 및 사회적 지위에 관한 조건을 개선하여 줄 것을 청구할 수 있는 권리도 마찬가지 이다. 이 청구권은 각각 - 민법과 노동법[69] 또는 세법, 사회법, 공무원법, 공무 원복무법[70]과 같은 - 법률에 의해서 구체적으로 시행될 필요가 있다. 이러한 보호청구권 및 급부청구권은 예외적인 경우에 한하여 가령 미결구금된 부부의 일방이나 자녀의 면접을 위하여 면접 기회를 마련하거나[71] 임신중인 여인에 대한 형사절차에서 공판을 연기하는[72] 등의 개별조치까지도 요구할 수 있다.

사례 12(단락 744)에 대한 약해: **782**

　I . 친부모와 위탁부모 사이의 법적 분쟁은 비송사건절차를 통하여 진행된다. 이는 이른바 객관소송으로, 이 절차에서 친부모와 위탁부모는 당사자의 지위가 아닌 신청권과 청문권만을 보유하게 되고, 국가는 당사자들에게 개인적인 권리가 있음을 확인하여 주는 것이 아니라 스스로 명령을 발하게 된다. 또한 기본권은 간접적 제3자효론이 제시한 규준에 따라서가 아니라 직접적으로 효력을 발휘한다.

　II . 위탁아동을 친부모에게 인도하여야 할 의무를 위탁부모에게 부과하는 것은 **위탁 부모의 친권에 대한 제한**이라고 볼 수 있다. 왜냐하면 "위탁아동과 위탁부모로 이루어진 위탁가족도 기본법 제6조 제1항에 의한 보호를 받으며", 이로써 기본법 제6조 제2, 3항 은 위탁아동을 위탁부모로부터 격리하는 경우에도 위탁부모를 위하여 적용된다(E 68, 176/187).

　- 아이를 가족으로부터 격리할 때 발생할 수 있는 친권에 대한 제한은 기본법 제6조

---

67) E 99, 145/156; 103, 89/107.
68) E 39, 316/326; 87, 1/35 f.
69) E 84, 133/156.
70) E 62, 323/333; 82, 60/85.
71) E 42, 95/101 f; BVerfG, NJW 1995, 1478.
72) BVerfG, NJW 2005, 2382 f.

제3항에 따라 양육권자가 그 의무를 중대하게 해태한 경우 그리고 자녀의 방치가 임박한 경우에만 정당화될 수 있다. 위 사례에서 위탁부모는 그 의무를 중대하게 해태하지 않았으며 그 밖에 위탁부모의 슬하에 있는 아이가 방치될 위험도 없었다.

- 그렇지만 위 사례에서 위탁아동을 친부모에게 인도하여야 할 위탁부모의 의무는 정당화된다. 위탁아동과 친부모의 관계는 지속성을 띠지만, 위탁아동과 위탁부모와의 관계는 한시성을 띤다. 어떤 아동이 방치될 위험 때문에 친부모로부터 격리되어 위탁부모에게 인도된다면, 그 아동을 위탁부모의 슬하에서 계속하여 기르는 것이 아니라, 친부모에게 아동이 돌아올 수 있도록 하는 신중한 노력이 행하여져야 한다. 친부모가 자녀를 방치할 위험이 없다면 위탁부모의 친권은 종료된다.

- 그러므로, 위 사례에서 친부모에게 위탁아동을 인도하여야 할 의무를 위탁부모에게 부과하는 조치는 위탁부모의 친권에 대한 **제한의 성격을 띠지 않는다.** 기본법 제6조 제3항은 제3자 및 국가로부터 위탁부모를 보호하는 효과를 발휘하지만, 아이를 방치할 위험이 없는 친부모에 대한 보호효과를 발휘하지 않는다. 친부모가 위탁아동을 위탁부모에게서 인도받아 다른 위탁부모가 키우도록 하는 경우(E 75, 201/220)나, 위탁부모로부터 위탁아동을 격리하는 조치가 입양을 위한 것이거나 입양의 전 단계로서 행하여지는 입양을 위한 보호조치를 위한 것일 때(E 79, 51/65)에는 사정이 다르다.

Ⅲ. 위탁부모의 친권이 종료되는 **시점**을 올바르게 확정하는 것은 어려운 문제이다. 그렇지만 위탁아동을 친부모에게 인도하라는 법관의 명령이 시점을 잘못 설정할 위험이 있다는 것은 친부모 및 위탁부모의 친권이 위협받을 수 있음을 의미한다. 친부모 및 위탁부모의 신청권 및 청문권(민법 제1632조 제1항 내지 제4항, 비송사건절차법 제50a조 내지 제50c조)을 통하여 양측의 기본권들은 어쨌든 **절차법적으로** 같은 정도로 보장되고 있다. "자녀를 위한 변호사"를 선임하는 방식으로(비송사건절차법 제50조) 자녀의 복리도 절차법적으로 보장되고 있고, 그 밖에도 이를 통하여 관련 관점들이 법관이 발하는 명령의 기초가 될 수 있도록 보장되고 있다. 기본법 제6조 제2항은 모호한 경우에는 "자녀의 복리를 항상 규준점"으로 삼을 것을 요구하고 있다(E 68, 176/188).

Ⅳ. E 68, 176은 사안의 내용이 다른 사건을 다른 방식으로 해결하고 있다. 즉 연방헌법재판소는 먼저 친부모의 친권과 위탁부모의 친권이 충돌한다고 보고 논증이 충분히 선명하지 않은 가운데 이를 자녀의 방치라는 결정적인 관점에 의하여 판단하고 있다. 나아가 연방헌법재판소는 친부모의 친권은 지속성을 띠지만 위탁부모의 친권은 잠정성을 띤다는 관점으로부터 이러한 충돌의 문제를 풀고 있다. 그러나 바로 그러한 점 때문에 두 친권이 충돌한다고 할 수는 없는 것이다.

참고문헌: 기본법 제6조 제1항에 대하여 *J. Benedict*, Die Ehe unter dem besonderen **783** Schutz der Verfassung, JZ 2013, 477; *M. Böhm*, Dynamische Grundrechtsdogmatik von Ehe und Familie?, VVDSTRL 73 (2013), 211; *D. Classen*, Dynamische Grund-rechtsdogmnatik von Ehe und Familie?, DVB1. 2013, 1086; *D. Coester-Waltjen*, Art. 6I GG und der Schutz der Ehe, Jura 2008, 108; *dies.*, Art. 6 I GG und der Schutz der Familie, Jura 2008, 349; *E.B. Franz/T. Günther*, Grundfälle zu Art. 6 GG, JuS 2007, 626, 716; *M. Germann*, Dynamische Grundrechtsdogmatik von Ehe und Familie?, VVDSIRL 73 (2013), 257; *C. Gröpl/Y. Georg*, Die Begriffe „Eltern" und Familie" in der neueren Rechtsprechung des Bundesverfassungsgerichts aus methodischer und verfassungs-theoretischer Sicht, AöR 2014, 125; *K. Herzmann*, Der Schutz von Ehe und Familie nach Art. 6 I GG, Jura 2015, 248; *J. Ipsen*, Ehe und Familie, Hdb. StR³ VII, § 154; *T. Kingreen*, Das Grundrecht von Ehe und Familie (Art, 6I GG), Jura 1997, 401; *N. Koschmieder*, Aktuelle verfassungsrechtliche Probleme zum Schutz von Ehe und Familie, JA 2014, 566; *F.G. Nesselrode*, Das Spannungsverhältnis zwischen Ehe und Familie in Art. 6 des Grundgesetzes, 2007; *S. Rixen*, Das Ende der Ehe? – Neukonturierung der Bereichsdogmatik von Art. 6 Abs. 1 GG: ein Signal des spanischen Verfassungsgerichts, JZ 2013, 864; *D. Schwab*, Familie und Staat, FamRZ 2007, 1; *U. Steiner*, Schutz von Ehe und Familie, Hdb. GR IV, § 108; *F. Wapler*, Familie und Familienschutz im Wandel – zur Entwicklung des Familienbegriffs im öffentlichen Recht, RW 2014, 57. - 기본법 제6조 제2항에 대하여는 *E.-W. Böckenförde*, Elternrecht - Recht des Kindes – Recht des Staates, in: Essener Gespräche, 1980, S. 54; *G. Britz*, Das Grundrecht des Kindes auf staatliche Gewährleistung elterlicher Pflege und Erziehung – jüngere Rechtsprechung des Bundesverfassungsgerichts, JZ 2014, 1069; *M. Burgi*, Elterliches Erziehungsrecht, Hdb. GR IV, § 109; *H.-U. Erichsen*, Elternrecht – Kindeswohl – Staatsgewalt, 1985; *W. Höfling*, Elternrecht, Hdb. StR³ VII, § 155; *M. Jestaedt*, Staatliche Rollen in der Eltern-Kind-Beziehung, DVBI. 1997, 693.

§ 16 학교교육에 관한 기본권 및 사립학교설립의 자유(기본법 제7조 제 2~5항)

784 사례 13: 사립 김나지움의 설립허가

甲은 저명한 교육학자로서 자신의 이론을 교육현실에 실현하기를 원한다. 그는 자신의 이름을 붙인 "甲김나지움육성회"를 창설하여 乙이라는 도시에 사립 김나지움을 설립하고 이를 운영하는 데 필요한 재원을 마련했다. 그러나 위 육성회가 만든 대체학교인 甲 김나지움의 설립인가신청은 관할교육관청에서 다음과 같은 이유로 거부당했다. 즉, 乙 도시에는 이미 모든 종류의 김나지움이 존재하며 가까운 장래에 학생수가 감소할 것이 예견되는 가운데 김나지움을 추가로 설립하여야 할 필요성이 존재하지 않는다는 것이다. 이러한 거부결정은 기본법 제7조 제4항에 위반되는가? 이 사례에 대한 약해는 **단락 803**을 보라.

Ⅰ. 개관

785 기본법 제7조는 기본권을 포함하고 있을 뿐만 아니라 기본법의 권한질서에 의하여 각 주(州)에 설립된 학교에 대한 국가의 감독을 위한 위임도 포함하고 있다. 국가의 감독권 은 한편으로는 학교의 조직, 계획, 운영에 대하여, 다른 한편으로는 학교영역에서의 독 자적인 교양·교육위임의 이행에 대한 권한을 포함하고 있다. 그러므로 제1항은 특히 기 본법 제4조(단락 641) 및 제6조 제2항(단락 773)에 대한 제한을 정당화한다. 기본법 제7 조 제2, 3항은 종교수업과 관련한 기본권들을 포함하고 있으며, 기본법 제7조 제3항 제1 문은 종교수업을 제도보장으로도 보장하고 있다. 기본법 제7조 제4, 5항은 사립학교의 제도보장인 동시에 기본권도 포함하고 있다. 기본법 제7조 제6항은 19세기 초에 흔히 존재했던 것과 같은 학교, 즉 사회계층별로 학생을 선발하고 학교 입학 준비를 위해 존 재하는 예비학교를 금지하고 있다.[1] 이 영역에서의 입법권능은 각 주(州)가 대부분 보 유하고 있는 만큼 - 상세한 내용을 포함하고 있기도 한 - 각 주(州)의 헌법이 보장하 는 기본권들도 특별한 의미가 있다. 대학은 기본법 제5조 제3항의 규율을 받기 때문에

---

1) *Wißmann*, BK, Art. 7 Rn 273.

기본법 제7조의 규율대상에 해당하지 않는다.

II. 학교교육 관련 기본권(기본법 제7조 제2, 3항)

1. 보호영역

a) 기본법 제7조 제3항 제1, 2문

이 규정은 본질상 **종교공동체의 기본권**이지 학부모와 학생의 기본권이 아니다.[2] **786**
이 규정은 국립학교 **안에서** 행해지고 또한 공권력의 행사이기도 한 종교수업 형
식의 종교활동을 보장하고 있기 때문에, 기본법 제4조 제1, 2항을 구체화함과
동시에 그 적용범위를 넘어 적용된다. 동시에 이 규정은 국가와 교회 사이의 원
칙적인 분리를 허물고 있다. 그러므로 기본법 제7조 제3항은 기본법 제140조와
연계된 바이마르헌법 제137조 제1항에 대한 특별법에 해당한다.

공법상의 사단의 권리를 보유한 공동체(바이마르헌법 제137조 제5항과 연계된 기본 **787**
법 제140조 참조)만이 **종교공동체**가 될 수 있는 것은 아니다. 종교공동체가 되기
위해서는 민법상의 권리능력을 획득하는 것만으로도 충분하다(바이마르헌법 제
137조 제4항과 연계된 기본법 제140조 참조). 이러한 요건을 충족한다면 공립학교
에서 가령 회교 종교수업도 가능하다.[3]

기본법 제7조 제3항 제2문은 종교공동체에 대하여 − 제1문과의 연관 속에서 **788**
− 종교수업을 정규교과로 정하고 또한 **실시하는 것**을 다음과 같은 요건 아래서
보장하고 있다. 즉 **공립**학교는 사립학교의 대립개념으로서 국가가 운영하는 모
든 학교를 의미한다. **무종파학교**는 전통적으로는 세계관학교를 비롯한 세속학교
를 의미한다. 베를린, 브레멘, 동독의 신생 주(州)들[4]과 관련된 기본법 제141조

---

2) *Brosius-Gersdorf*, DR, Art. 7 Rn 89 f; *Korioth*, NVwZ 1997, 1041/1045 f; 이견으로는 *Badura*,
MD, Art. 7 Rn 66; *Robbers*, MKS, Art. 7 Rn 123.

3) BVerwGE 123, 49/54 ff.

4) *Mansen*, GrundR, Rn 484; *Schlink-Kammler/Thiel*, SA, Art. 141 Rn 7 ff; *Pieroth/Kingreen*, GS
Jeand'Heur, 1995, 265; *Schlink*, NJW 1992, 1008; *Wißmann*, BK, Art. 7 Rn 177; 동베를린 지
역에 대해서는 BVerwGE 110, 327; 이견으로는 *v. Campenhausen/Unruh*, MKS, Art. 141 Rn 7
ff; *Germann*, EH, Art. 141 Rn 6.

의 특별규정에 의하여 **영역적** 제한이 가해지고 있는데, 베를린, 브란덴부르크, 브레멘은 종교수업을 자유선택과목으로 실시하는 것 이외에도 윤리와 종교학을 정규교과로 편성함으로써 이러한 영역제한규정을 활용하였다.

789   **정규교과**란 종교수업이 기본법 제7조 제2항, 제3항 제3문의 특별한 규정에도 불구하고 선택과목이 아니라 필수과목이면서 별도의 교과목으로서 평점이 매겨지며, 평균평점에 반영되고 진급과 관련이 있는 과목을 의미한다.[5] 종교수업은 원칙적으로 다른 교과목들과 동등한 지위를 갖는다. 종교수업은 학년제 교과과정에서는 학년도마다 개설되어야 하고, 학년도별 학기체제에서는 필수교과목에 속하기는 하지만 일정한 학기에 집중될 수도 있다. 이와 같이 종교수업이 정규교과로서의 성격을 갖기 때문에 각 주(州)가 입법으로써 종교수업 개설을 위해 필요한 학생수의 하한을 확정하는 것은 허용된다.

790   기본권적인 보장은 애초부터 종교수업의 **내용에 관한** 문제에 국한되고, 조직문제에 대하여는 적용되지 아니한다. 종교수업의 조직과 관련한 문제는 전적으로 국가의 소관사항이다. 연방헌법재판소는 "종파를 긍정하고 또한 그것에 구속되는 가운데" 종교수업이 행하여질 수 있다는 것을 전제하고 있다.[6] 종교수업의 내용을 확정하는 일은 종교공동체의 과제이기 때문에 신앙의 인정 및 그 구속에 대한 종교공동체의 자기이해도 규준적 성격을 갖는다. 이에 따라 다분히 선교적 성격의 종교수업은 물론 종파에 대한 정보를 단순히 전달하는 종교수업도 가능하게 되고, 또한 종파들의 공조를 통한 종교수업, 2개의 종파가 연합하여 진행하는 종교수업, 교회통일을 지향하는 종교수업 또는 종파에 대하여 개방적인 성격의 수업도 가능하게 된다. 해당 종교를 가지고 있지 아니한 학생이 종교수업에 참여하는 것이 허용되는지도 종교공동체가 제시한 원칙에 따라 판단할 문제이다.[7]

b) 기본법 제7조 제3항 제3문

791   종교수업 담당을 **거부**할 수 있는 교사의 권리는 교사의 종교 · 세계관의 자유의

---

5) BVerwGE 42, 346/349; 이견으로는 *Korioth/Augsberg*, ZG 2009, 223/224.

6) E 74, 244/253.

7) E 74, 244/253.

구체화이며, 따라서 교사가 종교수업의 담당을 거부했다는 이유로 그에게 불이익을 가하는 것은 금지된다. 이러한 기본권은 기본법 제4조 제1, 2항에 규정되어 있는 교사의 기본권에 대하여 그의 공무원이라는 특수한 지위에 근거를 두고 가해질 수 있는 제한을 금지하는 범위에서는 독자적 의미를 갖는다.[8]

c) 기본법 제7조 제2항

자녀를 종교수업에 참여하도록 할 것인지의 문제를 결정할 수 있는 친권자의   **792**
권리는 부모의 자녀양육권(기본법 제6조 제2항) 및 부모의 종교적·세계관적 자유
(기본법 제4조 제1, 2항)가 구체화된 권리이다. 친권자는 가족법상 자녀의 양육권
을 가지고 있는 자로서 보통의 경우에는 **부모**가 공동으로 친권을 보유한다. 이
른바 종교의 자유를 행사할 수 있는 능력을 갖게 된 후(단락 184 참조) 스스로
종교수업 참여여부를 결정할 수 있는 자녀의 권리는 기본법 제4조 제1, 2항으
로부터 직접적으로 도출된다.[9]

2. 제한과 헌법적 정당화

기본법 제7조 제2, 3항은 법률유보에 의한 제한을 받지 아니한다. 기본법 제7조   **793**
제1항은 종교수업을 구체적으로 조직하는 것을 정당화할 수 있으나, 이 기본권
자체를 제한하는 것을 정당화할 수는 없다. 종교수업을 듣지 않는 학생에게 종
교수업 대신 종교 및 세계관에 대하여 중립적이면서도 종교수업과 같은 가치를
가지는 윤리수업을 들어야 할 의무를 부과하는 것은 종교수업을 들을 자유에
대한 제한에 해당하지 않는다.[10]

Ⅲ. 사립학교설립의 자유(기본법 제7조 제4, 5항)

1. 보호영역

기본법 제7조 제4항 제1문은 개인과 단체(기본법 제19조 제3항)에게 사립학교를   **794**

---

8) *Badura*, MD, Art. 7 Rn 86.
9) *Badura*, MD, Art. 7 Rn 84; *Stern*, StR IV/2, S. 518 f 참조.
10) BVerfG, NVwZ 2008, 72; BVerwGE 107, 75/80 ff.

설립할 수 있는 **기본권**을 보장하고 있고, 이를 통해 사립학교를 운영할 권리도 보장하고 있다고 보아야 할 것이다. 이와 같이 해석하지 않는다면 사립학교의 설립을 보장하는 의미도 존재하지 않기 때문이다. 나아가 기본법 제7조 제4항 제1문은 제도로서의 사립학교에 대한 제도보장을 포함하고 있으나, 개별 사립학교의 존립보장을 포함하고 있는 것은 아니다.[11]

795 기본법 제7조 제4항 제1문은 사립학교에 대하여
- **학교의 외적 운영체계의 형성**(학교와 수업의 조직)
- **학교의 내적 운영체계의 형성**(교육계획의 수립, 교육목표, 교재 및 교육방법의 확정)
- **학생선발의 자유**
- **교사선발의 자유**[12]

등의 권리를 보장하고 있다.

796 기본법 제7조 제4, 5항에 의하여 구체적인 학교의 개념은 다음과 같이 구분하여야 한다. "해당 주(州)에 이미 존재하고 있거나 본래의 학교로서 설립이 예정되어 있는 공립학교를 대체하는 역할을 하는 것을 목적으로 하는" 사립학교[13]를 **대체학교**(Ersatzschule)로 칭한다. 이와 같은 특성을 갖지 아니하는 사립학교는 **보완학교**(Ergänzungschule)로 불린다. 기본법 제7조 제4항 제1문은 대체학교와 보완학교에 적용되고, 기본법 제7조 제4항 제2~4문과 제5항은 대체학교에만 적용된다.

797 대체학교 설립 및 운영에 대한 권리는 규범에 의하여 구성되는 기본권(단락 266 참조)에 해당한다. 대체학교는 공립학교를 대체하는 것이므로 주(州)법이 규율하고 있는 "기존의 학교구조와 최소한의 조화"를 이룰 수 있어야 하기 때문이다.[14] 그에 따라 대체학교에 대하여 교사의 2/3 이상이 그 직무에 부합하는 공립학교 교사의 자격 소지자일 것을 요구하는 것은 허용된다.[15] 이러한 권리가 기본법 제4조 제2항 전단에 적시되어 있으면서 법률에 의해 형성되어 있는 허

---

11) E 112, 74/84; *Brosius-Gersdorf*, DR, Art. 7 Rn 107 참조.
12) E 27, 195/200 f 참조.
13) E 27, 195/201 f; BVerwGE 105, 20/24; BVerfG, NVwZ 2011, 1384; BVerwGE 112, 263/266 f.
14) BVerwGE 104, 1/7; 112, 263/267 ff; *Kümper*, VerwArch 2016, 121/125 ff.
15) BVerwG, NVwZ 2016, 182/183.

가의 유보 하에 있는 것도 그와 같은 논리의 연장선에 있는 것이다. 허가를 받지 못하면 이 권리를 행사할 수 없고, 다음과 같은 요건(제3, 4문)이 충족된 경우에는 허가의 발급 내지 그 존속에 대한 청구권이 발생한다.

- 대체학교가 교육목표, 설비, 교사의 학력의 측면에서 공립학교에 뒤지지 않을 것. 이와 관련하여 교육의 방법 및 형식을 선택할 자유는 사립학교의 자유의 본질적 구성요소이며, 따라서 학생의 성별을 구분하여 수업을 하는 대체학교도 그 요건을 충족할 수 있다.[16] 이른바 홈스쿨링은 기본법 제7조 제1항에 근거를 두고 있는 취학의무에만 비추어 보더라도 이와 같은 요건을 충족하지 못한다.[17]
- 대체학교가 학부모의 재산상태에 따른 학생의 차별을 지지하지 않을 것[18]
- 대체학교가 교사의 경제적·법적 지위를 충분히 보장할 것[19]

제5항은 **사립 국민학교 또는 초등학교**와 관련하여 위 요건들을 더욱 강화하고 있 **798** 다. 제5항의 제1선택지에 의하면 사립 초등학교는 특별한 교육적 이익이 인정될 때에만 설립허가를 받을 수 있다.[20] 그 제2선택지에 의하면 친권자의 신청이 있고 공립학교가 없는 경우에만 종파학교 내지 세계관학교의 설립을 허가할 수 있다.

노르트라인-베스트팔렌(노르트라인-베스트팔렌 헌법 제8조 제4항 제2문)을 제외한 **799** 각 주(州)법에서는 설립허가 이외에도 대체학교가 공무수탁사인으로서 공법적 효력을 가질 수 있는 자격(증서, 진급, 대학입학자격)을 부여하기 위한 요건으로서 **인정**(Anerkennung) 제도를 두고 있다.[21] 연방헌법재판소는 자격 발급권을 내포하고 있지 아니한 전통적 대체학교의 개념이 기본법 제7조 제4항 제2문의 토대를 이루고 있고, 자격제도의 규율은 "국가의 당연한 과제"이며, 그 반대설은 "부당한 결과"를 초래할 수 있다는 논거에 따라 허가와 구분되는 인정제도가

---

16) BVerwGE 145, 333/345 ff.
17) 견해를 달리하고 있는 것으로는 *Brosius-Gersdorf*, DR, Art. 7 Rn 71 ff; 115; 세분하고 있는 것으로는 *Wißmann*, BK, Art. 7 Rn 95 f.
18) 실무에서 이 명령의 준수와 관련하여 비판적인 것으로는 *Wrase/Helbig*, NVwZ 2016, 1591.
19) *Müller*, S. 127 ff; *Stern*, StR IV/2, S. 531 ff 참조.
20) E 88, 40/47 ff; BVerwG, DVBl. 2000, 706 참조.
21) BVerwGE 68, 185/187 f; 112, 263/270 f 참조.

헌법적으로 허용된다고 판시하였다.[22] 그러나 이와 같은 판례의 논증은 그 타당성이 의심스럽다고 할 것이다.[23] 현대에 사립학교가 공립학교를 대체하는 본연의 기능을 수행하기 위해서는 허가에 자격의 발급권도 함께 포함되어 있어야 할 것이며, 허가와 별도로 존재하는 인정제도는 기본법 제7조 제4항의 규범조문에서 그 근거를 찾을 수 없다.

800 공적 재원으로 **사립학교를 지원**하는 문제도 마찬가지로 규범의 조문을 넘어서는 문제에 해당한다. 판례는[24] 공립학교와 병존하고 있는 사립대체학교를 지원하고 그 존립을 보호해야 할 국가의 보호의무와 그에 상응하는 기본권적 지위를 갖는 보호청구권을 인정하고 있다. 판례에 따르면 이러한 국가의 보호의무는 국가의 지원활동 없이는 대체학교제도의 존속이 명백히 위협받게 되는 경우에 발생하게 된다. 그리고 현 상황에 비추어 볼 때 사립대체학교들이 전반적으로 도움을 필요로 한다는 사실을 전제하여야 하며, 이에 따라 공적 재원으로 사립학교를 지원해야 할 헌법적 의무가 존재한다는 것을 인정해야 한다는 것이다.[25]

2. 제한과 헌법적 정당화

801 기본법 제7조 제4항은 **법률유보를 포함하고 있지 않다.** 기본법 제7조 제4항 제2문 후단("주(州)의 법률에 구속된다")은 그 문구, 체계적 위치, 성립사에 비추어 볼 때 제한을 위한 수권에 해당하지 아니하고, 기본법 제7조 제1항, 제4항 제2~4문, 제5항으로부터 추론되는 형성권능을 전제하고 있으며, 대체학교와 관련하여 이 형성권능을 행사하는 것은 주(州)의 입법자라는 것을 명확히 하고 있을 뿐이다.[26]

802 기본법 제7조 제1항은 헌법이 직접 이 자유에 대한 제한을 가할 수 있도록 수권하는 규정에 해당한다. 각 주(州)는 이와 관련해서도 **학교에 대한 감독권**을 가

---

22) E 27, 195/204 ff.

23) *Brosius-Gersdorf*, DR, Art. 7 Rn 117; 또한 *Müller*, S. 353 ff 참조.

24) E 75, 40, 62 ff; 90, 107/114; 112, 74/83 f; BVerwGE 79, 154/156 f.

25) 동지: *F. Müller*, Die Positivität der Grundrechte, 2. Aufl. 1990, S. 120 ff; 이에 대하여 비판적인 견해로는 *Gramlich*, JuS 1985, 607.

26) *Badura*, MD, Art. 7 Rn 100.

지는데, 이는 조직권한 이외에도 내용에 대한 감독권한도 포함한다(단락 762). 따라서 교양 및 교육에 관한 국가에 대한 위임은 사립학교에도 적용된다.[27] 국가는 학교에 대한 감독을 통해 사립대체학교의 운영을 국립학교의 운영과 같이 결정할 수는 없으며, 사립대체학교의 운영이 기본법 제7조 제4항 제2~4문 및 제5항의 요건을 계속적으로 충족하고 있는지만을 **감독**할 수 있을 뿐이다. 이에 따라 국가는 학교에 대한 감독을 통해 개별 사건에서 사립대체학교 운영과 관련하여 비례의 원칙에 따라 위에서 열거한 요건들의 준수를 보장하기에 적합하고 필요하며 상당한 비례관계에 있는 모든 조치를 취할 수 있고 또한 그 인가를 취소할 권한을 가지고 있다. 이와 관련한 국가의 감독권한은 물론 내용 면에 한정되어 있다.

사례 13(단락 784)에 대한 약해: 803

Ⅰ. 단체도 기본법 제7조 제4항의 기본권의 주체가 될 수 있다. 모든 주(州)의 김나지움은 설립이 예정된 공립학교이기 때문에, 甲김나지움은 대체학교에 해당한다. 그러므로 甲김나지움은 교육목표, 설비, 교사의 학력 면에서 다른 김나지움에 비해 부족하지 아니하고, 학부모의 재산상태에 따른 학생차별을 지지하지 않으며 이에 따라 수업료를 차등부과하지 아니하고 교사의 경제적·법적 지위도 충분히 보장되어 있어야 한다는 요건을 충족한다는 전제하에 기본법 제7조 제4항 제2~4문으로부터 그 허가청구권이 도출된다. 위 사례에서 이와 같은 요건들은 모두 충족되어 있다.

Ⅱ. 그러므로 甲김나지움에 대한 허가의 거부는 제한에 해당한다.

Ⅲ. 위와 같이 허가요건들이 한정되어 있기 때문에 위 단체가 제기한 신청의 거부는 여타의 헌법적 정당화사유에 의해서만 정당화될 수 있을 것이다. 그렇지만 기본법 제7조 제4항은 법률유보에 의한 아무런 제한을 받지 않으며, 기본법 제7조 제1항에 의한 주(州)의 학교감독권은 대체학교에 대해 전술한 요건들이 계속적으로 충족되고 있는지를 감시하는 권한에 미칠 뿐이다. 경쟁관계에 있는 국립학교에의 입학수요는 대체학교의 설립이나 운영에 대한 적법한 허가의 요건이 될 수 없고, 이는 기본법 제7조 제5항에 의하여 비교적 약한 보호를 받는 사립국민학교의 경우에도 마찬가지이다. 따라서 위 신청의 거부는 기본법 제7조 제4항에 위반된다.

참고문헌: *M. Jestaedt*, Schule und außerschulische Erziehung, Hdb. StR³ Ⅶ, § 156; *U.* **804** *Kromer*, Grundfälle zu Art. 7 GG, JuS 2009, 1090; *W. Loschelder*, Schulische

---

27) BVerwGE 145, 333/342 f.

Grundrechte und Privatschulfreiheit, Hdb. GR IV, § 110; *B. Pieroth*, Erziehungsauftrag und Erziehungsmaßstab der Schule im freiheitlichen Verfassungsstaat, DVB1. 1994, 949; *C. Rathke*, Öffentliches Schulwesen und religiöse Vielfalt, 2005; *M. Thiel*, Der Erziehungsauftrag des Staates in der Schule, 2000. – II에 관한 문헌으로는 *U. Hildebrandt*, Das Grundrecht auf Religionsunterricht, 2000; *S. Korioth/I. Augsberg*, Ethik- oder Religionsunterricht?, ZG 2009, 222; *J. Oebbecke*, Reichweite und Voraussetzungen der grundgesetzlichen Garantie des Religionsunterrichts, DVBL. 1996, 336; *R. Pieroth*, Die verfassungsrechtliche Zulässigkeit einer Öffnung des Religions- unterrichts, ZevKR 1993, 189. – III에 관한 문헌으로는 *F. Brosius-Gersdorf*, Privatschulen zwischen Autonomie und staatlicher Aufsicht, VerwArch 2012, 389; *F. Hufen/J.P. Vogel*, Keine Zukunftsperspektiven für Schulen in freier Trägerschaft?, 2006; *B. Kümper*, Die Akzessorietät der privaten Ersatzschule zwischen Bundes- verfassungsrecht und Landesrecht, VerwArch 2016, 120; *F. Müller*, Das Recht der Freien Schule nach dem Grundgesetz, 2. Aufl. 1982; *M. Ogorek*, Der Schutz anerkannter Ersatzschulen durch das Grundrecht der Privatschulfreiheit, DÖV 2010, 341.

§ 17 집회의 자유(기본법 제8조)

사례 14: 집회에 대한 유효한 해산처분(출전: E 87, 399) **805**

甲은 인근 지역에 있는 병영 앞에서 열린 연좌시위에 참여하였다. 수일간 계속된 시위는 신고는 없었으나 공개적으로 예고된 바 있었다. 이에 대해 이 지역을 관할하는 군수는 집회법 제15조 제1항에 의한 부담을 포함하는 처분을 발하였다. 그럼에도 불구하고 경찰은 연좌시위를 해산시키고 병영으로 들어가는 진입로 통행을 원활하게 만들었다. 또한 군의 관할행정기관은 해산처분에도 불구하고 지체없이 시위현장을 떠나지 아니한 甲에 대하여 집회법 제29조 제1항 제2호, 제2항 위반을 이유로 과태료를 부과하였다. 구역법원은 이 부과처분에 대하여 갑이 제기한 이의를 해산처분이 유효하다는 이유로 기각하고 甲에게 과태료를 부과하는 판결을 내렸다. 甲에 대한 판결은 기본법 제8조에 위반되는가? 이에 대한 약해는 **단락 834**를 보라.

I. 개관

집회의 자유는 타인과의 의사소통 형식 중 하나인 집회를 보호하기 때문에, 이 기본권 **806** 은 기본법 제5, 9조와 마찬가지로 의사소통에 관한 기본권으로 분류되고 있다. 이 기본권은 시위의 기본권으로도 불린다. 집회의 자유는 공개집회와 비공개집회 모두를 보호한다. 집회의 자유는 옥외집회만을 가중법률유보 아래 둠으로써 옥내집회를 유보 없이 보장하고 있다. – 집회법은 2006년의 연방주의 개혁 이래 각 주(州)의 입법관할에 놓이게 되었다. 아직 독자적인 집회법을 제정하지 아니한 주(州)에 대해서는 기본법 제125a조 제1항 제1문에 따라 개정된 기본법 제74조 제1항 제3호에 입각한 연방의 집회법(VersG)이 계속 적용된다.

II. 보호영역

1. 집회의 개념

807 집회는 일정한 장소에 둘 이상의[1] 사람이[2] 회합하는 것을 말하며, 이러한 회합이 공동의 목적을 추구함으로써 표출되는 **내적 유대**의 요소를 포함하고 있어야 한다. 그러므로 교통사고현장에 모여든 사람이나 음악회의 청중은 집회가 아닌 단순한 군집일 뿐이다. 이들의 경우에는 목적추구를 위하여 모여든 사람들 모두 서로를 필요로 하지 않으며, 따라서 모든 사람들은 같은 목적을 추구하기는 하지만 공동의 목적을 추구하는 것은 아니다. 그렇지만 단순한 집합이라도 처음에 없었던 내적 유대가 형성되는 경우에는 집회로 발전할 수 있다.[3]

808 **공동의 목적**이 공동의 의견의 형성과 표현을 위한 것이어야 하는지의 문제에 대해서는 다툼이 있다. 나아가 이러한 의견이 공적 사항에 관한 것이어야 하는지(최협의의 집회개념)[4], 아니면 사적 의견표현이든 공적 의견표현이든 무관하게 어떤 사항에 관한 논의이기만 하면 족한 것인지에 대해서도 다투어지고 있다. 후자의 견해는 집회의 자유가 의견표현의 자유에 대한 보완기능을 수행한다는 점을 논거로 하며, 최협의의 집회개념을 지지하는 견해는 이에 더하여 기본법 제8조와 관련한 역사적 체험에 의하면 무엇보다도 정치적 집회가 국가에 의한 제한의 대상이 되었다는 점을 지적하고 있다.

809 예: 정치토론회나 시위는 어느 견해에 의하더라도 집회로서의 성격을 띠게 된다. 학술대회, 경영협의회, 사원총회는 최협의의 집회개념에 의하면 보호영역에서 제외된다. 순수한 사교모임은, 집회의 요건으로 공동의 의견형성 및 의견표현을 요구하지 않는 경우에만 기본법 제8조의 보호를 받는다.

810 집회의 개념을 **공적 사항**의 논의에 국한해야 한다는 주장은 **타당하지 않다.** 그와

---

1) 만하임 행정법원(VGH Mannheim), VBlBW 2008, 60; *Höfling*, SA, Art. 8 Rn 9; *Stern*, StR IV/1, S. 1197 f.
2) E 69, 315/342 f; 104, 92/104.
3) *Kunig*, MüK, Art. 8 Rn 14.
4) *Mangoldt/Klein*, GG, 2. Aufl. 1957, Art. 8 Anm. III 2 참조.

같은 주장의 근거를 기본법 제8조의 문구나 그 체계적 위치에서 찾을 수 없고, 역사적으로 집회의 자유를 획득하기 위한 투쟁이 주로 정치적 모임과 관련하여 발화되었다는 사실만으로 다른 성격의 모임은 보호가치가 없는 것으로 보아야 하는 것은 아니기 때문이다.

집회의 개념을 공동의 의견형성 및 의견표현에 국한하려는 견해 역시 설득력이 **811** 없다. 기본법 제5조와 연계된 기본법 제8조는 의견의 형성 및 표현의 자유에 대한 보호를 보장한다.[5] 따라서 **집회목적** 및 내적 유대의 내용적 요건을 모두 완전히 포기해도 무방하다.[6] 기본법 제8조의 적용범위를 좁게 보려는 해석론은 집회가 인격의 자유로운 발현과 연관성을 맺고 있다는 점에서도 지지할 수 없다. 즉, 집회의 자유라는 기본권은 개인을 고립시키는 위험을 방지하여야 하고 또한 (기본법 제9조와 함께) 집단적 형태의 인격의 발현을 보장하여야 한다.[7] 이와 관련하여 연방헌법재판소는 집회의 개념을 비교적 좁게 파악하면서 그 목적을 공적 의견의 형성에 대한 참여에 국한하려는 경향을 보이고 있다.[8] 그러나 과거 연방헌법재판소는 집회개념을 광의의 개념으로 이해하는 경향을 보였고, 따라서 보다 설득력이 있었다.[9] 연방헌법재판소는 과거에는 "집회와 행진은 … 의사소통을 목적으로 하는 공동의 발현의 표현으로서 보호(받는)다. 논증과 논쟁이 있는 행사뿐만 아니라 구두에 의하지 않은 표현형식을 비롯한 다양한 형식도 그 보호대상이 된다"고 판시하였다. 유럽인권협약 제11조 역시 광의의 집회개념을 지지하고 있다. 결사의 자유와 함께 집회의 자유를 보장하고 있는 유럽인권협약 제11조의 결사의 자유가 정치적 목적의 결사만을 보호하지 않는다는 사실에 비추어 보더라도 같은 규정의 집회의 자유도 정치적 의견을 표현하기 위한 집회만을 보호하지 않는 것으로 해석하는 것이 타당하다는 것을 뒷받침한다.[10]

---

5) E 69, 315/344 ff.
6) 동지: *Sachs*, VerfR Ⅱ, Kap. 20 Rn 4; *Schulze-Fielitz*, DR, Art. 8 Rn 27.
7) *Gusy*, MKS, Art. 7 Rn 9.
8) E 104, 92/104; BVerfG, NVwZ 2011, 422; 이에 대해 비판적인 *Michael/Morlok*, GR, Rn 72; *Möllers*, NJW 2005, 1973/1974 f; *Stern*, StR Ⅳ/1, S. 1206 ff.
9) E 69, 315/344 ff; 이에 반대하는 *Hoffmann-Riem*, Hdb. GR IV, § 106 Rn 46 FN 167 참조.
10) 물론 다투어지고 있는 이 견해에 대해서는 *Maraubn*, in: Ehlers (Hrsg.), Europäische Grundrechte und Grundfreiheiten, 4. Aufl. 2014, § 4 Rn 61.

812 예: 그러므로 음악의 협연은 단체의 밤과 같은 행사와 마찬가지로 집회의 일종에 해당한다. 문화행사와 스포츠행사에 참석하는 것이 집회에 해당하는지는 타인과의 내적 유대의 존부에 달려 있다. 또한 이처럼 타인과의 모임이 특별한 의미가 있는 영화시연회, 음악연주회, 스포츠축제도 있다(예를 들면 컬트영화제, 락음악제, 개방된 장소에서의 공동관람). 이 행사에서 참여자들이 능동적 역할을 하는 사람들(Akteure)이 아니라 단순한 소비자인 경우에는 그 참여자들이 집회를 형성하는 것은 아니다. 연방헌법재판소의 관점에서 보면 이러한 모든 행사는 집회의 개념에서 제외된다(러브퍼레이드[11])에 대해서는 BVerfG, NJW 2001, 2459; BVerwGE 129, 42/45 ff; 인라인스케이트 대회에 대해서는 뮌스터 고등행정법원[OVG Münster], NVwZ 2001, 1316; 플래시 몹[flash Mob]에 대해서는 *Neumann*, NVwZ 2011, 1171/1174; *Levin/Schwarz*, DVBl. 2012, 10).

813 산발적으로 주장되는 견해[12])와는 달리 기본법 기본법 제8조의 집회는 참여자들이 몸소(körperlich) 참여하는 집회를 전제로 한다. 집회가 특별히 보호할 가치를 갖게 되는 이유도 바로 그 참여자들이 몸소 참여한다는 것이다. 한편으로는 이와 같이 집회 참여자들의 육신이 일정한 장소에 현존하기 때문에 집회는 항시 통제하기 어려운 정치적 행동으로 변화할 수 있는 잠재력을 가지고 있고, 이에 따른 특별한 위험성을 띠고 있기도 하다. 이러한 이유로 집회는 국가에 의한 우선적인 억압 대상이 되면서도, 참여자들이 직접적인 침해를 받기도 쉬워 국가의 공격으로부터 각별한 보호를 받아야 할 필요가 있는 것이기도 하다. 참여자들의 육신이 일정한 장소에 현존한다는 사정에 기인하는 이와 같은 이중적인 특별한 위험상황은 채팅방이나 인터넷의 토론광장에 존재하는 "가상공간에서의 집회"에는 존재하지 않는다. 따라서 이러한 가상공간에서의 집회는 집회의 자유에서 말하는 집회에 해당하지 않는다. 그 육신이 현존하지 않는 가운데 집회장소에 설치된 영상스크린으로 중계되는 연설을 하는 연사도 집회의 자유를 주장할 수 없다.[13]) 물론 집회행사와 영상중계의 결합은 기본법 제8조에 의해 보호되는, 물리적으로 참여하는 집회주체자와 집회참여자의 집회형성의 자유(단락 824)에 의한 보호를 받는다.

---

11) [역주] 독일의 대규모 테크노, 일렉트로니카 음악 축제.
12) *Pötters/Werkmeister*, Jura 2013, 5/9.
13) 뮌스터 고등행정법원(OVG Münster), NVwZ 2017, 648/649는 연사에 대한 기본권보호를 그가 국가원수의 기능을 수행하고 있다는 이유로 이미 배제하고 있다.

2. '비무장' '평화' 집회

집회의 자유의 사항적 보호영역은 기본법 제8조 제1항에 따라 비무장의 평화집 **814**
회로 한정된다. 「무기 소지에 관한 법률(WaffG)」 제1조의 무기(권총, 단도, 격투
용 반지) 이외에도 위험한 도구(야구방망이, 철제사슬)도 사용할 목적으로 소지하
고 있는 경우에는 **무기**에 해당한다.[14) 반면, 순수한 보호장구(가스마스크, 보안경)
는 무기가 아니다. 비무장이라는 용어 대신에 종종 사용되는 "소극적 무장"이라
는 표현은 오해의 소지가 있다.[15)

집회가 어떤 경우에 **평화로운** 것인가의 문제를, 연방법원과 같이[16) "국민의 평 **815**
온을 교란하는 것(Störung des staatsbürgerlichen Friedens)"을 기준으로 삼아 답하
는 것은 지극히 불명확하며 정의하기에 적합하지도 않다. 평화집회의 정의에서
모든 위법을 비평화적 집회로 보는 것은 명확한 한계를 설정해주기는 하지만
기본법 제8조 제2항에 규정되어 있는 법률유보를 해석을 통하여 기본법 제8조
제1항의 보호영역에 내재하는 것처럼 보이게 만드는 결과를 초래한다.[17) 모든
법률위반이 아니라 형법에 대한 위반만을 비평화적인 것으로 평가하는 경우조
차도 단순법률유보가 해석을 통하여 기본법 제8조 제1항에 내재하는 것처럼 보
이게 만든다. 왜냐하면 어떠한 행위를 형법에 의한 제재의 대상으로 삼을 것인
지는 입법자의 자유에 속하기 때문이다. 따라서 집회의 비평화적 성격이 형법
위반과 동일하다고 볼 수도 없다.[18)

전통적으로 집회의 평화적 성격은 집회법 제5조 제3호, 제13조 제1항 제2호에 **816**
근거하여 집회가 "폭력적 또는 선동적으로 진행"되지 않는 것으로 정의되고 있
다. 연방헌법재판소도 비평화적 집회를 기본권보호의 대상에서 제외한 취지가
집회법에 의한 폭력적·선동적 집회의 금지와 "일치"한다고 보았다.[19) 비평화적

---

14) *Schulze-Fielitz*, DR, Art. 8 Rn 46; ("자체로서는 무해한 물건들")처럼 무기의 개념을 더 넓게
   이해하는 견해로는 *Kloepfer*, VerfR Ⅱ, § 63 Rn 15.
15) *Depenheuer*, MD, Art. 8 Rn 9; *Hoffmann-Riem*, Hdb. GR Ⅳ, § 106 Rn 61 참조.
16) BGH, DVBl. 1951, 736.
17) *Hoffmann-Riem*, Hdb. GR Ⅳ, § 106 Rn 56.
18) E 73, 206/248; *Höfling*, SA, Art. 8 Rn 30; *Kloefer*, VerR Ⅱ, § 63 Rn 21.
19) E 73, 262/249; 좀 모호하게 E 104, 92/106.

집회를 폭력적·선동적 집회로 규정하는 경우에도 물론 이를 **정치화**(精緻化)할 필요성이 있다.

817 **폭력성**(Gewalttätigkeit)의 개념은 전통적으로 행위자가 사람이나 물건에 대하여 적극적으로 물리적 작용을 가할 것을 요구하였고, 이는 대체로 그 물리적 작용이 공격적이고 어느 정도 현저할 것을 요구한다.[20] 따라서 폭력성이라는 개념은 피해자에 대한 일체의 물리적인 강제작용으로 만족하는 폭력의 사용이라는 현대적인 개념보다 좁다. "**선동적**(aufrührerlisch)"이라는 개념은 줄곧 한편으로는 전복이라는 집회의 목적과, 다른 한편으로는 합법적으로 활동하는 집행공무원에 대한 적극적인 폭력적 저항이라는 수단과 관련되어 있다. 집회에서 전복을 지향하는 의견이 어느 정도 표현될 수 있고 또 선전될 수 있는지의 문제는 오늘날에는 기본법 제5조를 규준으로 판단되어야 하기 때문에, 기본법 제8조의 테두리 내에서는 폭력적 저항이라는 표지만이 중요한 의미를 갖는다. 이는 폭력성이라는 표지와 마찬가지로 적극적이고 물리적인 작용을 요구하지만, 폭력성이라는 표지와는 달리 사소한 공격성을 띠는 사소한 물리적 작용만으로도 충분하다.[21]

818 예: 노상연좌시위는 과거의 통설(E 73, 206/257 ff; BGHSt 35, 270 참조) 및 근래의 판례의 경향(E 104, 92/101 f; BVerfG, NJW 2011, 3020; BGHSt 41, 231/241)과는 달리 형법 제240조에서 말하는 폭력이 아니다(E 92, 1/16 ff; E 104, 124 ff의 소수의견; *Rusterberg*, NJW 2011, 2999). 그러나 집회의 자유라는 기본권은 형법 제240조 제2항의 비난가능성 인정에 까다로운 요건을 제시한다(BVerfG, NJW 2011, 3020 ff). – (가령 토마토, 계란과 같은) 이른바 연성(軟性) 물건을 투척하는 경우에는 전술한 기준에 따라 투척의 대상이 누구인지의 문제와 그 투척이 우발적인 것에 불과한 것인지 아니면 침해를 의도하였는지 또한 이를 유발하였는지의 문제가 결정적인 의미가 있다.

819 **개인들**의 비평화적 행위는 개별적으로 평가하여야 한다. 위법행위가 집단 전체에 의하여 수행된 것이 아니라 전체적으로 볼 때 평화적으로 집회가 개최되는 가운데 일부 개인들에 의해서 자행되었을 뿐이라면 이를 이유로 집회 전체의 평화적 성격을 부정해서는 안 된다.[22] 그렇지만 집회의 지도부나 참여자의 다

---

20) *Lenckner/Sternberg/Leiben*, in: Schönke/Schröder, StGB, 28. Aufl. 2010, § 125 Rn 5.
21) *Rudolphi*, Systematischer Kommentar zum StGB, § 125 Rn 5.

수가 개인들의 비평화적 행태에 합류하는 경우에는 그 집회는 비평화적 집회가 된다.23)

끝으로 집회의 폭력적·선동적 진행이 임박한 경우, 즉 그것이 **목전에 있는 경우** **820** 에도 집회는 비평화적 성격을 띠게 된다. 그러나 이에 반하여 집회참여자들의 복면착용은 비평화적 성격을 인정할 수 있는 충분한 징표에 해당하지 않는 다.24)

예: 기본법 제8조 제2항에 의해 보호되지 못하는 행위로는 범죄행위를 하도록 크게 외 **821** 치는 것(쾰른행정법원[VG Köln], NJW 1971, 210/211); 신문배달의 실력 저지(BGH, NJW 1972, 1366/1367; NJW 1972, 1571/1573); 특정 시위를 반대하는 시위를 통한 집회 의 방해(자아르루이 고등행정법원[OVG Saarlouis], JZ 1970, 283; 또한 *Rühl*, NVwZ 1988, 577).

3. 옥내집회와 옥외집회

옥외집회와 옥내집회의 은유적 구분은 건축학적 구분이 아니라 사회적 구분에 **822** 해당한다. 이러한 구분은 일반 대중이 통행하는 장소에서 개최되는 집회에 내 재하는 위험과 그러한 집회에 가해질 수 있는 위협과 관련된 것이다. 왕래하는 일반 대중과 접촉할 경우 집회는 방해받기 쉽고 또 집회가 위험요인이 될 수 있는 등 긴장과 갈등이 발생할 수 있다. 옥외의 장소들은 – 공용도로나 광장처 럼 – 건조물로 형성되는 공간적 제한이 없는 것이 보통이다. 일반 대중이 왕래 할 수 있도록 개방되어 있는 중심상가의 넓은 공간이나 공항의 넓은 대합실도 옥외집회장소가 될 수 있다.25) 그러한 공간이 사인인 소유자의 수중에 있는 한 그 소유자의 기본권에 대한 제한이 수반되지만, 이 제한은 집회의 자유의 실현 을 위하여 원칙적으로 정당화된다.26)

---

22) E 69, 315/359 ff.
23) *Gusy*, MKS, Art. 8 Rn 24.
24) *Gusy*, MKS, Art. 8 Rn 25; *Hoffmann-Riem*, Hdb. GR IV, § 106 Rn 59; 이견으로는 *Depenheuer*, MD, Art. 8 Rn 86.
25) E 128, 226/255; BGH, NJW 2015, 2892/2893; *Enders*, JZ 2011, 577 ff; *Kersten/Meinel*, JZ 2007, 1127/1131; 시간제로 일반공중에게 개방되는 공간에 대해서는 BVerfG, NJW 2014, 2706/2707.
26) BVerfG, NJW 2015, 2485/2485 f = JK 3/2016.

823 이와 같은 공간을 기준으로 하는 구분을 집회법의 적용에서 의미를 갖는 **공개집**
회와 **비공개집회**의 구분과 혼동해선 안 된다. 후자의 구분은 전적으로 누구나
참여가 가능한 집회인지 여부를 기준으로 한 것이기 때문이다.[27] 옥외 공개집
회의 경우 집회의 개방성과 일반대중의 개방성이 혼재하게 되고, 바로 이 때문
에 특별한 긴장관계가 발생할 수 있다.

4. 보장의 범위

824 기본법 제8조는 집회의 신고 유무와 무관하게 집회를 보호한다.[28] 기본법 제8
조는 집회의 조직과 준비(집회 초청장 발송, 집회 홍보), 집회장소·시간·경과·형
성의 선택(가령 메가폰이나 확성기의 사용) 등을 보호한다.[29] 집회장소 선택의 자
유는 모든 공용의 공개된 장소에 미친다는 데 이론이 없다. 그 본래의 용도에
의하면 집회를 위한 장소가 아닌 (공동묘지 같은) 곳도 구체적인 경우 (가령 추념
행사의 형태로) 실제로 일반적인 소통이 전개되면 집회장소가 될 수 있다.[30] 연
방헌법재판소는 그 밖에도 집회장소선택의 자유를 일반대중이 출입할 수 있도
록 공개되어 개방된 공간의 기능을 수행하는 개인 소유의 장소에까지 확장하고
있다.[31] 집회장소로의 여행 및 참가 후의 귀가를 위한 여행,[32] 집회주관, 집회
참여도 보호를 받는다. 집회참여가 집회의 관심사에 대한 공감의 표현인지 아
니면 그에 대한 비판적인 태도의 표현인지는 상관이 없다. 그러나 집회에 참여
하려는 것이 아니라 방해를 하기 위한 의도에서 이뤄지는 집회 장소에의 입장
이나 재석은 기본법 제8조의 보호를 받지 못한다.[33] 기본법 제8조는 소극적 집
회의 자유도 포함하고 있으며, 따라서 어느 누구에게도 집회참여나 집회의 조
성을 강요하는 것은 허용되지 않는다.[34]

---

27) *Gusy*, MKS, Art. 8 Rn 60; *Kloepfer*, VerR II, § 63 Rn 27.
28) E 69, 315/351; BVerfG, NJW 2014, 2706/2707 = JK 8/2015.
29) 베를린-브란덴부르크 고등행정법원(OVG Berlin-Brandenburg), NVwZ-RP 2009, 370; *Gusy*,
    MKS, Art. 8 Rn 30.
30) BVerfG, NJW 2014, 2706/2707 = JK 8/2015.
31) E 128, 226/250 ff; BVerfG, NJW 2015, 2485/2488 = JK3/2016.
32) *Benda*, BK, Art. 8 Rn 35 f; *Geis*, FH, Art. 8 Rn 30 ff.
33) E 84, 203/209 f.
34) E 69, 315/343; 이견으로는 *Gusy*, MKS, Art. 8 Rn 33; *Hoffmann-Riem*, Hdb. GR IV, § 106
    Rn 81.

III. 제한

기본법 제8조 제1항은 **신고의무** 및 **허가를 받을 의무**라는 두 가지 제한사례를 열 **825**
거하고 있다. 형사법적 제재를 수반하는 집회의 해산과 금지, 집회에 대한 부담
부과, 개별 참여자의 배제, 집회장소에 차량으로 접근하거나 집회장소에서 이탈
하는 것을 방해하거나 제약하는 것[35)]은 모두 집회의 자유에 대한 제한에 해당
한다. 끝으로 이 기본권은, 가령 매체를 통해 집회참가 거부 촉구를 공지하는
것과 같이 그 심각성의 면에서 명령적 조치에 근접하고 위축효과를 발휘하는
사실상의 조치에 의해서도 제한될 수 있다.[36)] 연방헌법재판소의 판례에 의하면
국가의 감시조치가 이 기본권에 대한 제한으로서의 성질을 갖는지의 문제에 대
해서는 위축효과가 관건적 의미를 가져야 한다. 즉, 어떤 집회에 참여하겠다는
내심의 결정의 자유도 보호되므로 국가의 감시를 받는 것에 대한 두려움 때문
에 차라리 기본권행사를 포기하는 결과를 초래할 경우에는 제한이 존재한다는
것이다.[37)] 연방헌법재판소는 이러한 관점에서 "과도한 사찰 및 기록"[38)]이 행하
여지는 경우에는 집회의 자유에 대한 제한이 존재한다고 보았다. 그러나 어떠
한 감시가 "과도한" 것인지가 불명확하고 또한 "통상적인" 감시의 경우에도 두
려움은 생기기 때문에 위와 같은 기준에 의하여도 본질적인 문제가 충분히 해
명되었다고 볼 수는 없다. 오히려 집회나 그 참여자에 대한 사찰 및 기록이 다
름 아닌 집회나 집회참여의 특성과 관련된 것이라면 항상 제한을 인정하여야
한다.[39)]

예: 범죄 혐의자에 대한 사찰은 그가 집회에 참여한다고 해서 집회의 자유에 대한 제한 **826**
이 되는 것은 아니다. 특정 개인이나 집단이 헌법에 적대적인 행위를 하는지를 사찰하
는 경우도 마찬가지이다. 반면에 사찰의 대상이 집회나 집회참여 자체가 헌법에 적대성
을 띠거나 위법적인 활동인지의 문제에 관한 것이라면 기본법 제8조에 대한 제한이 존

---

35) E 69, 315/349; 87, 399/409; BVerfG, NVwZ 2007, 1181, 1184.
36) BVerfG, NVwZ-RP 2016, 241/242.
37) E 65, 1/43; 동지의 견해로는 *Hoffmann-Riem*, Hdb. GR IV, § 106 Rn 31; *Kloepfer*, VerfR Ⅱ,
§ 63 Rn 46.
38) E 69, 315/349.
39) *Bäumler*, JZ 1986, 469/471; 또한 *Depenheuer*, MD, Art. 8 Rn 126 참조.

재한다(*Henninger*, DÖV 1998, 713/715). 경찰이 집회를 촬영하는 것(뤼네베르크 고등행정법원[OVG Lüneberg], NVwZ-RP 2016, 98/99 = JK 8/2016), 작전복, 헬멧, 곤봉을 장착한 경찰공무원이 시위행렬을 양쪽에서 따라가는 것(브레멘 고등행정법원[OVG Bremen], NVwZ 1990, 1188/1189).

IV. 헌법적 정당화

1. 한계

827 a) 기본법 제8조 제2항의 법률유보는 **특별히 집회를 대상으로 하는 제한**에 대해서만 적용된다. 기본법 제5조와 연계된 기본법 제8조를 통해 보호되는 집회(단락 811 참조)를 특히 의견과 관련하여 제한하는 것이 헌법적으로 정당화될 수 있는지는 기본법 제5조 제2항을 규준으로 판단해야 한다.[40] 그러므로 집회에 대한 대처는 의견에 대하여 중립적이어야 하며 우파 집회나 극우 집회에 대한 대처가 좌파 집회나 극좌 집회 또는 주류의 집회에 대한 대처와 달라서는 안 된다.[41]

828 기본법 제8조 제2항은 ("옥외")라는 특정 상황과 결부되어 있으므로 **가중법률유보**를 포함하고 있다(단락 307 참조).[42] 이와 같은 법률유보에 근거하고 있는 것이 무엇보다도 집회법이지만, 집회법은 원칙적으로 공개집회, 즉 누구나 참여할 수 있는 집회에만 적용된다. 경찰법, 공공질서유지법, 헌법기관 등의 기능보장을 위한 집회금지구역에 관한 법률(Bannmeilengesetze) 내지 집회의 원칙적 금지 구역에 관한 법률(Gesetze über befriedete Bezirke),[43] 일요일 및 축일에 관한 법률,[44] 도로법(Straßengesetze und Wegegesetze), 도로교통법[45] 등도 집회에 대한 다른 제한들을 포함하고 있다. 물론 집회자유의 행사는 기본권의 공동행사의 일종이며 그 위상의 면에서 도로교통에 결코 열등하지 않다.[46] 민법 제903

---

40) 또한 E 82, 236/258 ff 참조.

41) E 111, 147/154 f; BVerfG, NJW 2001, 2069, 2072, 2075, 2076; *Dörr*, VerwArch 2002, 485; *Kloepfer*, VerfR II, § 63 Rn 61; *Röger*, Versammlungsfreiheit für Neonazis?, 2004, S. 65 ff; 이견으로는 E 124, 300/327 ff(Rn 667-668); *Hufen*, StR II, § 30 Rn 22.

42) 또한 *Stern*, StR IV/1, S. 1261; 이견으로는 *Hufen*, StR II, § 30 Rn 38.

43) *Werner*, NVwZ 2000, 369; *Dietrich*, DÖV 2010, 683 참조.

44) 비판적인 견해로는 *Arndt/Droege*, NVwZ 1992, 906.

45) *v. Mutius*, Jura 1988, 79/81 ff.

46) BVerfG, NVwZ 1992, 53 (기본법 제5조 제1항에 대하여); *Dietz*, AöR 2008, 556.

조 제1문, 제1004조에 의한 민법상의 가택권은 이 자유에 대한 한계의 일종이
지만 가택권자가 국가인 경우에는 집회법 이상의 제한을 정당화할 수는 없
다.[47]

b) **제17a조 제1항**은 병역 및 대체복무 관계에 관한 **법률유보**를 포함하고 있다. 기 **829**
본법 제8조 제2항과 병존하는 이러한 법률유보의 특별한 의미는 옥내집회도 규
제할 수 있도록 하는 것이다. 비집총복무에 관한 법률(Zivildienstgesetz)은 지금
까지 이러한 수권을 활용하지 않았다. 군인과 관련해서는 상황이 다르다. 군인
은 가령 군인법(SG) 제15조 제3항에 의하여 군복을 착용하고 옥내 정치적 집회
를 포함한 정치적 행사에 참여할 수 없다.[48]

c) 집회법이 옥내집회와 관련하여 규정한 제한들은 법률유보에 근거한 것이 아 **830**
니다. 그 제한들은 한편으로는 평화성 및 비무장성이라는 보호영역의 한계를
법률을 통하여 명확히 하기 위함이다. 그 제한들은 다른 한편으로는 **상충하는 헌
법**의 보호를 위하여 요청되는 범위에서 정당성을 띤다.

예: 경찰이 공개 옥내집회에서 폭탄이 터질지도 모른다는 정보를 입수하고 혼란을 막기 **831**
위하여 집회를 신속히 해산하였다. 이러한 조치는 집회법 제13조 제1항 제2호 제2안
("참여자의 생명과 건강에 대한 직접적인 위험")에 근거를 두고 있으며, 이 규정은 다시
기본법 제8조 제1항과 충돌하는 기본법 제2조 제2항 제1문의 구체화라고 할 수 있다(또
한 *Gallwas*, JA 1986, 484/488; *Krüger*, DÖV 1997, 13 참조). 비공개집회에서 같은 상황
이 전개된다면, 마찬가지로 좁게 해석되어야 하는 경찰법상의 일반조항이 수권의 근거
가 된다(*v. Coelln*, NVwZ 2001, 1234).

집회주관자 임명의무(집회법 제7조 제1항)는 그 합헌성이 의문시 된다. 대규모집 **832**
회는 주최자가 없으면 사실상 조직될 수 없기 때문에 집회주관자의 임명의무는
곧 집회의 자유를 실현하기 위한 것이다. 따라서 그와 같은 의무는 대규모 집회
와 관련해서는 정당화된다 할 것이지만, 소규모 집회에 대해서는 타당하지 않
다. 그러므로 주관자를 예외 없이 임명해야 의무는 위헌이다.[49]

---

47) E 128, 226/262 f; 비판적인 견해로는 *Enders*, JZ 2011, 579 f.
48) *Kloepfer*, VerfR II, § 63 Rn 33; 이견으로는 E 57, 29/35 f: 보호영역이 해당하지 않는다.
49) *Hoffmann-Riem*, Hdb. GR IV, § 106 Rn 74; 이견으로는 *Depenheuer*, MD, Art. 8 Rn 150.

2. 신고의무 및 허가제의 금지

833 기본법 제8조 제1항에 명시되어 있는 신고 및 허가(Anmeldung und Erlaubnis)의
명시적 배제는 검열금지(단락 649, 710 이하)와 같이 제한의 한계에 해당한다.[50]
따라서 집회법은 신고를 의무로 만들거나 그 의무를 이행하지 않을 때 제재를
가해서는 안 되고, 오로지 신고책임(Obliegenheit zur Anmeldung)만을 규정할 수
있다. 이러한 신고책임은 경찰이 집회계획을 적시에 알고 집회가 교통안전을
보장받으면서 마찰 없이 진행되도록 집회를 보호하고, 이로써 동시에 공공의
안전이나 질서의 보호를 위해 충분한 조치를 취할 수 있도록 보장하는 것이다.
그러나 이러한 책임을 이행하지 않는다고 해서 집회해산이라는 제재가 자동적
으로 가해질 수 있는 것은 아니고, 공공의 안전이나 질서에 대한 위험을 피하기
위하여 불가피한 경우에는 경찰에 의해 집회가 해산당할 수도 있는 가능성을
감수해야 할 뿐이다. 이와 관련해서는 연방헌법재판소도 연방집회법을 이러한
의미로 해석하면서 신고를 하지 않았다고 하여 연방집회법 제15조 제3항에 그
제재로서 예정되어 있는 해산을 적용할 수는 없다고 판시하였다.[51] 연방헌법재
판소는 이미 우발시위나 긴급시위에 대한 (적시) 신고 요건을 포기해 왔으며,[52]
이에 따라 기본법상의 집회의 자유를 유럽인권재판소의 유럽인권협약에 대한
해석보다 넓게 보장하고 있다. 유럽인권재판소는 제재를 수반하는 신고 및 허
가 의무를 유럽인권협약 제11조에 대한 제한으로서 원칙적으로 허용된다고 보
았다.[53] 이와 같이 기본법이 유럽인권협약보다 관련 인권을 넓게 보장하는 것
은 유럽인권협약 제53조(단락 68)의 회원국법에 의해 보장되는 인권을 인권협약
으로 침해할 수 없다는 원칙(Günstigkeitsprinzip)에 비추어 볼 때 허용된다.

834 사례 14(단락 805)에 대한 약해:

   Ⅰ. 노상연좌시위는 집회의 개념에 포섭된다. 문제는 그것이 평화집회인가 하는 것이
다. 개별적인 시위참여자에 국한되지 않고 시위참여자들이 사람과 물건에 대하여 현저
하고 공격적으로 물리적인 작용을 가하는 행위를 할 때 비로소 집회는 비평화적 성격을

---

50) *Wege*, NVwZ 2005, 900.
51) E 69, 315/350 f.
52) E 69, 315/350 ff; 85, 69/74 f.
53) EGMR, NVwZ-RP 2017, 103/106.

띠게 된다. 따라서 노상연좌시위는 폭력적이거나 선동적인 것이 아니라 평화적 집회에 해당한다.

Ⅱ. 과태료 선고로 집회의 자유에 대한 제한이 가해지고 있다. 왜냐하면 이 기본권에 의한 보호는 집회의 해산으로 종료되지 않으며, 그에 이어지는 공공질서위반범 처리절차에까지도 효력을 발휘하기 때문이다.

Ⅲ. 유죄판결의 법적 근거는 집회법 제15조 제2항과 연계된 제29조 제1항 제2호이다. 이는 기본법 제8조 제2항의 법률유보의 요건을 합헌적으로 충족한 법률로서 아무런 헌법적 하자 없이 적용되어야 하며 기본법 제8조 제1항의 근본적인 의미에 비추어 해석되어야 한다. 그런데 이 사건에서는 구역법원이 해산처분의 합법성을 심사하지도 않은 채 甲에 대하여 유죄판결을 내렸다는 점 때문에 의문이 제기된다. 오히려 구역법원은 해산처분의 실효성(Wirksamkeit)(이에 대하여는 행정절차법 제43조)을 집회법 제29조 제1항 제2호, 제2항을 적용하기에 충분한 근거로 보았다. 그러나 합법적인 집회해산만이 과태료 제재를 통해 관철될 수 있는지, 아니면 실효성 있는 해산명령을 무시하게 되면 그 합법성과는 무관하게 제재를 받게 되는 것인지의 문제는, 그 문구와 성립사에 의하여 확정할 수 없다. 기본법 제8조 제1항의 의미에 부응하려면 해산처분의 행정법적 관철과 해산처분 무시에 대한 제재를 구분하여야 한다. 국가가 보장하여야 하는 안전을 다른 법익들에 비하여 열등한 것으로 다루지 않으려면, 상황에 맞게 발동되어야 하는 해산처분의 행정법적 관철이 그 처분의 합법여부에 의하여 좌우된다고 할 수 없을 것이다. 반면에 해산명령에 불응한 자에 대해 적용되는 집회법 제29조 제1항 제2호, 제2항은 항상 사건이 끝나고 난 후에 이루어지며, 따라서 제재 이전에 먼저 해산처분이 합법적인지를 구속력 있게 해명하는 것이 가능하다. 그러므로 집회법 제29조 제1항 제2호는 합법적으로 해산된 집회에서 해산에 불응한 경우에만 과태료가 부과될 수 있다고 해석하는 한에서만 헌법에 합치한다고 보아야 한다. 그리고 이러한 점을 검토하지 않은 구역법원의 재판은 기본법 제8조의 의미를 간과하고 있는 것이다.

참고문헌: *R. Frau*, Versammlungsfreiheit und Privateigentum, RW 2016, 625; *W.* **835** *Höfling/Augsberg*, Versammlungsfreiheit, Versammlungsrechtsprechung und Versammlungsgesetzgebung, ZG 2006, 151; *W. Hoffmann-Riem*, Versammlungsfreiheit, Hdb. GR IV, § 106; *M. Kloepfer*, Versammlungsfreiheit, Hdb. StR³ Ⅶ, § 164; *M. Kötter/J. Nolte*, Was bleibt von der „Polizeifestigkeit" des Versammlungsrechts?, DOV 2009, 399; *S. Kraujuttis.* Versammlungsfreiheit zwischen liberaler Tradition und Funktionalisierung, 2005; *U. Lembke*, Grundfälle zu Art. 8 GG, JuS 2005, 984, 1081; *C. Trurnit*, Grundfälle zum Versammlungsrecht, Jura 2014, 486.

§ 18 결사의 자유와 단결의 자유(기본법 제9조)

836 사례 15: 학생회 가입강제(출전: 시그마링겐 행정법원[VG Sigmaringen], DVBl.
1968, 717)

甲은 뮨스터(Münster)대학교 법학과에 재학 중인 법학도로서 학기 당 학생회비 475유로
를 납부하고 있다. 그는 학업 도중에 학생회비의 일정비율이 아스타(AStA)라는 학생회
의 기관에 유입되고 있다는 것을 알게 되었다. 甲은 회원가입신청서를 작성한 적도 없
기 때문에 학생회 회원이 아니며, 그렇기 때문에 위 금액 상당의 학생회비를 납부할 의
무도 없다고 생각한다. 또한 자신의 의사와는 무관하게 성립한 회원자격은 기본법 제9
조 제1항에서 도출되는 기본권인 일반적 결사의 자유에 합치하지 않는다고 본다. 학생
甲의 생각은 옳은가? 이 사례에 대한 약해는 **단락 881**을 보라.

I. 개관

837 기본법 제9조 제1항에는 일반적 결사의 자유가 보장되어 있다. 기본법 제9조 제3항은
일반적 결사의 자유의 특수사례인 노동조건과 경제조건의 유지와 개선을 위한 결사를
결성할 권리(단결의 자유)를 보호하고 있다. 정당을 결성할 수 있는 기본권은 기본법 제
9조 제1항에 의해서도 보장되므로(단락 1297 이하 참조) 정당은 헌법소원을 제기할 수
있다.[1] 정당의 헌법적 지위는 그 밖에도 기본법 제21조에 의하여 규정된다. 나아가 정
당법은 사단법에 대한 특별법에 해당한다(정당법 제2조 제2항도 참조). 공법상의 사단
인 종교공동체의 결성은 기본법 제9조 제1항이 아니라 바이마르헌법 제137조 제5항과
연계된 제140조에 의하여 보호된다(단락 622 참조).

838 통설에 따르면 일반적 결사의 자유와 단결의 자유는 양자 모두 한편으로는 결사의 구성
원 **개인의 자유권**을, 다른 한편으로는 결사 자체의 **집단적 자유권**을 포함하고 있다. 나아
가 확립된 판례에 의하면 기본법 제9조 제3항은 노사협약제의 **제도보장**을 포함하고 있
다.[2] 기본법 제9조 제1항이 사단(Verein)과 조합(Gesellschaft)이라는 법제도의 제도보

---

1) *Streinz*, MKS, Art. 21 Rn 31; 이견으로는 *Hesse*, VerfR, Rn 411; *Kunig*, Hdb. StR³ Ⅲ, § 40 Rn
90.

장을 포함하고 있다고 해석하는 견해도 있으나, 기본법 제9조 제1항에서 이러한 결사들에 대한 언급은 예시적 성격을 가질 뿐이기 때문에 그러한 견해는 타당하지 않다. 입법자가 인적 결합의 법적 형태들을 마련해 놓아야 할 의무를 지고 있음은 물론이다.[3]

기본법 제9조 제3항은 국가에 의한 제한에 대해서 효력을 가질 뿐만 아니라 사인에 의 **839** 한 제약에 대하여도 직접적인 **제3자효**를 발휘한다. 단결의 자유를 축소하거나 방해하려고 하는 약정은 무효이며 그것을 목적으로 하는 조치는 위법이라는 기본법 제9조 제3항 제2문의 명문의 규정은 노사협약을 포함한 모든 사법적 또는 노동법적 합의와 관계된다. 특히 단결체 자체도 그 규정에 구속된다.

II. 보호영역

1. 일반적 결사의 자유

a) 개념

기본법 제9조는 사단과 조합을 언급하고 있다. 사단의 개념은 **사단법**(VereinsG) **840** **제2조 제1항**에서 조합 개념도 포괄하는 광의의 의미로 "복수의 자연인 또는 법인이 비교적 장기간 공동의 목적을 위하여 자발적으로 결합하고 또 조직에서 형성된 의사에 복종하는 결사"로서 풀이되고 있다. 이러한 결사의 법적 형태는 결정적 의미를 갖지 아니한다. 기본법 제9조 제2항도 사단법 제2조 제1항의 사단을 결사와 동일시하고 있다.

이와 같은 광의의 정의는 기본법 제9조 제1항의 보호대상을 **적절하게** 풀이하고 **841** 있는 것으로 인정되고 있다. 사단 및 조합에 관한 민법규정들은 기본법 제9조 제1항의 보호대상이 될 수 있는지를 판가름하는 규준이 아니다. 사단과 조합의 언급은 예시적 열거로서 포괄적인 자유보호가 보장되어 있다는 것을 명확히 하는 의미를 갖는 것이다. 기본법 제9조 제1항의 보호대상에는 "느슨한 결합의 시민운동단체로부터 결속력 강한 상급단체(Spitzenverband)에 이르는 모든 종류의 단체"가 포함된다.[4] — 결사의 본질적 요소들을 구체적으로 살펴보면 다음과

---

2) E 4, 96/104; 44, 323/340.
3) E 50, 290/355; 비판적인 견해로는 *Ziekow*, Hdb. GR IV, § 107 Rn 40, 42, 44; *Kemper*, MKS, Art. 9 Rn 10 f.

같다.

842 결합이 **자발적으로** 이루어져야 한다. 강제결합은 기본법 제9조 제1항의 기본권
보호를 향유할 수 없다(강제결합에 대한 개인의 소극적 결사의 자유에 대하여는 단락
848 이하 참조). 공법상의 강제결합도 기본법 제9조 제1항의 보호영역에서 제외
된다.[5] 공법상의 강제결합은 국가의 고권적 조치를 통해서만, 즉 국가만이 제
정할 수 있는 특별(Sonderrecht) 공법에 근거해서만 설립될 수 있다. 사인들이
자발적으로 공법적 결사를 결성할 수는 없다.

843 결합이 **공동의 목적**을 위한 것이어야 한다. 이러한 목적은 완전히 자유롭게 확
정될 수 있는 것으로 스포츠, 예술, 정치, 봉사활동, 사교 등을 대상으로 할 수
있다. 구성원들 사이에 주된 목적에 대해서는 합의가 형성되어 있으나 부수적
목적에 대해서는 견해의 차이가 있다고 해서 공동의 목적이라는 요소의 존재가
위협을 받는 것은 아니다.

844 둘[6] 또는 그 이상의 자연인이나 법인의 결합이 어느 정도의 **시간적 · 조직적 안정
성**을 가지고 있어야 한다. 이러한 요소는 성문 또는 불문의 규칙에 따라 이루어
지는 공동의 의견형성을 통해서 생성된다.[7]

845 예: 기본법 제9조 제1항의 결사로는 무엇보다도 상사회사 및 주식회사, 콘쩨른 및 지주
회사 등을 들 수 있다. 1인 유한회사와 재단은 인적 결합에 기초를 두고 있지 않기 때문
에 결사가 아니다(BVerwGE 106, 177/181 참조). 시장전략에 관한 협정체결의 수단일
뿐인 카르텔은 결사라고 할 수 없고, 그러한 카르텔은 조직적인 결합을 통해서 비로소
결사가 된다.

b) 개인의 권리로서의 기본법 제9조 제1항

846 기본법 제9조 제1항은 조문상 사단과 조합의 **결성**을 보호한다. 이는 타인들과
결합하여 사단을 결성할 수 있는 개인의 권리로서 결사의 설립시기, 목적, 법적
형태, 명칭, 정관, 소재지에 대한 결정권을 포함한다(이른바 사단의 자치).

---

4) *Rinken*, AK, Art. 9 Abs. 1 Rn 46.

5) E 10, 89/102; 38, 281/297 f.

6) *Bauer*, DR, Art. 9 Rn 39; *Höfling*, SA, Art. 9 Rn 10; *Ziekow*, Hdb. GR IV, § 107 Rn 18.

7) *Michael/Morlok*, GR, Rn 294; *Ziekow*, Hdb. GR IV, § 107 Rn 25.

기본법 제9조 제1항을 통하여 자유로운 사단결성의 가능성 이상의 것이 보장되 **847**
어 있지 않다면, 결사의 자유의 보호가 공허해질 위험이 있다. 그러므로 기본법
제9조 제1항은 기존 사단에의 **가입**, 사단 내에서의 그리고 사단을 통한 **활동**과
사단에의 **잔류**도 보호하는 한편(이른바 적극적 결사의 자유), 사법적 결사에 **가입
하지 아니할 권리**[8] 및 **탈퇴할 수 있는** 권리(이른바 소극적 결사의 자유)도 보호한다
는 데 이론이 없다.

유럽인권협약 제11조의 결사의 자유가 어떤 결사에 가입해야 할 의무를 부과받 **848**
지 아니할 소극적 자유도 보호한다.[9] 이에 비하여 기본법 제9조 제1항의 결사
의 자유가 변호사회, 의사회, 상공회의소, 사냥회와 같은 **공법상의 강제결사**에
가입하지 아니할 권리의 포함여부에 대해서는 다툼이 있다. 연방헌법재판소와
연방행정법원은 기본법 제9조 제1항의 보호영역이 그에 미치지 않는 것으로 해
석하면서 가입강제가 허용되는지의 문제를 전적으로 기본법 제2조 제1항에 의
하여 판단하고 있다.[10] 그러나 연방헌법재판소와 연방행정법원은 그와 같은 가
입강제로 회원이 된 개인이라도 어쨌든 공법상의 결사가 그 과제영역을 유월하
는 경우에는 보호를 받는다고 보았다.[11]

이와 같은 해석론은 사법상의 결사만을 보호대상으로 삼는 결사의 개념 및 성 **849**
립사를 **논거로 하고 있다**. 기본법 제9조 제1항으로부터 타인과 함께 공법적 결사
를 결성할 수 있는 개인의 권리가 도출될 수 없다면, 역으로 기본법 제9조 제1
항은 그러한 결사에 가입하지 아니할 권리의 근거가 될 수도 없다는 것이다.[12]

그러나 이와 같은 역추론은 오류이다.[13] 사인에게 공법상의 사단을 결성할 수 **850**
있는 적극적인 결사의 자유가 없다는 지적은 타당하다. 그러나 사인이 공법상
의 사단에의 가입을 거부하는 것이 사인에게 불가능한 공법적 결사형식을 활용
하겠다는 것을 의미하는 것은 아니다. 오히려 그러한 가입 거부의 본질은 고전

---

8) E 10, 89/102; 50, 290/354; 123, 186/237.

9) EMRK, NZS 2017, 179/180.

10) E 10, 89/102; 38, 281/297 f; BVerfG, NVwZ 2002, 335/336; 2007, 808/811.

11) E 78, 320/330 f; BVerwGE 112, 69/72; *Meßerschmidt*, VerwArch 1990, 55/74 ff.

12) *Epping*, GrundR, Rn 885; *Merten*, Hdb. StR³ Ⅵ, § 165 Rn 62 ff; *Kemper*, MKS, Art. 9 Rn 59; *Kloepfer*, VerfR Ⅱ, § 64 Rn 19 ff; *Ziekow*, Hdb. GR Ⅳ, § 107 Rn 33 f.

13) *Bauer*, DR, Art. 9 Rn 42; *Höfling*, SA, Art. 9 Rn 22.

적 기본권기능인 국가적 강제행위에 대한 방어에 해당하는 것이다. 역사적으로
볼 때 일반적 결사의 자유의 방어대상에는 동업조합(길드)과 같이 고권에 의해
가입이 강제되는 결합체들도 포함되어 있었다.[14] 기본법 제9조 제1항의 보호대
상에 사법상의 가입이 강제되는 결합체를 포함시키는 통설도 이러한 보호기능
을 인정하고 있다.[15] 그런데 기본법 제9조 제1항이 강제결사에 대한 보호를 제
공한다면, 사인이 사적 결사의 가입강제에 대하여 방어하는 것과 공법적 결사
에의 가입강제에 대하여 방어하는 것 사이에 아무런 차이가 없게 된다.[16] 따라
서 이상의 논거들에 비추어 보았을 때 소극적 결사의 자유는 공법적 결사에 가
입하고 또 남아 있도록 하는 국가의 강제조치로부터 개인을 보호한다고 보아야
한다.

c) 집단적 자유권으로서의 기본법 제9조 제1항

851 연방헌법재판소는 확립된 판례에서[17] 기본법 제9조 제1항은 전술한 결사의 회
원들에 대한 보장과 아울러 **결사 자체**, 그 성립과 존속에 대한 보호도 포함하고
있는 것으로 보고 있다. 연방헌법재판소는 기본권보호의 실효성이라는 관점을
그 논거로 들고 있다. 즉 결사 자체에 대한 보장까지 포함할 때 비로소 결사의
자유는 완전히 보장된다는 것이다. 그러나 결사의 자유는 "이중적 기본권"으로
서 개인의 자유인 동시에 집단의 자유이기도 하다는 해석은, 결사가 기본권의
주체가 될 수 있는 범위의 문제를 특별히 그리고 완결적으로 규율하고 있는 기
본법 제19조 제3항에 부합하지 않는다.[18]

852 집단적 결사의 자유의 보호대상에는 결사의 **존속 및 원활한 기능**(Funktions-
fähigkeit)이 포함되어야 할 것이며, 대내적으로는 "결사의 조직, 의사형성절차,
업무의 집행에 관한 자결권"이 이에 포함되는 것으로 보아야 한다는 것이다.[19]
집단적 결사의 자유가 대외적으로 어디까지 미치는지 그리고 사단의 **모든 활동**

---

14) *F. Müller*, Korporation und Assoziation, 1965, S. 231 ff.
15) BGH, NJW 1995, 2981.
16) *Schöbner*, VerwArch 2000, 374/402; *Murswiek*, JuS 1992, 116/118 f.
17) E 13, 174/175; 80, 244/253; 124, 25/34.
18) *W. Schmidt*, Festschrift Mallmann, 1978, S. 233; *Isensee*, Hdb. StR³ IX, § 199 Rn 107 f.
19) E 50, 290/354.

을 보호하는지는 쟁점이 되고 있다.[20] 연방헌법재판소에 의하면 사단명칭의 사용[21]과 효과적인 홍보를 위한 자기표현[22] 등을 포함하는 "사단의 존속 및 사단 활동의 핵심영역"만이 보호되며,[23] 이러한 핵심영역만이 결사의 존속 및 원활한 기능과 관련된다. 그러나 연방헌법재판소는 어떤 결사가 자연인처럼 법적 거래를 통해 하는 활동은 기본법 제9조 제1항이 아니라 그 활동을 특별히 보호하는 기본권에 의해서 보호된다고 본다.[24] 이는 결과적으로 사단의 활동은 그 개별적 활동을 특별히 보호하는 기본권과 연계된 기본법 제19조 제3항의 규준에 따라 보호받는다는 입장과 부합하는 것이다.

2. 단결의 자유

a) **단결의 자유**에 관한 기본법 제9조 제3항 제1문은 단결체의 목적을 서술하면서 **853** 그것을 노동조건 및 경제조건의 유지와 개선으로 한정하고 있다.[25] 또한 단결체는 본질상 하나의 결사(단락 840 이하 참조)이어야 한다. **노동조건**이란 노동관계와 직접 관계되는 조건, 가령 임금, 노동시간, 노동자 보호, 휴가에 관한 규율 등을 말한다. **경제조건**은 그 밖에 실업자의 감소를 위한 조치, 새로운 기술의 채택, 경기문제(景氣問題) 등과 같은 경제정책적·사회정책적 성격을 갖는 것들을 말한다. 이 두 가지 목적은 선택적이 아니라 **함께** 추구하여야 한다. 그러므로 노동조건을 고려하지 않는 순수한 경제적 결사인 카르텔, 구매조합, 소비자단체 등은 기본법 제9조 제3항의 보호를 받지 못한다.

그러나 일반화된 견해에 의하면 단결체의 개념은 그와 같은 목적규정만으로 정 **854** 의될 수 없고, 오히려 어떤 결사가 단결체로 인정되기 위해서는 **다른 표지들도** 가지고 있어야 한다. 일반적으로 **조직의 순수성**(사용자단체에는 노동자가, 노동자단체에는 사용자가 각각 소속되어 있지 아니할 것),[26] **상대방에 대한 독립성**(상대방에 대한 경제적 자주성), **사업장을 넘어서는 조직**이 단결체의 표지로 인정되고 있다.[27]

---

20) *Kluth*, FH, Art. 9 Rn 74 ff 참조.
21) E 30, 227/241.
22) E 84, 372/378.
23) E 80, 244/253.
24) BVerfG, NJW 2000, 1251; NVwZ 2015, 612/612 f.
25) 이 조문의 헌법사적 배경에 대해서는 *Poscher*, RdA 2017, 235.
26) 이에 대해 비판적인 견해로는 *Kluth*, FH, Art. 9 Rn 162.

이러한 표지들을 충족한 경우에야 그 결사는 사회적 상대방에 대한 관철력을 획득할 수 있고, 따라서 기본법 제9조 제3항에 적시된 노동조건 및 경제조건의 유지·개선을 위하여 효과적이고 지속적인 작용을 하고 노사협약을 둘러싼 협상과 협약의 체결에서 자신의 주장을 관철할 수 있게 된다. 그러나 노사협약의 체결능력과 투쟁의 자세는 단결체의 표지로서 반드시 요구되는 것은 아니다.[28]

855 예: 단결체에는 노동자와 사용자의 직업단체(노동조합과 사용자단체), 그 상부조직인 독일노동조합연맹, 독일사용자단체연합회 등이 있다(「노사협약에 관한 법률(TVG)」 제2조 제2항 참조). 개별단체는 보통 산업별 결성주의에 따라 조직화되어 특정 경제분야나 영업부문에서만(금속산업노조, 광업노조 등) 활동한다. 그러나 독일사무직노동조합(DAG)과 같이 직업군에 따라 형성되는 단체구조도 허용된다.

856 b) 기본법 제9조 제3항은 개별 노동자나 사용자에게 단결체를 결성할 수 있는 기본권, 즉 타인들과 함께 단결체로 결합할 수 있는 **개인의 기본권**을 부여하고 있다. 이는 모든 사람을 위하여 그리고 모든 직업을 위하여, 가령 공무원(「공무원법통일을 위한 기본법」[BRRG] 제57조), 법관(독일법관법[DRiG] 제46조), 군인(군인법[SG] 제6조 제1문)을 위하여 효력을 갖는다. 기본법 제9조 제3항은 사단자치(단락 846 참조)에 상당하는 단결체의 자치 이외에도 일반적 결사의 자유와 같이 적극적·소극적 행태를 보호한다(단락 847 참조). 또한 기본법 제9조 제3항이 단결체의 목적을 특별히 언급하고 있으므로 단결체의 목적에 따른 활동도 보호한다는 데 이론이 없다(단락 858 참조).

857 c) 통설에 의하면 기본법 제9조 제3항 역시 기본법 제9조 제1항과 마찬가지로 개인적 자유와 함께 **집단적 자유**를 보장한다. 즉 단결체의 존속을 보호하며, 특히 단결체의 목적에 부합하는 활동을 통하여 기본법 제9조 제3항에 명시되어 있는 목적을 추구할 수 있는 단결체의 권리를 보장한다.[29] 기본법 제9조 제1항과 같이 기본법 제9조 제3항도 독자적인 집단의 자유를 포함하고 있다는 해석은 기본법 제19조 제3항을 근거로 한 비판에 직면하였다(단락 851 참조). 그러나 노동

---

27) E 50, 290/368; 58, 223/247; *Bauer*, DR, Art. 9, Rn 72 ff; 이견으로는 *Kemper*, MKS, Art. 9 Rn 102 ff(그는 조직의 순수성만을 그 추가적 표지로 제시하고 있다) 참조.
28) E 18, 28/32; 58, 233/249 f; BVerfG, NJW 1995, 3377.
29) E 93, 352/357 ff.

쟁의라는 말을 통하여 단결체가 집단적 자유를 그 목적을 위하여 행사할 수 있다는 것이 기본법 제9조 제3항에 명시적으로 언급되어 있다는 것은 부인할 수 없는 사실이다. 연방헌법재판소는 과거 오랜 기간 기본법 제9조 제1항과 마찬가지로 기본법 제9조 제3항에서도 그 활동의 자유는 "핵심영역"에서만 보호된다는 견해를 고수해왔으나, 결국은 이와 같이 단결체의 활동을 핵심영역에만 한정하는 입장을 포기하였다.[30]

집단적 단결의 자유는 무엇보다도 **단체협약**을 위한 협상과 체결을 의미하는데, **858** 노사관계의 당사자들은 이러한 단체협약을 통해서 특히 임금, 노동시간, 휴가기간과 같은 실질적 노동조건을 자율적으로 규율하게 된다.[31] 그 밖에도 단결체의 활동으로 볼 수 있는 것으로는 단결체의 홍보,[32] 그 회원들을 위한 상담 및 소송대리,[33] 단체의 질서유지,[34] 기업의 공동결정에 대한 참여,[35] 노동쟁의 관련 조치[36] 등이 있다. 판례와 통설은 단결의 자유가 노동조건 및 경제조건의 유지 및 향상과 연관이 있어야 한다는 점에 따라 (단체협약의 당사자를 간접적인 상대로 삼지 않는) 정치적 파업, 연대파업과 동조파업 그리고 (단결체가 주도하지 않는) 파업(wilder Streik)은 기본법 제9조 제3항에 의하여 보호되지 않는다는 결론을 내리고 있다.[37]

예: 노동자 측의 노동쟁의의 수단으로는 비교적 많은 수의 노동자들이 공동으로 그리고 **859** 계획적으로 행하는 노동의 거부를 의미하는 파업(BAGE 1, 291/304), 불매운동, 사업장 출입통제 및 접수 등이 존재한다. - 사용자 측의 노동쟁의의 수단으로는 임금지불의 정지, 기업혁신을 위한 대량해고, 다수의 노동자들을 계획적으로 노동에서 배제하는 조치인 직장폐쇄 등이 존재하며, 그중 일시적이고 방어적인 직장폐쇄는 특히 단결체의 목적에 부합하며, 따라서 헌법의 보호를 받는 것으로 평가되고 있다(E 84, 212/225; 이에 대하여는 *Coester*, Jura 1992, 84; *Richardi*, JZ 1992, 27) 등이 있다.

---

30) E 93, 352/358 ff.
31) E 94, 268/283; 100, 271/282; 103, 293/304.
32) E 57, 290/372; 93, 252/357 f.
33) E 88, 5/15.
34) E 100, 214/221.
35) E 50, 290/372.
36) E 84, 212/225; 92, 365.
37) *Stern*, StR IV/1, S. 2059 ff; 원칙적으로 동지의 견해로는 또한 *Berke*, Zur Zulässigkeit von Sympathiestreiks, 2014, S. 95 ff.

III. 제한

1. 일반적 결사의 자유에 대한 제한

860 결사의 자유에 대한 국가의 제한조치는 설립단계부터 해산단계까지 걸쳐 존재한다. 그러나 결사의 유형(합명회사, 주식회사 등)을 정하는 규범들은 결사의 자유에 대한 제한에 해당하지 않는다(단락 147 이하 참조). 그러한 규범들은 결사의 결성을 어렵게 하는 것이 아니라 특정한 법적 형태로 결사의 자유를 행사하는 것을 가능하게 하는 구체적 형성일 뿐이다. 그런데 법률적인 차원에서 구체화된 이러한 법적 형태들은 보호영역에 포함되지 않는다.[38] 반면에 이와 같이 축적되어 있는 규범들을 축소하는 것은 제한의 문제로 다뤄지고 있다(단락 147 이하).

861 결사의 자유에 대한 제한의 예: 사단설립 금지; 인허제(Konzessionssystem)에 의한 예방적 통제(v. Münch, BK, Art. 9 Rn 44 참조); 사단의 정관에 대하여 관청의 인가를 받도록 하는 것; 결사에 가입하거나 잔류하는 것을 국가가 방해하는 것; 회원모집을 위한 선전활동을 규제하는 것; 사단의 금지.
결사의 자유의 구체적 형성의 예: 최소 자본금액에 관한 규정이나 사단등록부나 상업등기부에의 등기의무.

2. 단결의 자유에 대한 제한

862 국가에 의한 제한만이 단결의 자유의 방어대상이 되는 것은 아니다. 기본법 제9조 제3항 제2문은 **제3자**가 단결의 자유를 침해하는 것도 명시적으로 금지함으로써 직접적 제3자효(단락 111, 236 이하 참조)를 발휘한다. 단결체가 노동생활의 자율적인 질서를 실현할 수 있도록 그 상대방을 상대로 하는 활동의 테두리와 형식을 마련해 주는 법은 이러한 자유에 대한 제한에 해당하지 않는다.

863 개인적 단결의 자유에 대한 제한의 예: 노동조합에의 가입이나 잔류를 사용자가 방해하는 것. 이로부터 노동조합 가입을 이유로 한 해고의 위법성이나 노동조합 탈퇴 협약의 무효도 추론된다. 노동조합의 조합원이라는 이유로 또는 조합원이 아니라는 이유로 차별함으로써 탈퇴나 가입을 강제하는 것. 그러므로 사용자에게 조직노동자만을 고용하거

---

38) BVerfG, NJW 2001, 2617; 비판적인 견해로는 *Kluth*, FH, Art. 9 Rn 91 ff.

나 계속 고용하도록 하는 의무를 부과하는 것(이른바 조직조항[Organisationsklausel] 또는 차단조항[Absperrklausel]) 또는 조직노동자와 비조직노동자의 급여를 차등하여 지급하도록 사용자에게 의무를 부과하는 것(이른바 급여차별조항[Differenzierungsklausel]; BAGE 20, 175/218 ff; *Scholz*, MD, Art. 9 Rn 231 참조)은 허용되지 않는다. 기업주가 현행 임금협약에 따라 임금을 지급할 경우에만 수탁을 받을 수 있도록 하는 이른바 단체협약충실조항은 가입강제에 해당하지 않는다(E 116, 202/217 ff).

집단적 단결의 자유에 대한 제한의 예: 기본법 제9조 제3항에 의하여 단결체에 부과된 과제를 가입강제가 인정되는 공법상의 사단(경제적·사회적·문화적 견지에서 노동자의 이익을 대변하는 이른바 노동자협회)에 부여하는 것(E 38, 281/302 참조); 국가가 노동쟁의를 강제로 중재하는 것(E 18, 18/30; BAGE 12, 184/190); 직장폐쇄의 제한(E 84, 212/223 f).

Ⅳ. 헌법적 정당화

1. 일반적 결사의 자유

a) 기본법 제9조 제2항

기본법 제9조 제1항은 일반적 결사의 자유를 명문의 법률유보 아래에 두고 있 **864**
지 않다. 그러나 기본법 제9조 제2항은 **일정한 결사의 금지**를 포함하고 있다. "금지되어 있다"는 문구에 따라 기본법 제9조 제2항에 언급된 결사는, 기본법 제8조 제1항을 통해 평화롭지 아니하고 무장된 집회가 보호영역에서 제외되는 것과 마찬가지로 그 보호영역에서 제외된다.[39]

이에 비하여 통설은 기본법 제9조 제2항을 결사의 자유의 **제한에 대한 헌법 자체** **865**
의 정당화로 보고 있다.[40] 법치국가원리는 사단의 금지에 대한 일정한 절차 및 관할에 대한 규율을 요구하고 있으며 이 절차를 통해 소관 기관이 선언한 금지는 창설적 효력을 갖는다는 점에 대해서는 이론이 없다.[41] 헌법에 합치하는 사단법 제3조 제1항 제1문의 규율도 이에 부합한다. 이 규정에 의하면 관할관청의 사단 해산처분으로 사단의 금지가 확인된 경우에 비로소 그 사단이 금지된

---

39) E 80, 244/254는 이 문제를 확정하지 않고 있다.
40) *Höfling*, SA, Art. 9 Rn 38 f; *Ziekow*, Hdb.GR Ⅳ, § 107 Rn 57 ff.
41) *Kluth*, FH, Art. 9 Rn 96; *v. Münch*, BK, Art. 9 Rn 77; *Scholz*, MD, Art. 9 Rn 132.

것으로 다룰 수 있도록 하고 있다. 결과적으로 기본법 제9조 제2항은 가중법률
유보에 해당하는 것이다.

866 **사단의 금지사유**는 기본법 제9조 제2항에 완결적으로 열거되어 있다. 즉 그 외의
사유에 의한 사단의 금지는 불가능하다.

867 aa) 목적과 활동이 **형법**에 위반되는 결사는 금지된다. 여기서 형법이란 일반형
법으로 결사의 자유를 제한하기 위한 특별형법이 아닌 형법규정만을 의미한
다.[42] 형법 개념을 일반형법으로 한정하지 아니하면, 기본법 제9조 제1항은 입
법자의 처분에 맡겨지게 되기 때문이다.

868 형법전에는 보통은 허용되는 활동이 복수의 사람에 의해서 공동으로 행하여진
다는 이유만으로 형벌의 제재를 받게 되거나 그 공동행위에 대하여 형을 가중
하는 규정들이 있다(가령 형법 제121, 129, 129a조, 제250조 제1항 제2호, 제253조 제
4항, 제284조 제2항). 그러한 형법규정이 공동행위의 배후에 결사가 존재하느냐
와 무관하게 공동행위의 각별한 위험성에 주목하는 것인 한 그와 같은 형의 가
중은 문제가 없다. 형법 제129, 129a조는 제9조 제2항의 사단 자격을 부정하는
(disqualifizierend) 구성요건표지에 의거하여 결사행위를 형사처벌하는 것이
다.[43]

869 bb) **헌법적 질서**에 적대적인 결사는 금지되어 있다. 기본법 제9조 제2항은 기본
법 제18조 제1문 및 제21조 제2항 제1문과 내용적인 면에서 공통점을 갖기 때
문에 기본법 제9조 제2항의 "헌법적 질서"라는 개념은 기본법 제2조 제1항(단락
460 참조)에서와는 달리 "자유민주적 기본질서"라는 개념과 같으며[44] 민주주의
와 법치국가에 대한 기본적 의미가 있는 규율들만을 포함한다.

870 cc) **국제우호**(Völkerverständigung) 사상에 적대적인 결사, 그중에서도 특히 특정
종족, 민족 또는 국민이 열등하다고 선전함으로써 국제우호의 사상에 적대적인

---

42) *Löwer*, MüK, Art. 9 Rn 48; *Stern*, StR IV/1, S. 1348; 이견으로는 *Merten*, Hdb. StR[3] Ⅶ, § 165
    Rn 77.
43) *Löwer*, MüK, Art. 9 Rn 48.
44) BVerwGE 134, 275/292 f; *Maurer*, StR, § 23 Rn 8; 비판적 견해로는 *Kluth*, FH, Art. 9 Rn
    105.

결사는 금지된다.

기본법 제9조 제2항에 따라 사단을 금지하기 위한 요건은 전술한 법익들에 대 **871**
하여 결사가 "**적대적**"이라는 것이다. 기본법 제18조 제1문 및 제21조 제2항에서
와 마찬가지로 기본법 제9조 제2항의 결사의 적대성을 인정하기 위해서는 그
"공격적·투쟁적 태도"[45]가 필요하다. 그러므로 기본법 제9조 제2항에 열거되어
있는 법익에 대한 단순한 비판이나 부정만으로는 충분하지 않다. **개개 구성원**의
공격적·투쟁적 행태가 문제되고 있는 경우에는 가령 다수의 구성원이 그러한
행태를 용인하거나 아무런 이의를 제기하지 않은 채 감수한다는 측면에서 그러
한 행태를 그 결사에 귀속시킬 수 있는지가 관건적인 의미를 갖는다.[46]

b) 상충하는 헌법

다른 헌법적 법익과의 충돌은 한편으로는 기본법 제9조 제1항 자체 내에서 발 **872**
생한다. 특히 개인적 결사의 자유와 집단적 결사의 자유가 충돌할 수 있기 때문
이다. 다른 한편, 결사의 자유의 보호영역을 결사의 활동까지도 보호할 수 있을
정도로 넓게 파악한다면(단락 852 참조) 기본법 제9조 제1항 이외의 헌법과도 충
돌할 수 있다.

예: 문화나 스포츠뿐 아니라 탈주기법을 개발·교육하는 활동을 하는 교도소 수감자들의 **873**
결사는 기본법 제9조 제1항의 보호영역을 넓게 해석하는 경우에는 그러한 활동과 관련
하여 기본법 제9조 제1항의 보호를 받을 수 있다. 따라서 이러한 활동에 대한 금지는 곧
결사의 자유에 대한 제한에 해당하기 때문에 그것은 상충하는 헌법으로서 형집행을 헌
법적으로 인정할 수 있는 근거가 되는 기본법 제103조 제2, 3항 및 제104조에 의하여 정
당화될 수 있어야 한다. 이 때 결정적인 의미가 있는 것은 형집행제도의 존속과 그 원활
한 기능을 위하여 사단의 활동을 제한할 필요가 있다는 것이다(*Schneider*, in: FS Klug,
1983, S. 597).

2. 단결의 자유

a) **기본법 제9조 제2항**을 통하여 부여된 제한의 수권이 단결의 자유에도 적용될 **874**

---

45) E 5, 85/141.
46) BVerwGE 80, 299/306 ff.

수 있는지가 문제된다. 일부 견해는 결사의 자유의 **뒤에**, 그리고 단결의 자유 **앞에** 위치한 제2항의 체계적 위치와 기본법 제5조(여기서는 일반적으로 제2항에 규정된 한계는 제1항에만 적용되고 제3항에는 적용되지 않는다는 것이 인정되고 있다)와의 체계적 비교를 통하여 이 문제에 대하여 부정적인 입장을 취하고 있다.[47] 통설은 그 성립사와 기본법 제9조와 기본법 제21조의 체계적 연관성에 비추어 보면 단결의 자유는 정당의 자유보다 더 넓은 보호를 받을 수 없다는 결론이 도출된다는 이유로 이를 긍정하고 있다.

875 그러나 이러한 논쟁은 **무의미**하다. 어떤 단결체가 기본법 제9조 제2항에 열거된 목적을 자신의 목적으로 설정하게 되면 그 단결체는 이제 기본법 제9조 제3항 제1문이 의미하는 단결체에 해당하지 않게 된다. 왜냐하면 기본법 제9조 제2항의 목적과 기본법 제9조 제3항의 목적이 전혀 다르고, 노동조건 및 경제조건의 유지와 개선은 그 목적을 행동으로 옮기더라도 형법에 위반되지 않으며, 헌법적 질서와 국제우호의 사상에 적대적이지도 않기 때문이다. 그러므로 기본법 제9조 제2항의 제한수권을 단결의 자유에 적용하는 것은 실익이 없고 필요하지도 않으며, 따라서 그 적용가능성은 부정되어야 한다.[48]

876 b) 개인적 단결의 자유와 집단적 단결의 자유가 상충하는 작용을 하거나 한 단결체의 단결의 자유가 다른 단결체의 그것과 충돌하는 경우에 그 **충돌**은 다시 기본법 제9조 제3항 자체 내에서 일어날 수 있다. 그러므로 연방헌법재판소와 연방노동법원은 단결체들 사이의 충돌과 이에 대한 입법자의 형성은 비례의 원칙을 통하여 규제된다고 보고 있다.[49]

877 예: 경영협의회의 위원으로 선출되기 위한 노동조합원들의 개인적 단결의 자유는, 만약 노동조합이 대내외적 결속력 유지를 위하여 조합원들에게 그 선거에의 입후보를 금지한다면 노동조합의 집단적 단결의 자유에 의해서 상당한 정도로 제한받게 된다(E 100, 214/223 f). 노동쟁의의 진행과정에서 다른 단결체에 대하여 선동적 공세를 취하거나 상대방의 파괴를 기도하는 파괴적인 노동쟁의는 허용되지 않는다(BAG, NJW 1967, 843/845).

---

47) *Jarass*, JP, Art. 9 Rn 37; *W. Schmidt*, NJW 1965, 424/426.
48) 유사한 견해로는 *Höfling*, SA, Art. 9 Rn 127.
49) E 84, 212/226 ff. `

나아가 일반적인 원칙(단락 380)에 따라 헌법적 지위가 있는 법익들도 기본법 **878**
제9조 제3항을 제한할 수 있다.[50] 이러한 법익들은 기본법에서 그 근거를 찾을
수 있어야 한다. 이때 단결체가 "공공복리에 구속되어 있다"는 주장만으로는 이
와 같은 요건을 충족시키지 못한다.[51] 나아가 그러한 제한은 유럽인권재판소의
견해에 의하면 공직자에 대한 일괄적 파업금지를 배제하고 있는 유럽인권협약
제11조를 고려하여야 한다.[52]

예: 연방헌법재판소는 지금까지 기본법 제33조를 공무원의 파업권을 부정하는 것을 정 **879**
당화하는 근거로 보아왔다(E 44, 249/264). 이에 반하여 연방행정법원은 공무원파업금지
와 관련하여 배타적인 고권적 활동에 대해서만 허용하는 것으로 해석되는 유럽인권협약
제11조의 기능 관련적 보장과 기본법 제33조 제5항의 공무원의 지위를 근거로 한 금지
는 양립할 수 없는 것으로 보면서, 공무원파업금지의 범위를 축소하는 것은 입법자만이
할 수 있다고 본다(BVerwGE 149, 117/130 ff = JK 10/2014; *Manssen*, Jura 2015,
835/839 ff). 유럽인권재판소의 판례의 입장이 교회와 관련한 기구에서 실행되고 있는
이른바 제3의 길(연방노동법원[NZA 2013, 448/460]은 교회의 자결권[기본법 제140조와
연계되어 있는 바이마르헌법 제137조 제3항]을 파업권제한에 대한 정당화근거로 보고
있다)에 대해서도 타당한 것인지의 문제는 아직 해명되지 않고 있다. 나아가 병원, 소방
서를 비롯한 여타 생활에 필수적인 사업장의 기능을 위협하는 노동쟁의는 허용되지 않
는다(기본법 제2조 제2항 제1문 참조). - 기본법 제33조 제4, 5항만으로는 파업 중인
사업장에 파업기간 동안 공무원을 투입하는 것을 정당화할 수 없다(그러나 그 투입가능
성을 긍정하는 견해로는 BVerwGE 69, 208/214 f; BAGE 49, 303). 이를 위해서는 법률
적 규율이 필요하다(E 88, 103/116). - 연방헌법재판소는 단체협약이 정한 임금보다 낮
은 수준의 임금을 지급하는 일자리에 한시적으로 보조금을 지급하도록 하는 법률상 임
금격차보전조항을 실업사태에 대처하여야 할 입법자의 사회국가적 의무에 의하여 정당
화한 바 있다(E 100, 271/284). 연방헌법재판소는 공무를 수행하는 곳에서 노동조합이
서명작업을 하는 것을 금지하는 조치를 중립적이고 객관적인 직무수행을 요구하는 법치
국가원리에 근거하여 정당화하였다(BVerfG, EuGRZ 2007, 228/231).

단결의 자유에 대한 **제한의 한계**로는 긴급사태헌법의 채택과정에서 추가된 기본 **880**

---

50) E 94, 268/284; 100, 271/283; 103, 293/306.
51) *Kemper*, MKS, Art. 9 Rn 84; 이견으로는 *v. Danwitz*, Hdb. GR Ⅴ, § 116 Rn 11 ff; *Scholz*,
    Hdb. StR³ Ⅷ, § 175 Rn 35 ff.
52) EGMR, NZA 2010, 1423.

법 제9조 제2항 제3문이 있다. 긴급사태시에는 상충하는 헌법적 법익에 따라
노동쟁의권에 대한 제한을 상당히 필요로 할 수도 있을 것이나, 기본법 제9조
제3항 제3문은 그러한 제한을 금지하고 있다.

881 사례 15(단락 836)에 대한 약해:

Ⅰ. 결사의 자유의 **보호영역**에는 적극적 자유뿐만이 아니라 결사에 가입하지 아니하거
나 그로부터 탈퇴할 수 있는 소극적 자유도 포함되어 있다. 문제는 법학도인 甲이 학생
회 가입강제에 대하여 자신의 소극적 결사의 자유를 원용할 수 있느냐 하는 것이다. 학
생회는 대학 산하의 권리능력 있는 사단이며, 학생은 대학에 등록함으로써 회원자격이
부여된다(노르트라인-베스트팔렌 대학법[nwHG] 제71조 제1항). 그러므로 甲도 대학에
등록한 학생으로서 별도의 가입신청을 하지 않았음에도 공법상의 사단인 학생회의 회원
이 된 것이다. 소극적 결사의 자유가 개인을 공법상의 강제단체에 대해서도 보호하는지
는 다투어지고 있다. 판례에 의하면 기본법 제9조 제1항은 그 경우에 해당되지 않는다
고 해석하지만, 반대설이 더 설득력 있는 논거들을 제시하고 있다고 본다.

Ⅱ. 대학 등록학생에 대한 학생회 가입강제는 甲의 소극적 결사의 자유에 대한 **제한에
해당한다.**

Ⅲ. 문제는 이러한 제한이 **헌법적으로 정당화**될 수 있느냐 하는 것이다. 기본법 제9조
제2항의 사단금지의 요건사실은 이 사안에서는 존재하지 않으며, 기껏해야 상충하는 헌
법에 의한 정당화만을 생각해 볼 수 있을 뿐이다. 즉 기본법 제5조 제3항으로부터 대학
의 자치행정기관에 대한 대학생들의 최소한의 참여권을 도출할 수는 있다(그에 대하여
는 E 35, 79/125 참조). 그러나 그렇다고 해서 대학생들의 공법상 강제결사체가 반드시
필요한 것은 아니다. 노르트라인-베스트팔렌 대학법 제71조 제2항 제1~6호에 열거된
학생회 임무의 대부분은 학문의 자유의 보호영역에도 속하지 아니한다(가령 학생들의
경제적·사회적·문화적 이익, 학생스포츠 지원, 범지역적·국제적인 학생교류관계 유지).
학생회의 개별적인 임무들이 기본법 제5조 제3항의 보호영역에 속한다면(가령 학생의
전공 관련 이익), 그 이익을 추구하기 위하여 가입강제가 필요한지 아니면 사법적 결합
체로도 충분한 것은 아닌지에 대한 의문이 강력히 제기된다(*Damkowski*, DVBl. 1978,
229; *Pieroth*, Störung, Streik und Aussperrung an der Hochschule, 1976, S. 192 f 참고).
– 그러므로 이와 관련한 유력한 근거들이 甲의 생각이 타당하다는 것을 뒷받침한다.
그러나 판례(BVerfG, DVBl. 2000, 1179; BVerwGE 59, 231/236 ff)는 학생회 가입강제는
기본법 제2조 제1항에 합치한다고 보았다.

882 참고문헌: 기본법 제9조 제1항에 대하여는 *T. Günther/E.B. Franz*, Grundfälle zu Art. 9

GG, JuS 2006, 788, 873; *D. Merten*, Vereinsfreiheit, Hdb. StR³ Ⅶ, § 165; *N. Nolte/M. Planker*, Vereinigungsfreiheit und Vereinsbetätigung, Jura 1993, 635; *M. Planker*, Das Vereinsverbot in der verwaltungsgerichtlichen Rechtsprechung, NVWZ 1998, 113; *T. Schmidt*, Die Freiheit verfassungswidriger Parteien und Vereinigungen, 1983. − 기본법 제9조 제3항에 대하여는 *W. Hänsle*, Streik und Daseinsvorsorge, 2016; *W. Höfling/C. Burkiczak*, Die unmittelbare Drittwirkung gem. Art. 9 Abs. 3 S. 2 GG, RdA 2004, 263; *M. Kittner*, Die Rechtsprechung des Bundesverfassungsgerichts zu Tarifautonomie und Arbeitskampf, in: FS Jaeger, 2011, S. 483; *K.-H. Ladeur*, Methodische Überlegungen zur gesetzlichen „Ausgestaltung" der Koalitionsfreiheit, AöR 2006, 643; *B. Pieroth*, Koalitionsfreiheit, Tarifautonomie und Mitbestimimung, in: FS 50 Jahre BVerfG, 2001, Bd. I. S. 293; *R. Poscher*, Die Koalitionsfreiheit als ausgestaltungsbedürftiges und ausgestaltungsfähiges Grundrecht, RdA 2017, 235; *R. Scholz*, Koalitionsfreiheit, Hdb. StR³ Ⅷ, § 175; *T. v. Danwitz*, Koalitionsfreiheit, Hdb. GR Ⅴ, § 116; *J. Ziekow*, Vereinigungsfreiheit, Hdb.GR Ⅳ, § 107.

§ 19 신서, 우편, 전신의 비밀(기본법 제10조)

883 사례 16: 사서함 내용물의 보전처분(출전: BVerwGE 79, 110)

내무부장관이 발한 규정에 따른 처분을 통하여 "독일사회주의운동"이라는 사단(甲)이 사단법 제3조 제1항에 따라 금지되었으며 그 재산은 압수되어 국고에 귀속되었다. 사단 甲은 그 소재지의 우체국에 사서함을 가지고 있었다. 내무부장관의 처분을 집행하기 위하여 사단법 제5조 제1항에 명시된 주(州)정부의 수상은 사서함의 내용물을 인도할 것을 규정하고 있는 사단법 제10조 제2항에 의하여 독일우편주식회사에 보전결정을 내렸다. 이러한 결정은 기본법 제10조에 합치하는가? 이에 대한 약해는 **단락 910**을 보라.

I. 개관

884 기본법 제10조는 특정 통신수단들의 신뢰성을 보호한다. 기본법 제10조는 "사생활영역에 대한 특별한 보장"[1]을 포함하고 있는데, 이 영역에 대한 보장의 필요성은 그것이 공간적으로 이격되어 있으면서 제3자가 접근할 수 있는 가능성이 있기 때문에 사생활이 특별히 위협을 받고 있다는 데에서 기인한다. 기본법 제10조는 사생활영역의 공간적 측면을 보호하는 기본법 제13조 제1항과 연관성을 가지고 있으며, 정보기술시스템의 신뢰성 및 온전성(단락 450)을 특별히 보호하고 있고 기본법 제10조에 의해 보호되는 통신과정 자체에 대한 제한이 가해지지 않더라도 일반적으로 적용되는 일반적 인격권(기본법 제1조 제1항 제1문과 연계된 기본법 제2조 제1항)과도 밀접한 연관성을 가지고 있다.

885 신서, 우편, 전신을 구분하는 것은 소식을 전달하는 방식의 발달 역사에 토대를 두고 있다. 신서의 비밀과 전신의 비밀이 통신내용의 전달을 보호하고 있다면, 우편의 비밀은 국가 산하의 연방우체국에 의한 각별한 위협에 주목하고 있다. 민영화 및 기술적 발전은 그 보호의 필요성이 아닌 전통적인 3분법(신서, 우편, 전신으로 통신수단을 구분하는 방법)의 타당성에 의문을 품게 만들고 있다. 우체국 내지 기본법 제87f조 제2항 제1문 및 제143b조에 따라 독일연방우체국을 계승한 사영기업들 이외에도 기본권의 직접적 구속을 받지 않는 다른 사영 통신중개업체들이 출현하고 있다. 이에 따라 오늘날에는

---

1) BVerfG, NJW 2016, 3508/3510.

연방우체국 승계 기업들 및 다른 통신업체들에 대한 지침이 기본법 제10조로부터 도출되고 있는데, 이 지침에 따르면 이러한 기업들도 과거 국가 산하의 우체국과 마찬가지로 기본법 제10조 제1항의 비밀을 엄수해야 할 의무를 진다. 이 문제를 지도하는 사상은 국가가 민영화를 통해서 기본권과 관련된 책임을 져버려서는 안 된다는 것이다. 기술적 발전으로 이 기본권은 새로운 도전에 직면하고 있다. 우편을 통한 통신과 전화를 통한 통신의 경계가 디지털화에 의해 광범위하게 해체되고 있으며, 우편의 비밀과 전신전화의 비밀이 하나의 "통신비밀(Telekommunikationsgeheimnis)"[2]로 융합되고 있다. 디지털화는 새로운 형식의 통신을 가능하게 할 뿐만 아니라 국가에게 통신에 대한 새로운 접근가능성을 부여함으로써 이 기본권에 대한 새로운 위험상황을 조성하고 있다. 이러한 새로운 위험상황으로 인하여 공공의 안전이 새로운 도전에 직면함에 따라 판례를 통해서 이 기본권의 르네상스가 초래되었다.

기본법 제10조 제2항 제1문은 단순법률유보를 포함하고 있다. 기본법 제10조 제2항 제2 **886** 문은, 그 보호내용을 법률로 제한할 수 있도록 하는 수권의 요건을 가중하고 있는 가중법률유보가 아니라, 오히려 (헌법 및 국가의 보호를 위하여) 일정한 경우에 기본법 제10조 제1항의 기본권에 대한 특히 광범위한 제한을 할 수 있도록 수권하고 있는 규정에 해당한다.

II. 보호영역

1. 신서의 비밀

신서의 비밀은 공권력이 신서 또는 **개인의 서신**을 운반하는 것이 명백한 발송물 **887** 의 내용을 인지하는 것을 금지한다. 봉함된 발송물의 경우에는 그것이 개인의 서면통지를 담고 있는 것인지를 알 수 없지만, 그것이 개인의 서면통지를 담아 전달할 수 있고 또한 봉함을 통하여 그것이 식별되고 그 내용이 드러나게 되기 때문에 봉함된 발송물도 신서의 비밀의 보호영역에 속한다.[3]

예: 기본법 제10조 제1항의 신서로는 본래의 의미의 신서 이외에 전보, 우편엽서, 소형 **888** 소포 및 일반 소포 등이 있다. 반면에, 봉함되지 아니한 인쇄물, 신문, 서적, 상품, 대량의 광고선전물 등의 발송은 개인의 서면통지를 운반하는 수단이 아님이 명백하다(이견

---

2) BVerfG, NJW 2016, 3508/3510.
3) *Durner*, MD, Art. 10 Rn 67, 95; *Hermes*, DR, Art. 10 Rn 31 ff.

으로는 *Michael/Morlok*, GR, Rn.322).

889 신서의 비밀이 보장되는 **범위**는 발송물의 내용뿐만 아니라 발송인, 수신인, 배송인을 포함한 배송과 관련한 모든 정황에까지 미친다. 신서의 비밀은 국가가 배송인으로부터 그 내용을 지득하는 것도 금지하기 때문에 배달기업도 부분적이긴 하지만 이 기본권의 주체로 인정받고 있다.[4] 이러한 해석에 대해서는 신서의 비밀은 의사소통에 참여하는 자의 이익을 위한 것이지 의사소통의 중개자인 배송기업의 이익을 위한 것이 아니라는 이유로 반대하는 견해도 있다.[5]

890 신서의 비밀은 기본법 제87f조 제2항 제2문, 제3항에 따라 신서 및 우편의 영역에서 고권적 과제를 수행하는 공권력의 기관만을 **구속**하는 것은 아니다. 이와 같은 기관들은,[6] 감독과제를 부과받고 있는 한에서는 신서의 비밀을 제한할 특별한 기회와 계기조차 가지고 있지 않다. 신서의 비밀은 신서 및 우편과는 아무런 관련이 없는 기관이라 하더라도 구속할 수 있으며, 특히 무엇보다도 공안담당기관들을 구속한다.

2. 우편의 비밀

891 우편의 비밀의 보호영역에는 우체국에 접수되는 때부터 수신자에게 배달될 때까지의 편지, 발송되는 신문, 상품견본, 우편환 등과 같이 **우체국이 배달하는 우편물**들이 포함된다. 개인의 서신을 담고 있는 발송물을 우체국이 배달하는 경우에는 우편의 비밀에 의한 보호 범위는 신서의 비밀에 의한 보호 범위와 일치하게 된다.

892 국가 소속 기구인 독일연방우체국이 우편배달을 독점하고 있었던 때에는 우편의 비밀이 특별한 **의미**를 가지고 있었다. 그러나 독일연방우체국을 승계한 사법형식의 기업들과 다른 사기업들과의 경쟁이 심화됨에 따라 신서의 비밀과 병존하는 우편의 비밀은 그만큼 의미를 상실하게 된다.

---

4) *Badura*, BK, Art. 10 Rn 2.

5) *Gusy*, MKS, Art. 10 Rn 49; *Hermes*, DR, Art. 10 Rn 28; *Kloepfer*, VerfR Ⅱ, § 65 Rn 17.

6) 역주: 우편 및 통신의 분야에서 전국적으로 적정하고 충분한 역무제공을 보장해야 하는 연방의 과제와 관련한 기관들.

우편의 비밀은 **개인적인 서신을 담고 있지 아니한** 발송물이나 그것을 담을 수 없 **893**
는 발송물도 보호대상으로 삼고 있지만, 우편의 비밀과 신서의 비밀 사이에서
무게중심이 후자로 이동하게 됨에 따라 그와 같은 우편의 비밀의 보호가 의미
를 잃고 있다는 지적은 타당하지 않다. 신서의 비밀이 점차 그와 같은 보호를
제공하게 되거나 우편의 비밀이 궁극적으로 조직이 아닌 기능의 측면에서 이해
됨에 따라 우체국 또는 그에 준하는 기능을 발휘하는 다른 통신중개자에 의하
여 배달되는 모든 발송물에 대해서도 보호를 제공한다는 점을 상기할 필요가
있다.7)

우편의 비밀의 보호**범위**도 통신의 내용은 물론 통신 관련 상황에까지 미친다. **894**
우편의 비밀의 보호범위가 전달자인 독일연방우체국을 승계한 사법형식의 기
업에게까지 미친다는 주장이 때때로 제기되고 있으나, 그러한 주장이 옳다고
볼 수 있는지도 의문스럽다(단락 889 참조). 연방헌법재판소 역시 고권주체인 독
일연방우체국이 이 기본권의 주체인 동시에 의무자라고 보았다.8) 오늘날 독일
연방우체국을 계승하고 있는 사법형식의 기업들이 기본권의 구속을 받는지에
대해서는 다툼이 있다.9) 이 문제는 원칙적으로 국고에 대한 기본권의 효력에
따라서 판단되며, 따라서 연방의 지분이 사인에게 이전됨에 따라 그 구속력은
줄어들게 되는10) (단락 235 참조) 대신 형법 제202조 이하, 우편법(PostG) 제39
조, 통신법(TKG) 제88조와 같은 우편의 비밀을 보장하기 위한 법률규정에의 구
속을 통해서 보완된다.

3. 전신의 비밀

전신의 비밀의 **보호대상** 역시 유·무선 전자파를 통해서 이루어지는 개인적인 **895**
통신의 내용 및 그에 관한 정황이다. 구체적인 전달의 방식이나 표현형식에 구
애받지는 않는다.11) 전통적인 전화, 전보, 무선통신만이 아니라, 이동전화와 인
터넷과 같은 새로운 매체에 의한 통신도 보호를 받는다.12) 국가가 직접 지득하

7) *Durner*, MD, Art. 10 Rn 76; *Gusy*, MKS, Art. 10 Rn 35 ff.
8) E 67, 157/172.
9) *Wieland*, Verwaltung 1995, 315/318; *Hermes*, DR, Art. 10 Rn 47 ff 참조.
10) BVerwGE 113, 208/211; *v. Arnauld*, DÖV 1988, 437.
11) E 115, 166/182; 120, 274/306 f; 129, 208/240 f.

는 통신은 물론 그 보조자인 사적인 서비스제공자를 통해 지득하는 통신, 나아가 정보 내지 데이터 처리과정에서 통신을 이용하는 동안의 통신도 보호의 대상이 된다.13) 전신설비가 공공시설인지 아니면 가령 가내 또는 업체의 구내전화시설 또는 컴퓨터설비로서 제한된 범위의 사람들만이 이용할 수 있는 것인지는 상관이 없다. 통신매체가 개인통신 이외에 다중통신을 위한 것인지도 상관이 없다. 매체, 망, 서비스의 통합이 가속화됨에 따라 개인통신과 다중통신의 혼합은 불가피하며 어떤 통신이 전신의 비밀에 의한 보호를 받기 위해서는(단락 887) 그 통신이 개인의 통지를 담아 전달할 수 있는 것이면 족하기 때문이다.14)

896 통신역무 제공의 요건과 상황에 관한 정보는 특정 통신과정에 대한 식별을 가능하게 하지 않는 한 전신비밀의 **보호대상이 아니다**. 그러므로 통신예약번호(Vorgangsnummer zu Kommunikation) 배정과는 달리 전화가입자에게 이용자번호를 배정하는 것은 기본법 제10조 제1항이 아니라 기본법 제1조 제1항과 연계된 기본법 제2조 제1항의 개인정보자결권의 보호대상에 해당한다.15)

이에 반하여 유동IP주소의 배정은 그에 대한 조사를 위해서는 구체적인 접속기록에 대해 접근할 수 있어야 하므로 전신의 비밀의 보호영역에 속한다.16)

통신과정 종료 이후에 정보의 주체에 대해 가해지는 제한은 보호대상이 아니다. 정보는 그 통신과정에서 침해받기 쉽고 정보가 일단 목적한 곳에 도착한 다음에는 기본법 제10조를 통해 대처해야 할 위험에 처할 가능성이 없기 때문이다. 그러나 정보가 도착한 이후에 생성된 정보는 다른 정보들과 다르지 않다.17)

반면에 서비스제공자에게 집적되는 정보는 기본법 제10조의 보호대상이 된다. 이러한 정보는 서비스이용자의 지배영역에 있지 않기 때문이다.18)

통신과정과 상관없이 개인의 통신장비 위치를 확정해서 그의 위치를 확정하는 것도 전신의 비밀의 보호대상에 해당하지 않는다.19)

---

12) E 120, 274/307; 124, 43/54; *Grote*, KritV 1999, 27/39 f.
13) E 125, 260/309 f; 또한 *Britz*, JA 2011, 81 참조.
14) *Gusy*, MKS, Art. 10 Rn 44; *Hermes*, DR, Art. 10 Rn 40; *Schoch*, Jura 2011, 194/195.
15) E 130, 151/180 ff.
16) E 130, 151/181.
17) E 115, 166/183 ff; 120, 274/307 f; 124, 43/54; 비판적인 견해로는 *Schoch*, Jura 2011, 194/198.
18) E 124, 43/55 f.
19) BVerfG, NJW 2007, 351/353 f; 비판적인 견해로는 *Durner*, MD, Art. 10 Rn 89; *Schwabenbauer*,

전신의 비밀의 보호가 **전신기업**에까지 미친다는 주장은 신서의 비밀 및 우편의 **897**
비밀에서와 마찬가지로 그 타당성이 의문스럽다. 무엇보다도 공안기관들이 전
신의 비밀에 의해 특히 구속받는 기관에 해당한다. 독일전화주식회사(Telekom
AG)가 이에 구속되는지는 독일연방우체국을 승계한 사법상의 기업들의 기본
권구속의 문제와 마찬가지로 국고에 대한 기본권의 효력에 의하여 판단하여야
한다.

Ⅲ. 제한

신서·우편·전신의 비밀에 대한 제한은, 공권력이 보호대상인 통신의 내용뿐만 **898**
아니라 그러한 통신이 있었던 사실과 그 정황과 관련해서도 이를 조사하거나
구체적인 통신매체로부터 그 조사 결과를 보고받거나 이에 대한 정보를 집적하
고 이용하거나 전달하는 경우에 존재하게 된다.[20] 통신의 방해조치나 통신의
은비성 생성(암호화)의 금지도 이 기본권에 대한 제한에 해당한다.[21]

예: 검사가 사설 소포배달업체의 소포분류대 위에 있는 소포를 압수하는 것. 임명권자가 **899**
집무실에 있는 전화를 이용하여 이루어지는 모든 직무 관련 대화와 사적 대화를 해당
공무원의 양해를 구하지 않은 채 전자적으로 파악하도록 하는 것(이에 대한 이견으로는
BVerwG, NVwZ 1990, 71/73; 만하임 행정법원[VG Mannheim], VBlBW 1991, 347).
1872년의 전보법은 사인 간 통신의 암호화를 금지하였다. - 기본법 제10조에 대한 제
한은 아니나 기본법 제1조 제1항과 연계된 기본법 제2조 제1항에 대한 제한으로 볼 수
있는 것으로는 이동전화기를 압수하여 그에 집적되어 있는 통화정보를 조사하는 것을
들 수 있다. 이 경우에는 통신과정이 종료되었기 때문이다(E 115, 166/181 ff).

우체국이 통신을 중개하고 우편업무를 수행함에 있어 발생하는 장애를 방지하 **900**
기 위하여 **업무상 불가피하게** 그 통신내용과 통신 관련 자료를 **인지하는 조치들**
이 이 기본권에 대한 제한으로서의 성격을 띠는지에 대한 다툼이 있었다.

AöR 2012, 1/22 f.

20) E 100, 313/359, 366 f; 107, 299/313 f; 100, 33/53.
21) *Bizer*, AK, Art. 10 Rn 41, 71, 76 f; *Durner*, MD, Art. 10 Rn 52 f, 91; *Gerhards*,
   (Grund-)Recht auf Verschlüsselung?, 2010, S. 139; 이견으로는 *Gusy*, MKS, Art. 10 Rn 46;
   Hermes, DR, Art. 10 Rn 91, 104.

901 예: 발송물의 분류, 발신인이 기재되지 아니한 배달불능의 발송물을 발송인이나 수신인을 확인하기 위하여 개봉하는 것, 익명의 통화자를 식별해내기 위한 식별장치의 설치.

902 판례와 일부 학설은 업무수행을 위해 불가피한 조치 전체를 이 기본권에 대한 제한이 아니라 보호영역에 내재하는 한계를 단순히 확인(Schutzbereichsbegren-zungen)하는 것에 불과한 것으로 본다.[22] 그러나 연방헌법재판소는 발신자식별 장치의 설치가 비록 전화의 남용과 방해를 예방하기 위한 것이기는 하지만 이를 이 기본권에 대한 제한과는 무관한 영업상의 불가피한 조치로서 그 보호영역의 내재적 한계를 단순히 확인할 뿐인 것이 아닌 기본권의 제한으로 분류하였다.[23] 발송물의 분류와 마찬가지로 통신중개를 위해 실로 **불가결하고** 또한 이용자의 입장에서도 당연한 것으로 생각하는 영업상 불가피한 조치와 관련해서만 제한의 성격이 부정될 수 있다.

903 이 문제는 고권작용을 하는 독일연방우체국이 **사적 통신중개자**로 대체된 후에도 여전히 의미가 있다. 왜냐하면 고권적 활동을 하는 우체국과 관련하여 보호영역의 한계를 확인할 뿐 제한에는 해당하지 않는 조치와 법률상의 정당한 근거를 필요로 하는 제한을 구분해 주던 경계선은 곧 사설 통신중개자의 침해로부터 이 기본권을 보호해야 할 국가의 의무가 발생하기 시작하는 문턱(단락 885 참조)을 표시해 주기에 해당하기 때문이다. 고권적 작용을 하는 우체국과 관련해서는 법률에 의한 수권이 없었다면 개인이 방어할 수 있는 제한이 시작되었던 지점에서, 사설 통신중개업자들과 관련해서는 국가가 통신비밀보호를 위해 규율을 발해야 하고 또한 통신법 제85조로써 이미 관련 규율을 발했던 민감한 영역이 시작되는 것이다.[24]

904 전신의 비밀에 대한 제한은 특히 국가 및 헌법의 보호를 위하여 그리고 중대한 범죄에 대처하기 위하여 **감청**이 행해지고, 그 감청한 정보를 표시·저장·대조·이용·선별·전달하는 경우에 존재한다.[25] 전화국은 정보기관이 통화내용을 추적할 수 있도록 통신선로를 매개해 주는 것이 보통이나, 정보기관이 직접 통신

---

22) BVerwGE 76, 152/155.
23) E 85, 386/396 f; 또한 E 124, 43/58도 참조.
24) E 106, 28/37.
25) E 125, 260/310.

선로를 감청하는 경우도 있을 수 있다. 이와 같이 전신설비에 감청장치를 설치하는 등의 제한형식과 구분되는 것으로는 주거 등에 이른바 빈대(Wanzen: 감청장치)를 설치하거나 음향감지장치(Richtmicrophone)를 이용하는 이른바 주거감청(Lauschangriffe)이 있다. 후자는, 주거 내의 대화를 엿듣는 행위이므로 주거의 불가침을 보장하는 기본법 제13조(단락 1013, 1020 참조)에 의하여 판단하여야 한다. 전신의 비밀에 대한 제한은 항상 통신의 일방만이 아니라 양 당사자와 관련된다는 점에 유의하여야 한다.26) 형사법원의 판례에 따르면 통신의 당사자들 중 일방이 상대방과 나누는 통화 내용을 제3자가 듣도록 허용한 경우에는 통신 당사자들 상호 간에는 전신의 비밀이 적용되지 않기 때문에 이 기본권에 대한 제한이 없으며, 일반적 인격권의 일부인 자신의 말에 대한 권리의 제한은 존재한다.27)

IV. 헌법적 정당화

1. 기본법 제10조 제2항 제1문의 법률유보

신서·우편·전신의 비밀은 단순법률유보 아래에 있다. 이러한 유보 조항에 근 **905** 거를 두고 우편법을 비롯한 여타 법률 등의 많은 관련 규정들이 제정되었다. 그런데 그 규정들의 일부 구성요건은 매우 광범위하여 이를 적용하는 경우에는 비례의 원칙이 의미를 발휘하게 된다. 이로부터 연방헌법재판소는 개인정보자결권(단락 461 참조)에서와 마찬가지로 주거에 대한 압수수색(단락 1016 참조)에 준해 법관유보를 도출하였다.28)

예: 구 통신설비법(FernmeldeanlagenG) 제12조에 따르면 법관 또는 법관의 영장을 발부 **906** 받으면 지체될 위험이 있는 경우에는 수사 중인 검사는, "그 통신자료가 수사에 의미 있다면" 범죄혐의가 없는 단순 정보전달자들의 통신자료를 통신 기업에 요구할 수 있다. 이에 대해 연방헌법재판소는 통신기업에 대한 통신자료 요구를 허용하기 위해서는 형사 범죄의 중대성, 범죄혐의의 구체성, 관련 개인이 정보전달자로 활동하고 있다는 사실이 충분히 인정되어야 한다고 판시하면서 위 규정을 축소해석하였다(E 107, 299/321 ff; 같

---

26) E 85, 386/398 f; *Gusy*, JuS 1986, 89/94 ff 참조.
27) E 106, 28/44 ff.
28) E 125, 260/337 f; 비판적인 견해로는 *Roßnagel*, NVwZ 2010, 751/752.

은 취지의 현행 형사소송법 제100g조). 중대한 특정 범죄에 대한 모의가 진행 중임을 인정할 만한 사실이 존재할 경우 대외무역법(AußenwirtschaftsG)에 따른 형사범죄를 방지하기 위하여 신서의 수발 및 통신에 대한 감시를 허용하고 있는 구 대외무역법 제39조 제1, 2항은 그 요건이 지나치게 광범위하다는 이유로 명확성원칙에 위반된다는 판단을 받았다(E 110, 33/57 ff). 정보기술체계에 침투하여 통신내용을 암호화하기 전에 그 통신내용을 조사하도록 하는 이른바 원천통신감시(Quellen-TKÜ)는, 그 기술적 수단이 입법자의 규율 전에 개발되지 않은 것이라면 부분적으로 비례의 원칙에 반하는 것으로 간주되고 있다. 즉, 입법자는 집행부가 합법적 기술체계를 개발할 것으로 맹목적으로 신뢰해서는 안 된다는 것이다(작센-안할트 헌법재판소[VerfG Sachsen-Anhalt], LKV 2015, 33/36 f).

907 형사소송에서 미결수용자의 기본법 제10조의 기본권을 제한하는 것도 문제가 된다. 연방헌법재판소와 통설은 **미결수용자가 주고받는 모든 우편물을** 보류시키거나 개봉하거나 읽는 행위를 형사소송법 제119조 제3항에 근거하여 정당화하고 있다. 위 형사소송법 규정은 미결수용자에 대하여 미결구금의 목적달성이나 구치소의 질서유지를 위하여 필요한 제한을 가할 수 있는 권한을 부여하고 있으나, 이는 본래 신서나 우편의 비밀에 대한 제한과는 관련이 없다. 그 규정에 충분히 명확한 법률적 근거가 있다고 주장하는 경우에도,[29] 추가적으로 비례의 원칙에 따라 구치소 내 질서교란의 우려를 뒷받침할 만한 구체적인 근거가 있는 경우에만 미결수에 대한 우편통제가 행하여질 수 있다고 보아야 한다.[30]

2. 기본법 제10조 제2항 제2문에 의한 법률유보의 확대

908 기본법 제10조 제2항 제2문은 관련 개인에게 감시조치와 감청조치에 대해 **통지하지 않을 수 있는** 가능성을 열어놓았으며, 신서·우편·전신의 비밀의 제한에 관한 법률(G 10)은 이러한 가능성을 이용하여 미통지에 관하여 규정하고 있다. 이러한 미통지제도로 인하여 관련자는 그러한 제한을 인식할 수가 없고 따라서 이를 피할 수도 없으며 사법적으로 다툴 수도 없게 되기 때문에 그 제한은 특별한 심각성을 띠게 된다. 그러나 어쨌든 기본법 제10조 제2항 제2문(기본법 제

---

29) *Badura*, BK, Art. 10 Rn 74; 이견으로는 E 57, 182/185의 소수의견; *Gusy*, MKS, Art. 10 Rn 89; *Stern*, StR IV/1, S. 291.
30) E 35, 5/9 f; 35, 311&315 ff; 57, 170/177; 또한 BVerfG, NJW 1996, 983 참조.

19조 제4항 제3문도 참조)은 연방의회위원회를 통한 감청통제를 통해 **권리구제절차를 대체**할 수 있는 길도 마련해놓고 있다. 기본법 제10조에 대한 제한이 자유민주적 기본질서의 보호나 연방 또는 주(州)의 존속보호나 안전보장에 기여하는 경우에만 이러한 두 가지 가능성을 적용할 수 있다. 기본법 제10조에 대한 제한이 자유민주적 기본질서의 보호나 연방 또는 주(州)의 존속보호 및 안전보장에 기여하는 경우에 한하여 개인의 감시·감청조치에 대한 통지를 하지 않아도 된다. 그러나 감시·감청조치의 목적 및 전술한 법익들에 대한 위험이 존재하지 않으면 즉시 관련자에게 그 조치를 통지하여야 하며, 통지하지 않는 경우에는 확보된 자료가 무의미하여 즉시 삭제한 경우에만 정당화될 수 있다.[31)]

1968년의 긴급사태입법을 통하여 기본법 제10조 제2항에 추가된 제2문 및 이를 **909** 근거로 한 위 법률의 **합헌성**을 둘러싸고 격론이 전개된 바 있다. 즉, 제2문은 인간의 존엄 및 법치국가원리 내지 기본법 제79조 제3항에 의한 그 보호에 위반되기 때문에 헌법개정의 방식으로도 도입될 수 없다는 주장이 제기되었던 것이다. 또한 연방헌법재판소도 감청판결을 통해 기본법 제10조 제2항 제2문 및 이에 근거를 둔 위 법률이 기본법에 합치한다고 판단하여 기본법 제79조 제3항을 상대화함으로써 "기본적인 헌법원칙들을 체계 내재적으로 수정"[32)]할 수도 있게 만들어 놓았다는 강력한 비판에 직면하기도 하였다.

사례 16(단락 833)에 대한 약해:　　　　　　　　　　　　　　　　　　　　　　**910**

　Ⅰ. 사단 甲의 사서함에는 발송을 위해 우체국에 맡긴 발송물이 들어 있으므로 우편의 비밀의 **보호영역**에 해당된다. 반면에 위의 사례는 신서의 비밀의 보호영역에는 해당되지 않는다. 신서의 비밀은 우체국이 관할하는 우편영역 밖에서 이루어지는 신서 교환을 공권력이 신서의 내용을 인지하는 것으로부터 보호하기 때문이다.

　Ⅱ. 위 사례에서 우편의 비밀에 대한 **제한**은 공권력의 기관을 통하여 이루어지고 있다. 주(州) 정부의 장이 우편의 비밀의 보호대상에 포함된 내용을 인지하기 위하여 그것을 보전하는 것은 우편의 비밀에 대한 제한에 해당한다.

　Ⅲ. 우편의 비밀에 대한 제한은, 그것이 기본법 제10조 제2항 제1문에 따른 법률에 근

---

31) E 100, 313/397 ff.
32) E 30, 1/38 ff의 소수의견; *Hufen*, StR II, § 17 Rn 14 참조.

거를 두고 가해지는 경우에만 **헌법적으로 정당화된다.** 위 사례에서는 사단법 제10조 제2항만이 정당화의 근거가 될 수 있다. 보전결정은 이 규정 제1문 제2선택지의 특별규율에 해당한다.

1. 따라서 **실체법적으로는** 사서함의 내용물이 제3자의 점유하에 있는지의 문제가 제기된다. 형사소송법 제99조와 연계된 사단법 제10조 제2항 제4문의 특별규율은 이 문제에 대한 해답을 제시하고 있다. 사단법 제10조 제2항 제1문에 의한 압수대상에는 독일연방 우편주식회사가 점유하고 있는, 사단 甲에게 발송된 우편물도 포함되며, 따라서 동 조항은 특별한 명령 없이도 사단 甲의 사서함의 내용물을 보전할 수 있도록 수권하고 있는 것이다.

2. **절차법적으로는** 사단법 제10조 제2항 제4문에 근거하여 형사소송법 제100조도 적용될 수 있다. 동조 제1항에 의하여 형사소송법 제99조가 규정하고 있는 물건의 압수에 대해서는 원칙적으로 법관만이 권한을 가지고 있고, 예외적으로 지체의 위험이 있는 경우에는 검사도 압수 권한을 갖는다.

911 참고문헌: *A. Funke/J. Lüdemann,* Grundfälle zu Art. 10 GG, JuS 2008, 780; *T. Groß,* Die Schutzwirkung des Brief-, Post- und Fernmeldegeheimnisses nach der Privatisierung der Post, JZ 1999, 326; *R. Hadamek,* Art. 10 GG und die Privatisierung der Deutschen Bundespost, 2002; *H.H. Kaysers,* Die Unterrichtung Betroffener über Beschränkungen des Brief-, Post- und Fernmeldegeheimnisses, AöR 2004, 121; *B. Schlink,* Das Abhörurteil des Bundesverfassungsgerichts, Staat 1973, 85; *F. Schoch,* Der verfassungsrechtliche Schutz des Fernmeldegeheimnisses (Art. 10 GG), Jura 2011, 194; *T. Schwabenbauer,* Kommunikationsschutz durch Art. 10 GG im digitalen Zeitalter, AöR 2012, 1.

§ 20 거주이전의 자유(기본법 제11조)

사례 17: 체류금지   **912**

한 기초지방자치단체(게마인데) 산하의 어린이놀이터에 마약중독자인 부랑인 甲이 체류
하곤 한다. 관할 경찰서는 그 놀이터에서 노는 어린이들이 甲이 그곳에 자주 버리고 있
는 주사바늘로 인하여 다칠 것을 우려하여 甲에게 반년간 위 놀이터에 체류하는 것을
금지하였다. 이러한 조치는 합헌인가? 이 사례에 대한 약해는 **단락 930**을 보라.

I. 개관

연방국가에서 거주의전의 자유는 어느 주(州)의 주민인지와는 무관하게 다른 모든 주   **913**
(州)에 거주할 수 있는 권리를 매개하여 주는 것으로서 기본적인 보장 중의 하나에 해당
한다. 파울스키르헤헌법 제133조 제1항은 이러한 거주이전의 자유와 "라이히 영역상의
어느 곳에나 거주할 수 있는" 모든 독일인의 권리가 결부되어 있는 것으로 규정하고 있
었다. 이는 법령이 합법적 거주를 조건으로 사회부조청구권을 보장하는 등 거주를 요건
으로 하는 경우가 많다는 측면에서 중요한 의미가 있다. 그러므로 기본법 제11조는 개
인이 소속한 주(州)와는 무관하게 평등대우 청구권을 매개하고 있는 기본법 제33조 제1
항(단락 565 이하)을 통해서 보완되고 있는 것이다.[1] 유럽연합법도 「유럽연합 기능에
관한 조약(AEUV)」 제18, 21조에서 이에 상당하는 보장을 포함하고 있는데, 이러한 보장
들은 무엇보다도 다른 회원국 출신의 유럽연합시민에 대한 사회법상의 평등대우 문제에
대해서 실천적 의미를 가지고 있다. 그러므로 거주이전의 자유 및 그 한계의 보장은 연
방 내 연대성의 정도를 알려주는 계측기[2]이기도 하다. ─ 독일에서의 거주이전의 자유에
대한 보장은 오늘날 주적(州籍)이 존재하지 않게 된 이후(개정 후의 기본법 제74조 제1항
제8호)에는 낮은 위상의 역할을 수행하고 있을 뿐이다. 물론 제2차 세계대전으로 분단
된 독일로 난민이 홍수처럼 밀려들자 기본권목록에 이 보장을 포함해야 하는지를 둘러
싸고 다시 논쟁이 벌어지기도 했다. 헤렌힘제(Herrenchiemsee Verfassungsentwurf)[3]는

---

1) *Kingreen*, Soziale Rechte und Migration, 2010, S. 21 ff.
2) 유럽재판소(EuGH), Grelzyk, EU:C:2001:458; *Wollenschläger*, DR, Art. 11 Rn 12 ff.
3) [역주] 미국, 영국, 프랑스 등 서방연합군이 주둔하고 있던 주들의 수상들이 1948년 바이에른
   에 있는 유명한 휴양지인 헤렌힘제라는 호수가의 사원에 소집한 전문가들로 구성된 회의에서 작
   성된 서독 헌법초안으로 1948~1949년 서독 본에서 개최된 헌법제정회의인 의회협의회의 기본법

"현상태에서 이 보장을 포함하는 경우 이는 극복할 수 없는 장애가 된다는 이유로"4) 바이마르헌법 제111조5)에 상당하는 규정을 포기하였다. 헌법제정회의인 의회협의회 (Parlamentarischer Rat)에서는 위원 다수가 거주이전의 자유의 헌법적 보장에 찬성하기는 하였다. 그러나 기본법 제11조 제2항에 들어 있는 상세한 법률유보는 무제한적인 거주이전의 자유에 대한 우려를 기록하고 있는 것이다. 그렇지만 많은 동독인들이 동독을 떠나 서독으로 이주했던 1989년에는 장벽의 붕괴와 발포명령의 종식이 거주이전의 자유의 전리품이기도 했다는 사정을 배경으로 거주이전의 자유에 가해진 제한들의 당부에 대한 진지한 논의는 전개되지 아니하였다.

II. 보호영역

1. 체류지와 거주지의 선정

914 거주이전의 자유란 "연방영역 내의 어느 곳에서나 체류하고 거주할 수 있는 자유"를 말한다.6) 독일인만이 무제한적인 거주이전의 자유를 누릴 수 있으며, 유럽연합시민(「유럽연합 기능에 관한 조약」제20조)은 유럽연합법이 요구하는 범위 내에서 이 자유에 대한 보호를 받는다(단락 177).

915 거주지(Wohnsitz)란, 민법 제7조 제1항이 규정한 바와 같이, 지속적으로 정주하는 곳을 말한다. 지속적 정주란 한 장소에 잠시 머물려는 의사가 아니라 그 장소를 생활의 중심지로 삼으려는 의사를 갖고 정주하는 것을 말한다. 기본법 제11조 제1항은 하나 또는 복수의 거주지의 설정, 퇴거, 이전을 보호한다. 잠정적 정주는 체류에 해당한다.

916 체류란 잠시 머무는 것, 즉 기류(寄留)를 의미한다. 모든 이동은 순간적 머묾의 연속이기 때문에 머무는 것이 어느 경우에 기본법 제11조 제1항에 의하여 보호되고 어느 경우에 움직임의 자유 및 이동의 자유도 포함하고 있는 기본법 제2조 제2항 제2문의 신체의 자유(단락 496 참조)에 의하여 보호되는지의 문제가 제

제정작업의 출발점이 되었다. 회의가 열린 곳의 지명을 따서 헤렌힘제 헌법초안이라고 불린다.
4) JöR 1 (1951), S. 128.
5) [역주] "모든 독일인은 독일 전역에 있어서 이전의 자유를 가진다. 누구든지 독일의 임의의 곳에 체재하고 또한 정주하며 토지를 취득하고 각종의 생업을 영위하는 권리를 가진다. 이에 대한 제한은 국가법률에 의하여야 한다."
6) 이와 같은 헌법제정의회의 정의에 대해서는 JöR 1951, 130; 또한 E 2, 266/273; 80, 137/150.

기된다. 일설은, 기본법 제2조 제2항 제2문의 보호영역은 형법에 의한 자유박탈과 제유제한에 대해서만 미치고 여타 이동의 자유, 즉 대부분의 경우의 이동의 자유는 기본법 제11조 제1항의 보호를 받는다고 한다.[7] 다른 학설에 따르면 기본법 제11조 제1항에 의하여 보호되는 체류는 어느 정도의 지속성을 띠어야 한다고 한다. 즉 체류는 "지나가는 것 이상의 것"이어야 한다거나[8] 하룻밤 정도의 숙식까지도 포함해야 한다[9]는 것이다. 또 다른 학설들은 체류가 일정한 의미를 가지고 있을 것을 요구하면서, 체류가 인격발현을 위해 중요한 의미가 있을 것을 요구하거나[10] 심지어는 "생활권(生活圈)"에 부합할 것을 요구하기도 한다.[11]

어느 정도의 지속성이나 인격발현에 대한 중요성은 기본법 제11조 제1항에 의하여 보호되는 체류의 불가결한 표지이다. 그러나 대부분의 이동의 자유를 기본법 제11조 제1항의 보호영역에 귀속시킴으로써 기본법 제2조 제2항 제2문의 보호영역을 형법과 관련된 것으로 축소하는 입장은 조문의 문구, 발생사, 체계적 위치 그 어느 것에서도 근거를 찾을 수 없다. 결정적인 구분표지는 체류가 이동을 위한 것이냐가 아니라(만일 이동을 위한 것이라면 기본법 제2조 제2항 제2문이 적용된다), **이동이 체류를 위한 것**이냐의 여부이다(만일 그러하다면 기본법 제11조 제1항이 적용된다). 그리고 체류의 지속성은 물론 그 중요성은 곧 그 이동이 체류를 위한 것임을 시사할 수 있다.[12] **917**

예: 산장에서의 휴식이 일정에 포함된 등산이나 상점들을 둘러보기도 하는 시가지산책은 기본법 제2조 제2항 제2문에 의하여 보호된다. 산장에서의 수일간의 휴가나 매도인으로서 영업적 문제를 해결하기 위한 당일치기 여행은 기본법 제11조 제1항에 의하여 보호된다. **918**

2. 거처를 바꾸기 위한 이동

거주지와 체류지는 거주 및 체류와 관련된 이동인 이주의 시발점과 종착점일 **919**

---

7) *Hufen*, StR Ⅱ, § 18 Rn 7.
8) *Rittstieg*, AK, Art. 11 Rn 32.
9) *Merten*, Hdb.GR Ⅳ, § 94 Rn 38.
10) *Kunig*, MüK, Art. 11 Rn 13.
11) *Randelzhofer*, Art. 11 Rn 28 ff; *Ziekow*, FH, Art. 11 Rn 44 f.
12) 유사한 견해로는 *Durner*, MD, Art. 11 Rn 82; *Kloepfer*, VerfR Ⅱ, § 69 Rn 4.

뿐이다. 거주이전의 자유는 이주의 자유, 즉 거처를 바꾸기 위한 이동의 자유를 보장한다. 거주이전의 자유는 이전에 머물던 지역과 새로 머물 지역을 이어주는 길을 이동하고 또한 거주지 또는 체류지로 선택된 목적지에의 도달 가능성을 포함하지만 일정한 이동경로나 이동수단까지 포함하는 것은 아니다.13)

3. 입국, 이민, 해외여행, 해외이주

920 통설에 의하면 연방영역 내로의 **입국**(Einreise) 및 **국내이주**(Einwanderung)도 기본법 제11조의 보호영역에 해당한다.14) 여기서 입국이란 체류를 위한 귀국을, 국내이주란 거주를 위한 귀국을 의미한다.

921 통설에 대한 반박 논거로는 연방영역 전체 **안에서의** 거주이전의 자유라는 표현을 사용하고 있는 기본법 제11조 제1항의 문구를 들 수 있을 것이다.15) 그러나 결정적인 것은 이동의 출발점이 아니라 이동의 종착점이 연방영역 안이라는 점과, 거주의전의 자유는 **선택한 목적지에 도달할 수 있는 자유**라는 점이다. 그 밖에도 헌법제정의회는 모든 독일인의 거주이전의 자유를 통하여 동유럽 출신의 독일인들에게도 연방영역으로 입국할 수 있는 권리를 보장하고자 했다.16) 물론 헌법제정의회는 기본법 제11조 제2항에 따라 동유럽 출신의 독일인의 입국도 금지할 수 있어야 한다고 보았다. 그러므로 연방영역에 입국할 수 있는 독일인의 권리의 직접적 근거가 국적에 있고, 동 권리가 거주이전의 자유에 선행하며, 독일인을 외국에 인도하는 것을 금지하는 기본법 제16조 제2항에 대한 제한이 허용되지 않는 것과 마찬가지로 기본법 제11조 제2항에 의해서도 제한될 수 없다는 견해는 그 성립사에 비추어 볼 때 근거 없는 주장이라 할 것이다.17)

922 판례18)에 따르면 **출국 및 해외이주**는 기본법 제11조가 아니라 기본법 제2조 제1항에 의해 보호받는다. 이에 대한 학설은 나뉘고 있다.19) 여기서 출국이란 외국

---

13) *Durner*, MD, Art. 11 Rn 74.
14) *Randelzhofer*, BK, Art. 11 Rn 72 참조.
15) *Gusy*. MKS, Art. 11 Rn 38.
16) JöR 1951, 129 ff.
17) 그러나 그와 같은 견해를 취하는 이로는 *Isensee*, VVDStRL 32, 1974, 49/62.
18) E 6, 32/35 f; 72, 200/245; BVerwG, NJW 1971, 820.
19) *Durner*, MD, Art. 11 Rn 100 참조.

에 체류할 목적으로 연방영역을 떠나는 것을 말하고, 해외이주란 외국에 거주할 목적으로 연방영역을 떠나는 것을 말한다.

거주이전의 자유에 출국 및 해외이주를 포함하는 것은 이 기본권의 역사와 성 **923**
립사에 배치된다.[20] 19세기의 헌법에서 이미 해외이주의 자유는 거주이전의 자유로부터 독립하였으며, 바이마르 공화국에서 해외이주의 자유 및 거주이전의 자유는 각 바이마르헌법 제111조와 제112조를 통해 별도로 보호되었다. 헌법제정의회도 해외이주의 자유를 기본권에 포함시키는 것을 명시적으로 거부하였는데, 이는 제2차세계대전 후 독일인들이 대거 해외로 이주할 가능성에 대한 우려의 소산으로 추정된다.

4. 개인재산의 반출

거주이전의 자유는 재산을 반출할 수 있는 권리를 포함한다. 전통적으로 이주 **924**
는 개인의 재산을 가지고 거처를 변경하는 것으로 이해되었을 뿐 영업용 또는 사업용 재산을 가지고 거처를 변경하는 것으로 이해되지는 않았다.[21]

5. 소극적 거주이전의 자유

기본법 제11조는 거처를 변경할 수 있는 자유뿐만 아니라 거처를 변경하지 아 **925**
니할 자유도 보호한다(소극적 거주이전의 자유). 선택한 거처로 이주할 수 있는 권리는 선택한 거처에서 머물 수 있는 권리가 없다면 그 결정적인 가치를 상실하게 될 것이다. 그러므로 독일인에 대한 추방명령과 그 강제퇴거는 기본법 제11조에 의하여 판단되어야 한다.[22] 제16조 제2항은 특별한 제한의 한계로서 해외인도와 관련한 보호를 제공하는 것이기 때문이다. 그러나 기본법 제11조는 고향에 대한 권리까지 매개해 주지는 않는다.[23] 고향에 대한 권리는 광산으로 인한 이주에 대해 중요한 의미가 있다. 유럽인권재판소는 광산개발로 인한 이주를 사생활 및 가족생활에 대한 존중요구권(유럽인권협약 제8조) 및 유럽인권협

---

20) *Merten*, Hdb.GR Ⅳ, § 94 Rn 100 참조.
21) *Gusy*, MKS, Art. 11 Rn 31; 이견으로는 *Kloepfer*, VerfR Ⅱ, § 69 Rn 7; *Ziekow*, FH, Art. 11 Rn 55.
22) 이견으로는 *Kloepfer*, VerfR II, § 69 Rn 9.
23) E 134, 242/328 f = JK 5/2104; 이견으로는 *Bauer*, NVwZ 1997, 27.

약 의정서 제4호에 보장된 거주이전권에 대한 (정당화될 수 있는) 제한으로 판단하기는 하였다.[24] 그러나 **연방헌법재판소**의 견해에 따르면 기본법 제11조는 "토지 관련 법령이나 토지 이용을 위한 규율이 의도적으로 특정인이나 특정 인적 집단의 거주이전의 자유에 대한 제한을 가하지 않으"면서도 일반적으로 "지속적 체류를 금하고 있는" 연방영역 내의 장소에서 체류지를 정하고 머무를 수 있는 권리를 보장하지는 않는다.[25] 이에 따라 기본법 제11조는 규범에 의해 각인되는 기본권 중 하나가 된다(단락 266 이하). 이는 유럽인권재판소의 판례와 충돌하는 것도 아니다. 두 기본권질서를 "도식적으로 같게 해석해야 하는 것 (schematische Parallelisierung)"은 아니기 때문이다(단락 68).

III. 제한

926 자유로운 이주를 방해하거나 제약하는 것은 거주이전의 자유에 대한 제한에 해당한다. 거주이전의 자유에 대한 제한이 인정되기 위해서는 그에 대한 제약이 직접성을 띠어야 하고 간접적인 방해와 제약만으로는 충분하지 않다고 보는 견해도 있다.[26] 이 견해의 타당한 점은 단락 919에서 보호영역에 속하는 것으로 파악되었던 것은 제한으로부터 보호해야 할 대상으로 보아야 한다는 것이다. 그렇다면 그에 대한 간접적 제약만 존재하더라도 제한을 인정하기에 충분하다고 본다.[27]

927 예: 거주이전의 자유에 대한 제한은 거주이전이 조건, 허가, 증명 등과 결부되는 경우에 존재하지만(E 2, 226/274; 8, 95/97 f), 거주이전에 대하여 공과금이 부과되는 경우에는 그에 대한 제한은 존재하지 않는다(BVerfG, NVwZ 2010, 1022/1025). 이른바 직장 소재지 거주의무(Residenzpflicht), 즉 거주지를 직업과 결부시키는 것은 거주이전의 자유에 대한 제한에 해당한다(이견으로는 *Durner*, MD, Art. 11 Rn 124; 이견으로는 *Manssen*, GrundR, Rn 592. 후자는 기본법 제12조 제1항 내지 기본법 제33조만이 관련된다고 본다). 직장 소재지 거주의무와 구분되는 것으로는 가령 일정한 주(州)법원에서만 민사

---

24) 유럽인권재판소(EGMR), LKV 2001, 69/71 f.
25) E 134, 242/325 = JK 5/2104
26) *Kunig*, MüK, Art. 11 Rn 19; 이견으로는 *Wollensschläger*, DR, Art. 11 Rn 43.
27) E 110, 177/191.

소송을 대리하여야 할 변호사의 의무와 같이 직업활동을 일정한 지역으로 한정하는 이른바 개업지 제한(Lokalisationsgebot)이 있다(E 93, 362/369 참조). 직장 소재지 거주의무의 판단규준에는 기본법 제12조도 포함되는 반면(E 65, 116/125; BVerfG, NJW 1992, 1093 참조), 개업지 제한의 판단규준은 전적으로 기본법 제12조이다(*Breuer*, Hdb. StR³ Ⅵ, § 170 Rn 94). 동유럽 출신의 독일인으로 최근 독일로 이주해 온 자들(Spätaussiedler) 중 배정된 곳과는 다는 곳에 정주한 자에게는 기초생활급여를 제공하지 않는 규율은 거주이전의 자유에 대한 제한에 해당한다(E 110, 177/191). 독일인이 외국 국적의 배우자의 초청을 금지하는 외국인체류법상의 규정도 마찬가지이다(BVerwGE 144, 141/150).

Ⅳ. 헌법적 정당화

1. 기본법 제11조 제2항의 가중법률유보

제2항의 법률유보는 다음과 같은 다양한 표지를 통해서 가중되고 있다. 즉 거 **928** 주이전의 자유에 대한 제한은 제2항에 열거된 사유에 해당하는 경우에만 가능하고 또한 제2항에 열거된 목적들만을 추구하는 법률을 통해서만 허용된다. 이러한 표지들은 모두 좁게 해석해야 한다. 그러므로 사회국가원리에 비추어 볼 때 충분하지 못한 삶의 기반 및 이로 인하여 발생하는 일반에 대한 부담을 노령이나 질병만을 이유로 인정하는 것은 허용되지 않지만[28] 최근 독일로 이주해 오는 동유럽 출신의 독일인의 대량유입을 이유로 인정하는 것은 허용된다.[29] 연방 또는 주(州)의 존속 또는 그 자유민주적 기본질서에 대한 임박한 위험에 대해서는 경찰법상의 임박한 위험의 개념과 관련하여 인정되는 법치국가적 제한들이 적용될 수 있다.[30] 이른바 범죄유보(범죄예방)는 일반경찰수권에 비하여 엄격한 요건을 제시하고 있다고 보아야 한다. 그렇지 않으면 기본법 제11조 제2항에 의하여 그것을 별개의 구성요건으로 분화시킨 의미가 사라지기 때문이다.[31]

---

28) *Kunig*, MüK, Art. 11 Rn 22.
29) E 110, 177/192 f.
30) *Pieroth/Schlink/Kniesel*, Polizei- und Ornungsrecht, 9. Aufl. 2016, § 8 Rn 40 ff.
31) *Kloepfer*, VerfR Ⅱ, § 69 Rn 32; *Kunig*, MüK, Art. 11 Rn 27 참조.

2. 여타 제한의 정당화

929 기본법 제17a조는 "민간인 보호 및 국토방위를 위한 법률들"을 위한 또 다른 법률유보를 포함하고 있다.[32] 기본법 제117조 제2항 및 제119조의 법률유보는 오늘날에는 의미를 상실하였다.

930 사례 17(단락 912)에 대한 약해:

이 사례에서 경찰이 취한 조치는 대부분의 주(州)에서는 경찰법상의 체류금지에 관한 특별권한에 포섭된다. 문제가 되는 것은 문제의 체류금지가 기본법 제11조에 합치하는지이다.

Ⅰ. 甲의 어린이 놀이터 체류는 지속성을 띠고 있고 또한 甲의 체류는 신체의 자유의 **보호영역**이 아니라 거주이전의 자유의 보호영역에 해당한다.

Ⅱ. 해당 조치가 **헌법적으로 정당화**될 수 있는지에 관한 질문은 권한 및 내용의 문제를 제기한다.

1. 이 사례의 체류금지는 주(州)의 경찰법에 규율되어 있다. 이에 반해 기본법 제73조 제1항 제3호에 따르면 연방이 거주이전의 자유에 관한 배타적 **입법권**을 가지고 있다. 그러나 기본법 제11조 제2항의 범죄유보는 기본법하에서 주(州)의 배타적 입법권에 속하는 일반에 대한 위험방지의 측면을 나타내고 있으므로(*Pieroth*, JP, Art. 70 Rn 17 f 참조) 거주이전의 자유에 대한 규율을 위한 연방의 입법권한은 일반의 위험방지법에는 미치지 않는 것이 타당하다(바이에른헌법재판소[BayVerfGH], NVwZ 1991, 664/666; *Gusy*, MKS, Art. 11 Rn 52; *Kunig*, MüK, Art. 11 Rn 21).

2. **내용의 측면에서는** 체류금지의 특별권한은 기본법 제11조 제2항의 가중표지의 요건을 충족하는 경우에 한하여 기본법 제11조 제1항에 대하여 제한할 수 있는 권한을 부여할 수 있다고 헌법합치적으로 해석하는 범위 내에서만 존립할 수 있다. 이 사례에서는 형사처벌이 가능한 행위에 해당하는 과실치상을 방지하는 것이 문제되고 있기 때문에 경찰이 甲에게 발한 문제의 조치는 기본법 제11조에 위반되지 않는다.

931 참고문헌: H.W. *Alberts*, Freizügigkeit als polizeiliches Problem, NVWZ 1997, 45; *K. Hailbronner*, Freizügigkeit, Hdb. StR³ VII, § 152; *D. Merten*, Freizügigkeit, Hdb. GR IV, § 94; *F. Schoch*, Das Grundrecht der Freizügigkeit, Jura 2005, 34; *D. Winkler/K. Schadtle*, Ausreisefreiheit quo vadis?, JZ 2016, 764.

---

32) BVerwGE 35, 146/149 참조.

§ 21 직업의 자유(기본법 제12조)

사례 18: 만 55세를 초과한 자에 대한 의료보험계약의사 허가(출전: E 103, 172)   **932**
현재 56세로 대학병원 과장인 甲은 전문적·인간적 긴장으로 근로관계의 지속이 어렵다
고 느끼고 사표를 제출한 뒤 의료보험조합의 계약의사 허가신청을 하였다. 의료보험조
합 계약의사 허가는 만 68세로 만료된다. 법률에 근거하여 정상적으로 제정된 의료보험
조합 계약의사 허가에 관한 시행령은 만 55세 이하의 의사들에 대해서만 보험계약의사
허가를 내주도록 규율하고 있다는 것을 근거로 갑의 허가신청은 거부되었다. 갑은 이러
한 거부처분으로 기본법 제12조 제1항의 기본권을 침해받았는가? 이 사례에 대한 약해
는 **단락 1000**을 보라.

I. 개관

기본법 제12조는 세 가지의 보호영역, 즉 **직업선택의 자유, 직장선택의 자유, 직업교육장선**   **933**
택의 자유를 제시하고 있는 것처럼 보이며, 기본법 제12조는 그렇게 해석되고 있기도 하
다. 그에 따르면 이러한 보호영역들은 직업교육에서 시작하여 교육받은 분야의 직업을
선택하는 결정으로 이어지고 선택한 직업에 따라 노동을 함으로써 완성되는 직업과정의
국면들에 상응하는 것이다. 그러나 사실 기본법 제12조 제1항 제2문은 바이마르시대의
사회적 논의를 수용하지 못한 데 기인하는 것이다. 즉, 바이마르시대 당시 직업의 자유
에 대한 제한을 라이히법률에 근거해서만 허용했던 바이마르헌법 제151조 제3항[1]에 의
거하여 주(州)의 법률로 직업행사에 대하여 규율을 할 수 있는지가 다투어졌고,[2] 기본
법 제12조 제1항 제2문은 이와 같은 논쟁에 착안하여 직업행사에 대한 규율의 가능성을
확보하고 있는 것이다. 헌법제정회의인 의회협의회는 직업선택의 자유에 대한 제한의
필요성을 분명하게 의식하고 있었으나[3] 이러한 통찰이 그 규정의 문구에 반영되지는

---

1) [역주] 제151조 (1) 경제생활의 질서는 모든 국민이 인간의 존엄성에 합당한 생활을 하게 하는
것을 목표로 하며 정의의 원칙에 적합하여야 한다. 개별 국민의 경제상의 자유는 이 한계 내에
서 보장된다. (2) 법률에 의한 강제는 권리의 침해를 방어하기 위하여 또는 공공복리의 중대한
요구에 응하기 위하여 하는 이외에는 허용되지 아니한다. (3) 통상 및 영업의 자유는 라이히법
률에 정한 바에 의하여 보장한다.
2) *Bumke*, Der Grundrechtsvorbehalt, 1998, S. 128 f.

못하였다. 그러므로 제12조 제1항은 직업선택의 자유만이 아니라 직업행사의 자유 및 직업교육의 자유를 포괄하는 하나의 일원적인 보호영역을 포함하고 있는 것이다. 이에 반해 제12조 제1항 제2문은 또 다른 보호영역에 관한 규정이 아니라 그 문구상 직업행사에 대한 규율만을 대상으로 하면서도 직업선택의 자유에 대한 제한을 전제로 하고 있는 한계규율에 해당한다.[4]

934 제1항의 제1, 2문에 두 가지 보호영역에 관한 규정이 포함된 것으로 보는 견해에 따르더라도 같은 결론에 이르게 된다. 제1, 2문은 **직업선택과 직업행사가 연관성을 가지고 있다**는 것을 시사하고 있다. 즉 직업의 행사는 직업의 선택과 더불어 시작되며 직업의 행사를 통해서 직업의 선택은 항상 새롭게 행사되는 것이다. 그렇다면 직업의 선택을 통해서 직업의 행사도 보장되고, 직업의 행사를 통해서 직업의 선택도 규율유보의 영향을 받는 것이다.[5] 그리고 두 법문은 규율유보를 확장하여,[6] 직업선택만이 아니라 직업교육장[7] 및 직장의 선택에 대해서까지도 확장하고 있다. 이에 비하여 연방헌법재판소는 이를 일괄하여 "법률유보"로 표현하고 있다.[8] 그리하여 기본법 제12조 제1항은 오늘날 이러한 견해에 의하더라도 단일의 기본권에 해당하며, 이 기본권은 통일적으로 법률유보하에 있기도 한 것이다.

935 제2, 3항은 특별한 요건을 충족할 때만 제한될 수 있는 **노역강제**(Arbeitszwang: 일정한 개별적인 노동력제공의 강제)**로부터의 자유와 강제노역**(Zwangsarbeit: 일정한 방식으로 개인의 노동력 전체를 투입하도록 강제하는 것)**으로부터의 자유**를 보장하고 있다. 이 규정들은 직업선택과 직장선택의 자유가 어떠한 노동을 하고 노동력을 어떻게 투입할 것인지를 결정하는 자유 이상의 것임을 알게 해준다. 그렇게 이해하지 않는다면 제2, 3항은 불필요한 것이 되기 때문이다. 그러므로 직업은 단순히 노동급부의 이행이나 노동력의 투입이 아니라 생활의 근거를 마련하고 이를 유지하기 위한 어느 정도의 지속성을 띠는 활동을 의미한다. 직장이란 노동을 하는 장소일 뿐만 아니라 직업을 행사하는 장소이기도 하다.

---

3) 가령 *v. Mangoldt*, 5. Sitzung des Grundsatzausschusses des Parlamentarischen Rates(헌법제정의회의 원칙위원회의 5차 회의) v. 20.9.1948, in: Deutscher Bundestag (Hrsg.), Der Parlamentarische Rat 1948-1949, Bd. 5/1, 1993, S. 91, 100; 이에 대해서는 또한 *Bryde*, NJW 1984, 2177/2178.

4) 이미 E 7, 377/401 참조.

5) E 7, 377/401 참조.

6) 이에 대해 비판적인 견해로는 *Lücke*, Die Berufsfreiheit, 1994, S. 26 ff; *Michael/Morlok*, GR, Rn 684.

7) E 33, 303/336.

8) 가령 E 54, 224/234; 54, 237/246.

II. 기본법 제12조 제1항의 방어권

1. 보호영역

기본법 제12조 제1항의 일원적 기본권은 하나의 일원적 보호영역을 가지고 있 **936** 기는 하지만, 그 내용과 범위는 직업, 직업교육장, 직장이라는 개념들을 서로 결부시켜 기술하는 것이 합목적적이다.

a) **직업의 개념**은 가급적 넓게 이해하여야 한다. 이 개념은 전통적으로 고정된 직 **937** 업상(職業像)만이 아니라 새롭게 성립된 직업상과 자유롭게 창안된 직업상도 포 함한다.[9] 그러나 여기에는 개인이 직업의 내용으로 삼은 개별 행위들이 금지된 것이어서는 안 된다는 제한이 가해진다.[10] 이러한 기준은 때때로 비판의 대상 이 되기도 하고,[11] 직업적으로 행하는 행위들이 사회 또는 공동체에 유해한 것 이어서는 안 된다거나[12] 헌법 자체에 의해서 금지된 것이어서는 안 된다[13]는 기준 등에 의해서 대체되고 있기도 하다. 이는 입법자가 금지를 통하여 어떤 직 업을 기본법 제12조 제1항의 보호영역에서 간단히 배제하는 방식으로 기본법 제12조 제1항이 제시하는 규준의 적용대상에서 그 직업을 제외하지 못하도록 하는 등 직업의 개념을 입법자의 처분에 맡기지 않겠다는 합당한 의도가 그러 한 대안적 시도들의 출발점이 되고 있는 것이다. 그러나 금지된 것이라는 기준 에 대한 비판은 그 기준이 직업적인 행사와는 무관하게 개별적인 행위, 즉 행위 그 자체에 관한 것이라는 점을 간과하고 있다. 직업은 수많은 행위의 묶음이며, 그러한 행위들을 하나의 직업으로 묶는 것을 특별히 금지하거나 제한하는 것이 허용되는지는 항상 기본법 제12조 제1항에 의하여 판단되는 것이다. 반면에 개 별 행위들은 다른 기본권에 의한 보호를 받으며, 그 행위들을 금지하는 것이 허 용되는지는 해당 기본권들에 따라 판단하여야 하는 것이다.[14]

---

9) E 97, 12/25, 33 f; 119, 59/78.

10) E 7, 377/397; 81, 70/85; 115, 276/300 f 참조.

11) *Breuer*, Hdb. StR³ VI, § 170 Rn 69; *Kloepfer*, VerfR II, § 51 Rn 15.

12) BVerwGE 22, 286/289; *Kloepfer*, VerfR II, § 70 Rn 30.

13) *Stern*, StR IV/1, S. 1793 ff.

14) 동지의 견해로는 *Rusterberg*, Der grundrechtliche Gewährleistungsgehalt, 2009, S. 197 f; 유 사한 견해로는 *Lerche*, FS Fikentscher, 1998, S. 54; 비판적인 견해로는 *Suerbaum*, DVBl.

938 예: 소매치기, 마약상, 인신매매상은 그 자체로 기본법 제12조 제1항이 의미하는 직업이 아니다. 그들의 행위는 그것이 전문적이고 지속적으로 행하여지든 아니면 일회적이고 비전문적으로 행하여지든 상관없이 항상 처벌될 수 있다. 그러나 주택의 개수나 자동차의 수리 등과 관련한 허용된 행위를 하고 단지 세법 및 사회보험법에 의하여 부담하여야 할 채무인 조세나 보험료를 납부하지 않을 뿐인 불법노동자의 경우는 사정이 다르다. 이 경우에는 기본법 제12조 제1항의 직업은 존재하지만, 그 행사가 세법과 사회보험법에 의하여 규율되어 있는 것이다(vgl. *Scholz*, MD, Art. 12 Rn 29). 매춘도 기본법 제12조 제1항의 직업에 해당한다. 왜냐하면 유상의 성교는 「매춘부의 법적 관계의 규율에 관한 법(ProstG)」 제1조에 의하여 법적으로 유효한 채권을 발생시키기 때문이다.

939 그 밖에도 어떤 활동이 직업의 개념에 해당하려면 **어느 정도의 지속성**을 띠어야 한다.[15] 이 요소도 좁게 이해해서는 안 된다. 부정기적으로 또는 휴가철에만 하는 일, 기존 인력을 일시적으로만 대체하는 고용관계, 수습직도 직업에 해당하지만, 한 차례의 소득활동으로 끝나버리는 일은 직업이 아니다.[16] 마찬가지로 그 활동이 **생활기반을 마련하고 이를 유지하기 위한 것**이어야 한다는 직업의 개념 요소도 넓게 이해하여야 한다.[17] 부업은 단순한 취미와는 달리 생활기반을 마련하고 유지하는 데 기여하기 때문에 직업에 해당한다.[18] 회화, 시작(詩作) 또는 작곡으로 원하는 만큼의 충분한 생활비를 벌지 못하는 예술가라 하더라도 이는 직업을 갖고 있는 것에 해당한다.[19] 끝으로 직업의 개념은, 그것이 **독립적인 활동과 종속적인 활동** 모두에 미친다는 점에서도 개방성을 띤다.[20]

940 기본법 제12조 제1항의 직업의 자유는 하나의 직업을 택하기 위한 결정부터 가령 직업 없이 자신의 재산으로 살고자 하는 사람까지도 보호한다(소극적 **직업의 자유**).[21] 직업의 자유는 특히 일정 직업의 선택과 그 행사를 포함한다. 또한 직업의 자유는 직업활동에 따른 적정한 대가에 대한 요구도 내포하고 있다.[22] 직

1999, 1690.
15) E 32, 1/28 f.
16) E 97, 228/253.
17) E 105, 252/265.
18) E 110, 141/157 참조.
19) *Scholz*, MD, Art. 12 Rn 21.
20) E 7, 377/398 f; 54, 301/322.
21) E 58, 358/364 참조.
22) E 101, 331/346 ff; 110, 226/251.

업의 자유는 직업활동 영역의 확대 및 전직, 나아가 특정 직업활동을 포기하거나 일체의 직업활동에서 은퇴하는 것인지를 불문하고 직업활동에 종지부를 찍는 것도 보호한다.

개인의 직업의 자유와 재산권 행사의 자유가 보장하고 있는 사회의 경제는 이 **941** 자유들을 통하여 각인된다. 기본법은 특정 경제질서(Wirtschatsverfassung)를 포함하고 있지 아니하며 특정 경제정책을 요구하고 있지 않다. 즉, 기본법은 연방 헌법재판소가 수차례 강조한 바와 같이, **"경제정책에 대하여 중립적"**이며 경제정책을 원칙적으로 입법자의 재량에 맡기고 있다.[23) 따라서 현 경제질서는 기본법 제12조 제1항이나 제14조와 연계된 기본법 제12조 제1항의 보호영역에 포함되어 있지 않다. 다만, 직업의 자유라는 조건 아래에서 현 경제질서의 일정한 측면이 보호를 받고 있다. 직업을 자유롭게 선택하고 이를 자유롭게 행사하면서 개인들은 기업인으로서, 상인으로서, 영업자로서, 자유직종사자로서 그리고 나아가서는 노동자로서도 경쟁관계에 편입되기 때문에, 경쟁행위는 곧 직업의 수행에 해당하는 것으로서 직업의 자유의 보호영역에 속한다. 경쟁에서 패배할 수도 있다는 것은 경쟁의 조건 중의 하나다.[24) 경쟁 없는 자유의 관념은 **경쟁의 자유**와 조화될 수 없다.

예: 국가의 허가를 받은 기업인의 직업의 자유는, 국가가 다른 직업인들을 허가하여 최 **942** 초로 허가를 받은 기업인이 치열한 경쟁으로 인해 기업과 직업을 포기하게 하는 결과를 가져온다고 하더라도 그 기업인을 위한 보호작용을 하지 아니한다(E 34, 252/256; 55, 261/269; BVerwG, DVBl. 1983, 1251; 헷센 국사재판소[HessStGH], NVwZ 1983, 542). 국가가 시장의 투명성을 촉진하고 진실에 따라 합리적으로 시장에 관계하면서, 가령 제품의 위험성에 대한 정보를 제공하는 경우에도 직업의 자유는 영향을 받지 않는다(E 105, 152/267 ff; *Bäcker*, Wettbewerbsfreiheit als normgeprägtes Grundrecht, 2007, S. 124 ff: 비판적인 견해로는 *Bethge*, Jura 2003, 327/332 f; *Huber*, JZ 2003, 290/292 f). 그러나 국가가 경쟁자에게 보조금을 지급함으로써 경쟁에서의 우월성을 확보해주고 있거나(E 46, 120/137 f; BVerwGE 71, 183/191 ff) 독점을 통하여 경쟁을 배제하고 있거나 (BVerwG, NJW 1995, 2938; 또한 *Schliesky*, Öffentliches Wettbewerbsrecht, 1997 참조) 시장에 대한 국가의 규율에 의해서 개인에게 현저한 경쟁상의 불이익이 발생한 경우

---

23) 가령 E 50, 290/366 ff 참조.
24) E 105, 252/265; 110, 274/288; 116, 135/151 f.

(BVerfG, NJW 2005, 273/274 참조) 또는 가령 자치단체인 게마인데의 경제적 활동을 위하여 공법적 구속을 위반함으로써(*Pieroth/Hartmann*, NWVBl. 2003, 322; 이에 대해 비판적인 견해로는 *Stern*, StR IV/1, S. 1861 ff 참조) 개인이 경쟁자와의 경쟁에서 패배하도록 한 경우에는 기업인의 직업의 자유가 관련성을 갖는다.

943 국가기능의 직업적 수행에 관해서는 다음과 같이 구분할 수 있다.
- 국가기능의 수행은 **독립적** 직업의 내용이 될 수 없다. 물론 사인이 규율하고, 재판하며, 중재하고 또 관리하는 역무를 제공할 수는 있으나, 그러한 역무는 상당하는 국가행위에 수반하는 구속적 효력을 갖지 않는다.

944 - 공직에서 국가기능을 수행하는 것은 **종속적** 직업의 내용이 된다. 그러나 그 경우에는 기본법 제12조 제1항만이 아니라 기본법 제33조도 해당이 된다. 기본법 제33조가 제12조 제1항을 전체적으로 배제하지는 않지만,[25] 특별규정으로서 공직에 대한 특수한 규율을 하고 있으며 또한 이를 허용하고 있다. 이와 관련하여 기본법 제33조 제2항은 국가의 조직권력을 고려하여 직업선택과 관련한 기본법 제12조 제1항의 보호영역을 공직에 대한 균등한 접근권으로 축소하고 있다.[26]

945 - 사인이 공적 과제를 맡아서 수행하는, 이른바 **국가의 구속을 받는** 직업에서도 국가의 조직권력이 의미가 있을 수 있으며 "기본법 제33조에 의거한 특별규율들은 … 기본법 제12조 제1항의 기본권의 효력을 후퇴시킬 수 있다."[27] 이때 그 직업이 공직에 가까우면 가까울수록 그만큼 그 특별규율은 기본법 제33조 제5항에 의거할 수 있게 된다. 이에 반해 자유직의 특성이 도드라질수록 기본법 제33조 제5항에 의거한 특수규율의 적합성은 낮아지게 된다.

946 예: 공증인은 국고로 생활하는 것이 아니라 경제적으로 독립해서 활동하기 때문에 공직과 최대한 거리를 두어야 한다는 요구를 받는다. 이에 따라 기본법 제33조 제5항이 공증인의 직업의 자유에 대한 심사에 대해 미치는 영향은 약하다. 따라서 공증인에게는 가

---

25) *Michael/Morlok*, GR Rn 348; 이견으로는 *Wieland*, DR, Art. 12 Rn 52.
26) E 7, 377/397 f; 16, 6/21; 39, 344/369.
27) E 73, 280/292.

령 그 직업활동을 조직하는 문제와 관련하여 다른 자유직에 비견되는 형성의 여지가 인정되어야 한다. 이에 반하여 공증인의 문서공증, 타인의 재산에 속하는 물건의 보존 및 인도와 같은 구체적인 직무행위에 관해서는 기본법 제33조 제5항이 비교적 강한 효력을 미친다. 이러한 행위에 대해서는 감독관청의 지시권도 허용이 된다. 그러나 연방헌법재판소는 이 점과 관련하여 공증인이 기본법 제12조 제1항을 원용할 수 없는 것인지 또는 기본법 제33조 제5항이 그 헌법적 정당성을 심사할 때 영향을 미치는 것인지의 문제에 대해서는 판단하지 않았다(E 131, 130/140 f).

b) 기본법 제12조 제1항은 **직업교육**(Ausbildung)의 자유로운 선택이나 그 자유로 **947** 운 수행이 아닌, 직업교육장의 자유로운 선택이라고만 언급하고 있다. 그러나 연방헌법재판소는 그 규정을 통하여 "**직업교육에 관한 자유의 제한에 대한 방어 권**"이 일반적으로 보장된 것으로 해석하고 있다.[28] 이는 개인적으로 교사나 장인을 통하거나 집단적 형태나 강습과정을 통하여, 또는 독서나 여행을 통하여 자신의 직업교육을 조직하는 사람도 공·사립의 직업교육장에서 직업교육을 수료하는 사람과 같은 보호를 받을 자격이 있다는 점에서 설득력 있는 해석이라고 본다. 그러므로 위 두 가지 경우 모두 특정의 직업교육과 관련한 결정은 - 그것이 최초의 직업교육이든 제2의 추가적인 직업교육이든 상관없이 - 자유이며, 직업교육을 끝까지 받기로 하는 결정과 직업교육을 종료하는 결정 모두 자유이다. 직업교육 일체를 거부하는 결정도 또한 자유에 해당한다. 그러나 직업교육의 자유가 무상직업교육 청구권, 가령 무상대학교육 청구권을 의미하지는 않는다. 헌법제정자가 수업료 인상을 억제하겠다는 의도를 가진 것으로 볼 수는 없기 때문이다.[29]

여기서 말하는 직업교육은 교양교육을 의미하지 않는다. 정신적으로 지득할 수 **948** 있는 모든 것이 교양교육의 내용이 될 수 있으며, 교양교육의 내용과 마찬가지로 그 목표 또한 개방성을 띤다. 그렇지만 직업교육은 **직업 관련 자격의 취득**이라는 목표를 지향하고 있으며, 이러한 목표가 그 내용을 규정한다. 일반적 교양교육뿐만이 아니라 직업과 무관한 학교의 교육에도 그와 같은 목표는 존재하지 않는다.

---

28) E 33, 303/329.
29) BVerwGE 115, 32/36; *Pieroth/Hartmann*, NWVBl. 2007, 81.

949 **예**: 기본법 제12조 제1항 제1문이 의미하는 직업교육장에 해당하지 않는 것으로는 교회 부설 아카데미, 사설 스포츠시설 및 문화시설, 초등학교와 하우프트슐레(Hauptschule)30) 가 있다. 반면 통설에 의하면 기본법 제12조 제1항 제1문의 직업교육장에 해당하는 것 으로는 초등학교나 하우프트슐레의 다음 단계에 설치되는 상급학교(E 41, 251/262 f; 58, 257/273; 비판적인 견해로는 *Kloepfer*, VerfR II, § 70 Rn 37), 전문대학, 대학교, 국가가 관리하는 연수직(1차 국가시험 합격자들이 밟는 연수직), 사업장 내지 기업 부설 직 업교육과정, 사설학원, 언어학원, 치료사 양성시설 등을 들 수 있다. 이른바 시립 시민 학교(Volkshochschule)는 그 교육프로그램의 직업적 관련성 유무에 따라 구분하여야 한다.

950 c) **직장**이란 직업활동이 전개되는 장소를 말한다. 그 장소는 종속적 직업활동의 경우에는 그것이 국가행정기구 안에 있든 기업의 생산직이나 관리직이든, 독립 적 직업활동의 경우에는 그것이 본인의 병원이나 작업장, 사무실이나 화실이든 상관이 없다. 직장의 선택, 변경, 유지, 포기에 관한 결정은 자유이다. 종속 노 동자의 경우 직장선택의 자유는 노동시장으로의 진출 및 계약당사자의 선택도 보호한다.31)

951 d) **직업 및 직업교육에 특유한 행위**만이 보호된다(위 단락 937 참조). 판례는 이러한 측면을 제한의 관점에서 파악하고 있다. 판례에 의하면 국가의 규율이나 조치 가 제한의 성격을 띠려면 그것이 직업활동에 어떤 식으로든 원거리 효과를 미 치는 것만으로는 충분하지 않으며 주관적으로 또는 객관적으로 직업규율적 성 향을 띠고 있어야 한다. 즉 국가의 규율이나 조치가 직업규율 자체를 목표로 하 고 있거나 직업에 대하여 중립적인 목표를 갖고 있는 경우에는 직업활동에 직 접적인 영향을 미쳐야 하고, 만약 직업활동에 간접적인 효과만을 미친다면 그 것이 어느 정도의 비중을 갖는 것이어야 한다.32)

952 **예**: 직업상 체결한 계약이나 직업활동중 범하게 된 불법행위에 대한 책임은 주관적으로 나 객관적으로나 직업규율적 성향을 갖지 않는다(E 96, 275/397; BVerfG, NJW 2009, 2945). 또한 후견인이나 성년후견인이 되는 것은 원칙적으로 직업 특유의 활동이라 할

---

30) [역주] 4년과정의 초등학교를 마친 다음 김나지움이나 실업학교인 레알슐레에 진학하지 않은 학생이 다니는 5~9학년의 중등학교.

31) E 84, 133/146; 128, 157/176.

32) E 97, 228/253 f; 비판적인 견해로는 *Manssen*, GrundR, Rn 618 ff 참조.

수 없다. E 54, 251/270은 그러한 의무를 "특별한 직업규율적 경향"이 없는 "국민의 일반적 의무"라고 표현하고 있다. 그러나 변호사라는 직업적 자격에 따라 후견인이나 성년후견인이 되면서 그 직업활동의 테두리 안에서만 그러한 임무를 수행할 수 있고 또한 그 임무를 무상으로 수행하여야 하며 그러한 활동이 점하는 비중이 현저하다면, 후견인이나 성년후견인으로서의 활동은 변호사에게는 직업 특유의 활동이고 이에 따른 직업의 자유에 대한 제한이 존재하게 된다. ─ 입법자가 세법을 제정함에 있어 직업을 규율하려는 주관적 목표는 없었더라도 그 조세로 인하여 일정한 직업에 직접적으로 또는 중대하게 영향을 미치는 경우에는 직업의 자유에 대한 제한을 의미한다(E 13, 181/186; 47, 1/21 f). 반면에 직업활동과 무관하게 모든 소비자에게 부과되는 환경세(E 110, 274/288)는 그렇지 않다. 특정 직업의 수행을 부과요건으로 하지 않는 파산방지를 위한 부담금도 마찬가지이다. ─ 뉴스 형식의 단신 TV보도를 허용하는 법률은, 그러한 허가가 부분적으로만 직업적으로 조직화되고 수익을 내는 방송프로그램에 관한 것일지라도 직업규율적 성향을 갖는다. 관련 오락, 스포츠, 문화프로그램이 전형적으로 직업적인(즉 영리를 목적으로) 것이라면 그와 관련한 법률의 직업규율적 경향을 인정하기에 충분하다(E 97, 228/254).

2. 제한

a) **직업의 자유에 대한 제한**은 그 수행의 측면(직업활동의 **방법**)이 보다 강하게 가해 **953** 질 수도 있고 그 선택의 측면(직업활동의 여부)에 보다 강하게 가해질 수도 있다. 직업의 자유의 선택의 측면에 대한 제한의 경우에는 그 직업의 선택을 주관적 요건에 결부시킬 수도 있고 객관적 요건에 결부시킬 수도 있다. 이와 같은 상이한 형태의 제한들은 보통 **상이한 강도**를 가지고 있고 이에 따라 상이한 정당화 요건이 부과되는 것이 보통이기 때문에 두 가지 측면을 구분하여야 한다.

객관적인 허가요건은 직업선택을 위해 직업희망자의 영향권에서 벗어나 있으면 **954** 서 그의 자격과는 무관한 객관적 기준을 충족할 것을 요구하는 것을 의미한다. 그에 해당하는 것으로는 특히 여객운송에 관한 법률이 정기노선운송과 관련하여 기본법 제13조 제2항 제2호에서 그리고 택시운행과 관련하여 기본법 제13조 제4항에서[33] 포함하고 있는 것과 같은 **수요심사조항**(Bedürfnisklausel)을 들 수 있다. 직업의 자유를 일원적으로 이해하게 된 출발점이 된 약국판결도 약국개

---

33) E 11, 168; BVerwGE 79, 208; 또한 E 126, 112/138 참조.

설의 전제로서 기존의 약국들만으로는 주민들에게 의약품을 공급하기에 충분하지 않으면서 기존 약국들이 새로운 약국의 개설로 중대한 피해를 입지 않을 것을 요구하는 수요심사조항을 그 심판대상으로 하고 있었다.[34]

955 그 밖에도 객관적 사유에 의한 허가로는 특정 직업에 대한 **세법규정**을 들 수 있다. 이와 같은 세법규정은 간접적으로만 직업의 자유에 영향을 미치지만, 그것이 어떤 직업을 경제적으로 "교살하여" 그 직업의 선택가능성을 사실상 배제할 정도의 비중을 가질 수도 있다.

956 예: 담배, 궐련, 여송연 판매에 부과되는 세율이 이익이 남지 않을 정도로 높은 경우에는 담배상품은 계속 판매되고 또한 판매상품으로서의 명맥이 유지되기는 하겠지만 담배상품소매인이라는 독립적인 직업은 사실상 없어지게 될 것이다. ― 연방헌법재판소가 세법규정이 교살적 효과를 갖는다고 본 사례는 지금까지는 없으며, 다만 교살적 과세는 기본법 제12조로 인하여 존립하기 어려울 것이라고만 강조한 바 있다(E 8, 222/228; 또한 나아가 E 13, 181/185 ff 및 BVerwG, NVwZ 2016, 529/531 f); 학설은 과세에 따라 직업의 자유에 대한 제한이 가해질 수 있는 범위를 부분적으로 넓게 설정하고 있다(*Hohmann*, DÖV 2000, 406 참조).

957 어떤 활동을 **행정이 독점**함으로써 그 활동을 하는 것이 국가에 유보되고 있는 경우에는 개인이 그것을 독립적 직업의 내용으로 삼을 수 없다.[35] 다만 행정이 독점하는 경우도 예외적으로 독점된 활동의 일정한 측면을 일정한 요건에 따라 직업의 내용으로 삼는 것을 허용하기도 하는데 이러한 요건에는 객관적 허가요건과 주관적 허가요건이 있다. 그러나 행정이 독점하는 활동의 대부분은 개인이 독립적으로 수행하는 직업의 대상에서 완전히 제외된다.[36]

958 예: 바덴뷔르템베르크주(州)법에 의한 카지노영업의 독점은, 카지노업이라는 직업을 완전히 차단하고 있지는 않지만, 그 예외를 인정할 여지는 매우 좁다(E 102, 197/200 f; *Brüning*, JZ 2009, 29/31 f). 바이에른 국영복권법은 도박중독에 실효적으로 대처할 수 있는 경우에만 국영기구에 의한 스포츠복권의 발매를 허용하고 있다(E 115, 276/300 ff; BVerfG, NVwZ 2008, 301). 바이에른구호역무법은 일차적으로는 비영리시설이 응급구

---

34) E 7, 377.
35) E 21, 245; 108, 370/389 참조.
36) *Breuer*, Hdb. StR³ VIII, § 171 Rn 89 f 참조.

호역무를 제공하며, 상업적인 응급구호역무업체는 후순위로만 구호역무를 제공하도록 하고 있다(바이에른헌법재판소[BayVerfGH], NVwZ-RR-2012, 665/668 ff).

공직(Staatsdienst)이나 국가에 구속되는 일정한 직업에의 접근 역시 객관적 허가 **959** 형식의 제한에 의하여 규제되고 있다. 국가는 조직권력에 의거하여 공직의 수 를 결정하는데, 그 한정된 자리가 모두 채워진 경우에는 자격을 갖춘 교사나 법 률가라도 공직에 접근할 수 있는 길이 막히게 된다(위 단락 944~945 참조).

주관적 허가요건은 직업의 선택을 개인적인 특성과 능력, 지식과 경험, 졸업증과 **960** 성적에 결부시키는 것이다.

예: 연령제한(조산원 - E 9, 338; 공적으로 선정되어 선서를 한 감정인 - BVerwGE **961** 139, 1/1; BVerwG, NVwZ-RR 2016, 685; 의료보험조합과 계약한 의사 - E 103, 172/184; 공증인 - BVerfG, NJW 2008, 1212; 조종사 - BVerfG, EuGRZ 2007, 231/233; 비판적인 견해로는 *Hufen*, StR, § 35 Rn 57; 연령제한에 대한 유럽연합법의 관련성에 대 해서는 단락 532도 참조), 신뢰성(소매상 BVerfGE 39, 247/251), 품위(변호사 - E 63, 266/287 f; BVerfG, NJW 1996, 709; 의사 BVerwGE 94, 352/357 ff), 행위능력 및 소송 능력(변호사 - E 37, 67), 시험합격 및 직업경력(E 13, 97; 19, 330; 34, 71), 법관이나 정 년이 보장되는 공무원에 임용되었으나 변호사 허가 신청권을 포기하지 않는 경우에는 변호사 개업 허가를 철회하도록 하는 것(BVerfG, NJW 2007, 2317) 등이 주관적 요건에 속한다.

입법자는 주관적 요건을 상세하게 규정함으로써 일정한 **직업상**을 고정하게 된 **962** 다. 단락 937에서는 기본법 제12조 제1항의 직업의 개념이 고정된 직업상에만 결부되어 있지 않다는 점을 지적하였는데, 이것이 가령 고정된 직업상은 존재 해서도 안 되고 존재할 수도 없다는 것을 의미하지는 않는다. 이는 기본법 제12 조 제1항의 보호영역이 고정된 직업상을 통해서 정의되는 것이 아니라 오히려 직업상의 고정은 보호영역 안에서 이뤄지는 제한을 의미한다는 것을 말하고자 하는 것이다.

직업수행에 대한 규율은 직업활동이 전개되는 객관적인 조건이나 주관적인[37] 조 **963** 건 그리고 태양에 관한 것이다. 직업행사에 관한 규율은 간단히 말하자면 직업

---

37) E 86, 28/39.

의 자유에 대한 그 밖의 제한을 의미한다.

964 예: 영업종료시간 설정(E 13, 237; 111, 10)과 공중접객업법(Gaststättengesetz) 제18조에 따른 공중접객업소 영업시간(Polizeistunden) 설정(BVerwGE 20, 321/323); 공중접객업소에서의 흡연금지(E 121, 317/345 f); 대형트럭의 휴가철 운행제한(E 26, 259); 변호사(E 76, 196; 82, 18; BVerfG, NJW 2008, 839/1298; *Kleine-Cosack*, NJW 2013, 272), 공증인(BVerfG, NJW 1997, 2510), 세무사(E 85, 97; 111, 366), 의사(E 71, 162; 85, 248; BVerfG, NJW 2011, 2636, 3147; BVerwGE 105, 362/366 ff), 약사(E 94, 372), 택시업체(BVerwGE 124, 26)의 광고금지; 변호사에게 법정에서의 법복착용 의무를 부과하는 것(E 28, 21); 선정된 일정 변호사에게 특정 법원에서만 소송대리인으로 활동할 수 있도록 하는 제도(Singularzulassung)[38](E 103, 1); 전문의에게만 임신중절수술을 허용하는 것(E 98, 265/305, 308); 안경사가 안압측정 및 시야검사를 하는 것의 금지(BVerfG, NJW 2000, 2736); 약사가 주사제를 의사에게 송부하는 것의 금지(E 107, 186); 공중업무를 허가받은 변호사 및 다른 자유직종사자의 합동사무소 설치 금지(E 98, 49/59), 변호사의 의사, 약사와의 합동사무소 설치의 금지(BVerfG, NJW 2016, 700/702 ff); 자본이득세의 원천징수 및 납부 의무자의 범위에 은행을 포함시키는 것(E 22, 380); 직업적으로 하는 급부활동에 대하여 저작권법에 따른 대가를 확정하는 자유에 대한 제한(E 134, 204/222); 영업체나 사업의 비밀공개의무(E 115, 205/229 ff); 퇴역군인의 영업활동 제한(BVerwGE 84, 194/198); 또한 직업을 교살하는 것이 아니라 직업수행을 조정하는 효과를 발휘하는 세법규정도 직업수행에 관한 규율에 해당한다(E 13, 181/187; 99, 202/211; 113, 128/145).

965 직업선택의 객관적 규율과 주관적 규율을 **구분**하는 것 또는 직업선택에 관한 규율과 직업수행에 관한 규율을 **구분**하는 것이 어려운 경우가 종종 발생한다. 가령 변호사가 제2의 직업을 갖는 것을 엄격한 요건에 따라서만 허용하는 겸직 금지규정들은 객관적 요소와 주관적 요소를 포함하고 있다.[39] 직업상의 고정에 따라 각 직업과 관련한 특정 활동들이 그 직업의 전형적인 것으로 고정되고 다른 활동들은 비전형적인 것으로 배제되게 된다. 이는 고정된 직업상에 따라 활동하고 있고 또 활동하려는 자에게는 단순한 직업수행에 대한 규율로서 작용하지만, 전형적인 것으로 고정된 활동과 비전형적인 것으로서 배제된 활동을 종

---

38) [역주] 현재 연방법원민사부에서는 42명의 변호사만 대리를 할 수 있음.
39) E 87, 287/317.

합하여 하나의 직업을 독자적으로 형성하려고 하는 사람에게는 직업선택에 대한 규율로서 작용한다.

예: 세무사법은 일찍이 세무사만이 임금기장을 영업적으로 상시대행할 수 있도록 하였 **966** 다. 그럼에도 상업보조자이자 정보처리사인 한 여성이 정보처리 및 임금기장의 영업적 상시대행을 제안하였다. 그녀는 세무사법 위반으로 피소되었다. 연방헌법재판소는 헌법 소원절차에서 세무사법상의 해당 규정의 성격을 직업수행에 대한 규율이기는 하지만 동시에 직업선택도 제한하는 규율로 파악하고 그에 따라 직업선택에 대한 제한에 적용되는 정당성요건을 충족하여야 한다고 보았다. 연방헌법재판소는 위 문제의 규정은 이러한 요건에 위반된다고 선언하였다(E 59, 302).

직업의 포기를 요구하거나 금지하는 규정들의 분류와 관련해서도 판례는 종종 **967** 어려움을 겪고 있다. 연방헌법재판소는 복수의 직업을 하나의 직업으로 통합하는 것,[40] 정년 확정(단락 961 참조)과 의사면허 취소의 즉시집행 명령[41]을 설득력 있게 주관적 요건으로 분류하였다. 연방행정법원은 직업군인이 전역신청을 하지 못하도록 하는 군인법의 규정을 직업수행에 관한 규율로 이해하였다.[42]

b) **직업교육의 자유에 대한 제한**의 경우에도 객관적인 허가요건, 주관적인 허가요 **968** 건, 직업교육에 대한 여타의 규율로 구분할 수 있다. 연방헌법재판소는 이른바 절대적 대학입학정원제를 통해 특정대학의 선택 및 학업의 경과를 규율할 뿐만 아니라 연방전역에 걸쳐 장기간 유효한 아비투어증서[43]를 통하여 대학입학자격을 획득한 지원자들이 희망전공을 선택하는 것을 막는 제도는 **객관적인 허가제**에 해당한다고 보았다.[44] 가령 법률가와 교사의 경우처럼 일정한 직업교육의 단계를 국가가 독점하는 경우 국가가 관할하는 연수직에 접근하는 길이 장기적으로 막히게 된다면, 이는 곧 객관적인 허가요건이 존재하는 것에 해당한다. **주관적인 허가요건**은 직업교육장에의 입학과 졸업을 개인적인 자격에 따라 규율하는 것이다. 그러므로 퇴학[45]은 직업교육의 자유에 대한 제한이지만, 유급은 그

---

40) E 119, 59/79 f.
41) BVerfG, DVBl. 1991, 482/483; 또한 BVerwGE 105, 214/217 참조.
42) BVerwGE 65, 203/207.
43) [역주] 아비투어는 김나지움 졸업자격시험으로 그 합격증은 대학입학자격증을 의미한다. 그것만 있으면 독일 어느 지역의 대학에라도 등록할 수 있는 것이 원칙이었다.
44) E 33, 303/337 f.
45) E 58, 257/273 ff.

에 대한 제한이 아니다.[46] 이는 국립의 직업교육장은 물론 그 졸업을 국가가 공인하는 사설의 직업교육장에도 적용된다. 끝으로 노동시간, 해고로부터의 보호, 사업장의 조직에 관한 **직업교육 관련 규율**에 의해서도 직업교육에 대한 제한이 가해지기도 한다.

969 c) **직장선택의 자유에 대한 제한**은, 국가가 공석이 된 일자리(직장)에 개인이 취업하는 것을 방해하거나, 개인에게 일정한 직장을 갖도록 강요하거나 직장의 포기를 요구하는 경우에 존재한다.[47] 그러므로 직장선택의 자유에서도 직장의 선택에 관한 객관적 요건과 주관적 요건을 구분할 수 있다.

970 예: 공직에서 조기에 사퇴할 경우 소요된 직업교육비를 보상할 의무를 공직자에게 부과하는 약정(E 39, 128/141 ff; BVerwGE 30, 65/69; 40, 237/239)은 직장선택의 자유에 대한 제한에 해당한다. 그 약정이 새로운 직장의 선택을 위한 전제인 공직사퇴를 직업교육으로 얻은 이익에 상당하면서도 직업교육을 받은 사람이 부담할 수 있는 합리적 수준의 금전급부의 이행과 결부시키고 있다면, 그러한 약정은 주관적 허가요건인 것이다. 만일 금전보상요구가 비정상적으로 많은 액수라면 그와 같은 약정은 객관적 허가요건으로 보아야 한다.

971 노동의 세계는 무엇보다도 사경제적으로 조직되어 있어서 직장의 자유로운 선택도 무엇보다도 사법적인 제약과 제한을 받게 된다. 직장 문제와 관련한 사용자의 결정은 간접적인 제3자효론의 의미에서 그리고 그 요건하에서만(단락 114, 240) 구속을 받게 되는데, 노동법은 기본권이 침투할 수 있는 수많은 "침투구"를 포함하고 있다.

972 예: 직업교육비 변상 약정은 공직에서만이 아니라 사경제에서도 볼 수 있는데, 두 경우 모두 동일한 기준에 구속된다(BAG, NJW 1977, 973). - 경업금지도 그 의미(Gewicht)와 효과에 따라서는 객관적인 허가요건에 근접할 수 있으며, 따라서 판례와 입법은 국가의 객관적 허가요건에 대한 보호에 준하여 경업금지를 다룰 필요가 있다(E 84, 133/151; 96, 152/163).

---

46) BVerwG, DVBl. 1998, 962.
47) E 84, 133/147 f; 92, 140/151.

3. 헌법적 정당화

a) 기본법 제12조 제1항 제2문은 **단순법률유보**(단락 276, 314, 935 참조)를 포함하 **973** 고 있다. 기본법 제33조는 국가의 구속을 받는 직업과 관련한 특별규율을 정당 화할 수 있기는 하지만 그 법률적인 근거를 불필요한 것으로 만들지는 않는 다.[48] 국가가 가하는 구속을 받는 직업의 종사자들이 그 직업에 합당한 직업 수행에 관하여 갖고 있는 견해가 반영되어 있는 직업윤리법의 지침들은 법률 에 해당하지 않는다. 따라서 그러한 지침들을 해당 직업종사자들의 직업의무 에 관한 일반조항(가령 연방변호사법 제43조 참조)에 대한 해석을 위한 규준으로 삼음으로써 이를 법률과 유사한 의미를 갖는 것으로 격상하는 것은 허용되지 않는다.[49]

기본법 제12조 제1항에서도 **본질성이론**(단락 315 이하 참조)을 존중하여야 한다. **974** 본질성이론은 입법자에게 직업을 둘러싼 경쟁에 따라 배정되어야 하는, 국가 관할의 일자리에 대한 선발기준·절차를 제시할 것을 요구하고 있다.[50] 본질성 이론은 특히 자치입법권을 공법상의 직업단체에 부여하는 경우에 의미를 가진 다. 그 이론에 의하면 입법자는 이른바 직업선택과 관련된 지위형성적 규율은 스스로 해야 하며 직업단체에는 직업수행에 관한 규율권만을 위임할 수 있 다.[51] 물론 제3자의 권리에 대해 미치는 영향이 심각한 직업수행 관련 의무도 입법자에 의해서 규율되어야 한다.[52]

b) 약국판결[53]에서 개발된 **단계이론**은 직업에 관한 규율을 제한의 심각성이 높 **975** 아지는 단계에 따라 **직업수행, 주관적 허가요건, 객관적 허가요건**에 관한 규율의 3 단계로 구분하고 있다. 제한의 강도가 높아짐에 따라 입법자에게 인정되는 형 성의 자유는 줄어든다. 입법자는 제한의 강도가 높을수록 또는 높은 강도의 제 한 권한을 부여할수록 그만큼 엄격한 정당화요건을 충족하여야 하고, 이러한

---

48) E 80, 257/265; BVerwGE 75, 109/116.
49) E 76, 171/184 ff; 82, 18/26 f; 이에 대해서는 *Pietzcker*, NJW 1988, 513.
50) E 73, 280/294 ff; 만하임 행정법원(VGH Mannheim), VBlBW 1999, 389.
51) E 33, 125/160; 94, 372/390.
52) E 101, 312/323.
53) E 7, 377.

정당화요건들을 통하여 **비례의 원칙**(과잉금지의 원칙)이 실현되게 된다. "'단계이론'은 공공복리의 요청에 따른 직업의 자유의 제한과 관련하여 비례의 원칙을 엄격하게 적용한 결과"이다[54].

976 aa) 그러므로 단계이론 내지 비례의 원칙은 먼저 직업의 자유에 대한 제한이 **정당한 목적**을 추구하고 이 목적의 달성을 위하여 **적합할** 것을 요구한다.

977 예: 의사나 변호사가 가열되는 경쟁에 대한 우려로 입법자를 움직여 의사와 법률가가 양산되어 넘쳐흐르는 것을 막기 위한 장벽을 자신들의 자유직업에 설치하는 데 성공한다면, 직업선택 또는 직업수행을 제한하는 그와 같은 장벽은 경쟁을 방해하는 것으로서 정당성이 없는 목적을 추구하게 될 것이다(*Tettinger*, NJW 1987; 단락 833 f 참조). - 변호사와 건축설계사를 겸업하면서 영업할 때 두 가지 직명을 사용하기 때문에 경쟁자에 비하여 매력적인 요소를 가진 변호사에 대하여 직업윤리업에 따라 두 가지 직명을 사용하는 것을 금지할 수는 없다. 경쟁자 보호는 정당한 목적이 아니다(E 82, 18/28). - 복수의 전문의자격 명칭 사용을 금지하는 것은 국민을 위한 의료 서비스의 질을 보장하기에 적합하지 않다(E 106, 181/194 ff).

978 나아가 단계이론 내지 비례의 원칙은 직업의 자유에 대한 제한이 목적의 달성을 위하여 필요하고 또한 그 목적의 의미와 상당한 관계에 있을 것(협의의 비례성)을 요구한다. 단계이론은 필요성과 상당성의 확정에 있어서 3가지 제한단계를 구분하고 있다.

979 bb) 직업의 자유에 대한 제한이 목적의 달성을 위하여 **필요한 것**이어야 한다는 것은, 개인에게 더 적은 부담을 주면서도 그 목적을 달성하는 데 같은 적합성을 갖는 다른 제한이 존재해서는 아니 된다는 것을 의미한다. 그 제한이 개인에게 가하는 부담의 내지 강도의 고저는 위에서 설명한 제한의 단계에 맞추어 측정된다. 즉 원칙적으로 객관적인 허가요건이 가장 제한의 강도가 높고, 그 다음으로 제한의 강도가 높은 것이 주관적인 허가요건이며, 직업수행만을 규율하는 조치가 가장 제한의 강도가 낮다고 할 수 있다. 어느 단계 중 하나에 속하는 제한이 그보다 낮은 단계의 제한을 통해 그 목적을 동일하게 달성할 수 없을 때에만 비례성을 갖는다. 동일한 단계에서도 강도가 다른 제한이 있을 수 있다.

---

54) E 13, 97/104.

이것이 단계이론의 첫 번째 부분에 해당한다.

예: 약국판결의 판단 대상이 되었던 규정은 바이에른 약국법이었는데, 이 법은 새로운 **980** 약국의 개설을 그에 대한 일반의 수요라는 객관적 허가요건에 결부시키고 있었다. 이러한 약국 개설제한의 목적은 국민건강의 유지였다. 입법자는 많은 약국들이 자유롭게 경쟁하게 되면 법률이 부과한 의무의 이행 해태, 의약품의 경솔한 판매, 의약품 소비를 조장하는 의약품광고, 건강을 해치는 약물중독현상을 유발하게 될 것을 우려하였다. 연방헌법재판소는 입법자의 목적이 직업수행에 대한 규율, 의약품생산에 대한 국가의 통제, 광고의 자유 및 매매의 자유에 대한 제한을 통해서도 달성할 수는 없는지를 검토하였고, 결국 이에 대한 긍정적 결론을 내리고 이를 이유로 바이에른 약국법을 위헌으로 선언하였다.

물론 연방헌법재판소의 판례가 발전하면서 **단계들 사이의 경계가 모호한** 경우가 **981** 있을 수 있다는 점과, 단락 965 이하에서 언급한 바와 같이, 세 단계 중 어느 하나에 귀속하기 어려운 제한도 있고, 낮은 단계의 제한의 강도가 오히려 높은 단계의 제한보다도 높을 수도 있다는 점이 드러나게 되었다.

예: 직업수행에 대한 규율이 일정 영업 분야에 대하여 영업 개시 시간이나 취급 가능 물 **982** 건을 피부로 느낄 정도로 축소하거나 위생포장 및 위생보관과 관련하여 엄격하고 비용이 많이 드는 요건을 부과하는 경우에는 그 규율은 가볍게 충족할 수 있는 주관적 허가요건보다 그 물건의 영업활동에 심각한 타격을 입힐 것이다. - 연방헌법재판소는 약국판결 후 얼마 지나지 않아 의료보험조합 계약55)에 관한 규율의 성격을 직업수행에 관한 규율로 판단하였으나, 그 제한의 강도의 면에서는 객관적인 직업허가요건에 근접하는 것으로 보았다(E 11, 30; 103, 172/184). 연방재판소는 건설업 분야에서 임대 형식의 노동자파견의 금지도 직업수행에 관한 규율로 판단하였으나, 그 효과로 인하여 직업선택의 자유에 대한 제한에 근접한다고 보았다(E 77, 84/106).

위와 같은 경우에 필요성요건 심사는 목적을 같은 정도로 달성할 수 있는 동등 **983** 하거나 낮은 단계의 제한이 존재하는지를 검토하는 것으로 충분하지 않다. 오히려 제한의 강도와 가능한 대안들의 제한의 강도에 대하여 사건의 제반 사정과 여건에 비추어 필요성요건 심사를 하여야 한다. 이 경우에는 기본법 제14조(단락 1069~1070 참조)에서와 마찬가지로 개인적 또는 사회적 관련성도 고려되

---

55) [역주] 우리나라 의료보험법상의 의료보험 요양기관지정취소와 유사한 제도.

어야 한다.[56] 물론 우선적으로는 단계이론에 의하여 제한이 필요한지의 심사가 **시작되며** 또 늘 그 해답도 발견되곤 한다. 그러나 그것만으로는 충분하지 않으며 또한 제한의 필요 여부에 대한 심사의 문제를 단계이론으로부터 분리하여야 하는 경우가 종종 있다.

984 cc) 연방헌법재판소의 판례와 통설에서 비례성은 제한의 강도가 높아질수록 그에 비례하여 그 제한의 목적이 갖는 가치도 커져야 한다는 **협의의 비례성**을 의미한다. 이는 달리 말하자면 **법익형량**이 이루어져야 한다는 것을 의미한다. 이것이 단계이론의 두 번째 부분에 해당한다.

- 객관적 허가요건은, "매우 중요한 법익에 대한 입증이 가능하거나 고도의 개연성이 있는 중대한 위험의 방지를 위해(zur Abwehr nachweisbarer oder höchst-wahrscheinlicher schwerer Gefahr)" 필요한 경우에만 정당화될 수 있다.
- 주관적 허가요건은 일정한 요건을 충족하지 아니하고 직업을 수행하는 것이 "불가능하거나 사리에 맞지 않고", 또 그와 같이 직업을 수행하는 것이 일반에 대한 위험이나 피해를 초래하는 경우에만 정당화된다.
- 직업수행에 대한 규율은 "합목적성의 관점"에서 볼 때 필요한 경우에 정당화된다. 그런데 그 관점은 위험에 처하게 되거나 피해를 입을 수 있는 공중의 관점에 따른 것일 수도 있고, 보장받고 지원받아야 하는 직업의 관점에 따른 것일 수도 있다.

985 약국판결에서 형성된 이래 규칙적으로 반복해서 적용되어 온 위 공식들은 모호한 측면이 있기 때문에 그 공식을 가지고 쉽게 사건을 해결할 수 없다. 연방헌법재판소는 공동체법익과 공동체목적이 가진 가치를 개별적으로 확정하고자 하였으나, 그 결과는 상당한 **자의성**(Beliebigkeit)을 띠고 있다.

986 예: 연방헌법재판소는 다음과 같이 이질적인 공동체법익·목적들을 매우 중대한 것으로 보았다. 즉 국민의 건강 및 생명의 보호(E 103, 172/184; 126, 112/140), 법정 의료보험의 재정적 안정성(BVerfG, DVBl. 2002, 400), 유능한 사법행정(E 93, 213/236), 부적격 법률상담인으로부터의 국민보호(E 75, 246/267), 공공교통의 원활한 기능(E 11, 168/184 f), 독일연방철도의 경제성(E 40, 196/218); 신생 주(州)들의 효율적 행정의 신속한 구축(E

---

56) *Bryde*, NJW 1984, 2177/2181 f.

84, 133/151 f).

그러나 개별 사건을 해결하는 과정에서 필요성심사가 주된 역할을 했기 때문에 **987** 연방헌법재판소 판례에서 목적이 지닌 가치를 확정함에 있어서 나타날 수도 있었던 그와 같은 자의성은 실무에서 **문제를 유발하지는 않았다.** 어떤 제한이 그것을 통해 추구하려는 목적의 달성을 위하여 현실적으로 필요하다는 것이 인정될 경우에만 그 목적이 충분히 가치를 갖는 것인지의 문제도 제기되는 것이다. 물론 연방헌법재판소는 근자에 별다른 이유 없이 논증의 중점을 필요성에서 협의의 비례성으로 옮기고 있다.[57] 연방헌법재판소가 비교적 심사를 제대로 한 사건에서는, 상당성 또는 기대가능성이 결여된 가운데 필요성요건이 충족되지 않은 것으로 밝혀진 반면, 그렇지 않은 사건에서 연방헌법재판소는 필요성요건의 미충족을 정면으로 다루는 것을 회피하였다. 다른 한편, 연방헌법재판소는 어떤 제한이 현실적으로 필요한 것으로 드러나면 그 목적이 충분한 가치가 없음을 이유로 그 제한을 위헌으로 선언하지 않고 항상 그 목적이 충분한 가치를 가지고 있다고 보았다.

위와 같은 판단의 배경에는, 공동체가 추구하는 목적 내지 법익을 사실상 기본 **988** 권에 대한 강도 높은 제한이라는 비싼 대가를 지불할 때에만 달성할 수 있다면, 그러한 사실을 통하여 공동체의 목적이나 법익이 높은 가치를 가지고 있음이 밝혀지는 것이 일반적이라는 인식이 자리하고 있다. 협의의 비례성심사는 **부조리통제**로서의 의미를 가지고 있다고 보는 것이 타당하다(단락 345 참조).

연방헌법재판소가 직업의 자유에 대한 제한이 정당하다고 본 예: **989**
- 객관적 허가요건과 관련하여: 화물운송 분야에서 운행허가 자동차 수의 상한 확정 (E 40, 196/218); 사설 응급구호 업체를 공공 응급구호 기구에 편입한 것(E 126, 112/139 ff); 연방노동청의 직업소개업 독점(E 21, 245/250); 변호사의 제2의 직업선택의 제한(E 87, 287/321); 파산관재인 직무에서 법인의 배제(BVerfG, NJW 2017, 930/932 ff = JK 6/2016).
- 주관적 허가요건과 관련하여: 조산원 및 건축역학기사의 정년(단락 961 참조); 수공업 자격제(E 13, 97/113 ff; 그러나 BVerfG, EuGRZ 2005, 740); 변호사 및 법무상담

---

57) E 97, 228/259 ff; 104, 357/368 ff; 115, 276/308 ff; 119, 59/86 ff; 121, 317/355 ff.

사(Rechtsbeistände)의 허가에 관한 규율(E 41, 378/389 f; BVerfG, NJW 2009, 3710); 선다형 의사시험(E 80, 1/23 ff)

- 직업수행에 관한 규율과 관련하여: 영업시간 규율(E 13, 237/240 f); 야간 제빵 금지 (E 87, 362/382 ff); 부적합토지를 이용한 포도재배의 제한(E 21, 150/160); 경품기능 있는 오락기에 대한 유흥세 부과(E 14, 76/100 f; 31, 8/26 f); 자기화물의 장거리운송 (Werkfernverkehr)58)에 대한 특별과세(E 16, 147/162 ff); 관급공사 등의 수주업체에 게 부과되는 노사협약을 통해 확정된 수준의 임금지급 의무에 관한 규율 (Tariftreueregelung)(E 116, 202/221 ff); 전세차량(Mietwagen)59)의 회차명령(E 81, 70/84 ff); 주택임대차 중개의뢰인이 부동산중개인에게 중개수수료를 지불해야 한다 는 중개업법상의 원칙(E 85, 248/261 f).

연방헌법재판소가 직업의 자유에 대한 제한을 기본법 제12조 제1항에 대한 위반으로 본 예: 사인에 의한 카지노 운영의 절대적 금지(E 102, 197/217 ff); 주(州) 고등법원에서의 소송대리를 특정 변호사들에게만 허가하는 것(E 103, 1/13 ff). 이에 반해 연방법원에서 의 소송대리를 특정 변호사들에게만 허가하는 것(E 117, 163/181 ff)은 정당성을 인정받 음; 감정인을 공개적으로 선정하기 위한 전제로서의 수요심사(E 86, 28/41 ff); 일요일 영업이 허용되는 업종에서 약국의 제외(E 104, 357/368 ff); 청소년 보호를 목적으로 하 는 특별휴가 기간 중 임금을 전액 지불하여야 할 의무(E 85, 226/234 ff); 의사에게 직업 활동에 관한 언론보도에 대하여 협조하는 것의 금지(E 85, 248/261 f).

990 전술한 심사방식 내지 정당성 심사방식은 직업의 자유의 부분영역을 제한하는 경우뿐만 아니라 **직업교육의 자유**와 **직장선택의 자유**의 부분영역을 제한하는 경 우에도 적용된다. 어느 경우에나 객관적인 허가요건과 여타의 제한으로 구분하 고, 제한의 강도를 그에 상응하여 단계화하면서 이를 비례성심사의 기초로 삼 는 것도 가능하다.

991 사례해결기법: 제한의 존부를 심사할 때 그 제한이 어떤 단계에 속하는지를 함께 심사 하고 판단하는 것이 바람직하다. 비례의 원칙은 정당한 목적을 식별하고 제한이 그 목

---

58) [역주] 이는 자동차화물운송의 특수형태로서 기업이 자신이 소비하거나 재판매할 목적으로 구 입한 물건 등을 운송하는 것이다. 다른 자동차화물운송계약과는 달리 이러한 형태의 화물운송 은 허가나 인가를 요하지 않으며, 요금표에 따를 의무나 보험에 가입할 의무도 없다.

59) [역주] 전세차량의 경우에는 택시와는 달리 공로변 택시정류장이나 공로상에서 승객을 태울 수 없고 전적으로 영업소나 기업주의 주거에서 체결한 운송계약을 이행하는 것만 허용된다. 전세차량은 운송위임을 이행한 후에는 지체없이 회차하여야 한다. 단, 운행 시작 전에 영업소 에서 또는 운행 중에 무선통신으로 새로운 운송위임을 수주한 경우에는 그렇지 않다.

적의 달성에 적합하고 필요한 것인지를 심사하며 낮은 단계의 제한이 같은 정도의 적합성을 가질 것인지를 묻고 그럼에도 여전히 해명해야 할 문제가 남아 있을 때 비로소 협의의 비례성을 검토하여 그 목적의 가치와 위상을 확정하고 제한과 목적 양자를 상호형량할 것을 요구한다.

Ⅲ. 기본법 제12조 제1항의 보호청구권 및 참여권

직업, 직장, 직업교육장의 자유로운 선택권의 상대방이 국가에 해당하여 국가 관할의 직업, 직장, 교육장에 대한 접근을 지향한다면, 그 권리는 접근의 대상이 **충분히 존재하지 않는** 한 참여권(지분요구권)이 될 수밖에 없다. 재화에 비하여 수요자가 많은 경우에는 어느 수요자나 부족한 재화의 일부만을 얻을 수 있을 뿐이다. 재화로서의 성격을 띠는, 국가 관할의 직업, 직장, 교육장은 불가분적 성격을 띠기 때문에 모든 수요자들에게 동일한 기준에 따라 평등하게 분배될 수 있을 뿐이다. 따라서 참여권은 **평등권**에 해당한다. 기본법 제33조 제2항은 공직 취임과 관련한 평등권을 선언하고 있다. 연방헌법재판소는 대학의 입학과 관련한 문제의 내재적 논리로부터 참여권을 개발하였다. **992**

예: 대학의 수용능력의 한계는 대학의 원활한 기능에 비추어 또한 모든 물적·인적 자원이 총동원된다는 전제하에서 확정되어야 하고, 이러한 한정된 대학수용능력은 모든 수요자가 선호도가 높은 대학을 비롯한 모든 대학에서의 학업의 기회를 누릴 수 있도록 평등하게 분배되어야 한다(E 33, 303/338; 85, 36/54). 기회균등은 정당한 선발기준을 평등하게 적용할 것을 요구한다. 연방헌법재판소는 능력(아비투어 평점 및 시험결과), 추첨, 대기기간, 사회적 배려의 관점(soziale Härte)[60]에 따른 선발방식을 수용하고 이러한 기준들이 중첩된 경우를 위한 기준들을 다시 제시하였다(E 59, 21 ff). 강화된 자치권을 부여받고 경쟁지향, 업적에 따른 차등대우와 프로필형성을 요구받고 있는 현대의 대학에서 입학허가 청구권은 그 대학에서의 학업을 위해 필요한 특별한 능력을 입증한 지원자들에게만 주어지고 있다(*Steinberg/Müller*, NVwZ 2006, 1113/1117). 여기서 기회균등이 학비면제를 의미하지는 않는다(BVerwGE 134, 1/8 ff; *Pieroth/Hartmann*, NVVBl 2007, 81). **993**

---

60) [역주] 능력이나 대기기간에 의하여 입학허가를 거부할 경우 심각한 정도의 타격을 받게 될 지원자(5% 이하)나 무국적자나 외국인들을 위하여(8% 이하) 입학정원의 일부를 유보하도록 하는 제도를 의미한다.

994 직업, 직장, 직업교육장을 자유롭게 선택할 권리를 근로의 권리나 직업교육을
받을 권리로 강화하려는 시도는 일반적으로 거부되고 있다.[61] 그러한 시도는
자유를 위협하는 포괄적인 직업교육 및 직업에 대한 조종 없이는 실현될 수 없
을 것이다. 그렇기 때문에 판례도 이에 대해 항상 신중한 태도를 취하고 있다.
판례는 교수 및 학생의 정원, 수업료면제 청구권을 인정하지도 않았으며,[62] 입
법자가 일단 확보해준 교수 및 학생의 정원을 감축하는 데 장애가 없다고 보았
다.[63]

995 연방헌법재판소는 특히 변호사시험과 같이 직업에의 접근을 개방하거나 폐쇄
하는 시험절차와 관련하여 기본법 제12조 제1항을 **보호청구권**(Schutzrecht)으로
발전시켰다. 판례는 시험과 평점부여의 투명성, 시험출제위원이 수험생에게 해
답의 여지를 부여하고 또 주장 가능한 것을 오답으로 평가하지 말 것, 수험생이
평점에 대한 이의를 효과적으로 제기할 수 있을 것,[64] 성적평가의 근거를 제시
할 것[65] 등을 요구하였다. 그러나 개인이 장애와 같이 시험과 관련하여 가지고
있는 불리한 능력을 고려하는 성적 평가제도인 평점보호(Notenschutz)는 필수적
인 것은 아니나, 평점보호가 인정된다면 기본법 제3조 제3항 제2문도 그러한
평점보호를 성적증명서에 기재하는 것을 금지하지는 않는다.[66] 선다형의 경우
출제 및 평가의 오류를 피하기 위하여 적지 아니한 절차적 비용이 필요하다.[67]
이와 유사한 요청은 직업활동의 허가를 위한 국가의 선발시험과 관련한 결정에
대해서도 적용된다.[68] – 기본법 제12조 제1항은 보호청구권으로서 사적 처분
에 의한 실직으로부터 최소한의 직장 보호도 제공하고 있으며, 이러한 보호는
해고보호법 및 민법상의 일반조항을 통해서 보장되어 있다.[69]

---

61) *Papier*, Hdb. GR Ⅱ, § 30 Rn 18 f; *Stern*, StR Ⅳ/1, S. 1915 f.
62) BVerwGE 102, 142/146 f 참조.
63) 베를린 고등행정법원(OVG Berlin), NVwZ 1996, 1239.
64) E 84, 34/45 ff; BVerfG, EuGRZ 1999, 359; BVerwGE 98, 324/330 ff; 또한 단락 1137~1138 참조.
65) BVerwGE 99, 185/189 ff.
66) BVerwGE 99, 185/189 ff.
67) E 84, 59; BVerfG, NVwZ 1995, 469.
68) E 82, 209/227; 116, 1/16 ff; BVerfG, NVwZ 2011, 113/114.
69) E 97, 169/175 ff; 128, 157/178 f; 이에 대하여는 또한 *Otto*, JZ 1998, 852.

Ⅳ. 노역강제 및 강제노역으로부터 자유(기본법 제12조 제2, 3항)

1. 보호영역

일정한 개별적인 노동급부의 강제(노역강제: Arbeitszwang)로부터의 자유나 개인의 **996** 노동력 전부를 일정한 방식으로 투입하도록 강제하는 것(강제노역: Zwangsarbeit) 으로부터의 자유는 체계상 기본법 제12조 제1항에 속한다기보다는 **기본법 제2 조 제1항**에 속한다. 이는 일정한 직업이나 직장을 선택하도록 강제하거나 선 택하지 말도록 강제하거나 일정한 직업적 활동을 수행하도록 강제거나 그것 을 하지 말도록 강제하는 것이 아니기 때문이다. 노역강제나 강제노역을 하고 있는 동안에는 자신의 직업을 수행할 수 없는 것은 사실이다. 그러나 이 기간 동안에는 다른 모든 활동도 할 수 없으며, 그 기간이 지나야 모든 직업적·비 직업적 활동을 자유롭게 할 수 있는 것이다.[70] 그 밖에도 위의 두 가지 보장 들은 직업의 자유와는 달리 인간의 권리이다. 그러므로 기본법 제12조 제2, 3항 은 제한의 한계로서 일정한 제한으로부터 **일반적 행동의 자유**를 보호하는 것이 다.[71]

2. 제한과 헌법적 정당화

판례와 학설은 어떤 의무를 **노역강제**(기본법 제12조 제2항)로 인정하는 데 매우 **997** **소극적**이다. 노역강제로 인정되기 위해서는 강제되고 있는 노동급부가 어느 정 도의 비용을 필요로 하고 보통의 경우에는 생계수단으로 이를 이행하여야 하 며, 때로는 어떤 의무가 "몸소 노동을 함으로써 이행"될 필요가 있다는 주장도 제기되고 있다.[72] 기본법 제12조 제2항의 성립사로부터도 "본질적으로 지방자 치단체의 단순노역(Hand- und Spanndienst),[73] 제방작업지원의무 및 소방지원 의무만이 전통적인 의무로서"[74] 허용될 수 있다는 것을 알 수 있다. 따라서 기

---

70) *Stern*, StR Ⅳ/1, S. 1017도 참조.
71) 이에 반하여 독자적인 기본권으로 보는 설로는 *Kloepfer*, VerR Ⅱ, § 70 Rn 3, 107.
72) BVerwGE 22, 26/29.
73) [역주] 직역하면 손발, 마소를 사용하는 단순역무로서 주로 농촌지역의 지방자치단체 주민들에 게 부과된 바 있다.
74) E 22, 380/383; 92, 91/109.

본법 제12조 제2항은 중요성이 별로 없는 규정임을 알 수 있다. 어쨌든 법률유
보를 의미하는(단락 312 이하, 460 참조) 이러한 의무들은 법률적 근거를 가지고
있어야 한다.[75]

998 예: 취학의무, 고지의무, 명예공직에 종사할 의무(뮌헨 행정법원 판례집[VGH München]
E 7, 77/80), 인구조사원으로 활동할 의무(뮌헨 행정법원[VGH München], NJW 1987,
2538; 이견으로는 *Günther*, DVBl. 1988, 429), 노변거주자의 보도청소 의무(BVerwGE
22, 26; 카셀 행정법원[VGH Kassel], DVBl. 1979, 83), 근로소득세 및 사회보험료의 징
수에 사용자가 협력할 의무(E 22, 380)는 노역강제가 아니다.

999 기본법 제12조 제3항도 이제까지 별로 의미가 없는 규정이었다. 노동수용소, 교
육수용소, 강제수용소에서의 **강제노역** 채택은 자유국가와는 거리가 먼 것이다.
자유국가에서는 강제노역 명령은 법원이 명령하는 자유 박탈에서만 그 전통을
찾을 수 있을 뿐이다(형집행법[StVollzG] 제41조 제1항 참조). 이것만이 강제노역의
금지에서 명시적으로 제외되었으며 동시에 재사회화라는 대전제 아래 운영되
면서 전적으로 강제에 기초를 둔 노동으로부터 적정한 가치의 인정을 통한 보
상이 지급되는 노동으로 그 성격이 바뀌었다.[76] 연방헌법재판소는 기본법 제12
조 제3항의 성립사를 원용하여 소년법원법 제10조 제1항 제3문 제4호에서 교육
조치로 예정되어 있는 노동급부의 이행지시,[77] 형법 제56b조 제2항 제3호에 의
하여 가능하게 된 형의 집행유예와 더불어 부과된 부담(Bewährungsauflage)[78]인
사회봉사의무[79] 등은 노역강제 및 강제노역 금지에 해당되지 않는 것으로 보았
다. 반면에 때때로 주장되는 견해에 의하면 청년에게 부과되는 병역 및 대체역
무를 대체하는 일반적 역무의 도입은 강제노역 및 노역강제의 금지대상에 포함
된다고 본다.[80]

1000 사례 18(단락 932)에 대한 약해:

　I. 의사라는 **단일의 직업**이 존재하는 것이 아니라 독립적으로 활동하는 의사라는 직

---

75) *Gusy*, JuS 1989, 710/713.
76) E 98, 169/199 ff.
77) E 74, 102/125 ff; 이에 대하여는 *Gusy*, JuS 1989, 710.
78) [역주] 법원은 보호관찰을 위한 집행유예를 발하면서 부담과 지시를 부과할 수 있다.
79) E 83, 119/125 ff.
80) *Köhler*, ZRP 1995, 140 참조.

업과 독립적으로 활동하지 않는 의사라는 직업이 존재한다. 甲은 대학병원에 재직하는 과장으로 독립적으로 활동하지 않는 의사라는 직업을 가지고 있었으나, 의료보험조합 계약의사(이하 '보험계약의'로 약칭)로서 독립적으로 활동하는 의사라는 직업을 행사하려고 한다.

Ⅱ. 1. 보험계약의 허가신청에 대한 거부처분은, 그것이 甲이 독립적으로 활동하는 의사직의 행사를 막는 것이라면 직업선택의 자유에 대한 **제한**에 해당할 것이다. 그러나 독립적으로 활동하는 의사직은 보험계약의로 활동하는 것뿐만 아니라 사(私)보험환자를 치료하는 의사로서 활동하는 것까지도 포괄한다. 甲은 후자의 활동을 보험계약의 허가 없이도 수행할 수 있다. 그러므로 甲은 독립적으로 활동하는 의사직을 수행할 수 없게 된 것이 아니라 그 직업활동에 대한 제한을 받고 있을 뿐이다.

2. 사보험 환자만을 치료하는 의사로는 경제적 자립이 불가능한 것은 아니지만 어렵다는 점에 비추어 볼 때 직업수행의 자유에 대한 문제의 규율은 직업선택의 자유에 대한 규율에 매우 근접하고 있다. 문제가 되는 연령은 인적인 특성에 해당하기 때문에 이는 독립적인 의사라는 직업을 의료보험조합과의 계약에 근거하여 수행하기 위한 객관적인 허가조건이 아니라 **주관적인 허가조건**을 규율하고 있는 것이다. 甲의 직업수행의 자유에 대한 제한의 강도는 주관적인 허가조건에 의한 제한단계에서 이뤄지는 직업선택의 자유에 대한 제한강도와 유사하다.

Ⅲ. 보험계약의 허가에 관한 시행령은 실체법으로서 비례의 원칙이라는 제한의 한계도 준수하고 있다면 문제되고 있는 제한을 **헌법적으로 정당화**할 수 있다.

1. 문제의 제한은 경험칙상 허가받은 보험계약의의 수가 증가함에 따라 함께 증가하는 경향이 있는 법정의료보험의 비용을 제한하려는 정당한 목적을 위한 것이다.

2. 만 55세 이후 보험계약의로 허가를 받고 만 68세가 되면 그 활동을 종료해야만 하는 의사들에게는 법정의료보험 안에서 비용을 의식하면서 진료활동을 하는 협력을 특히 기대하기 어렵기 때문에 젊은 의사보다는 나이가 많은 의사에 대한 허가를 막는 것은 그러한 목적의 달성에 **적합하다**.

3. 문제의 허가 제한은, 56세 이상의 의사 집단에게도 같은 정도의 적합성을 가지면서도 보다 온건한 직업규율의 가능성을 확인할 수 없기 때문에 **필요하다**.

4. 주관적 허가조건으로 직업선택의 자유를 제한하는 규율과 유사한 효과가 있는 직업행사에 관한 규율은 전자처럼 **충분한 비중**을 갖는 목적에 의한 정당화가 필요하다. 법정의료보험의 재정적 안정성 및 이를 통한 원활한 기능의 보장은 중대한 의미를 갖는 공익이다. 따라서 甲은 보험계약의 허가신청에 대한 거부처분으로 인하여 기본법 제12조 제1항을 침해받지 않았다.

1001 참고문헌: *R. Breuer*, Freiheit des Berufs, Hdb. StR³ Ⅷ, § 170; *B.-O. Bryde*, Artikel 12 Grundgesetz — Freiheit des Berufs und Grundrecht der Arbeit, NJW 1984, 2177; *O. Depenheuer*, Freiheit des Berufs und Grundfreiheiten der Arbeit, in: FS 50 Jahre BVerfG, 2001, Bd. I. S. 241; *F. Hufen*, Berufsfreiheit — Erinnerung an ein Grundrecht, NJW 1994, 2913; *A.-B. Kaiser*, Das Apotheken-Urteil des BVerfG nach 50 Jahren, Jura 2008, 844; *S. Langer*, Strukturfragen der Berufsfreiheit, JuS 1993, 203; *R.A. Lorz*, Die Erhöhung der verfassungsrechtdlichen Kontrolldichte gegenüber berufsrechtlichen Einschränkungen der Berufsfreiheit, NJW 2002, 169; *T. Mann/E.-M. Worthmann*, Berufsfreiheit (Art. 12 GG) - Strukturen und Problemkonstellationen, JuS 2013, 385; *J. Pietzcker*, Artikel 12 Grundgesetz — Freiheit des Berufs und Grundrecht der Arbeit, NVWZ 1984, 550; *R. Pitschas*, Berufsfreiheit und Berufslenkung, 1983; *H.P. Schneider*, Berufsfreiheit, Hdb. GR V, § 113; *R. Waltermann*, Freiheit der Arbeitsplatzwahl (Art. 12 Abs. 1 GG) — Grundrecht der Arbeitnehmer, DVBl. 1989, 699.

§ 22 주거의 불가침(기본법 제13조)

사례 19: 부담금 납부의무의 이행 감독을 위한 출입권   **1002**

판매기금에 관한 법률(Absatzfondsgesetz)은 농림업체에게 농산물의 판매 및 활용 촉진을 위한 부담금 납부의무를 부과하고 있다. 위 법률 제11조 제1항은 위 부담금 납부의무자에게 관할관청이 요구하는 경우에는 위 법률이 부과한 과제의 수행에 필요한 정보를 지체없이 제공하여야 할 의무를 부과하였다. 위 법률 제11조 제2항은 관할관청으로부터 정보조회를 위임받은 자에게 정보제공의무자의 대지와 영업장을 출입하고, 그곳에서 시찰을 하고 정보제공의무자의 사업 관련 서류를 열람할 수 있는 권한을 부여하였다. 판매기금에 관한 법률 제11조 제2항은 기본법 제13조에 합치하는가? 이 사례에 대한 약해는 **단락** 1027을 보라.

I. 개관

기본법 제13조는 그 기본권 보호영역의 윤곽을 제1항에서 주거라는 개념을 통해서만 제 **1003** 시하고 있다. 제2~7항은 제한의 수권을 포함하고 있는데, 그 가운데 제2, 4, 5항은 제7항의 특수사례에 해당하고, 제3항은 제7항의 범위를 상회한다. 제6항은 조직법적 규정이다. 기본법 제13조는 공권력에 대한 방어권에 해당한다. 그러므로 임차인의 임대인에 대한 방어권은 존재하지 않으며, 몇몇 주(州)의 헌법에 규정된 것과 같은(바이에른 헌법 제106조 제1항; 베를린 헌법 제28조 제1항; 브레멘 헌법 제14조 제1항 참조) 공권력에 대하여 주거를 요구할 수 있는 급부권도 존재하지 않는다.

II. 보호영역

주거의 불가침이라는 기본권은 그 역사적 발전[1]에 비추어 볼 때 인격의 자유로 **1004** 운 발현과 관련되어 있다. 이 기본권의 기능은 개인에게 "기본적인 생활공간"[2]

---

1) 이에 대하여는 *Berkemann*, AK, Art. 13 Rn 1 ff; *Herdegen*, BK, Art. 13 Rn 4 ff.
2) E 42, 212/219; 51, 97/10.

을 보장하여 그 공간에서 "안식할 수 있는"[3] 권리를 보장하는 것이다. 그러므로 주거란 "공간적인 사생활영역"[4]을 말한다. 기본법 제13조는 명시적으로 기술적 침투로부터의 보호를 제공하고 있다. 따라서 기본법 제13조는 일반적 인격권에 대해 가해지는 그러한 제한과 관련해서는 기본법 제1조 제1항과 연계된 기본법 제2조 제1항에 대한 특별법에 해당한다.[5]

1005 문제는 보호영역의 **한계를** 어떻게 확정하느냐 하는 것이다. 이 문제에 대한 해법 중의 하나는 법령에 나타나는 주거 개념에 대한 이해에 의거하는 것일 것이다. **형법**에서는 협의의 주거와 사업장 외에도 지표면의 둘러싸인 부분을 의미하는 울타리가 쳐진 토지까지도 보호된다(형법 제123조 제1항). 그러나 울타리로 에워싸인 농지는 농민의 사생활영역과 아무런 관련이 없다. **민법상의** 소유권은 주거개념을 이해하는 준거로서 고려될 수 없다. 왜냐하면 소유권을 기초로 하여 주거의 개념을 이해할 경우에는 모든 임차인은 기본법 제13조의 기본권의 주체가 될 수 없을 것이기 때문이다. 그러나 민법상의 직접점유(민법 제854조 이하)[6] 그리고 때로는 점유보조자(민법 제855조)는 주거개념을 이해하는 준거로서 고려될 수 있다.

1006 법령의 규정들이 이 기본권의 보호영역에 대한 일차적인 단서를 제공해 주기는 하지만 그것을 완결적으로 정의해 줄 수는 없다. 완결적인 정의는 여기서도 기본권의 **보호목적**과 헌법의 **전체적 연관**을 고려해서 행해져야 한다. 그에 따르면 한편으로는 어떤 공간과 장소를 사적인 출입지역으로 유지하겠다는 외적으로 드러난 개인의 의사, 다른 한편으로는 개인이 정한 공간적인 사생활영역에 대한 사회적 승인의 존부가 공간적인 사생활영역에 대하여 결정적인 의미를 갖는다.[7]

1007 예: 그러므로 확실히 헌법적 의미의 주거로 볼 수 있는 것으로는 협의의 주거공간 이외에 지하실, 차고, 안마당, 정원(BGH, NJW 1997, 2189), 캠핑카, 텐트, 요트 등이 있다.

---

3) E 27, /6; 103, 142/150.
4) E 65, 1/40.
5) E 109, 279/325.
6) 같은 견해로는 *Gentz*, S. 46 f.
7) *Berkemann*, AK, Art. 13 Rn 32 ff.

임대차계약 해지통지를 받은 임차인은 그 기한이 만료된 경우라도 주거를 점유하고 있으므로 기본법 제13조의 보호를 받는다(E 89, 1/12; *Ziekow/Guckelberger*, FH, Art. 13 Rn 44). 나아가 동절기에 부랑자가 거주하고 있는 시유림 내의 오두막도 헌법적 의미의 주거에 해당할 수 있으며, 일정한 요건하에서는 주택점거자들에 의하여 점거된 주거도 헌법적 의미의 주거에 해당할 수 있다(*Kunig*, MüK, Art. 13 Rn 14; 이견으로는 *Papier*, MD, Art. 13 Rn 12). — 인터넷을 통해 개설되는 "가상공간"에 대해서도 기본법 제13조를 유추적용 할 수 있는지의 문제가 논의되고 있다(*Rux*, JZ 2007, 285/293 참조).

사업장이나 **영업장**도 주거불가침의 보호영역에 속하는지에 대해서는 견해가 갈 **1008**
린다. 기본법 제13조와 사생활이 서로 관련되어 있다는 점은 이러한 공간을 보호영역에서 제외하고 주거를 개인과 그 가족의 보호에 국한시키는 견해를 뒷받침할 수 있을 것이다. 그러나 기본법 제12조와 제14조에 나타나는 노동, 직업, 영업체가 인간의 자기실현에 대하여 갖는 의미는 그와 같은 부정설을 반박하는 근거가 된다. 연방헌법재판소는 이러한 이유로 사업장과 영업장도 기본법 제13조의 보호영역에 포함시켰으며, 이러한 해석이 타당하다고 본다.[8]

사업장과 영업장과 관련하여서는 다음과 같이 **구분**할 필요가 있다. 즉, 사업장 **1009**
과 영업장이
- 본래의 주거와 결합되어 있어서 주거 자체와 마찬가지로 일반인이 출입할 수 없는 경우(예를 들면 거실사무실, 다락방화실, 지하실작업장)도 있고,
- 주거와 분리되어 있으나 일반인이 통제를 받지 않고는 출입할 수 없는 경우(예를 들면 개인병원, 사무실, 공장, 식당의 조리실)도 있으며
- 누구나 통제받지 않고 출입할 수 있는 경우(예를 들면 쇼핑센터, 백화점, 대형오락공원)도 있다.

　일반인이 통제받지 않고 출입할 수 있는 사업장과 영업장은 그와 같이 출입할 수 있는 시간 동안에는 주거불가침의 보호를 받지 못한다.[9] 이러한 사업장과 영업장은 문을 닫은 경우에만 위 두 번째 유형에 속하는 사업장과 영업장과 같이 기본법 제13조의 보호영역에 속한다. 반면에 주거와 결합된 사업장과 영업장은 기본법 제13조의 보호를 받는다.

---

8) E 32, 54/68 ff; 76, 83/88.
9) BVerfG, NJW 2003, 2669; *Kloepfer*, VerfR II, § 66 Rn 6; 이견으로는 BVerwGE 121, 345/348.

III. 제한

1010 이 기본권에 대한 제한은 국가권력의 담당자가 주거에 육신으로(körperlich) 침입하거나 기술적 수단을 사용하여 육신을 쓰지 않고(unkörperlich) 침입하는 경우에 존재한다. 그 제한은 주거에 대한 침입을 통해서 획득한 정보의 저장 및 활용을 통해서 그리고 다른 기관에 이를 전달함으로써 지속된다. 반면에 다른 목적을 위하여 획득한 정보를 사용하는 것은 별개의 제한에 해당한다.[10] 제 2~7항은 주거의 불가침에 대한 전형적인 위험상황에 따라 제한유형을 구분하고 있다.

1. 수색

1011 연방헌법재판소는 **수색**(기본법 제13조 제2항)을 "국가기관이 목표와 목적을 가지고 사람 또는 물건을 찾는 행위 또는 사실관계의 조사를 위하여 주거의 주인이 자발적으로 공개하거나 인도하려 하지 않는 어떤 것을 탐지하는 행위"[11]로 이해하고 있다. 영업체를 감독하는 공무원이 오물, 곰팡이, 바퀴벌레가 있는지를 살펴 그 위생상태가 충분한지 조사하기 위하여 호텔주인이 공개하길 꺼리는 호텔주방을 점검하는 것도 수색에 해당하게 될 것이다. 그러나 그와 같은 조사와 점검이 여기서 말하는 수색이 아니라는 점에 대하여는 예전부터 다툼이 없다. 그러므로 위와 같은 연방헌법재판소의 정의를 정교하게 가다듬을 필요가 있다. 즉 탐지의 대상이 주거의 상태와 그 기능에 부합하는 사용보장과 같은 것이어서는 안 된다. 그러므로 수색이란 눈에 띄지 않도록 또는 도피를 위해 주거 안에 있는 사람이나 은닉된 물건을 국가기관이 찾는 행위를 말한다.[12]

1012 예: 형사소송법 제758조에 의한 형사소송을 위한 수색만이 아니라 행정목적을 위한 수색, 민사소송법 제758조에 따른 집달관의 수색(E 51, 97; 76, 83; 이에 대해서는 *Behr*, NJW 1992, 2125 참조), 세법에 따른 세무관청의 수색(E 57, 346), 경찰법에 따른 경찰청의 수색(BVerwGE 28, 285)도 기본법 제13조 제2항에 해당한다. 이를 통해 찾아낸 물건

---

10) E 109, 279/327, 374 f.
11) E 76, 83/89.
12) 함부르크 고등행정법원[OVG Hamburg], DVBl. 1997, 665/666 참조.

의 압수와 보전은 수색에 해당하지 않는다(E 113, 29/45).

2. 주거감청(Lauschangriffe)

제3~5항이 다루고 있는 장비의 투입은 통상 주거감청으로 불린다. 제3항은 음 **1013** 향탐지방법에 의한 감시장비로서 전파탐색기나 주거에 설치된 감청기(일명 빈대)만을 이용하는 형사소추목적의 대주거감청(大住居監聽[große Lauschangriffe])을 규율하고 있다. 제4항은 음향탐지장비는 물론 비디오카메라, 적외선카메라, 위치제보기(Peilsender), 운동제보기(Bewegungsmelder)와 같은 광학기술장비를 비롯한 여타의 기술적 수단들을 이용하는 위험방지목적의 대주거감청을 규율하고 있다. 제5항의 소주거감청(小住居監聽[kleine Lauschangriffe])은 대주거감청과는 달리 주거에 대한 침입을 목표로 하는 것이 아니라 작전에 투입된 사람, 가령 불법마약거래자로 위장하고 범죄현장에 잠입한 비밀요원의 보호를 목표로 하고 있다.

3. 여타의 제한

주거에 대한 여타의 **침입 및 제한**(기본법 제13조 제7항)은 수색목적 이외의 목적 **1014** 을 위한 출입, 점검, 체재를 포괄한다. 제2~5항에서는 기술적 수단에 의한 비육체적 주거침입이 별도로 규율되고 있기 때문에 그 규율은 완결적인 것이기도 하다. 그러므로 음향감지장비 및 광학적 장비의 사용이 제2~5항에 해당하지 않는 경우에는 그것은 여타의 제한 및 제약에 해당하지도 않는다.

기본법 제13조가 공간적 사생활영역의 전부 또는 일부를 주거자 자신이 처분 **1015** 또는 이용할 수 없도록 하는 주거의 **실체에 대한 제한**에 대해서도 보호를 제공하는지가 문제된다. 그와 같은 보호를 제공한다면 화재위험, 붕괴위험 또는 전염병위험을 이유로 한 소개(疏開), 압수 및 철거도 주거의 자유에 대한 제한을 의미하게 될 것이다.[13] 그러나 그렇게 되면 주거의 자유의 특수성이 간과되고 또 그 적용영역이 지나치게 확장된다.[14] 주거의 실체에 대한 제한은 기본법 제14조에 의하여 판단되어야 한다. 공용수용제도는 거주공간 박탈에 관한 특별법

---

13) 그와 같은 견해로는 *Berkemann*, AK, Art. 13 Rn 64; 또한 E 89, 1/12 참조
14) *Gentz*, S. 96 참조.

에 해당하기 때문이다.15) 그러므로 철거처분은 기본법 제13조를 제한하는 것이 아니다. 기본법 제13조는 사생활이 강제입주조치에 의하여 제한받게 되는 경우는 주거관리조치(기본법 제7조 "주택난해소" 참조)에 대한 보호를 제공한다.16)

Ⅳ. 헌법적 정당화

1. 수색

1016 수색은 기본법 제13조 제2항의 요건이 충족된 경우에만 헌법적으로 허용된다. 수색은 기본법 제13조 제7항이 말하는 제한과 제약의 특수한 사례의 하나에 해당한다.17) 수색은 법률에서 정해진 **형식**대로 행해져야 하는 것으로, 이에 따라 **법관**만이 수색을 명할 수 있다. 법관에 의한 수색명령과 비법관에 의한 수색명령은 원칙과 예외의 관계에 있다.18) 그러므로 법원은 그 조직을 통해서 법관에 대한 접근이 가능하도록 보장하여야 한다.19) 예외적으로 지체의 위험이 있는 경우에는 법률이 예정하고 있는 다른 기관들(검찰과 경찰)도 수색을 명할 수 있다. 지체의 위험이란 증거수단 일실의 구체적 위험을 의미하지 그 단순한 가능성을 말하는 것이 아니며,20) "법관의 영장을 사전에 청구할 경우 수색의 성공이 어려워질 경우"에 존재한다.21) 또한 "지체의 위험"이라는 개념은 무제한적으로 사법적 통제를 받는다. 형사소추기관은 법원에 문서를 제출해야 하고 또 법정에서 수색을 명한 근거를 제시해야 한다.22)

1017 수색권한을 부여하는 법률이 지체의 위험이 없는 경우까지도 법관이 발부한 영장을 받도록 규정하고 있지 않다면, 그 영장의 필요성은 제2항에서 직접 도출된다. 이에 따라 법률에 의한 규율이 헌법조문에 포함되어 있는 절차규정을 통해서 **보충**되는 것이다.23)

---

15) 이견으로는 E 49, 228/238의 소수의견.
16) E 8, 95/98은 이 문제를 확정하고 있지 않다.
17) BVerwGE 28, 285/286 f; 47, 31/35 ff.
18) BVerfG, NJW 2015, 2787/2790.
19) E 103, 142/156.
20) E 103, 142/155.
21) E 51, 97/111.
22) E 103, 142/160; 이에 대해서는 *Lepsius*, Jura 2002, 259.
23) E 51, 97/114 f.

법관이 수색을 명할 수 있는 **내용적인** 근거는 기본법 제13조 제2항에 규정되어 **1018** 있지 않다. 그 내용적인 근거는 수색요건을 확정하는 관련 법률규정으로부터 밝혀진다. 수색으로 인해 개인의 생활영역에 대한 중대한 제한이 가해진다는 점에 비추어 볼 때 헌법적으로는 이와 관련해서는 세심한 비례성심사를 하는 것이 타당하다.

예: 형사소송절차에서의 수색은, 범행의 중한 정도 및 범죄혐의의 정도와 적정한 비례관 **1019** 계에 있어야 한다(BVerfG, NJW 2015, 1581/1586). 형사절차상의 수색은 모호한 추정이 아니라 구체적 사실에 입각한 범죄혐의를 전제로 한다(BVerfG, NJW 2014, 1650). 또한 수색으로 적합한 증거수단이 발견될 수 있고 범죄행위에 대한 수사와 소추를 위하여 수색이 필요하며 범죄행위의 중한 정도 및 그 혐의의 강도와 수색이 상당한 비례관계에 있을 것을 요건으로 한다. 형사절차상의 수색에서 가령 변호사사무실을 수색하는 경우에는 의뢰인과 같은 제3자의 기본권도 고려하여야 한다(E 113, 29/46 ff; BVerfG, NJW 2009, 2518). 구체적인 수색조치의 법적 근거가 되는 법관의 수색영장은 수색의 범위와 한계 그리고 목표를 한정하는 등 충분히 특정되어 있어야 하며(E 42, 212/220; 103, 142/151 f; 115, 166/197; *Papier*, MD, Art. 13 Rn 26 ff), 6개월이 경과하면 이 기본권에 대한 제한을 정당화하는 효력을 상실한다(E 96, 44/52 ff). 증거능력의 박탈에 대하여는 단락 1024, 1025 참조.

2. 주거감청

제3항은 법률의 규율을 통하여 이뤄지는 **형사소추**를 위한 대주거감청을 일정한 **1020** 실질적·형식적 요건하에서 허용하고 있다. 즉 특정한 사실을 통해 누군가 특정 중대한 범죄를 저질렀다는 혐의를 뒷받침할 수 있어야 하고, 다른 방식에 의한 사실관계의 탐지가 심히 어렵거나 가망이 없어야 하며, 법관의 영장이 발부되어야 한다. 연방헌법재판소는 나아가 기본법 제1조 제1항 및 비례의 원칙으로부터 대주거감청이 정당화되기 위해 충족되어야 하는 추가적 요건들을 도출하였다. 즉 사생활형성의 핵심영역에 관한 정보를 포함하는 대주거감청을 해서는 안 되며, 만약 이를 이미 시작해버린 경우에는 즉시 중단하여야 한다. 또한 그러한 정보를 담은 녹음은 삭제하여야 하고 이를 활용해서는 아니 된다.[24]

---

24) E 109, 279/315 ff; BVerfG, NJW 2007, 2753; 비판적인 견해로는 *Lepsius*, Jura 2005, 433, 586.

1021 **위험에 대한 대처**(Gefahrenbekämpfung)를 목적으로 하는 대주거감청(제4항) 및 소주거감청(제5항)은 1998년에 있었던 기본법 제13조의 개정 전에 비해 엄격해진 정당화요건을 충족하여야 한다. 제4, 5항의 주거감청은 이제 위험의 예방(Verhütung von Gefahren)을 위해서가 아니라 위험에 대한 방어(Gefahrenabwehr)를 위해서만 허용되기 때문이다. 기본법 제13조의 개정과 보완을 통해서 개정 전의 제3항과 현행 기본법 제7조는 조문은 같지만 달라진 체계적 지위를 갖게 되었고 이에 따라 다른 의미를 획득하게 되었다. 제7항이 다루고 있는 "공공의 안전과 질서를 위한 임박한 위험을 예방하기 위한 … 주거에 대한 침투와 제한"은 제3, 4항이 주거감청을 특별히 규율한 이래로 주거감청을 포함하지 않는다. 그러므로 범죄에 대한 예방적 대처를 위한 주거감청을 허용하는 경찰 관련 법률들은 이제 현행 기본법 제13조와는 합치하지 않는다.[25]

3. 여타의 제한

1022 주거의 자유에 대한 여타의 제한은 기본법 제13조 제7항의 요건을 충족하는 경우에만 헌법적으로 허용된다. 그 조문의 문구들(제2항: "법률을 통해", 제7항: "법률에 근거하여")을 비교해 보면 제7항에 따른 주거에 대한 침투와 제한은 제2항에 의한 수색보다 넓게 법규명령과 규칙으로도 규율될 수 있다는 것을 알 수 있다. 제7항 전단의 제한수권의 경우 제7항 후단의 제한수권과는 반대로 법률적 근거를 명시적으로 요구하고 있지 않지만, 전단에서도 마찬가지로 이 요건이 요구된다는 것은 법치국가에서는 자명한 것이다. 다만, 법률적 근거의 명확성에 대한 요청과 관련해서만 전단이 후단보다는 엄격하지 않을 뿐이다.[26] 그 밖에도 입법자는 이와 관련해서 집행부가 준수해야 할 많은 법률적 규율을 제정하였다. 위 후단이 말하는 법률은 물론 일반적 수권을 위한 것이다. 그러나 이러한 수권은 임박한 위험의 존재가 경찰의 주거침입권한을 발동하기 위한 요건이라는 헌법합치적 해석에 따라 엄격하게 이해되어야 한다.[27]

1023 예: 공중위험(gemeine Gefahr)은 위험이 불특정 다수의 사람과 물건과 관련되어 있으면

---

25) *Pieroth/Schlink/Kniesel*, Polizei- und Ordnungsrecht, 9. Aufl. 2016, § 14 Rn 125.
26) *Jarass*, JP, Art. 13 Rn 35; 이견으로는 *Papier*, MD, Art. 13 Rn 121.
27) BVerwGE 47, 31/40.

서 생명에 대한 위험에 근접하는 의미를 갖는 위험을 말한다. 그 예로 홍수, 눈사태, 지진 등을 생각할 수 있다. 개인의 생명에 닥친 위험의 방어를 위한 주거불가침에 대한 제한의 예로는 사고로 부상한 자를 주거에 (일시적으로) 머물게 하는 조치가 있다. 임박한 위험이란 제7항에 열거된 예들에 비추어 볼 때 특별한 비중을 갖는 법익들이 위험에 처해 있어야 한다는 것을 의미한다(BVerwGE 47, 31/40; *Papier*, MD, Art. 13 Rn 129 ff 참조. 파피어(Papier)는 손해 발생의 개연성과 시간적 근접성도 기준으로 제시하고 있다).

공공질서유지관청(Ordnungsbehörde)[28]에 부여된 주거 **출입권한 및 조사권한**이 **1024** 주거의 불가침에 대한 제한인지 그리고 그것이 헌법적으로 정당화될 수 있는지가 다투어지고 있다.[29] 연방헌법재판소[30]는 영업장과 사업장의 보호 필요성이 상대적으로 적다는 점을 감안하여 그것을 제7항에 예정된 요건의 적용범위에서 제외시키고 그 출입권 및 조사권을 기본법 제2조 제1항에 대한 제한과 마찬가지로 다음과 같이 비례의 원칙에만 따르도록 하고 있다.

- 개별 법률규정이 그러한 공간에 대한 출입과 사찰의 권한을 부여하여야 한다.
- 그 출입과 사찰이 허용된 목적을 위한 것이고 또 그 목적의 달성을 위하여 필요한 것이어야 한다.
- 그러한 공간에 대한 출입과 조사는 그 공간이 통상적으로 영업이나 사업을 위하여 사용되는 시간에만 행해져야 한다.

연방행정법원은 출입·사찰담당 공무원이 가택권보유자에 대하여 자신의 신분과 출입목적을 알려야 한다는 것(정보제공의무)을 추가적인 요건으로 요구한 바 있다.[31]

이와 같은 판례는 **법리적 일관성을 결여하고 있다.** 영업장과 사업장이 보호영역 **1025**

---

28) [역주] 연방과 주(州)의 질서유지관청의 의미는 각각 다르다. 연방의 경우에는 연방국경수비대 및 연방형사경찰청을 제외하면 원칙적으로 집행경찰의 임무를 수행하는 관청과 공공질서유지 임무를 수행하는 관청의 구분이 없다. 연방의 경찰관청 이외의 것으로 분류될 수 있는 관청들은 항상 집행경찰의 임무도 겸하는 일반행정관청의 일부분이다. 그렇지만 연방의 순수한 공공질서유지관청이라 함은 전형적인 집행경찰의 활동을 하지 아니하여 특히 직접강제의 권한을 갖지 않고 보통 일반행정활동을 관장하는 공공질서유지관청의 형식으로 위험예방의 임무를 수행하는 관청을 말한다. 연방보건청, 독일수로연구소, 연방자동차청, 연방물리기술청, 연방행정청 등을 그 예로 들 수 있다.
29) *Herdegen*, BK, Art. 13 Rn 71 f 참조.
30) E 32, 54/75 ff; 97, 228/266; BVerfG, NJW 2008, 2426 f.
31) BVerwGE 78, 251/255 f; 이에 대하여는 *Kunig*, DVBl. 1988, 578.

에 속한다면, 그에 대한 제한도 제2~7항의 규준에 따라서만 허용되는 것이다.32) 그러므로 전술한 출입·조사권한도 제2, 7항의 요건을 충족함으로써 정당성을 획득하여야 한다.33)

4. 여타의 정당화요건

1026 기본법 제17a조 제2항도 "민간인보호를 비롯한 국토방위를 위한 법률"을 위한 법률유보를 포함하고 있다.

1027 사례 19(단락 1002)에 대한 약해:

Ⅰ. 이 사례에 대해서 기본법 제13조 제1항의 **보호영역**은 부분적으로만 해당한다. 즉 대지는 주거에 해당하지 않는다. 영업장은 원칙적으로 그 보호영역에 속하기는 하지만, 일반인들이 제한 없이 출입할 수 있는 영업장의 경우 그 개방시간에는 그렇지 아니하다.

Ⅱ. 국가권력의 주거침입은 항상 주거의 불가침이라는 기본권에 대한 제한에 해당하므로, 행정관청의 영업장 출입권도 그에 대한 제한에 해당한다. 연방헌법재판소의 판례는 영업장 출입권을 기본법 제13조 제7항의 제한으로 보지 않고 있는데, 이는 법리적 일관성이 없어 따를 수 없다.

Ⅲ. 그 제한의 **헌법적 정당성**은 출입권이 수색에 해당하지 아니하므로 기본법 제13조 제2항이 아닌 기본법 제13조 제7항을 규준으로 판단하여야 한다. 위 사례에서 출입권의 목적은 판매기금법의 정규적인 집행을 보장하는 것인데, 부담금 납부의무의 전부 또는 일부를 이행하지 않는다면 판매기금법의 정상적 집행은 위협받게 된다. 이는 곧 법에 대한 위반이며, 따라서 공공의 안전에 대한 위험이 존재하는 것이다. 그러나 그러한 위험은 기본법 제13조 제7항에 열거된 예들과 같은 수준에 있는 것으로 볼 수 있는 임박한 위험에 해당하지는 않는다. 주거의 불가침의 보호영역에 대한 제한은 판매기금법 제11조 제2항에 의하여 정당화되지 않는다. 이 규정이 일반에게 포괄적으로 개방되어 있지 아니한 영업장에는 적용될 수 없는 한, 이 규정은 위헌에 해당한다.

Ⅳ. 판매기금법 제11조 제2항에 대한 **헌법합치적 해석**을 고려할 필요가 있다. 동 규정은 합헌적인 적용영역(일반이 제한 없이 출입할 수 있는 대지와 사업장)과 위헌적인 적용영역(일반이 전혀 출입할 수 없거나 그 출입에 통제가 따르는 대지와 사업장)을 갖고 있다. 합헌적인 적용영역에 그 규정을 한정하여 그 효력을 유지하는 것은 동 규정의 내용을 근본적으로 새롭게 규정하는 것이 아니다. 그러므로 "영업장"이라는 개념은 "일반

---

32) 이에 대하여 비판적인 견해로는 또한 *Hermes*, JZ 2005, 461; *Lübe-Wolff*, DVBl. 1993, 762.
33) *Voßkuhle*, DVBl. 1994, 611/616 f; *Ennschat*, AöR 2002, 252/287 f; *Schoch*, Jura 2010, 22/30.

이 무제한적으로 출입할 수 있는 사업장"으로 헌법합치적으로 해석될 수 있고 또한 그렇게 해석되어야 한다.

참고문헌: *F. Braun*, Der so genannte „Lauschangriff" im präventivpolizeilichen Bereich, **1028** NVWZ 2000, 375; *J. Ennuschat*, Behördliche Nachschau in Geschäftsräume und die Unverletzlichkeit der Wohnung gem. Art. 13 GG, AöR 2002, 252; *M. Gentz*, Die Unverletzlichkeit der Wohnung, 1968; *C. Gusy*, Lauschangriff und Grundgesetz, JuS 2004, 457; *O. Lepsius*, Die Unverletzlichkeit der Wohnung bei Gefahr im Verzug, Jura 2002, 259; *J. Ruthig*, Die Unverletzlichkeit der Wohnung (Art. 13 GG nF), JuS 1998, 506; *F. Schoch*, Die Unverletzlichkeit der Wohnung nach Art. 13 GG, Jura 2010, 22; *A. Voßkuhle*, Behördliche Betretungs- und Nachschaurechte, DVBl. 1994, 611; *H. Wißmann*, Grundfälle zu Art. 13 GG, JuS 2007, 324, 426.

§ 23 재산권의 보장(기본법 제14, 15조)

1029 사례 20: 천연기념물로 지정된 회양목가로수

甲이 소유하고 있는 성채(城寨)같은 농가의 진입로 좌우에는 보기 드물게 크고 아름다운 회양목 울타리가 늘어서 있다. 甲의 선조들은 미관뿐만 아니라 경제적인 이유로 그 회양목을 심었다. 즉 성장이 더딘 회양목은 비상할 정도로 단단한 목질을 가지고 있어서 많은 종류의 물건들을 생산하는 데 사용되는 긴요한 목재였고, 그만큼 가격도 비쌌다. 회양목 목재의 가격은 그동안 계속하여 현저히 상승하였다. 재정적으로 곤궁해진데다가 회양목울타리에 싫증이 난 甲은 그 나무를 베어내어 팔아버리려고 한다. 자연·경관보호를 관할하는 관청은 그의 이러한 의도를 알고 회양목울타리를 천연기념물로 지정하였다. 천연기념물로 지정되는 경우에는 그 벌채도 금지된다(가령 노르트라인-베스트팔렌 경관보호법 제22, 34조 제3항 참조). 위 관청은 보상금 지급을 거부하고 있다. 기본법 제14조에 의한 법적 상황은 어떠한가? 이 사례에 대한 약해는 **단락 1095**를 보라.

Ⅰ. 개관

1030 기본법 제14조는 재산권을 보호하는 동시에 상속권을 통해 그 이전도 보호한다. 기본법 제14조는 "이 기본권의 주체에게 재산법 영역에서 […] 자유의 공간을 보장해 주고 이를 통해 삶의 자주적 형성을 가능하게 하는 기능을 수행한다."[1] 그러므로 재산권 보장은 인격적 자유와 밀접하게 관련되어 있으며,[2] 사회적 불평등의 본질적 요소에 해당하는 사회적 권력과 배타적 권리를 상속권을 통해 미래에도 지속시킨다.[3] 따라서 기본법은 권리를 부여할 뿐만 아니라 의무도 부과하며(기본법 제14조 제2항 제1문), 기본권주체만이 아니라 공공복리(기본법 제14조 제2항 제2문)에도 기여하여야 하는 재산권의 사회적 구속을 강조하고 있다. 또한 기본법 제15조의 요건을 충족하면 사회화도 허용된다. 자유의 재산법적 토대는 자유 그 자체와는 달리 금전보상이 가능하기 때문에 기본법 제14조 제3항이 재산권의 수용, 즉 재산권의 박탈을 적정한 보상을 대가로 허용하고 있다

---

1) E 102, 1/15.
2) E 24, 267/389.
3) 연방헌법재판소의 소수의견 E 138, 136/252.

는 것도 다른 자유권과 다른 점이다. 따라서 기본법 제14조 제3항은 재산권이라는 기본권의 보호법익의 **존속보장**만이 아니라 재산권의 상실을 보상해 주는 **가치보장**도 포함하고 있는 것이다.

기본법 제14조 제1항은 제1문에서 재산권을 헌법적으로 보장하면서도 제2항에서는 그 **1031** 내용을 (헌법하위의!) 법률로 정하도록 확정하고 있기 때문에 재산권의 보호영역의 확인에 난제를 던지고 있다. 이 기본권은 특히 **규범에 의한 강도 높은 구성**을 통해서 그 모습이 구체적으로 드러난다. 가령 혼인은 사회적 제도로서 규범에 의하지 않고도 묘사될 수 있는 데 비하여(단락 760 이하 참조), 재산권의 확정은 재화와 권리를 사람에게 귀속시키는 규범을 통해서만 이루어진다. 그런데 기본법 제14조 제1항은 동시에 재산권을 헌법적으로 보장하는 것이고 이러한 보장은 그 내용을 구체적으로 형성하는 입법자의 자유로운 처분의 대상이 되어서는 안 되기 때문에 그 규정은 재산권을 사적으로 유용한 제도로 보장하는 것으로서 재산권의 **제도보장**으로도 이해된다(단락 1091~1092).

기본법 제14조 제1항 제1문에 따른 재산권의 헌법적 보장과 기본법 제14조 제1항 제2문 **1032** 에 따른 재산권의 법령에 의한 구체적 형성필요성이 상호작용한다는 사정은 재산권에 대한 제한의 정당성심사에 대해서도 영향을 미친다. 재산권의 내용을 확정하는 것이 동시에 재산권에 대한 제한일 수는 없기 때문이다. 이로써 재산권의 내용과 한계를 구분하는 문제 내지 더 일반적으로 말하자면 재산권에 대한 단순한 형성과 정당화가 필요한 제한(단락 266 이하)을 구분하는 문제가 제기된다.

기본법 제14조는 상이한 **헌법적 정당화요건**이 부과되는 두 가지 재산권 제한의 형식을 **1033** 열거하고 있다. 수용, 즉 재산권 박탈은 기본법 제14조 제3항 제1~3문의 규준을 충족하는 경우에만 허용된다. 수용이 아닌 모든 제한은 기본법 제14조 제1항 제2문의 내용·한계규정으로서 비례의 원칙을 충족해야 하며 통상적으로는 보상 없이 감수하여야 한다.

수용에 대한 보상의무(기본법 제14조 제3항 제2~3문)에 입각하여 재산권보장은 국가의 **1034** 손실보상에 관한 법(국가책임법)과 결부되게 된다. 기본법 제14조 제3항 제2, 3문은 보상청구권의 기초가 되는 것이 아니라 보상 없는 수용은 위헌임을 말해 줄 뿐이다. 오히려 손실보상청구권은 법령의 효과이며, 보충적으로는 수용적 제한 및 수용유사적 제한이라는 관습법에 의해 인정된 법제도의 효과이다. 그러므로 시험에서는 항상 두 가지 문제 상황을 구분하여야 한다. 본장에서 다루게 될 문제로서 어떤 국가의 조치가 재산권보장을 침해하는 것인지, 아니면 국가책임법 교과서에서 다루는 문제로서 재산권에 대한 제한에 의거한 보상청구권이 존재하는지를 심사하여야 한다.

1035 유럽연합법은 유럽인권헌장 제17조를 통해 재산권보장을 보호하는데, 이 규정도 재산권 보장을 재산권의 사회적 구속과 결합하고 있다. 또한 유럽연합법은 「유럽연합 기능에 관한 조약」 제345조에서 회원국에게 재산권을 공·사의 주체에게 귀속하는 문제를 확정하는 관할권이 있음을 강조하고 있다.[4] 반면, **유럽인권협약**(제1조 제1추가의정서)은 재산권의 사회적 구속을 보다 덜 강조하고 있다. 이는 – 유럽인권재판소가 정의로운 사회적 조정을 위한 결정과 관련하여 회원국에게 우선권을 인정하고 있음에도 불구하고 – 재산권제한의 비례성에 대한 판단이 통일되지 않는 결과를 초래하고 있다.[5] 나아가 해외투자자의 재산권에 대해서는 투자자보호협정이 적용되는 경우가 종종 있다. 이 협정은 수용 및 수용유사적 효과에 대한 보호를 예정하면서 투자자에 대한 공정하고 정의로운 대우를 요구하고 있다. 이러한 보호는 국내법이나 인권보장에서와는 달리 국제중재법원이 결정하는 보상금의 지급을 통해 보장된다("참아라, 보상해주리라"). 통일성을 보장하는 재판기관이 없고 또 조약의 법적 기초가 달라서 보상의무요건은 통일적으로 해석되지 아니한다.[6]

II. 보호영역

1. 재산권의 개념

1036 재산권은 "권리주체가 권리에 포함된 권능을 사적 효용을 위하여 독자적 책임으로 행사할 수 있도록 법질서에 의해 권리주체에게 귀속되어 있는 모든 재산가치 있는 권리"[7]이다. 이러한 정의를 통해 기본법 제14조 제1항 제2문이 전제하고 있는 재산권의 법 의존성이 드러나고 있다. 그 모범적인 예는, 민법 제903조 이하에서 소유권자의 소유권 및 권능을 보장하고 있는 **민법상의** 물건에 대한 소유권(Sacheingentum)이다. 헌법상의 재산권 개념은 법령이 소유권으로 부르는 것보다 넓은데, 바로 이러한 점에 기본법 제14조 제1항 제2문의 내용규정에 비하여 우선적 지위를 가지고 있는 기본법 제14조 제1항 제1문의 재산권보장의

---

4) *Kingreen*, in: Caliess/Ruffert, EUV/AEUV, 5. Aufl. 2016, Art. 345 AEUV Rn 10.
5) 한편으로는 BVerfG, NVwZ 2016, 2008; 다른 한편으로는 유럽인권재판소(EGMR), NJW 2012, 3629; 이에 대해서는 *Michl*, JZ 2013, 504.
6) *Ludwig*, NVwZ 2016, 1/5 ff; *Krajewski/Ceyssens*, AVR 45 (2007), 180.
7) E 83, 20/208 f; 89, 1/6; 97, 350/371.

본래의 핵심이 있다. 즉, 기본법 제14조 제1항 제1문에 의해 헌법적으로 보장되는 재산권은 기본법 제14조 제1항 제2문에 따라 민법의 소유권에 의해 각인되기는 하지만 이에 의해 완결적으로 정의되지는 않는다. 따라서 인격의 발현 및 생존의 보장에 대해 소유권과 기능적으로 같은 의미가 있는 재산 가치 있는 모든 법적 지위를 포착하고 있으면서도 민법상의 소유권과 무관한 재산권[8]이 존재한다.

예: 그러므로 사법상의 채권, 선매권(E 83, 201/209 f), 유가증권(E 100, 289/301 f; 105, **1037** 17/30), 인터넷도메인 이용권(BVerfG, NJW 2005, 589/589)도 기본법 제14조 제1항 제1문에 의하여 보호된다. 이들은 모두 민법상의 소유권에 해당하지는 않지만 헌법상의 재산권에는 해당하는 것이다. 연방헌법재판소(E 89, 1/7)는, 민법이 점유권(민법 제854조 이하)과 소유권(민법 제903조 이하)을 구분하고 있음에도 불구하고 임차인의 점유권도 헌법적 재산권의 개념에 포함시키고 있다. 기본법 제14조 제1항 제1문에 대해 결정적 의미를 갖는 것은, "재산 가치 있는 권리가 소유권처럼 배타적으로 사적 효용과 독자적 처분을 위하여 권리주체에게 귀속되어 있는 것"이라는 점이다. 따라서 사법상의 소유권은 헌법적 재산권 개념의 논증상의 준거점이기는 하지만 그 한계는 아니다. 연방헌법재판소는 헌법적 재산권의 개념을 사법상의 소유권을 넘어서 지속적으로 발전시키고 있다. 즉 임차인은 소유권자처럼 기초적인 삶의 수요 충족을 위하여 그리고 자유보장 및 인격의 발현을 위하여 주거공간에 의존하고 있다는 것이다. 그러므로 점유권은 "소유권과 같이 임차인에게 귀속되어 있는 사법상의 법적 지위"이다.

헌법의 재산권을 그 권리가 수행하는 기능에 입각하여 사법상의 소유권보다 확 **1038** 대함으로써 ("소유권처럼") **공법상의 법적 지위**의 보호도 가능하게 된다. 연방헌법재판소는, "공법상의 법적 지위"가 본질상 "배타적 권리와 같이 사적 유용성이 있는 것으로서 권리주체에게 귀속되고 있고", 권리주체 "자신의 미소하지 아니한 기여"에 입각해 있으며 권리주체의 "생존보장에 기여"하고 있는 "재산 가치 있는"[9] 것이라면 이를 재산권의 개념에 포함시키고 있다. 그러므로 연방헌법재판소의 견해에 의하면 개인의 기여금납부에 근거를 두고 있는 사회보험법상의 기대권은 경제적 생존이 개인의 물적 재산보다는 노동의 과실 및 이에 결부되어 있고 사회적 연대의 뒷받침을 받는 노령연금에 의해 보장되고 있기 때

---

8) *Hufen*, StR II, § 38 Rn 8.
9) E 97, 271/284.

문에 (헌법적 재산권으로) 보호받는다고 한다.10) 이러한 결론은 특히 연금보험법 상의 기대권의 경우에도 원칙적으로 타당하지만, 일부 수정된 요건을 충족할 때에만 유지될 수 있다. 연금기대권의 주체는 소유권과는 달리 그 기대권을 자유롭게 처분할 수 없고, 따라서 그 권리를 "자주적인 결정으로 개인의 이익을 위해 행사할 수 있는 것이 아니라"11) (연령, 생계무능력)과 같은 일정한 위험이 실현될 때에만 비로소 행사할 수 있다. 또한 이러한 위험이 실현되기 전에 연금 기대권의 주체가 사망하면, 연금기대권은 상속되지 않는다. 그러나 이는 기본법 제14조 제1항 제1문의 상속권의 대상이 되는 소유권과 관련해서는 상상도 할 수 없는 것이다.12) 이 부분과 관련해서는 기껏해야 연금기대권에 결부되어 있 는 배우자의 연금청구권이 기능적으로 볼 때 부분적으로는 소유권에 상당하는 것으로 이해할 수 있다. 나아가 연방헌법재판소는 공법적 지위와 관련하여 청구권이 주로 개인의 급부에 입각하고 있을 것을 요구하고 있다. 그러므로 가령 조세로 충당되는 사회법상의 급부청구권(실업수당 Ⅱ)13)은 공법상의 허가14)와 마찬가지로 재산권으로 보호받지 못한다.15) 이러한 권리도 자신의 기여를 통해서 취득할 필요가 없는16) 사법상의 소유권과 다르다.

1039 기본법 제14조 제1항은 재산을 구성하고 있으면서 재산권으로 개별화될 수 있 는(konkretisierbar) 요소들을 재산권에 의하여 보장한다. 그러나 **재산** 자체, 즉 개인에게 귀속되는 모든 재산 가치의 총합은 재산권으로 보호받지 못한다.17) 이는 구체적인 재산 가치를 대상으로 하는 것이 아니고, 공과금 납부의무자가 전체 재산 중에서 재원을 확보하여 납부하는 공과금의 부담에 대하여 중요한

---

10) E 100, 1/32.

11) E 123, 186/258.

12) *Depenheuer*, Hdb. GR Ⅴ, § 111 Rn 69; *Kingreen*, Jura 2016, 390/393.

13) [역주] 취업능력이 있는 실업자들에게 보장되는 기본급여 청구권. 일자리를 구하고 있는 사람들에게 인간의 존엄성에 상당하는 삶의 영위를 보장하는 것을 목표로 하되 최저생계비를 무조건 지급하는 것이 아니라 수급자의 자구노력 여하에 따라 30% 이하까지 감액할 수도 있도록 하고 있다. 2002년 하르쯔 개혁에 따라 실업수당 수령 이후에도 계속 사회적 도움을 필요로 하는 취업가능한 사람들에게 과거에 지급되었던 실업지원금(Arbeitslosenhilfe)과 기초생활급여 (Sozialhilfe)를 사회문화적인 관점에서 최저생활을 보장하는 기본급여 보장으로 통합한 것이다.

14) BVerfG, NVwZ 2009, 1426/1428; NJW 2017, 217/223 = JK 5/2017; *Wieland*, DR, Art. 14 Rn 77; 이견으로는 *Axer*, EH, Art. 14 Rn 62.

15) E 53, 257/291 f; 116, 96/121 f; 128, 90/101 참조.

16) 따라서 비판적으로 *Wieland*, DR, Art. 14 Rn 75.

17) E 4, 7/17; 96, 375/397; 123, 286/258 f.

의미를 갖는다. 그러므로 기본법 제14조 제1항 제1문은 원칙적으로 공과금의 부담부과로부터의 보호를 제공하지 않는다. 연방헌법재판소의 제2재판부는, 소득세는 증식된 구체적인 재산가치를 부과대상으로 삼는다는 이유로 소득세에 대해서는 산발적으로 달리 판단해 왔다.[18] 그렇지만 소득세도 모두 재산으로 납부하는 것이다. 재산권을 통해서 소득세 부과로부터 재산권주체를 보호하는 것은, 기본법 제14조 제1항 제1문으로부터 조세부담의 한계비율을 이끌어 낼 수 있을 때에만[19] 조세채무자에게 뭔가를 가져다줄 수 있을 것이다. 연방헌법재판소의 제2재판부는 한때 그러한 한계를 "과실의 절반 이하만을 과세할 수 있다는 원칙(Halbierungsgrundsatz)"[20]을 통해 인정하였다. 그러나 이 원칙은 타당하게도 후에 폐기되었다.[21]

설립되어 운영되고 있는 영업체의 보호에 관한 논의도 동일한 배경을 가지고 있 **1040** 다. 영업체에서 문제가 되는 것은 기업을 구성하는 재산의 개개의 요소들 이외에 기업 자체도 재산권에 의해 보호되느냐 하는 것이다. 연방법원이나 연방행정법원[22]과는 달리 연방헌법재판소[23]는 재산 자체에 대한 재산권보호의 문제에서와 같은 논거로 다음과 같이 회의적인 입장을 취하는 경향을 보이고 있다. 즉 기업은 재산가치를 지니는 물질적·비물질적 구성요소들과 더불어 자체적으로 개별화될 수 있는 재산의 대상이 되는 것은 아니다. 사실적 요소(영업망, 고정고객)와 유리한 환경적 조건(가령 차량운행량이 많은 연방도로변의 식음료점이 가지고 있는 전략적으로 좋은 상태)은 기업의 재산을 구성하는 요소들에 대한 평가에 중요한 의미를 갖기는 하지만, 기본법 제14조 제1항 제1문은 장래의 이윤획득의 기회인 그와 같은 사실적 요소들을, 기업을 구성하고 있는 구체적인 재산의 구성요소들과는 상관없이 보호하지는 않는다. 오히려 그것과 관련해서는 이미 획득된 것이 아니라 획득행위를 보호하는 직업의 자유(기본법 제12조 제1항)에 의한 보호를 받게 되는 것이다(단락 1042를 보라).

---

18) E 115, 97/110 ff; 이에 동의하고 있는 *F. Kirchhof*, Hdb. GR Ⅲ, § 59 Rn 48 ff; 이에 대해 비판적인 견해로는 *Wernsmann*, NJW 2006, 1169.
19) *Volkmann*, StR Ⅱ, § 17 Rn 19.
20) E 93, 121/138; 이에 대해 비판적인 소수의견은 147 ff.
21) E 115, 97/114.
22) BGHZ 111, 349/356; BVerwGE 81, 49/54.
23) E 51, 193/221 f.

1041 예: 의료보험조합계약의사 및 그의 병원을 상속받은 사람은, 의료보험조합계약의사들로 구성된 단체에 의하여 의사의 충원을 거부당한 경우 사회법전 5권 제103조 제3a항 제13 문에 의하여 (무엇보다도 환자고객을 포함하는) 개인병원의 거래가치로서 보상을 받아야 한다. 그러나 이러한 보상은 기본법 제14조 제1항이 아니라 기본법 제12조 제1항에 따른 것이다. 환자고객의 상실은 재산권의 존속이 아니라 기본법 제12조 제1항에 의해서만 보호되는 장래의 이윤획득에 타격을 가하는 것이다. 그런데 기본법 제12조 제1항으로부터 도출되는 보상청구권은 주로 자신의 급부에 의거하는 공법상의 청구권(단락 1038)으로서 재산권 및 상속권의 대상이 될 수 있다.

2. 재산권보호의 범위

1042 a) 현존하는 재산권의 **존속**이 보호받는 것이다. 단순한 판매의 기회 및 이익획득의 기회, 희망, 기대, 전망은 재산권의 존속보호의 대상이 되지 않는다.[24] 기본법 제14조는 이미 획득한 것, 즉 활동의 결과를 보호하는 반면, 기본법 제12조는 획득활동 자체를 보호한다는 확고한 공식이 적용된다.[25] 재산권은 일종의 "공고해진 신뢰"이다. 그러나 재산가치 있는 지위는 재산권주체가 법적으로 그 존속을 신뢰할 수 있는 범위에서만 보호된다. 법적으로 가능하고 또 허용되는 국가의 행위가 행해지지 않을 것이리라는 신뢰는 다른 기본권에서와 같이 재산권에서도 보호받지 못한다.[26]

1043 예: 농지가 대지로 되리라는 기대(BGHZ 62, 96)나 타국에 의하여 기본법 시행 전에 박탈된 재산권적 지위가 다시 부여되거나 그에 대한 보상을 받으리라는 기대(E 102, 254/297)는 재산권보호의 대상이 되지 아니한다. 철회될 수 있는 특허나 인가가 철회되지 않으리라는 기업체소유자의 신뢰(BVerwGE 62, 224) 또는 일반적으로 허용되고 있는 접속 및 이용의 강제가 채택되지 않으리라는 기업인의 신뢰(BVerWGE 62, 224; BGHZ 40, 355; 54, 293; 또는 BGHZ 77, 179 참조)는 보호받지 못한다. 도로변의 영업체 및 인근주민은 도로작업이 위법적으로 지연되거나 그 지장이 전혀 예상할 수 없는 비상할 만큼 심각한 정도에 이르지 않는 한 도로작업으로 인한 불편도 감수하여야 한다(BGHZ 57, 359/361 f).

---

24) E 78, 205/211 f; 105, 252/277; 128, 90/101.
25) E 88, 366/377; 121, 317/345; 126, 112/135 f; 이견으로는 *Kloepfer*, VerfR Ⅱ, § 72 Rn 61.
26) *Bryde*, MüK, Art. 14 Rn 20 참조.

b) 동산소유권의 경우와는 달리 토지소유권의 경우에는 그 **이용**도 보호된다. 동 **1044**
산과 토지를 헌법적으로 상이하게 다루는 것은 두 가지 이유가 있다. 즉 첫 번
째는, 거의 모든 자유행사에 동산이 활용되고 있어서 동산의 이용을 보호하게
되면 모든 자유에 대한 제한은 재산권에 대한 제한을 의미하게 될 것이라는 것
이다. 두 번째는, 재산권주체는 전통적으로 토지와 관련해서만 그 이용권이 지
역권(Grunddienstbarkeit)과 같이 독자적인 물권으로 형성되었다는 점이다.

예: 구입한 신문을 읽는 것은 재산권에 의해 보장되는 자유의 행사가 아니라 일반적으 **1045**
로 접근할 수 있는 정보원으로부터 방해받지 않고 정보를 수집할 수 있는 자유(기본법
제5조 제1항 제1문)의 행사에 해당한다. 자동차의 운행은 기본법 제14조가 아니라 기본
법 제2조 제1항의 일반적 행동의 자유에 의하여 보호된다. 반면에 기본법 제14조 제1항
제1문은 토지의 이용을 보호하고 또 그에 따라 토지에 축조된 건물의 이용도 보호한다.
그러므로 연방헌법재판소(NJW 2017, 217/223)에 따르면 탈원전에 관한 법률에서 할당
된 잔여전력 자체는 재산권에 해당하지는 않지만 원자력발전시설의 이용에 해당하기 때
문에 기본법 제14조 제1항 제1문에 의한 보호를 받는다. 기본법 제14조 제1항 제1문은
토지상의 건축행위도 보호하는데, 이에 대해서는 그 근거에 대한 이견은 없으나 그 범
위와 관련한 다툼이 있다. 즉 기본법 제14조 제1항 제2문의 재산권의 내용에 원칙적 건
축권뿐만 아니라 연방의 건축법전 및 주(州)의 건축법령에서 나오는 제한도 포함하는
견해에 따르면 헌법상의 건축권은 후자의 제한을 규준으로 해서만 존재한다는 결론에
이르게 된다(*Lege*, Jura 2011, 507/510 및 *Volkmann*, StR II, § 17 Rn 16). 그에 반해 법률
에 의한 내용규정의 밖에 있는 재산권을 인정하게 되면 건축의 자유는 일단 무제한적으
로 존재한다고 보게 된다(*Hufen*, StR II, § 38 Rn 9). 그러나 내용규정과 한계규정을 구
분하는 것이 어렵다는 사실에 비추어 볼 때 이러한 논쟁의 실천적 의미는 그다지 크지
않다고 할 것이다(단락 1051~1052).

c) 기본법 제14조는 **절차적 차원 및 권리보호차원**도 포함하고 있다. 즉, 재산권주 **1046**
체가 그 이익을 행정절차와 사법절차에서 실효성 있게 주장하고 또한 다른 사
법상의 주체에 대하여 이를 추구하고 관철할 수 있는 권리도 함께 보호된다.

예: 기본법 제14조 제1항 제1문은 소송과 관련한 구체적 효과로서 강제경매의 일정을 **1047**
정할 때 소유권자의 건강상태를 고려하여야 할 의무를 지방자치단체인 게마인데에게 부
과한다(E 46, 325/335 f). 연방헌법재판소는 (기본법 제19조 제4항이 아니라) 기본법 제
14조 제1항 제1문에서 직접적으로 권리보호 청구권을 도출하였다. 즉 원칙적으로 소유

권자는 행정법원에 대한 소송 제기를 통해 수용에 대해 방어할 수 있으며 또한 방어할 수 있어야 한다(단락 1056). 반면, 공용수용을 준비하는 조치는 아직 수용에 이르지 아니한 것으로, 따라서 원칙적으로 권리구제절차를 통해서 다툴 수도 없다. 그러나 그 수용이 행정관청의 구속력 있는 선행결정에 입각하고 있다면, 이러한 선행결정도 법원이 심사할 수 있어야 한다. 그렇지 않으면 관련 소유권자는 행정관청의 (선행) 결정에 대해 자신의 권리를 보호하기 위하여 이의를 제기할 수 없게 됨으로써 자신의 기본권에 대한 제한을 감수해야만 할 것이다(E 134, 242/311 = JK 5/2014).

3. 상속권

1048 재산을 상속받게 하고 싶은 자에게 상속할 수 있는 피상속인의 권리(유언의 자유)는 본래 재산을 구성하는 재산권에 대한 처분으로서 상속된 재산 내지 재산권에 대한 상속인의 권리와 마찬가지로 재산권의 보호를 받는다. 상속권이 기본법에서 특별히 언급되고 있는 것은 전적으로 **전통**에 기인하는 것이다. 즉, 바이마르헌법도 재산권과 아울러 상속권을, 그것도 별개의 조항에서(제151조, 제154조) 이미 언급하고 있었다. 상속권도 재산권과 마찬가지로 법령의 내용·한계규정들을 통하여 **정의**된다.[27] 내용·한계규정들은 재산권과 같이 상속권도 **제한하는데**,[28] 상속권은 재산의 이전을 대상으로 하는 것이기 때문에 입법자가 상속권을 제한할 수 있는 여지는 재산권의 경우보다도 더 크다.[29] 그 밖에도 이하의 서술은 상속권에 대해서도 적용된다.

Ⅲ. 제한

1049 기본법 제14조는 두 가지 제한유형으로서 기본법 제14조 제3항에 의한 수용과 기본법 제14조 제1항 제2문의 여타의 한계규정을 제시하고 있다.

1050 사례해결기법: 제한의 존부심사 단계에서 문제되는 제한적 조치가 한계규정인지 아니면 수용인지를 물을 수 있다. 그러나 수용에 대해서는 한계규정과는 다른 정당화요건이 적용되기 때문에, 이는 체계상 헌법적 정당성심사의 단계에서 비로소 관건적 의미를 갖는다.

---

27) E 99, 341/352 참조.
28) E 93, 165/174.
29) E 112, 332/348.

제한의 존부 심사에서 내용규정과 한계규정을 구분하는 문제가 제기될 수 있 **1051** 다. 내용규정은 재산권을 규범적으로 각인하는 것으로 제한이 아니라 보호영역을 형성하는 것이다(단락 147 이하, 266 이하). 반면, 한계규정은 내용규정을 통해서 구성되는 재산권을 제한하는 것이다.[30] 그러나 내용규정과 한계규정은 그 시간적 효력의 면에서만 구분될 수 있을 뿐이다. 재산권의 존속과 이용을 미래를 향하여 정의하는 조치는 과거에 성립한 재산권에 대한 제한을 가하는 것을 의미한다.[31] 그러나 연방헌법재판소의 판례는 사건해결 방법에 관한 결론을 이로부터 도출하지 않고 있다.[32] 과거의 재산권과 미래의 재산권은 항상 동시에 타격을 받게 되기 때문이다. 그러므로 재산권의 존속과 이용을 미래를 향해 정의하는 조치에 대해서도 통일적으로 하나의 정당성심사를 받도록 하여야 한다. 현재의 재산권주체와 장래의 재산권주체가 받는 타격이 다르다는 사정은 기껏해야 신뢰보호에 대해서만 의미를 가질 수 있다(단락 152 참조).

예: 건축의 자유를 제한하는 새롭게 채택된 법률규정은 토지의 현 소유권자에게는 한계 **1052** 규정에 해당하지만, 그 제한은 장래의 토지소유권자에게는 그의 건축권의 내용을 규정하는 것을 의미한다. - 연금의 수준에 대하여 부정적 영향을 미치는 법률적 규율은 현재 연금을 받고있는 사람들에게는 한계규정에 해당하지만 아직 연금보험에 가입하지 아니한 사람에게는 내용규정에 해당한다. 그에 반해 영리활동을 통해서 기대권을 획득하였을 뿐 아직은 연금급여를 수령하지는 아니한 영리활동을 하는 사람은 그 중간 어딘가에 위치한다. 기존의 법에 의해 발생한 신뢰보호의 정도는 상이하지만, 제한의 차원에서 시간적인 관련성의 차이에 따라 이를 구분하는 것은 어렵다. 그러므로 이에 대해 연방헌법재판소(E 128, 138/147 ff)는 통일적으로 제한을 인정하고 있다.

IV. 헌법적 정당화

1. 구분

a) 기본법 제14조 제1항 제2문의 내용·한계규정과 수용(기본법 제14조 제3항)은 **1053**

---

30) *Wendt*, SA, Art. 14 Rn 55 ff.
31) *Stern*, StR IV/1, S. 2234 f; 원칙적으로 같은 견해를 취하면서도 기존 재산권주체와 장래의 취득자를 구분하는 *Sachs*, VerfR II, Kap. 26 Rn 25 ff; 비판적인 견해로는 *Jasper*, DÖV 2014, 872/878.
32) E 58, 300/336: "단지 입법기술의 문제일 뿐이다"; *Jasper*, DÖV 2014, 872/873.

그 정당화요건이 다르기 때문에 구분되어야 한다. 이러한 구분은 국가책임법상의 보상청구권과 결부되어 있는데, 이는 기본법 제14조 제3항 제2문만이 보상을 요구하고 있으며, 기본법 제14조 제1항 제2문은 그렇지 않기 때문이다. 재산권에 대한 제한의 합헌성문제와는 달리 기본법 제14조 제3항에 의한 보상청구권에 대해서는 연방헌법재판소가 **습식자갈채취에 대한 결정**(Nassauskiesungs-beschluss)[33]을 내리기까지 재산권해석론에 결정적인 영향력을 행사해 온 민사법원이 관할하고 있었다.

1054 과거 연방법원은 수용과 내용·한계규정을 재산권에 대한 제한의 정도에 의하여 구분하였다. 이에 따라 재산권에 대한 사회적 구속의 정도를 상회하고 또한 그렇기 때문에 보상 없이는 감수할 수 없는 제한만이 수용으로 평가되었다. 내용·한계규정이 수용으로 전환되는 것인지에 대하여는 **특별희생설**이 결정적인 의미를 가졌다. 특별희생설에 따르면 수용은, "일정한 개인이나 집단에게 다른 개인이나 집단에 비하여 불평등하게, 따라서 특별하게 부과되는 부담으로서, 공공을 위해서 다른 개인이나 집단에게는 요구되지 않는 특별한 희생을 하도록 그들에게 강제되는 부담"[34]을 의미했다. 재산권 제한의 위법성은 특별희생이 존재한다는 징표이기는 했으나, 그것이 특별희생 여부를 결정하는 것은 아니었다. 왜냐하면 기본법 제14조 제3항에 의한 수용에 대한 보상은 전적으로 그 자체로는 합법적이지만 재산권주체에게 과도하게 타격을 가하는 제한이 존재할 때 주어지는 것이었기 때문이다. 반면에 위법적 제한에 대하여는 이른바 **수용유사적 제한**이라는 제도에 의거하였다. 국가가 합법적인 특별희생에 대하여 보상을 해주어야 한다면, 위법적인 조치에 대해서도 당연히 보상이 주어져야 한다는 논리였다. 그러므로 수용유사적 제한에 대한 보상도 기본법 제14조 제3항에 직접적인 근거를 두고 있었다. 끝으로 **수용적 제한**도 기본법 제14조 제3항의 수용에 해당하는 것이었다. 수용적 제한은 그 자체로 합법적인 제한에 수반되는 수인불가의 - 대부분 비전형적이고 예측불가능한 - 부작용이 발생하는 경우에 인정되는 것이었다.[35] 그러므로 연방법원은 특별희생으로 분류되는 모든 재산

---

33) E 58, 300.
34) BGHZ 6, 270/280.
35) BGHZ 99, 24/27.

권제한을 그 합법성 및 의도성과 무관하게 기본법 제14조 제3항에 포섭하였고 그것을 보상의무 있는 수용으로 다루었다. 이에 따라 (관련 특정법률이 아니라) 기본법 제14조 제3항이 이 모든 보상청구권의 헌법상 직접적인 근거가 되었다.

연방법원이 채택했던 특별희생설의 문제점은 개별사건에서 수용으로 전환되는 **1055** 지점을 확정하는 것이 어렵다는 것이었다.[36) 기본법 제14조 제3항에 따라 수용을 위해서는 보상규율을 마련하여야 하지만 내용·한계규정(기본법 제14조 제1항 제2문)과 관련해서는 그러한 의무를 지지 아니하였던 입법자에게는 특별희생설은 불편한 것이었다. 이 때문에 입법자는 "본 법률에 의한 조치가 수용에 해당하면, 적정 수준의 금전보상이 지급되어야 한다"는 취지의 이른바 구제적 보상조항이라는 자구책을 강구하였다. 이러한 구제조항의 표현은 입법자가 아니라 민사법원이 보상청구권의 존부에 대하여 결정한다는 것을 의미한다. 이러한 문제는 개인이 행정법원에서 재산권제한의 합법여부를 다툴 것인지(1차적 권리구제), 아니면 곧바로 민사법원에서 재산권에 대한 과도한 제한을 이유로 보상을 청구할 것인지(2차적 권리구제)를 자유롭게 결정할 수 있게 되고 그것이 곧 원칙이 되었다(이른바 "참아라, 보상해주리라")는 사정에 의해 심화되었다.

그리하여 연방헌법재판소는 **습식자갈채취결정**에서 기본법 제14조 제3항과 기본 **1056** 법 제14조 제1항 제2문의 구분기준을 근본적으로 변경하였다. 이러한 기준의 변경은 연방법원이 상술한 판례를 통해 다음과 같이 두 가지 권한의 유월을 범해 왔다는 연방헌법재판소의 판단에 따른 것이었다.[37)

- 입법자만이 재산권의 내용과 한계를 결정할 수 있고 또한 이를 통해 보상청구권에 대해서도 결정할 수 있다. 이와 같은 헌법의 원칙은 민사법원이 보상청구권의 근거를 직접 기본법 제14조 제3항에서 찾는다거나[38) 그 경계가 뚜렷하지 않은 특별희생설에 따라 보상 없이 수인해야 하는 내용·한계규정과 수용을 구분하는 것과는 양립할 수 없다. 그리고 이로부터 다음과 같은 추론이 가능하다. 법률이 보상을 예정하지 아니한 수용은 바로 그러한 이유 때문에 위헌이며 기본법 제14조 제3항에 직접 근거를 둔 구체적인 보상청구권을

---

36) BGHZ 99, 24/27 참조.
37) E 58, 300/318 ff; 또한 이미 E 52, 1/27 f 참조.
38) *Lege*, Jura 2011, 826/829.

인정함으로써 합헌적인 것이 될 수는 없다. 그러므로 민사법원은 보상을 위한 요건사실의 존재에 대하여 결정할 권한이 없으며, "보상의 금액"(기본법 제14조 제3항 제4문)에 대해 결정할 수 있는 권한이 있을 뿐이다. 그렇기 때문에 수용의 개념은 입법자가 어떠한 경우에 보상 규정을 예정해야 하는지에 대해 일반적으로 계산할 수 있도록 더욱 형식성을 띠어야 하고 또한 더 큰 예측가능성을 가질 수 있도록 정의되어야 한다. 연방헌법재판소는 분리이론을 통해 이 문제를 해결하고 있다. 분리이론은 그 경계를 선명하게 정의하고 내용·한계규정에서 수용으로의 이행을 엄격히 배제한다(단락 1058 이하).

- 연방헌법재판소는 의회가 제정하는 형식적 의미의 법률에 대한 폐기독점권을 가지고 있다. 그러한 법률을 (가령 보상규율이 없다는 이유로) 위헌으로 보는 민사법원은 기본법 제100조 제1항에 따라 연방헌법재판소에 그 법률을 위헌제청하여야 하며 그 위헌성을 이유로 기본법 제14조 제3항에 직접적 근거를 두는 보상을 인정할 수는 없다. 이것이 의회 입법자의 재정고권을 지키는 길이기도 하다. 이에 따라 개인도 행정법원에서의 일차적 권리구제를 통한 재산권 제한조치의 취소나 민사법원에서의 이차적 권리구제를 통한 보상 중에서 하나를 선택할 수 있는 권리를 행사할 수 없다. 개인은 재산권에 대한 위법적 제한을 다투어야 하며, 그 제한조치가 존속력을 얻도록 방치한 채 보상청구의 소를 제기할 수는 없다("참아라, 보상해주리라"는 원칙의 부정).[39]

1057 b) 연방헌법재판소의 해석론은 수용과 내용·한계규정을 엄격하게 분리하여야 한다는 것을 조건으로 하고 있다. 양자 사이에 특히 강도가 높은 내용·한계규정은 수용으로 전환된다는 것을 뜻하는 질적 변화(Übergänge)는 존재하지 않는다. 양자의 구분은 수용의 개념으로부터 행해진다. 연방헌법재판소는 보상의 문제에서 법적 안정성을 조성하기 위해서 공용수용만을 개념적으로 형식화하였다. 그러므로 공용수용이 아닌 모든 조치는 더 상세히 정의되지 아니한 내용·한계규정으로서 기본법 제14조 제1항 제2문에 해당한다.

1058 aa) 수용은 특정 공적 과제의 이행을 위하여 법적 조치(법률이나 행정상 조치)를

---

39) *Maurer*, Allg. Verw, § 27 Rn 30 f 참조.

통해서 의도적으로 개인의 구체적인 재산권적 지위의 전부 또는 일부를 개별적으로 박탈하는 것[40]이다. 그러므로 수용은 4가지 표지를 통해 내용·한계규정과 구분된다. 수용은 추상적이 아니라 **구체적**이고, 일반적인 것이 아니라 **개별적**이며, 재산권을 그 주체에게 남겨두는 것이 아니라 그것을 그로부터 **박탈**하고, 목적물을 확보해 줌으로써 공적 과제에 기여한다. 따라서 결정적인 것은 재산권의 사법적 귀속이 공법적 조치에 의해 변경되었는지의 여부이지 공법적 조치의 제한 강도나 특별희생의 부과여부가 아니다. 내용·한계규정은 개별사례에서는 수용보다도 더 강한 부담을 재산권주체에게 부과할 수도 있다. 그러나 이는 감수할 수 있는 것이다. 보상규율과 결부되어 있을 때에만 비례의 원칙을 충족하는 내용·한계규정도 존재하기 때문이다(이러한 보상의무 있는 내용·한계규정에 대해서는 단락 1084를 보라).

수용은 먼저 **재산권의 박탈**을 요건으로 한다. 수용은 내용·한계규정에서와는 달 **1059** 리 재산권의 주체에게 그의 재산권을 남겨두지 않는다. 그런데 부분적 박탈이란 충만한 권리에서 일부만 떼어 내고 나머지는 그대로 두는 것이기 때문에 공용수용과 내용·한계규정의 구분이 어려워진다. 이 문제에서 결정적인 것은 떼어 낸 부분의 법적 독자성 유무이다. 이는 가령 토지의 일부를 박탈하거나 토지에 (통행권과 같은) 용익권(Dienstbarkeit)을 부과하는 경우에 인정될 수 있다. 반면에 재산권의 대상에 대한 일정한 이용금지는 통상적인 경우 법적으로 재산권에서 분리될 수 없으며, 따라서 수용에 해당하지 않는다.

예: 환경이나 자연을 보호하기 위한 이용제한(단락 1095), 경찰법상의 상태책임에 관한 **1060** 규율(E 102, 1/15 f), 주말농장 임대계약의 해지권 배제(E 52, 1/27 f)는 관련 개인에게 토지의 작은 부분을 박탈하는 것보다 강도 높은 부담을 부과하고 있기는 하지만 수용이 아니다.

재산권을 **의도적으로** 박탈하여야 한다는 요건은 의식적으로 재산권적 지위의 **1061** 전부 또는 일부를 박탈하는 것을 지향하는 조치만이 공용수용이라는 것을 의미한다. 그러므로 재산권에 대하여 우연히 또는 과실로 타격을 가하는 상술한 사실상의 국가의 제한은 기본법 제14조 제3항에 해당하지 않는다. 그로 인한 손

---

40) E 102, 1/15 f; 104, 1/9; *Bryde*, MüK, Art. 14 Rn 55 참조.

해에 대해서는 수용적 제한이나 수용유사적 제한이라는 제도(단락 1086 이하)가 의미를 갖는다.

1062 나아가 수용은 **개별적인** 박탈을 요건으로 한다. 즉 내용·한계규정이 재산권의 내용과 한계를 추상적·일반적으로 확정하는 것과는 대조적으로 공용수용은 구체적인 재산권의 대상과 관련되어야 한다. 개별적인 박탈이라는 요건은 수용을 기본법 제15조의 사회화와도 구분해 준다. 사회화는 추상적·일반적으로 작용하며, 따라서 일종의 구조적인 수용인 것이다. 물론 이러한 사회화는 토지와 농지, 자연자원과 생산수단에 대해서만 허용된다(단락 1093~1094).

1063 예: 출판물의 일정 부수를 도서관에 샘플로 제출하도록 하는 의무를 부과하는 법률은 내용·한계규정이지 공용수용이 아니다. 특정 책을 제출하는 방식으로만 이 의무에 부응할 수 있기는 하지만, 저자는 출판되는 책 중 어떤 책을 제출할 것인지를 결정할 자유가 있다. 그러므로 입법자는 구체적인 법적 지위를 제한하는 것이 아니라 추상적으로 모든 출판업자를 대상으로 하여 자유롭게 선택한 샘플을 제출할 의무를 부과하고 있는 것이다(E 58, 137/144 f).

1064 끝으로 수용은 **재화조달**을 위한 조치이다.[41] 수용의 대상은 공적 과제의 이행을 위하여 필요한 것이다. 역사적인 모델은 가령 산업화시대에 철도건설을 위한 수용을 들 수 있다. 재화조달이 아니라 재산권**으로부터** 발원하는 공동체에 대한 위험으로부터 공동체를 보호하는 조치는 내용·한계규정에 해당한다.

1065 예: 원자력발전소 가동시한의 설정(BVerfG, NJW 2017, 217/226) 및 위험물의 파괴(가령 전염병에 걸린 동물의 살처분, *Ossenbühl/Cornils*, Staatshaftungsrecht, 6. Aufl. 2013, S. 239 f)는 내용·한계규정이다. 국가가 재산권의 대상들을 공적 목적을 위해 필요로 하지 않기 때문이다. 건축부지의 환지(Baulandumlegung)도 수용이 아니다. 건축부지의 환지는 재산권을 박탈하기는 하지만 공공목적이 아니라 사인 간의 이익을 조정하기 위한 것이기 때문이다(E 104 1/10). 형법상의 몰수도 공동체에 유해한 사용을 방지하기 위한 것으로 공적 과제의 이행을 위한 것이 아니기 때문에 수용이 아니다(E 110, 1/24 f).

1066 bb) 수용이 아닌 재산권에 대한 모든 제한은 **내용·한계규정**으로서 기본법 제14

---

41) BVerfG, NJW 2017, 217/224 f = JK 5/2017; *Osterloch*, Liber Amicorum Landau, 2016, S. 127 ff.

조 제1항 제2문에 해당한다. 내용·한계규정은 재산권주체의 권리와 의무를 직접 확정하거나 집행부로 하여금 이에 상당한 정도로 확정을 하도록 수권하는 모든 법률상의 규정들이다. 그러므로 규범 자체뿐만 아니라 행정에 의한 규범의 집행도 내용·한계규정임은 자명한 것이다.

그러나 법률의 집행으로 볼 수 없는 행정의 재산권 제약적 조치나 사실행위도 **1067** 있다. 재산권에 대한 규범적 제한과 마찬가지로 재산권에 부담을 주는 사실행위도 합법적이거나 위법적일 수 있다. 즉 소방용 사다리가 진화작업 도중 이웃의 토지에 떨어진다거나 경찰이 경찰차량을 정오휴식시간 동안 이웃의 간이차고에 세워놓는 등의 사례는 연방헌법재판소의 이원적 제한론에 따를 경우에는 기본법 제14조 제1항 제2문에 해당하는 것으로 볼 수밖에 없다. 즉 법질서가 그러한 제한을 방지하지 못하는 경우도 마찬가지로 내용·한계규정에 해당한다.

2. 수용

수용이 헌법적으로 정당한 것인지를 가리는 규준은, 수용을 위한 법률적 근거 **1068** 만이 아니라 법률의 수권에 대한 추가적인 가중요건을 포함하고 있는 기본법 제14조 제3항 제1~3문의 가중법률유보(단락 307)이다.

a) 수용은 기본법 제14조 제3항 제2문에 따라 **법률** 자체를 통하여(입법수용) 또 **1069** 는 법률에 근거하여(행정수용) 행하여져야 한다. 이 경우 본질성이론(단락 315 참조)에 의하면 "수용을 정당화하는 공공복리적 과제를 결정하는 것은 민주적으로 정당화된 의회입법자에게만 유보되어"[42] 있으며 또한 입법자만이 "어떠한 사업을 위하여 어떠한 요건에 따라 그리고 어떠한 목적으로 수용이 허용되어야 하는지를 확정하여야 (한다)."[43]

b) 기본법 제14조 제3항 제2문은 의회유보를 보상규율에까지 명시적으로 확장 **1070** 하고 있다. 이러한 이른바 **불가분조항**은 경고기능을 수행한다.[44] 수용을 행하는

---

42) E 56, 249/261.
43) E 74, 264/285.
44) E 46, 268/287.

입법자는 법률에 의한 규율을 하여야 할 의무에 의거하여 그 수용이 국가재정에 미치는 재정적 효과를 의식하게 되므로, 입법자는 언제 수용이 존재하고 언제 그렇지 않은지를 예측할 수 있어야 한다. 그러므로 불가분조항은 형식적 수용개념과 이론적인 연관성이 있는 것이다. 즉 불가분조항은 수용법률을 제정할 때 수용을 포함하고 있거나 수용권한을 부여하고 있다는 것이 신빙성 있게 확정되어 있을 경우에만 의미 있게 적용될 수 있다. 보상규율을 포함하고 있지 아니한 수용법률은 위헌이다.[45] 기본법 제14조 제3항 제4문에 의하여 소송이 계속 중인 법원은 보상에 관한 규율이 없는 경우에는 유추해석을 통하여 이를 보충할 수도 없고 기본법 제14조에서 이를 직접 도출할 수도 없다. 보상규율이 없는 경우에는 오히려 법원은 위헌이라고 생각하는 수용법률을 기본법 제100조 제1항에 의하여 연방헌법재판소에 제청하여야 한다(단락 1056).

1071 불가분조항은 **기본법 전의 법률**에는 적용되지 아니하며,[46] 입법자가 수용절차의 집행 및 수용에 대한 보상을 규율하기 위하여 일반적인 수용법률의 적용을 명하는 것을 허용한다.[47] 연방헌법재판소는, 법률이 수용작용을 하게 되는 만일의 경우에 대비한 보상을 예정하고 있는 이른바 구제적 보상조항이 불가분조항에 합치하는지의 문제를 확정하지 아니하였다.[48] 법률이 구제적 보상조항으로 그치지 않고 보상이라는 법적 효과를 발생시키는 구성요건을 규율하는 경우에만 불가분조항의 목적을 달성할 수 있다.[49]

1072 기본법 제14조 제3항 제1문에 의하여 **공공의 복리**만이 수용의 정당한 목적이 될 수 있다. 이 규정은, 이러한 공공복리를 위한 목표들이 어떤 성향을 가져야 하는 것인지에 대한 판단을 폭넓게 입법자에게 맡겨 놓고 있는데, 입법자는 원칙적으로 기본법이 금지하지 아니한(단락 331) 모든 공적인 목표를 추구할 수 있다.[50] 그러나 전적으로 재정적인 이유 때문에[51] 또는 전적으로 사익을 장려하

---

45) E 24, 364/418.

46) E 4, 229/237; 46, 268/288.

47) E 56, 249/263 f; *Bryde*, MüK, Art. 14 Rn 88 참조.

48) E 58, 300/346.

49) BVerwGE 84, 361/365; 또한 *Detterbeck*, DÖV 1994, 273; *Pietzcker*, JuS 1991, 369 참조; 이견으로는 BGHZ 99, 24/28; 105, 15/16 f.

50) BVerfG v. 25.1.2017. 1 BvR 2297/10, Rn 35.

51) E 38, 175/180; BVerfG, NJW 1999, 1176.

기 위하여[52] 행하여지는 수용은 공공복리에 기초를 두고 있는 것이 아니다.

예: 개인의 이윤획득 및 혁신의 잠재력을 증대시켜주고 이를 통하여 경제구조의 유지나 **1073** 개선 또는 실업문제를 해결하는 데 기여하는 수용은 사익을 위한 것만은 아니다. 즉 이러한 경우 연방헌법재판소는 입법자에 대하여 구조정책의 공공복리적 측면들을 명시적으로 그리고 세분하여 수용의 목적으로 표시할 것을 요구하고 있다(E 74, 264/287 ff; 또한 이미 E 66,248/257 참조). 나아가 법률적 지침은 수용의 혜택을 입는 사인을 통해 공공복리가 지속적으로 촉진되도록 보장하고 있어야 한다(E 134, 242/295 = JK 5/2014; BVerfG, NVwZ 2017, 399/401).

c) 수용은 공공복리를 증진하는 데 **적합하고 필요**해야 한다. 여기서 공공복리 증 **1074** 진을 위한 사업의 적합성 및 필요성은 사업을 위한 수용의 적합성 및 필요성과 구분하여야 한다. 후자의 경우 특수성은 없지만 사업의 필요성은 엄밀한 의미에서는 요구되지 않는다. 공공복리는 보통 다수의 다양한 사업을 통해서 증진되고 그 다수의 사업 중 어떤 사업이 불가피하게 요청된다는 것을 입증할 수는 없으므로, 가령 바로 이 지점을 지나는 어떤 도로나 철도노선을 통해서 공공복리가 증진될 수 있다는 것이 대부분은 드러나지 않을 것이기 때문이다. 그러나 연방헌법재판소는 사업의 적합성 이외에도 그 사업이 "공공복리의 달성을 위한 실질적 기여를 한다"[53]는 의미에서 그 사업이 합리적으로 볼 때 요청되는 것일 것을 요구한다.

예: 임의 취득을 기대할 수 있거나 그 사업이 공공토지에서도 실현될 수 있거나 전면적 **1075** 박탈이 아니라 일부 박탈로서 가령 물적 부담의 부과로도 충분한 경우에는 수용은 필요하지 않다. 행정수용이 입법수용보다 더 많은 권리보호의 가능성을 제공하기 때문에 행정수용이 입법수용보다 온건한 수단에 해당한다. 그러므로 입법수용은 행정수용으로는 대처할 수 없는 "공동체에 대한 현저한 불이익을 초래할 때"(E 95, 1/22)에만 허용된다. 수용의 목적이 사후에 소멸하게 되면 원래의 소유자에게 환매청구권이 발생한다(E 38, 175/179 ff; BVerwG, NVwZ 1987, 49).

d) 끝으로 수용에 대한 보상은 기본법 제14조 제3항 제3문에 따라 공익과 관련 **1076** 개인의 이익을 **정의롭게 형량**하여 결정되어야 한다. 이러한 형량명령의 수범자는

---

52) 소수의견 E 56, 266/284 ff.
53) E 134, 242/297 = JK 5/2014.

입법 및 행정이다. 법률은 형량의 명령을 충족하는 보상의 틀을 확정하여야 하고, 행정은 이러한 보상의 틀을 형량명령에 부합하게 채워야 한다. 그 밖에도 기본법 제14조 제3항 제4문에 따라 분쟁에 대하여 재판을 하는 통상의 법원도 형량명령의 수범자이다. 형량명령은 단순히 명목적인 보상을 허용하지 않지만, 그렇다고 완전한 거래가치에 의한 보상을 요구하는 것도 아니다.54) 이에 따라 보상은 수용된 재산권이 어느 정도까지 개인의 노동과 기여에 바탕을 두고 있는 것인지 그리고 국가의 대책이나 단순한 우연에 기인하는 것인지를 기준으로 행해지고 있다.55)

1077 공공복리 요건의 **위반**은 불가분조항에 대한 위반과 마찬가지로 그 수용을 위헌으로 만들며, 그 결과 피수용자는 아무런 보상을 받을 수 없고 수용 자체를 다투어야 한다. 그 논리적 연장선 위에서 입법수용을 수행하거나 행정수용의 권한을 부여하는 법률이 형량명령에 위반한 경우에도 동일한 원칙이 적용되어야 한다. 이에 비하여 행정에 의한 형량명령의 위반은, 이와 관련한 분쟁이 있는 경우에 법원이 더 많은 금액의 보상을 인정함으로써 시정될 수 있다.

3. 내용·한계규정

1078 a) 재산권의 내용·한계규정은 "**법률을 통하여**" 이루어진다. 기본법 제14조에는 다른 기본권과는 달리 법률에 근거를 둔 한계라는 표현은 없다. 그렇지만 기본법 제14조에서도 입법자는 직접 재산권의 내용과 한계를 확정할 수 있을 뿐만 아니라 행정에 그러한 권한을 부여할 수도 있다.56)

1079 b) 나아가 내용·한계규정은 **비례의 원칙**을 준수하여야 한다. 기본법 제14조 제2항에서 비례의 원칙은 기본법 제14조 제2항에 의한 재산권의 이른바 사회적 구속에 따라 특별한 구조를 갖는다. 입법자는 재산권 행사의 자유를 과도하게 제한해서도, 사회적 구속을 과도하게 외면해서도 안 되며, "관련자들의 이익을 정의롭게 조화시키고 균형 있게 고려하여야 한다."57) 연방헌법재판소는 입법자의

---

54) E 24, 367/421; 46, 268/285; BGHZ 67, 190/192.
55) *Papier*, MD, Art. 14 Rn 607 ff.
56) *Jarass*, JP, Vorb. vor Art. 1 Rn 43; *Wieland*, DR, Art. 14 Rn 90; 이견으로는 *Papier*, MD, Art. 14 Rn 339.
57) E 101, 239/259; 112, 93/109.

형성의 여지[58]를 다음과 같은 측면에서 그리고 다음과 같은 상황을 위하여 제한하고 있다. 이는 비례원칙의 특수한 현상형식에 해당한다.

입법자는 **재산가치 있는 재화 및 권리의 특성**을 존중하여야 한다. 이러한 관점에 **1080**
서 사회적 구속을 위하여 필요한 내용·한계규정은 정당화된다.

예: "토지(Grund und Boden)는 증식될 수 없으면서도 불가결한 것이라는 사실 때문에 **1081**
그 토지의 이용을 자유로운 세력들의 예측할 수 없는 작용과 개인의 임의에 완전히 내
맡겨서는 안 된다. 오히려 정의로운 법질서와 사회질서는 토지에 관한 공공의 이익을
다른 재산에 속하는 재화보다 훨씬 강력하게 관철할 것을 요구할 수밖에 없다"(E 21,
73/82 f; 52, 1/32 f). − 연방법원은 재산권을 특정한 방식으로 사용하는 것을 보상 없이
적법하게 금지할 수 있는지를 판단하기 위하여 재산권의 상황구속설과 유사한 관점에
의거하여 합리적이고 분별력 있는 재산권주체라면 스스로 자연적 상황을 고려하여 그
금지된 사용을 중시하게 될 것인지를 묻고 있다(BGHZ 23, 30/35; 80, 111/116; 90,
4/15).

입법자는 **재산권주체에게 재산가치가 있는 재화나 권리가 가지는 의미를 존중하여** **1082**
야 한다. 이러한 관점에서 재산권의 개인적 기능 및 사회적 기능이 의미를 가질
수 있으며 내용·한계규정의 적합성과 필요성을 두 가지 방향으로 물을 수 있다.

예: "개인의 인격적 자유를 보장하는 요소로서의 재산권의 기능이 문제되고 있는 경우, **1083**
이러한 요소는 각별한 보호를 향유한다"(E 101, 54/75). 이로부터 연방헌법재판소는, 재
산권 행사의 자유를 구성하는 기본요소 중 하나인 재산권 양도금지와 관련하여 그리고
개인의 노력과 기여로 획득한 재산 가치 있는 재화 및 권리에 대한 제한과 관련하여 입
법자의 형성의 여지는 비교적 많이 제한되어 있는 것으로 추론하고 있다(*v. Brünneck*,
JZ 1991, 992/994 참조). − "반면에 내용·한계규정에 관한 입법자의 권한은 재산권객체
의 사회적 관련성과 사회적 기능이 클수록 커진다"(E 101, 54/76). 이는 특히 제3자에게
권력을 부여하여 주는 생산수단에 대한 재산권과 관련하여 그러하다(*Jarass*, JP, Art. 14
Rn 42). 1976년의 공동결정법에 따른 노동자의 공동결정은, "기본법 제14조 제1항 제2
문에 의하여 입법자의 형성에 열려 있는 영역"에 속한다. 또한 모든 사람이 자연에 접근
할 수 있도록 보장하는 재산권제한은 정당한 것이다. 따라서 스키크로스컨트리 참여자
들이 준비된 활주로에 접근할 수 있도록 하기 위하여 스키활주로 차단시설을 제거하는

---

58) E 8, 71/80; 53, 257/293.

것은 허용된다(바이에른 헌법재판소[BayVerfGH], BayVBl. 2016, 671/673 ff = JK 12/2016) − 입법자는 유체재산권과 정신적 재산권을 그리고 처분권과 관리권을 각기 다르게 취급하여야 한다(E 79, 29/41). − 경찰법상의 상태유지책임은 그 위험이 자유, 공중, 또는 제3자에 귀속될 수 있는 사건에서 발생하는 것이며 그 위험의 제거로 인해 그 의무자의 재산의 본질적 부분이 소모된다면 수인할 수 없는 것이다(E 102, 1/20 ff; 또한 *Lepsius*, JZ 2001, 22 참조).

1084 c) 입법자는 재산권에 대한 제한을 상황에 따라서는 **금전적 보상**을 통하여 조정 하여야 한다.[59] 이와 같은 이른바 조정의무 있는 내용·한계규정에서는 존속보 장이 가치보장으로 전환된다. 즉 내용·한계규정을 통해서 수용과 같이 재산권 을 박탈하는 것은 아니나 그로 인해 재산권에 대하여 특히 강도 높은 제한을 가하게 된다면, 그로 인해 상실되는 가치를 보상을 통해 조정해 주지 않으면 안 되는 것이다. 연방헌법재판소는 한편으로는 개인적인 노력과 기여에 대한 제한 이 가해질 경우, 다른 한편으로는 평등원칙이 침해되는 경우에 조정적 보상을 해야 할 정도의 심각한 제한이 존재한다고 본다. 조정적 보상이 인정되는 기준 이 수용적 제한 및 수용유사적 제한의 요건인 특별희생 내지 수인한도의 경계 선과 상당히 유사하며, 오랫동안 수용적 제한으로 판단되어 온 많은 사실관계 가 조정의무 있는 내용·한계규정으로도 이해되고 있다.[60] 물론 연방헌법재판 소는 금전보상을 통한 제한의 비례성 조성은 다른 조치를 통해 제한강도를 낮 추는 것이 과도한 비용을 초래할 경우에만 사용할 수 있는 최후의 수단이라는 점을 강조하고 있다. 재산권의 존속을 유지하기 위한 조정적 조치들의 우위를 특별히 규정하지 않고 있는 구제적 보상조항은 헌법의 정당화요건을 충족시키 지 못한다.[61] 이를 통해 존속보장의 가치보장에 대한 우위가 드러난다.

1085 예: 출판법은 출판인은 출판물을 발행할 때마다 한 부씩을 무상으로 일정 도서관에 제 출할 의무가 있다고 규정하고 있었다. 그에 따라 무상의 납본의무는 고비용으로 소량 인쇄되는 값비싼 출판물에도 적용된다. 연방헌법재판소는 이 제도로 인하여 "자발적으 로 위험을 무릅쓰고 … 소수의 전유물인 예술·학문·문학 분야의 창작물을 … 일반인도

---

59) *Bryde*, MüK, Art. 14 Rn 64; 이에 대하여 비판적인 견해로는 *Ossenbühl*, FS Friauf, 1996, S. 391 참조.
60) *Bryde*, MüK, Art. 14 Rn 98.
61) E 100, 226/243 ff; BVerfG, NVwZ 2012, 429/431.

볼 수 있게 만드는" 출판사가 특히 심각한 타격을 입는다고 보았다(E 58, 137/150). 그 밖에도 연방헌법재판소는 이 규율이 무차별적으로 무상의 납본의무를 부과함으로써 "제한의 강도가 현저한 다른 부담"을 초래하기 때문에 "기본법 제14조 제1항 제2문의 테두리 안에서 존중되어야 할 평등규정"에 위반된다고 보았다(같은 곳). 이 경우 수용이 존재하는 것은 아닌지의 의문이 제기될 수 있을 것이다. 그러나 연방헌법재판소는 이를 다음과 같은 논거로 부정하였다. 즉 그 규정이 "일반적·추상적으로 납본방식의 물납의무"를 설정하고 있고 또한 "출판물에 대한 재산권은 그 발생 시에 이미 1부의 납본의무를 부담하고 있기" 때문이라는 것이다(E 58, 137/144). ― 자연이나 기념물의 유지가 불가능한 경우의 자연보호법이나 기념물보호법의 보상규정들도 비례성 조성을 위한 조정적 급부로 판단되고 있다(E 100, 226/244 ff; BVerwG, LKV 2016, 514/515). 연방헌법재판소는 2010, 2011년의 탈원전에 관한 변덕스러운 결정과 관련하여 원자력발전업체에게도 조정적 보상청구권을 인정하였다. 즉 기본법 제14조 제1항 제2문은 "일정한 요건 하에 재산권과 그 이용가능성에 대한 투자의 기초로서 법적 상태의 존속에 대한 정당한 신뢰"를 보호하고 있다는 것이다. 2010년에 원자력발전소의 가동 기간 연장에 관한 결정이 내려진 후 원자력발전업체들이 고무되어 "시설에 투자했다고 볼 수 있고 입법자가 같은 입법기 동안에 에너지 정책에 관한 원칙적 결정을 번복할 것까지 고려할 필요는 없다고 보아야 한다." 따라서 이와 같은 투자의 실패에 대해서는 보상이 주어져야 한다는 것이다.

입법자가 조정의무를 예정하고 있지 않은 경우에도 개인이 재산권의 제한에 대 **1086** 해서 적시에 방어할 수 없는 경우에는 국가책임법상의 보상청구권이 발생할 수 있다. 이는 **수용적 제한**, 즉 **합법적** 행정작용의 예측할 수 없었던 부작용으로서 입법자가 예측할 수 없고 또한 그렇기 때문에 규율할 수 없는 **사실행위**의 경우와 즉시 집행되어 버리는 **위법적** 조치로 인한 **수용유사적 제한**의 경우가 그러하다. 연방헌법재판소가 이러한 경우에 해결책으로 내세우는 행정법상의 결과제거청구권은 원상회복만을 목표로 할 뿐이며, 원상회복이 불가능한 경우도 있을 수 있고 또 그 사이에 입은 손해에 대해서는 보상이 주어지지 않는다. 따라서 적어도 이러한 경우에는 수용적 제한과 수용유사적 제한이 여전히 그 의미를 가져야 한다.[62] 보상청구권이 인정되기 위해서는 제한이 직접성을 띠어야 하고, 특별희생을 요구받고 있어야 하며, 제한의 강도가 충분해야 한다. 직접성이

---

62) *Ossenbühl/Cornils*, Staatshaftungsrecht, 6. Aufl. 2013, S. 223 f, 270 참조.

란 재산권에 대한 제한이 고권에 의해 직접적으로 발생한 결과이거나 고권에 의해 조성된 위험상황의 전형적인 현실화에 해당하거나 고권의 책임연관에 평가적으로 귀속될 수 있는 결과라는 것을 말한다.[63] 특별희생이란 내용·한계규정을 통해 개별 재산권주체에게 일반적인 희생의 정도를 넘어서는 부담이 부과되는 것을 말하며, 수용유사적 제한의 경우에는 위법성이 그 징표가 된다. 충분한 강도의 제한이란 재산권이 박탈되지는 않았지만 중대하게, 수인할 수 없을 정도로, 그리고 기대 불가능할 정도로 제한하는 것을 말한다.

1087 예: 수용적 제한의 예로는 연방군의 사격훈련으로 유발된 산불(BGHZ 37, 44), 도시의 쓰레기장에 꼬인 조류가 파종된 씨앗을 먹어치우는 경우(BGH, NJW 1980, 770), 사법경찰의 수사조치로 차량이 손상된 경우(BGH, NVwZ-RP 2011, 556)를 들 수 있다. 수용유사적 제한의 예로는 법률적 근거 없는 가옥철거(BGHZ 13, 88), 건축허가관청의 부당한 설계변경요청으로 지체된 건축(BGHZ 76, 35)을 들 수 있다.

1088 수용적 제한과 수용유사적 제한이라는 보상제도는 기본법 제14조 제3항과 병존하고 있는 희생의 사상, 즉 프로이센 일반란트법 총강 제74, 75조를 통해 실정화되고 법관법을 통해 발전하였으며 오늘날에는 관습법으로 승인된 희생사상의 구체적 표현으로 이해되고 있다.[64] 입법자가 재산권에 제한이 가해진다는 것을 예상할 수 없고 재산권주체가 그에 대해 직접적 부담을 가하는 사실행위를 일차적 권리구제수단을 통해 다툴 수 없다면, 과거의 연방법원의 판례(단락 1056을 보라)에 대해 제기된 우려는 근거가 없는 것이다. 수용적 제한 및 수용유사적 제한이라는 관습법에 의해서만 인정된 제도가 여전히 유효한 것인지는 전반적으로 불확실하고 또한 불만족스럽게 여겨지고 있다. 그러나 이에 대한 1981년의 국가책임법을 통한 개혁은 기본법의 권한규정에 합치하지 않아 좌절되었다.[65] 1994년 이래 연방은 기본법 제74조 제1항 제25에 따라 국가책임에 관한 경합적 입법권을 보유하고 있으나, 아직 이러한 입법권을 사용하지 않고 있다.

63) BGHZ 92, 34/41 f 참조.
64) BGHZ 91, 20/27 f; 102, 350/357; 또한 *Bryde*, MüK, Art. 14 Rn 98 ff; *Hendler*, DVBl. 1983, 873/881; *Ossenbühl*, NJW 1983, 1.
65) E 61, 149.

d) 입법자는 상황에 따라서는 재산권에 대한 제한을 **완충조항**이나 **경과규율**을 통 **1089**
해서 완화해야 한다.66) 이러한 요구의 헌법적 근거로는 협의의 비례성, 재산권
주체에 수인가능성뿐만 아니라 그에 대한 법치국가적 신뢰보호를 들 수 있다.
"재산가치 있는 재화와 관련한" 신뢰보호는 "재산권이라는 독자적인 형태를 통
해서 실정헌법적으로 규율되어"67) 왔기 때문이다. 연방헌법재판소는 특히 법영
역 전체를 새로 개혁하거나68) "구법상의 이용권을 이미 활용하였거나 그 이용
권이 박탈된 경우"69) 경과규율이 필요하다고 본다.

예: 개정된 원자력법은 전력의 상업적 생산을 위한 원자력에너지 이용을 질서 있고 확 **1090**
실하게 종식시키는 것을 목표로 한다. 이에 따라 이제 원자력발전소에 대한 신규허가를
내줄 수 없게 되었고 이미 가동되고 있는 기존의 핵발전시설에 대해서는 가동시한이 정
해졌다. 이를 통해 핵발전시설에 대한 재산권의 내용·한계가 미래를 향하여 새롭게 확
정되는 한편, 기존 재산권의 존속에 대한 신뢰는 원칙적으로 보호받고 있다(BVerfG,
NJW 2017, 217/235; *Koch*, NJW 2000, 1529; 이에 반해 수용으로 보고 있는
Schmidt-Preuß, NJW 2000, 1524). – 의미 있는 이용의 가능성도 전혀 없고 어떠한 예
외나 조정적 규율도 포함하고 있지 않음에도 보호대상인 기념물로 지정된 건조물의 제
거를 금지하고 있는 기념물보호법상의 규율은 수인 불가능한 것이다(E 110, 226/243).

V. 제한의 한계로서의 제도보장

기본법 제14조 제1항 제1문의 제도보장은 제한의 한계로서 다른 헌법적 정당화 **1091**
요건들을 충족하는 내용·한계규정 및 수용에 대한 **최후의 한계**를 설정한다. 재
산권에 대한 어떠한 정의도 이러한 제도보장을 무시해서는 안 된다. 그렇지만
연방헌법재판소의 판례에서 제도보장이 점하는 의미는 미미하다. 다른 헌법적
정당화요건들로 구성된 재산권보호의 망이 이미 충분히 촘촘하기 때문이다.

기본법 제14조 제1항 제1문의 제도보장은 재산권으로 부를 수 있는 자격을 가 **1092**
진 법제를 구현하는 "규범 중 근간이 되는 것의 존속"을 보장한다.70) 어떤 법제

66) *Bryde*, MüK, Art. 14 Rn 62; *Papier*, MD, Art. 14 Rn 327 참조.
67) E 76, 220/244; 95, 64/82; NJW 2017, 217/227.
68) E 70, 191/201 f; 83, 201/211 ff.
69) E 58, 300/338; BVerfG, NJW 1998, 367; 비판적인 견해로는 *Kube*, Jura 1999, 465.

도를 **재산권이라고 부를 수 있으려면** 그 법제도는 "사적 유용성", 즉 권리주체인 동시에 그 향유자에의 귀속 그리고 재산권의 대상에 대한 원칙적 처분권을 보장하여야 한다.[71] 그러므로 기본법 제14조 제1항 제1문은 "사유재산권을 위한 기본법의 근본적 가치결단"[72]을 포함하고 있는 것이다. 그러나 여기서는 "재산법 영역에서 기본권을 통해 보호되는 활동 중 근간이 되는 것의 존속과 관련한 사법질서의 사항영역들이 박탈되는 것"만이 금지되어 있다.[73] 또한 경제정책적 중립성을 견지하고 있는 기본법 아래서 기본법 제14조가 입법자를 절대적으로 구속해서도 아니 된다.

VI. 사회화

1093 기본법 제15조의 사회화는 내용·한계규정은 물론 수용과도 구분되는 재산권에 대한 **제한**의 일종이다. 즉 사회화는 내용·한계규정과 달리 재산권을 재산권주체에게 남겨두지 않고 박탈한다. 또한 사회화는 수용과는 달리 구체적·개별적이 아니라, 추상적·일반적인 성격을 갖는다. 즉, 사회화는 구조적 수용에 해당하는 것이다.

1094 기본법 제15조는 **토지와 농지, 자연자원 및 생산수단**에 대해서만 사회화를 허용한다. 생산수단은 일반적으로 기업을 의미한다. 따라서 기본법 제15조는 재화를 생산하는 기업은 물론 은행과 보험사와 같이 역무를 제공하는 기업도 포착하고 있는 것이다.[74] 재산의 가치가 있는 다른 재화 및 권리에 대해서는 사회화라는 구조적인 수용이 아니라 구체적·개별적인 수용만이 허용된다. 사회화에 대한 보상규율은 기본법 제14조 제3항 제3, 4문의 규율이다. 이러한 보상규율은 "사회화에 대한 제동장치"로 작용할 뿐이며[75] 사회화를 배제하는 수단으로 작용하지는 않는다. 여기서 기본법 제14조 제3항 제3문의 형량명령이 거래가치에 따

---

70) E 24, 367/389.

71) E 91, 294/308.

72) E 21, 150/155.

73) E 24, 367/389.

74) *Jarass*, J/P, Art. 15 Rn 3; *Peters*, DÖV 2012, 64/66; 이견으로는 *Durner*, MD, Art. 15 Rn 39; *Gröpl*, StudK, Art. 15 Rn 11; *Manssen*, GrundR, Rn 729.

75) *Bryde*, MüK, Art. 15 Rn 22.

른 보상을 요구할 수 없다는 것도 알 수 있다. 사회화를 할 것인지의 문제는 입법자의 결정에 맡겨져 있다. 입법자는 사회화와 관련하여 비례의 원칙에 구속되지 아니한다.76) 기본법 제15조는 기본법 제14조에 대하여 독자성을 갖는 기본법규정으로서 독립되어 있기 때문에 입법자는 기본법 제14조의 재산권적 이익을 비례에 맞게 고려하여야 할 의무를 지지 않는다. 이러한 해석만이 이 규정의 성립사에도 부합한다. 즉 사회민주당은 기본법 제15조를 통하여 의회에 사회화를 추구하는 다수가 형성되는 경우에는 경제질서의 근본적인 재형성을 시도할 수 있는 가능성이 열려 있다는 측면을 고려하여 기본법에 동의하였던 것이다.77)

사례 20(단락 1029)에 대한 약해: **1095**

Ⅰ. 회양목울타리는 甲의 민법상의 소유권의 대상(민법 § 94)이며, 그러한 범위에서 기본법 제14조 제1항 제1문의 **재산권의 개념**에 해당한다. 그러나 회양목에 대한 벌목과 매각이 재산권의 이용으로서 재산권의 보호영역에 포함되는지가 문제된다. 천연기념물에 대한 재산권이 자연보호법 내지 자연경관보호법에 의한 제거금지 및 변경금지를 통하여 정의되어 있다고 본다면, 문제되는 甲의 이용방식은 기본법 제14조 제1항 제1문의 보호영역에서 제외될 수 있을 것이다. 그러나 자연보호법 및 자연경관보호법에 의하여 채택된 제거금지 및 변경금지는 최근에 만들어진 제도로서 이 사건에서는 그 전부터 재산권이 존재하고 있었다. 그러므로 가령 전술한 법률이 회양목울타리에 대한 재산권을 전적으로 정의하고 있는 것만은 아니다.

Ⅱ. 벌목금지를 수반하는, 관할관청에 의한 회양목울타리의 천연기념물 지정은 재산권에 대한 **제한**에 해당한다.

Ⅲ. 이러한 제한은 다음과 같은 이유로 **헌법적으로 정당화될 수 있다고** 본다.

1. 관건은 먼저 수용이 존재하느냐 아니면 내용·한계규정이 존재하는 것이냐이다. 다음과 같은 사정은 수용의 존재를 부정하고 있다. 즉 甲이 토지와 그 본질적 구성요소인 회양목울타리를 함께 보유하는 것이 허용될 뿐만 아니라 심지어 그렇게 할 의무를 지기 때문에 전부 박탈은 존재하지 않는다. 부분 박탈도 고려대상에서 제외된다. 재산권 자체가 甲에게 남아있고, 다만 소유권자인 甲의 권능만이 축소되도록 규정되어 있기 때문이다(BGH, DVB1. 1957, 861도 참조). 따라서 회양목울타리를 벌채해서 매각하는 것

76) *Bryde*, MüK, Art. 15 Rn 10; *Rittstieg*, AK, Art. 14/15 Rn 250; 이견으로는 *Schliesky*, BK, Art. 15 Rn 55; *Siekmann*, FH, Art. 15 Rn 28 ff; 세분하고 있는 *Durner*, MD, Art. 15 Rn 85.
77) *Bryde*, MüK, Art. 15 Rn 1 참조.

을 금지하는 것은 재산권의 **내용·한계규정**에 해당한다.

2. 이러한 내용·한계규정의 비례성을 검토할 필요가 있다. **자연보호법** 및 **자연경관보호법**의 제거금지 및 변경금지의 근거로는 그것이 재산의 가치 있는 재화의 특성 때문에 필요하다는 점이 제시되고 있다. 즉 오늘날 사람들은 자연파괴 현상에 민감해지면서 얼마 남지 않았을 뿐만 아니라 앞으로 늘어나기도 어려운 아름다운 자연이 더 이상 사라져서는 안 된다는 인식을 갖게 되었다. 이에 따라 아름다운 자연을 사회적 세력들의 자유로운 작용이나 개인의 임의에 완전히 맡겨두어서는 안 된다. 양도는 재산권적 자유의 기본적인 구성요소이므로 양도금지에 대해 특별한 주의를 요구할 수는 있을 것이다. 그러나 이 사건에서 재산권의 객체는 다수에게 즐거움을 주는 아름다운 자연으로서 사회적 연관성을 가지고 있고 또 사회적 기능을 수행한다. 자연보호에 관한 법과 자연경관보호에 관한 법은 금전적 보상을 통하여 재산권에 대한 제한을 조정하는 것도 예정하고 있으므로 이러한 법들은 전체적으로 헌법적인 정당성을 갖는다.

3. 해당 법률의 **집행**에도 법적 하자가 존재하지 않는 것으로 보인다. 이 경우 금전보상의 경우에만 제한을 허용하여야 할 이유도 없다. 회양목울타리가 경제적 이유 때문에 식재되기는 했지만, 개인의 노동과 기여를 통해서 그 가치가 늘어난 것은 아니기 때문이다. 회양목울타리를 유지하는 것이 甲에게 경제적으로도 기대불가능한 것도 아니다.

1096 참고문헌: 기본법 제14조 전반에 대하여 다루고 있는 것으로는 O. Depenheuer, Eigentum, Hdb. GR V, § 111; R. Hendler, Zur Inhalts- und Schrankenbestimmung des Eigentums, in: FS Maurer, 2000, S. 127; H.D. Jarass, Inhalts- und Schrankenbestimmung oder Enteignung?, NJW 2000, 2841; C. Jasper, Von Inhalten, Schranken und wichtigen Weichenstellungen: Die Eigentumsgarantie des Art. 140 in der allgemeinen Grundrechte-Eingriffs-Dogmatik, DÖV 2014, 872; H. Jochum/W.Duner, Grundfälle zu Art. 14 GG, JuS 2005, 220, 320, 412; T. Kingreen, Die Eigentumsgaranie (Art. 14 GG), Jura 2016, 390; J. Lege, Das Eigentumsgrundrecht aus Art. 14 GG, Jura 2011, 507, 826; L. Osterloh, Nassauskiesung und kein Ende?, in: Bouffier/Horn/Poseck/Radtke/Safferling (Hrsg.), Grundgesetz und Europa. Liber Amicorum für Herbert Landau zum Ausscheiden aus dem Bundesverfassungsgericht, 2016, 117; H.-J. Papier, Der Stand des verfassungsrechtlichen Eigentumsschutzes, in: Depenheuer (Hrsg.), Eigentum, 2005, S. 93; F. Shirvani, Eigentumsschutz und Grundrechtskollision, DÖV 2014, 173. − 특히 수용, 수용적 제한, 수용유사적 제한의 문제를 다루고 있는 것으로는 A. v. Arnauld, Enteignender und enteignungsgleicher Eingriff heute, VerwArch 2002, 394; M.

Baldus/B. Grzeszick/S. Wienhues, Staatshaftungsrecht, 4. Aufl. 2013; *C. Külpmann*, Enteignende Eingriffe, 2000; *F. Ossenbühl/M. Cornils*, Staatshaftungsrecht, 6. Aufl. 2013; *J. Rozek*, Die Unterscheidung von Eigentumsbindung und Enteignung, 1998.

부록: 재산권 사건해결공식

1097 아래의 사건해결공식은 재산권에 대한 제한의 합헌여부에 대한 문제해결의 기준이 된다. 이에 비하여 기본법 제14조는 보상청구권의 근거에 해당하지 않으며, 보상법률이 그 근거가 된다. 재산권보장은 원칙적으로 자유권에 대해서 권고되는 일반적 심사공식에 의해서 심사될 수 있다(단락 401 이하). 물론 재산권은 제한의 정당화에 대한 특별한 요건을 포함하고 있는데, 이는 − 다른 자유권과는 달리 − 존속보장으로서만 작용하는 것이 아니라 가치보장도 포함하고 있다는 사정(단락 1030)과 관련되어 있는 것이다.

1098

사건해결공식 V: 기본법 제14조의 재산권

Ⅰ. **보호영역**

Ⅱ. **제한**

Ⅲ. **헌법적 정당화**

　구분: 심사의 규준은 문제의 제한이 수용이냐 아니면 내용·한계규정이냐에 의해 좌우된다.

　　− 수용: 특정 공적 과제의 이행을 위하여 법적 조치(법률이나 행정의 조치)를 통해서 의도적으로 개인의 구체적인 재산권적 지위의 전부 또는 일부를 개별적으로 박탈하는 것

　　− 내용·한계규정: 수용 이외의 재산권을 축소하는 모든 조치

　정당화요건:

　1. **수용**

　　a) **제한(수용)의 수권**: 기본법 제14조 제3항 제2문

　　　수용의 요건(일반적인 의회유보)만이 아니라 그에 대한 보상도 법률로 규율되어 있을 것(불가분조항)

　　b) **제한(수용)하는 법률의 합헌성**

　　　aa) **형식적 합헌성**

　　　bb) **실질적 합헌성**

　　　　(1) **비례의 원칙**

- 정당한 목적: 공공복리(기본법 제14조 제3항 제1문)
- 적합성
- 필요성
- 적정성: 정의로운 형량(기본법 제14조 제3항 제3문)
  (2) **제도보장의 존중**
c) 개별조치의 합헌성(= 행정수용)

2. 내용·한계규정
  a) 제한의 수권: 기본법 제14조 제1항 제2문
  b) 제한하는 법률의 합헌성
   aa) **형식적 합헌성**
   bb) **실질적 합헌성**
   (1) **비례의 원칙**. 적정성 심사의 테두리 안에서 다음과 같은 특별한 요건 포함: 재산권주체의 이익(기본법 제14조 제1항)과 공공복리(기본법 제14조 제2항) 간의 이익의 조정. 여기서 특히 다음과 같은 것을 고려할 것
   - 재산가치 있는 권리의 특성
   - 재산가치 있는 지위의 의미(이른바 재산권의 인격적 기능이 우월한가 아니면 사회적 기능이 우월한가?)
   - 경과규율/완충조항
   - 개인의 기여/노동의 과실에 대한 강도 높은 제한에 가해지는 경우나 보상도 없이 평등에 반하는 특별희생을 요구하고 있는 경우에는 원칙적으로 금전 보상(이른바 조정적 보상의무 있는 내용·한계규정)
   (2) **제도보장**
  c) **개별조치의 합헌성**

§ 24 국적의 박탈 및 범인인도에 대한 보호 및 망명권(기본법 제16조, 제16a조)

1099 사례 21: 보스니아 출신의 여회교도

甲은 보스니아여인으로서 회교도이다. 1991년 11월 그녀는 프랑스를 거쳐서 독일 연방 영역으로 들어왔다. 1992년 구 유고슬라비아에서 발생한 내란은 보스니아-헤르체고비나 지역에까지 확대되었다. 보스니아에 거주하던 세르비아인들은 그 지역의 절반 이상을 점령하는 데 성공하였다. 세르비아인들은 그들이 지배하는 지역에 포로수용소를 설치하고 그곳에서 주로 포로로 생포한 회교도들에 대한 체계적인 학대, 고문, 강간, 법절차에 의하지 아니한 처형을 자행하였다. 보스니아-헤르체고비나의 행정·경제체제는 완전히 붕괴되었다. 이러한 상황에서 甲은 망명신청을 냈다. 그녀에게는 정치적 망명권이 인정될 수 있는가? 이 사례에 대한 약해는 **단락 1141**을 보라.

I. 개관

1100 기본법 제16조와 제16a조는 다음과 같은 3가지 보장을 포함하고 있다.
  - 국적박탈로부터 독일인의 보호
  - 해외인도로부터 독일인의 보호
  - 모든 사람들의 정치적 망명권

이들 3가지 보장의 내용적인 연관성은 3가지 보장이 공통적으로 독일연방공화국과 개인 사이에 존재하는 지위법 또는 영역법 상의 연결고리에 의거하고 있다는 점에서 찾아볼 수 있다. 개인은 한편으로는 독일인 또는 독일국적자로서, 다른 한편으로는 정치적 박해를 받는 외국인으로서 각기 인법상의(personenrechtlich)[1] 지위유지권, 독일영토에의 입국 및 체류의 권리(기본법 제16조 제2항, 제16a조)를 주장할 수 있다. 그런데 국적박탈로부터의 보호와 정치적 망명권은 각각 기본권에 해당하고, 해외인도로부터의 보호는 기본권해석론상 기본법 제11조에 대한 제한의 한계이다(위 단락 800 참조).

---

1) [역주] 인법은 법생활의 주체인 인(人)에 관한 모든 법규의 총체를 의미.

독일인 및 독일국적자의 개념을 외국인의 개념과 구분함으로써 다양한 종류의 법적 관 **1101**
계의 특색이 드러난다. 이러한 구분은 대인고권과 영역고권이라는 현대 국가의 두 가지
상반된 방향의 원리들에 입각하고 있다. 대인고권의 내용은 ─ 국가의 영역 안에 있는
경우는 물론 그 영역을 떠나는 경우에도 ─ 사람들에게 보호를 제공하고 또 복종을 요
구하는 국가에 그와 같이 국가의 보호를 받으면서도 국가에 복종하는 사람들을 귀속시
키는 것이다. 영역고권은 지표(地表)의 일부 위에 있는 사람과 물건에 대한 원칙적으로
유일한 지배권의 행사이자 타국에 대하여 배타적인 지배권의 행사를 말한다. 이 두 가
지 원리는 국가주권의 표현이다. 어떤 국가의 국적자란 그 국가의 대인고권에 복종하는
사람이며, 반면 무국적자 또는 외국인이란 체류국가의 영역고권에는 복종하지만 그 대
인고권에는 복종하지 않고, 인적 연결고리를 통하여 어떤 국가에도 묶여 있지 않거나(이
른바 무국적자) 타국, 이른바 모국에 묶여 있는 사람을 말한다.

기본법 제16조와 제16a조의 보장은 역사적으로 연관성을 갖고 있다. 기본법 제16조 제1 **1102**
항의 국적박탈금지는 나치 지배하의 독일에서 주로 인종차별적인 동기에 의하여 국적박
탈이 행해진 것에 대한 반성의 소산이다. 기본법의 망명권도 원래 제3제국 내에서의 그
리고 제3제국에 대한 체험에 바탕을 두고 있다. 왜냐하면 당시 인종적 내지 정치적으로
박해를 받던 독일인들은, 일반적으로 외국에서 보호받기가 매우 어려웠으며 또한 망명
에 대한 유보 없는 기본권을 마련한 목적은 그와 유사한 정치적 상황에 처해 있는 다른
나라 사람들을 돕기 위한 것이었기 때문이다. 오늘날 기본법 제16조 제2항에 규정되어
있는 것과 같은 인도금지의 특징적 측면은 이미 19세기 말 라이히(독일국) 시민권의 본
질적인 구성요소이자 본래 라이히헌법에 속하는 것이었다.[2] 그러나 그것은 1871년 이
래 법령에만 규정되었고, 1919년부터 비로소 헌법에 수용되었다(바이마르헌법 제112조
제3항).

II. 국적박탈로부터의 보호(기본법 제16조 제1항)

1. 보호영역

기본법 제16조 제1항 제1문은 독일국적의 박탈로부터의 보호를 제공한다. 기본 **1103**
법 제16조 제1항 제2문은 법률에 의한 구성요건의 확정을 통하여 독일국적의
상실을 규정할 수 있는 요건들을 열거하고 있다. 이 규정에 따른 권리의 주체는

---

2) *Laband*, Das Staatsrecht des Deutschen Reiches, 5. Aufl. 1911, 1. Bd., S. 155 참조.

독일국적자(단락 169 참조)에 한하며, 지위상의 독일인(독일국적이 없는 독일인)은 이 권리의 주체가 되지 못한다.3)

2. 제한

1104 기본법 제16조 제1항은 제1문에 의한 국적의 박탈과 제2문에 의한 국적의 상실을 포함하고 있으며, 이에 더 나아가 제2문은 개인의 의사에 의한 국적상실과 개인의 의사에 반하는 국적상실을 포함하고 있다. 제1문에 의한 국적박탈과 제2문에 의한 개인의 의사에 반하는 국적상실이 어떠한 관계에 있는지의 문제는 해명을 필요로 한다. 국적박탈이라는 개념에는 국적상실이라는 효과는 물론 자유의사의 부재라는 표지도 결부되어 있지만, 제1문에 의한 국적박탈과 제2문에 의한 개인의 의사에 반하는 국적상실이 법적 효과를 달리하는 만큼 각기 상이한 구성요건을 표시하여야 하기 때문이다. 헌법제정자4)는 실제로 다음과 같은 3가지 유형의 구성요건을 알고 있었다.

- 개인의 의사에 의한 국적상실, 특히 신청에 의한 국적이탈의 허가(Entlassung) 또는 의사표시를 통한 국적의 포기(독일국적법[StAG] 제17조 제1, 3호 참조)
- 개인의 의사에 반하는 국적상실의 전통적 구성요건, 특히 혼인에 의한 외국국적 취득의 경우(개정 독일국적법 제17조 제6호 참조)나 특별한 신청에 의한 국적상실(독일국적법 제17조 제2호)
- 국적의 자의적 박탈(Entziehung), 특히 정치적 이유에 의한 국적박탈(Ausbürgerung) 및 국적부인(Aberkennung)

1105 그러나 기본법 제16조 제1항의 문구가 위와 같은 3가지 구분을 명확히 반영하지 못하고 있다. 이 때문에 학설은 그 구분을 위한 다양한 제안을 하기에 이르렀다.5) 일부 학설은 제2문에 의한 개인의 의사에 반하는 국적상실과 제1문에 의한 국적박탈을 구성요건적으로 명확히 구분하기 위하여 국적박탈의 표지로 불가피성을 추가하기도 한다. 이 설에 의하면 외국국적의 취득의 경우 의사에

---

3) BVerwGE 8, 340/343; *Wittreck*, DR, Art. 16 Rn 42; 이견으로는 *Becker*, MKS, Art. 16 Rn 57.
4) JöR 1951, 159 ff 참조.
5) *Schmalenbach*, Hdb. GR V, § 122 Rn 26 ff.

반하는 국적상실은 불가피한 것이 아니지만 국적의 박탈(Ausbürgerung) 및 부인
(Aberkennung)을 통한 국적박탈은 "해당 개인의 의사나 행위를 어떤 식으로든
고려하지 않기 때문에 불가피하다"는 것이다.[6] 그러나 그러한 견해에 의하더라
도 문제는 해결되지 않는다. 왜냐하면 정치적 이유에 의한 국적의 부인도 당연
히 개인의 정치적 입장과 정치적 태도를 고려하여 행하여지기 때문이다. 이에
연방헌법재판소는 불가피성이라는 개념을 수인 가능한 영향력의 행사가능성이
라는 개념으로 대체하고 있다. 가령 정치적 입장이나 정치적 태도의 변경으로
인해 국적의 상실에 영향을 미치는 것을 기대할 수 없는 경우라면 박탈이 존재
하는 것이라고 한다.[7]

행정절차법 제48조에 의한 **하자 있는 귀화허가의 철회**가 위에서 정의된 것과 같 **1106**
은 국적박탈로서 허용되지 않는 것인가에 대해서는 다툼이 있다. 하자가 있을
뿐 무효는 아닌 귀화허가는 행정절차법 제43조에 의한 구속력을 가지며, 따라
서 박탈의 대상이 될 수 있을 뿐인 법적 지위를 발생시킨다는 사실은 긍정설을
뒷받침한다.[8] 그러나 국적의 부여가 "악의적인 기망, 협박, 매수 또는 국적 부
여에 본질적 의미가 있었던 사항을 고의적으로 틀리거나 불완전하게 기재함으
로써(독일국적법 제35조 제1항) 발해진 행정행위라면, 그 철회는 자의적 박탈이
아닌 것으로 볼 수 있다." 따라서 그러한 경우라면 국적부여의 철회는 허용된
다.[9] 아동의 독일국적이 친생부인의 소가 인용됨으로써 소급적으로 소멸되는
것은 허용되지 않는 국적박탈에 해당하지 않는다.[10]

3. 헌법적 정당화

기본법 제16조 제1항 제1문은 국적박탈을 유보 없이 금지하고 있다. 그러므로 **1107**
국적의 박탈은 항상 위헌이다.

예: 관할행정청은 인지로 관련 개인의 체류허가를 위한 법적 요건이 충족된 경우 민법 **1108**

---

6) *Randelzhofer*, MD, Art. 16 Abs. I Rn 49.
7) E 116, 24/44 f; 133, 48/62 = JK 6/2014.
8) *Lübbe-Wolff*, Jura 1996, 57/62.
9) E 116, 24/36 ff; 또한 *Kämmer*, BK, Art. 16 Rn 86 ff; *Zimmermann/Tams*, FH, Art. 16 Rn 48
   f: 이에 대해 비판적인 견해로는 *Wittreck*, DR Art. 16 Rn 54.
10) BVerfG, NJW 2007, 425.

제1600조 제1항 제5호에 의하여 독일국적자에 의해 인지된 자의 지위 (따라서 부의 지위)를 다툴 수 있다(민법 제1600조 제3항). 이 경우 자의 지위가 부정되면 자는 독일국적을 상실하게 된다. 이 경우 기본법 제16조 제1항 제1문에 의하면 국적에 대한 위헌적 박탈이 존재한다. 자는 자의적 국적박탈(Entziehung)에 영향력을 행사하지 못하고 제3자의 영향력 행사 가능성도 그에게 귀속될 수 없기 때문이다(E 133, 48/62 ff = JK 6/2014).

1109 이에 반해 국적의 상실은 법률유보 아래에 있다. 이 법률유보는 국적의 상실이 개인의 의사에 반해서 이루어지는 경우 국적의 상실로 인하여 그 개인의 무국적상태를 초래해서는 안 된다는 조건을 요구하는 가중법률유보이다.

1110 예: 독일국적법 제17조 제1호, 제18조에 의한 상실(국적이탈의 허가)는 그것이 개인의 의사에 의해 발생하기 때문에 허용된다. 독일국적법 제17조 제2호, 제25조에 의한 상실(외국국적의 취득)은 개인의 의사에 반해 행해지기는 하지만 그의 무국적상태를 초래하지 않으므로 허용된다. 그 상실의 효과가 외국국적을 법적으로 유효하게 취득할 때 비로소 발생하기 때문이다(BVerfG, NVwZ 2007, 441).

III. 해외인도금지(기본법 제16조 제2항)

1. 보호영역

1111 기본법 제16조 제2항은 독일인을 "그의 의사에 반하여 그에게 친숙한 법질서로부터 분리시키는 것으로부터"[11] 보호한다. 기본법 제16조 제1항(단락 1103 참조)과는 달리 독일인(단락 167 참조)만이 이 권리의 주체가 될 수 있다. 유럽연합시민들은 유럽연합법이 이를 요구하는 경우에만 권리주체가 될 수 있다(단락 177).

2. 제한

1112 해외인도는 외국(Macht)의 요청으로 — 필요한 경우에는 강제로 — 독일연방공화국의 고권영역으로부터 독일인을 격리시켜 그를 외국의 영역으로 넘겨주는 것을 말한다. 기본법 제16조 제2항 제2문에서 확인할 수 있는 것처럼 국제재판소도 여기서 말하는 외국에 해당한다. 독일인이 독일연방공화국의 중개를 거쳐 한 국가에서 다른 국가로 인도되는 이른바 **인도의 중개**(Durchlieferung)도 여기서

---

11) E 113, 273/293.

말하는 인도에 해당한다. 최종목적지가 되는 국가로 독일인을 전달하거나 그를 넘겨준 국가로 다시 송환하는 것도 허용되지 않는다.[12]

독일인의 해외인도와 구분되는 것으로 독일인에 대한 **추방**이 있다. 추방이란 타 **1113** 국의 인도요청을 받지 않은 상태에서 그가 어디로 가든지와 무관하게 독일을 떠날 것을 요구하는 독일인에 대한 명령을 말한다. 추방 및 그 집행, 즉 **해외강 제퇴거**로부터의 보호는 기본법 제11조가 제공한다(단락 925 참조).

이른바 **역송환**(Rücklieferung) 역시 상당히 판단하기 어려운 문제에 해당한다. 재 **1114** 인도란 외국이 먼저 재인도의 확약을 근거로 하여 잠정적으로 독일연방공화국 으로 송환한 독일인을 그 외국으로 인도하는 것을 말한다. 연방헌법재판소[13]는 역송환은 연방영역에 잠정적으로 송환되기 전에 이미 존재했던 상태를 다시 회 복할 뿐인 것으로 전체적으로 볼 때 개인의 상황을 악화시키는 것은 아니기 때 문에 기본법에서 금지된 해외인도에 해당하지 않는다고 한다. 그러나 이와 같 은 견해는 독일인을 그 의사에 반하여 결코 외국으로 이송해서는 안 된다고 규 정하고 있는 기본법 제16조 제2항의 엄격한 명령에 비추어 볼 때 타당성이 없 다고 본다.[14] 그러한 명령은 재인도 확약 자체를 금지하고 있으며, 만일 그러한 확약을 이미 한 경우에는 그 확약에 따라 행위하는 것을 금지한다(독일연방공화 국이 그로 인하여 국제법상 원칙에 따라 책임을 지게 될 경우에도 마찬가지이다).

3. 헌법적 정당화

해외인도금지는 기본법 제16조 제2항 제2문의 **가중법률유보** 아래에 있다. 따라 **1115** 서 법률은 인도받는 곳에 인도 대상이 되는 자에게 법관의 독립성, 청문권, 공 정한 절차, 무죄추정과 같은 법치국가적 원칙이 보장되는 경우에만 유럽연합의 회원국이나 국제형사재판소와 같은 국제재판소에의 인도를 허용할 수 있다. 연 방헌법재판소에 따르면[15] 혐의 대상 범죄의 내국관련성이 중대한(maßgeblich)

---

12) E 10, 136/139.
13) E 29, 183/193 f.
14) *Kämmer*, BK, Art. 16 Rn 128; *Wittreck*, DR, Art. 16 Rn 66; 이견으로는 *Zimmermann/Tams*, FH, Art. 16 Rn 89 참조.
15) E 113, 273/302 f, 331, 342 f; 외국과의 관련성이 현저한 경우에도 개별사건에서 형량이 필요 하다는 것에 대해서는 BVerfG, NJW 2016, 1714/1715; BVerfG, NStZ-RP 2017, 55/56 f.

인 경우에도 그 혐의자를 해외로 인도해서는 안 된다.

Ⅳ. 망명권(기본법 제16a조)

1. 보호영역

1116 **정치적으로 박해받는 자라는 개념**은 1951. 6. 28.자 제네바 난민협약[16]을 토대로 정의되고 있다. 정치적으로 박해받는 자란 "소속된 종족, 종교, 국적을 이유로 또는 특정 사회집단의 구성원이라는 이유로 또는 정치적 신념을 이유로 생명, 신체 및 신체의 자유에 대한 침해의 위험을 수반하는 박해조치의 대상이 되고 있거나 그러한 박해조치를 우려할 이유가 있는" 자를 말한다.[17] "불가변적인 개인적 표지로 인하여 박해자가 요구하는 유형의 사람이 될 수 없는 사람"[18]도 정치적으로 박해를 받는 자에 해당한다. 그러므로 그 밖의 기준들, 가령 성적 지향 때문에 박해를 받는 사람도 기본법 제16a조 제1항의 보호를 받는다. 이와 같은 실질적인 내용을 보장하기 위하여 기본법 제16a조 제1항은 **절차법적** 의미도 가지고 있다. 이에 따라 가령 해외인도요청과 관련한 결정이 망명절차에서 아직 내려지지 아니한 경우에는 관할 기관이 기본법 제16a조 제1항의 요건들을 독자적으로 심사하여야 한다.[19]

1117 a) **박해란** 개인을 막다른 상황으로 몰아넣는 정도의 법익에 대한 제약을 말한다.[20] 박해는 종교·문화·경제영역을 비롯한 모든 생활영역들에 대해 제약을 가하는 방식으로 이뤄질 수 있다.[21] 그러한 제약조치들이 생명, 신체 또는 신체의 자유를 의도적으로 침해하거나 위협하지 않는 경우 그리고 그 조치들이 다른 법익과 관련된 경우에는 그것이 인간의 존엄성을 침해하는 정도에 이르는 경우에만 기본법 제16a조 제1항이 의미하는 박해를 뜻한다.[22] "기아, 자연재해와 같이 모국의 일반적 상태로 인하여 겪을 수밖에 없는 불이익을 비롯하여 소

---

16) BGBl. 1953 Ⅱ, 559; 또한 E 94, 115/134 f.
17) BVerwGE 67, 184/186; 이에 대하여 비판적인 견해로는 *Selk*, NVwZ 1990, 1133/1135.
18) BVerwGE 79, 143/146.
19) BVerfG, NVwZ 2015, 1204/1204 f.
20) E 74, 51/64.
21) *Jarass*, JP, Art. 16a Rn 7.
22) E 54, 341/357; 76, 143/158; BVerwGE 104, 97/99 ff.

요, 혁명, 전쟁의 일반적 효과의 경우에도" 박해는 존재하지 않는다.[23]

예: 직업활동에 대한 제약은 그로 인하여 최저생활이 보장되지 않는 경우에만 박해가　**1118**
된다(BVerwGE 88, 367/374). 종교의 자유에 대한 제약은 "최소한의 종교생활", 즉 주거
내지 사적 영역에서 종교행사가 보장되지 않는 경우에만 박해를 의미한다(E 76, 143/158
ff; 81, 58/66; BVerfGE 120, 17/20 f).

박해의 공포는 **박해의 위험**을 전제로 한다. 망명희망자가 처한 모든 상황을 합　**1119**
리적으로 평가할 때 그가 정치적 박해를 받게 될 개연성이 현저하게 높아 모국
에서의 체류를 기대할 수 없는 경우에만 박해가 존재한다고 보아야 한다.[24] 고
국을 떠나기 전에 이미 박해가 있었거나 그것이 임박해 있었던 피박해자에게는
이러한 개연성 기준이 완화된다. 또한 모국으로 귀국할 경우에는 원래 있던 박
해가 재개되거나 그와 같은 종류의 박해를 받게 될 개연성이 충분히 배제되지
않으면 박해의 위험이 존재하는 것으로 보아야 한다.[25] 고국의 보호를 자원하
는 사람의 경우에는 고국에서 그에 대한 아무런 정치적 박해의 위험이 없다고
추정하여야 한다.[26]

다른 피난처를 가지고 있는 개인은 (더이상) 막다른 상황에 처해 있는 것이라고　**1120**
볼 수 없다. 개인이 고국의 도처에서 보호를 받을 수 없는 것으로 볼 수 없고
박해가 없는 지방으로 피할 수 있는 경우에는 이른바 **고국 내의 다른 피난처**가
존재하는 것이다. 이러한 맥락에서 연방헌법재판소는 "다면(多面) 국가"라는 표
현을 사용하고 있는데, 이는 지방마다 상이한 정치적 목적을 추구하고 상이한
문화질서와 법질서를 허용하는 나라를 말한다.[27] 그에 따라 고국으로 돌아가거
나[28] 고국의 특정 지역으로 돌아가는 것이 그곳의 정치적 상황의 변화로 인하
여 기대가능한 경우에는 정치적 박해는 이제 존재하지 않는다고 보아야 한
다.[29] 이는 그 지역에 국가가 보장하는 평화질서가 존재하지 않는 경우에도 마

---

23) E 80, 315/355.
24) E 76, 143/167; BVerwGE 104, 97/99 ff.
25) E 54, 341/356 ff; BVerwGE 104, 97/99 ff.
26) BVerfGE 89, 231/233 ff 참조.
27) E 80, 315/342 f; 또한 E 81, 58/65 f.
28) BVerwGE 124, 276/281 ff.
29) BVerwGE 85, 139/146; 112, 345/347 f.

찬가지라고 보아야 할 것이다.[30] 그러나 그 개인이 출신지역에 비하여 그 지역에서 더 큰 경제적 곤궁에 직면하게 될 경우에는 기대가능한 다른 피난처는 존재하지 않는다고 보아야 한다.[31]

1121 이른바 **해외의 다른 피난처**가 있는 개인의 경우에도 막다른 상황에 있다고 볼 수 없다. 그와 같은 피난처는 다른 나라에서 그가 박해받지 않도록 그를 수용하여 보호하는 경우에 존재한다. 박해로부터의 객관적인 안전[32]은 제3의 국가에서 피난이 끝난 경우에 존재한다.[33] 즉, 고국 내의 다른 피난처에 준하여 그 개인이 제3의 국가에서 주거의 부재, 빈궁, 질병, 기아로부터 안전할 수 있어야 한다.[34]

1122 b) 박해가 **현존**하고 있거나 현재 그에 대한 우려가 있어야 한다. 박해를 체험하기는 하였으나 그것이 이미 종료되고 나서 수년 후에야 그의 고국[35]을 떠났거나 고국의 지배를 받는 제3국[36]을 떠났거나 또는 정치적 박해로부터 자유로운 고국으로 귀국할 수 있게 된 경우에는 박해가 현존한다고 볼 수 없다.[37] 그러나 박해 또는 그 우려의 사유는 이른바 **후발적 피난사유**로서 가령 고국에서의 쿠데타, 혁명, 망명조직에의 가입 또는 망명신청자에 의한 망명신청과 같은 고국을 떠난 후의 행위, 경과, 사건에도 존재할 수 있다.

1123 이와 관련하여 판례는 다음과 같은 제한을 가하고 있다. 즉 망명권은 원칙적으로 박해와 피난 사이의 인과관계를 요구하며, 따라서 고국을 불법적으로 떠난 것만으로는 망명청구권이 발생할 수 없다는 것이다.[38] 이에 따르면, 피난 후에 시작된 박해나 박해의 우려가 이른바 **객관적인 사후적 피난사유**에 해당하는 "고국에서의 경과나 사건" 또는 개인이 스스로 조성해 내지 아니한 여타의 상황들로 인하여 유발된 경우에도 망명권은 발생할 수 있다.[39] 반면에 이른바 주관적

---

30) BVerwGE 108, 84/90.
31) E 80, 315/344; 81, 58/65 f; BVerwGE 105, 211 f; 131, 186/190.
32) BVerwGE 77, 150/152.
33) BVerwGE 79, 347/351; 84, 115/121; 또한 망명절차법 제27조 제3항도 참조.
34) BVerwGE 78, 332/345 f; 88, 226/232.
35) BVerwGE 87, 52/53 f.
36) BVerwGE 89, 171/175 f.
37) E 54, 341/360.
38) BVerwGE 81, 41/46.

또는 스스로 만들어낸 사후적 피난사유는 원칙적으로 고려대상이 되지 않으며, 그것이 "고국에서 체류할 때 이미 존재하고 또 표출된 확신의 표현이요 그 지속적 실행인 경우"[40] 또는 그것이 후발적 피난행위를 촉발하고 있거나 적어도 고국의 잠재적인 위험상황의 결과인 경우[41] 또는 인간의 존엄성을 침해하는 박해가 임박해 있는 경우[42]에만 고려될 수 있다. 물론 주관적인 사후적 피난사유가 주목할 만한 것이 아닌 경우에는 「외국인체류에 관한 법률(AufenthG)」 제60조 제1항에 의한 추방의 대상이 될 수도 있다.[43]

c) 박해는 망명신청자 **자신에 대한 것**이어야 한다. 박해조치의 대상이 된 집단의 **1124** 구성원에 해당하는 경우에는, 그 집단의 구성원들이 모두 정치적 망명의 전제가 되는 동일한 표지를 공유하고, 시간과 장소의 면에서 유사한 상황에 처해 있는 경우 그리고 충분한 수의 박해조치 (이른바 박해의 밀도) 또는 국가의 박해계획에 비추어 볼 때 누구나 언제든지 박해조치의 희생자가 될 수 있다는 우려가 있는 경우에만 정치적 박해가 성립한다.[44] 정치적 박해를 받는 자와 가족관계에 있다는 사실 자체만으로는 아직 자신에 대한 박해가 있다고 볼 수 없다.[45] 물론 그 배우자나 자녀의 경우에는 어느 정도 대신 정치적 박해를 받을 수 있다는 것을 인정할 수 있으나, 그 밖의 친척의 경우에는 그렇지 아니하다. 그러므로 그와 같은 관계는 반증이 가능한 정치적 박해의 추정사유라고 볼 수 있다.[46] 이러한 이유로 망명절차법 제26조는 망명권자의 배우자나 동성(同性)의 비혼생활공동체를 형성하고 있는 인생동반자 또는 미성년의 자녀에게 일정한 요건 하에 망명권자의 법적 지위를 부여하고 있다.

예: 터키에 있는 예찌덴종교공동체(Jeziden)[47]와 같은 소규모의 소수자집단은 그 소속 **1125**

---

39) E 74, 51/65; BVerwGE 88, 92/94 f.
40) E 74, 51/64 ff; BVerwGE 77, 258/261; 이에 동의하는 *Wittreck*, DR, Art. 16a Rn 80; 또한 망명절차법 제28조도 참조.
41) BVerwGE 81, 170/172 f; DVBl. 1992, 1543.
42) BVerwGE 90, 127/132 f.
43) E 74, 51/66 f.
44) E 83, 216/231; BVerwGE 125, 243/249.
45) BVerwGE 65, 244/245.
46) BVerwGE 75, 304/312 f; 79, 244/246.
47) [역주] 메소포타미아와 쿠르디스탄 지역에 정주하는 종교공동체로서 악마숭배자라는 이유로 회교도들의 탄압대상이 되고 있다.

원들이 신체, 생명, 신체의 자유에 대한 끊임없는 위협을 받고 있을 정도로 감내하기 힘
들고 가혹한 지속적인 박해를 받고 있다(E 83, 216/232; BVerwGE 88, 367/371 ff).

1126 d) 망명권은 정치적인 이유뿐만 아니라 인도적인 이유에 따라 주어지기도 하지
만, 박해는 **정치적인 것**이어야 한다.[48] 정치적 박해가 존재하는지는 객관적으로
확정하여야 한다. 정치적 박해는 "인간과 인간집단들의 공동생활을 위한 일반
적 질서의 형성과 특성을 둘러싼 투쟁"과 관련되어 있으며 "우월한 권력주체,
고권적인 권력주체"에 의해서 행하여진다.[49]

1127 어려운 문제는 **형사소추**를 정치적 박해로 볼 수 있느냐 하는 것이다. 이른바 정
치형법(가령 반란, 사보타지)과 관련해서는 정치적 확신에 기하여 행해된 행위에
대하여 이루어지는 국가의 소추는, 해당 국가가 그 영토나 질서의 온전성에 대
한 무력공격만을 방어하려는 경우에도 원칙적으로 정치적 박해에 해당한다. 판
례에 의하면 국가가 정치적 테러리즘에 대응하면서 본질적 테러행위 및 그 행
위자와 지원자에 대하여 어느 정도 정상적인 수준에 따라 대처하는 경우에는
정치적 박해에 해당하지 않는다고 한다.[50] 정치형법에 속하지 아니하는 범죄행
위를 이유로 한 소추도 정치적 박해가 될 수 있다. 관건은 그 행위에 포함되어
있는 통상적인 범죄내용으로 인해 박해를 받는 것인지 아니면 그에 대한 제재
가 망명과 관련된 특성으로서 행위자의 정치적 확신을 근거로 하며 그것을 지
향하고 있는 것인지[51] 또는 그 제재가 그 국가에서 다른 유사한 비정치적 형사
범죄행위에 대하여 일반적으로 가해지는 제재에 비하여 심한 것인지의 여부이
다(이른바 정치적 보복⟨Politmalus⟩).[52]

1128 기본법 제16a조 제1항은 정치적 박해를 요건으로 하고 있기 때문에 동 규정은
정치적 박해와 연관성이 없는 **고문과 사형**에 대해서는 그것만을 이유로 보호를
제공하지는 않는다. 그러나 고문은 위 단락 1116에서 열거된 표지들을 원인으
로 행하여지거나 그 표지들을 염두에 두고 강도 높게 가해지는 경우에는 정치

48) E 54, 341/357.
49) E 80, 315/333 f; BVerfG, NVwZ 2000, 1165/1166.
50) E 80, 315/339 f; 81, 142/149; BVerwGE 111, 334/339.
51) BVerwGE 80, 136/140; *Wittreck*, DR, Art. 16a Rn 65; *Davy*, AK, Art. 16a Rn 27 참조.
52) E 80, 315/336 f; 81, 142/150.

적 박해를 의미한다.53) 망명신청자를 고문이 기다리고 있는 국가로 추방하는 것도, 독일의 국가기관이 기본법 제1조 제1항에 구속된다는 점에 비추어 보았을 때 허용되지 않는다.54) 사형이 임박해 있는 국가로의 추방도 기본법 제2조 제2항 제1문 및 제102조에 비추어 볼 때 원칙적으로 허용되지 않는다(학설의 현황에 대해서는 단락 481).

e) 정치적 박해의 주체는 원칙적으로 **국가**,55) 따라서 국가가 임용한 공직자들이 **1129** 다. 그러나 산발적인 일탈행위의 존재만으로는 국가가 정치적 박해를 한다고 할 수는 없다.56) 나아가 정치적 박해는 제3자에 의한 박해행위를 국가에 귀속시킬 수 있는 경우(이른바 국가에 의한 간접적인 박해)에도 존재할 수 있다. 제3자의 박해행위는, 국가가 개인이나 집단이 박해행위를 하도록 독려 또는 지원하거나 박해받는 자들에 대한 보호의사를 가지고 있지 않거나 개별적인 사례에서 보호를 제공할 수 없어서 제3자의 박해행위를 수수방관함으로써 결국 박해받는 자들에게 필요한 보호를 거절하는 경우에는 이를 국가에 귀속시킬 수 있다.57)

제3자의 박해행위는, 그에 대한 보호조치가 국가의 **능력 밖에 있는** 경우에는 국 **1130** 가에 귀속시킬 수 없다.58) 즉 제3자의 박해행위를 국가에 귀속시킬 수 있는 근거는 고권의 우월성을 의미하는 국가의 권력독점 및 이에 상응하는 보호의 독점인데, 이는 모든 사람을 위하여 그리고 모든 사람에 대하여 (정치적인 동기에 의한) 공격으로부터 보호하기 위하여 안전 및 질서유지를 위한 수단들을 동원함으로써 수행하여야 하는 국가의 보증인적 지위를 발생시킨다.59) 국가가 그 행위명령권을 다른 세력에게 빼앗기게 됨에 따라 국가적 안전·질서에 대한 국가의 표상을 관철할 수 없게 되고, 이에 따라 일시적이고 개별적인 사례에서뿐만 아니라60) 원칙적으로 그리고 지속적으로 그 공격을 저지할 수 없는 상태에 있

---

53) E 81, 142/149 ff; BVerwG, DVBl. 1993, 325/326.
54) BVerwGE 67, 184/194; *Frowein/Kühner*, ZaöRV 1983, 537/560 ff; 또한 「외국인체류에 관한 법률」 제60조 제2항도 참조.
55) E 54, 341/356 ff; 80, 315/334; BVerwGE 95, 42/44 ff.
56) E 80, 315/352; BVerfG, DVBl. 2003, 1261 f.
57) E 54, 341/358; 80, 315/336; BVerwGE 67, 317/319.
58) E 80, 315/336.
59) *Rothkegel*, UC, Art. 16a Rn 72 ff.
60) BVerwGE 70, 232/236 f; 72, 269/271 f.

는 경우에는 국가의 보증인적 지위와 그 귀속의 근거가 사라지게 된다. 그러나 그러한 경우에는 이제 국가를 우월적 지위에서 몰아내고 그 자리를 차지한 집단에 의한 직접적인 정치적 박해가 문제된다(이른바 준국가적 박해).61) 이와 같은 귀속주체의 교체를 위해서 우월적인 국가권력을 둘러싼 경쟁자가 국제법적 승인을 받았을 것이나 내란이 종료되었을 것을 요구하지 않는다.62)

1131 내란세력이나 내란의 당사자들이 어느 정도 안정된 **지배체계**를 구축하지 못하고 있는 **내란**의 경우에도 정치적 박해는 있을 수 있다. 망명권의 과제는 전쟁, 내란, 여타의 정치적 불안으로 야기된 일반적 불행으로부터 사람들을 보호하는 것이 아니다.63) 그러나 그렇다고 해서 내란상황이 망명청구권의 발생을 완전히 배제한다는 추론을 할 수 있는 것은 아니다. 오히려 내란의 상대방인 내란의 적에 대한 조치가 모든 개인에게 동일하게 미치는 것이 아니라 망명권의 요건을 충족하는 관점을 이유로 개인 또는 특정 집단만을 별도로 구분하여 이들을 망명권의 요건을 충족하는 방식으로 다루는 경우에는 정치적 박해의 가능성이 존재한다.64) 국가세력이 내란에서 저항의 의지도 능력도 없으며 군사적 사건에 관여한 바도 없고 현재 관여하지도 않고 있는 반대세력의 편에 서거나 그 반대세력에 소속되었다는 이유로 또는 망명의 전제가 되는 표지를 지니고 있다는 이유로 그들의 절멸을 목표로 하는 경우, 또한 국가세력의 행위가 봉기한 주민 전체의 종족적·문화적·종교적 정체성을 물리적으로 절멸시키거나 파괴하는 행위로 타락하는 경우에는 특히 그러하다(이른바 역테러).65) 내란의 집권세력에 관한 이러한 규준들은 준국가적 박해의 관점에서 내란의 상대방에 대해서도 적용된다.

1132 f) 기본법 제16a조 제2항 제1문은 **보호영역을 한정**하는 작용을 한다. 즉, 유럽연합의 회원국가에서 독일연방공화국 영역으로 입국한 사람은 헌법상 기본법 제16a조 제1항을 원용할 수 없다.66) 반면에 기본법 제16a조 제2항 제2문은 법률유보

---

61) BVerwGE 101, 328/332; 106, 254/258.
62) BVerfG, NVwZ 2000, 1165; BVerwGE 114, 16/21 ff.
63) E 80, 315/335.
64) BVerwGE 72, 269/277.
65) E 80, 315/340; 81, 142/152; BVerwG, NVwZ 1993, 191 f.
66) E 94, 49/85.

에 해당한다. 이 규정을 통해서 입법자는 제1문에 확정되어 있는 전제를 충족
하는 다른 국가들을 확정할 권한을 부여받고 있다.[67] 유럽연합의 회원국 및 이
와 같이 확정된 다른 국가들은 이른바 안전한 제3국이라는 개념으로 집약된다.
독일과 국경을 접하고 있는 모든 국가들은 안전한 제3국에 속하기 때문에[68] 망
명신청자가 육로를 이용하여 독일에 입국하는 경우에는 기본법 제16a조에 따른
승인은 원칙적으로 배제된다. 물론 안전한 제3국에 망명제도가 법적으로나 사
실적으로 존재하지 않는다는 판단이 내려진 경우에는 망명을 원하는 사람을 안
전한 제3국으로 송환할 수는 없다.[69] 독일 입국 경로가 입증되지 않는다는 이
유로 안전한 제3국 중 어떤 국가도 수용하려 하지 않는 정치적 난민에게는 외
국인체류법 제60조 제1항에 의한 추방으로부터의 보호가 적용된다.

2. 제한

망명권의 보호를 받는 정치적 피박해자에 대한 일체의 체류거부 및 체류종결 **1133**
조치는 망명권에 대한 제한에 해당한다. 그러므로 망명희망자를 국경에서 추방
하거나[70] 상황에 따라서는 입국에 필요한 사증을 해외의 독일대표부가 거부하
는 경우 또는 사증을 받지 못한 망명희망자를 항공로를 이용하여 독일연방공화
국에 운송하는 것을 금지하는 경우에도 망명권에 대한 제한이 존재한다.[71] 때
때로 연방행정법원[72]이 피력하고 있는 견해로서 외국인은 독일연방공화국의
영역에 도달한 경우에 비로소 기본법 제16a조 제1항의 권리주체가 될 수 있다
는 견해는 기본법 제1조 제3항에 배치된다(단락 244 f 참조). 조력제공, 숙소제공,
급양의 보류는 망명권에 대한 제한이 아니다.[73] 기본법 제16a조 제1항은 적극
적 지위에 속하는 권리가 아니라 소극적 지위에 속하는 권리이기 때문이다.[74]

---

67) E 94, 49/89.
68) 망명절차법 제26a조 및 부록 1 참조.
69) 어쨌든 연방헌법재판소의 가처분절차의 테두리 안에서는 그러하다. BVerfG, NVwZ 2009,
   1281; NVwZ 2010, 318.
70) BVerfG, NVwZ 1992, 973; BVerwGE 105, 28/32.
71) *Becker*, MKS, Art. 16a Rn 125; *Kloepfer*, VerfR Ⅱ, § 73 Rn 115; *Wittreck*, DR, Art. 16a Rn
   92; 그러나 BVerwG, NVwZ 2000, 448.
72) BVerwGE 69, 323/325 ff.
73) BVerwGE 71, 139/141.
74) *Rottmann*, Staat 1984, 337/346 ff; *Zimmermann/Tams*, FH, Art. 16 Rn 41 ff; 이견으로는
   Wittreck, DR, Art. 16a Rn 122 ff; *Randelzhofer*, MD, Art. 16a Abs. 1 Rn 28 참조.

그러나 그와 같은 보류는 국제인권이나 여타 법률적 차원의 지위에 대한 침해가 될 수는 있다.[75]

3. 헌법적 정당화

1134 a) 기본법 제16a조 제2항 제2문 및 제3항 제1문은 **가중법률유보**를 포함하고 있다. 기본법 제16a조 제2항 제2문은 유럽연합(구 유럽공동체)의 회원국이 아닌 이른바 안전한 제3국, 즉 연방참사원의 동의를 요하는 법률에 의하여 제네바 난민협약(단락 1116 참조) 및 인권협약이 확실히 적용된다고 확정된 국가로부터 독일로 입국하는 사람들은 기본법 제16a조를 원용할 수 없도록 하고 있다. 기본법 제16a조 제3항 제1문은 법률로 확정된 이른바 안전한 출신국(sichere Herkunftsstaate)[76]에는 정치적 박해가 없는 것으로 추정하도록 명한다는 측면에서 일견 제2항 제2문과 동일한 법적 효과를 포함하고 있는 것처럼 보인다. 그러나 제3항 제2문에 의한 이와 같은 추정은 개인적으로 정치적 박해의 대상이 되고 있음을 입증하는 사실을 주장함으로써 반박될 수 있는 것이다.[77] 제3항의 본래의 의미는 제4항의 절차법적 효과에서 찾을 수 있다.

1135 b) 기본법 제16a조 제2항 제3문 및 제4항은 망명권의 인정과 관련한 **사법적 권리보호에 대한 제한**을 포함하고 있으며, 따라서 기본법 제19조 제4항 제1문에 대한 특별규율에 해당한다. 이른바 **안전한 제3국**에서 입국한 경우에는 기본법 제16a조 제2항 제3문에 따라 입국을 저지하는 조치[78]를 포함한 체류종식조치에 대한 잠정적 권리보호가 배제되고 있다. 이는 그 규정의 문구, 의미, 체계적 위치에 비추어 볼 때 개인이 망명권을 원용하는 경우가 아니라 인간의 존엄성에 대한 침해가 임박해 있다고 주장하는 경우에도 마찬가지이다.[79]

1136 이른바 **안전한 출신국**에서 입국한 경우와 망명신청이 명백히 이유 없는 여타의

---

75) BVerwGE 111, 200 참조.
76) [역주] 일반적인 정치적 상황, 법적 상태 및 법적용에 비추어 볼 때 정치적 박해도 비인간적이거나 잔혹하고 모멸적인 처우나 처벌도 없다고 판단되는 국가.
77) E 94, 115/145 ff.
78) E 94, 49/101.
79) E 94, 49도 헌법소원에서 인간의 존엄성을 원용하는 주장을 검토하지 않음으로써 이와 같은 입장을 취하고 있다고 본다.

경우에도 체류를 종식시키는 조치와 입국을 저지하는 조치는 중요한 의미를 가
진다.[80] 이제까지 잠정적 권리보호를 받기 위한 요건과 관련해서는 외국인에게
난민의 지위를 인정할 권한을 가지고 있는 연방관청이 망명신청을 명백히 이유
없는 것으로 보아 거부한 조치가 옳은 것인지 여부가 관건이 되었었다. 그러한
측면에서 위 요건은 기본법 제16a조 제4항에 의해 강화된 것은 아니었다. 그러
나 행정법원이 행정관청이 내린 명백히 이유 없다는 판단의 정확성 여부가 아
니라 그 판단의 정확성에 심각한 의문이 존재하는지만을 검토할 수 있다는 점
에서 위 요건이 강화되었다.[81] 그 밖에도 법률유보는 행정법원의 그 심사범위
를 제한할 수 있도록 그리고 사실의 주장이 지체된 경우에는 그 주장을 고려할
수 없는 것으로 선언할 수 있도록 수권하고 있다. 그러나 이로부터 헌법재판소
에서 긴급권리구제를 모색하는 것에 대한 제한을 추론할 수는 없다.[82] 가처분
의 이유가 송달되기 전에 가처분을 집행하는 것은 위헌이다.[83]

c) 기본법 제16a조 제5항에 의한 **조약유보의 목적**은, 전술한 바 있는 망명권의 보 **1137**
호영역에 대한 축소나 망명권에 대한 제한을 정당화하는 근거에 의하더라도 허
용될 수 없는 경우까지도 망명 관련 결정의 상호인정을 비롯한 망명신청 심사
의 관할에 대한 규율과 관련하여 독일연방공화국에 대하여 일정한 국제법적 의
무를 부과할 수 있도록 하는 것이다. 이러한 조약유보의 목적은「유럽연합 기
능에 관한 조약」제78조에 따라 망명권을 유럽연합법을 통해 조화시키는 것에
대해서는 적용되지 않는다.[84] 그와 같은 종류의 국제법적 구속은 기본법 제59
조 제2항에 의한 동의법에 의해서만 국내법적 효력을 발휘할 수 있기 때문에
일종의 가중법률유보에 해당한다.[85]

d) 나아가 이 기본권은 **기본법 제18조**에 의해서만 실효(失效)될 수 있다. 따라서 **1138**
기본법 제16a조 제2~5항에서 근거를 찾을 수 없으면서 이 기본권을 실효시키

---

80) E 94, 169/192; 세분하는 견해로는 *Randelzhofer*, MD, Art. 16a Abs. 4 Rn 149 f.
81) E 94, 166/190.
82) E 94, 223/233의 소수의견; *Rozek*, DVBl. 199, 517/526; 이견으로는 E 94, 166/218 f;
    Tomuschat, EuGRZ 1996, 381/385.
83) *Zimmermann/Tams*, FH, Art. 16a Rn 227 f.
84) *Wittreck*, DR, Art. 16a Rn 118; *Zimmermann/Tams*, FH, Art. 16a Rn 237.
85) *Becker*, MKS, Art. 16a Rn 230.

는 효과를 가지는 조치임에도 기본법 제18조에 따라 기본권을 실효시키는 조치
로서 형성되지 아니한 채 망명권자로 인정받은 사람에 대하여 망명절차법 제18
조 제2항 제3호에 의하여 입국을 저지하거나 「외국인체류에 관한 법률」 제56조
제1항 및 제60조 제8항에 의하여 추방을 명하거나 강제로 퇴거하는 것은 헌법
에 위반된다.[86] 또한 이와 같은 내용의 헌법조문을 이에 상충하는 헌법을 인정
하는 방법으로 잠식하는 것도 허용되지 않는다. 그럼에도 연방행정법원은 그
정당화를 위하여 국가 및 일반의 안전이라는 이익을 원용하고 있다.[87] 때로 이
와 같은 안전이라는 이익으로부터 심지어 "수용의 한계"까지 도출해 내는 설도
주장되고 있다.[88] 그러나 기본권을 수용능력의 존재여부에 따라 관리하는 것은
허용되지 아니한다.

1139 e) 기본법 제16a조가 전체적으로 **합헌인지** 여부가 다투어진 사건에서[89] 연방헌
법재판소는 그 합헌성을 인정하였다.[90] 그러나 기본법 제16a조는, 한편으로는
기본법 제1조의 인간의 존엄성 보호가 망명신청자를 고문(단락 1128 참조)이 기
다리고 있거나 고문의 위협이 있는 다른 국가로 강제로 퇴거시키는 국가로 강
제로 퇴거시키는 것(이른바 연쇄강제퇴거)을 금지하고 있고 또한 유럽연합의 모
든 회원국에서나 기본법 제16a조 제2항 제1문의 안전한 제3국에서도 연쇄강제
퇴거될 수 있는 가능성을 완전히 배제할 수 없기 때문에 헌법적으로 문제가 있
는 규정이다. 연방헌법재판소는 이와 관련하여 "규범을 통한 명확화 방안"이라
는 표현을 사용하고 있다. 즉, 헌법개정입법자가 문제의 국가들에서는 법적인
이유로 인해 연쇄강제퇴거의 가능성이 배제되어 있다는 사실을 기초로 삼았으
며 또한 이를 기초로 삼는 것이 허용되었다고 한다. 물론 문제의 국가들에서 규
범을 통한 명확화 방안에서는 미처 고려하지 못하였던 상황들에 의하여 난민협
약 및 유럽인권협약의 확실한 적용이 예외적으로 위협받고 있는 경우에는 독일
연방공화국은 변함없이 보호를 제공할 의무를 진다고 한다.[91]

86) *Renner*, ZAR 2003, 52/55 f; 이견으로는 *Zimmermann/Tams*, FH, Art. 16a Rn 130 f.
87) BVerfG, DVBl. 2001, 66; BVerwGE 139, 272/293.
88) *Randelzhofer*, Hdb. StR³ Ⅵ, § 153 Rn 62.
89) 한편으로는 *Brenner*, Staat 1993, 493; *Schoch*, DVBl. 1993, 1161; 다른 한편으로는 *Pieroth/Schlink*, FS Mahrenholz, 1994, S. 669; 또한 *Voßkuhle*, DÖV 1994, 53 참조.
90) E 94, 49.
91) E 94, 49/99 f.

또한 기본법 제16a조가 **기본법 제20조 제2, 3항**을 준수하고 있는지도 문제가 된 **1140**
다. 기본법 제19조 제4항의 권리구제의 보장이 헌법개정에 의한 제한의 대상에
서 제외되어 있는 것은 아니지만,[92] 권력의 분립과 법률 및 법을 준수하여야
할 집행권력의 의무는 이와 관련하여 실효성 있는 권리보호의 기본적인 기준을
요구한다. 특히 연방헌법재판소의 도청판결 이후 이러한 실효적 권리보호를 요
구하고 있는데,[93] 이는 반드시 사법을 통한 권리보호이어야 하는 것은 아니지
만 어떤 종류이든지 "독립적 통제"이어야 한다고 한다. 기본법 제16a조 제2항
제3문에서의 문제는 독일의 법원이나 다른 독립적인 기관에 의한 독립적인 통
제가 막혀있다는 것이다. 이 문제와 관련해서도 연방헌법재판소는 다시 문제의
국가들에서 난민협약 및 인권협약의 적용이 확보되어 있는지를 규범을 통하여
명확하게 규정하는 것으로 충분하다고 본다.[94] 그러나 개인이 우려한 대로 가
령 제3국이 그를 박해국가로 강제로 퇴거시키는 등 결국 제3국이 안전한 국가
가 아님이 밝혀지는 경우에 이미 그에게 가해진 정치적 박해는 사후에 교정될
수 없는 것이다. 이에 따라 망명권은 헌법개정을 통하여 "제2류의 기본권"으로
전락하고 말았다.[95]

사례 21(단락 1099)에 대한 약해: **1141**

Ⅰ. 기본법 제16a조 제1항의 보호영역은 甲이 정치적으로 박해받고 있는 사람임을 전
제하고 있다. 자신이 속한 종교와 민족으로 인해 생명과 신체에 대한 침해를 받을 우려
가 있다는 甲의 우려는 타당하다. 甲에게 고국 내의 다른 피난처는 없다. 왜냐하면 보스
니아-헤르체고비나의 파국적인 생필품 보급상태로 인하여 최저생활에 가까운 삶이 그
녀에게 임박해 있기 때문이다. 또한 甲에게는 해외의 다른 피난처도 없다. 그녀는 다른
국가에서 수용된 적도 없고 박해로부터의 보호를 받은 적도 없기 때문이다. 현존하는
박해의 위험도 인정할 수 있다. 왜냐하면 보스니아-헤르체고비나의 상황이 바뀜으로써
현저하고 객관적인 사후적 피난이라는 요건사실이 존재하기 때문이다. 또한 甲 자신에
게 박해의 위험이 존재한다. 이는 보스니아-헤르체고비나에 사는 회교도 전체가 처한
상황으로부터 추론된다(이른바 집단의 소속을 이유로 하는 개인의 박해). 甲은 시간과

---

92) E 30, 1/25; 94, 49/103.
93) E 30, 1/27 ff; *Schlink*, Staat 1973, 85/98 ff 참조.
94) E 94, 49/104.
95) *Tomuschat*, EuGRZ 1996, 381/386.

장소 그리고 반복의 빈도에 비추어 볼 때 보스니아에 거주하는 세르비아인들의 포로수용소에 잡혀 있는 회교도들과 유사한 상황에 처해 있다. 회교도 주민집단에 속한 사람들에 대하여 자행된 다수의 중대한 인권침해사례에 비추어 볼 때 이론상으로만이 아니라 실제로도 甲이 중대한 학대의 희생자가 될 수 있는 가능성이 있다. 또한 甲은 정치적인 박해를 우려하고 있다. 회교도에 대한 박해는 보스니아 국가에 의해 적극적으로 자행되는 것(이른바 국가에 의한 직접적인 박해)도 아니며, 가까운 시일 내에 그 국가가 그 국민을 공격으로부터 보호해줄 수 있는 상태에 있지도 않다. 그러므로 이른바 국가에 의한 간접적인 박해도 고려대상이 될 수 없다. 그러나 이 경우에는 보스니아-헤르체고비나의 국가권력을 사실상 보유하는 보스니아 거주 세르비아인들에 의한 이른바 준국가적 박해가 존재한다. 왜냐하면 세르비아인들은 보스니아-헤르체고비나의 영역에 국가와 유사한 지배권력을 행사하는 것을 가능하게 하는 독자적인 지배질서를 구축하는 데 성공하였기 때문이다. 박해행위가 내란의 와중에서 자행되었다는 사실은 본 사례에서 문제가 되지 않는다. 왜냐하면 내란상황이라 하더라도 준국가세력의 행위가 주민의 특정 집단의 정체성을 물리적으로 절멸시키거나 파괴하는 것을 지향하고 있어 망명권의 발생이 배제되지 않기 때문이다. 이는 보스니아-헤르체고비나에서 자행된 이른바 인종청소에 비추어 볼 때도 인정될 수 있다.

Ⅱ. 甲에게 망명청구권을 거부하는 것은 헌법적으로 정당화될 수 없는 망명권에 대한 제한이 될 것이다. 특히 이 경우에 기본법 제16a조 제2항은 적용되지 아니한다. 왜냐하면 그 규율은 관련 개인이 1993. 6. 30 이후 입국한 경우에만 적용되는 것이기 때문이다 (BVerfG, NVwZ-Beilage 2/1993, 12).

1142 참고문헌: 기본법 제16조, 제16a조 전반에 대하여 다루고 있는 것으로는 *A. Meßmann/ T. Kornblum*, Grundfälle zu Art. 16, 16a GG, JuS 2009, 688. 810. - Ⅱ. 및 Ⅲ.에 대하여 다루고 있는 것으로는 *R. Grawert*, Staatsvolk und Staatsangehörigkeit, Hdb. StR³ Ⅱ, § 16; *U. Häde*, Die Auslieferung — Rechtsinstitut zwischen Völkerrecht und Grundrechten, Staat 1997, 1; *K. Hailbronner/G. Renner/H.-G. Maaßen*, Staatsangehörigkeitsrecht, 5. Aufl. 2010; *A. Leupold*, Einführung in das Staatsangehörigkeitsrecht, JuS 2006, 126; *K. Lubenow*, Verfassungsrechtliche Schranken der Auslieferung in der Rechtsprechung des BVerfG, in: FS Graßhof, 1998, S. 325; *G. Lübbe-Wolff*, Entziehung und Verlust der deutschen Staatsangehörigkeit — Art. 16 I GG, Jura 1996, 57; *K. Schmalenbach*, Verbot der Auslieferung und des Entzugs der Staatsangehörigkeit Hdb. GR V, § 122; *F.E. Schnapp/M. Neupert*, Grundfragen des Staatsangehönigkeitsrechts, Jura 2004, 167; *A. Uhle*, Auslieferung und Grundgesetz, NJW 2001, 1889; *A Zimmermann*, Die Auslieferung

Deutscher an Staaten der Europäischen Union und internationale Strafgerichtshöfe, JZ 2001, 233. – Ⅳ.에 대하여 다루고 있는 것으로는 *S. Fontana*, Verfassungsrechtliche Fragen der aktuellen Asyl- und Flüchtlingspolitik im unions- und völkerrechtlichen Kontext, NVWZ 2016, 135; *K. Hailbronner*, Asylrecht, Hdb. GR Ⅴ, § 123; *M. Hong*, Asylgrundrecht und Refoulementverbot, 2008; *G. Lübbe-Wolff*, Das Asylgrundrecht nach den Entscheidungen des BVerfG vom 14. Mai 1996, DVB1. 1996, 825; *F. Moll*, Das Asylgrundrecht bei staatlicher und frauenspezifischer Verfolgung, 2007; *A. Randelzhofer*, Asylrecht, Hdb. StR³ Ⅶ, § 153.

§ 25 청원권(기본법 제17조)

1143 사례 22: 교사임용대기자의 임용신청에 대한 거부처분(출전: E 2, 225)

甲은 서면을 통해 주(州)문화부장관 乙에게 이의를 제기하였다. 甲은 이 서면에서 자신을 교직에 임용하여 달라는 신청을 문화부의 담당부서가 거부한 것은 위법이라고 본다는 점, 이에 대한 소 제기를 고려하고 있다는 점, 그렇지만 먼저 문화부장관에게 스스로 甲의 권리를 구제해 줄 기회를 주고자 한다는 점 등을 기술하였다. 얼마 지나지 않아 甲은 장관실 소속 공무원으로부터 다음과 같은 회신을 받았다. "장관께서는 귀하의 …일자의 청원을 검토해 보셨지만 귀하의 생각에 따른 처분을 발하실 근거를 찾지 못하셨습니다." 이를 통하여 甲의 기본법 제17조 기본권이 침해되었는가? 이에 대한 약해는 **단락 1154**를 보라.

Ⅰ. 개관

1144 청원권은 오랜 역사를 가진 기본권 중의 하나이다. 청원권을 통해 개인이 단독으로 또는 "타인과 연대하여"(이른바 집단청원) 제기할 수 있는 비공식적인 권리구제수단이 보장되고 있다. 또한 기본법 제17조는 방어권에 그치지 않고, 청원에 대한 처리내용의 통지를 요구할 수 있는 권리도 포함하고 있으며 그러한 측면에서 일종의 참여권이기도 하다(단락 155 참조). 청원권은 상당한 실천적 의의를 가지고 있기도 하다. 예를 들면 독일연방의회는 2015년에 약 13,000건의 청원을 접수하였다.[1] 독일연방의회의 청원심사위원회의 권한은 기본법 제45c조에 의하여 제정된 법률에서 별도로 규율되어 있다.

Ⅱ. 보호영역

1. 청원의 개념

1145 기본법 제17조의 청원은 "요청(Bitten) 및 소원(Beschwerden)"으로 서술되고 있다. 요청의 대상은 장래에 대한 것이고, 소원의 대상은 과거에 대한 것이다. 또

---

1) BT-Drucks. 18/8370, S. 7 참조.

한 서면에 의한 청원만이 기본권의 보호를 받는다(그러나 헷센 헌법 제16조는 다르게 규정하고 있다). 기본법 제17조의 문구 및 체계적 위치에 비추어 볼 때 다음과 같은 구분이 가능하다. 즉 의견표현의 자유는 전적으로 기본법 제5조 제1항 제1문 전단에 의하여 보호된다. 문서고에 보관된 문서나 지방자치단체의 공보에 대한 열람요청에 대해서는 기본법 제5조 제1항 제1문이 특별법으로서 적용된다. 공식적인 권리구제수단과 상소수단은 기본법 제19조 제4항의 보호영역에 속한다. 끝으로 기본법 제17조의 의미와 목적으로부터 익명의 투서는 청원에 해당하지 않는다는 것을 추론할 수 있다.[2]

예: 전통적인 방식에 따라 구분된 비공식적인 권리구제수단의 3대 유형으로서 담당관청 **1146** 에 대한 이의제기(Gegenvorstellung: 관할관청에 대하여 개인이 다투고 있는 조치를 재검토하고 경우에 따라서는 정정하여 줄 것을 요청하는 것), 감독소원(Aufsichts-beschwerde: 위와 같은 내용의 요청을 상급관청에 제기하는 것), 직무감독소원(Dienstaufsichtsbeschwerde: 공직자의 행태에 대하여 상급자에게 소원을 제기하는 것)만이 아니라, 공권력의 행사와 관련한 모든 요청과 소원이 전부 청원에 해당한다.

2. 청원의 상대방

청원의 상대방은 관할관청이나 국민대표기관이어야 한다. 독일연방의회, 주(州) **1147** 의 의회(Landtage und Bürgerschaften)뿐만 아니라 지방자치단체의회도 **국민대표기관**에 해당한다(기본법 제28조 제1항 제2문 참조).[3] 일반적 견해에 의하면 관청의 **관할**은 조직법적으로 엄밀하게 이해되어서는 안 되며, 따라서 기관서열을 지켜야 할 필요는 없다.[4] 기본법 제17조는 청원사항에 대한 관할권이 없는 기관에 청원이 제기된 경우에는 관할기관에 그 청원을 이송할 것을 요구하고 있는 것으로 해석된다.[5]

---

2) *Brenner*, MKS, Art. 17 Rn 31; *Jarass*, JP, Art. 17 Rn 4; *Kloepfer*, VerfR Ⅱ, § 76 Rn 19; 이견으로는 *Krings*, FH, Art. 17 Rn 41; *Stern*, StR IV/2, S. 305.
3) 뮨스터 고등행정법원(VGH Münster), DVBl. 1978, 895; 듀셀도르프 주(州)고등법원(OLG Düsseldorf), NVwZ 1983, 502; 이견으로는 류네부르크 고등행정법원(OLG Lüneberg), OVGE 23, 403/407.
4) E 2, 225/229.
5) BVerwG, DÖV 1976, 315; 이견으로는 *Krüger*, FH, Art. 17 Rn 57.

3. 내용에 관한 적법요건

1148 연방헌법재판소의 판례에 따르면 "법률로 금지된 것을 주장"하거나 "모욕적, 도 발적 또는 협박적인 내용을 포함하고 있는" 청원은 부적법하다.6) 그러나 이 판 례는 청원인의 행태에 대한 평가와 청원인이 청원대상기관에 대하여 요구하는 행태에 대한 법적 평가를 혼동하고 있는 것이다.7) 한편으로는 청원의 형식을 띤다고 하여 **법적으로 금지된 행태**가 적법하게 되는 것은 아니다. 그러므로 형법 에 위반되는 청원은 기본법 제17조에 의하여 보호받지 못한다. 형법의 해석에 있어서는 기본법 제17조의 객관법적 의미를 고려하여야 함은 물론이다.

1149 예: 모욕적인 표현은, 그것이 정당한 이익을 도모하기 위한 것인 경우에는(형법 제193 조) 정당화될 수 있다. 청원을 통해서는 개인의 이익을 주장할 수 있을 뿐만 아니라 공 공의 관심사를 추구할 수도 있기 때문에 공공의 이익을 도모하는 것도 형법 제193조에 따라 정당화될 수 있어야 한다(또한 뒤셀도르프 주(州)고등법원[OLG Düsseldorf], NJW 1972, 650).

1150 다른 한편, 청원으로 **법적으로 금지된 것**을 요구한다고 하여 그 청원이 부적법하 게 되는 것은 아니다. 법개정을 촉구하는 것이 청원의 의미 있는 내용 중의 하 나일 수 있기 때문이다. 법원에 대한 제소는 훨씬 엄격한 적법요건을 충족하여 야 하지만, 제소를 통해 법적으로 금지된 것을 추구한다는 이유만으로는 그 제 소가 부적법하게 되는 것은 아니다. 이와 같은 점을 고려한다면 법적으로 금지 된 것을 요구하는 청원도 적법하다는 것을 알 수 있다.8)

4. 청원의 처리내용에 대한 통지청구권

1151 기본법 제17조는 그 문구에 따르면 거기에 열거되어 있는 기관에 호소할 수 있 는 권리만을 부여하고 있는 것으로 보인다. 그렇게 본다면, 그 규정으로부터 해 당 기관들이 청원을 수리할 의무를 도출하더라도 청원권은 무기력한 도구에 지 나지 않는다. 청원권은 개인의 관심사에 대한 내용적 검토가 행해질 때에만 본

---

6) E 2, 225/229.
7) *Stein*, AK, Art. 17 Rn 23 참조.
8) *Klein*, MD, Art. 17 Rn 55; *Kloepfer*, VerfR II, § 76 Rn 30.

래의 의미의 권리구제수단이 된다. 그에 따라 기본법 제17조는 청원의 **심사 및 그 처리결과의 통지** 청구권을 포함하는 권리라는 점이 일반적으로 인정되고 있다. 위 통지로부터 "적어도 기관이 청원의 내용을 인지하였다는 점 그리고 그 처리의 종류"를 알 수 있어야 하며, "특별한 이유제시"까지는 필요하지 않다.[9] 그러나 통설은 이 권리에 적어도 간단한 이유제시 청구권이 포함되어 있다고 본다.[10]

Ⅲ. 제한 및 헌법적 정당화

상술한 요청 수준에 미달하는 것은 모두 청원권에 대한 제한을 의미한다. 기본 **1152** 법 제17조는 법률유보를 포함하고 있지는 않다. 기본법 제17a조 제1항은 군인의 집단청원에 대해서만 제한가능성(단락 709 참조)을 예정하고 있는데, 지금까지 「병무(兵務)소원에 관한 법률(WBO)」 제1조 제4항에 의한 요청이 아닌 소원과 관련해서만 그러한 제한가능성이 원용되어왔다. 연방헌법재판소는 상충하는 헌법에 의한 제한만이 정당화된다고 인정한 바 있다.

예: 이른바 접촉금지법(Kontaktsperrgesetz)은 1977년에 「법원조직법 시행에 관한 법률 **1153** (EGGVG)」 제31~38조를 도입하였다. 그에 따르면 수감된 사람들 상호 간의 연락은 물론 외부세계와의 모든 연락을 한정된 기간동안 엄격히 단절시키는 것이 허용된다. E 49, 24/64 f는 동법에 포함되어 있는 기본법 제17조에 대한 제한을 "중차대한 공동체적인 가치라는 이익", 즉 테러리즘에 동조하는 폭력범죄자들로부터의 생명보호를 위하여 정당화하였다.

사례 22(단락 1143)에 대한 약해: **1154**

 Ⅰ. 甲의 서한이 적법한 청원에 해당하고 그 청원사항에 대한 처리결과가 실질적으로 甲에게 통지되지 아니하였다면, 이 사건은 기본법 제17조의 **보호영역**에 해당된다.

 1. 문화부장관이 사건을 검토하고 관할관청의 기존 결정을 취소해달라는 요청은 의문의 여지 없이 청원의 개념에 해당한다. 또한 甲이 관할기관에 청원을 제기하여야 한다는 요건과 관련해서는, 장관은 그 관할관청의 행정작용의 합법성에 대한 책임을 지는

---

 9) E 2, 225/230; BVerfG, NJW 1992, 3033; BVerwG, BayVBl. 1991, 152; 이견으로는 브레멘 고등행정법원(OVG Bremen), JZ 1990, 965/966 f 참조.

10) *Klein*, MD, Art. 17 Rn 90 f; *Kloepfer*, VerfR Ⅱ, § 76 Rn 16; *Stetttner*, BK, Art. 17 Rn 92 ff.

자라는 점에 비추어 이 요건도 충족되어 있다고 보아야 한다. 연방헌법재판소의 판례에 따르면 "모욕적, 도발적, 협박적인 내용을 포함하고 있는" 청원은 부적법하다(E 2, 225/229). 보다 일반적으로 말하면 청원은 – 합헌적인 – 형법에 위반되어서는 안 된다. 경우에 따라 소를 제기하겠다는 甲의 위협을 허용되지 않는 압력수단으로 볼 수는 없기 때문에 甲의 청원은 결코 부적법한 것이라고 할 수는 없다.

2. 이로부터 甲에게는 청원을 접수한 기관에 대한 청원수리 청구권은 물론 청원의 심사 및 처리결과의 통지 청구권이 발생한다. 이 처리결과의 통지에는 판례에 의하면 그 이유가 제시될 필요는 없지만, 청원인이 그 통지로부터 청원처리 담당기관이 청원사항을 검토하였다는 점과 청원처리의 내용을 알 수 있어야 한다. 반면에 통설은 간단할지라도 이유의 제시가 필요하다고 본다. 위 사건에서 甲에게 도달된 통지에서는 문화부장관이 청원사항을 검토하였으나, 이에 대한 어떤 조치도 취하지 않고 있음을 알 수 있다. 따라서 이 경우에는 판례가 제시한 요건은 충족되었으나, 학설이 제시하고 있는 보다 엄격한 요건은 충족되지 않은 것이다.

Ⅱ. 판례에 의하면 기본법 제17조에 대한 **제한** 자체가 존재하지 않는다. 그러나 이에 대한 이견에 의하면 제한의 존재를 인정할 수 있을 것이고, 그 제한에 대한 아무런 헌법적 정당화 근거가 없으므로 기본법 제17조에 대한 위반도 인정될 것이다.

1155 참고문헌: *H. Bauer*, Das Petitionsrecht: Eine Petitesse?, in FS Stern, 2012, S. 1211; *A. Guckelberger*, Neue Erscheinungen des Petitionsrechts – E-Petitionen und öffentliche Petitionen, DÖV 2008, 85; *W. Hoffmann-Riem*, Zum Gewährleistungsgehalt der Petitionsfreiheit, in: FS Selmer, 2004, S. 93; *M. Hornig*, Die Petitionsfreiheit als Element der Staatskommunikation, 2001; *C. Langenfeld*, Das Petitionsrecht, Hdb. StR³ Ⅲ, § 39; *U.F.H. Rühl*, Der Umfang der Begründungspflicht von Petitionsbescheiden, DVB1. 1993, 14; *W. Vitzthum/W. März*, Das Grundrecht der Petitionsfreiheit, JZ 1985, 809.

§ 26 권리보호의 보장(기본법 제19조 제4항)

사례 23: 형집행에서의 이의제기절차(출전: E 40, 237) **1156**

甲은 교도소에서 자유형의 형기를 채우고 있다. 교도소장은, 甲이 교도소 내 규칙을 위반하였다는 이유로 甲에게 감치를 명했다. 2주일 후 甲은 이에 대하여 이의(Beschwerde)를 제기하였으나, 교정청장은 이를 이유 없는 것으로 기각하였다. 甲은 「법원조직법 시행에 관한 법률(EGGVG)」 제23조에 따라 법원의 재판을 청구하였으나 주(州)고등법원은 이의제기 기간의 경과를 이유로 이를 부적법 각하하였다. 이와 관련하여 법원은 이의절차를 먼저 경료한 후에 법원재판을 청구할 수 있도록 하는 「법원조직법 시행에 관한 법률」 제24조 제2항 및 교정청장에 대한 이의제기 기간을 일주일로 명시하고 있는 행정규칙을 그 근거로 삼았다. 위 주(州)고등법원의 재판은 기본법 제19조 제4항에 위반되는가? 이 사례에 대한 약해는 **단락 1178**을 보라.

I. 개관

기본법 제19조 제4항은 형식적 기본권 내지는 **절차적 기본권**이다. 즉 기본법 제19조 제4 **1157** 항은 실체법적 권리의 존재를 전제로 그 법적 효력이 사법절차를 통하여 실제로 발휘되도록 보장한다. 이 기본권의 형식법적 의의는 기본법 제2조 제1항의 실체법적 의의에 상당하는 것이다. 즉, 기본법 제2조 제1항이 빈틈없는 실체적 자유의 보호를 완성하고 있다면, 기본법 제19조 제4항은 권리에 대한 사법적 보호를 빈틈없이 보장하는 것이다. 기본법 제19조 제4항은 법치국가와 연관 관계에 있으며 법치국가의 대관(戴冠), 법치국가를 완성하는 마감돌로 불리고 있다.[1] 민사분쟁에서의 권리구제절차의 보장은 기본법 제19조 제4항이 아니라 일반적 사법보장청구권으로부터 추론되는 것이며, 연방헌법재판소는 법치국가원리로부터 일반적 사법보장청구권을 도출하고 있다.[2]

기본법 제19조 제4항은 **규범에 의하여 구성되는** 보호영역을 갖는 기본권이다. 권리구제절 **1158**

---

[1] *Dürig*, Gesammelte Schriften 1952~1983, 1984, S. 137 ff 참조.
[2] E 93, 99/107; 97, 169/185; 107, 395/401; 108, 341/347; 117, 71/122; BVerwG, DÖV 2017, 115.

차를 통해 권리를 보호받기 위해서는 법원이 만들어져야 하고 그 관할이 설정되어야 하며 절차가 마련되어야 한다. 기본법 제19조 제4항은 법원조직법과 법원의 절차법들을 전제로 하고 있으며 흔히 재판의 제도적 보장으로 지칭된다.[3] 그러나 동시에 헌법규정인 기본법 제19조 제4항이 어느 정도로 권리구제절차를 인정할 것인지의 문제를 그 하위법이 완전히 규정하도록 해서는 아니 된다. 이에 따라, 기본법 제19조 제4항 제2문은 입법자가 공법적 분쟁에 대한 관할권을 전문법원에 부여하고 있지 않은 경우에는 통상의 법원이 그 관할권을 보유한다고 규정함으로써 기본법 제19조 제4항의 하위법에 대한 어느 정도의 독립성을 지키고 있다. 그 밖에도 연방헌법재판소는 "실효적인 권리보호"를 요구함에 따라 입법자에게 권리구제절차의 개설과 권리보호의 범위에 대한 규준을 제시하고 있다.

II. 보호영역

1. 공권력

1159 공권력 또는 국가권력이라는 개념은 기본법에서 보통 입법작용, 집행작용, 사법작용을 의미한다(기본법 제1조 제1, 3항, 제20조 제2항, 제93조 제1항 제4a호). 그런데 기본법 제19조 제4항에서는 그 개념이 다음과 같이 다른 의미를 갖고 있다.

1160 — 연방헌법재판소 판례[4]에 따르면 기본법 제19조 제4항의 공권력 개념은 **사법작용을 포함하지 않는다.** 기본법 제19조 제4항의 목적은 법관에 **대한** 보호가 아닌 법관에 **의한** 보호를 보장하는 것이다. 법치국가원리의 요소인 법적 안정성 원칙과의 체계적 연관성도 그와 같은 결론을 뒷받침한다. 즉 법적 안정성을 위하여 법관의 재판에는 기판력이 인정되어야 한다. 만일 법관의 재판에 대하여 거듭하여 권리구제절차를 밟을 수 있게 된다면 법적 안정성을 확보하는 것은 불가능하게 될 것이다.[5] 연방헌법재판소는 법관이 기본법 제103조 제1항의 청문권을 침해하는 경우 법치국가원리에 의해서 보장되는 일반적 사법보장청구권으로부터 적어도 한 차례 이상 법원에 의한 권리의 보

---

3) *Iber*, FH, Art. 19 IV Rn 19 ff; 비판적 견해로는 *Schenke*, BK, Art. 19 Abs. 4 Rn 39 f.
4) E 49, 329/340 f; 107, 395/404 ff.
5) 같은 견해로는 *Jarass*, JP, Art.19 Rn 45; *Ramsauer*, AK, Art. 19 Abs. 4 Rn 55 f; *Schenke*, Art. 19 Abs. 4 Rn 371 ff; 이견으로는 *Huber*, MKS, Art. 19 Rn 435 ff; *Ibler*, FH, Art. 19 IV Rn 91 ff; *Uhle*, Hdb. GR V, § 129 Rn 14.

호를 받을 권리를 도출하고 있다.[6]

- 연방헌법재판소의 판례[7]에 따르면 기본법 제19조 제4항의 공권력의 개념에　**1161**
는 **입법**, 특히 형식적 의미의 입법은 **포함되지 않는다.** 이는 물론 의문의 여지
가 전혀 없는 것은 아니나 명증한 체계적 논거에 의거하여 논증할 수 있다.
즉 법원에 의한 법률의 합헌성 심사를 의미하는 규범통제는 기본법 제93조
제1항 제2호, 제93조 제1항 제4a호, 제100조 제1항 등 기본법의 여러 곳에서
규율되고 있다. 이러한 규정들의 공통적인 특징적인 요소는 (기본법 제93조
제1항 제4a호를 예외로 한다면) 형식적 의미의 법률에 대한 규범통제절차를 개
시할 수 있는 권능이 개인의 수중에 있지 않다는 것, 또한 이러한 절차를 수
행하는 것도 기본법 제19조 제4항에서 언급된 통상의 (민형사)법원 및 전문
법원의 수중에 있지 않다는 것이다. 이러한 특징적 요소가 기본법 제19조 제
4항에 의하여 훼손되어서는 안 되며, 따라서 (의회의) 입법은 기본법 제19조
제4항의 공권력 개념에서 제외되어야 한다.[8]

그러나 사법권과 입법권을 제외한 공권력에 해당하는 집행권은 **포괄적으로 사**　**1162**
법적 통제를 받는다. 집행부는, 기본법 제1조 제3항에 의하여 기본권의 구속을
받는 것과 마찬가지로(위 단락 229 이하 참조), 기본법 제19조 제4항을 통하여 기
본권의 준수여부를 통제받게 된다. 사법권에 근접해서 활동하기는 하지만 사법
권에 속하지 아니하는 사법보좌관[9] 및 검사[10]도 이러한 통제를 받는다. 기본법
제41조가 규정하는 선거심사절차는, 그와 관련한 행정청의 조치에 대해서는 법
원의 권리구제절차가 마련되어 있으므로, 연방의회선거 무효선언 청구와 관련
해서만 법원에 의한 권리보호에 대한 특별한 규율로서 적용된다.[11] 특히 기본
법 발효 이전 시대부터 이른바 특별권력관계 및 사법적 통제의 대상이 되지 않
는 고권행위(통치행위, 사면)와 관련하여 권리보호를 제한하려는 시도가 있었으

---

6) E 107, 395/407, 401; 이에 대하여는 *Voßkuhle*, NJW 2003, 2193; *Dörr*, Jura 2004, 334.
7) E 24, 33/49 ff; 24, 367/401.
8) 같은 견해로는 *Hesse*, VerfR, Rn 337; *Jarass*, JP, Art. 19 Rn 43 f; 이견으로는 *Ibler*, FH, Art.
　19 IV Rn 82 ff; *Schenke*, BK, Art. 19 Abs. 4 Rn 338 ff; *Schmidt-Aßmann*, MD, Art. 19 Abs.
　IV Rn 93 ff; *Uhle*, Hdb. GR V, § 129 Rn 14.
9) E 110, 397/407.
10) E 103, 142/156.
11) *Pieroth*, JP, Art. 41 Rn 4.

나, 그러한 시도는 이제 기본법 제19조 제4항으로 인하여 타당성을 가질 수 없게 되었다.[12] 물론 연방헌법재판소는 확립된 판례를 통해서 사면조치는 사법심사의 대상이 되지 않는다고 판시해왔다.[13] 끝으로 법규명령 및 규칙(실질적 의미의 입법)과 같은 집행부에 의한 법제정도 기본법 제19조 제4항이 의미하는 공권력에 속한다. 주(州)의 법이 행정소송법 제47조의 규범통제를 예정하지 않고 있는 경우에는 행정법원을 통한 권리보호는 확인소송을 통하여 이루어져야 한다.[14]

2. 권리침해

1163 기본법의 같은 절[15]에 열거되어 있는 기본권만이 아니라[16] 공·사법상의 **모든 권리가** 여기서 말하는 권리를 말한다. 기본법 제19조 제4항은 권리를 전제로 하는 것이지 그것을 창설하는 것이 아니다. 따라서 권리의 근거가 여타의 법에 있는 것인지가 결정적 의미를 갖는다.[17]

1164 예: 기본법상의 기본권, 헌법 하위의 효력을 갖는 유럽인권협약상의 기본권, 건축허가, 이동영업증,[18] 학자금지원, 생활급여 등의 청구권, 공법상의 결과제거청구권, 사법상의 소유권, 채권, 사원권, 유가증권에 대한 권리 등.

1165 권리침해는 권리에 대한 **위법적인 제한**을 의미한다. 위법적 제한의 실재는 권리구제절차의 적법 요건에 해당하지 않는다. 그것이 실제로 가해졌는지를 확인하는 것은 기본법 제19조 제4항에 의하여 법원에 부과된 과제이다. 권리구제절차의 적법 요건인 권리침해는 **주장하는 것으로** 족하며, 그것은 일관성과 가능성이 있는 주장이어야 한다.

1166 예: 행정소송법 제42조 제2항에 따라 행정법원에 제기하는 취소소송과 의무이행소송은 원고가 행정행위나 그 거부 또는 부작위를 통하여 자신의 권리를 침해받고 있음을 주장

---

12) *Kloepfer*, VerfR II, § 74 Rn 8; *Schenke*, BK, Art. 19 Abs. 4 Rn 190 ff 참조.
13) E 25, 352/358; BVerfG, NJW 2001, 3771; 그러나 사면조치의 철회에 대해서는 사법심사가 가능하다고 보는 E 30, 108/111.
14) E 115, 81/92 ff.
15) [역주] 제1절 기본권.
16) 그러나 그에 한정된다고 보는 견해로는 *Pestalozza*, NVwZ 1999, 140.
17) E 15, 275/281; 83, 184/194 f.
18) [역주] 행상을 하려는 자가 휴대하여야 하는 이동영업허가증.

하는 경우에만 적법하다. 이는 결국 기본법 제19조 제4항이 전제하고 있는 것을 요구하는 것에 해당하므로 행정소송법 제42조 제2항은 기본법 제19조 제4항의 보호영역 안에서 이뤄진 제한이 아니다.

행정청의 은밀한 감시조치는 그에 대한 권리보호의 구조적 문제를 제기한다. **1167** 감시조치로 잠재적 감시대상이 될 수 있는 개인은 그 감시조치의 은밀성으로 인하여 구체적인 사건에서 사실상 자신의 관련성을 입증하기가 어렵다. 기본법 제19조 제4항에 포섭되지 아니하는 법률헌법소원에서 연방헌법재판소는 소원청구인이 그 감시조치의 대상이 되고 있을 "어느 정도의 개연성"이 있으면 소원적격 요건이 충족될 수 있는 것으로 본다.[19] 이에 비하여 연방행정법원은 원고가 자신이 감시조치와 관련되어 있음을 입증할 수 없는 경우에는 그에게 전략적인 통신감청에 대한 원고적격을 인정하지 않고 있다. 행정청에 의한 감청 기록의 삭제는 그 개인의 이익을 위한 것이기도 하기 때문에 입증책임을 전환하여야 할 이유가 없다는 것이다.[20] 그러나 이와 같은 연방행정법원의 판단이 개인이 받는 제한의 정도가 사소한 것일 수 있다는 점이나 의회의 관할통제위원회에서 감청조치에 대한 통제가 이루어지고 있다는 점을 근거로 하는 것이라면, 그 판단은 사소함을 이유로 권리구제를 거부하거나 - 기본법 제10조 제2항 제2문 이외에는 - 의회의 절차를 통해서 대체될 수 없는 기본법의 권리보호에 대한 보장을 간과하는 것이다.[21]

기본법 제19조 제4항은, 기본권주체가 **자신의** 권리를 침해받고 있어야 한다는 **1168** 요건을 통하여 **민중소송**(임의의 법 위반을 주장하는 임의의 개인의 소)이나 **단체소송** (단체구성원의 권리의 침해 또는 단체의 관심사에 따라 여타의 법규범의 침해를 주장하는 단체의 소)을 보호하지 않는다는 것을 명확히 하였다.[22] 그러나 권리구제절차의 보장이 그러한 유형의 소송을 금지하는 것은 아니다. 그러한 소송들을 일반적으로나 특정 영역에서 도입하는 것은 입법자의 자유에 맡겨져 있다.

예: 바이에른 헌법재판소법 제53조 제1항 제1문은 다음과 같이 규정하고 있다: "누구나 **1169**

---

19) E 122, 63/81 f; 125, 260/305; 133, 277/311 ff.
20) BVerwG, JZ 2014, 994/996.
21) *Gärlitz*, JZ 2014, 998/1000 f.
22) BVerfG, NVwZ 2001, 1149; *Michael*, Verwaltung 2004, 35 참조.

법률 또는 명령이 허용되지 아니하는 기본권 제한을 가하고 있다는 이유로 헌법재판소
에 소원을 제기함으로써 그 위헌성(헌법 제98조 제4문)을 주장할 수 있다"(민중소송).
— 「환경사건에서의 권리구제수단에 관한 보완법률」(UmwRG) 제2조 및 연방자연보호
법(BNatSchG) 제64조 제2항에 따라 연방이나 주(州)에 의하여 인정받은 단체들에게는
단체 자체의 소권이 부여되었다(실체법적 단체소송; *Calliess*, NJW 2003, 97 ff; *Schlacke*,
Überindividueller Rechtsschutz, 2008). 반면에 「환경사건에서의 권리구제수단에 관한 보
완법률」 제2조 및 연방자연보호법 제64조에 근거를 두는, 승인받은 자연보호단체의 소
권은 행정절차에 대한 참여에 국한되어 있다(절차법적 단체소송; BVerwGE 87, 62/69 f
참조).

3. 권리구제절차의 개설

1170 권리구제절차를 개설함으로써 법원에의 **제소가능성**(Zugang), 즉 법원에서 전개
되는 **절차**와 법원에 의한 **재판**이 보장되어 있다. 여기서 말하는 법원은 조직상
의 지위와 인적 구성과 관련하여 기본법 제92조와 제97조의 요청을 충족하는
국가의 법원을 의미한다.[23] 기본법은 분야별로 분화된 다양한 재판에 대하여
규정하고 있으며(기본법 제95, 96조) 통상재판의 몇 가지 관할권도 설정하고 있
다(기본법 제14조 제3항 제4문, 제34조 제3항, 보충적인 의미가 있는 관할권으로는 기본
법 제19조 제4항 제2문). 그 밖에 기본법은 법원조직과 법원절차의 형성을 입법자
에게, 아니 **전적으로 입법자에게만** 맡겨두고 있다. 법관은 법률에만 구속되기 때
문에 입법자만이 권리구제절차를 개설하거나 폐쇄할 수 있으며, 행정 역시 그
렇게 할 권한이 없다. 다단계의 심급을 설치할 것인지 아니면 단심의 법원 절차
를 마련할 것인지는 입법자의 자유에 맡겨져 있다. 기본법 제19조 제4항은 법
관에 대한 보호가 아닌 법관에 의한 보호를 보장하는 것이므로 제2심 또는 제3
심에서의 권리구제절차를 요구하는 것은 아니다.[24]

1171 권리보호의 보장은, 법원이 권리보호청구의 내용을 심사할 의무를 지지 않고
또한 재판과 관련하여 임의로 많은 시간을 사용할 수 있다면, 무용지물이 될 것
임이 명백하다. 이 때문에 연방헌법재판소는 기본법 제19조 제4항은 기본권에
실효성을 확보해 주는 **실효적인 권리보호**를 보장하고 있으며, 이 권리보호가 "공

23) E 11, 232/233; 49, 329/340.
24) E 4, 74/94 f; 104, 220/231 f; 107, 395/401 ff; BVerwGE 120, 87/93.

전"해서는 안 된다고 강조하여 왔다.25) 이를 통해서 권리보호의 보장과 절차적 권리로서의 각 기본권(단락 126 참조)은 상호 공동작용하고 있다.

예: 권리보호가 실효성을 가지려면 항상 이에 대한 권리구제절차가 마련되어 있어야 한 **1172** 다. 그런데 권리구제절차들 사이의 경계의 불확실성은 권리보호를 모색하는 이들에게는 부담으로 작용하게 된다(BVerfG, NJW 2017, 545/546 f = JK 8/2017, 또한 단락 489도 보라). 법원은 법적 측면과 사실적 측면에서 완전한 심사를 수행하여야 하며(E 64, 261/279; 78, 88/99; 103, 142/156), 이를 위해서는 행정과 관련한 문서도 함께 살펴볼 수 있어야 한다(E 101, 106/125 ff). 기본법 제19조 제4항 제1문은 긴급권리보호절차에서만 이 아니라 원칙적으로 본안에 관해서도 실효성 있는 권리보호를 보장한다(BVerfG, NVwZ 2017, 305/306). 다단계행정절차에 있어서 현실적으로 사후 수정을 기대하기 어려운 확정적 결정이 사실적 견지에서 내려지는 경우에는, 그러한 확정적 결정으로 인하여 곧바로 사후의 기본권 제한이 조기에 법적으로 확정되는 것은 아니라고 하더라도, 그 행정절차의 선행 단계를 대상으로 하는 권리보호가 보장되어야 한다(E 134, 242/311 = JK 5/2014; NVwZ 2017, 149/150; *Beier*, DÖV 2015, 309/311 ff, 또한 단락 1047을 보라). - 권리보호를 모색하는 자가 자력이 없는 경우에는 소송구조를 통해서 법원에 제소하는 것이 가능하도록 해야 하고(BVerfG, DVBl. 2001, 1748), 합리적 이유 없는 절차법적 장애(E 60, 253/266 ff)에 직면하도록 해서는 안 된다. 법관이나 검사(BVerfG, NJW 2007, 1345 f)에 의해 내려진 수색(E 96, 27/40), 체포(E 104, 220/233 ff), 통신감청(BVerfG, NJW 2005, 1637, 1855) 등의 명령 및 긴급절차에서 내려진 재판에 대한 심사를 그것이 이미 집행되었거나 종료되었다는 이유로 거부해서는 안 된다(BVerfG, NVwZ-RR 2015, 881/881 f). 또한 헌법재판소(유럽인권재판소[EGMR], NJW 2001, 486/492)를 포함한 법원은 적정한 기간 내에 재판을 하여야 한다(E 93, 1/13; BVerfG, NVwZ 2011, 486/492). 법원조직법(GVG) 제198조 이하와 연방헌법재판소법 제97a조 이하는 소송기간이 부당히 늘어진 경우를 위한 독자적인 보상절차를 예정하고 있는데, 다만 이러한 보상절차 중 헌법소원과 관련하여 소송절차가 이미 종료된 경우에는 그 권리보호의 필요성이 소멸된다(BVerfG, JZ 2013, 145 [단락 1324를 보라]). 잠정적인 권리보호가 없는 경우 피할 수 없는 수인불능의 손해가 발생하게 된다면, 잠정적인 권리보호가 보장되어야 한다(E 65, 1/70 f; BVerfG, NVwZ 1997, 479/489); 실효적인 권리보호는 법원에서의 절차가 개시되기 전 단계에서 행정이 충분한 근거 없이는 완성된 사실을 조성하는 조치를 취하지 말 것을 요구하고(E 37, 150/153; 69, 200/227 ff), 법적 지식이 없는 개인에게

---

25) BVerfG, NJW 2010, 2864.

는 법에 대하여 설명해 주고(설명의무; E 53, 69/74 f의 소수의견 참조) 직업자격시험에서는 그 평가의 근거를 제시할 것을 요구한다(단락 995 참조); 개인은 판례가 자신의 권리와 그 권리보호의 가능성을 어떻게 판단하고 있는지를 충분히(zuverlässig) 알 수 있어야 하고, 또한 선고된 판결에 대한 열람청구권을 가지며, 이러한 청구권으로부터 중요한 재판을 공개하여야 할 의무가 도출된다(BVerwGE 104, 105 참조). 법원의 재판에 대한 집행은 실효성이 있어야 한다(BVerfG, BayVBl. 2000, 47).

1173 권리보호의 보장 내지 사법적 심사는 공권력의 작용이 **규범에 의하여 규율되어 있지 않은** 곳에서 **한계**에 직면한다. 법원은 국가작용의 합목적성이 아니라 그 합법성을 통제한다. 입법자가 행정기관에게 결정의 여지를 부여하고 있는 경우(재량의 여지 및 판단의 여지)[26)에는 법원은 행정기관이 그 결정의 여지를 유월하였는지만을 심사할 수 있다. 입법자가 행정기관에게 결정의 여지를 부여하고 이로써 사실상 어느 정도의 최종결정권을 부여하는 것은, 입법자가 개인의 권리의 범위와 내용을 한정하고 있는 한, 기본법 제19조 제4항에 합치한다.[27) 연방헌법재판소는 불확정 법률개념을 통해 표시된 구성요건적 전제의 충족 여부를 완결적으로 결정할 수 있는 권한을 행정기관이 개별적인 법률규정으로부터 적어도 암묵적으로라도 부여받았고(이른바 규범적 수권설)[28) 또한 그러한 수권이 기본법 제19조 제4항에도 불구하고 권리보호의 기능적 한계를 통해 정당화될 수 있는 경우[29)에만 사법심사의 가능성을 축소하는 판단여지를 인정하고 있다.

1174 예: 시험에 관한 결정은 시험의 상황을 고려하여 내려져야 하고, 그 결정은 사후의 행정쟁송절차에서 재현될 수 없으며, 기회균등은 모든 경쟁자에 대한 시험과 평가를 통한 비교의 테두리 안에서 후보자를 시험하고 평가할 것을 요구하므로 법적으로도 그 재현에는 한계가 있다. 그에 따라 오래전부터 시험법상 판단 여지가 인정되어 왔으며, 이러한 판단의 여지로 인하여 사법적 통제의 대상은 절차의 오류와 여타 법적 오류, 사실관계의 오인, 일반적으로 타당한 평가규준의 위배 그리고 사리에 반하는 형량의 통제에 국한되었다. 그러나 연방헌법재판소는 이러한 사법적 통제의 범위를 확대해 왔다. 연방헌법재판소는 시험관과 수험생 사이의 전문적인 견해차이도 사법통제의 대상에 포함시

---

26) 이에 대하여는 *Maurer*, Allg.VwR, § 7 참조.
27) E 129, 1/20 ff.
28) E 88, 40/56 ff; BVerwGE 94, 307/309 ff; 100, 221/225; 또한 *Pieroth/Kemm*, JuS 1995, 780도 참조.
29) *Poscher*, in: FS Wahl, 2011, 527.

켰으며, 이와 같이 상이한 견해들이 주장될 수 있는 경우에는 시험관에게 평가의 여지
를 인정하는 것과 마찬가지로 수험생에게는 답변의 여지를 인정하였다(E 84, 34/54 f;
BVerfGE 104, 203/206; *Müller-Franken*, VerwArch 2001, 507).

III. 제한

권리구제절차를 형성하는 요소가 아닌 국가의 조치만이 이 기본권에 대한 제한이 **1175**
될 수 있다(단락 147 이하). 기본법 제19조 제4항의 보호영역은 규범에 의하여
구성되기 때문에 그 보호영역에 대한 형성은 불가결한 것이며, 또한 당사자능
력, 소송능력, 변호사강제주의, 제소기간 및 제척기간, 법원의 재판의 구속력,
기판력 등에 관한 소송법적 규정들을 통하여 제한받게 되는 자연법적 권리보호
는 존재하지 아니한다. 권리보호 및 법적 안정성이 기능하기 위한 조건들에 비
추어 필요하지 않음에도 부적절하게 그리고 권리보호를 도모하는 자들이 수인
할 수 없을 정도로 법률로써 법원에의 제소나 법원에서의 구제절차를 어렵게
만드는 것만이 제한에 해당한다. 아울러 행정이나 사법작용 자체가 권리구제절
차의 법률적 형성에 대한 권리구제절차를 어렵게 만들거나 방해하는 경우도 이
권리에 대한 제한이 존재하게 된다.

자주 논의되고 있는 문제는 실체적 실권규정 및 행정절차법적인 **실권규정**에 대 **1176**
한 것이다.[30] 연방헌법재판소는 실권규정은 기본법 제19조 제4항에 의하여 만
들어지는 것이 아니라 이에 전제되어 있는 실체법 성격의 권리를 구체화하고
있는 것이지만, 기본법 제19조 제4항의 기본권으로부터 "사법적 권리보호절차
에 선행하는 행정절차의 형성에 대한 선행효과"가 발생하기 때문에 그 실권규
정은 기본법 제19조 제4항을 규준으로 판단하여야 한다고 한다.[31]

IV. 헌법적 정당화

기본법 제19조 제4항은 법률유보를 포함하고 있지 않다. 그러므로 그에 대한 **1177**

---

30) *Schenke*, BK, Art. 19 Abs. 4 Rn 758 ff 참조.
31) E 61, 82/110.

제한은 상충하는 헌법에서만 헌법적 정당화 가능성을 찾을 수 있을 뿐이다. 그러나 연방헌법재판소는, 기본법 제19조 제4항에 대한 제한을 정당화하기에 "충분한 비중"을 갖는 사유로 족하다고 판시함으로써[32] 위와 같은 기본권 일반이론(단락 379 이하)에서 벗어나고 있다. 그렇지만 법의 보호 및 법적 안정성이 작동하기 위한 조건이 요구하지 않는 권리구제절차에 대한 규율만이 형성과 구분되는 제한이라 할 수 있다. 그러므로 법의 보호 및 법적 안정성이라는 상충하는 헌법적 법익들로부터 기본법 제19조 제4항에 대한 제한을 정당화하는 근거를 발견할 수는 없다. 따라서 이와 관련해서는 모든 제한이 헌법적으로 정당화될 수 없는 침해에 해당하는 것이다.

1178 사례 23(단락 1156)에 대한 약해:

I. 위 사례는 기본법 제19조 제4항의 **보호영역**과 관련되어 있다. 즉 甲은 행정기관의 조치, 즉 행정기관의 금치처분에 대하여 법원에 제소하고자 하며, 甲은 자신의 권리인 신체의 자유의 기본권에 대한 침해를 주장할 수 있다. 권리구제절차의 개설은 법원으로 하여금 행정의 조치를 법적·사실적 견지에서 모두 심사하도록 하는 것을 의미한다.

II. 위 사례에서는 주(州)고등법원이 甲의 재판청구를 이의제기의 기간이 경과했음을 이유로 부적법 각하함으로써 행정기관의 조치에 대한 심사가 이루어지지 않고 있다. 이와 관련하여 동 법원은 행정규칙이 명시하고 있는 이의절차에 대한 규율을 그 근거로 들고 있다. 이 사건에서 권리구제절차에 대한 규율이 형성에 국한되어 있지 않다면 제한이 존재하는 것이다. 그 규율은, 권리구제절차의 이용이 법률에 의하여 부적절하게 그리고 수인할 수 없을 정도로 곤란해지지 않는 한, 기본법 제19조 제4항의 기본권에 대한 형성으로서 허용된다. 단 1주일의 이의제기 기간은 형집행에 있어서는 적절하고 또 수인가능한 것으로 볼 수 있다(E 40, 237/258). 그러나 위와 같이 연방헌법재판소가 그 권리구제절차가 법률에 의하여 충분히 형성되어 있다는 것을 전제하는 것은 의문스럽다. 연방헌법재판소는 입법자가 「법원조직법 시행에 관한 법률」 제24조 제2항에서 기본적인 결정을 내렸고, 이에 비하여 행정규칙은 단순히 "하위의 규율"일 뿐이라고 하나(E 40, 237/251), 기간의 문제는 일반적으로 항상 법률에 의하여 규율될 정도로 중요한 문제에 해당한다. 이러한 이유 등으로 위 판례는 광범위한 비판에 직면하고 있다(E 40, 260의 소수의견; *Schenke*, DÖV 1977, 27; *Schwabe*, JuS 1977, 661).

1179 참고문헌: *C. Bickenbach*, Grundfälle zu Art. 19 IV GG, JuS 2007, 813, 910; *R. Herzog*,

---

32) E 101, 106/124 f; BVerfG, NVwZ 2017, 305/409.

Verfassung und Verwaltungsgerichte — Zurück zu mehr Kontrolldichte?, NJW 1992, 2601; *H.-J. Papier*, Rechtsschutzgarantie gegen die öffentliche Gewalt, Hdb. StR^3 VIII, § 177; *B. Remmert*, Die Rechtsschutzgarantie des Art. 19 IV 1 GG, Jura 2014, 906; *W.-R. Schenke*, Die Rechtsschutzgarantie des Art. 19 IV GG im Spiegel der Rechtsprechung des Bundesverfassungsgerichts, in: Wolter/Riedel/Taupitz (Hrsg.), Einwirkungen der Grundrechte auf das Zivilrecht, Öffentliche Recht und Strafrecht, 1999, S. 153; *E. Schmidt-Aßmann*, Art. 19 IV als Teil des Rechtsstaatsprinzips, NVWZ 1983, 1; *A. Uhle*, Rechtsstaatliche Prozessgrundrechte und -grundsätze, Hdb. GR V, § 129.

§ 27 저항권(기본법 제20조 제4항)

1180 사례 24: 방공호 건설

연방국경수비대는 몇 주 전부터 대규모 방공호가 들어선 본(Bonn) 근교의 기지를 많은 인원을 동원하여 경비하고 있다. 시민들은 그 기지에서 무슨 일이 일어나고 있는지에 대하여 아무런 정보를 제공받지 못하고 있다. 이제 막 치러진 연방의회선거에서는 다수의 정당들이 의석을 확보하게 되어 가까스로 과반의석을 넘는 다수파가 형성될 수 있었다. 그에 따라 의회 운영이 난관에 직면하면서 험난한 입법기와 정권의 시기가 예고되고 있는 가운데 연방의회는 등원을 앞두고 있다. 이와 동시에 다수의 시민들은 연방국경수비대 소속 부대들의 움직임이 빈번해지고 또 늘어나고 있다는 인상을 받고 있다. 그 중 한 시민집단은 연방국경수비대 소속 부대들이 연방의회와 연방정부를 무력화하기 위하여 그 기지로 집결하고 있다고 확신하였고, 다른 시민집단은 대규모의 위험한 화학 공장의 건설을 준비 중이며 이에 대한 보안이 이루어지고 있는 것이라고 믿고 있다. 시민들은 저항의 표시로 야밤에 2개의 기지진입로에 송곳판을 놓아두었고, 이로 인해 연방국경수비대의 트럭 두 대가 퇴로가 막힌 채 진입로에 갇혀 있게 되었다. 결국 한 진입로 위에서는 많은 인명과 재산의 피해를 동반한 대규모 사고가 발생하였다. 그들은 법정에서 기본법 제20조 제4항을 원용하고 있다. 위 시민집단들의 주장은 타당한 것인가? 이에 대한 약해는 **단락 1185**를 보라.

1181 저항권은 긴급사태입법과 관련하여 기본법에 추가된 조항에 해당한다. 그 배경에는 다음과 같은 이중의 의도가 있었다. 한편으로는 헌법질서의 수호가 긴급사태법을 통해서 국가의 과제로 부과되어야 했을 뿐만 아니라 저항권에 의해 **개인의 권리**로 보장되어야 했다는 것이다. 다른 한편으로는 집행부, 헌법의 축소, 자유의 축소의 시간인 긴급사태 또는 비상사태가 **집행부에 의해서** 헌법질서를 제거하기 위해 **남용되지 않도록** 보장할 필요가 있다는 것이다.

1182 그와 같은 선량한 의도가 선한 결과를 가져올 것인지에 대해서는 회의적일 수밖에 없다. 기본법 제20조 제4항은 **법적 규율이 실패**하는 상황을 법적으로 규율하고자 한다. 즉 기본법 제20조 제4항이 말하는 다른 구제수단은 법적으로 규

율된 헌정질서 및 법질서의 궤도 위에 있는 구제수단을 의미하는데, 그 구제수
단의 작동이 불가능하다는 것이 저항권행사의 요건에 해당하는 것이다. 저항권
행사의 요건이 충족되어 있는 경우에는 헌정질서 및 법질서가 작동하지 못하게
됨으로써 시민들은 자신들의 저항권행사에 대한 법적 승인을 얻어낼 수 없다.
반대로 아직 헌정질서 및 법질서가 작동함으로써 시민들이 저항권에 대한 법적
승인을 얻어낼 수 있는 경우에는 저항권행사의 요건이 충족되어 있지 않다.[1]
풍자적으로 표현하자면 국가를 전복하려는 기도가 실패하게 되면 그 전복기도
에 저항했던 자들은 저항권이 아니더라도 어짜피 영웅적 대우를 받게 된다. 국
가를 전복하려는 기도가 성공하게 되면 저항을 했던 사람들은 새롭게 형성된
국가질서에 맞서 옛 질서를 원용할 수 없게 된다. 결국 기본법 제20조 제4항은
궁극적으로 법적으로 규율될 수 없고 개인의 양심에만 맡겨질 수 있는 것을 법
적으로 규율하고자 하는 것이다. 환언하면, 기본법 제20조 제4항은 상징적 기능
만을 가질 뿐인 것이다.[2]

기본법 제20조 제4항은, 헌정질서 방어를 위하여 법적 명령이나 금지를 무시하 **1183**
면서 행한 저항행위가 **합법적인 것**이 되도록 보장한다. 이는 국가가 기본법 및
하위법이 규율하는 긴급사태에서 헌정질서의 방어를 위하여 평상시에는 타당
한 법을 유예하는 것과 마찬가지인 것이다. 그럼에도 불구하고 시민의 저항행
위가 위법한 것으로 다루어진다면 기본법 제20조 제4항의 보호내용에 대한 제
한이 존재한다고 할 수 있다. 그리고 기본법 제20조 제4항에 대한 제한은 헌법
적으로 정당화될 수 없다.

저항권은 기본법 제79조 제3항에 의하여 **헌법개정**의 방식으로도 개정하거나 폐 **1184**
지할 수 없는 기본법 제20조의 요소에 해당하지 않는다. 기본법 제79조 제3항
은 기본법 제정 당시부터 존재하던 기본법 제20조 제1항부터 제3항까지만 관련
된다. 그렇게 해석하지 않는다면 헌법개정입법자가 기본법 제79조 제3항을 통
해 설정한 불변의 경계에 해당하는 헌법개정의 한계를 흔들어 버릴 수 있게 될
것이다.[3]

1) E 123, 267/333 참조.
2) *Kloepfer*, VerfR II, § 77 Rn 28 f.
3) *Hesse*, VerfR, Rn 761; *Pieroth*, JP, Art. 79 Rn 18 참조.

1185 사례24(단락 1180)에 대한 약해:

위 사례는 먼저 화학공장 및 원자력발전소 건설에 대해 항의하고자 하는 시민들의 행위에 대한 정당화가능성과 국경수비대의 쿠데타에 대하여 항의하고자 하는 시민들의 행위에 대한 정당화가능성을 구분하여 해결하여야 한다.

Ⅰ. 원자력발전소, 미사일의 배치, 생화학무기의 비치 등에 대한 항의는 애초부터 기본법 제20조 제4항의 보호영역의 대상이 되지 않는다. 그러한 조치들은 기본권을 제한하고 심지어는 기본권을 침해할 수도 있지만, 아직은 헌법질서의 수호와는 무관하다. 국가의 특정 에너지 정책 또는 군사정책에 대한 비폭력적 또는 폭력적인 저항형식을 통한 시민불복종, 그중에서도 특히 봉쇄조치가 정당화되는지의 문제도 기본법 제20조 제4항의 문제가 아니라, 강요죄의 구성요건(형법 제240조), 그 구성요건 중 폭력의 개념, 그리고 그러한 행위의 비난가능성의 기준에 대한 해석의 문제에 해당한다(단락 818 참조). 오늘날 시민의 저항 및 충성에 관한 논의에서는 무엇보다도 이러한 문제가 다루어지고 있다.

Ⅱ. 반면, 연방의회와 연방정부의 무력화는 기본법 제20조 제4항이 의미하는 헌법질서를 공격하는 것으로서 헌법질서를 제약할 뿐만 아니라 나아가 그것을 제거하게 될 것이다. 왜냐하면 그러한 기관들이 무력화된다면 국가권력은 국민으로부터 나오게 되지 않게 될 것이기 때문이다. 쿠데타를 기도하려는 연방국경수비대 소속 부대들이 집결함으로써 이미 예비의 단계에서 착수의 단계로 넘어가는 과도기에 도달한 것인지는 의문의 여지가 있을 수 있다. 또한 저항의 성공을 기약할 수 없음에도 하는 저항의 표시가 저항행위로서 정당화될 수 있는지도 의문의 대상이 될 수 있다. 그러나 어쨌든 아직 쿠데타를 기도하려는 연방국경수비대 소속 부대들이 집결한 상태일 뿐인 상황에서는 다른 구제수단들이 기능을 발휘하는 것이 가능하다. 위 사례에서의 시민들의 행위는, 그들이 상황을 적절히 평가한 것이라고 할지라도, 결코 기본법 제20조 제4항에 의하여 정당화될 수 없을 것이다(기본법 제20조 제4항의 원용과 관련한 착오의 문제에 대하여는 *Herzog*, MD, Art. 20 Abschn. Ⅸ Rn 44 참조).

1186 참고문헌: *R. Dreier*, Widerstandsrecht im Rechtsstaat?, in: FS Scupin, 1983, S. 573; *C. Enders*, Bürgerrecht auf Ungehorsam?, Staat 1986, 351; *J. Isensee*, Das legalisierte Widerstandsrecht, 1969; *A. Kaufmann/L.E. Backmann*, Widerstandsrecht, 1972; *H.H. Klein*, Ziviler Ungehorsam im demokratischen Rechtsstaat, in: FS Gesellschaft für Rechtspolitik, 1984, S. 177; *T. Laker*, Ziviler Ungehorsam, 1986; *U.K. Preuß*, Politische Verantwortung und Bürgerloyalität, 1984; *R. Rhinow*, Widerstandsrecht im Rechtsstaat?, 1984.

§ 28 직업공무원제의 전통적 원칙의 고려(기본법 제33조 제5항)

사례 25: 공무원에 대한 보조금(출전: E 58, 68)   **1187**

甲은 퇴직 경찰서장으로 호봉 A 8에 해당하는 연금을 받고 있다. 그가 가입한 민간의료 보험은 통원치료를 받을 때마다 치료비의 30%를 지불한다. 또한 법령의 규정에 의하여 그에게는 치료비의 65%에 상당하는 보조금이 지급된다. 甲은 재직할 때와 동등한 생활 수준을 영위할 수 있도록 기본법 제33조 제5항에 따라 치료비의 70%의 보조금청구권이 발생한다고 생각한다. 이러한 생각은 타당한 것인가? 이 사례에 대한 약해는 **단락 1193** 을 보라.

I. 개관

기본법 제33조 제5항은 그 문구해석에 의하면 기본권이나 기본권유사적 권리를 포함하 **1188** 고 있지 않다. 오히려 그 규정은 입법자에 대한 규율위임인 동시에 제도적 보장에 해당 한다. 그러나 연방헌법재판소는 통설에 따라 확립된 판례를 통해[1] 기본법 제33조 제5항 은 헌법소원으로 관철될 수 있는 공무원의 권리도 포함하고 있다는 견해를 취하고 있 다. 개별 공무원은 제9조 제3항을 통하여 노동자와 사무직원에게 보장된 노동쟁의의 가 능성 및 노사협약의 체결가능성을 가지고 있지 않기 때문에 그 법률관계의 형성을 위해 서는 기본법 제33조 제5항에서 유래하는 권리를 필요로 한다는 것이다.

II. 보호영역

직업공무원제라는 개념은 그 보호영역을 표시하고 있다. 그러나 이 제도의 보장 **1189** 은 다음과 같이 특이한 방식으로 **약화**되어 있다. 첫째, 전통적 공무원법의 개별 법규 전체가 아니라 그 기본원칙들이 보장의 대상이 된다. 둘째, 이 원칙들은 준수되어야 하는 것이 아니라 고려되어야 할 뿐이다. 헌법제정의회는 이를 의 식적으로 조문화하여[2] 입법자에게 "폭넓은 정치적 재량의 여지"를 열어놓았

---

1) E 8, 1/17; 107, 218/236 f; 117, 330/344; 130, 263/294 ff.
2) JöR 1951, 322 f 참조.

다.3) 셋째, 기본법 제33조 제5항의 "변형규범(Transformationsnorm)" – 그 규정은 구법을 현행법으로 수용한다 – 이라는 특성으로부터 여타의 기본법에 합치하는 전통적 원칙들만이 구속력을 갖는다는 점이 추론된다.4)

1190 연방헌법재판소는 직업공무원제의 전통적 원칙들이란 "일반적으로 또는 매우 압도적으로 그리고 전통이 형성되어 온 비교적 긴 시간 동안에, 적어도 바이마르헌법 당시에 구속력 있는 것으로 인정되고 또 지켜져 온 … 구조원리들의 핵심부분"으로 **정의**하고 있다.5) 연방헌법재판소는 그중 **가장 중요한 요소들**로서 다음과 같은 것, 즉 "임명권자에 대한 충성과 복종의 의무, 공평한 직무수행 의무, 전문적 직업교육, 본업으로서의 활동, 종신고용, 봉급, 퇴직연금, 유족연금에 대한 청구권"6)을 들고 있다. 그러므로 직업공무원제의 전통적 원칙들은 공무원법에 대한 객관법적 요구들 및 개별 공무원의 권리와 의무를 포함하고 있는 것이다. 기본권유사적 권리인 기본법 제33조 제5항의 내용으로서는 무엇보다도 **공무원의 권리들**이 고려대상이 된다.

1191 예: 기본법 제33조 제5항으로부터 직무에 상당하는 부양금(Alimentation),7) 즉 "최저수준의 안락한 삶"을 보장하는(확립된 판례; E 99, 300/315) 봉급과 연금의 지급(확립된 판례; E 71, 39/60) 청구권이 도출된다. 그러나 그 급여에 근무지수당까지 포함되어야 하는 것은 아니다(E 99, 300/315). 부양금의 적정성을 판단하는 기준으로 업적주의가 적용되는데, 이 원칙은 기본법 제33조 제2항이 능력 및 적성에 의한 선발을 요구하는 것에 근거를 두고 있는 것이다. 이 원칙은 공무원의 임명 및 승진에 일정 유형의 요건이 수반되는 경력도 포함한다. 승진한 공무원의 봉급을 인상하기 위한 대기기간을 적용하는 것은 업적주의와 부합하지 않는다(BVerfG, NVwZ 2017, 392/395 ff). 부양금의 수준이 "명백히 불충분한 경우에만" 헌법에 위반된다(BVerfG, NJW 2015, 1935/1937; NVwZ 2016, 223/224). 이에 따라 연방헌법재판소는 다음과 같은 5가지 변수에 징표로서의 의미만을 부여하고 있다(공직에서의 급여의 변동추세 및 급여에 관한 단체협약의 추세, 명목임금

---

3) E 76, 256/295.
4) E 3, 58/137; 또한 기본법 제123조 제1항 참조.
5) E 8, 332/343; 71, 255/268; 117, 330/348 f.
6) E 9, 268/286.
7) [역주] 국가가 공무원 및 그 가족에게 공무원의 서열에 비례하는 적정한 수준의 생활을 평생 영위할 수 있도록 의무적으로 지급하여야 하는 급부를 말한다. 우리나라의 공무원이 퇴직 후 받는 연금의 경우 공무원이 50%의 기여금을 납부해야 하지만, 독일 공무원은 그와 같은 생활 보장을 받기 위해 재직 중 기여금을 납부해야 할 의무가 없다.

지수, 소비자물가지수, 체계내적 급여비교 및 연방 및 다른 주(州)의 급여와의 비교 사이의 명백한 차이). 이러한 변수의 다수가 충족된다면, 그 부양금의 수준은 위헌으로 보아야 할 정도의 저부양으로 추정된다. 이러한 추정은 종합적 형량의 테두리 안에서 부양과 관련한 다른 기준들을 반영함으로써 깨지거나 굳어지게 된다(BVerfG, NJW 2015, 1935/1936 ff; NVwZ 2016, 223/225 ff). 부양금은 퇴직 직전에 수행한 직무를 기준으로 해서 정해져야 한다(E 117, 372/381 ff). 나아가 기본법 제33조 제5항은 직무에 상당하는 직무명칭 청구권(E 38, 1/12) 및 "공무원을 부당한 비난으로부터 보호해야 하고, 그 적성과 업적에 따라 승진시키며, 그 결정 시에는 공무원의 이익을 호의적으로 이해하면서 이를 응분의 가치만큼 고려하여야 할" 의무를 임명권자에게 부과하는 배려청구권을 보장하고 있다(E 43, 242/282). – 반면에 기본법 제33조 제5항은 기득권 보호청구권(E 3, 58/137), "위임된 직무상의 과제를 변함없이 그리고 제한 없이 수행할 수 있는" 권리를 의미하는 직무 관련 권리(E 43, 242/282), 법률에 의하여 확정된 정년을 초과하는 고용 청구권(E 71, 255/270) 그리고 "일단 도달된 수준의 소득과 관련한 자산상태의 유지" 청구권(E 44, 249/263)을 보장하지 않는다. – 충성의무에 대해서는 단락 569 참조.

III. 제한 및 헌법적 정당화

이 기본권유사적 권리에 대한 제한은, 직업공무원제의 기본원칙들을 고려하지 **1192** 않는 경우, 즉 그 구조원리들을 시의적절하게 발전시키는 것이 아니라 포기하는 경우에 비로소 존재하게 된다. 그 경우, 그와 같은 제한에 대한 헌법적 정당화는 존재하지 아니한다.

사례 25(단락 1187)에 대한 약해: **1193**

甲의 보조금청구권이 직업공무원제의 전통적 원칙에 포함되는지가 문제된다. 문제의 보조금 지급은 공무원의 가족에게 발생한 질병, 출생, 사망의 경우에 공무원 임명권자에게 부과되는 공무원법상의 배려의무의 적용사례에 해당한다. 배려청구권 자체는 직업공무원제의 전통적 원칙 중의 하나이기는 하지만(E 43, 154/165), 이는 1949년 당시 이미 존재하던 범위에서만 그러할 뿐이다(E 58, 68/76 f). 그러나 당시에는 아직 오늘날과 같은 보조금제가 없었다. 그 제도는 나중에야 성립되었으며, 따라서 전통적인 것이 아니다. 물론 직무에 상당하는 부양청구권은 직업공무원제의 전통적 원칙의 하나로서 공무원이 적정한 의료보험료를 납부할 수 있을 정도에 해당하는 수준의 부양금을 지급받을 것을 요구하고 있다(E 83, 89/101 f). 그렇지만 그것을 기초로 부양금의 현실화를 요구할 수

는 있어도 기본법 제33조 제5항에 기하여 보조금의 인상을 요구할 수는 없다고 보아야
한다.

1194 참고문헌: *W. Höfling/C. Burkiczak,* Die Garantie der hergebrachten Grundsätze des
Berufsbeamtentums unter Fortentwicklungsvorbehalt, DÖV 2007, 321; *H. Lecheler,* Der
öffentliche Dienst, Hdb. StR³ V, § 110; *F. Rottmann,* Der Beamte als Staatsbürger, 1981;
B. Schlink, Zwischen Identifikation und Distanz. Zur Stellung des Beamten im Staat
und zur Gestaltung des Beamtenrechts durch das Staatsrecht, Staat 1976, 335.

§ 29 선거권(기본법 제38조)

사례 26: 구(Bezirk) 의회 의원선거(출전: E 47, 353)   **1195**
지방자치법의 개정을 통해 크라이스(Kreis)[1]에 소속되지 아니한 시에는 행정영역에서의
독립적 결정권을 위임받은 구의회(Bezirksvertretung)가 설치되었다. 구의회 의원 선거
와 시의회(Rat) 의원 선거는 동시에 실시된다. 구의회 의석은 정당과 유권자단체
(Wählergruppen)가 제시한 명부를 기초로 시의회 선거에 따라 각 구에서 정당과 유권
자단체가 얻은 유효표를 고려하여 돈트(d'Hondt)식으로 배분된다. 그리고 선거관리책임
자는 명부상의 후보자 순위에 의하여 구의회 의원들의 당선을 확정한다. 구의회의 궐위
된 의원들에 대한 승계와 관련해서는 정당 또는 유권자단체의 기관이 그 의석배정의 순
위를 결정한다. 지방자치단체선거에 관한 법률의 규정은 당(회)원대회와 대의원대회에
서의 비밀선거를 통해 후보자를 제시하도록 규정하고 있는데, 그 규정은 구의회 의원
후보자명부의 제시에는 적용될 수 없도록 하였다. 이러한 규율은 기본법 제38조에 위반
되는가? 이 사례에 대한 약해는 **단락 1217**을 보라.

I. 개관

기본법 제38조 제1항 제1문은 독일 연방의회선거를 위한 선거권 및 피선거권을 보장하   **1196**
고 선거법의 이른바 기본원칙들에 해당하는 일반·직접·자유·평등·비밀의 원칙에 따라
연방의회선거에 관한 일정한 요건을 제시하고 있다. 이러한 보장은 민주주의원리(기본
법 제20조 제1, 2항)와 밀접한 관련이 있다. 기본법 제38조 제1항 제2문은 독일연방의회
의원의 법적 지위를 규정함으로써 그 기관과 관련한 권한을 규정하고 있다. 따라서 이
규정은 기본권유사적 권리가 아니다. 기본법 제38조 제2항에서는 선거권의 주체가 될
수 있는 연령의 하한이 확정되고 있다. 이는 체계상으로 보면 보통선거에 대한 예외규
정에 해당한다(단락 555 이하 참조). 또한 기본법 제38조 제3항에 따라 상세한 것은 연
방법률로 규율되는데, 이 법률은 무엇보다도 연방선거법이다. 이에 따라 연방선거법에
의해서 비로소 현행 비례대표제("연동형 비례대표선거[personalisierte Verhältniswahl]")

---

1) [역주] 우리의 군에 상당하는 지방자치단체.

가 규율되게 되었다. 한편, 기본법 제38조 제3항은 법률유보에 해당하지는 않는다. 이 규정은 기본법 제38조 제1항의 권리들을 제한할 수 있도록 수권하고 있는 것이 아니라 선거의 원칙들을 형식적·절차적으로 행사할 수 있는 것으로 만들도록 수권하고 있을 뿐이다.

II. 직접·자유·비밀 선거권

1197 보통선거와 평등선거라는 선거법의 원칙들은 평등권의 테두리 안에서 차별의 정당화에 관한 특별한 요건으로서 앞서 설명하였으므로(단락 555 이하 참조), 여기서는 직접, 자유, 비밀이라는 선거법의 원칙들에 대해서만 다루도록 한다.

1. 보호영역

1198 a) 기본법 제38조 제1항 제1문은 **능동적 선거권**(선거할 수 있는 권리)은 물론 **피선거권**(피선가능성, 피선자격)에도 적용된다. 그 보호영역은 입후보부터 의원의석의 배분에 이르는 선거의 전 과정을 포괄한다.[1]

1199 이 기본권유사적 권리는 직접적으로는 독일 **연방의회선거**에만 관련되나, 기본법 제28조 제1항 제2문에 따라 이에 관한 선거법원칙들은 주(州)나 지방자치단체인 크라이스나 게마인데에서 실시되는 선거에 대해서도 그 규준이 된다. 일반적 견해에 의하면 선거법원칙들은 불문의 헌법으로서 모든 국민대표기관의 선거 및 일부 주(州)헌법에 예정되어 있는 국민투표와 같은 정치적 표결에 적용된다.[2] 이와 같은 종류의 선거와 구분되어야 하는 것으로는 공권력의 행사를 민주적으로 정당화하는 선거가 아니라 특수한 사항적 과제를 가지고 있는 자치행정기구의 내부에서 시행되는 선거이다.

1200 예: 대학위원회의 선거권은 대학교수의 투표에 특별한 가중치를 부여함으로써 "자격, 기능, 책임 및 관련성"에 비추어 볼 때 대학에서 대학교수들에게 부여되는 핵심적 지위에 부합하도록 해야 한다(E 39, 247/254 ff). − 연방 및 주(州)의 법관법은 일반적, 사회적, 개인적 사안에 대한 법관의 참여를 위하여 대표기관인 법관회의(Richterräte) 및 법

---

1) *Pieroth*, JP, Art. 38 Rn 1; *Stern*, StR Ⅰ, S. 304 f 참조.
2) E 13, 54/91 f; 47, 253/2276; 60, 162/167; BVerwGE 118, 345/347 f; 제한적인 입장으로는 *Hartmann*, Volksgesetzgebung und Grundrechte, 2005, 140 ff.

관인사위원회(Präsidialräte)를 예정하고 있다. 독립적이고 공평한 법관을 통한 능률적인
법보호라는 특수한 사항적 과제는 기본법 제38조 제1항 제1문의 선거법원칙에 대한 예
외를 허용하게 되는데, 이에 따라 가령 법관인사위원회의 위원장 입후보자추천명부는
적어도 법원장 일인을 포함하여야 한다(E 41, 1/12 f). — 반면에 사회보험의 영역(E
30, 227/246), 공직종사자대표기관(Personalvertretung)[3](E 60, 162/169 ff), 노동자협회
(Arbeitskammer)[4](E 71, 81/94 f)에서는 보통, 평등이라는 선거법원칙들이 적용된다.

b) **직접선거**의 원칙은 투표 후 중간기관이 그 재량에 따라 의원을 선출하는 것이 **1201**
아니라 모든 투표가 특정된 또는 특정 가능한 후보자에게 귀속될 것을 요구한
다. "유권자가 마지막 발언권을 가지고 있을 때에만 결정적인 발언권을 갖는 것
이며, 그 경우에만 직접적으로 선거하는 것이다."[5] 이는 비례대표선거(연방선거
법 제1조 제2항 참조)에 대해서도 보장된다. 왜냐하면 "직접선거의 원칙은 한 후
보자의 선거를 다른 후보자들의 선거에 결부시키는 것을 금지하지 않기" 때문
이다.[6] 또한 선거의 직접성은 유권자가 누가 의원직을 둘러싼 경쟁을 할 수 있
는지[7] 또 자신의 투표가 어떻게 후보자의 선거에 영향을 미칠 수 있는지[8]를
인식할 수 있을 것을 요구한다.

c) **자유선거** 원칙은 먼저 "투표행위가 강제나 부당한 압력 없이 이루어져야 한다 **1202**
는 것"을 의미한다.[9] 이러한 강제 및 부당한 압력으로부터의 자유를 위해서는
선거의 비밀도 보장되어야 한다. 즉 선거의 자유와 선거의 비밀은 상호 관련되어
있다. 선거의 효과적인 보호를 위해서는 보호의 대상이 투표행위에 국한될 수
없고 예비적인 의사형성도 포괄하여야 하며 사후적인 제재를 배제하여야 한다.
그에 따라 자유선거와 비밀선거의 원칙은 투표 전, 투표 당시는 물론 투표 후에
도 적용된다. 선거의 자유는 선거의 여부 및 방법에 관한 자유로운 결정 그리고
다양한 후보자 내지 명부 중에서 선택할 수 있는 충분한 가능성을 의미한다. 선

---

3) [역주] 연방 및 지방의 기관 등의 공직에 종사하는 자들의 이익을 대표하는 기관.
4) [역주] 현재 브레멘과 자아르란트에만 존재하는 노동자들의 이익을 대내외적으로 대변하는 기
   관으로서 노동조합과는 달리 집단적인 투쟁의 방식으로 그들의 이익을 대표하려 하지는 않는다.
5) E 7, 63/68.
6) E 7, 63/69.
7) E 47, 253/280 f; 95, 335/350; 97, 317/326.
8) E 121, 266/307.
9) E 44, 125/139; 103, 111/133.

거의 비밀은 어느 누구도 투표자의 동의가 없는 한 그가 어떻게 선거하였고, 선
거하는지 또 선거할 것인지를 아는 것이 허용되지 않는다는 것을 의미한다.

1203 자유·평등선거의 원칙들은 **직접적 제3자효**를 갖는다는 것이 대체로 인정되고
있다. 즉 이 원칙들은 공권력만이 아니라 비국가적 조직과 개인에 대해서도 효
력을 갖는다.[10] 이는 기본법 제38조 제1항 제1문의 객관법적 기능의 산물인 보
호의무의 관점에서 이해될 수 있을 것이다.

1204 예: 사인인 사용자가 노동자가 특정 투표를 했다는 이유로 그를 해고하거나 같은 이유
로 다른 노동자를 우대하는 것은 민법 제134, 138조에 의하여 무효이다(*Trute*, MüK, Art.
38 Rn 43). – 다른 한편, 비정부기구의 대규모 선거운동도, 그것이 일반적으로 허용된
수단을 통하여 행하여지는 한, 기본법 제5조 제1, 2항에 의하여 보호된다. 이는 교회가
선거에서 특정 정당을 지지하도록 호소하는 경우에도 마찬가지다(사목서한; BVerwGE
18, 14; 뮨스터 고등행정법원, JZ 1962, 767 참조). 형법 제108조(유권자에 대한 강요),
제108a조(유권자 기망), 제108b조(유권자매수)를 통해서 만인의 선거의 자유가 형법적
으로 보호되고 있다. 유권자에 대한 강요가 없는 경우에는 사인에 의한 선거의 자유의
침해는 존재하지 않는다(E 66, 369/380).

1205 연방헌법재판소는 – 기술한 내용 이외에 – "모든 유권자의 원칙적으로 자유
로운 후보자추천권"[11] 그리고 "정당 및 유권자단체의 구성원들의 후보자선출의
자유"[12]를 선거의 자유에 포함시키고 있다. 이와 관련하여 연방헌법재판소는
선거의 자유를 피선자격의 평등으로부터 추론되는 후보자의 **기회균등**과 결부시
키고 있다(단락 556 참조).

1206 판례는 민주주의원리와 결합된 기본법 제38조로부터 다음과 같이 선거에 대한
추가적인 요건들을 도출하고 있다. 먼저 – 투표의 비밀[13] 이외에도 – 선거절
차의 공개성 요건을 도출하고 있다. 그에 따라 온라인선거 실시의 문턱이 현저
히 높아졌다.[14] 또한 새로 선출된 의원들은 선거로부터 **3개월** 이내에 소집되어

---

10) *Achterberg/Schulte*, MKS, Art. 38 Rn 125; *Stern*, StR IV/2, S. 229; *Trute*, MüK, Art. 38 Rn 42.
11) E 41, 399/417.
12) E 47, 253/282.
13) E 121, 266/291; 123, 39/68.
14) 온라인선거와 투표에 대하여는 *Luch/Schulz/Tischer*, BayVBl. 2015, 253 ff.

야 한다는 명령도 도출하고 있다.[15] 그 밖에도 기본법 제38조는 헌법소원 청구의 기초가 될 수도 있다.

d) 연방헌법재판소는 유럽통합 과정과 관련하여 기본법 제38조 제1항 제1문으 **1207**
로부터 다음과 같은 측면을 도출하기도 하였다. 즉 기본법 제38조 제1항 제1문
은 "**민주적 자결 청구권**, 즉 독일에서 행사되는 국가권력에 자유롭고 평등하게 참
여할 수 있는 권리 및 국민의 헌법제정권력을 존중하고 나아가 민주주의 원칙
을 준수할 것을 요구할 수 있는 권리"[16]의 근거이기 때문에 국가의 과제와 권
능이 민주주의원리를 침해하는 방식으로 유럽연합으로 이전됨으로써 국가권력
의 민주적 정당화 및 국가권력 행사에 대한 영향력이 공동화되는 것으로부터
유권자를 보호하여 준다는 것이다.[17] 판례에 따르면 이러한 의미의 "민주주의
청구권"은 유럽연합 기관들의 월권이 기본법 제79조 제3항에 의해 헌법개정권
력자도 손댈 수 없게 된 원칙에 저촉되는 경우만이 아니라 이러한 근본원칙에
필연적으로 저촉되지 않는 경우도 적용되어야 한다.[18] 연방헌법재판소는 특히
국민의 의사를 의회가 대표하는 것이 초국가기구에 의해 법적으로 또는 실제적
으로 불가능하게 됨으로써 연방의회의 재정정책의 여지가 축소되는 것도 선거
권을 침해할 수 있음을 강조하고 있다.[19] 그러므로 연방의회는 "정부들에 의해
또는 초국가기구를 통해 합의가 이루어지기는 하였으나, 엄격한 지침의 구속을
받지 않고 그 효과 면에서도 무제한적인, - 일단 가동되면 - 통제하거나 개입할
수 없는 자동보증이나 자동지급에 동의해서는 안 된다"고 한다.[20] 이로써 연방
헌법재판소는 기본법 제38조 제1항을 통해서 매개되는 국민주권을 의회 스스로
무엇을 다룰 것인지에 대해 결정할 수 있는 의회주권보다 우위에 두고 있다.[21]

---

15) VerfGH NRW, NWVBl. 2009, 98.
16) E 123, 267/340; 129, 124/177; 131, 195/239; 유사한 취지의 판례로는 이미 E 89, 155/171 f;
    이에 대해 비판적인 견해로는 *Tomuschat*, EuGRZ 1993, 491; *Trute*, MüK, Art. 38 Rn 17 ff.
17) E 134, 366/396 = JK 7/2014; E 135, 317/386 = JK 7/2014.
18) E 134, 366/397 = JK 7/2014; E 135, 317/386 = JK 7/2014.
19) E 129, 124/169 ff.
20) E 135, 317/399 = JK 7/2014.
21) 이에 대하여 비판적인 견해로는 가령 *Jestaedt*, Der Staat 2009, 489/503 f; *Schönberger*, JZ
    2010, 1160 ff.

2. 제한

1208 a) 간접선거는 후보자 자신의 의사결정 이외에 선거행위와 선거의 결과 사이에 타인의 의사결정이 개입되는 경우에 존재한다.

1209 예: 비례대표선거(연방선거법 제1조 제2항 참조)에서 명부의 사후보충(E 3, 45/51) 또는 사후변경(E 47, 253/279 ff)은 허용되지 아니한다. 단, 그것이 피선자 자신의 자유로운 의사결정으로서 가령 취임의 거부, 사후 사퇴(E 3, 45/50) 또는 자유의사에 의한 탈당(E 7, 63/72)으로 인한 경우는 그렇지 아니하다. 반면에 연방선거법 제48조 제1항 제2문에 의하여 주(州)비례대표명부의 예비후보자가 소속 정당에서 출당된 경우도 그가 궐위된 자의 승계자가 될 수 없는 한 선거의 직접성에 대한 제한이 존재한다(*Erichsen*, Jura 1983, 635/640; 이견으로는 *Maurer*, StR, § 13 Rn 11).

1210 b) 공권력주체가 개인의 선거와 관련한 결정행위에 부당한 압력을 행사하는 방식의 **부자유선거**는 공권력주체가 **권한을 유월하는 행위를** 하는 경우에 가능하다.

1211 예: 국가가 법률에 따라 선거경비를 보상할 수 있는 권한의 범위를 넘어서 선거운동에 재정을 지원함으로써 정당에 세금이 흘러 들어가도록 하는 것은 허용되지 아니한다. 정부가 홍보활동을 통하여 정보를 제공할 수 있는 권한을, 선거운동을 위한 광고를 하는 방식으로 유월하는 것은 허용되지 아니한다(E 44, 125/147 ff; 63, 230/243 f 참조).

1212 나아가 선거와 관련한 압력 행사의 허용여부는 유권자에 대한 실질적 영향력 행사가 존재하는지에 따라 결정된다. 이 문제는 유권자에게 선거에 참여하지 않을 자유가 있는지, 그리고 그에 따라 투표의무를 부과하는 것이 헌법적으로 허용되는지의 문제와 관련하여 다툼의 대상이 되고 있다. 일부 견해에 의하면 선거참여의 자유는 기본법 제38조 제1항에 의하여 보호되지 않는다는 점에서 선거참여의 자유를 선거에서의 결정의 자유와 구분하고 있다.[22] 그러나 기권도 유권자의 정치적 의사의 표현에 해당한다. 그러므로 투표의무의 채택은 선거의 자유에 대한 제한의 성격을 갖는 것으로 보아야 한다.[23] 선거의 방법과 관련하여 실질적인 영향력 행사란 특정 정당이나 후보자를 다른 정당이나 후보자에

---

[22] *Merten*, in: FS Broermann, 1982, S. 301/308 ff; 또한 *Volkmann*, FH, Art. 20 Rn 30.
[23] *Butzer*, EH, Art. 38 Rn 58; *Grzeszick*, Jura 2014, 1110/1115; *Morlock*, DR, Art. 38 Rn 88; *Stern*, StR IV/2, S. 201 f.

대하여 우대하는 것을 말한다. 다양한 후보자 내지 명부 중에서 **선택할 수 있는** 충분한 **가능성**도 국가의 조치에 의하여 제약될 수도 있다.

예: 시장(Bürgermeister)이 그가 발행한 "공보(Amtliche Bekanntmachung)"에 특정 정당 **1213** 을 지지할 것을 권고하는 내용을 인쇄하도록 하거나(BVerwG, DVBl. 1993, 207) 공직자의 자격으로 군수(Landrat)[24]를 다시 선출해줄 것을 호소하는 경우(BVerwGE 104, 323/327). ─ 투표장에 일부 정당의 현수막만 걸려 있는 경우. 그러나 모든 정당들이 현수막을 내걸고 있다고 하더라도 특정 정당의 현수막이 그 위치상의 장점 때문에 우대받는 것은 사실상 불가피하다. 그러므로 연방선거법 제32조 제1항은 투표장이 있는 건물에서는 말, 음향, 글 또는 그림을 통한 유권자에 대한 일체의 영향력행사를 금지하고 있다.

공개선거는 어떤 사람이 어떻게 선거할 것인지, 선거하고 있는지 또는 이미 선거 **1214** 했는지를 공개하도록 의무를 부과하는 경우에 존재한다. 그러나 선거행위 자체를 비밀이 보장되지 않는 가운데 수행하는 것을 허용하는 국가의 규율도 선거의 비밀을 제약한다.

예: 법원이 어떤 사람이 선거에서 어떤 선택을 했는지 조사하도록 증거조사결정을 발하 **1215** 는 경우(BVerwGE 49, 75/76; 또한 BGHSt 29, 380/385 f도 참조). ─ 우편선거(연방선거법 제36조 참조)는 선거의 비밀을 보장하기 위한 모든 적합하고 필요한 대책이 강구되는 한 문제되지 않는다(E 21, 200/204 ff; 59, 119/127 f); 온라인투표와 관련한 대책은 기술적으로도 훨씬 까다로울 것이다(*Luch/Schulz/Tischer*, BayVBl. 2015, 253/254 f) ─ 후보자추천을 위한 유권자 서명의 요건(연방선거법 제20조 제2, 3항, 제27조 제1항)은, 그와 같은 서명을 근거로 서명인이 선거에서 어떠한 선택을 했는지가 필연적으로 추론되는 것은 아니기 때문에 선거의 비밀성을 제약하는 것은 아니다. 이에 대해 판례는 서명요건은 비밀선거원칙의 파격이라고 보면서도 선거의 질서 있는 실시를 위하여 반드시 필요한 것이기 때문에 정당화된다고 본다(E 12, 135/137).

3. 헌법적 정당화

기본법 제38조 제3항은 제한의 수권을 포함하고 있지 않다(단락 1196 참조). 보 **1216** 통선거원칙 및 평등선거원칙에 대한 파격들에 대해서는 앞서 설명한 바 있다 (단락 559~560 참조). 연방헌법재판소는 다른 선거원칙을 보다 잘 관철하기 위해

---

24) [역주] 게마인데가 속해 있는 군(Kreis)의 행정수장.

서는 어떤 선거원칙의 실현이 위협받을 수 있는 경우 이를 감수할 것인지에 대한 결정과 관련하여 입법자에게 재량의 여지를 인정한 적이 있다. 즉, 모든 선거원칙이 "100% 순수하게" 실현될 수는 없다는 것이다.[25] 그에 대한 제한을 정당화할 수 있는 여타의 근거는 확인되지 않는다.

1217 사례 26(단락 1195)에 대한 약해:

위 사건에서는 연방의회 의원직의 수행이 아니라 구의회 의원선거가 쟁점이기 때문에 기본법 제38조 제1항 제2문이 심사규준이 될 수 없음이 명백하다. 기본법 제38조 제1항 제2문은 독일연방의회 의원에만 해당되는 규정이다. 이는 물론 기본법 제38조 제1항 제1문의 선거원칙들에도 타당하지만, 이 원칙들의 적용 범위는 연방의회의 선거에만 국한되지 아니한다는 것이 널리 인정되고 있다(기본법 제38조 제1항 제2문; 모든 국민대표기관 선거 및 정치적 표결에 적용되는 불문의 헌법). 위 사례에서는 다음과 같은 선거원칙들이 적용되는 지방자치단체의 대표기관의 선거가 문제되고 있다.

Ⅰ. 선거의 **직접성**: 직접선거원칙은 선거행위 후에 유권자와 후보자 사이에 재량권을 가지고 대표자를 선정하는 기관을 개입시키는 것을 금지한다. 구의회 소속 의원이 궐위된 후 그의 승계자를 결정할 때 정당 또는 유권자단체의 기관이 의석 배정의 순위를 결정하는 경우에는 바로 금지된 일이 일어나는 것이다. 이는 직접선거원칙에 합치하지 않는다(E 47, 253/280).

Ⅱ. 선거의 **자유**:

1. 비례대표선거 자체는 물론 합헌이다. 그러나 상이한 명부 중에서 선택할 수 있는 가능성을 제약하는 국가의 조치는 금지된다. 시의회 및 구의회의 의원과 비례대표명부에 대하여 통일적 투표를 하도록 규정하는 것은 "유권자의 결정의 자유를 축소"하는 결과를 초래하여 정당화될 수 없다. 즉 "유권자가 한 시의회 의원 후보를 뽑기로 결정한 이상 구의회 후보자의 고정식명부들 중 어떤 명부에 자신의 표를 던질지를 자유롭게 결정할 수 없게 된다"(E 47, 253/283 f).

2. 연방헌법재판소의 판례에 의하면 입후보자의 자유로운 선정도 자유선거원칙의 명령에 해당한다. 즉 "입법자는 어떠한 입증도 없음에도 민주적 원칙에 부합하는 입후보자선정이 정당의 정관과 관행에 의하여 통상 행해질 것이라는 가정으로 만족해서는 안 된다"(E 47, 253/283; 이견으로는 뮌스터 고등행정법원[OVG Münster], OVGE 22, 66/70 ff). 따라서 구의회 의원 후보자명부의 제시에서는 지방자치단체선거법상의 규정

---

25) E 59, 119/124; BVerwG, DVBl. 1986, 240: 우편선거에서 비밀선거의 원칙과 충돌하는 보통선거원칙; 비판적인 견해로는 *Meyer*, HdbStR Ⅱ, S. 282.

을 적용할 수 없도록 한 것은 자유선거의 원칙에 위배된다.

참고문헌: *H.H. v. Arnim*, Wahlgesetze: Entscheidungen des Parlaments in eigener Sache, **1218** JZ 2009, 813; *C. Burkiczak*, Die verfassungsrechtlichen Grundlagen der Wahl des Deutschen Bundestags, JuS 2009, 805; *B.J. Hartmann*, Eigeninteresse und Gemeinwohl bei Wahlen und Abstimmungen, AöR 2009, 1; *B. Grzeszick*, Verfassungsrechtliche Grundsätze des Wahlrechts, Jura 2014, 1110; *H. Meyer*, Wahlgrundsätze, Wahlverfahren, Wahlprüfung, Hdb. StR³ II, § 46; *A. Voßkuhle/A.K. Kaufhold*, Die Wahlrechtsgrundsätze, JuS 2013, 1078; *W. Schreiber*, Bundeswahlgesetz. Kommentar, 8. Aufl. 2009; *M. Wild*, Die Gleichheit der Wahl, 2003.

§ 30 법률이 정하는 법관에 의한 재판을 받을 권리(기본법 제101조 제1항 제2문)

1219 사례 27: 룩셈부르크 소재 유럽법원의 법관(출전: E 82, 159)

농민인 甲은 판매기금법(Absatzfondsgesetz)에 의거하여 판매기금조성을 위한 부담금 납부의무를 지게 되었다. 그는 이 법률이 공동의 농업시장을 구축하기 위한 「유럽연합 기능에 관한 조약」의 규정들에 합치하지 않고, 따라서 유럽연합법에 위반되는 부담금은 그의 권리를 침해한다는 이유로 소를 제기하였다. 그러나 1, 2심의 행정법원들은 甲의 청구를 기각하였다. 행정법원들은 「유럽연합 기능에 관한 조약」은 – 문헌에서 주장되고 있는 한 학설과는 달리 – 판매기금법에 배치되지 않는다고 해석하였다. 최종심인 연방행정법원은 같은 이유로 「유럽연합 기능에 관한 조약」 제177조 제3항에 의하여 유럽재판소에 제청할 의무가 없다고 보고 상고를 기각하였다. 그러자 甲은 헌법소원을 제기하면서 기본법 제101조 제1항 제1문의 권리를 침해받고 있다고 주장하였다. 그의 주장은 타당한가? 이 사례에 대한 약해는 **단락 1236**을 보라.

I. 개관

1220 기본법 제101조를 구성하는 세 개의 문장 중 기본법 제101조 제1항 제2문은 그 문구 자체로서 권리이자 기본법 제93조 제1항 제4a호의 기본권유사적 권리에 해당함을 알 수 있다. 이 권리는 개인에게 다른 방식으로 정해진 법관이 아닌 오로지 법률에 의하여 정해진 법관에 의한 재판을 받을 권리를 보장한다. 동시에 이 기본권은 기본법 제19조 제4항과 같이 다분히 규범에 의하여 구성될 필요가 있는 보호영역을 가지고 있기 때문에 법관의 관할을 구체적으로 형성하는 법률이 필요하다. 기본법 제101조 제1항 제1문은 예외법원, 즉 법률적 근거가 없거나, 법률적 근거는 있으면서도 일반적-추상적으로 확정된 관할권을 갖고 있지 아니한 법원을 금지하고 있다.[1] 기본법 제101조 제2항은 특별한 사항영역을 관할하는 법원으로서 가령 명예법원[2]이나 직업법원[3]을 위한 유보를 포

---

1) E 3, 213/223.
2) [역주] 각 직업별로 설치된 직업별 징계법원으로 해당 직업종사자에 대한 징계에 관한 재판권을 행사함으로써 해당 직업부문의 자율적 성격을 어느 정도 유지하는 기능을 한다.

함하고 있다.[4] 그러나 이러한 법률유보는 별도로 기본법 제101조 제1항 제2문의 법률유보가 존재하기 때문에 만일 그것이 특별한 사항영역을 관할하는 법원의 설치를 위해 형식적 의미의 법률을 요구한다면 불필요한 것이 될 것이다. 전체적으로 볼 때 이 조항은 기본법의 법치국가원리의 중요한 구성요소에 해당한다.

II. 보호영역

1. 법률로 정해진 법관의 관할

이는 이 기본권보장에 대한 논란의 여지가 없는 전통적인 이해에 해당한다. 즉 **1221**
구체적 사건에 대한 법관의 관할은 사전에 추상적-일반적으로 확정되어 있어야 한다. 사건은 "배당자의 눈을 가린 상태에서" 일반적 표지에 의거하여 재판을 담당하는 법관에게 배정되어야 한다는 것이다.[5]

기본법 제101조 제1항 제2문의 **법관**은 최하급심에서 연방헌법재판소[6] 그리고 **1222**
국제형사재판소와는 달리 독일법원의 재판과 기능적 교차관계에 있는 유럽연합재판소[7]에 이르는 국가에 의하여 임명된 모든 법관을 말한다. 명예법관 및 법관직을 겸직하는 법관(참심법관[Schöffen])도 그러한 법관에 포함된다.[8] 그들이 임기가 있는 법관이냐 아니면 종신법관이냐와 같은 법관의 지위는 문제되지 않는다. 그러나 민사소송법 제1025조 이하에 의한 중재법원과 정당법 제14조에 의한 정당 부설 중재법원들과 같은 사설법원들은 기본법이 말하는 법관에 해당하지 않는다.

구체적 사건과 관련한 법관의 **관할**은 법원조직법 및 다양한 절차법들의 공동작 **1223**
용을 통하여 결정된다. 그 관할은 먼저 재판영역(가령 통상법원인지 또는 행정법원인지 등)의 문제이고, 다음으로는 동일한 재판영역에 속하는 여러 법원들 간의 (가령 구역법원인지 또는 지방법원인지 – 물적관할 및 심급관할 – 내지 구역법원 甲

---

3) [역주] 명예법원과 유사.
4) E 26, 186/193; 71, 162/178.
5) E 95, 322/329.
6) *Höfling/Roth*, DÖV 1997, 67 참조.
7) BVerfG, NJW 2011, 2569 f.
8) E 73, 339/366 ff; 82, 159/192; 129, 78/105 ff.

인지 또는 구역법원 乙인지 - 토지관할 -) 문제이며, 나아가 동일한 법관에 소속
된 여러 재판부 내지 단독법관(가령 제1재판부인지 또는 제2재판부인지)의 문제이
고, 동일한 재판부 내의 복수의 법관들(가령 제1재판부에 소속된 법관 甲, 乙, 丙)의
문제이다.

1224 **본질성이론**(단락 305~306 참조)에 의하면 본질적 규율, 여기서는 "기본적인 관할
규칙들"[9]은 의회가 제정한 법률에 포함되어 있어야 한다(단락 312 이하 참조).
본질적 사항에 대한 규율 이외에는 관할법관을 법규명령이나 규칙을 통해서 확
정하는 것도 가능하다.[10] 법원의 업무분장계획은 규칙에 해당한다.[11]

2. 법관의 독립성 및 공정성

1225 연방헌법재판소의 확립된 판례에 따르면 기본법 제101조 제1항 제2문은 법률에
의하여 관할권을 부여받은 법관에 의한 재판을 받을 권리만이 아니라 모든 면
에서 기본법의 요청에 부합하는 법관 및 법원에 의한 재판을 받을 권리로 여겨
진다.[12] 법관에 관한 기본법의 본질적인 요청으로는 기본법 제97조의 법관의
독립성, 기본법 제92조 및 법치국가원리의 법관의 공정성("중립성 및 소송당사자
에 대한 거리 두기")[13]이 있다. 이에 따라 이 규정들은 기본권이 아님에도 실무상
헌법소원의 기초가 될 수 있게 되었으며, 이와 관련하여 비판이 제기되기는 하
였으나 관철되지는 못하였다.

1226 **예:** 유산문제의 관할법원인 구역법원에서의 상속증서발급에 관한 절차에서 유언집행인
은 법관을 그가 편견의 우려가 있다는 이유로 기피하였다. 구역법원과 항소심인 주(州)
고등법원은 비송사건절차에서는 법관을 기피할 수 없도록 한 비송사건절차법의 규정에
의거하여 이러한 기피신청을 기각하였다. 이 재판에 대한 헌법소원에서 법원은 기본법
의 법치국가적 요청에 의하면 법관의 재판을 받을 권리에는 법관의 공정성도 포함된다
는 이유로 소원청구인의 손을 들어주었다. 즉 "따라서 법률에 의한 법관을 규범을 통하
여 미리 확정하는 제도에서는 구체적인 사건에서 공정성을 보증하지 못하는 법관을 그

---

9) E 19, 52/60; 95, 322/328.
10) E 17, 294/298 ff; 27, 18/34 f 참조.
11) *Degenhart*, SA, Art. 101 Rn 6; *Pieroth*, JP, Art. 101 Rn 21 참조.
12) E 60, 175/214; 82, 286/298 참조.
13) E 21, 139/146.

직무수행에서 제척하거나 기피할 수 있는 대책이 마련되어야 한다"(E 21, 139/146).

III. 제한

이 기본권에 대한 제한의 특징은 법률이 정하는 법관의 재판을 받을 권리가 **1227** "박탈"된다는 것이다. 이는 법률이 정하는 법관에 의한 사건의 심리나 재판을 방해하거나 제약하는 것을 의미하며, 이와 관련해서는 공권력의 종류에 따라 각기 특별한 문제가 제기된다.

1. 입법부에 의한 박탈

관할에 대해 규율하는 입법이 모두 기본법 제101조 제1항 제2문의 요청을 충족 **1228** 하는 것은 아니다. 이는 기본법 제101조 제1항 제1문 자체가 잘 보여주고 있다. 즉 법률로 예외법원을 설치하는 것도 금지된다. 결정적인 의미를 갖는 것은 유일한 관할을 사전에 추상적·일반적으로 확정하는 것이다. 하나의 사건에 대하여 복수의 관할을 규정하면서 그 관할의 결정에 관한 재량을 법관이 아닌 기관에게 법률로 인정하는 것은 기본법 제101조 제1항 제2문의 요청을 충족하기에 충분하지 않으며 − 따라서 입법자는 기본법 제101조 제1항 제2문에 위반하는 것이다.

예: 형사소송법 제7~11조 및 제13조 제1항에 따라 검사는 토지관할권을 갖는 복수의 **1229** 법원 중에서 사건을 기소할 법원을 선택하고 있다(행위지, 주소지, 체포지 및 그와 관련된 재판적으로서의 토지관할의 성립). 이는 상술한 바에 의하면 위헌에 해당한다(*Roth*, S. 126; *Classen*, MKS, Art. 101 Rn 37 f; *Kunig*, MüK, Art. 101 Rn 28). 그러나 연방헌법재판소의 판례는 입법자가 관할법원을 "가능한 한 명확하게" 확정할 것만을 요구함으로써 이 문제와 관련하여 지나치게 관대한 입장을 취하고 있다(E 6, 45/50 f; 63, 77/79; 95, 322/329 f).

2. 집행부에 의한 박탈

법률이 정하는 법관에 의한 재판을 받을 권리의 역사적 근원은 그 권리를 집행 **1230** 부가 박탈하지 못하도록 하기 위한 것이었으나,[14] 이는 현실적인 문제는 아니다. 즉, 현재 집행부가 법관의 권한을 행사하는 것("내각사법[Kabinettsjustiz]")에

대하여 우려할 필요는 없다. 법관이 집행부에 의하여 임명되고 또 봉급을 받는
것은 기본법의 권력분립적 구조에 토대를 두고 있는 것이며, 따라서 이 권리의
박탈이라고 할 수 없다.[15] 그렇지만, 법관을 "특별한 사건을 위하여 그리고 특
별한 사람을 위하여" 임명하는 것은 이 권리의 박탈을 의미할 것이다.[16] 그러
나 법원조직법에 따라 법원의 업무분장계획을 수립하는 방법으로도 집행부의
영향력을 충분히 배제할 수 있다. 집행부에 의한 기본법 제101조 제1항 제2문
의 권리에 대한 제한의 예로서 판례에서 찾아볼 수 있는 것은 세무관청이 법률
에 따라 형사재판권을 행사하는 것에 관한 것이었다.[17]

3. 사법부에 의한 박탈

1231 a) 개별사건에서 관할권을 갖는 법관에 의한 재판을 받을 권리는 그 법관의 **재
판활동**과 관련하여 재판부의 구성, 평결정족수, 다른 법원에 대한 제청의무 등에
관한 절차법적 규정들이 잘못 적용되는 경우 법원 자체에 의해서도 박탈될 수
있다. 그러나 그와 같은 절차법적 규정에 대한 위반이 항상 기본법 제101조 제1
항 제2문을 침해하는 것을 의미하게 된다면, 연방헌법재판소는 초상고심과 같
은 과제를 떠맡게 될 것이며 통상법원 및 여타 전문법원의 권한이 지나치게 축
소되게 될 것이다. 그러므로 이 문제는 세분화된 고찰이 필요하다. 연방헌법재
판소의 확립된 판례는 절차상의 오류(error in procedendo)와 절차법규정을 "자
의적으로 잘못" 적용하는 것을 구분하는 방법으로 이 문제를 해결하고 있다.[18]
그러나 가령 편견의 우려 때문에 제척된 법관이 재판에 관여한 경우[19]나 "기본
법 제101조 제1항 제2문의 의의와 범위를 근본적으로 오인하고 있는" 재판은
항상 위헌이다.[20] 헌법합치적 해석의 한계를 무시한 해석은, 그에 수반될 수밖
에 없는 기본법 제100조 제1항 제1문의 제청의무로 인하여 기본법 제101조 제1
항 제2문을 위반하는 것이기도 하다.[21]

---

14) *Kern*, Der gesetzliche Richter, 1927 참조.

15) *Kunig*, MüK, Art. 101 Rn 29-30; *Pieroth*, JP, Art. 101 Rn 14 참조.

16) E 82, 159/194.

17) E 22, 49/73 ff.

18) E 75, 223/234; 87, 282/284 f; *Schulze/Fielitz*, DR, Art. 101 Rn 59 참조; 자의금지 공식에 대하
여 비판적인 견해로는 *Classen*, MKS, Art. 101 Rn 29 ff.

19) E 30, 165/167; 63, 77/79 f.

20) E 82, 286/299.

예: 민사법원은 민사소송법상의 관할의 기준에 관한 규정에 따라 소에 대한 재판관할을 **1232**
인정하였다. 이 재판에 대하여 제기된 헌법소원에서 연방헌법재판소는, 그 민사법원에
관할권은 없었지만(절차상의 오류), 그렇다고 해당 민사법원의 재판관할 인정이 자의적
이라고 비난할 수는 없다고 보았다. 그렇다면 그로 인해 법률이 정하는 법관의 재판을
받을 권리가 박탈되었다고 볼 수 없을 것이다.

b) 법원장과 재판장의 **법원조직상의** 조치, 그중에서도 특히 그들이 수립하여야 **1233**
할 업무분장계획 및 협조계획은 관할의 분배를 서면으로 미리 ‑ 즉 업무연도
의 개시 전에 그 업무연도 동안 ‑ 객관적인 기준에 따라 ‑ 즉 개별사람과 개
별사건을 염두에 두지 않고 ‑ 완벽하게 규율하여야 한다. 재량에 의한 결정은
허용되지 않는다.[22] 업무분장계획을 수정하지 않을 경우에는 신속한 재판이라
는 헌법적 원칙[23]이 침해될 경우에만 사후적인 수정이 예외적으로 고려될 수
있다.[24] 그렇지 않은 경우에는 조작가능성이 있다는 것 자체가 기본법 제101조
제1항 제2문에 대한 위반에 해당한다.[25]

예: 민사재판부와 같이 3인으로 구성되어 재판하여야 하는 재판부의 정규구성원이 5인 **1234**
이상이라면 이는 기본법 제101조 제1항 제2문에 대한 위반에 해당한다. 왜냐하면 인적
구성이 서로 다른 2개의 회의집단을 통한 심리와 재판이 이루어지는 것이 가능하고, 이
는 조작가능성을 내포하기 때문이다(E 17, 294/301). 반면에 법관의 제척, 질병, 사고, 휴
가, 교체로 인하여 재판부 정원을 1, 2명 초과한 재판부가 구성된 경우에는 이를 불가피
한 것으로 감수하여야 할 것이다. 그러나 그 경우에도 어떤 법관이 어떤 사건에 협조하여
야 하는지가 미리 추상적·일반적 표지에 따라 확정되어 있어야 한다(E 95, 322/331 f).

IV. 헌법적 정당화

기본법 제101조 제1항 제2문은 법률유보 아래에 있지 않다. 전술한 제한들은 **1235**
곧 위헌에 해당한다.

---

21) E 138, 64/86 ff.
22) *Roth*, S. 193.
23) E 63, 45/69; *Pietsch/Hartmann*, StV 2008, 276.
24) BVerfG, NJW 2009, 1734/1734 f.
25) E 95, 323/327 참조.

1236 사례 27(단락 1219)에 대한 약해:

Ⅰ. 유럽재판소는, 유럽연합 관련 조약에 대한 동의법을 통하여 그에 포함되어 있는 사법적 과제를 위임받고 있는 범위에서는 기본법 제101조 제1항 제2문이 말하는 법률에 의한 법관에 해당한다. 특히 「유럽연합 기능에 관한 조약」 제267조의 제청에 의한 유럽재판소의 재판권이 그에 해당한다. 이 조약 제267조 제3항에 의하면 회원국의 최종심법원은 당해사건에 대한 전제성이 있는 유럽연합법 규정의 유효여부 및 그 해석의 문제를 유럽재판소에 제청할 의무가 있다. 단, 이러한 의무는, 전제성 있는 규범이 명확하여 합리적으로 해석했을 때 유일한 해석가능성만이 존재하는 경우에는 존재하지 않는다.

Ⅱ. 연방행정법원은, 이 사건의 쟁점인 해당 공동체법규정의 해석문제를 유럽재판소에 제청하지 않음으로써 「유럽연합 기능에 관한 조약」 제267조 제3항의 제청의무를 위반하였다. 그러나 그 위반이 자의적인 것인 경우에만, 즉 「유럽연합 기능에 관한 조약」 제267조 제3항의 관할 규칙을 명백히 불합리하게 다루고 있는 경우에만, 기본법 제101조 제1항 제2문의 법률이 정하는 법관에 의한 재판을 받을 권리에 대한 제한이 존재한다. 연방헌법재판소는 다음과 같이 그 위반의 자의성을 구체화하고 있다. 즉 「유럽연합 기능에 관한 조약」 제267조 제3항에 의한 제청절차를 밟지 않은 것은, 본안에 관한 최종심법원이 유럽연합법 규정의 해석문제가 재판의 전제가 된다고 보았고 또 그 규정에 관한 문제에 대한 답이 올바른 것인지에 대한 의문을 품고 있음에도 불구하고 제청을 고려하지 않는 것은 기본법 제101조 제1항 제2문에 대한 위반에 해당한다(제청의무의 근본적 간과). 이는 본안에 관한 최종심법원이 그 재판의 전제가 되는 문제에 대한 유럽재판소의 판례와는 의식적으로 다른 입장을 취하면서도 재판의 전제가 되는 문제를 유럽재판소에 제청하지 않거나 다시 제청하지 않은 경우(제청의 용의 없이 유럽재판소의 판례와 의식적으로 다른 입장을 취함)도 마찬가지이다. 재판의 전제성이 있는 유럽연합법의 규정에 관한 유럽재판소의 판례가 없거나 기존의 유럽재판소의 판례가 재판의 전제가 되는 규정에 대해서 해답을 전혀 제시하지 않고 있거나 그 해답을 빠짐없이 제시하지 않고 있거나 유럽재판소의 판례의 보완 가능성이 별로 없는 경우에는, 본안에 관한 최종심법원이 그러한 유형의 사건들과 관련하여 부여받는 판단의 여지를 상대적 타당성도 주장할 수 없는 방식으로 유월한 경우(유럽재판소 판례의 불완전성)에만 기본법 제101조 제1항 제2문을 침해하게 된다(E 126, 286/316 f; 연방헌법재판소의 양 재판부의 심사기준도 동일하다: BVerfG, NJW 2014, 2489/2491; 그 전의 다른 견해로는 *Calliess*, NJW 2013, 1905/1907 ff).

1237 참고문헌: *G. Britz*, Das Grundrecht auf den gesetzlichen Richter in der Rspr des BVerfG, JA 2001, 573; *C. Degenhart*, Gerichtsorganisation, Hdb. StR³ Ⅴ, § 114; *H.-D.*

Horn, Ausnahmegerichte – Anspruch auf gesetzlichen Richter, Hdb. GR V, § 132; *M. Pechstein*, Der gesetzliche Richter, Jura 1998, 197; *C. Sowada*, Der gesetzliche Richter im Strafverfahren, 2002; *T. Roth*, Das Grundrecht auf den gesetzlichen Richter, 2000; *D. Wolff*, Willkür und Offensichtlichkeit, AöR 2016, 40.

§ 31 법적 청문권(기본법 제103조 제1항)

1238 사례 28: 장물의 압수

검찰은 전자제품판매상인 甲이 장물을 취급하고 있다는 혐의를 발견하였다. 검찰은 甲이 그의 영업장 지하에 장물을 보관해 두고 있다는 단서를 가지고 있다. 검찰의 신청으로 관할법관은 그 곳에 보관되어 있는 모든 물건의 압수를 명하였으나, 甲에게 사전에 입장을 표명할 기회를 주지 아니하였다. 이러한 법관의 압수명령은 기본법 제103조 제1항을 침해하는가? 이 사례에 대한 약해는 **단락 1247**을 보라.

I. 개관

1239 기본법 제103조 제1항은 기본법 제93조 제1항 제4a호에 의하여 헌법소원을 통해 주장할 수 있는 기본권유사적 권리를 포함하고 있다. 법정에서의 법적 청문권은 법치국가원리의 구현이며[1] "소송에서 보통 처하게 되는 중대한 상황에서 사실적·법적 논거를 통해 자신의 입장을 주장할 수 있을 것을 요구하는 인간의 존엄성 존중에도 기여한다."[2] 유사한 성격을 갖고 있는 기본법 제19조 제4항과 마찬가지로 기본법 제103조 제1항도 규범에 의하여 구성될 필요성이 큰 기본권에 해당한다.

II. 보호영역

1. 법적 청문

1240 법적 청문이란 사건의 당사자가 원칙적으로 판결이 내려지기 전에 사건에 대한 입장을 사실적·법적 견지에서 진술할 수 있는 것을 의미한다. 잠정적 조치와 긴급조치에 관한 법적 청문을 보장할 수 없는 경우에는 권리 및 법의 실효적 보호를 위하여 법적 청문은 지체 없이 추완하여야 한다.[3] 법적 청문이 갖추어

---

1) E 107, 395/409.
2) E 55, 1/6.
3) E 18, 399/404; 65, 227/233.

야 할 전제 요건은 사건당사자가 청문절차의 대상에 대한 정보를 완벽하게 제공받고 또한 법원의 재판에 있어서 관건이 되는 문제가 무엇인지를 알 수 있어야 한다는 것이다. 다른 한편, 단순히 사건당사자가 자신의 생각을 표현할 수 있다는 것만으로는 법적 청문이 행하여졌다고 볼 수 없고, 법원이 그 주장을 인지하고 고려하여야만 한다.

이로부터 법적 청문이 다음과 같은 **3가지 과정** 내지 **3개의 실현단계**로 이루어져 **1241** 있음을 알 수 있다.[4]

- **정보요구권**으로서의 기본법 제103조 제1항은 재판 상대방의 모든 진술,[5] 법원이 직권으로 인정하는 사실 및 증거수단,[6] 감정인의 견해,[7] 당사자가 고려할 필요는 없으나 법원이 재판의 기초로 삼은 법적 견해를 당사자들로 하여금 파악할 수 있도록 할 의무를 법원에게 부과한다.[8]
- **진술권**으로서의 기본법 제103조 제1항은 당사자에게 사실문제 및 법적 문제에 대하여 최소한 서면으로 진술할 수 있는 충분한 가능성을 부여할 것을 요구한다.[9]
- **배려요구권**으로서의 기본법 제103조 제1항은 재판에 관여하는 모든 법관의 재석(在席), 당사자들을 이해할 수 있는 능력과 이해하려는 태도, 판결이유의 제시를 요구한다. 물론 이러한 판결이유에서는 당사자들의 본질적 주장에 대한 답이 주어져야 한다.[10]

기본법 제103조 제1항이 **변호사의 조력을 받을 권리**(Heranziehung eines **1242** Rechtsanwalts)를 보장하는지에 대하여는 다툼이 있다. 법의 복잡성에 비추어 볼 때 개인들은 법에 정통한 사람의 보좌를 받지 못하면 자신의 권리를 제대로 주장할 수 없는 위험이 있다는 점이 긍정설을 뒷받침한다. 이에 따르면 변호사의 조력을 받을 수 있는 가능성은 기본법 제103조 제1항의 권리에 속한다.[11] 연방

---

4) *Höfling/Burkiczak*, FH, Art. 103, Rn 41 ff; *Rüping*, BK, Art. 103 Abs. 1 Rn 7 ff; *Remmert*, MD, Art. 103 Abs. I Rn 72 ff 참조.
5) E 55, 95/99; BVerfG, NJW 2006, 2248.
6) E 15, 214/218; 101, 106/129.
7) BVerfG, NJW 1998, 2273.
8) E 84, 188/190; 98, 218/263.
9) E 86, 133/144 f; 101, 106/129.
10) E 63, 80/85 ff; 115, 166/180 참조.

헌법재판소는 "형사절차에서 사건 당사자가 자신이 선임한 변호사의 변호를 받을 수 있는 권리"만을 법치국가원리로부터 도출하고,12) 기본법 제103조 제1항으로부터 추론되는 여타의 보장에 대해서는 부정적 입장을 취하고 있다.13) 한편, 변호사의 귀책사유로 기한이 지체된 경우 이를 어느 정도까지 당사자에게 귀속시켜 그의 법적 청문권을 차단할 수 있느냐가 문제된다. 이에 대해 판례는 법적 안정성의 이익을 들어 당사자에 대한 귀속은 매우 넓게 허용된다고 본다.14)

1243 법적·사법적(司法的) 형식에 의한 결정의 특성 때문에 기본법 제103조 제1항의 효력 범위는 그 문구에 의하여 **제한되고 있다.** 이로부터 특히 개인에게는 법적으로 의미가 없는 주장을 들어 달라는 청구권이 없다는 것을 알 수 있다. 상고심 절차의 심사대상을 법적인 문제에 국한하는 것 그리고 법원으로 하여금 당사자의 귀책사유로 지체된 주장을 고려하지 못하도록 하는 실권규정은 법적 청문권을 침해하지 아니한다.15) 반면에 실권규정을 명백히 잘못 적용하거나 그 적용을 남용한 경우에는 기본법 제103조 제1항에 위반된다.16)

2. "법원에서의" 법적 청문

1244 법적 청문권은 국가의 모든 법원에서 존재한다(기본법 제92조 참조). 제103조 제1항은 모든 재판의 모든 심급에 그리고 법원의 모든 절차에 대하여 효력을 갖는다. 반면에 법적 청문권은 행정절차에 대해서는 효력을 갖지 않는다. 물론 행정절차에서의 원칙적 청문권은 법치국가원리, 일반적 인격권 나아가서는 인간의 존엄성으로부터 도출된다.17) "법원에서"라는 표지는 그 밖에도 기본법 제19조 제4항과 제103조 제1항을 구성요건적으로 구분해주는 표지가 된다. 즉, 전자는 법원에의 접근을 통한 권리보호와 관련이 있는 반면, 후자는 이미 계속 중인 절차에서의 권리보호에 관한 것이다.18)

---

11) 또한 *Nolte*, MKS, Art. 103 Rn 67도 그러한 견해를 취하고 있다.
12) E 110, 226/254.
13) E 9, 124/132; 39, 156/168.
14) E 60, 253/266; BVerwG, NJW 1988, 577 f 참조.
15) E 60, 305/310; 75, 183/190 f.
16) E 75, 302/316 f; 81, 97/105 f.
17) E 101, 397/404 f; *Remmert*, MD, Art. 103 Abs. 1 Rn 53.

III. 제한

전술한 권리보호 요청들에 미치지 못하는 경우는 원칙적으로 이 권리에 대한 **1245**
제한을 의미한다. 그러나 권리보호체계의 기능과 조직에 비추어 볼 때 다음과
같은 경우에는 이 권리에 대한 **제한**이 존재한다고 할 수 없다.
- 법적 청문의 기회를 주지 않은 것이 법원의 재판에 **아무런 의미가 없는** 경우
  또는 법원의 재판이 법적 청문이 열리지 않는다는 사실과 **무관한** 경우, 그리
  고 법적 청문의 기회가 주어지더라도 당사자에게 유리한 다른 재판이 행해
  질 수 있는 가능성이 없는 경우가 그러한 경우이다.[19]
- 법적 청문의 기회가 주어지지 아니했었으나 같은 심급에서 또는 상소심에
  서[20] 그것이 **추완된** 경우(연방헌법재판소는 이를 **치유**로 표현하고 있다). 그러나
  새로운 소송절차에서 청문의 기회가 주어진 경우에는 그렇지 않다.[21]

IV. 헌법적 정당화

기본법 제103조 제1항은 법률유보를 포함하고 있지 않다. 그러므로 이 권리에 **1246**
대한 제한은 가령 법적 안정성이나 권리보호제도의 원활한 기능과 같은 상충하
는 헌법을 통해서만 정당화될 수 있을 것이다. 그러나 기본법 제103조 제1항이
규범에 의하여 구성될 필요가 있다는 사정으로 인하여 그 보호영역 및 제한을
확정할 때부터 그러한 관점들은 이미 고려되게 된다(단락 1177도 참조). 따라서
이 권리에 대한 제한은 곧 이 기본권유사적 권리에 대한 침해가 된다.

사례 28(단락 1238)에 대한 약해: **1247**
기본법 제103조 제1항은 "당사자가 입장을 표명할 수 있는 기회를 부여받은 사실 및 증
거조사 결과만을 법원의 재판의 기초로 삼을 것을" 명하고 있다(E 18, 399/404). 이러한
명령은 원칙적으로 판결을 선고하기 전에 당사자에게 청문의 기회를 부여함으로써 이행
되어야 한다. 이 사건에서의 압수와 같은 잠정적인 증거보전조치도 헌법상의 권리보호

---

18) E 107, 395/409; 119, 292/296; *Nolte*, MKS, Art. 103 Rn 89 f.
19) 확립된 판례; E 89, 381/392 f.
20) E 5, 9/10; 73, 322/326 참조.
21) E 42, 172/175 참조.

제도의 요소에 속한다(기본법 제13조 제2항, 제104조 제3항 참조). 그러나 잠정적인 증거보전조치의 특성 중 하나는 당사자에게 청문의 기회를 부여하지 않고 발해진다는 것인데, 이는 당사자에게 청문의 기회를 부여하게 되면 당사자가 보전될 증거를 제거함으로써 증거보전조치의 목적을 달성할 수 없게 되기 때문이다. 다만, 기본법 제103조 제1항은 그러한 경우에 긴급증거보전조치를 집행한 후에 당사자에게 법적 청문의 기회를 부여할 것을 요구하고 있다(E 18, 399/404). 따라서 甲은 자신의 법적 청문권을 침해받지 않았다.

1248 참고문헌: *F.-L. Knemeyer*, Rechtliches Gehör im Gerichtsverfahren, Hdb. StR³ VII § 178; *J. Mauder*, Der Anspruch auf rechtliches Gehör, 1986; *M.R. Otto*, Grundfälle zu den Justizgrundrechten: Art. 103 I GG, JuS 2012, 412; *E. Schmidt-Aßmann*, Verfahrensfehler als Verletzungen des Art. 103 Abs. 1 GG, DÖV 1987, 1029; *W. Waldner*, Der Anspruch auf rechtliche Gehör, 2. Aufl. 2000.

§ 32 죄형법정주의(기본법 제103조 제2항)

사례 29: 동료에게 우호적이지 아니한 건축사(출전: E 45, 346)   **1249**
한 주(州)의 건축사법에는 건축사가 그 직업적 의무를 위반한 경우에는 직업법원의 절
차를 통해 제재를 받는다고 규정되어 있다. 그 직업적 의무는 건축사협회가 해당 주(州)
의 건축사법을 통해 수권한 직업규칙에 확정되어 있는데, 그 의무에는 무엇보다도 동료
에 대해 우호적으로 행위하라는 명령도 포함되어 있다. 건축사 甲은, 일감을 수주하기
위하여 동료들을 현저히 폄하하였다는 이유로 이 규정들에 의거하여 과태료 판결을 받
았다. 이러한 판결은 기본법 제103조 제2항에 위반되는가? 이 사례에 대한 약해는 **단락
1265**를 보라.

I. 개관

소급효가 없는 명확한 형법에 의한 재판을 받을 권리("법률이 없으면 죄도 형벌도 없다 **1250**
[nullum crimen, nulla poena sine lege]")는 오랜 전통을 가지고 있다.[1] 이와 같은 문
구로 이루어진 형법 제1조는 기본법 제103조 제2항을 통하여 헌법적 효력을 갖는다. 기
본법 제103조 제2항의 기본권유사적 권리는 그 내용상 법치국가원리 및 민주주의원리
와 밀접히 관련되어 있다. 기본법 제103조 제2항은 국가의 형벌부과권에 대한 한계를
설정하고 또한 형벌 자체가 기본권, 가령 기본법 제2조 제2항의 자유권에 대한 제한을
의미하기 때문에 체계적으로 볼 때, 기본법 제103조 제2항은 본질상 제한의 한계에 해
당한다.[2] 그러나 기본법 제103조는 헌법소원에서 독자적인 심사규준으로서 독자적인
보호영역에 의하여 전통적으로 3단계에 의해 심사되고 있다.[3]

---

1) *Schreiber*, Gesetz und Richter, 1976 참조.
2) 위 단락 359를 보라.
3) E 109, 133/168 참조.

II. 보호영역

1. 가벌성의 개념

1251 기본법 제103조 제2항이 의미하는 가벌성은 "위법하고 유책한 행위에 대해 제재를 가하는 고권의 반작용"을 포함하는 국가의 조치들에 관한 개념으로서 위와 같은 행위의 속죄를 위하여 그 해악을 선고하는 것이다.[4] 그러므로 형법 이외에도 공공질서위반법,[5] 공무원징계법 및 각종 전문직징계법[6]은 기본법 제103조 제2항을 충족해야 한다.

1252 형벌의 구성요건과 법정형은 가벌성에 해당한다.[7] **보안처분에 관한 형법규정**(형법 제61조 이하)은 형법상의 형벌과는 달리 전적으로 예방적 목적만을 추구하는 것으로 속죄를 위한 것이 아니기 때문에, 연방헌법재판소는 보안처분을 기본법 제103조 제2항에서 제외하고 있다.[8] 반면에 유럽인권재판소는 유럽인권협약 제7조의 형벌 및 그 규정에 의해 포착되지 아니하는 형벌의 집행을 구분하고 있기는 하지만 연방헌법재판소와 달리 보안처분(형법 제61조 제1항)을 형벌의 일종으로 분류하면서 이에 대해 절대적 소급효금지를 적용하고 있다.[9] 이와 관련해서 연방헌법재판소는 "일종의 절대적 신뢰보호"에 근접하는 일반적 신뢰보호원칙(기본법 제20조 제3항, 단락 367을 보라)[10]을 통해서 보안처분과 관련해서도 결과적으로 유사한 보호를 제공할 수 있다고 보고 있다.[11]

1253 그러나 가벌성에 관한 실체적인 규칙과는 달리 **형사소추에 관한 형식적 규율**은 기본법 제103조 제2항이 의미하는 가벌성이라는 개념에 해당하지 아니한다. 즉 기본법 제103조 제2항은 형사처벌이 가능한 "기간"(공소시효)에 대해서는 일체

---

4) E 109, 133/167; 110, 1/13; 117, 71/110.

5) E 87, 399/411; *Wolff*, Hdb. GR V, § 134 Rn 31.

6) E 60, 215/233 f; 116, 69/82 f; *Schulze-Fielitz*, DR, Art. 103 II Rn 19; 이견으로는 *Rüping*, BK, Art. 103 Abs. 2 Rn 78; *Wolff*, Hdb. GR V, § 134 Rn 32.

7) E 86, 288/211; 105, 135/153.

8) E 109, 113/167 ff; 128, 326/392 f; *Wolff*, Hdb. GR V, § 134 Rn 33.

9) EGMR, NJW 2010, 2495/2497 f.

10) E 133, 40/57.

11) E 128, 326/392 f.

규율하고 있지 않다.12)

예: 1960년대에 나치 범죄 수사에 여전히 많은 시간이 필요하게 될 것이라는 점이 드러 **1254** 나자 먼저 1965년에는 1945년에서 1949년 사이의 기간 동안에는 공소시효가 정지되었음을 법률로 확정하였고, 이어서 1969년에는 고살죄의 경우에는 20년의 공소시효를 30년으로 연장하였으며, 1979년에는 그 제한을 완전히 폐지하였다. 일부 학설이 비판하고 있는 연방헌법재판소의 견해에 따르면 고살죄의 가벌성이 그 범죄행위 이전에 이미 법률로 확정되었으며 그 행위시에 유효했던 공소시효 규율은 가벌성에 속하지 않기 때문에 기본법 제103조 제2항에 위반되지 않는다고 한다. 즉, 가벌성의 요소인 반가치 판단은 형벌규정 및 그 구성요건으로부터 나오는 것이지 형사소추에 관한 형식적 규율로부터 나오는 것은 아니라는 것이다(E 25, 269/284 ff; 이와 유사한 것으로 동독의 공산당인 사회주의 통일당이 자행한 불법행위에 대한 공소시효기간의 연장을 둘러싼 논쟁에 대하여는 *Pieroth/Kingreen*, NJ 1993, 385). – 문제가 되는 것은 고소와 같이 실체법적 성격을 갖는 것인지 아니면 형식적 성격을 갖는 것인지가 다투어지고 있는 형법적 규율의 경우에 기본법 제103조 제2항이 적용될 수 있느냐 하는 것이다(*Pieroth*, JuS 1977, 394 참조).

2. 행위주의

법치국가적 형법은 심정이 아닌 **범죄행위**(Tat), 즉 행위(Handlung)에 준거하고 **1255** 있다.

3. 법률주의

법치국가의 형법은 법률을 전제한다. 기본법 제103조 제2항은 형법과 관련하여 **1256** 법률유보를 규정하고 있다. 형사처벌의 가능성은 의회가 제정한 법률 자체로부터 도출되어야 한다.13) 그러나 법률상의 형법규범은 법규명령,14) 조례 내지 규칙15)과 같은 행정입법에 그리고 유럽연합의 법규정16)에 그것을 구체화하도록 – 동태적으로도17) – 위임할 수 있다. 형벌의 구성요건을 구체화하는 규정의

---

12) E 81, 132/135; 112, 304/315.
13) E 75, 329/342; 87, 399/411; 126, 170/194.
14) E 14, 174/185; 78, 374/382.
15) E 32, 346 362.
16) BVerfG, NJW 2016, 3648/3650 f = JK 6/2107.
17) [역주] 준용되는 법조항의 제정일자가 특정되어 있고, 따라서 법문 자체도 특정되어 있는 법규

제정[18] 및 그 구성요건의 선택[19]은 명령제정권자에게 다시 위임될 수 있다. 행정행위로써 이를 구체화하도록 지시하는 것도 전적으로 금지되어 있는 것은 아니다.[20]

4. 명확성의 원칙

1257 법치국가의 형법은 **명확한** 법률을 요구한다. 개인은 어떤 행위가 형법에 금지되는지, 어떠한 행위가 어떠한 형벌의 제재를 받게 되는지를 미리 알 수 있어야 이에 맞추어 자신의 행위를 조절할 수 있게 된다. 기본법 제103조 제2항은 특별규정으로서 일반원칙인 법치국가적 명확성의 원칙(단락 365~366 참조)보다 엄격한 요건을 제시하지만, 법관에 의한 해석을 요하는 불확정법개념들을 형벌의 구성요건 및 법정형에 사용되는 것을 배제하지 않는다. 그러나 법정형이 무거울수록 형법규정은 그만큼 명확해야 하며,[21] 형벌의 범위는 양형규칙에 의해서 정해져야 한다.[22] 특히 문제가 되는 것은 다른 법률규정들이나 행정입법에 의해 보충되는 구성요건(이른바 백지구성요건)의 경우에는 그 명확성요건을 엄격히 요구한다는 것이다.[23]

1258 예: 허가를 요하는 통신시설의 설치, 변경, 운영의 경우 체신관청이 허가를 내주면서 부관으로 붙인 조건에 위반하는 행위를 처벌하는 전신법(FernmG) 제15조 제2항 a호는 기본법 제103조 제2항에 위반된다(E 78, 374/383 ff): 가벌성이 법률에 충분히 특정되어 있는 것이 아니라 집행부의 재량적 결정에 의하여 밝혀지기 때문이다. 제2차유럽연합법에 대한 동태적 준용을 포함하고 있는 형벌의 구성요건도 마찬가지이다(BVerfG, NJW 2016, 3648/3649 ff = JK 6/2017). – 반면에 형법 제266조 제1항의 배임죄의 구성요건은 광의적이고 밋밋한 표현에도 불구하고 축소해석을 통해 구체화할 수 있기 때문에 충분한 명확성을 띠고 있는 것으로 평가되고 있다(E 126, 170/200 f; NJW 2013, 365/366 f).

정(정태적 위임)만 준용하도록 하는 것이 아니라 준용되는 법규정에 차후의 개정되는 법규정까지도 포함할 수 있도록 하는 입법권 위임의 방식.

18) E 22, 21/25; 75, 329/342.
19) BVerfG, NJW 2016, 3648/3651 = JK 6/2107.
20) 이른바 행정의 부종성에 대하여는 *Degenhart*, SA, Art. 103 Rn 66; *Schmidt-Aßmann*, MD, Art. 103 Abs. 2, Rn 216 ff.
21) E 75, 329/342 f; 126, 170/196 f.
22) E 105, 135/156 f.
23) BVerfG, NJW 2016, 3648/3649 ff(= JK 6/2017); *Wolff*, Hdb. GR V, § 134 Rn 63 ff.

판례에 의하면 법률의 명확성요건으로부터 **관습형법**의 금지 및 행위자에게 불 **1259** 리한 **유추해석**의 금지가 추론된다.[24] 가벌성의 흠결을 채우는 것은 입법자가 할 일이지 법관이 할 일은 아니다.[25] 통설에 의하면 허용되지 않는 유추와 허용되는 확장해석은 서로 다르고, 이와 관련해서는 규범의 문구가 해석에 대한 한계를 설정한다.[26]

예: 형법 제240조(강요죄)에 관한 판례에 의하여 개발된 이른바 심리적 폭력이라는 개 **1260** 념, 즉 행위자가 어떠한 육체적 힘을 사용할 것을 요구하지 않고 또 피해자에게 어떠한 신체적인 작용이 가해질 것을 요구하지도 않으며, 심리적 강제만으로 족하다고 보는 폭력의 개념은 연방헌법재판소에 의하여 유추해석금지에 위반되는 것으로 판단되었다(E 92, 1/14 ff; 104, 92/101 f; 이에 대하여는 *Amelung*, NJW 1995, 2584; *Jeand'Heur*, NJ 1995, 465 참조; 이견으로는 E 73, 206/239 ff). – 형법 제131조의 "인간"이라는 개념이 "인간과 유사한 존재"를 포함한다고 보거나(E 87, 209/225), "무기 SS의 명성과 명예 (Ruhm und Ehre)"라는 오늘날 고안된 구호는 히틀러 체제에서의 히틀러-소년단의 구호인 "피와 명예(Blut und Ehre)"와 혼동을 일으킬 정도로 유사하다고 보거나(BVerfG, NJW 2006, 3050), 승용차는 형법 제113조 제2항 제2문 제1호의 무기에 해당한다고 보는 것(BVerfG, NJW 2008, 3627 ff)은 유추해석금지에 대한 위반이다. 연방법원 제2형사부는 유죄를 택일적으로 확정하는 것(Wahlfeststellung)[27]도 유추해석금지에 대한 위반이라고 본다(BGH, NStZ 2014, 392 ff; 이에 대해서는 *Freund/Rostalski*, JZ 2015, 164).[28]

5. 소급효금지

법치국가적 형법은 소급처벌의 금지를 포함하고 있다. 그러므로 기본법 제103 **1261** 조 제2항은 행위시에 아직 유효하지 아니한 법률에 의하여 행위자를 처벌하거나 행위시에 법률에 규정되어 있는 것보다 중하게 행위자를 처벌하는 것을 금지한다.

---

24) E 71, 108/114 ff.
25) E 92, 1/13; 126, 170/197.
26) E 71, 108/115; 87, 209/224.
27) [역주] 형법에서 두 범죄구성요건 중 어느 하나를 위반한 것은 분명하지만 그중 어느 것을 어떤 행위로 충족하였는지가 불분명한 경우 법원이 유죄를 인정하되 법정형이 낮은 범죄의 형을 기준으로 처벌하는 것.
28) [역주] 그러나 2019년 연방헌법재판소는 2019년 7월 5일자 결정[Beschluss vom 05. Juli 2019 - 2 BvR 167/18]을 통해서 그 합헌성을 확인하였다.

1262 예: 1938. 6. 22.의 「정차 중인 승용차 탑승자를 대상으로 한 노상강도대책법(Das Gesetz gegen Straßenraub mittels Autofallen, RGBl., 651)」은 "1936년 1월 1일부터 효력을 발휘하도록 시행되었다"(나치시대에 있었던 소급효금지의 폐지에 대하여는 *E. Schmidt*, Einführung in die Geschichte der deutschen Strafrechtspflege, 3. Aufl. 1965, S. 435 f 참조). – 법원은 자체 소급효가 없는 법률을 그 법률의 시행 전에 범한 행위로서 행위시에는 처벌을 받지 않았거나 경한 처벌을 받았던 행위에 적용함으로써 소급효금지에 위반할 수 있다.

III. 제한

1263 전술한 권리보호 요청에 미치지 못하는 것은 기본법 제103조 제2항에 대한 제한을 의미한다. 이러한 제한은 입법부는 물론 사법부에 의해서도 가해질 수 있다.[29] 판례의 변경은 아직까지는 소급효금지에 대한 제한을 이유로 위헌으로 선언되고 있지는 않다. 다만, 연방헌법재판소는 판례의 입장이 일관성 있게 유지됨으로써 신뢰의 기초가 형성되고[30] 또한 그 변경이 사실 인식에 대한 변경뿐만 아니라 형법에 의한 반가치판단과 관련되어 있는 경우 소급효금지를 적용할 수 있는지의 문제를 다룬 바 있다.[31]

IV. 헌법적 정당화

1264 기본법 제103조 제2항은 유보 없이 보장되어 있으며 "형량의 대상이 되지 않는다."[32] 그러므로 기본법 제103조 제2항의 보호영역 안에서 가해지는 제한은 항상 그 규정에 대한 위반을 초래하게 된다. 기본법 제103조 제2항에 저촉되지만 정책적으로 필요한 형벌은 개헌을 통해서만 관철될 수 있다.[33] 이 규정의 요청에 미치지 못하는 것은 기껏해야 상충하는 헌법에 의하여 정당화될 수 있을 것이지만, 그와 같은 시도는 이제까지 문헌에서나 판례에서나 모두 행해진 바가

---

29) E 105, 135/153.
30) BVerfGK, 18, 430/434 f.
31) BVerfG, NJW 1990, 3140 f – 절대적 운전 불능 상태를 판정하는 알코올농도의 하향.
32) E 109, 133/172; *Höfling/Burkiczak*, FH, Art. 103 Rn 132.
33) *Pieroth*, VVDStRL 51, 1992, S. 91/104; *Schlink*, NJ 1994, 433/437.

없다.

사례 29(단락 1249)에 대한 약해: **1265**

Ⅰ. 직업법원(Berufsgerichte)[34]이 선고하는 제재는 기본법 제103조 제2항이 의미하는 형사처벌 가능성과 관련된다. 위 사례에서는 이전부터 존재하는 규정에 따라 처벌을 받게 된 행위가 문제되고 있다. 따라서 행위주의와 소급효금지에 대한 위반의 문제는 없으며 법률주의와 명확성원칙 위반 여부만이 문제될 뿐이다.

1. 위 주(州)의 건축사법은 구성요건으로서 "직업의무에 대한 위반"만을 포함하고 있을 뿐이다. 그러므로 **의회유보**에 위반되는 것은 아닌지가 문제된다. E 45, 346/353는 건축사의 직업상(職業像)은 법률에 확정되어 있으며 이 직업상으로부터 그리고 이로부터 추출되어야 할 직업적 과제로부터 건축사의 직업과 관련한 의무도 도출된다는 이유로 법률주의 위반 여부에 대하여 부정적인 답변을 내렸다.

2. **명확성원칙**은 불명확한 법개념을 사용하였다는 이유만으로 침해되는 것은 아니다. 개별적인 직업 관련 의무들을 일일이 모두 열거할 수는 없으므로 일반적인 표현으로도 족하다(E 66, 337/355 f; 94, 372/394 참조). 그러나 위 사례에서는 그것조차도 충족하지 못하고 있다. 따라서 기본법 제103조 제2항의 침해를 인정할 수 있다(동지: *Kunig*, MüK, Art. 103 Rn 34). E 45, 346/352는 주(州) 건축사법상의 규범이 "직업상의 의무"라고 표현함으로써 그 규범은 상당하는 의무규정들을 "전제하고 또 승인한" 것이라는 이유로 다른 취지의 판결을 내렸다.

Ⅱ. 해당 규범이 기본법 제103조 제2항에 위반함으로써 그 규범은 위헌·무효가 된다. 즉, 甲이 동료들에게 우호적으로 행위하였는지와는 무관하게 그에게 과태료의 유죄판결을 내리는 것은 허용되지 않는다.

참고문헌: *R. Herzberg*, Wann ist die Strafbarkeit „gesetzlich bestimmt" (Art. 103 Abs. 2 **1266** GG)?, in: Symposium Schünemann, 2005, S. 31; *V. Krey*, Keine Strafe ohne Gesetz, 1983; *L. Kuhlen*, Zum Verhältnis von Bestimmtheitsgrundsatz und Analogieverbot, in: FS Otto, 2007, S. 89; *B. Pieroth*, Der rückwirkende Wegfall des Strafantragser-fordernisses, JuS 1977, 394; *H.-A. Wolff*, Nullum crimen, nulla poena sine lege, Hdb. GR V, § 134.

---

34) [역주] 독일에서 공무원법을 위반한 공무원, 법관법을 위반한 법관, 군인법을 위반한 군인이나 각 자유직에 관한 법령을 위반한 변호사, 회계사, 공증인, 의사, 건축사, 엔지니어 등과 같은 자유직종사자에 대한 징계를 관할하는 징계법원들. 과거에는 명예법원으로 불림.

§ 33 일사부재리(기본법 제103조 제3항)

1267 사례 30: 재심사유의 확대

연방의회 의원들이 형사소송법 개정 법률안을 제출하였다. 동 법률안은 피고인에 의하여 변조되었거나 그의 압력을 받아 만들어진 증거가 제출되는 경우에도 피고인에게 불리한 재심을 허용하는 방향으로 형사소송법 제362조를 보완하는 것을 목적으로 하고 있다. 이러한 보완은 기본법 제103조 제1항에 합치하는가? 이 사례에 대한 약해는 **단락 1283**을 보라.

Ⅰ. 개관

1268 기본법 제103조 제3항은 기본권유사적 권리로서 "일사부재리(ne bis in idem)"의 원칙을 포함하고 있다. 이 원칙은 오래된 것이지만 규문주의 시대부터 나치 시대에 이르기까지 끊임없이 시비의 대상이 되고 침훼되어 왔다. 이 원칙은 그것이 **나치에 의하여 침훼되었다**는 경험으로 인하여 기본법에 수용되게 되었다.

1269 이 원칙은 형사판결의 기판력을 보장하여 **법적 안정성**을 실현한다. 여기서는 실체적 정의가 법적 안정성의 뒤로 후퇴하게 된다. 법치국가는 법적 안정성과 실체적 정의를 모두 요구하지만, 양자는 때때로 어느 일방의 방향으로 해소될 수밖에 없는 긴장관계에 있다. 기본법 제103조 제3항은 법적 안정성을 선택하는 방향으로 이러한 긴장관계를 해소함으로써 개인의 자유를 보호한다. 즉, 개인은 기판력 있는 형사법원의 재판이 내려진 뒤에 또 다시 책임을 지지 않을 수 있도록 보호를 받게 된다.

1270 기본법 제103조 제3항은, 형법과 기판력이라는 제도를 전제로 하고 있으므로 **규범에 의하여 구성되는 것이다.** 헌법제정자는 "일사부재리" 원칙을 소송법에서 이미 형성되어 인정된 것으로 수용하고자 했다.[1] 그러나 이는 이 원칙에 대한 모든 전통적인 제한들이 합헌이라는 것을 의미하지 않는다. 즉, 기본법에 수용된 이 원칙의 내용은 "일사부재리"

---

1) *Rüping*, BK, Art. 103 Abs. 3 Rn 16 ff.

원칙의 핵심적 내용에만 관련된다.[2] 그 주변영역에서는 이에 대한 전통적 제한들이 실체적 정의를 위하여 불가결한 것인지와 관련하여 심사될 필요가 있다. 기본법 제103조 제2항과 마찬가지로 기본법 제103조 제3항은 체계적으로 볼 때 전통적으로 3단계로 심사되는 제한의 한계의 일종에 해당한다(단락 1250 참조).

II. 보호영역

1. 동일한 행위

동일한 행위라는 개념은 "공소장과 공판절차 개시결정에서 적시되고 또한 피고 **1271** 인이 정범 또는 공범으로서 어떤 형벌구성요건을 실현했다고 주장되는 역사적 사건(geschichtlicher Vorgang)"을 말한다.[3] 판례는 자연적인 관찰방식에 의할 때 **하나의 통일적인 생활사건**이 인식될 수 있는지를 기준으로 동일행위 여부를 판단하고 있다. 이러한 이른바 소송법적 행위개념은 이른바 실체적 행위개념과 일치하지 않는다.[4] 형법 제52조 제1항의 "동일한 행위"는 기본법 제103조 제3항의 "2개의 행위"를 의미할 수 있다. 두 규범이 상이한 목적을 추구하기 때문이다. 전자에서는 유책한 행위 및 이에 대한 형벌의 선고가 문제되고, 후자에서는 실체적 기판력의 한계가 문제된다.[5]

예: 어떤 사람이 범죄단체에 참여했다는 이유로 형법 제129조에 의하여 기판력 있는 판 **1272** 결로 자유형을 언도받았다. 이후에 그가 범죄단체의 구성원으로서 형법 제129조의 더 중한 범죄를 별도로 범한 사실이 있다는 것이 밝혀졌다. 이와 관련해서는 상이한 역사적 사건이 기초가 되고 있기 때문에 그는 이 범죄행위를 이유로 기본법 제103조 제3항에 위반되지 않고 처벌될 수 있다(E 56, 22/28 ff). — 반면에 어떤 양심상의 결정이 단한 차례 내려지는 것이지만 그 결심이 영구히 지속되는 경우에는 이를 이유로 대체역무 소집에 반복해서 따르지 않는다고 하더라도 동일한 행위가 존재하는 것이라고 보아야 한다(E 23, 191/203; 78, 391/396).

기판력 있는 유죄판결 이후에 출현한 **새로운 상황**도 "동일한 행위"의 인정을 막 **1273**

---

2) E 56, 22/34 f.

3) E 23, 191/201; 56, 22/28.

4) 이 두 행위개념에 대하여는 *Roxin*, Strafverfahrensrecht, 25. Aufl. 1998, § 20 Rn 8 ff 참조.

5) E 56, 22/28 ff; BVerfG, NJW 2004, 279.

지 못할 수 있다.

1274 예: 어떤 사람이 교통사고로 타인에게 상해를 입혔다. 그는 형법 제230조에 의하여 과실
치상을 이유로 기판력 있는 판결을 통하여 벌금형을 언도받았다. 이후에 그 사고의 피
해자는 상해의 후유증으로 사망하였다. 이 경우 가해자에 대하여 새로운 형사절차를 개
시하여 이제 과실치사를 이유로 유죄판결을 내리는 것은 기본법 제103조 제3항에 위반
된다(E 56, 22/31; 65, 377/381 참조).

2. 일반성을 띠는 형법

1275 "일반성을 띠는 형법에 의하여"라는 표지는 그 성립사가 입증하는 것과 같
이[6] 기본법 제103조 제3항의 적용영역을 독일[7] **형사형법**(Kriminalstrafrecht)에
한정하는 기능을 한다. 공공질서유지법도 제79조 제1항 제1호가 의미하는 형
법에 속하기 때문에[8] 체계적인 관점에서 볼 때 공공질서유지법의 규범도 일반
성을 띠는 형법으로 분류하는 것이 타당하다[9](단락 1251도 참조). 공무원징계법
(Disziplinarstrafrecht) 및 직업단체의 회원징계법(Berufsstrafrecht)의 영역에서 일사
부재리원칙은 법치국가원칙과 비례의 원칙으로부터만 도출될 수 있을 뿐이다.

1276 기본법 제103조 제3항은 형사형법과 공무원징계법 및 직업단체의 회원징계법
과의 관계에는 적용되지 아니한다.[10] 이 경우 중복처벌은 그 법적 근거가 다르
고 또 목적이 다르기 때문에 정당화된다.[11] 즉 "형법상의 범죄는 그 본질상 모
든 사람들에게 보장된 법익에 대한 유책의 침해이며 일반적 법적 평화에 대한
교란으로 나타난다 … 이에 비하여 징계조치는 특정한 직업에 속해 있는 사람
들의 특별한 권리·의무로 구성된 지위에 관한 것이다". 물론 **비례의 원칙**으로부
터 형사형법과 공무원징계법이나 직업단체징계법의 병과의 한계가 도출되기는
한다. 즉, 개별사건에서 공무원징계법이나 직업단체징계법이 형사형법에 대하
여 독자적인 기능을 가지고 있지 않을 경우에는 공무원징계법이나 직업단체징

---

6) JöR 1951, 744.
7) E 12, 62/66; 75, 1/15 f; BVerfG, NJW 2012, 1202/1203.
8) E 31, 142/144.
9) 이견으로는 *Kloepfer*, VerfR II, § 75 Rn 105.
10) E 66, 337/356.
11) E 32, 40/48.

계법을 적용하는 것은 불필요한 기본권 제한이 된다. 마찬가지 이유로 각기 여러 제재가 가해지는 경우 후속제재는 선행제재를 고려하여야 한다.

예: 한 병사가 항명을 이유로 징계법에 의거하여 대대장으로부터 자유형(처벌구금: Arrest)의 처벌을 받고 또한 형법에 의거하여 참심법원으로부터 자유형의 처벌을 받은 경우, 후속하는 자유형에는 선행하는 자유형이 산입되어야 한다(E 21, 378/388; 27, 180/192 ff 참조). **1277**

나아가 이중처벌금지는 공공질서유지를 위한 조치(Ordnungs- und Beugemaß- nahmen), 행정적 제재나 징벌적 과세 등과 형벌의 관계에는 적용되지 않는다. **1278**

예: 운전면허는 형법 제69조에 따라 형사법원의 조치에 의하여 그리고 도로교통법 제4조에 따라 행정청의 조치에 의하여 박탈될 수 있다. 형사법원이 운전면허 박탈과 함께 운전면허 재취득 금지 기간을 확정한 경우 그 기간이 경과된 후에 행정청이 운전면허 재취득 금지 기간에 확인한 적성의 결여를 이유로 새로운 운전면허 발급을 거부하는 것은 기본법 제103조 제3항에 대한 위반에 해당하지 않는다(E 20, 265/372). **1279**

3. 한 차례만의 형사소추

기본법 제103조 제3항은 동일한 행위를 이유로 중복하여 형벌을 선고하는 것만을 명시적으로 금지하고 있다. 그러나 일사부재리 원칙은 역사적 발전을 통해 무죄판결의 기판력도 함께 보호하게 되었다. 이에 따라 유죄판결 및 무죄판결 이후에 재차 형사절차를 개시하는 것이 모두 금지되게 되었다. 형사소송을 통해 내려진 여타의 재판에서 관건이 되는 것은 그 재판이 판결의 기판력을 통해서 한 사건(Vorgang)을 완전히 파악하고 그에 대하여 완결적인 결정을 내리는 것인지 여부이다.[12] **1280**

예: 검사와 법원에 의한 소송절차의 정지는 기판력을 갖지 않거나 제한된 기판력만을 갖는다. 상고를 각하하는 결정은 원칙적으로 전면적 기판력을 갖는다. 처벌명령(Strafbefehl)[13]은 동 명령에 대하여 적시에 이의가 제기되지 않으면 형사소송법 제410조 제3항에 의하여 기판력 있는 판결에 근접하게 된다. 그렇지만 형사법원의 확립된 판 **1281**

---

12) *Rüping*, BK, Art. 103 Abs. 3 Rn 61 ff 참조.
13) [역주] 경죄에 대한 형사소송절차로서 공판절차 없이 소송서류에 나타난 증거자료만을 가지고 발해진다.

례는 처벌명령절차의 약식절차적 성격을 이유로 처벌명령에 제한된 기판력만을 인정하여 처벌명령에서는 평가되지 아니하였으나 추후에 중한 처벌의 근거가 되는 법적 관점이 드러난 경우에는 새로운 소추를 허용하고 있다. 그러나 E 65, 377/382 ff는 이 판례를 파기하지는 않았지만 기본법 제3조 제1항에 근거를 둔 논증을 통하여 그 타당범위를 현저히 축소시켰다. 그에 따르면 처벌명령절차가 종료되어 기판력이 발생한 후에 행위자의 중대한 범죄를 이유로 한 처벌의 근거가 되는 상황이 비로소 출현한 경우에는 기존 처벌명령의 기판력이 새로운 소추를 막지 아니한다고 한다. 그 사이에 처벌명령과 관련한 재심절차는 형사소송법 제373a조에서 규율되었으며, 새로운 상황이 중범죄를 이유로 한 유죄판결의 근거가 되는 경우에는 그 재심절차가 허용되게 되었다.

III. 제한 및 헌법적 정당화

1282 **피고인에게 불리한 재심**(형사소송법 제362조)은 기판력 있는 유죄판결 및 무죄판결에 의한 보호에 대한 제한으로서 이해될 수 있다. 이러한 제한의 헌법적 정당성의 근거로는 법적 안정성과 실체적 정의 사이의 갈등만을 들 수 있을 것이고 또한 형사소송법 제362조의 재심사유가 존재하는 경우에는 기판력을 유지하는 것이 실체적 정의를 수인할 수 없을 정도로 제약하게 된다고 주장할 수 있을 것이다.[14] 이에 반하여 **피고인에게 유리한 재심**은 기본법 제103조 제3항의 보호영역에 대한 제한이 아니다.

1283 사례 30(단락 1267)에 대한 약해:

I. 위 사건에서 개정법률의 목적은 피고인에게 불리한 재심을 이제까지보다 더 넓게 허용할 수 있도록 하는 것으로, 그로 인하여 일사부재리의 원칙의 효력범위가 제한될 것이다.

II. 이러한 제한이 내재적 한계의 일부로서 이해될 수 있는지, 즉 판례와 통설과 같이 기본법 제103조 제3항의 보호영역이 처음부터 축소되어 있다고 이해될 수 있는지의 문제가 제기된다. 그와 같은 제한은 연방헌법재판소의 판례가 내재적 한계의 기준으로 삼는 "기본법 시행 당시의 소송법 및 지배적인 판례에 의한 그 해석의 상태"에 속하지 아니한다(E 3, 248/252). 학설은 대체로 당시의 소송법의 상태를 고정적인 기준으로 삼는 것을 거부하고 있으며, 때로는 보다 엄격한 요건 하에 때로는 보다 느슨한 요건 하에 형

---

14) *Kloepfer*, VerfR II, § 75 Rn 111 f 참조; 비판적인 견해로는 *Nolte*, MKS, Art. 103 Rn 221 ff.

사소송법 제362조를 확대하는 것이 허용된다고 본다(*Rüping*, BK, Art. 103 Abs. 3 Rn 22). 반면에 그륀네발트(Grünewald)는 "새로운 사실 또는 증거수단을 이유로 개시되는 피고인에게 불리한 재심은 형사소송법의 전통에 이질적인 것이고 동시에 그러한 제도가 없는 상태를 수인할 수 없다는 주장은 법치국가적 관점에서 근거가 없다는 것을 의미한다"(Beiheft ZStW 1974, 94/103)고 한다.

참고문헌: *O. Fliedner*, Die verfassungsrechtlichen Grenzen mehrfacher staatlicher Bestrafungen **1284** auf Grund desselben Verhaltens, AöR 1974, 242; *G. Grünwald*, Die materielle Rechtskraft im Strafverfahren der Bundesrepublik Deutschland, Beiheft ZStW 1974, 94; *G. Nolte*, Ne bis in idem, Hdb. GR V, § 135; *D. Schroeder*, Die Justizgrundrechte des GG, JA 2010, 167; *H. Thomas*, Das Recht auf Einmaligkeit der Strafverfolgung, 2002.

제 3 부 **헌법소원**

§ 34 헌법소원 총설

기본법에서는 기본법 제93조 제1항 제4a호가 헌법소원에 대하여 규율하고 있 **1285**
다. 이 규정은 연방헌법재판소의 관할권을 설정함과 동시에 그 본질적인 적법
요건들을 확정하고 있다. 그 절차와 적법요건에 대한 상세한 내용은 연방헌법
재판소법 제90~95조가 규율하고 있다.

기본법은 **강력한 헌법재판제도**를 도입함으로써 헌법의 우위가 일반적으로 관철 **1286**
될 수 있도록 하였다.[1] 특히 기본법은 개인이 헌법소원을 통하여 기본권의 우
위를 관철할 수 있는 가능성을 열어놓았는데, 이는 독일 헌법사에서 새로운 제
도에 해당한다. 바이마르헌법 제19조가 규율하는 헌법소송 중에는 아직 개인의
국가에 대한 구제수단이 포함되어 있지 않았었기 때문이다. 헌법소원은 개인이
연방헌법재판소에서 절차를 개시할 수 있는 유일한 수단에 해당한다. 헌법소원
은 기본법 제19조 제4항에 의하여 보장된 개인의 권리보호(단락 1157 이하 참조)
를 보장한다.

헌법소원은 사건 수의 측면에서 볼 때 연방헌법재판소의 **가장 중요한** 관할권에 **1287**
해당한다. 헌법소원 사건은 연방헌법재판소에 제기되는 모든 사건의 약 96%에
달하며, 현재 매년 6,000건 이상의 헌법소원이 제기되고 있다. 그중 인용되는
비율은 2%에 해당한다.

이와 같이 엄청난 건수의 헌법소원이 제기되고 있기 때문에 연방헌법재판소의 **1288**
부담을 덜어주기 위하여 연방헌법재판소법 제93a조 이하의 **심판회부절차**
(Annahmeverfahren)가 도입되었다. 연방헌법재판소 사무규칙에 의하여 도입되
긴 하였으나 논란의 대상이 되고 있는 재판장보좌관(Präsidialräte)에 의한 예비
심사[2]도 같은 목적을 위한 것이다. 심판회부절차는 다음과 같이 진행된다. 두

---

1) *Kingreen*, Hdb. StR³ XⅡ, § 263 Rn 11 ff; *Wahl*, Staat 1981, 485 참조.
2) *Schlink*, NJW 1984, 89 참조.

재판부가 각기 구성하는 지정재판부(Kammer)가 제기된 헌법소원이 원칙적인 헌법적 의미를 가지고 있거나 기본권의 관철에 적합하여(연방헌법재판소법 제93a조 제2항) 심판회부의무가 존재하는지를 심사한다. 지정재판부는 전원일치의 결정으로 심판회부를 거부할 수 있는데, 연방헌법재판소법 제93d조의 제1항 제3문에 따라 이 결정에는 이유를 붙일 필요가 없다. 지정재판부는 헌법소원이 명백히 이유 있는 경우에는 헌법소원을 인용할 수도 있다(연방헌법재판소법 제93c조 제1항 제1문과 연계된 제93b조 제1문). 지정재판부가 심판회부를 거부하지도 헌법소원을 인용하지도 않은 경우에는 재판부가 그 심판회부 여부를 결정한다. 재판부는 3인 이상의 재판관의 동의로 헌법소원을 심판에 회부할 수 있다(연방헌법재판소법 제93d조 제3항 제2문). 헌법소원이 이유 있는 경우에도 심판회부절차를 통과하지 못하여 승소하지 못하는 결과가 발생할 수도 있다. 가령 사소한 의미가 있는 사건에서[3] 그런 결과가 가능하다. 우려되는 것은, 연방헌법재판소가 관련성이 존재하기만 하면 사소한 사건까지 재판에 회부하는 판례를 형성하고 있다는 것이다.[4]

1289 사례해결기법: 심판회부절차에서는 적법성이나 이유의 존부는 문제가 되지 않기 때문에 사례연습에서는 심판회부절차를 다루지 않는 것이 보통이다. 오히려 헌법소원이 심판회부절차에서 어떻게 취급될 것으로 전망되는가의 문제는 헌법소원의 적법성과 이유의 존부를 감정의견의 형식으로 검토하라는 문제와 결부되고 있다. 그러나 궁극적으로 지정재판부가 헌법소원을 어떻게 취급할 것인지를 예측하는 것은 사례연습의 과제대상이 아니다.

참고문헌: § 36 말미에 수록된 참고문헌 참조.

---

3) *Hömig*, in: FS Jaeger, 2011, S. 767/778; *Schlaich/Korioth*, BVerfG, Rn 258 ff 참조.
4) E 90, 22/25; BVerfG, EuGRZ 2000, 242/246; 이러한 판례에 대해 비판적인 견해로는 *Hartmann*, in: Pieroth/Silberkuhl, § 90 Rn 266.

§ 35 헌법소원의 적법성

사례해결기법: 이하의 적법요건들은 법적으로 볼 때는 모두 중요하다. 즉 어느 적법요건 **1290** 이나 그것이 충족되지 않으면 헌법소원은 부적법하게 된다. 그렇지만 사례연습에서 적법요건들의 중요도는 상이하다. 항상 심사하여야 하는 것은 요건 Ⅰ. 1, Ⅱ, Ⅲ, Ⅳ일 뿐이다. 요건 Ⅰ. 2, Ⅴ, Ⅵ은 사실관계가 그것을 심사할 만한 계기를 부여하는 경우에, 가령 소원청구인이 외국법인이거나 16세에 불과한 경우, 헌법소원이 이메일을 통해 제기된 경우, 헌법소원의 대상이 된 공권력이 이미 한 달 이전에 행하여진 경우 등에 대한 시사가 있는 경우에만 심사하면 된다.

Ⅰ. 소원청구인

1. 소원능력

연방헌법재판소법 제90조 제1항에 의하여 "누구나" 헌법소원을 제기할 수 있 **1291** 다. 헌법소원은 기본권 또는 기본권유사적 권리를 침해받았다는 주장을 담는 것이기 때문에 소원능력은 일반적으로 소원청구인이 기본권 또는 기본권유사적 권리를 침해받을 수 있음을 전제로 한다. 따라서 소원능력은 기본권주체성 또는 기본권능력을 전제로 한다(단락 167 이하, 204 이하 참조). 부분적인 기본권 무능력의 사례(독일인에게만 인정되는 기본권과 관련하여 외국인의 경우, 본질상 사단과 조직에 적용될 수 없는 기본권과 관련하여 사단과 조직의 경우)는 보통 소원적격 (단락 1301 참조)과 관련해서만 의미를 갖게 된다.[1]

2. 소송능력

연방헌법재판소법은 소송능력에 대하여 규율하지 않고 당사자의 소송대리인 **1292** 선임권만을 다루고 있다(연방헌법재판소법 제22조). 헌법재판소 이외의 법원의 절차에서 소송능력은 소송행위를 스스로 또는 특정 대리인을 통해서 수행할 수

---

1) *Pestalozza*, S. 171, 178 참조.

있는 능력을 말한다. 통상적으로는 미성년자와 금치산자를 대신해서 법정대리
인이, 대리인과 본인 사이에 이해관계가 충돌하는 경우에는 보충적 보호자
(Ergänzungspfleger)2)3) 또는 절차상 보호자(Verfahrenspfleger)4)5)가 소송행위를
수행하거나 대리인을 정하게 된다. 또한 미성년인 소원청구인이 기본권에 의하
여 보호된 자유영역에서 독자적 책임 아래 행위를 할 수 있을 만큼 성숙한 것
으로 볼 수 있고 특히 법질서에 의해서 그렇게 성숙된 것으로 간주되어야 하는
경우 미성년자는 스스로 소송행위를 할 수 있거나 대리인을 정할 수 있다. 자신
의 사무를 스스로 처리할 수 없는 정신병자나 정신장애자에 대해서도 그 보호
에 관한 결정이 내려지는 절차에서 위와 같은 원칙이 적용된다(「가사사건 및 비
송사건에 관한 절차법」[FamFG] 제275조 참조).

1293 예: 기본법 제4조 제1, 2항을 원용하는 15세의 소년은 「아동의 종교교육에 관한 법률
(RelKErzG)」제5조와 관련해서는 법정대리인의 협조 여부와 무관하게 행위할 수 있다(E
1, 87/89).

II. 소원대상

1294 공권력의 **모든** 행위, 즉 집행권, 사법권(연방헌법재판소법 제94조 제3항, 제95조 제2
항) 그리고 입법권(연방헌법재판소법 제93조 제3항, 제94조 제4항, 제95조 제3항)의
모든 조치가 헌법소원의 대상이 될 수 있다. 그러므로 소원대상의 범위는 기본
법 제1조 제3항에 의한 기본권구속의 범위와 일치한다(단락 229 이하 참조). 기본
법 제19조 제4항의 공권력의 개념은 집행권에 국한됨으로써 소원대상이 될 수
있는 공권력의 개념에 비하여 그 인정범위가 협소하다(단락 1159 이하 참조).

1295 공권력의 행위에는 작위뿐만 아니라 **부작위**까지도 포함된다(연방헌법재판소법 제

---

2) E 72, 122/135.
3) [역주] 법원이 미성년자에 대한 부모의 친권의 일부를 독일 민법 제1909조에 의하여 대행하도
   록 지정하는 자.
4) E 99, 145/157.
5) [역주] 독일에서 성년후견법원이 관할하는 (성년후견인의 선정 또는 피성년후견인의 치료시설
   수용에 관한) 절차에서 피성년후견인의 이익을 대변하고 피성년후견인을 대신하여 상소를 제
   기하며 관련 청문에 참여하는 것을 임무로 하는 피성년후견인의 절차적 보호자. 변호사와 마찬
   가지로 당사자의 대리인으로서 당사자를 위한 절차적 권리와 의무를 갖는다.

92조, 제95조 제1항 제1문: "작위 또는 부작위").6) 따라서 기본권의 보호기능(단락 133 이하 참조)은 헌법소송을 통해 관철될 수 있다.7) 나아가 그 행위는 반드시 법적 효과의 발생을 지향할 필요가 없고, 변호사회의 이사회가 내린 견책(Rüge) 처분8)과 같이 **사실상의** 결과를 지향하는 조치(E 18, 203/213)로도 충분하다.

동일한 사건에서 공권력이 행한 **복수의** 조치 ― 가령 행정행위, 이의제기에 대 **1296** 한 결정, 행정법원의 판결, 고등행정법원 내지 행정법원의 판결, 연방행정법원 의 판결 ― 와 관련하여 연방헌법재판소는 최종심법원의 재판, 아니면 그에 더 하여 그 직전 심급의 재판 내지 그 재판의 기초가 되는 집행권력의 행위를 헌 법소원을 통하여 다툴 것인지를 소원청구인에게 맡기고 있다.9) 어느 경우에나 **하나의** 헌법소원만이 존재한다.10)

III. 소원적격

연방헌법재판소법 제90조 제1항에 의하면 헌법소원은, 소원청구인이 자신의 기 **1297** 본권 중 어느 하나를 침해받고 있다고 주장하는 경우에만 적법하다. 이로부터 소원적격이라는 개념으로 포괄되는 다음과 같은 개별 적법성요건이 추론된다.

1. 기본권침해의 가능성

헌법소원을 통해 기본권침해를 주장할 수 있으려면 기본권을 침해받고 있다는 **1298** 주관적 느낌만으로는 충분하지 않다. 기본권침해의 실재 여부는 적법심사의 대 상이 아니라 실체적 이유에 관한 심사문제이다. 따라서 행정소송법 제42조 제1 항에서와 마찬가지로 연방헌법재판소법 제90조 제1항에서의 주장은 기본권침 해 내지 권리침해의 **가능성**을 뒷받침할 수 있는 진술(Vortrag)을 요구한다. 환언 하면, 침해 가능성이 애초부터 없어서는 안 된다.11)

---

6) *Stern*, StR III/1, S. 1283 ff.
7) E 77, 170/215; 79, 174/201 f; BVerfG, NVwZ 2010, 702/704; *Möstl*, DÖV 1998, 1029 참조.
8) E 18, 203/213.
9) 가령 E 19, 377/389; 54, 53/64 ff.
10) 이견으로는 *Stelkens*, DVBl. 2004, 403.
11) E 6, 445/447; 28, 17/19; 52, 303/327; 125, 39/73; *Hartmann*, JuS 2003, 897 참조.

1299 기본권침해의 가능성은 기본권의 내용을 심사하는 **모든 단계**에서 부정될 수 있다. 즉, 애초부터 인적 또는 사항적 보호영역에 해당하지 않았거나 그 안에서 이뤄진 제한이 없는 경우 또는 그 제한이 명백히 헌법적으로 정당화되는 경우에는 그 가능성이 부인될 수 있다.

1300 **사례해결기법:** 사례연습에서 헌법소원의 적법성과 관련하여 어떠한 관점들을 심사하여야 하는지 또한 헌법소원이 이유 있는 것인지와 관련하여 어떠한 관점들을 심사할 것인지가 쟁점이 될 수 있다. 이와 관련하여 다음과 같은 통상적인 사례해결 방식이 권고되고 있다. 즉, 그것이 명백하여 쉽고 신속하게 기본권보호영역 해당성을 부인할 수 있는 논거가 있거나 기본권의 보호영역 내에서 가해진 제한의 존재를 부인할 수 있는 논거가 있을 때에만 헌법소원의 적법성을 부인한다. 그러나 보호영역 해당성이나 그 안에서 이뤄진 제한의 존재를 부정하기 위해서 상세한 논증이 필요한 경우에는 해당 논의는 헌법소원이 실체법적으로 이유가 있는지를 심사할 때 하는 것이 바람직하다. 보호영역 안에서 가해진 제한이 있다고 보는 경우에는 항상 소원적격의 존재를 긍정할 수 있게 되나, 그 헌법적 정당성이 명백한 경우는 사례연습에서는 거의 나타나지 않는다.

1301 **예:** 독일인의 기본권이 침해되었다고 주장할 뿐인 외국인에게(단락 168 이하 참조; 이견으로는 *Felik/Jonas*, JA 1994, 343); 무장집회가 허용되지 않았다는 이유로 기본권침해를 주장하는 소원청구인에게; (개인으로서가 아니라) 연방의회에서의 자신의 지위가 침해받고 있음을 주장하는 연방의회의원에게(E 64, 301/312 ff 참조); 기본법 제103조 제1항의 침해를 주장하면서 재판의 결과에 영향을 미칠 수 없는 사실이나 논거를 진술하는 유죄판결을 받은 자(단락 1245 그리고 E 58, 1/25 f 참조) 등에게는 소원적격이 없다. ― 기본권이 민법에 대하여 갖는 의미도(단락 111 이하 참조) 소원적격의 문제에 해당한다. 그러므로 기본권이 발휘하는 일체의 제3자효, 즉 직접적 제3자효뿐만 아니라 간접적 제3자효까지도 부정하게 되면 민사재판에 의한 기본권침해의 가능성도 애초부터 존재하지 않게 될 것이다(*Augsberg/Vielechner*, JuS 2008, 406/407).

1302 공권력의 행태에 **규율적 요소**가 없고 **대외적 효과**(이른바 법적 의미)가 없는 경우에는 소원적격 내지 고충(Beschwer)[12]이 존재하지 않는다. 이 경우에는 기본권에 대한 제한의 가능성 및 그에 따라 기본권에 대한 침해의 가능성이 애초에 존재하지 않는다.

---

12) [역주] 관련성.

예: 법적 상태에 대한 의견표현(E 37, 57/61) 그리고 사물의 상태에 대한 통지(E 33, **1303** 18/21 f)에는 규율적 요소가 없다. 행정규칙(E 41, 88/105), 행정관청 내부에서 제시된 제안(Anträge; E 20, 162/172), 아직 공표되지 아니한 법률(아직 시행되지 아니한 법률에 대해서는 E 86, 390/396; 108, 370/385; 117, 126/141 참조), 법원의 판결문 초안과 아직 모든 법관이 서명하지 아니한 판결문(BVerfG, NJW 1985, 788)에는 대외적 효과가 없다.

그 밖에 **제한**의 가능성에 대해서는 다양한 관점에서 의문이 제기될 수 있다. 도 **1304** 대체 제한이 존재하는 것인가? 제한을 가하는 조치가 소원청구인에게 관련된 (betroffen) 것인가 아니면 다른 사람에게 관련된 것인가? 제한적인 조치가 소원 청구인에게 현재 관련되어 있는가 아니면 그 조치에 의한 관련성이 이미 종료 되었는가? 일견 제한을 가하는 조치로 보이는 것이 실제 소원청구인에게 관련 된 것인가 아니면 다른 조치가 소원청구인에게 관련된 것인가? 연방헌법재판소 는 이러한 쟁점들을 소원청구인 "자신이 현재 그리고 직접적으로" 고충을 겪고 있거나 관련되어 있는가라는 공식에 의하여 심사한다.[13] 연방헌법재판소는 이 공식을 법률에 대한 헌법소원과 관련하여 개발하였으나, 사리상 그 공식은 공 권력의 모든 행위에 적용될 수 있다.[14] 물론 소원청구인 자신의 현재 그리고 직접적인 고충은 행정행위나 법원의 판결과 같은 개별조치에서는 쟁점이 되지 않는 것이 일반적이다. 이에 반해 헌법소원이 개별조치의 결론 내지 주문 (Tenor)이 아니라 그 이유만을 대상으로 하는 경우에는 쟁점이 될 수 있다. 그 러므로 연방헌법재판소는 가령 판결의 이유가 소원청구인에 대한 책임비난을 통해서 독자적으로 소원청구인에게 부담을 주는 드문 예외적인 경우에만 소원 적격의 존재를 인정한다.[15] 선례의 구속력이 없기 때문에 노동쟁의 관련 법처 럼 법관법이 폭넓게 영향을 미치고 있는 법영역에서도 판결의 이유를 통한 법 의 보완적 형성에 따른 현재의 직접적인 고충은 존재하지 않는 것이 일반적이 다.[16] 이하에서 이 요건들은 판례의 입장을 따라 소원적격의 독립적 측면들로 서 다루기로 한다.

사례해결기법: 사례해결에서 소원적격은 항상 검토되어야 하지만, 그 개별 요소들 – 기 **1305**

13) E 1, 97/101 f 이래의 확립된 판례.
14) 동지: *Pestalozza*, S. 181 f; *Schlaich/Korioth*, BVerfG, Rn 231.
15) E 74, 358/374; 82, 106/116 f.
16) BVerfG, NJW 2016, 229/231.

본권침해의 가능성, 자신의 현재의 직접적인 고충 - 은 개별사례에서 특별한 쟁점을 제기하는 경우에만 상이한 항목들로서 단계적으로 심사될 필요가 있다. 가령 행정행위에 대한 헌법소원의 적법성 심사에서는 소원적격이라는 관점에서 소원청구인 자신의 기본권에 대한 침해의 가능성이 애초부터 존재하지 않는 것은 아닌지만을 물으면 된다.

2. 자신의 고충(자기관련성)

1306 소원청구인 **자신의 기본권**이 타격을 받고 있어야 한다. 다른 종류의 소송에서는 타인의 권리를 자신의 이름으로 주장하는 것이 허용되는 반면, 헌법소원에서는 자신의 이름으로 타인의 기본권을 주장하는 이른바 민중소송이 금지되어 있다.[17] 반면에 타인의 기본권이 소송담당을 통해 주장되지 않을 경우에는 그 실효성을 상실하는 경우에는 소송담당이 허용된다.

1307 예: 요양시설에 거주하고 있지 아니한 사람은 그 요양시설에서 생활하면서 보호를 요하는 사람들의 권리를 행사할 수 없으며(BVerfG, NVwZ 2016, 841/842), 저작권회사는 전적으로 자신을 통해서만 주장될 수 있는 경우를 제외하고는 자신에게 신탁된 회원의 저작권을 행사할 수 없다(E 77, 263/269; *Cornils*, AöR 2000, 45 참조). - 반면에 망자나 태아의 선행 내지 후행 효과를 발휘하는 기본권(단락 179 이하 참조)을 포함하는 기본권이 부모, 자녀 및 이에 준하는 친척에 의해 주장될 수 있는 경우에만 실효성을 갖는 상황이 있다. 자녀의 기본권을 부모가 주장하는 것에 대하여는 E 74, 244/251, 납치된 아버지의 기본권을 그 자녀가 주장하는 것에 대하여는 E 46, 160 참조.

1308 소원청구인은 공권력 조치의 **상대방**(수범자: Adressat)인 경우에만 자기 관련성이 있다. 그러나 그 조치가 제3자를 목표로 하는 경우에는 소원청구인의 기본권적 지위와 그 조치 사이에 충분히 밀접한 관계가 존재하는 경우에만 자기고충을 인정할 수 있다. 단순히 "간접적인" 내지는 "경제적인" 영향만으로는 자기고충을 인정하기에 충분하지 않다.

1309 예: 상점의 소유자만이 영업시간에 관한 법률의 수범자에 해당하지만 소비자(E 13, 230/232 f), 종교단체(E 125, 39/75)도 자기관련성이 있다. 경쟁적 관계에 있는 두 사람 중 한 사람에게만 혜택을 부여하는 세법규범에 의하여 혜택을 받지 못하는 다른 사람은 그 직업의 자유에 대하여 자기관련성을 가질 수 있다(E 18, 1/12 f; 43, 58/68 f). 미성년

---

17) E 79, 1/14 참조.

자에 대한 형사 유죄판결은 기본법 제6조 제2항 제1문에 의하여 기본권을 보장받는 부모에게도 타격을 가하게 된다(E 107, 104/115 f).

이른바 자기관련성은 기본권의 객관법적 기능이 아니라 소원청구인의 권리로 **1310** 서의 기본권이 관련되어 있을 것을 전제로 한다(단락 107 이하 참조). 연방헌법재판소는, 실체적인 이유에 관한 심사에서 기본권의 **객관법적** 기능이 침해되었는지의 문제에 주목하는 경우 적법성심사에서 공권력주체가 기본권의 객관적 기능을 존중하지 아니하면 동시에 관련 개인의 기본권을 침해한다는 논거로 소원적격을 인정하였다.[18] 이는 특히 간접적 제3자효라는 기본권의 객관법적 기능을 존중하여야 하는 민사법원의 재판에 대한 헌법소원에서 실천적 의미를 갖는다(단락 114 참조).

예: 법관이 이혼판결을 통해 독일인과 외국인 사이의 혼인이 보호받을 가치가 없다고 **1311** 논증함으로써 기본법 제6조 제1항의 객관법적 기능을 간과한다고 해서 이혼을 원해서 이혼한 부부의 주관적 권리가 침해되는 것은 아니다.

3. 현재의 고충(현재관련성)

소원청구인이 **이미** 또는 (소원청구 당시에도) **여전히** 타격을 받고 있어야 한다. 현 **1312** 재의 고충은 소원청구인이 "장차 언젠가 한번('잠재적으로') 소원대상이 된 법률규정에 의하여 관련될 수 있는" 경우에는 존재하지 않는다.[19] 소원청구인이 미래에나 현실화될 법적 상태를 현재 확인해주는 행정행위를 유발하는 데 성공한 것만으로는 충분하지 않다.[20] 그러나 "법률이 그 규범의 수범자로 하여금 사후에 돌이킬 수 없는 결정을 현재 내리도록 강요하거나 법률이 집행된 후에는 돌이킬 수 없는 처분을 현재 발하도록 하는 경우"에도 현재의 고충을 인정하기에 충분하다.[21] 법률의 내용이 확정되어 있고, 그 공포가 임박해 있으며 다툼의 대상이 되고 있는 규정들이 공포와 시행 사이에는 기본권에 대한 실효적인 보호가 불가능할 정도로 시행일이 공포일에 근접해 있는 경우에는 예외적으로 그 공포 전에도 가처분 청구가 가능하다.[22]

---

18) E 7, 198/206 f; 35, 202/218 f 참조.
19) E 60, 360/371.
20) E 72, 1/5 f.
21) E 65, 1/37; 75, 78/95.

1313 현재성이라는 표지는 다른 한편으로 과거의 제약을 배제하는 기능을 한다.[23] 물론 과거의 제약이라고 하여 항상 현재의 고충이 없는 것은 아니다. 연방헌법재판소는 과거의 조치, 심지어는 폐지된 조치가 계속하여 제약효과를 발휘하는 경우[24] 또는 반복의 우려가 있는 경우에는[25] 소원적격을 인정하고 있다. — 연방헌법재판소는 현재관련성의 인정과 관련하여 매우 관대한 입장을 취하고 있다. 연방헌법재판소는 헌법소원이 일반적인 의미를 가지고 있는 경우 헌법소원이 제기되어 그 구두변론이 종료된 후에 사망한 사람의 헌법소원에 대해서 헌법소원은 주관적 기능뿐만 아니라 객관적 기능을 수행한다는 이유로 이에 대한 판단을 내리고 있다.[26]

1314 예: 일정한 직업교육과정의 졸업자에게 "엔지니어"라는 직명을 사용하는 것을 금지하는 엔지니어에 관한 법률은 현재 그 교육과정을 밟고 있는 이들에게 타격을 가한다(E 26, 246/251). — 반면에 기본권에 위반된다는 이유로 폐지된 행정행위는 소원청구인과 더 이상 관련성이 없다(E 11, 336/338).

4. 직접적 고충(직접관련성)

1315 헌법소원의 대상이 되는 조치 자체가 아니라 법리상 필요한 집행행위 또는 행정실무상 통상적으로 발해지는 집행행위가 소원청구인의 기본권을 제한하는 경우에는 직접적인 고충은 존재하지 않는다.[27] 형법이나 공공질서유지법에 의한 제재는 개인이 그 제재를 받을 때까지 기다릴 것을 기대할 수 없기 때문에 집행행위에 속하지 아니한다.[28] 법규범의 경우에는 직접적 고충이 존재하지 않는 경우가 대다수이다.[29] 법규범은 행정관청과 법원에 의한 집행을 염두에 두고 제정된 것이고 또한 법원에서 그 집행행위를 다툴 수 있기 때문이다. 연방헌법재판소의 실무에서 직접성이라는 관점은 종종 권리보호필요의 관점 뒤로 후퇴하곤 한다.

---

22) E 131, 47/53.
23) *Pestalozza*, S. 184 f.
24) E 99, 129/138.
25) E 103, 44/58 f; 116, 69/79.
26) E 124, 300/318 f.
27) E 53, 366/389; 70, 35/50 f.
28) E 81, 70/82 f.
29) E 65, 157/170; 100, 313/354; 109, 279/306 f.

예: 법률로 직명을 변경하는 것(E 38, 1/8), 장차 일정한 직업을 허가받지 않고 행사하는 **1316** 것을 법률로 금지하는 것(E 1, 264/270), 사적으로 영수증을 발급할 수 있는 의사의 권리를 법률로 제한하는 것(E 52, 303/327), 토지에 건축을 금지하거나(E 70, 174/187 ff) 공로를 확정하는(E 79, 174/187 ff) 상세도시계획(Bebauungsplan), 다른 체약국들에게 독일의 관련 기관의 아무런 관여 없이도 독일 내 데이터에 접근할 수 있는 권리를 부여하는 조약에 대한 기본법 제59조 제2항 제1문의 동의법(BVerfG, NJOZ 2007, 599/600) 등은 직접적인 효력을 갖는다. – 반면에 요금결정이나 기여금결정을 통해 집행되는 공과금 관련 법률(세법은 직접적인 효과를 발휘할 수도 있다), 법규명령이나 규칙의 제정을 수권하는 법률(E 53, 366/388 ff; 53, 37/52 f; 그러나 E 93, 85/93도 참조), 제2차유럽연합법의 성립에 대한 독일국가기관의 관여(BVerfG, NJW 1990, 974)에는 직접성이 없다.

Ⅳ. 권리보호의 필요

권리보호의 필요(Rechtsschutzbedürfnis)라는 소송법적 제도는 헌법소원절차에서 **1317** 권리구제절차의 경료와 보충성의 원칙이라는 두 가지 요건으로 구체화되고 있다. 이 요건들 이외에는 일반적 권리보호의 필요를 추가적으로 언급할 필요가 없으며,이 개념을 통해 파악되는 문제들은 어렵지 않게 권리구제절차의 경료의 문제나 보충성의 문제로 다루어제게 된다.

1. 권리구제절차의 경료

연방헌법재판소법 제90조 제2항 제1문은 기본법 제94조 제2항 제2문에 의거하 **1318** 여 권리구제절차가 마련되어 있는 경우에는 그 권리구제절차를 경료할 것을 요구하고 있다. 형식적 의미의 법률의 경우에는 그에 대한 권리구제절차가 존재하지 아니하고, 따라서 이와 관련해서는 권리구제절차경료 요건은 원칙적으로 아무런 의미를 갖지 못한다.

a) **권리구제절차**란 개인이 자신이 주장하는 기본권의 침해 여부를 심사하고 그 침 **1319** 해를 제거해 줄 것을 청하면서 독일의 국가법원에서 밟는 절차를 말한다. 권리구제절차는 경우에 따라서는, 법원절차에 대하여 행정심판절차(Widerspruchs-verfahren)가 선행하는 경우에는 행정에서부터 시작되기도 한다. 일반적으로 권

리구제절차는 상소수단으로 더 이상 다툴 수 없는 최종심 법원의 재판으로 끝나게 된다(주(州)의 헌법재판소나 유럽인권재판소의 재판으로 끝날 수도 있다).

1320 예: 권리구제절차로 들 수 있는 것으로는 행정소송법 제47조의 규범통제로서 가령 행정소송법 제80조 제5항, 제123조에 의한 잠정적 권리보호절차, 이심(移審)의 효과 없이 상급심에 의한 심사가 아니라 같은 법원에 의한 심사를 유발하는 권리구제수단들로서 가령 형사소송법 제409조 이하의 처벌명령에 대한 이의, 민사소송법 제338조에 의한 궐석판결에 대한 이의, 행정소송법 제80조 제7항에 의한 청구변경절차 등이 있다. 소송절차의 추완청구(E 42, 252/257; BVerfG, EuGRZ 2005, 632), 재심청구(E 11, 61/63; BVerfG, NJW 1992, 1030 f), 민사소송법 제321a조, 형사소송법 제356a조와 행정소송법 제152a조에 의한 청문권침해의 책문(Gehörrüge)도 권리구제절차의 예에 해당한다.

1321 b) 권리구제절차의 **경료**란 소원청구인이 자신이 주장하는 기본권침해를 제거하기 위한 모든 소송수단을 활용하였어야 한다는 것을 말한다. 이는 구체적으로 다음과 같은 것을 의미한다.

1322 － 소원청구인이, 가령 적법한 상소를 제기하지 않거나 취하하거나[30] 적법한 책문(責問: Rüge)을 제기하지 아니하거나[31] 증거신청을 하지 않음으로써[32] 소송수단들을 놓쳐서는 안 된다.

1323 － 잠정적 권리보호의 절차는 경료하였지만 본안절차를 아직 경료하지 아니한 경우에는 긴급절차라는 권리구제절차는 이미 경료하였다고 할 수 있다. 소원청구인이 다름 아닌 잠정적 권리보호의 실패를 다투는 것이라면 최종심에서 잠정적 권리보호에 실패하는 경우 권리구제절차를 경료한 것에 해당하고, 따라서 헌법소원을 제기할 수 있다.[33] 그러나 기본권침해가 본안절차를 통해서도 제거될 수 있는 경우에는 그렇지 아니하다.[34]

---

30) E 1, 12/13.
31) E 83, 216/228 ff; 84, 203/208; 110, 1/12.
32) BVerfG, NJW 2005, 3769 f; *Zuck*, NVwZ 2006, 1119.
33) E 80, 40/45.
34) E 77, 381/400 f; 104, 65/70 f.

2. 보충성

연방헌법재판소는 보충성원칙을 통하여 권리구제절차경료의 요건 이상의 것을 **1324** 요구하고 있다. 연방헌법재판소는 사건처리의 부담을 덜고 사실적·법적 견지에서 정리된 사건을 다루기 위해서[35] 간접적으로 법원에 의한 권리보호를 받을 수 있거나 또는 법원 밖에서의 권리보호를 받을 수 있는 가능성들도 모두 활용하여야 한다.[36] 따라서 헌법소원은 다음과 같은 경우에도 부적법하게 된다.

- 소원청구인이 기본권을 침해하는 법률의 집행을 기다리거나 그것을 유발할 수 있고, 이를 다투기 위하여 법원에 제소할 수 있거나[37] 기본권을 침해하는 규율이 예외를 허용함으로써 그 예외적 규율을 신청할 수 있기[38] 때문에 소원청구인이 주장하는 기본권침해에 대한 직접적인 권리구제절차가 마련되지 있지는 않지만 간접적으로는 마련되어 있는 경우.

- 법원 이외의 기관이 기본권보호를 제공할 수 있는 경우. 가령 기본법 제10조 제2항 제2문에 의한 신서, 우편, 통신의 비밀에 대한 제한의 심사와 관련하여 G 10 위원회(G 10 Kommission)[39][40]나 기본법 제41조 제1항에 의한 선거심사와 관련하여 연방의회가 기본권을 보호할 수 있는 경우. 기본법 제41조 제2항에 의한 소청은 헌법소원 제기 가능성을 배제한다.[41]

3. 권리구제절차의 경료요건 및 보충성요건의 예외

헌법소원이 일반적인 의미를 갖거나 먼저 권리구제절차를 밟도록 하는 경우 소 **1325** 원청구인에게 중대하고 불가피한 손해가 발생하게 된다면 이른바 연방헌법재판소의 이른바 **비약적 헌법소원에 대한 신속재판**(Vorabentscheidung)이 행해질 수

---

35) E 79, 1/20; 88, 384/400.
36) E 112, 50/60; 이에 대해 비판적인 견해로는 *Hartmann*, in: Pieroth/Silberkuhl, § 90 Rn 236 ff.
37) E 97, 157/166; BVerfG, NVwZ 2005, 79.
38) E 78, 58/69; BVerfG, DVBl. 2000, 622.
39) BVerfG, NVwZ 1994, 367.
40) [역주] 연방의 비밀정보기관들에 의한 신서, 우편, 통신의 비밀에 대한 제한의 허용여부 및 필요성여부에 대하여 직권으로 결정하는 독립기관. 법원의 권리구제절차를 갈음하는 이 기관은 집행부의 영역에서 활동하지만 집행부에 편입되어 있지 아니하고, 연방의회의 통제위원회가 연방정부의 의견을 들은 후 원내 각 정파의 전직 정치인들로 구성하는 독립기구이다.
41) E 74, 96/101.

있다. 이와 같은 신속재판의 취지는 소원청구인에게 예정된 권리구제절차를 경료하여야 하는 수고를 덜어주는 것이기 때문에 권리구제절차가 실제로 여전히 열려 있거나 그 절차를 이미 밟고 있을 것을 전제로 한다.

1326 예: 신생 주(州)들과 동베를린에서의 임대료 인상 억제에 관한 규정의 효력을 유지하도록 하는 것이 기본법 제14조에 합치하는지의 문제는 임대인과 임차인에게 폭넓은 영향을 미치며, 따라서 일반적 의미를 갖는다(E 91, 294/306). - 선거 직전에 한 정당의 선거운동을 위한 영상물을 방영하는 방송시간의 배정이 거부되었다. 이러한 경우 행정소송 및 그 테두리 안에서의 잠정적인 권리보호의 가능성이 열려 있기는 하나 이러한 절차를 거치다가는 그 정당이 선거전에 다른 정당들과 동등하게(정당법 제5조 참조) 방송시간을 주장할 수 없게 되는 등 그 정당에게 중대하고 불가피한 손해가 발생할 우려가 있다(E 7, 99/105; 14, 121/130 f). - 본안에 대한 권리구제절차를 밟도록 하는 경우 중대하고 불가피한 손해가 발생할 우려가 있으나 잠정적 권리보호절차를 통한 구제의 길이 마련되어 있다면 그 절차 또한 거쳐야만 한다(E 86, 382/388 f).

1327 더 나아가 연방헌법재판소는, 권리구제절차의 경료와 여타의 구제수단을 통해 권리구제를 받기 위한 노력을 소원청구인에게 기대할 수 없는 경우에 권리구제절차의 경료 및 보충성에 대한 예외를 허용하고 있다. 그러나 그 "기대불가능성"에 대해 엄격한 요건을 적용하여 판단하고 있다.[42]

1328 예: 최고법원의 확립된 판례가 소원청구인의 주장에 반하는 경우(E 84, 59/72), 법원이 소원청구인에게 상소수단이 없다고 교시한 경우(E 19, 253/256) 또는 권리구제수단이 산발적으로만 적법한 것으로 간주되는 경우(E 85, 80/86)에는 권리구제절차를 경료할 것을 기대할 수 없다. 반면에, 그 적법성에 대해 다툼이 있는 상소수단의 활용은 기대할 수 있다(E 70, 180/185; *Hartmann*, JuS 2007, 657). - 그렇지만 연방헌법재판소는 수용여력이 있음에도 불구하고 이를 활용하지 않고 있다는 점에 대하여 잠정적 권리보호절차에서만 다투었으나 패소한 학생들에게 "그렇지 않으면 수용여력이 있음에도 불구하고 그 여력이 장기간 활용되지 않은 채 남아 있게 될" 것이며 그것은 객관적으로 타당하지 않고 따라서 주관적으로도 기대할 수 없는 것이라는 논거로 헌법소원을 거듭하여 허용하였다(E 51, 130/143).

---

42) E 79, 1/24.

V. 소원장애사유로서의 기판력

다른 법원들의 재판과 마찬가지로 연방헌법재판소의 재판에도 기판력이 형성 **1329**
된다. 연방헌법재판소법 제96, 41조의 규율의 토대가 되고 있는 것도 이와 같은
일반소송법적 원칙이다. **실체적 기판력**이란 동일한 소원청구인의 동일한 권리주
장에 대하여 법적 관계와 사실관계가 동일한 경우에는 이에 대해 다시 재판하
는 것이 허용되지 않는다는 것을 말한다. 여기서 재판의 주문만이 실체적 기판
력과 관련된 의미를 갖는 것이고 그 결정이유는 상관이 없다. 물론 주문을 해석
하기 위하여 결정이유를 원용하는 것은 허용된다. 재판부의 재판은 물론 지정
재판부의 재판에도 기판력이 있다.[43]

예: 연방헌법재판소의 지정재판부는 어떤 헌법소원을 충분한 승소가능성이 없다는 이유 **1330**
로 심판에 회부하지 아니하였다. 甲이 동일한 판결에 대하여 "관할 재판부가 그 사건에
대하여 심판해 줄 것을 요청한다"는 청구와 함께 제기한 새로운 헌법소원은 기판력이라
는 소원장애사유로 인하여 부적법한 것이다.

VI. 헌법소원의 형식적 요건의 준수

1. 형식

연방헌법재판소법 제23조 제1항 제1문에 의하여 헌법소원은 서면으로 청구하 **1331**
여야 한다. 전보,[44] 팩스,[45] 이메일[46]로도 헌법소원을 제기할 수 있다. 나아가
헌법소원에는 그 이유를 제시하여야 한다(연방헌법재판소법 제23조 제1항 제2문).
연방헌법재판소법 제92조에 따라 이유에는 소원청구인이 침해받았다고 주장하
는 권리, 소원청구인이 자신의 권리를 침해하였다고 생각하는 기관이나 관청의
작위 또는 부작위가 표시되어야 한다. 그렇다고 하여 침해되었다고 주장하는
권리를 기본법의 조, 항, 문을 적시하여 기재하여야 하는 것은 아니고 그 내용

---

43) *Rixen*, NVwZ 2000, 1364 참조.
44) E 32, 365/386.
45) BVerfG, NJW 2007, 2838.
46) *Hartmann*, NJW 2006, 1390; 이견으로는 *Klein/Senekamp*, NJW

을 언급하는 것으로 충분하며,[47] 작위나 부작위도 본질적인 내용을 적시하거나
알리는 방식으로 표시하는 것으로 족하다.[48]

2. 청구기간

1332 연방헌법재판소법 제93조 제1항 제1문에 의하면 헌법소원은 **1개월 이내에** 제기
되어야 한다. 이러한 청구기간 규정이 적용되는 통상적인 경우는 권리구제절차
가 먼저 경료되어야 하기 때문에 최종심법원의 재판에 대하여 헌법소원이 청구
된 경우이다. 권리구제절차가 없는 고권행위 ─ 그 예로는 무엇보다도 형식적
의미의 법률 및 행정소송법 제47조의 적용대상이 되지 않는 실질적 의미의 법
률를 들 수 있다 ─ 에 대한 헌법소원은 연방헌법재판소법 제93조 제3항에 따
라 **1년 이내에** 제기되어야 한다. 이러한 청구기간은 법률의 경우에는 그 법률이
시행된 때로부터 기산된다. 문구의 의미를 보완한 소급적 법률에 관한 청구기
간은 그 법률이 공포된 때로부터 기산되며,[49] 내용의 변경 없이 새로 공포된
법률규정의 경우에는 그 규정이 다른 법률규정의 개정으로 인해 새로운 부담부
과적 효력을 발휘하게 된 경우에만[50] (개정법률의) 공포시에 기산된다. 공권력
의 부작위에 대한 헌법소원은 원칙적으로 부작위가 지속되는 동안 허용된다.[51]
청구인이 1개월의 청구기간을 귀책사유 없이 경과한 경우에는 연방헌법재판소
법 제93조 제2항에 따라 소송행위의 추완이 가능하다. 이와 관련하여 청구인을
대리하는 변호사의 주의의무가 강화되고 있다.[52]

3. 철회

1333 헌법소원을 제기한 후 추후에 이를 철회할 수 있다. 물론 헌법소원의 철회에도
불구하고 그 효력이 없어 재판이 그대로 진행되는 경우도 있을 수는 있다. 연방
헌법재판소는 헌법소원이 일반적인 의미를 가지고 있고 이와 관련하여 구두변
론이 행해진 경우에는 이에 대한 철회에도 불구하고 헌법소원의 객관적 기능을

---

47) E 59, 98/101.
48) E 93, 266/288.
49) E 1, 415/416 f.
50) BVerfG, DVBl. 2002, 548.
51) E 6, 257/266; 58, 208/218.
52) BVerfG, NJW 2001, 3534 f.

이유로 재판을 속행할 수 있다고 보고 있다.[53]

참고문헌: § 36 말미의 참고문헌목록 참조

---

53) E 98, 218/242 f; vgl. *Menzel*, JuS 1999, 339.

§ 36 헌법소원의 실체적 이유

Ⅰ. 규준

1334 기본법 제93조 제1항 제4a호에 따라 헌법소원은 기본권 또는 기본권유사적 권리가 침해되고 있는 경우에 이유 있는 것이 된다. 그에 따라 실체적으로 이유가 있는지를 판단하는 기준은 무엇보다도 제2부에서 다룬 **기본권과 기본권유사적 권리**가 된다.

1335 **사례해결기법:** 헌법소원이 실체적으로 이유 있는 것인지에 대한 감정의견을 묻는 연습문제에서 기본권침해의 심사구조는 제1부에서 설명한 바 있고 또 제2부에서도 서술의 기초로 삼고 있는 구조를 따르고 있다(또한 단락 400 이하 및 1095~1096 참조).

1336 그런데 기본권침해는 연방의 **여타 헌법규정**을 위반하는 경우에도 발생할 수 있다. 연방헌법재판소는 먼저 기본법 제2조 제1항에 관한 판례를 통하여 이와 같은 법리를 개발하였다. 이에 따르면 일반적 행동의 자유에 대한 제한은, 그 제한이 여타의 헌법에도 합치하는 경우에만 합헌적 질서에 근거를 두고 있는 것이 되며, 따라서 권한 및 절차에 관한 규정을 포함한 여타의 헌법규정에 대한 위반도 기본권침해를 초래하게 된다. 그러나 이와 같은 법리는 다른 기본권에 대해서도 타당성을 갖는다. 다른 기본권에 대한 제한이 헌법적으로 허용되는지의 문제가 **법률유보**를 그 기준으로 하는 이상 법률은 형식적으로는 물론 실체적으로도 모든 헌법규정에도 부합하지 않으면 안 된다.

1337 **예:** 기본법 제12조 제1항은, 법치국가의 원칙(E 9, 83/87 f), 권한질서(E 13, 181/190) 또는 기본법 제72조 제2항(E 13, 237/239)에 대한 위반이 있는 경우에도 침해될 수 있다.

1338 기본권 또는 기본권유사적 권리의 보호영역 내에서 가해진 제한이 **상충하는 헌법**을 통해서만 정당화될 수 있는 경우에도 동일한 법리가 적용된다. 상충하는 헌법이란 기본권 또는 기본권유사적 권리뿐만 아니라 가령 법치국가원리와 사

회국가원리일 수도 있는데, 이는 올바르게 해석되고 적용되어야 한다. 입법자는 이러한 상충을 해소함에 있어 기본법상의 권한규정과 절차규정도 함께 고려하여야 한다.

연방헌법재판소는 헌법소원을 적법한 것으로 인정하게 되면 전술한 범위를 넘 **1339** 어서 **포괄적인 심사권**을 행사하고 있다. 이러한 심사권은 소원청구인이 침해되었다고 주장하는 기본권을 넘어서 제3자의 기본권[1])을 비롯한 다른 기본권 그리고 여타의 헌법규정이 준수되었는지의 문제에까지 확장된다. 이는 소원청구인이 침해되었다고 주장하는 기본권이 아닌 다른 기본권이나 여타의 헌법규정에만 근거하여 제기하는 헌법소원은 부적법한 것임에도 불구하고 그와 같이 심사되고 있다.[2]) 연방헌법재판소의 포괄적 심사권은 입법자가 기본권에 대한 제한을 정당화하기 위하여 고려했던 관점뿐만 아니라 그 제한을 정당화할 수도 있는 다른 관점들에까지 미친다.[3]) 이는 헌법소원을 개인의 권리보호의 수단으로부터 개인의 소제기에 토대를 두는 객관적 헌법보호의 수단으로 확대하는 것이며, 헌법소원이 이중적 기능을 수행한다고 보는 연방헌법재판소의 견해와도 부합하는 것이다. 즉, "헌법소원은 기본법적으로 보장된 개인의 법적 지위를 보장하고 관철하기 위한 권리구제수단일 뿐만 아니라 동시에 '객관적 헌법의 특수한 법적 보호수단'이기도 한 것이다."[4])

II. 심사범위 제한: 특별히 헌법을 침해한 경우

1. 문제점

헌법의 침해는 그것이 종류를 불문하고 기본권침해를 의미하고 또한 헌법소원 **1340**

---

1) E 42, 312/325 f; 또한 E 70, 138/162도 참조; 이에 대해 비판적인 견해로는 *Kube*, DVBl. 2005, 721.
2) *Müller-Franken*, DÖV 1999, 590 참조.
3) *Cremer*, NVwZ 2004, 668; 비판적인 견해로는 *Wernsmann*, NVwZ 2000, 1360; *Möllers*, NJW 2005, 1973/1977.
4) E 45, 63/74; 유사한 표현이 사용된 판례로는 E 79, 365/367; 헌법소원의 이중적 기능 및 포괄적인 심사권에 대하여 동의하는 견해로는 *Görisch/Hartmann*, NVwZ 2007, 1010; *Schlaich/Korioth*, BVerfG, Rn 272 ff; 헌법소원의 이중적 기능에 대하여 비판적인 견해로는 *Schlink*, NJW 1984, 89/92 f; *Wagner*, NJW 1998, 2638; 연방헌법재판소의 포괄적인 심사권에 대한 비판적 견해로는 *Rinken*, AK, Art. 93 Rn 63 f.

을 이유 있는 것으로 만든다면, 위와 같은 법리는 기본법 제20조 제3항을 통해 보장되는 **법률의 우위**, 즉 집행부와 사법부의 어떠한 조치라도 모두 입법부의 조치에 부합할 것을 요구하는 원칙에도 적용되어야 할 것이다. 그러므로 법률에 대한 위반은 기본권침해의 성격을 갖는 것으로 평가되어야 할 것이다.

1341 예: 자유형의 선고는 신체의 자유에 대한 제한에 해당하기 때문에 형식적 의미의 법률을 통해서만 정당화될 수 있다(기본법 제2조 제2항 제2문, 제104조 제1항). 따라서 그것이 형법의 잘못된 해석과 적용에 기인하는 선고라면, 이는 법률의 우위에 대한 위반을 의미하고, 따라서 본래의 기본권침해가 인정되어야 할 것이다. 마찬가지로 법원이 민법을 잘못 적용하여 누군가에게 인도명령을 내리는 판결을 내렸다면, 이 판결은 그의 재산권을 침해하는 것이다. 해당 사법상 규범에 합치하지 아니하는 이혼판결도 혼인의 기본권을 침해하는 것이다. 하자 있는 집회금지 내지 이러한 금지의 합법성을 확인해주는 법원의 재판 및 권리구제절차를 경료한 고등행정법원이나 연방행정법원의 재판도 집회의 자유를 침해하는 것이다.

1342 만일 위와 같은 논리가 맞다고 한다면, 법령위반은 헌법소원을 통해 헌법재판소의 심판 대상이 될 수 있게 되고, 이에 따라 연방헌법재판소는 모든 법원 위에 존재하는 초상고심으로서 모든 법령에 대한 해석과 적용에 대하여 심사할 수밖에 없게 될 것이다. 그러나 이는 기본법 제93조 제1항 제4a호에 따라 기본권 및 기본권유사권리에 대한 침해를 심사하도록 되어 있는 **연방헌법재판소의 임무**에 해당하지 않는다. 또한 특별한 헌법적 문제에 대한 심사 이외에는 각 관할법역에서 최종심으로서 사건을 종결시켜야 하는 연방법원들의 역할은 무의미하게 될 것이며, 연방헌법재판소는 실제로도 너무나 과도한 짐을 지게 될 것이다.

2. 해결책

1343 연방헌법재판소는 법원의 재판에 대한 심사의 범위를 **한정해야** 한다. 연방헌법재판소와 학설은 법원의 재판에 대한 심사의 범위를 한정하는 다양한 공식과 개념을 개발하여 왔다.

1344 연방헌법재판소의 판례 초기에는 '법원의 재판이 **특별히 헌법**(spezifisches Ver-fassungsrecht)**을**'이라는 **개념**을 처음으로 도입한 헤크(Heck)의 공식을 사용하였다.

이 공식에 의하면 소송절차의 형성, 사실관계의 확정과 평가, 법령의 해석과 적용은 법원의 임무이지 연방헌법재판소에 의한 심사대상이 아니다. "연방헌법재판소는 '특별히 헌법이 침해된 경우에만 헌법소원에 의거하여 개입할 수 있다."[5] 즉 법원의 고전적 과제들은 법원에 남겨 두어야 하며, 연방헌법재판소는 법원의 작업을 대체하는 것이 아니라 보완하여야 한다.

문제는 위 공식을 따르더라도 법원이 보살펴야 하는 법령과 연방헌법재판소가 **1345** 수호해야 하는 헌법 사이의 경계가 확정되어 있지 않다는 점이다. 이에 따라 그 경계를 어느 정도 신빙성 있게 설정할 수 있도록 '특별히 헌법을'이라는 개념을 파악하기 위한 시도가 행하여지기도 했지만, 그러한 시도들 중 어떤 것도 충분한 설득력을 갖지 못하였다. 그러한 심사의 범위 및 제한의 문제는 하나의 매끄러운 해결책을 제시할 수 없는 성질의 것이고, 따라서 이와 관련하여 개발된 공식들과 개념들이 함께 적용되기도 하며, 하나의 공식이 포착하지 못하는 것은 다른 공식에 의하여 심사될 필요가 있는 것으로 입증될 수도 있다. 결국 **연방헌법재판소는 자기가 심사하고 싶은 것을 심사**하며 심사하고 싶지 않은 것은 심사하지 않는다고 해도 과언이 아니다.

a) 이른바 **슈만(Schumann)의 공식**에 의하면 "문제의 판결이 입법자가 규범으로 제 **1346** 정해서는 안 되는 법적 효과를 갖게 되는 경우"에 특별히 헌법이 침해되게 된다.[6] 이 공식에서 법관도 입법자에게 설정된 실체적 헌법이라는 한계를 무시해서는 안 된다는 명제는 설득력이 있다. 그러나 슈만의 공식은 법관에 대하여 구속력을 가지는 헌법의 한 측면만 - 물론 이러한 측면이 중요하지 않다는 것은 아니다 - 을 포착하고 있다. 즉, 헌법상 법관의 권한범위는 입법자의 권한범위보다 좁고, 법관은 헌법뿐만 아니라 기본법 제20조 제3항에 의하여 법률도 존중하여야 하며, 따라서 입법자가 할 수 있는 것이라고 해서 법관도 그 모든 것을 할 수 있는 것은 아니다.

예: 어떤 공무원이 근무시간 외에 신흥종교를 위한 선교활동을 하였다는 이유로 징계를 **1347** 받았다(BVerwGE 30, 29 참조). 공무원이 신흥종교를 위한 선교활동을 하는 것을 금지하

5) E 18, 85/92.
6) *Schumann*, S. 207; 같은 견해로는 *Korioth*, in: FS 50 Jahre BVerfG, 2001, Bd. I, S. 55/81.

는 법률은 기본법 제4조 제1, 2항에 위반되기 때문에 위 징계는 특별히 헌법을 침해하는 것이다. – 공무원이 근무 중 종교적 상징물을 드러내는 것을 금지하는 법률은 기본법 제4조 제1항에 합치한다. 그렇지만 징계법원은 그 법률이 실제로 시행된 경우에만 종교적 상징물을 드러낸 행위를 이유로 해당 공무원을 징계할 수 있다(E 108, 282/309 ff).

1348 b) '특별히 헌법을'이라는 개념에서 '특별히'를 보다 넓게 정의하려는 입장 중의 하나는 법관에게 허용되는 법의 발견7) 및 보완(Rechtsfortbildung)과 법관에게 **허용되지 않는 법의 보완** 사이의 경계에 주목함으로써 법관이 법률에 구속된다는 사정을 반영하고자 한다. 판례와 학설이 일반적으로 인정하고 있는, 법관이 할 수 있는 법의 보완과 법관이 할 수 없는 법의 보완 사이의 명확한 경계는 존재하지 않는다. 따라서 이와 관련한 연방헌법재판소의 판례는 그다지 일관성이 없으며 그 경계를 설정한다기보다는 구체적인 문제의 특수성을 감지하는 것으로 보아야 한다.

1349 예: 연방헌법재판소는 비물질적 손해의 경우 개정전 민법 제253조의 문구와 명백히 반하여 금전배상을 인정했던 민사법원의 판례를 "민사법원에 의하여 적어도 주장가능한 방법으로, 어쨌든 민사법 영역에서 타당한 해석론적 규칙에 명백히 위반되지 아니하는 방법으로 얻어진 것이고" 또한 "성문의 법률에 반하는 것이 아니며 오히려 그 보완과 발전에 해당한다"고 평가하였다(E 34, 269/291). – 연방헌법재판소는 다른 기회에 "법률의 문구는 법관의 해석이 허용되는 최후의 한계를 표시하는 것이다"(E 71, 108/115)라고 강조하였는데, 이 사건에서 문제가 되었던 것은 형벌 및 범칙금을 부과하는 규정의 해석이었다. – 연방헌법재판소는 또다른 사례에서는 법관의 재판이 "해석의 방법으로 인정되는 것들 중 어떤 방법에 의해서도 뒷받침될" 수 없거나(E 113, 88/104) "적용된 법규범과 뚜렷하게 모순"된다면 법관의 법률에의 구속이 침해된다고 본다(E 128, 193/209). – 연방헌법재판소는 형사법원에 의한 변론조서의 정정 범위의 확장에 대해 동의할 수 없다고 판단하였다(E 122, 248/257 ff; *Möllers*, JZ 2009, 668 참조). 법원이 "헌법합치적 해석의 가능성을 인정한 방식이 주장할 수 없는" 경우(E 138, 64/89)나 법의 보완으로 인하여 당사자 일방의 기본권에 부과되는 부담의 비중이 기본권에 의해 보호되는 상대방의 이익보다 큰 경우(E 138, 377/392 ff; 비판적인 견해로는 *Neuner*, JZ 2016, 435/437 ff) 연방헌법재판소는 기본법 제100조 제1항에 비추어 그 한계를 보다 엄격히 설정하고 있다.

---

7) 실정헌법에 예정된 재판의 기능으로서의 법의 창조적 보완 E 34, 269/287 f; 138, 377/391.

c) '특별히 헌법을'이라는 개념에서 '특별히'를 확정하기 위한 공식들 중 가장 안 **1350** 정적인 공식은, 법원이 "법령을 해석하고 적용할 때 기본권의 영향을 근본적으로 간과하였는지"[8])에 따라 연방헌법재판소의 통제범위를 조절하는 것이다. 이에 따라 **기본권** 또는 일반적으로는 헌법의 **영향에 대한 근본적 간과**는, 법원이 해당 헌법규범을

  − 간과하였거나
  − 근본적으로 잘못 적용하고

법원의 재판이 이에 입각해 있는 경우 존재한다.

또한 다음과 같은 경우는 헌법규범을 **근본적으로 잘못 적용**하는 경우에 해당한다. **1351**
  − 기본권의 보호영역의 범위
  − 제한이 존재하기 위한 전제
  − 제한의 정당성 요건, 특히 비례성
  − 기본권보호의무의 보호목적
을 근본적으로 잘못 파악한 경우.[9])

이와 같이 법원의 재판이 헌법규범을 잘못 적용하거나 간과하였는지에 대한 판 **1352** 단을 결정적으로 좌우하는 것은 **심사의 강도**(Sorgfalt der Überprüfung)이다. 이와 관련해서도 판례와 학설이 일반적으로 인정하는 명확한 지침은 없다. 다만, 연방 헌법재판소는 "기본권이 받는 제한의 강도"를 기준으로 삼고자 한다. 즉, "법원의 재판이 기본권에 의해 보호되는 자유와 그 행사를 심각하게 제한하면 할수록 헌법재판소에 의한 심사는 상세해야 한다"[10])는 것이다. 그러나 재판에 의한 기본권제한이 심각한 것인지에 대한 평가는 나뉠 수도 있고, 경우에 따라서는 상반될 수도 있다. 그럼에도 어쨌든 연방헌법재판소가 형사재판의 경우[11]) 그리고 의견표현의 자유에 대한 제한의 경우에는 더 상세하게 심사하는 것이 타당하다고 본다. 연방헌법재판소는 이러한 기본권의 보호영역 안에서의 제한에 더 큰 비중을 부여하고 있으며, 이러한 기본권적 자유의 행사는 특히 갈등을 유발하기

---

8) E 89, 276/285.
9) E 85, 248/258; 89, 276/286; 95, 96/128.
10) E 61, 1/6; 75, 302/314.
11) E 126, 170/199 f.

도 쉽고 그 행사들이 상호 충돌하는 것을 명확히 감지할 수 있기도 하다.

1353 예: 의견표현의 자유를 제한하는 형사법원의 재판에 대한 통제와 관련하여 연방헌법재판소는 명시적으로 "구성요건적 사실의 확인과 평가" 그리고 "법령의 해석과 적용"의 "세부적인 사항에 대해서까지도" 심사하고 있음을 밝히고 있다(E 43, 130/136; 82, 43/50 f). 또한 연방헌법재판소는 의견표현의 자유를 제한하는 민사재판의 통제에 대하여도 형사재판의 통제에서와 같이 광범위한 심사권을 행사할 수 있다는 취지로 판시하고 있다(E 82, 272/280 f; 85, 1/13). – 부모의 의사에 반하는 자녀의 격리가 "친권과 관련하여 가능한 가장 강력한 제한"이라는 점에 비추어 볼 때 "개별적 해석의 오류도 놓쳐서는 안 된다"(E 60, 79/91).

1354 d) 법원의 재판이 모든 법관에 대하여 동일하게 요구되는 전문성에 훨씬 미치지 못하는 경우 연방헌법재판소는 그 절차의 형성, 사실관계의 확인과 평가, 법령의 해석 및 적용이 **자의적**이라는 판정을 내린다. 연방헌법재판소에 의하면 이와 같은 자의성 역시 특별히 헌법을 침해하는 것이다.[12]

1355 예: 기본법 제101조 제1항 제2문의 침해, 즉 법률이 정하는 법관에 의한 재판을 받을 권리의 박탈은 해당 절차규범의 "자의적 적용"을 전제로 한다(위 단락 1068 이하 참조). – 소송당사자의 주장에 대한 평가가 "도저히 이해할 수 없거나", "전혀 타당성이 없거나", 또는 "명백히 사리에 반하고 객관적으로 자의적"이라면, 이는 기본법 제3조 제1항에 대한 특별한 침해에 해당한다(E 57, 39/42; BVerfG, NJW 1998, 2810). – "적용된 형법규범에 대한 해석이 전혀 타당성이 없고 따라서 객관적으로 자의적인" 형사판결은 특별히 기본법 제103조 제2항을 침해하는 것이다(E 64, 389/396 f).

1356 사례해결기법: 특별히 헌법이 침해되었는지의 문제는 헌법재판소의 통제범위에 관한 것으로서 연방헌법재판소는 대부분 헌법소원의 실체적 이유 부분의 초입에서 이를 심사하고 있으며, 특별히 헌법이 침해되었음이 명백하지 않은 경우에는 이를 적법성심사에서 고려하고 있다(위 단락 1129 이하 참조). 사례해결에 있어서는 그 심사범위를 넓게 보는 연방헌법재판소의 입장을 따르는 것이 바람직하다. 특히, 사례에서 다루어지고 있거나 시사되고 있는 기본권의 문제와 관련하여 가령 특별히 헌법이 침해되는 경우에 해당하지 않고 기껏해야 법령 위반이 문제될 수 있을 뿐이라고 주장하면서 그 문제를 회피하는 것은 바람직하지 않다. 사안의 내용이나 제시된 문제가 그와 같은 단서를 제시하고 있는

---

12) 이에 대하여 비판적인 견해로는 *v. Lindeiner*, Willkür im Rechtsstaat_ 2002; *N. Weiß*, Objektive Willkür, 2000.

경우에만 특별히 기본권이 침해되었는지에 대하여 심사범위를 국한하는 문제를 상세히 논할 필요가 있다. 그 경우 전술한 4가지 기준에 따라 문제를 해결하는 것이 합목적적이다.

참고문헌: *E. Benda/E. Klein/O. Klein*, Verfassungsprozessrecht, 3. Aufl. 2012; *C. Gusy*, **1357** Die Verfassungsbeschwerde, in: FS 50 Jahre BVerfG, 2001, Bd. I, S. 641; *P. Häberle*, Die Verfassungsbeschwerde im System der bundesdeutschen Verfassungsgerichtsbarkeit, JöR 1997, 89; *G Hilleruber/C. Goos*, Verfassungsprozessrecht, 4. Aufl. 2015; *S. Kempny*, Mittelbare Rechtssatzverfassungsbeschwerde und unmittelbare Grundrechtsverletzung, Der Staat 2014, 577; *W Löwer*, Zuständigkeit und Verfahren des Bundesverfassungs-gerichts, Hdb. StR³ II, § 70; *G. Lübbe-Wolff*, Substantiierung und Subsidiarität der Verfassungsbeschwerde, EuGRZ 2004, 669: *C. Pestalozza*, Verfassungsprozessrecht. Die Verfassungsgerichtsbarkeit des Bundes und der Länder, 3. Aufl. 1991; *B. Pieroth/P. Silberkuhl* (Hrsg.), Die Verfassungsbeschwerde, 2008; *G. Robbers*, Verfassungsprozes-suale Probleme in der öffentlich-rechtlichen Arbeit, 2. Aufl. 2005; *M. Sachs*, Ver-fassungsprozessrecht, 3. Aufl. 2010; *A. Scherzberg/M. Mayer*, Die Zulässigkeit der Verfassungsbeschwerde, Jura 2004, 373, 513; *dies.*, Die Begründetheit der Ver-fassungsbeschwerde bei der Rüge von Freiheitsverletzungen, Jura 2004, 663; *T.M. Spranger*, Die Verfassungsbeschwerde im Korsett des Prozessrechts, AöR 2002, 27; *R. Zuck*, Das Recht der Verfassungsbeschwerde, 3. Aufl. 2006. – 연방헌법재판소법 주석서: *F.-W. Dollinger/F. Schorkopf*, 2015; *H. Lechner/R. Zuck*, 6. Aufl. 2011; *C. Lenz/R. Hansel*, 2. Aufl. 2015; *T. Maunz/B. Schmidt-Bleibtreu/F. Klein/H. Bethge* (Loseblatt), Stand: September 2011; *D.C. Umbach/T. Clemens/F.-W. Dollinger*, 2. Aufl. 2005; *C. Walter/B. Grünewald*, BeckOK BVerfGG, 3. Edition 2017. – '특별히 헌법을 침해한 경우' 라는 요건에 관한 문헌: *R. Alexy/P. Kunig/W. Heun/G. Hermes*, Verfassungsrecht und einfaches Recht – Verfassungsgerichtsbarkeit und Fachgerichtsbarkeit, VVDSTRL 61, 2002, S. 7, 34, 80, 119; *R. Alleweldt*, Bundesverfassungsgericht und Fachgerichtsbarkeit, 2006; *M. Düwel*, Kontrollbefugnisse des Bundesverfassungsgerichts bei Verfassungs-beschwerden gegen gerichtliche Entscheidungen, 2000; *H.-J. Papier*, Verhältnis des Bundesverfassungsgerichts zu den Fachgerichtsbarkeiten, DVBl. 2009, 473; *B. Pieroth/T. Aubel*, Die Rechtsprechung des Bundesverfassungsgerichts zu den Grenzen richterlicher Entscheidungsfindung, JZ 2003, 504; *H. Roth* (Hrsg.), Symposium '50 Jahre Schu-mannsche Formel', 2014; *E. Schumann*, Verfassungs- und Menschenrechtsbeschwerde gegen richterliche Entscheidungen, 1963.

사 항 색 인

* 아래의 숫자는 단락번호임

[부록]

독일연방공화국 기본법

(Grundgesetz für die Bundesrepublik Deutschland)

1949년 5월 23일 서명되고 2020년 9월 29일 최종 개정된 것
(* 본서의 이해를 위하여 필요한 기본권 및 여타 관련 부분 발췌 수록)

전 문

신과 인류에 대한 책임을 자각하고, 통합유럽의 동등한 구성원으로서 세계평화에 이바지할 것을 다짐하면서 우리 독일 인민은 헌법제정권력을 행사하여 이 기본법을 제정한다.

바덴-뷔르템베르크, 바이에른, 베를린, 브란덴부르크, 브레멘, 함부르크, 헤센, 메클렌부르크-포어포메른, 니더작센, 노르트라인-베스트팔렌, 라인란트-팔츠, 자르란트, 작센, 작센-안할트, 슐레스비히-홀슈타인, 투링겐 각 지방의 독일국민은 자결권을 행사하여 독일의 통일과 자유를 완성하였다. 이로써 독일기본법은 전체 독일 인민에게 적용된다.

제1장 기본권

제1조 (인간존엄의 보호, 인권, 기본권에 구속)
(1) 인간의 존엄은 불가침이다. 이를 존중하고 보호하는 것은 모든 국가권력의 의무이다.
(2) 따라서 독일국민은 불가침 불가양의 인권을 세계의 모든 인간공동체, 평화 그리고 정의의 기초로서 인정한다.
(3) 이하에 규정된 기본권은 직접 효력을 갖는 법으로서 입법권, 집행권 및 사법권을 구속한다.

제2조 (인격의 자유로운 발현, 생명권 및 신체의 불가침, 일반적 인격권)
(1) 누구든지 타인의 권리를 침해하지 않고 헌법적 질서나 도덕률에 반하지 않는 한, 자신의 인격을 자유로이 발현할 권리를 가진다.
(2) 누구든지 생명권과 신체를 훼손당하지 않을 권리를 가진다. 신체의 자유는 불가침이다. 이 권리들은 법률에 근거하여서만 침해될 수 있다.

제3조 (법률 앞의 평등)
(1) 모든 인간은 법률 앞에서 평등하다.

(2) 남성과 여성은 평등하다. 국가는 남녀평등의 실질적 실현을 촉진하고 현존하는 불이익의 제거를 위해 노력한다.

(3) 누구든지 그 성별, 혈통, 인종, 언어, 출신지와 문벌, 신앙, 종교적 또는 정치적 견해를 이유로 불이익을 받거나 우대받지 아니한다. 누구든지 그 장애를 이유로 불이익을 받지 아니한다.

제4조 (신앙, 양심 및 고백의 자유, 병역거부)

(1) 신앙과 양심의 자유 그리고 종교적·세계관적 고백의 자유는 불가침이다.

(2) 종교행사를 방해받지 않을 자유는 보장된다.

(3) 누구도 양심에 반하여 집총병역을 강제받지 아니한다. 상세한 것은 연방법률로 정한다.

제5조 (자유로운 의견표현의 권리)

(1) 누구든지 말, 글 그리고 그림으로써 의견을 자유롭게 표현하고 전파하며 일반적으로 접근할 수 있는 정보원으로부터 방해를 받지 않고 정보를 얻을 권리를 가진다. 출판의 자유와 방송 및 영상보도의 자유는 보장된다. 검열은 허용되지 않는다.

(2) 이 권리들은 일반적 법률의 조항과 소년보호를 위한 법률규정에 의하여 그리고 개인적 명예권에 의하여 제한된다.

(3) 예술과 학문, 연구와 교수는 자유이다. 교수의 자유는 헌법에 대한 충성에 구속된다.

제6조 (혼인과 가족)

(1) 혼인과 가족은 국가질서의 특별한 보호를 받는다.

(2) 자녀의 부양과 교육은 부모의 자연적 권리이고 일차적으로 그들에게 부과된 의무이다. 부모의 활동은 국가에 의하여 감독을 받는다.

(3) 자녀의 교육권자가 의무를 태만히 하거나 또는 그 밖의 이유로 자녀가 방치될 우려가 있을 때에는 그 자녀는 법률에 근거하여서만 교육권자의 의사에 반하여 가족과 분리될 수 있다.

(4) 어머니는 누구든지 공동체의 보호와 부조를 청구할 권리를 가진다.

(5) 혼인외의 자의 육체적, 정신적 성장과 사회적 지위에 관해서는 법률로 적자와 동일한 조건이 마련되어야 한다.

제7조 (학교제도)

(1) 모든 학교제도는 국가의 감독을 받는다.

(2) 교육권자는 자녀의 종교교육 참가에 대한 결정권을 가진다.

(3) 종교수업은 종교와 관계가 없는 학교를 제외한 공립학교에서는 정규교과목이 된다. 종교수업은 국가의 감독권을 침해하지 않는 범위에서 종교단체가 정한 원칙에 따라 행해진다. 어떤 교사도 자신의 의사에 반하여 종교수업을 행할 의무를 지지 않는다.

(4) 사립학교를 설립할 권리는 보장된다. 공립학교를 대체하는 사립학교는 국가의 허가를 필요로 하며 주(州)의 법률에 구속된다. 사립학교는 교육목표, 설비 및 교사의 학력에서 공립학교에 뒤지지 않고 학부모의 재산상태에 따른 학생의 차별을 지원하지 않는 경우에는 허가되어

야 한다. 교사의 경제적 및 법적 지위가 충분히 보장되지 않을 때에는 사립학교의 허가는 거부되어야 한다.

(5) 사립국민학교는 교육청이 특별한 교육상의 이익을 인정하는 경우 교육권자들의 신청에 따라 사립국민학교가 종파혼합학교, 특정교파학교 또는 세계관 학교로서 설립되어야 할 경우, 그리고 이러한 성격의 공립국민학교가 그 지방자치단체에 없는 경우에만 허가받을 수 있다.

(6) 예비학교는 폐지된다.

제8조 (집회의 자유)

(1) 모든 독일인은 신고나 허가 없이 평화롭게 그리고 비무장으로 집회할 권리를 가진다.

(2) 옥외집회에 대한 이 권리는 법률에 의하여 또는 법률에 근거하여 제한될 수 있다.

제9조 (결사의 자유)

(1) 모든 독일인은 사단과 조합을 결성할 권리를 가진다.

(2) 그 목적이나 활동이 형법에 위반되거나 헌법적 질서 또는 국제화해의 사상에 반하는 단체는 금지된다.

(3) 노동조건과 경제조건의 유지와 개선을 위하여 단체를 결성할 권리는 누구에게나 그리고 모든 직업에게도 보장된다. 이 권리를 제한하거나 방해하려는 약정은 무효이며 그것을 목적으로 하는 조치는 위법이다. 제12a조, 제35조 제2항 및 제3항, 제87a조 제4항과 제91조에 의한 조치는 제1문의 의미에서의 단체가 노동조건과 경제질서의 유지와 개선을 목적

으로 하는 노동쟁의에 대하여 취해질 수 없다.

제10조 (서신, 우편 및 전신의 비밀)

(1) 서신의 비밀과 우편 및 전신의 비밀은 불가침이다.

(2) 그 제한은 법률에 근거하여서만 행해질 수 있다. 그 제한이 자유민주적 기본질서나 연방 또는 주(州)의 존립 또는 안전의 보호에 도움이 될 때에는 그 제한을 관계자에게 통보하지 않는다는 것과 쟁송수단 대신 의회가 임명하는 기관과 보조기관에 의한 심사를 법률로 정할 수 있다.

제11조 (이전의 자유)

(1) 모든 독일인은 독일연방의 전체영역에서 이전의 자유를 가진다.

(2) 이 권리는 법률에 의해서만 또는 법률에 근거하여서만 제한될 수 있다. 그리고 충분한 생활근거가 없고 이로 말미암아 일반에게 특별한 부담을 주는 경우나, 연방 또는 주(州)의 존립이나 그 자유민주적 기본질서를 위협하는 위험을 방지하기 위하여, 전염병의 위험, 자연재해 또는 특별히 중대한 사고를 극복하기 위하여, 청소년을 방치로부터 보호하기 위하여, 또는 범죄행위의 예방을 위하여 필요한 경우에만 제한될 수 있다.

제12조 (직업의 자유)

(1) 모든 독일인은 직업, 직장 및 직업훈련장을 자유롭게 선택할 권리를 가진다. 직업행사는 법률을 통하여 또는 법률에 근거하여 제한될 수 있다.

(2) 모든 사람들에게 평등한, 전통적이

고 일반적인 공적 역무의무를 제외하고는 누구도 특정된 노역을 강요당하지 않는다.

(3) 강제노역은 법원에 의하여 명령된 자유박탈의 경우에만 허용된다.

제12a조 (복무의무)

(1) 만 18세 이상의 남자에게는 군대, 연방국경수비대 또는 민방위대에 복무할 의무를 지울 수 있다.

(2) 양심상의 이유로 집총병역을 거부하는 자에게는 대체역무의 의무를 부과할 수 있다. 대체역무의 복무기간은 병역의 복무기간을 초과할 수 없다. 상세한 것은 법률로 정한다. 동 법률은 양심에 따른 결정의 자유를 침해할 수 없고 군대나 연방국경수비대와 무관한 대체복무에 관하여도 규정해야 한다.

(3) 제1항 및 제2항에 의하여 복무를 위해 징집되지 아니한 병역의무자에게는 국토방위사태에 있어서 법률에 의하여 또는 법률에 근거하여 민간인의 보호를 포함한 방위목적을 위하여 근로관계를 갖도록 비집총역무 의무를 부과할 수 있다. 공법상의 공무관계를 갖도록 하는 의무의 부과는 경찰임무의 수행을 위하여 또는 공법상의 공무관계로서만 달성될 수 있는 행정의 고권적 임무의 수행을 위해서만 허용된다. 제1문에 의한 근로관계는 군대, 군보급분야 및 공행정에서 설정될 수 있다. 민간인의 급양분야에서 노동관계를 갖도록 의무를 지우는 것은 민간인의 생활에 필요한 수요를 충족시키거나 그 보호를 확보하기 위해서만 허용된다.

(4) 방위사태시 민간의 보건시설과 의료시설 및 상설야전병원에서의 민간역무수요가 지원으로 충족될 수 없는 때에는 만 18세 이상 55세까지의 여자를 법률에 의하여 또는 법률에 근거하여 징집할 수 있다. 여자는 어떤 경우에도 집총복무를 할 수 없다.

(5) 방위사태의 발생이전에는 제3항의 의무는 제80a조 제1항에 의해서만 부과될 수 있다. 특별한 지식과 숙련을 필요로 하는 제3항에 따른 역무의 이행에 대비하기 위한 훈련에 참가할 의무가 법률에 의하여 또는 법률에 근거하여 부과될 수 있다. 이 경우에는 제1문은 적용되지 아니한다.

(6) 방위사태시 제3항 제2문에 규정된 분야에서는 노동력수요가 자원자로 충족될 수 없는 때에는 이 수요를 충족하기 위하여 직업행사나 직장을 포기할 독일인의 자유가 법률에 의하여 또는 법률에 근거하여 제한될 수 있다. 방위사태발생이전에는 제5항 제1문이 준용된다.

제13조 (주거의 불가침)

(1) 주거는 불가침이다.

(2) 수색은 법관에 의해서만 명령되며, 지체의 위험이 있는 경우에는 법률에 규정된 다른 기관에 의하여도 명하여지며 법률에 규정된 형식으로만 행해질 수 있다.

(3) 특정 사실이 어떤 사람이 법률에서 열거된 특히 중대한 범죄행위를 범했다는 혐의를 뒷받침하는 경우 다른 방식에 의한 사실관계의 수사가 과도하게 어렵거나 성공할 수 없다면 그 행위의 소추를 위하여 법관의 명령에 의거하여 피의자

가 체류하는 것으로 추정되는 주거를 음
향탐지방식으로 감시하기 위한 장비들을
이용하는 것이 허용된다. 그 조치의 유효
기한이 정해 있어야 한다. 이 명령은 3인
의 법관으로 구성된 재판부에 의하여 발
해져야 한다. 지체의 위험이 있는 경우
그 명령은 단독의 법관에 의해서도 발해
질 수 있다.
(4) 공공의 안전에 대한 임박한 위험, 특
히 일반에 대한 위험 또는 생명의 위험을
방지하기 위해서는 주거감시용 기술적
수단은 법관의 명령에 근거해서만 사용
될 수 있다. 지체의 위험이 있는 경우에
는 법률이 정한 다른 기관도 그 조치를
명할 수 있으며, 이 경우 사후에 법관의
재판을 지체없이 받아야 한다.
(5) 전적으로 주거 내에서 활동하는 사람
을 보호하기 위한 장비(의 사용)이 예정
되어 있는 경우에는 법률이 정하는 기관
이 그 조치를 명할 수 있다. 이를 통해서
지득된 내용을 다른 용도로 사용하는 것
은 형사소추 또는 위험방지의 목적을 위
해서만 그리고 그 조치의 합법성이 사전
에 법관에 의하여 확인된 경우에만 허용
된다. 지체의 위험이 있는 경우에는 사후
에 지체없이 법관의 재판을 받아야 한다.
(6) 연방정부는 매년 제3항에 의한 장비
의 사용, 제4항에 의하여 연방의 관할영
역에서 행하여진 장비의 사용, 그리고 법
관에 의하여 심사될 필요가 있는 범위에
서 제5항에 의한 장비의 사용에 관하여
연방의회에 보고하여야 한다. 연방의회
에 의하여 선출된 위원회는 이 보고서를
기초로 의회의 통제권을 행사한다. 주
(州)들은 동등한 가치가 있는 의회에 의

한 통제를 보장하여야 한다.
(7) 제한과 제약은 그 밖에도 일반의 위
험이나 개인의 생명의 위험을 방지하기
위해서만 그리고 또한 법률에 근거하여
공공의 안전과 질서에 대한 급박한 위험
을 방지하기 위해서, 특히 주택난을 해소
하기 위해서, 전염병에 대처하기 위해서,
또는 위험에 처한 청소년을 보호하기 위
해서도 행해질 수 있다.

제14조 (재산권, 상속권 및 공용수용)
(1) 재산권과 상속권은 보장된다. 그 내
용과 한계는 법률로 정한다.
(2) 재산권은 의무를 수반한다. 동시에
그 행사는 공공복리에 기여하여야 한다.
(3) 공용수용은 공공복리를 위해서만 허
용된다. 공용수용은 보상의 종류와 범위
를 정한 법률에 의하여 또는 법률에 근거
하여서만 행하여진다. 보상은 공공의 이
익과 관계자의 이익을 공정하게 형량하
여 정해져야 한다. 보상액 때문에 분쟁이
생길 경우에는 정규법원에 提訴할 길이
열려 있다.

제15조 (사회화)
토지, 천연자원 및 생산수단은 사회화를
목적으로 보상의 종류와 범위를 정한 법
률에 의하여 공유재산 또는 다른 형태의
공동관리경제로 옮겨질 수 있다. 보상에
관해서는 제14조 제3항 제3문과 제4문이
준용된다.

제16조 (국적박탈, 추방)
(1) 독일인의 국적은 박탈당하지 아니한
다. 국적의 상실은 법률에 근거하여서만

행해지고 이로 인하여 당사자가 무국적이 되지 않는 때에만 당사자의 의사에 반하여 국적이 상실될 수 있다.
(2) 어떤 독일인도 외국에 추방되지 아니한다.

제16a조 (망명권)
(1) 정치적으로 박해받는 자는 망명권을 가진다.
(2) 유럽공동체의 회원국에서 입국하는 자 또는 난민의 법적 지위에 관한 조약과 인권 및 기본적자유의 보장에 관한 조약이 적용되는 여타 제3국에서 입국하는 자는 제1항을 원용할 수 없다. 제1문의 요건을 충족하는 유럽공동체 이외의 국가는 연방참사원의 동의를 요하는 법률로 정한다. 제1문의 경우에 체류를 종료시키는 조치는 그 조치에 대해 제기된 권리구제절차와 무관하게 집행될 수 있다.
(3) 연방참사원의 동의를 요하는 법률로써 법적 상태, 법적용 및 일반적인 정치상황을 기초로 정치적 박해나 잔혹하고 모멸적인 처벌 또는 처우가 행하여지지 않도록 보장되어 있다고 판단되는 국가를 확정할 수 있다. 그러한 국가로부터 온 외국인은 정치적 박해를 받고 있음을 인정케 하는 사실을 주장하지 않는 한 정치적 박해를 받지 않는 것으로 추정된다.
(4) 제3항의 경우와 명백히 이유 없거나 또는 명백히 이유 없다고 간주되는 여타의 경우에는 체류를 종료시키는 조치의 집행은, 그 조치의 적법성에 중대한 의문이 존재하는 경우에 한하여 법원에 의하여 정지될 수 있고, 법원의 심사범위를 제한할 수 있으며, 지체된 사실의 주장은

고려하지 않도록 할 수 있다. 상세한 것은 법률로 정한다.
(5) 제1항 내지 제4항은 난민의 법적 지위에 관한 협정과 인권 및 기본적 자유의 보장에 관한 협약 – 체약국에서의 그 적용이 확보되어 있어야 한다 – 에 따른 각종 의무를 준수하면서 망명권인정에 관한 결정의 상호승인을 포함한 망명신청의 심사에 관한 관할규율을 하는 유럽공동체 회원국 상호간 그리고 제3국과의 국제법상의 조약체결을 방해하지 아니한다.

제17조 (청원권)
누구든지 단독으로 또는 다른 사람과 공동으로 문서로써 관할기관과 의회에 청원 또는 소원을 할 권리를 가진다.

제17a조 (군인의 기본권제한)
(1) 병역과 대체역무에 관한 법률은 군대와 대체역무의 소속원에 대하여 병역 또는 대체복무 기간 중 말, 글 그리고 그림으로 자유로이 의사를 표현하고 전파할 기본권(제5조제1항제1문 전단), 집회의 자유의 기본권(제8조) 그리고 다른 사람과 공동으로 요청과 소원을 제기할 권리를 부여하고 있는 범위에서 청원권(제17조)을 제한하도록 규정할 수 있다.
(2) 민간인보호를 포함한 국토방위에 기여하는 법률은 이전의 자유의 기본권(제11조)과 주거의 불가침(제13조)의 기본권의 제한을 규정할 수 있다.

제18조 (기본권의 실효)
의사표현의 자유, 특히 신문의 자유(제5조 제1항), 교수의 자유(제5조 제3항), 집

회의 자유(제8조), 결사의 자유(제9조), 서신, 우편 및 편신의 비밀(제10조), 재산권(제14조) 또는 망명자비호권(제16조제2항)을 자유민주적 기본질서를 공격하기 위해 남용하는 자는 이 기본권들의 효력을 상실한다. 실효와 그 범위는 연방헌법재판소에 의하여 선고된다.

제19조 (기본권의 제한과 본질적 내용; 법인에의 적용)

(1) 이 기본법에 따라 기본권이 법률에 의하여 또는 법률에 근거하여 제한될 수 있는 때에는 그 법률은 일반적으로 적용되어야 하지 개별적 경우에만 적용되어서는 안된다. 그 법률은 또한 기본권의 해당 조항을 적시하여야 한다.

(2) 기본권의 본질적 내용은 어떤 경우에도 침해되어서는 안 된다.

(3) 기본권의 본질상 내국법인에 적용될 수 있는 때에는 그 기본권은 그들에게도 적용된다.

(4) 공권력에 의하여 그 권리를 침해당한 자에게는 소송의 길이 열려 있다. 다른 법원의 관할권이 입증되지 않는 한 정규소송이 인정된다. 제10조 제2항 제2문은 이에 해당되지 아니한다.

제2장 연방과 주(州)

제20조 (헌법의 기본원리; 저항권)

(1) 독일연반공화국은 민주적·사회적 연방국가이다.

(2) 모든 국가권력은 국민으로부터 나온다. 그것은 국민에 의해서 선거와 투표를 통해서 행사되고 입법기관, 집행기관 및 사법기관에 의해서 행사된다.

(3) 입법은 헌법질서에 구속되고, 집행권과 사법은 법률과 법에 구속된다.

(4) 모든 독일인은 이러한 질서를 폐지하려고 기도하는 모든 자에 대하여 다른 구제수단이 없을 경우에는 저항권을 가진다.

제20a조 (자연적 기본토대의 보호)

국가는 후세대에 대한 책임에서, 헌법질서의 범위내에 입법을 통하여 또한 법률과 규범에 따른 행정권과 판결로 자연적 생활토대를 보호한다.

(중략)

제28조 (주(州)의 헌법상 합헌적 질서, 선거권, 자치행정)

(1) 각 주(州)의 헌법질서는 기본법에서 의미하는 공화제적, 민주적, 사회적 법치국가적 원리에 합치하여야 한다. 주(州), 크라이스(군) 및 게마인데(읍면)에서 주민은 보통, 직접, 자유, 평등 및 비밀선거로 선출된 대표기관을 가져야 한다. 크라이스 및 게마인데의 선거에서는 유럽공동체조약의 권리의 규정에 따라 유럽공동체 회원국의 국적을 가지는 자도 선거권과 피선거권을 가진다.

(2) 크라이스는 법률의 범위 안에서 지역공동체의 모든 사항을 자기책임하에서 규율할 권리가 보장되어야 한다. 크라이스들의 조합도 그 법률상 과제영역의 범위 안에서 법률의 규정에 따라 자치권을 가진다. 자치권은 재정적 자기책임의 근거도 포함한다.

(3) 연방은 주(州)의 헌법적 질서가 기본
권과 본조 제1항 및 제2항의 규정에 부합
하도록 보장한다.
(중략)

제33조 (국민으로서의 동등한 지위; 공무)

(1) 독일인은 누구나 어느 주(州)에서나
국민으로서 동등한 권리와 의무를 가진다.
(2) 독일인은 누구나 그의 적성, 능력 및
전문적인 업적에 따라 모든 공직을 담임
할 평등한 권리를 가진다.
(3) 개인적·공민적 권리의 향유, 공무담
임의 허용, 그리고 공무담임에서 취득하
는 권리는 종교적 고백과 무관하다. 누구
도 어떤 신앙이나 세계관에 속하거나 속
하지 않는다는 이유로 불이익을 받아서
는 안 된다.
(4) 고권적 권한의 행사는 일반적으로 공
법상의 근무관계와 충성관계에 있는 공
직자에게 상시과제로서 위임된다.
(5) 공직법은 직업공무원제의 전통적인
원칙들을 고려하여 규율하여야 한다.

제34조 (직무위반시에 손해배상책임)

자기에게 위임된 공무의 행사시 제3자에
대하여 그에게 부여된 직무의무를 위반
하였다면, 원칙적으로 그 책임은 국가나
그가 근무하는 단체에 있다. 고의 또는
중과실의 경우에는 구상권이 유보된다.
손해배상청구권과 구상권에 대하여 정규
소송이 배제되어서는 안 된다.

제3장 연방의회

(중략)

제38조 (연방의회. 국회의원, 선거)

(1) 독일 연방의회의 의원은 보통, 직접,
자유, 평등 및 비밀선거에 의하여 선출된
다. 그들은 전체국민의 대표자이고 명령
과 지시에 구속되지 않으며 자신의 양심
에만 따른다.
(2) 만 18세에 달한 자는 선거권을 가진
다. 성년의 연령에 달한 자는 피선거권을
가진다.
(3) 상세한 것은 연방법률로 정한다.

(중략)

제42조 (회의의 공개, 다수결원칙)

(1) 연방의회는 공개로 심의한다. 의원
10분의 1 또는 연방정부가 신청하는 경
우에 3분의 2의 다수로 공개가 배제될 수
있다. 이 제의에 대하여는 비공개회의에
서 결정한다.
(2) 연방의회의 의결에는 이 기본법에 다
른 규정이 없는 한, 투표의 과반수가 필요
하다. 연방의회에 의해서 행해지는 선거
는 의사규칙에 의하여 예외가 허용된다.
(3) 연방의회와 그 위원회의 공개회의에
서 행하는 진실한 보고는 어떤 책임도 지
지 아니한다.

(중략)

제79조 (기본법의 개정)

(1) 기본법은, 기본법상의 법문을 명시적

으로 변경 또는 보충하는 법률로써만 개
정할 수 있다. 강화조약, 강화조약의 준
비 또는 점령법적 질서의 해체를 그 대상
으로 하거나 연방공화국의 방위에 기여
하도록 정해진 국제법적 조약에 있어서,
기본법의 조항들이 그러한 조약의 체결
과 발효에 지장이 되지 아니함을 천명하
기 위해서는, 그러한 천명에 지나지 않는
기본법상 법문의 보충으로도도 충분하다.
(2) 이러한 법률은 연방하원 재적의원의
3분의 2의 찬성과 연방상원 표결권의 3
분의 2의 찬성을 필요로 한다.
(3) 연방이 주(州)들로 나뉘는 것을 저해
하거나 입법시 주(州)의 원칙적인 협력에
지장을 초래하거나 제1조 및 제20조에
규정된 원칙들에 반하는 기본법 개정은
허용되지 아니한다.

(중략)

제9장 사법

제92조 (법원조직)
사법권은 법관에게 맡겨진다. 사법권은
연방헌법재판소, 기본법에 규정된 연방법
원 그리고 주(州)법원에 의해 행사된다.

제93조 (연방헌법재판소)
(1) 연방헌법재판소는 다음 사항을 결정
한다.
1. 연방최고기관의 권리와 의무의 범위
또는 기본법이나 연방최고기관의 사무규
칙에 의하여 고유의 권리를 갖는 그 밖의
관계자의 권리와 의무의 범위에 관한 분

쟁을 원인으로 하는 기본법의 해석
2. 연방정부, 주(州)정부 또는 연방의회의
원의 재적의원 3분의 1의 신청으로 연방
법 또는 주(州)법이 기본법에 형식적·실
질적으로 합치하는가에 관한 또는 주(州)
법이 그 밖의 연방법에 일치하는가 관한
의견차이나 의문
2a. 법률이 기본법 제72조 제2항에 부합
하는지에 관하여 다툼이 있는 경우로서,
연방상원이나 주(州)정부 또는 주(州)의
국민대표가 제청한 사건
3. 연방과 주(州)의 권리와 의무에 관한
특히 주(州)에 의한 연방법의 집행과 연
방감독의 행사에 있어서 견해차이
4. 다른 쟁송수단이 없는 경우, 연방과
주(州) 간의 그리고 주(州)상호간의 또는
주(州)내부에서의 다른 공법상의 쟁의
4a. 누구나 공권력에 의하여 기본권 또는
제20조제4항, 제33조, 제38조, 제101조,
제103조 및 제104조에 규정된 권리가 침
해되었다는 주장으로 제기할 수 있는 헌
법소원
4b. 제28조의 지방자치행정권이 법률에
의해 침해되었거나 주(州)헌법재판소에
소원이 제기될 수 없는 경우로서 주(州)에
의해 침해되었음을 이유로 게마인데(읍
면)와 게마인데조합이 제기하는 헌법소원
4c. 연방의회선거에 참여할 수 있는 정당
자격의 부정에 대한 단체의 소원
5. 그 밖에 기본법이 규정한 경우
(2) 연방헌법재판소는 그 밖에도 연방상
원이나 주(州)정부 또는 주(州)의 국민대
표의 신청에 기하여, 제72조 제4항의 경
우 제72조 제2항에 따른 연방법률상의
규율을 위한 필요성이 더 이상 존재하지

않는지 여부 또는 제 125a조 제2항 제1문의 경우에 연방법이 더 이상 제정될 수 없는지 여부에 관하여 재판한다. 그 필요성이 사라졌다거나 또는 연방법이 더 이상 제정될 수 없다고 하는 확정은 제72조 제4항이나 제125a조 제2항 제2문에 따른 연방법률을 대체한다. 제1문에 따른 신청은, 제72조 제4항이나 제125a조 제2항 제2문에 따른 법률안이 연방하원에서 거부되거나 그에 대해 1년 이내에 심의 및 의결되지 않거나 또는 상응하는 법률안이 연방상원에서 거부된 때에만 할 수 있다.

(3) 연방헌법재판소는 나아가 그 밖에 연방법률로 자신에게 배정된 사건에 관하여 활동한다.

제94조 (연방헌법재판소, 구성과 절차)

(1) 연방헌법재판소는 연방법관과 그 밖의 구성원으로 조직한다. 연방헌법재판소의 구성원은 연방의회와 연방참사원에 의해 각각 반수씩 선출된다. 연방헌법재판소의 구성원은 연방의회, 연방참사원, 연방정부, 그에 대응하는 주(州)의 기관에 소속할 수 없다.

(2) 연방헌법은 연방헌법재판소의 조직과 절차를 규정하고 어떠한 경우에 그 판결이 법률상의 효력을 갖는지를 규정한다. 연방법률은 헌법소원의 제기를 위하여 권리구제절차가 소원제기이전에 모두 경료되어야 한다는 것을 요건으로 할 수 있고 특별한 심판회부절차를 규정할 수 있다.

제95조 (연방최고법원)

(1) 연방은 일반, 행정, 재정, 노동 및 사회재판의 분야에 최고법원으로서 연방법원, 연방행정법원, 연방재정법원, 연방노동법원 및 연방사회법원을 설치한다.

(2) 각 법원의 법관의 임명은 각각 해당 분야를 관할하는 연방장관이 각각 해당 분야를 관할하는 주(州)장관들과 연방의회에 의해 선출되는 동수의 의원으로 구성되는 법관선출위원회와 공동으로 결정한다.

(3) 판결의 통일성을 유지하기 위하여 제1항에 열거된 법원의 합의부가 구성되어야 한다. 상세한 것은 연방법률로 정한다.

제96조 (연방법원)

(1) 연방은 영업상 권리보호에 관한 사안을 위하여 연방법원을 설치할 수 있다.

(2) 연방은 군대를 위한 군사법원을 연방법원으로 설치할 수 있다. 군사법원은 방위사태의 경우와 외국에 파견되거나 군함에 승선한 군대의 소속원에 대해서만 형사재판권을 행사할 수 있다. 상세한 것은 연방법률로 정한다. 이 법원들은 연방법무장관의 소관분야에 속한다. 그 전임(專任)법관은 법관직의 자격을 가져야 한다.

(3) 제1항과 제2항에 열거된 법원의 최상급법원은 연방일반법원이다.

(4) 연방은 연방에 대해 공법상의 근무관계에 있는 자들에 대한 징계절차와 소원절차를 결정하기 위한 연방법원을 설치할 수 있다.

(5) 제26조 제1항과 국가보호의 영역에서의 형사절차를 위해 연방법률은 연방참사원의 동의를 얻어 주(州)법원이 연방의 재판권을 행사하도록 규정할 수 있다.

제97조 (법관의 독립)

(1) 법관은 독립이며 법률에만 따른다.

(2) 전임으로 그리고 계획에 따라 종국적으로 임용된 법관은 법원의 판결에 의하여 법률에 규정된 이유와 방식에 의해서만 그 의사에 반하여 임기전에 면직되거나 계속적 또는 일시적으로 정직되거나 전보 혹은 퇴직될 수 있다. 입법은 정년을 정할 수 있고 정년에 달한 종신법관을 퇴직시킬 수 있다. 법원의 조직이나 구역이 변경될 경우에는 법관은 다른 법원에 전속되거나 퇴직될 수 있지만 봉급의 전액이 지급되어야 한다.

제98조 (법관의 법적 지위)

(1) 연방법관의 법적 지위는 특별한 연방법률로 정해야 한다.

(2) 연방법관이 직무상 또는 직무외에서 기본법의 원칙이나 주(州)의 헌법적 질서에 위반한 때에는 연방헌법재판소는 연방의회의 신청에 따라 3분의 2의 다수로 그 법관의 전직이나 퇴직을 명할 수 있다. 그 위반이 고의인 경우에는 파면시킬 수 있다.

(3) 주(州)법관의 법적 지위는 특별한 주(州)법률로 정해야 한다. 제74a조 제4항이 달리 규정하지 않는 한 연방은 테두리 규정을 정할 수 있다.

(4) 주(州)는 주(州)법무장관이 법관선출위원회와 공동으로 주(州)법관의 임명을 결정하도록 규정할 수 있다.

(5) 주(州)는 제2항에 준하는 규정을 둘 수 있다. 현행 주(州)헌법에는 해당되지 않는다. 법관탄핵에 관한 결정권은 연방헌법재판소가 한다.

제99조 (주(州)내부의 헌법분쟁)

주(州)내부의 헌법적 분쟁에 관한 결정은 주(州)법률로 연방헌법재판소에, 주(州)법의 적용이 문제되는 사항에 관한 최종심판결은 제95조제1항에 열거된 연방최고법원에 배정될 수 있다.

제100조 (법률의 위헌성)

(1) 법원이 재판에서 그 효력이 문제되는 법률을 위헌이라 생각할 때에는 그 절차를 중지해야 하며 또 주(州)헌법의 침해가 문제될 때에는 그 주(州)의 헌법분쟁에 관해 관할권을 갖는 법원의 판결을 구해야 하고 이 기본법의 침해가 문제될 때에는 연방헌법재판소의 결정을 구해야 한다. 이는 주(州)법에 의한 이 기본법의 침해가 문제되거나 연방법률과 주(州)법률의 불합치성이 문제되는 경우에도 적용된다.

(2) 어떤 소송에서 국제법의 규정이 연방법의 구성부분이 되는지 여부와 그것이 개인에 대하여 직접적인 권리·의무를 발생시키는지(제25조) 여부가 의심스러울 때에는 법원은 연방헌법재판소의 결정을 구해야 한다.

(3) 주(州)의 헌법재판소가 기본법의 해석시에 연방헌법재판소 또는 다른 주(州)의 헌법재판소의 결정과 달리 하고자 할 때에는 해당 헌법재판소는 연방헌법재판소의 결정을 구해야 한다.

제101조 (특별법원)

(1) 특별법원은 허용되지 아니한다. 누구든지 법률로 정한 법관에 의한 재판을 받을 권리를 박탈당하지 아니한다.

(2) 특별사항분야를 위한 법원은 법률로만 설치될 수 있다.

제102조 (사형폐지)
사형은 폐지된다.

제103조 (법적 청문, 피고인의 기본권)
(1) 누구든지 법정에서 법적 청문권을 가진다.

(2) 행위는 그 행위 이전에 그 행위에 대한 형벌이 법률로 규정된 경우에만 처벌될 수 있다.

(3) 누구도 동일한 행위를 이유로 일반형법에 근거하여 거듭 처벌되지 아니한다.

제104조 (자유박탈시 권리보장)
(1) 신체의 자유는 형식적 법률에 근거해서만 그리고 이 법률에 규정된 방식에 따라서만 제한될 수 있다. 구금된 자를 정신적으로나 육체적으로 학대하는 것은 금지된다.

(2) 자유박탈의 허용과 계속에 대해서는 전적으로 법관이 결정한다. 법관의 결정에 의하지 아니하고 자유박탈이 행해진 경우에는 지체없이 법관의 결정을 받아야 한다. 경찰은 독자적인 힘으로 누구도 체포된 날의 익일이 종료한 후까지 구금할 수 없다. 상세한 것은 법률로 정한다.

(3) 범죄혐의 때문에 일시적으로 체포된 자는 누구나 늦어도 체포된 날의 익일까지는 법관에게 인치되어야 하고, 법관은 체포된 자에게 체포이유를 알려야 하며 그를 신문하고 이의를 제기할 기회를 주어야 한다. 법관은 지체없이 이유를 첨부한 체포영장을 발부하거나 석방을 명하여야 한다.

(4) 자유박탈의 명령이나 계속에 대한 법관의 모든 결정은 지체없이 구금된 자의 가족 또는 그가 신임하는 사람에게 통지되어야 한다.

(중략)

제11장 경과규정과 종결규정

제116조 (독일국적)
(1) 기본법에서 말하는 독일인이란 법률에 달리 규정이 없는 한 독일국적을 가진 자이거나 1937년 12월 31일 현재 독일국영역 내의 독일혈통을 가진 망명자 또는 피추방자 또는 그 배우자나 비속인 자이다.

(2) 1933년 1월 30일에서 1945년 5월 8일까지의 기간중 정치적·종족적 또는 종교적 이유로 국적을 박탈당한 구독일국적 보유자와 그 비속은 신청에 의하여 다시 귀화된다. 1945년 5월 8일 이후 독일 내에 주소를 가져왔고 반대의사를 표명하지 않는 한 이들의 국적은 상실되지 않은 것으로 본다.

제117조 (제3조 제2항과 제11조에 관한 경과규정)
(1) 제3조 제2항에 저촉되는 법은 기본법 규정에 적응하기까지 효력을 가지나 1953년 3월 31일 이후부터는 효력을 갖지 아니한다.

(2) 현재의 주택난을 고려하여 이전의 자유를 제한하는 법률은 연방법률에 의하여 폐지될 때까지 효력을 갖는다.

제119조 (망명자와 피추방자)

망명자와 피추방자의 사무 특히 그들을 각 주(州)에 할당하기 위한 사무에 관해서는 연방정부가 연방법률에 의한 규정이 있을 때까지 연방정부가 연방참사원의 동의를 얻어 법률의 효력을 가진 명령을 제정할 수 있다. 특별한 경우에는 연방정부에게 개별적 지시를 할 권한이 위임될 수 있다. 지시는 지체될 위험이 있는 경우를 제외하고는 주(州)최고관청에 대해 행해진다.

제140조 (바이마르 공화국 헌법조항의 적용)[1]

1) 바이마르 헌법 제136조 내지 제139조 및 제141조는 아래와 같다.
   제136조 (바이마르헌법)
   ① 개인적 그리고 공민적 권리와 의무가 종교자유의 행사에 의하여 조건지워질 수도, 제한될 수도 없다.
   ② 개인적·공민적 권리의 향유와 공무담임의 허용은 종교적 고백과 무관하다.
   ③ 어느 누구도 종교적 확신을 밝힐 의무를 부여받지 않는다. 관청은 권리·의무가 종교단체에의 소속에 의존하거나 법률상 규정된 통계조사를 위해 필요한 경우에만 종교단체에의 소속여부를 물어 볼 권리를 가진다.
   ④ 어느 누구도 교회의 예배나 의식, 종교적 행사에의 참여 또는 종교적 선서방식의 이용을 강요받지 아니한다.
   제137조 (바이마르 헌법)
   ① 국가적 교회는 존재하지 아니한다.
   ② 종교단체결성의 자유는 보장된다. 공화국영역 내에서의 종교단체의 결성은 아무런 제한을 받지 아니한다.
   ③ 모든 종교단체는 모든 사람에게 적용되는 법률의 한계내에서 독자적으로 그 사무를 규율하고 관리한다. 모든 종교단체는 국가나 시민단체에 영향을 받지 않고 그 성직을 부여한다.
   ④ 종교단체는 민법의 일반조항에 따라 권리능력을 취득한다.

1919년 8월 11일의 독일헌법 제136조, 제137조, 제138조, 제139조 및 141조의 규정은 이 기본법의 구성부분이다.

제142조 (주(州)헌법상 기본권)

제31조의 규정에도 불구하고 주(州)헌법의 규정은 이 기본법 제1조 내지 제18조의 조항과 일치하여 기본권을 보장해 주는 한, 역시 효력을 가진다.

---

⑤ 지금까지 공법상의 단체이었던 종교단체는 계속 공법상의 단체로 남는다. 그 밖의 종교단체는 그 조직과 구성원수에 따라 영속을 보증할 때에는 그 신청으로 공법상의 단체와 동등한 권리를 보장받을 수 있다. 끝으로 복수의 공법상 종교단체가 연합체를 조직할 때에는 그 연합체도 공법상의 단체가 된다.
⑥ 공법상의 단체인 종교단체는 주(州)법의 규정에 따라 시민의 징세명부에 근거하여 조세를 징수할 권리를 가진다.
⑦ 세계관의 공동체적 보호를 임무로 결사는 종교단체와 동등한 지위를 가진다.
⑧ 위 규정들을 집행하기 위하여 그밖의 규정이 필요할 경우에 이는 주(州)의 입법으로 한다.
제138조 (바이마르 헌법)
① 법률, 계약 또는 특별한 권리서를 바탕으로 하는 종교단체에 대한 국가의 급부는 주(州)의 입법으로 폐지된다. 이에 관한 원칙은 공화국이 정한다.
② 종교단체와 종교적 결사가 그 문화, 교육 및 복지목적을 위한 시설, 재단 및 그 밖의 재산에 대한 소유권과 그밖의 권리는 보장된다.
제139조 (바이마르 헌법)
일요일과 국경일은 일을 쉬는 날과 정신고양의 날로서 법률로 보호된다.
제141조 (바이마르 헌법)
군대, 병원, 교도소 또는 그 밖의 공공시설에서 예배와 사찰직을 필요로 할 때에는 종교단체가 종교적 행위를 하도록 허용하여야 하며 강제는 배제된다.

(중략)

제145조 (기본법의 효력발생)

(1) 헌법제정회의는 대-베를린 대표의 참여하에 공개회의에서 이 기본법을 확정하고 서명하여 공포한다.

(2) 이 기본법은 공포일의 경과와 동시에 효력을 발생한다.

(3) 이 기본법은 연방법률공보에 공고된다.

제146조 (기본법의 효력지속)

이 기본법은 독일통일과 자유가 달성된 후 전체 독일국민에게 적용하며, 독일 국민의 자유로운 결정으로 새로운 헌법이 효력을 발생하는 날에 그 효력을 상실한다.

(하략)

독일연방헌법재판소법

(Gesetz über das Bundesverfassungsgericht)

(1993. 8. 11. 전면개정[BGBl. I S. 1473], 2019. 11. 20. 최종개정[BGBl. I S. 1724])
(본서의 이해를 위하여 필요한 범위에서 일반소송절차 및 헌법소원절차 관련 부분 발췌하여 수록)

제2부 헌법재판소의 절차

제1절 일반소송절차 규정

(중략)

제24조 (청구배척[1])

부적법하거나 명백히 이유 없는 신청은 연방헌법재판소의 전원일치의 결정으로 배척할(verworfen werden) 수 있다. 그 결정은 그 신청의 적법성 또는 이유에 관하여 [재판소가] 청구인에게 미리 문제가 있음(Bedenken)을 고지한 경우에는, 위 이유 이외에 별도의 이유를 필요로 하지 아니한다.

제25조 (변론, 판결, 결정)

① 연방헌법재판소는 특별한 규정이 없는 한 변론에 의하여 재판한다. 다만, 모든 당사자가 변론을 명시적으로 포기한

경우에는 그러하지 아니하다.
② 변론에 의한 재판은 판결로, 변론에 의하지 아니한 재판은 결정(Beschluß)으로 내린다.
③ 일부재판 및 중간재판은 허용된다.
④ 연방헌법재판소의 재판은 "국민의 이름으로" 행한다.

(중략)

제30조 (선고 및 재판의 형식)

① 연방헌법재판소는 심리의 내용과 증거조사의 결과에서 얻은 자유로운 확신에 따라 비공개의 평의에 의하여 재판한다. 재판은 서면으로 작성하고 이유를 명시하여야 하며, 재판에 참여한 모든 재판관이 서명하여야 한다. 변론이 행해진 경우에는, 재판은 중요한 이유를 고지하여 공개적으로 선고하여야 한다. 재판선고기일은 변론 중에 고지하거나 평의종결 후에 확정할 수 있다. 후자의 경우에는, 기일은 지체 없이 당사자에게 통지하여야 한다. 판결의 선고는 변론이 종결된 날로부터 3월 이내에 하여야 한다. 기일은 연방헌법재판소의 결정으로 변경할

---

1) A-Limine-Entscheidung. 절차 개시 즉시 구두변론 및 증거조사 없이 그 절차의 문턱에서 재판부가 결정의 형식으로 발하는 청구배척을 지칭하는 개념. 이는 각하나 기각이라고 볼 수 없는 독일 헌법소송법 특유의 제도이다.

수 있다.

② 재판관은 재판이나 그 이유에 대하여 그가 평의에서 주장한 다른 의견을 소수의견2)으로써 표시할 수 있고, 소수의견은 판결문에 첨부하여야 한다.3) 재판부는 그 재판에서 표결의 비율을 나타낼 수 있다. 상세한 것은 사무규칙으로 정한다.

③ 모든 판결문(Entscheidungen)은 당사자에게 송달하여야 한다.

제31조 (재판의 구속력)

① 연방헌법재판소의 재판은 연방과 주(州)의 헌법기관 및 모든 법원과 행정청을 기속한다.

② 제13조 제6호, 제6a호, 제11호, 제12호 및 제14호의 사건에서는 연방헌법재판소의 재판은 법률로서의 효력을 가진다. 연방헌법재판소가 법률이 기본법에 합치한다고 또는 불합치한다고 또는 무효라고 선언한 경우에는 제13조 제8a호의 사건에서도 위와 같다. 법률이 기본법 또는 여타 연방법에 합치한다고 또는 불합치한다고 또는 무효라고 선언된 경우에는 연방법무부장관이 재판주문을 법률관보에 공고하여야 한다. 제13조 제12호 및 제14호 사건의 재판주문에도 이를 준용한다.

제32조 (가처분)

① 연방헌법재판소는 쟁송사건에서 중대한 손해의 방지를 위하여, 급박한 강폭의 저지를 위하여 또는 공공복리를 위한 다른 중요한 이유에서 긴급한 필요가 있는 경우에는 가처분으로써 사태를 잠정적으로 규율할 수 있다.

② 가처분은 변론을 거치지 아니하고 명할 수 있다. 특별히 긴급한 경우에는 연방헌법재판소는 본안에 관한 절차의 당사자, 참가할 권리가 있는 자 또는 의견진술의 권리가 있는 자에게 의견진술의 기회를 주지 않을 수 있다.

③ 가처분이 결정으로써 명해지거나 거부된 때에는 이의를 제기할 수 있다. 전단의 규정은 헌법소원절차에서의 소원청구인에게는 적용되지 아니한다. 연방헌법재판소는 이의에 대하여 변론을 거쳐 재판한다. 변론은 이의의 이유제출 후 2주 내에 열어야 한다.

④ 가처분에 대한 이의는 정지적 효력을 가지지 아니한다. 연방헌법재판소는 가처분의 집행을 정지할 수 있다.

⑤ 연방헌법재판소는 가처분 또는 [그에 대한] 이의에 대한 재판을 이유를 달지 않고 선고할 수 있다. 전단의 경우 그 이유는 당사자에게 별도로 전달되어야 한다.

⑥ 가처분은 6월 후에 효력을 상실한다. 연방헌법재판소는 투표수의 3분의 2의 다수[의 찬성으]로 가처분을 반복할 수 있다.

⑦ 재판부가 결정을 할 수 없는 경우에는, 특별히 긴급한 때에는, 3인 이상의 재판관의 출석과 출석재판관 전원일치의 결정으로 가처분을 명할 수 있다. 이 가처분은 1월 후에 효력을 상실한다. 재판부가 그 가처분을 승인한 경우에는, 가처분을 명한 날로부터 6월 후에 효력을 상

---

2) 1986. 12. 15.의 연방헌법재판소 사무규칙 제56조 참조.

3) 소수의견서는 별도로 작성된다.

실한다.

(중략)

제15절 제13조 제8a호[헌법소원] 사건의 소송절차

제90조 (소원적격)

① 누구든지 공권력에 의하여 자기의 기본권, 또는 기본법 제20조 제4항, 제33조, 제38조, 제101조, 제103조와 제104조에 규정된 권리가 침해된 것을 이유로 하여 연방헌법재판소에 헌법소원을 청구할 수 있다.

② [권리의] 침해에 대하여 권리구제절차가 허용되어 있는 경우에는 헌법소원은 그 절차를 모두 거친 후가 아니면 청구할 수 없다. 다만, 헌법소원이 일반적인 의미를 가지는 경우 또는 먼저 권리구제절차를 거치게 하면 소원청구인이 중대하고 불가피한 손해를 입을 우려가 있는 경우에는 연방헌법재판소는 권리구제절차를 거치기 전에 청구된 헌법소원에 대해서도 즉시 재판할 수 있다.

③ 주(州)헌법에 따라 주(州)헌법재판소에 헌법소원을 청구하는 권리는 [본조의 헌법소원에 의하여] 방해받지 아니한다.

제91조 (지방자치단체[Gemeinde]의 소원적격)

지방자치단체 및 지방자치단체조합은 연방이나 주(州)의 법률이 기본법 제28조의 규정을 위반한다는 것을 이유로 하여 헌법소원을 청구할 수 있다. 자치행정권의 침해를 이유로 하는 헌법소원을 주(州)법에 따라 주(州)헌법재판소에 청구할 수 있는 한, 연방헌법재판소에의 헌법소원은 허용되지 아니한다.

제91a조 (삭제)

제92조 (소원의 이유)

소원의 이유에는 침해되었다고 주장하는 권리 및 소원청구인이 [자신의 권리를] 침해하였다고 생각하는 기관이나 행정청의 삭제 또는 부작위를 명시하여야 한다.

제93조 (청구기간; 지체이전 상태에서의 절차재개)

① 헌법소원은 1월 이내에 청구하여야 하고 또 청구이유를 제시하여야 한다. 완전한 형식으로 작성된 결정[4]의 송달 또는 비정형의 통지가 기준이 된 절차법상의 규정에 따라 직권으로 행해져야 하는 경우에는, 기간은 이들 송달 또는 통지로부터 진행한다. 그 밖의 경우에는 기간은 결정의 공표로부터, 또는 결정을 공표할 수 없는 경우에는 소원청구인에 대한 여타의 고지로부터 진행한다. 이 경우 완전한 형식의 결정의 등본이 소원청구인에게 교부되지 아니한 때에는 제1단의 기간은 소원청구인이 서면으로 또는 서기과의 조서로 완전한 형식으로 작성된 결정의 교부를 신청함으로써 중단된다. 이 중단은, 완전한 형식의 결정이 법원에 의하여 소원청구인에게 교부되거나 직권으로 또는 당해절차의 당사자에 의하여 소원청구인에게 송달될 때까지 계속된다.

---

4) 이 조문에서의 결정(Entscheidung)은 법원의 재판뿐만 아니라 권리구제절차가 있는 행정청의 처분도 포함하는 개념이다.

② 소원청구인이 전항의 기간을 준수하는 데 [자신의] 귀책사유에 의하지 아니하고 장애를 받았던 경우에는, 지체이전 상태에서의 절차재개를 신청할 수 있다. 이 신청은 장애사유가 소멸한 후 2주 이내에 제기되어야 한다. 신청사유를 입증하기 위한 사실은 신청시 또는 신청에 대한 소송절차에서 소명되어야 한다. 신청 기간 내에 지체된 법적행위를 추완하여야 한다. 이것이 이미 행하여진 경우에는, 지체이전 상태에서의 소송절차의 재개는 신청 없이도 허용할 수 있다. 지체된 기간의 만료 후 1년이 경과하면 신청은 부적법하다. 대리인의 귀책사유는 소원청구인의 귀책사유와 같은 효력이 있다.

③ 헌법소원이 법률에 대하여 또는 권리구제절차가 없는 여타의 고권행위에 대하여 청구되는 경우, 헌법소원은 법률시행 후 또는 고권행위가 발해진 후 1년 이내에 청구하여야 한다.

④ 1951년 4월 1일 이전에 시행된 법률에 대한 헌법소원은 1952년 4월 1일까지 청구할 수 있다.

제93a조 (재판회부)

① 헌법소원은 재판회부를 요한다.

② 헌법소원은 아래 각호의 1에 해당하는 경우에 재판에 회부하여야 한다.

　1. 헌법소원에 원칙적인 헌법적 의미가 있는 경우

　2. 사건의 내용(es)이 제90조 제1항에 열거된 권리를 관철하기에 알맞은 경우. 본안재판의 거부로 소원청구인에게 특별히 중대한 손해가 발생할 경우에도 이에

해당한다고 할 수 있다.

제93b조 (지정재판부의 권한)

지정재판부는 헌법소원의 재판회부를 거부하거나 제93c조의 경우에는 헌법소원을 재판에 회부할 수 있다. 그 밖의 경우에는 재판부가 재판회부 여부에 대하여 재판한다.

제93c조 (지정재판부에 의한 헌법소원 인용)

① 지정재판부는, 제93a조 제2항 제2호의 요건들이 충족되고 연방헌법재판소가 헌법소원에 대하여 기준이 되는 헌법문제를 이미 재판한 경우에는 헌법소원이 명백히 이유 있다면 헌법소원을 인용할 수 있다. 그 결정은 재판부의 재판과 동일한 효력을 가진다. 제31조 제2항의 효력을 가지는, 법률이 기본법 또는 여타 연방법에 합치한다고 또는 불합치한다고 또는 무효라고 선고하는 재판은 재판부에 유보된다.

③ 제94조 제2항, 제3항 및 제95조 제1항 제2항은 전항의 절차에 적용된다.

제93d조 (지정재판부에서의 절차)

① 제93b조 및 제93c조에 의한 재판은 변론 없이 행한다. 헌법소원의 재판회부 거부는 이유를 적시할 필요가 없다.

② 지정재판부는, 재판부가 재판회부에 대하여 재판하지 않고 있는 동안 그리고 그 범위에서, 헌법소원절차에 관한 모든 결정을 발할 수 있다. 법률의 적용을 전부 또는 일부 정지하는 가처분은 재판부만이 발할 수 있다. 제37조 제7항은 (전단에 의하여) 방해받지 아니한다. 제32조

제3항의 경우에도 재판부가 재판한다.
③ 지정재판부는 전원일치의 결정에 의하여 재판한다. 재판부는 3인 이상의 재판관이 재판회부에 동의함으로써 재판회부를 결정한다.

제94조 (제3자의 의견청취)
① 연방 또는 주(州)의 작위 또는 부작위에 대하여 헌법소원이 청구된 경우에는, 연방헌법재판소는 당해 헌법기관에게 일정 기간 내에 의견진술을 할 기회를 부여한다.
② 작위 또는 부작위가 연방 또는 주(州)의 장관 또는 행정청에 의한 경우에는 소관장관에게 의견진술의 기회를 부여하여야 한다.
③ 헌법소원이 법원의 재판에 대하여 청구된 경우에는, 연방헌법재판소는 그 재판의 수익자에게도 의견진술의 기회를 부여한다.
④ 헌법소원이 직접 또는 간접적으로 법률에 대하여 청구된 경우에는 제77조를 준용하여야 한다.
⑤ 제1항, 제2항 및 제4항 열거된 헌법기관은 절차에 참가할 수 있다. 연방헌법재판소는 변론에 의하여 더 이상 절차의 촉진을 기대할 수 없고, 의견진술을 할 권리를 가지고 절차에 참가한 헌법기관이 변론을 포기한 경우에는 변론을 열지 아니할 수 있다.

제95조 (재판)
① 헌법소원이 인용된 경우에는 위반된 기본법의 조항과 당해 조항 그리고 위반한 작위 또는 부작위를 재판에서 확인하여야 한다. 동시에 연방헌법재판소는 재판대상이 된 처분의 반복은 기본법을 위반한다는 취지를 선고할 수 있다.
② [법원 및 행정청의] 결정(Entscheid-ung)에 대한 헌법소원이 인용된 경우에는, 연방헌법재판소는 당해 결정을 폐기하고, 제90조 제2항 제1단의 경우에는 사건을 관할법원에 환송한다.
③ 법률에 대한 헌법소원이 인용된 경우에는, 당해 법률이 무효임을 선언하여야 한다. 헌법소원이 제2항에 따라 인용된 이유가 취소된 결정이 위헌인 법률에 기인하였기 때문인 경우에도 또한 같다. [이 경우에는] 제79조의 규정을 준용한다.

제95a조 (삭제)

(하략)

저자소개

토르스텐 킨그렌(Thorsten Kingreen)

현 독일 레겐스부르크(Regensburg) 대학교 법과대학 교수로 '공법, 사회법, 보건법' 강좌권 보유

주요 논저
- 『자유권과 평등권 간의 긴장지대에 있는 비혼공동체의 헌법적 지위(Die verfassungsrechtliche Stellung der nichtehelichen Lebensgemeinschaft im Spannungsfeld zwischen Freiheits- und Gleichheitsrechten)』, 1996(박사학위논문)
- 『유럽헌법공동체에서의 사회국가원리(Das Sozialstaatsprinzip im europäischen Verfassungs-verbund), 2003(교수자격청구논문)
- 『유럽공동체법의 기본자유의 구조(Die Struktur der Grundfreiheiten des Europäischen Gemein-schaftsrechts)』, 1999
- 국민보건분야의 자원부족과 분배의 정의(Knappheit und Verteilungsgerechtigkeit im Gesund-heitswesen), 2010년 독일공법학자대회 발제문(VVDStRL 70)
- Ralf Poscher와 함께 2014년부터 Pieroth, Schlink, Michael Kniesel의 교과서 『경찰법(Polizei- und Ordnungsrecht)』 집필작업 인수

랄프 포셔(Ralf Poscher)

현 '범죄, 안전, 법'을 연구하는 프라이부르크 막스프랑크 연구소 소장 겸 독일 프라이부르크 대학교 법과대학 명예교수

주요 논저
- 『위험예방. 해석론적 재구성(Gefahrenabwehr. Eine dogmatische Rekonstruktion』, 1999(박사학위 논문).
- 『방어권으로서의 기본권. 법에 의해 정서되는 자유의 반사적 규율(Grundrechte als Abwehr-rechte. Reflexive Regelung rechtlich geordneter Freiheit), 2003(교수자격청구논문)
- 「세계화의 도전에 직면한 헌법」, 2008년 독일공법학자대회 발제문(VVDStRL 67)
- Thorsten Kingreen과 함께 2014년부터 Pieroth, Schlink, Michael Kniesel의 교과서 『경찰법(Polizei- und Ordnungsrecht)』 집필작업 인수

역자소개

정태호

현 경희대학교 법학전문대학원 교수
헌법재판소 연구원 및 연구위원 역임
헌법재판연구원 연구위원 역임

저서
- 『주석헌법재판소법』(4인 공저), 헌법재판연구원, 2015

역서
- 카를 슈미트,『정치적인 것의 개념』(공역), 살림, 2012
- 에른스트-볼프강 뵈켄푀르데,『헌법과 민주주의 - 헌법이론과 헌법에 관한 연구 - 』(공역), 2002
- 클라우스 슐라이히,『독일헌법재판론』, 2001

주요논문
- 「외국인의 기본권주체성과 헌법해석의 한계」, 헌법재판연구 제6권 제1호(2019. 6)
- 「국가기관 상호간의 권한쟁의심판절차의 무력화: 헌재 2015. 11. 26. 2013헌라3, 공보 230, 1742에 대한 평석」, 헌법재판연구 제3권 제1호(2016)
- 「헌법재판소 평등권 심사기준의 재정립 필요성」, 헌법학연구 제19권 3호(2013. 9)
외 다수

독일기본권론

초판발행   2021년 9월 20일

지은이   토르스텐 킹그렌·랄프 포셔
옮긴이   정태호
펴낸이   안종만·안상준

편 집   심성보
기획/마케팅 조성호
표지디자인   벤스토리
제 작   우인도·고철민·조영환

펴낸곳   (주) 박영사
            서울특별시 금천구 가산디지털2로 53, 210호(가산동, 한라시그마밸리)
            등록 1959. 3. 11. 제300-1959-1호(倫)

전 화   02)733-6771
f a x   02)736-4818
e-mail   pys@pybook.co.kr
homepage   www.pybook.co.kr
ISBN   979-11-303-3987-0   93360

* 파본은 구입하신 곳에서 교환해 드립니다. 본서의 무단복제행위를 금합니다.
* 역자와 협의하여 인지첩부를 생략합니다.

정 가   39,000원